六合
文史

六合文征

政协南京市六合区委员会 编

中国文史出版社

**图书在版编目（CIP）数据**

六合文征／政协南京市六合区委员会编. —北京：
中国文史出版社，2022.12
ISBN 978-7-5205-3826-8

Ⅰ.①六… Ⅱ.①政… Ⅲ.①文化史－六合－文集
Ⅳ.①K295.34-53

中国版本图书馆 CIP 数据核字（2022）第 186007 号

责任编辑：王文运　　　　　　装帧设计：王　琳　程　跃

**出版发行：中国文史出版社**

社　　址：北京市海淀区西八里庄路 69 号　　邮编：100142
电　　话：010－81136606　81136602　81136603（发行部）
传　　真：010－81136655
印　　装：北京温林源印刷有限公司　　邮编：102445
经　　销：全国新华书店
开　　本：787mm×1092mm　1/16
印　　张：35.5
字　　数：560 千字
版　　次：2023 年 1 月北京第 1 版
印　　次：2023 年 1 月第 1 次印刷
定　　价：98.00 元

# 《六合文史》编委会

主　　任：施勇君

副 主 任：王谷权　赵久峰　邵　辉　沈　茜　陈定宝
　　　　　杨念峰　苏太明

编　　委：朱黎阳　徐　阳　叶方勇　李惠用　李　媛
　　　　　杨晓斌　沈永梅　严小兵　李春艳


本书主编：刘荣喜

审　　稿：徐智明　李琳琳

# 前　言

　　习近平总书记在庆祝中国共产党成立100周年大会上的讲话中，突出强调"以史为鉴，开创未来"。政协文史工作是人民政协一项富有统一战线特色的经常性、基础性工作。2022年6月召开的全国政协文史工作座谈会强调，要深入学习贯彻习近平总书记关于加强和改进人民政协工作的重要思想，推动政协文史工作从以抢救挖掘为主向抢救挖掘与做好经常性文史工作并重转变，从重视史料征集向更加重视史料研究、利用转变，使之更好成为彰显人民政协专门协商机构特色优势的基础支撑，成为促进中华儿女大团结的有力抓手，成为发挥委员主体作用的有效载体。

　　六合，是"六朝古都"南京的江北门户，历史悠久，人文荟萃。为推动区域现存古代地方史志、古籍文献、名人文集、非遗文化等重要资料收集、整理，今年，区政协在委员提案中，选择了"关于加强六合区古籍文献保护和整理的建议"作为重点督办提案。同时，在调研相关单位，走访兄弟区县的基础上，发挥委员资源优势，着手启动《六合文征》编写工作，以加强艺文类史料文献的保护和传承，推动提案成果落地转化。

六合区现存明清《六合县志》七部，每部均有《艺文志》，收录了古代文人墨客吟咏和描写六合山河美景、人文事迹和趣闻逸事的诗文，是六合本土文化的重要载体和珍贵文献。但自1884年《光绪六合县志》出版后，由于种种因素，一直无人系统收集、整理、出版过六合古代艺文类专著。清末六合籍进士汪昇远于1919年编纂《六合县续志稿》时就曾有编辑《诗征》《文征》的设想，但终未如愿。今天，区政协汇编出版《六合文征》，实现了前辈乡贤的世纪宏愿。

　　全书选文时间跨度，自东汉时期赵晔所撰《吴越春秋》中的《专诸传》，至1949年中华人民共和国成立前。内容分为上、下两编，上编收录六合（古棠邑）行政区划内本土作者的作品，计71人224篇；下编收录非六合籍文人，但曾经在六合任职、侨寓、旅历、交游，撰写的涉及六合山川人物、掌故逸闻或著述序跋等作品，共181人220篇。这些文章，展现了六合历史的源远流长、文化的丰富多彩，勾勒了六合山水生态、社会生活的瑰丽图景。文中所及，很多已成为六合区旅游文化的独特资源。

　　本书的出版，是六合区政协贯彻落实全国政协文史工作座谈会，调动广大政协委员积极性，发挥委员在文史工作中的主体作用；充分利用委员读书、委员讲堂等履职活动，加强文史工作成果转化、增强社会效应的一次新探索。愿其能成为了解六合历史文化的一个新窗口、推动政协文史工作的一个新起点！

政协南京市六合区委员会

2022 年 12 月

# 凡　例

一、《礼记·中庸》中说"无征不信",研究一个家族、一个地方、一个国家、一个时代的历史,都要通过搜集可以取信的资料,证实其沿革有序、事实有据。"文征"者,文献之征也,是用来印证史实的"文"与"献"。故古之有《皇明文征》《湖南文征》《海陵文征》等,集一代一地之文,存一时一域之史。

二、"文征"体例,历代各家编纂各有不同,有仿《昭明文选》按照选文体裁分类编排者,如《湖南文征》《国朝中州文征》;有按作者的时代顺序,以人系文者,如《海陵文征》;有的诗文兼收,如《皇明文征》。为便于整理和阅读,本书文章编排采取以作者出生时间为序,以人系文,不取诗歌的方式编排;生年时间不详者,结合作者生平活动或作品创作的时间,插入相应的位置。

三、本书分为上编和下编。上编收录六合(古棠邑)行政区划内作者的作品;下编收录曾经在六合任职、侨寓、游历者,所作涉及六合之山川人物、掌故、著述的作品。

四、古之"文征"多列举作者简历于书首,如《湖南文征姓氏传》《金陵文征小传汇刊》等。本书在正文各作者名下亦收录作者简历,介绍其生卒、里籍、科举、历官、政绩以及著述情况等。

五、本书所选以古文为主,记传碑铭、序跋议说、书启表奏等体裁不限,但是科举制艺、诰敕、祈雨、驱疫、禳灾、谢天等文不收。选文起于东汉时期,下限至1949年10月中华人民共和国成立前。

六、本书选文散见于历代县志、各类文集或选集、碑刻中。为便于读者查阅底本,每篇文章之后尽量详细标明其出处、版本及馆藏,以明引而可征也。如有多处著录，以最早著录或早期刊刻的文集为准。由于版本不同，文字互有出入，我们适当予以校注，方便对作品的研读。所选文章尽量全文照录，并按照古籍整理的基本规范，对其进行标点。

七、六合前贤文章存世多寡不一，有的有文集传世，篇目较多，本书选其精要或与六合关系密切者收录；有的没有文集遗存，只有零篇散简，或与六合事物无关，亦予尽量保留，以存邑人鸿爪。历代县志艺文志所录经过遴选的文章尽量收录，并补充历代文人传世作品中有关六合的文章。

八、结合历代文献和府县志记载，编者在文后的按语中对部分选文作者的生卒、学行、交游、著述等作简要考订，对部分选文的写作背景、著录等情况作必要的说明或考述。

九、选文底本不一，部分文字漫漶或有缺失，无法辨识或空缺者以"□"替代。

十、文中和按语涉及的人物生卒、历史事件的纪年，沿用原文纪年，并用括号注明公元纪年。

十一、本书一律使用简化字，但在可能产生歧义或没有简化字的，酌用繁体字或异体字。

十二、清罗汝怀编纂《湖南文征》时说"编录非难，搜采为难"，其言不虚。历代文献浩如烟海，很多乡贤作品散落全国乃至海外的各大图书馆中，虽见著录，或见书影，而难获一览，故本书所选乃尽编者目力所及、搜购所能、交流所得者编入，一时无法获取的资料，只得留待日后补充。

# 目　录

## 上　编

### 晋　朝

**王　鉴**

请征杜弢疏 …………………… 003

### 南北朝

**张约之**

谏废庐陵王疏 ………………… 005

**释惠琳**

均善论 ………………………… 006

**阮孝绪**

《七录》序 …………………… 009

### 宋　朝

**崔子方**

《春秋经解》自序 …………… 013

**季　可**

劾权奸贾似道党与疏 ………… 015

### 明　朝

**郑　瑛**

《六合县志》后序 …………… 017

**王　弘**

西洲书院记 …………………… 018

《半江先生文集》后序 ……… 020

祭庄昶文 ……………………… 021

**黄　骅**

书《六峰政纪》刻后 ………… 022

《甘棠遗爱》序 ……………… 023

《续修六合志》后序 ………… 024

感天居记 ……………………… 025

**陆　察**

六合县尹省余董公去思碑 …… 026

**杨　郡**

《重修六合县志》跋 ………… 028

**方澄澈**

天人交感图记 ………………… 029

**季　恩**

重修六合县儒学并祭器记 …… 030

**孙拱辰**

　　重修六合县儒学碑记 …………… 031

　　宿长芦寺应梦记 ………………… 032

**厉昌谟**

　　六合县张侯去思碑 ……………… 033

**胥自勉**

　　灵岩石子图说 …………………… 034

**孙国敉**

　　请驳正《三朝要典》疏 ………… 036

　　《定山志》自序 ………………… 038

　　宗圣公祠祀序 …………………… 039

　　棠邑张侯首荐序 ………………… 040

　　棠邑甄侯考绩序 ………………… 041

　　邑甄侯连城先生宪奖序 ………… 042

　　登石帆山记 ……………………… 044

　　游冶山记 ………………………… 045

　　重造冶浦桥碑记 ………………… 047

　　五一庵记 ………………………… 048

　　睡香庵记 ………………………… 050

　　游勺园记 ………………………… 051

　　邑侯萧公灵岩山建塔纪事前 … 053

　　灵岩山造塔纪事后 ……………… 053

　　巴山庵地藏菩萨胁生

　　　　莲花像偈 …………………… 054

　　灵岩石说七则 …………………… 055

　　城六合议 ………………………… 058

　　六合士民求止浦口开河揭帖 …… 059

　　道川汪隐君传 …………………… 060

　　真如道人传 ……………………… 061

　　武库员外郎厉公默所先生传 … 063

　　衢郡太守汪公传 ………………… 065

**封南京鸿胪寺序班汪公**

　　墓志铭 …………………………… 067

　　与胡长白 ………………………… 067

　　复董玄宰 ………………………… 068

　　答陈木叔 ………………………… 068

　　答文启美 ………………………… 069

　　与大梁张林宗 …………………… 069

**潘世奇**

　　请添设江北道员疏 ……………… 070

　　题为创设既有专官旧辖，

　　　　自应详改，恳以一事权，

　　　　以课安攘事 ………………… 071

**汪国策**

　　别驾石虎汪公行状 ……………… 072

# 清　朝

**曾祉龄**

　　家祀宗圣公祠堂记 ……………… 075

**孙宗岱**

　　六合县创造神器记 ……………… 076

　　六合县哺饥记 …………………… 077

　　《重修六合县志》跋 …………… 079

**孙汧如**

　　《释冰书》序 …………………… 080

　　《闽小记》序 …………………… 080

　　顾与治诗序 ……………………… 081

　　汪观我全荒民孙氏苦节记 …… 082

**吴嘉祯**

　　致徐枋书 ………………………… 083

**汪　铉**

　　袁淑岐隐君传 …………………… 084

晦生公《简斋集》原序 ·········· 084
《六合续志》跋 ·········· 085
《六合新修县志》跋 ·········· 086

汪 璐

果老滩补亭馆记 ·········· 087

李 敬

《退庵诗集》自序 ·········· 088
《审录》序 ·········· 088
《湖南观风录》序 ·········· 089
《王贻上诗集》序 ·········· 090
自陈疏 ·········· 091
请囚粮疏 ·········· 092
请折黄绢疏 ·········· 093
论蠲免疏 ·········· 093
请止题补将领疏 ·········· 095
论用人疏 ·········· 096
竹镇水利议 ·········· 098
岳阳楼记 ·········· 099
洞庭雪后记 ·········· 100
退庵记 ·········· 101
东园记 ·········· 102
盘石山记 ·········· 102
重修盘石寺记 ·········· 103
巴山记 ·········· 104
乌石山记 ·········· 105
练山记 ·········· 105
破山口记 ·········· 106
隐仙山记 ·········· 106
驹子山记 ·········· 107
重修六合县学记 ·········· 107
苏武论 ·········· 109

宦者传论 ·········· 110
刑部左侍郎滨溪公行状 ·········· 111
王弘传 ·········· 113
泛河赋 ·········· 115
蚊赋 ·········· 115

沈希孟

顾与治诗序 ·········· 116
朱贞孝先生谥议 ·········· 117

汤 濩

《洗影楼集》跋 ·········· 118

胥庭清

武林游记 ·········· 118

叶灼棠

重修泉州郡城记 ·········· 121
请给兵饷 ·········· 123
再请司饷 ·········· 123
三请司饷 ·········· 124
请协济款项 ·········· 125
请增同安谷价 ·········· 126
请免德化桅木运漳 ·········· 127
请免山邑民夫 ·········· 128
禁私抽行泉州府 ·········· 128
禁民安告投诚 ·········· 129
倒悬待苏事 ·········· 130
议覆同安筑堡 ·········· 130
刑名职掌 ·········· 131
《纂辑世谱》序 ·········· 132
郊祀赋 ·········· 133
秘阁藏书赋 ·········· 134
帝城春日赋 ·········· 135
南海子阅武赋 ·········· 136

陆世忱

　《就正录》序 ………………… 137

袁 铤

　《就正录》弁言 ……………… 138

汪佃民

　《塞上运米纪略诗钞》序 ……… 139

　《闺词集句》小序 …………… 140

　棠邑侯万公去思碑 …………… 140

贺鸣谐

　《雪林汪公篆草》序 ………… 142

　石婆冈冯氏殉节论 …………… 143

　毛先生传 ……………………… 143

　关夫子画像赞 ………………… 144

汪世泰

　《筱云诗集》叙 ……………… 145

汪世泽

　《甘菊簃诗集》序 …………… 146

朱实发

　《尺云轩秋窗迭韵诗》自序 …… 147

　《马棣原秋馆听潮图》序 …… 148

　陈芗亭诗序 …………………… 148

　《夏竹饮壮游图》序 ………… 150

　与鹰巢上人书 ………………… 151

朱谷昌

　《拙修吟馆诗存》自叙 ……… 152

　四十贤人赋（以"著一个

　　屠沽不得"为韵）…………… 152

厉 柏

　《云鹤诗钞》跋 ……………… 154

孙 渊

　鸡留寺冯贞媛浣纱殿记 ……… 154

释定志

　《鹰巢诗集》自序 …………… 155

　《承恩寺诗存》序 …………… 156

厉式珨

　晦生汪公《简斋诗存》序 …… 156

汪传缙

　《汪氏诗钞》序 ……………… 158

　致徐太守彝舟书 ……………… 158

秦淳熙

　凤梧书院碑记 ………………… 160

叶觐仪

　《陈勉斋德政谱》序 ………… 161

　《红蕉吟馆诗存》序 ………… 162

徐 鼐

　《未灰斋文集》自叙 ………… 163

　《小腆纪年附考》自序 ……… 164

　《敝帚斋主人年谱》自序 …… 166

　《未灰斋诗钞》序 …………… 167

　《读书杂释》自叙 …………… 168

　《张又莲诗集》序 …………… 168

　请救兵疏 ……………………… 169

　《六合保卫团练章程》叙 …… 171

　达成荣传 ……………………… 172

　六合重修火星庙碑文 ………… 173

　六合重修城隍庙碑 …………… 174

　张紫庭封翁墓表 ……………… 174

　赠布政使衔防堵六合

　　候补道温公祠碑 …………… 176

　敕授修职郎累晋中宪大夫

　　显考轶陵府君行述 ………… 180

　烈妇陆氏传 …………………… 181

　　上云澹人师笺 ·············· 182

陈灏

　　《灵岩山馆诗稿》自序 ······ 183

杜林

　　《安义县志》序 ··········· 184

周长森

　　《六合纪事》序 ··········· 185

　　《酒令丛钞》序 ··········· 187

　　《余辛集》序 ············· 188

　　重建筹备仓记 ············· 190

　　宋吉阳令张约之诔并序 ······ 191

　　明万安令黄公祭文并序 ······ 192

徐承禧

　　《治长事略撫存》序 ········ 193

　　《重修福安县志》序 ········ 194

　　重修城隍庙记 ············· 195

　　重整吴航书院碑记 ·········· 196

汪达利

　　《小腆纪年》跋 ··········· 197

徐承祖

　　《经籍访古志》序 ·········· 197

　　《美英条约》序 ··········· 198

　　《小腆纪传》跋 ··········· 199

　　《周易旧注》总目跋 ········ 199

　　《条议存稿》节选 ·········· 200

贺延寿

　　新建果老滩钟亭碑记 ········ 207

徐承礼

　　《畅园遗稿》序 ··········· 208

　　《条议存稿》跋 ··········· 209

钱家麟

　　《澹菊吟》自序 ··········· 210

　　《平江泥爪》自序 ·········· 210

徐致远

　　《东槎闻见录》叙 ·········· 211

　　《条议存稿》跋 ··········· 212

张凤诰

　　《后山诗存》自序 ·········· 213

　　游独山记 ··············· 214

刘鹗

　　《老残游记》自序 ·········· 215

　　《老残游记二集》自序 ······ 216

厉式金

　　《续修香山县志》序 ········ 217

姜良材

　　春草堂诗序 ·············· 218

汪昇远

　　《后山诗存》序 ··········· 219

　　《养和山馆诗文辑存》后序 ··· 220

　　《敦复自省录存》跋 ········ 220

　　《六合县续志稿》总目跋 ····· 221

　　书《六合乾隆志》后 ········ 222

　　再书《乾隆志》后 ·········· 223

　　《重校六合县续志稿》后跋 ··· 224

刘长年

　　九曲池赋（以"何必丝竹，
　　山水怡情"为韵）········· 225

民　　国

唐志岳

　　《亦园诗钞》序 ··········· 227

王乃屏

　《棠志拾遗》序 ……………… 228

王桂馨

　劝学所记 …………………… 229

达浦生

　《伊斯兰六书》自序 ………… 230

张通之

　《娱目轩诗稿》自序 ………… 232

　《白门食谱》序 ……………… 233

田北湖

　告玄武湖文 ………………… 234

　别玄武湖父老文 …………… 235

　田府君尹氏母合葬墓志铭 … 236

　与某生论韩文书 …………… 237

　石狮子记 …………………… 238

　田兴传 ……………………… 239

　《北湖土物志》叙 …………… 241

　《魂东集》序 ………………… 244

　中国名义释 ………………… 246

张官俌

　《棠志拾遗》自序 …………… 249

　《棠志拾遗》再序 …………… 250

　《亦园诗钞》自序 …………… 251

　《亦园诗续钞》自序 ………… 252

封沛恩

　《棠志拾遗》序 ……………… 253

孙为霆

　六合孙叠波先生哀启 ……… 254

　《太平爨》序 ………………… 257

## 下　编

### 东　汉

赵　晔

　专诸传 ……………………… 261

### 南北朝

鲍　照

　瓜步山碣 …………………… 264

　石帆铭 ……………………… 265

庾　信

　周大将军怀德公吴明彻

　　墓志铭 …………………… 266

### 唐　朝

房玄龄

　王鉴传 ……………………… 269

王　绩

　醉乡记 ……………………… 270

李　顼

　故广陵郡六合县丞赵公

　　墓志铭并序 ……………… 271

房　翰

　大唐扬州大都督府六合县

　　冶山祇洹寺碑 …………… 272

吕　温

　陈先生墓表 ………………… 274

叔孙矩

　大唐扬州六合县灵居寺碑 …… 276

卢　谿
　　唐故扬州六合县令李府君
　　　墓志铭并序 ……………… 279
郑处诲
　　张果传 ……………………… 280

# 宋　朝

王安石
　　真州长芦寺经藏记 ………… 283
刘　攽
　　故宣德郎守大理寺丞知陇州
　　　汧阳县事王府君墓志铭 …… 284
王　令
　　龙池说 ……………………… 285
吕希哲
　　《真州长芦崇福禅院第八代
　　　慈觉赜和尚语录》序 ……… 286
苏　轼
　　书六合麻纸 ………………… 287
释元照
　　《长芦赜禅师文集》序 ……… 288
孙　觌
　　长芦长老一公塔铭 ………… 289
释嗣宗
　　《长芦觉和尚颂古拈古集》序 … 291
向子䛊
　　《真州长芦天童觉和尚拈古
　　　一百则》后序 ……………… 292
吴　敏
　　《真州长芦了禅师劫外录》序 … 293

叶　适
　　定山瓜步石跋三堡坞状 ……… 294
李　琪
　　长芦崇福禅寺僧堂上梁文 …… 297
刘昌诗
　　六合县题名续碑记 …………… 298

# 元　朝

张建宏
　　重建吴大帝庙记 ……………… 299
倪　元
　　重建龙王庙碑 ………………… 300

# 明　朝

朱元璋
　　与田兴书 ……………………… 302
宋　濂
　　盘城先生郭渊哀词 …………… 303
陈敬宗
　　六合县重修儒学碑记 ………… 305
陈　循
　　故奉天翊卫推诚宣力武臣特进荣
　　　禄大夫柱国昌平侯追封颖国公
　　　谥武襄杨公神道碑铭 ……… 307
木　讷
　　六合县社学碑记 ……………… 312
吴　节
　　六合县玄真观重建殿阁
　　　法堂记 ……………………… 313
倪　谦
　　六合县儒学修造记 …………… 315

林文俊

　六合尹茅侯遗爱碑记 ⋯⋯⋯⋯ 316

　赠大尹茅侯考绩上京序 ⋯⋯⋯ 318

庄　昶

　《六合县志》序 ⋯⋯⋯⋯⋯⋯⋯ 319

　寿六合郑闇庵六十序 ⋯⋯⋯⋯ 320

　六合县科第题名碑记 ⋯⋯⋯⋯ 321

　唐贰守墓表 ⋯⋯⋯⋯⋯⋯⋯⋯ 322

徐　琦

　新修六合县城隍庙碑记 ⋯⋯⋯ 323

陈　镐

　武强伯杨公能传 ⋯⋯⋯⋯⋯⋯ 324

　彰武伯杨信传 ⋯⋯⋯⋯⋯⋯⋯ 325

　都督同知陈逵传 ⋯⋯⋯⋯⋯⋯ 326

　庄定山先生小传 ⋯⋯⋯⋯⋯⋯ 326

吴伯与

　刘孝子传 ⋯⋯⋯⋯⋯⋯⋯⋯⋯ 328

王守仁

　重修六合县学记 ⋯⋯⋯⋯⋯⋯ 329

　送黄敬夫先生佥宪广西序 ⋯⋯ 331

蓝　渠

　六合何尹去思碑 ⋯⋯⋯⋯⋯⋯ 333

景　旸

　明赠太常寺少卿江西布政司

　　左参议黄公墓志铭 ⋯⋯⋯⋯ 334

吕　柟

　六合尹何君去思碑记 ⋯⋯⋯⋯ 335

　六合尹何君生祠碑记 ⋯⋯⋯⋯ 336

顾　璘

　六合县重修浮桥碑记 ⋯⋯⋯⋯ 337

顾应祥

　六合县重修儒学记 ⋯⋯⋯⋯⋯ 339

应大猷

　送金弘载令六合序 ⋯⋯⋯⋯⋯ 340

霍　韬

　赠王巴山督学序 ⋯⋯⋯⋯⋯⋯ 341

　叙秋江饯别诗再赠

　　王巴山督学 ⋯⋯⋯⋯⋯⋯⋯ 342

杨　褫

　新修六合县记 ⋯⋯⋯⋯⋯⋯⋯ 343

王　畿

　《异政十咏》序 ⋯⋯⋯⋯⋯⋯⋯ 344

董邦政

　《六合县新志》后序 ⋯⋯⋯⋯⋯ 346

　江防议 ⋯⋯⋯⋯⋯⋯⋯⋯⋯⋯ 347

王宗圣

　《六合县新志》叙 ⋯⋯⋯⋯⋯⋯ 353

邬　琏

　新迁应天府六合县儒学记 ⋯⋯ 355

王光祖

　六合县重修养济院记 ⋯⋯⋯⋯ 356

殷士儋

　送董克平之任六合序 ⋯⋯⋯⋯ 358

朱舜民

　六合县新修梁塘铺记 ⋯⋯⋯⋯ 359

张　裕

　六合尹茅侯去思碑 ⋯⋯⋯⋯⋯ 360

徐　丙

　《六峰政纪》序 ⋯⋯⋯⋯⋯⋯⋯ 362

　重修冶浦桥记 ⋯⋯⋯⋯⋯⋯⋯ 363

凌约言

　《江防方略》序 ………… 364

王世贞

　六合县陈侯去思碑 ………… 365

李 篆

　新建文昌祠记 ………… 367

　新迁六合县儒学记 ………… 368

张振之

　丰瑞亭记 ………… 369

焦 竑

　六合县重建冶浦桥碑记 ……… 370

　昌平伯赠颍国公杨公洪传

　（附杨俊） ………… 371

桑子美

　《重修六合志》序 ………… 373

周孔教

　《重刻乡射约》序 ………… 374

冯梦祯

　醉石斋记 ………… 376

李春荣

　重修六合城隍庙记 ………… 377

徐 桓

　珠泉龙王阁碑 ………… 378

彭梦祖

　珠泉净业堂记 ………… 379

薛 冈

　《六合县五一庵志》序 ………… 380

顾起元

　六合县知县友石米公去思记 … 382

　怪石 ………… 384

　品石螺子石 ………… 384

谢肇淛

　王六合传 ………… 385

汤宾尹

　六合县灵岩塔碑记 ………… 386

　诰封李宜人墓志铭 ………… 387

米万钟

　棠邑侯慈溪董公去思碑记 ……… 389

　征仕郎胥公成甫先生墓志铭 … 391

毕懋康

　六合县重修庙学碑记 ………… 393

王思任

　《五一庵志》叙 ………… 395

孙之益

　重建五一庵记 ………… 396

毕成溓

　石品 ………… 397

张启宗

　《重修六合县志》序 ………… 398

黎启光

　少京兆张公《重游六合踏灾

　平马诗》序 ………… 399

魏浣初

　棠邑侯许昌甄公去思碑 ……… 400

黄道周

　思乔吴公墓表 ………… 402

谭元春

　太学沈端伯墓志铭 ………… 403

王曰俞

　重建六合县明伦堂记 ………… 405

张国维

　寇破六合后请捐免疏 ………… 406

徐汧

　明处士思乔吴公暨配朱孺人

　　合葬墓志铭 …………… 407

陈子龙

　思乔吴公传 ……………… 410

朱廷佐

　六合长芦寺茅亭记 ……… 411

　长芦寺霞公念佛会疏 …… 412

姜绍书

　灵岩子石记 ……………… 413

焦尊生

　募修长芦寺疏 …………… 414

萧象烈

　文林郎岑溪曾公墓志铭 ……… 415

# 清　朝

刘庆运

　《六合县志》序 …………… 418

闵景贤

　《读书通》题辞 …………… 420

顾高嘉

　复孙阿汇 ………………… 420

邓廷罗

　皇清诰封征仕郎奉政大夫

　歌风叶公暨原配陆太宜

　人合葬墓志铭 …………… 421

张一鹄

　梅花书屋序 ……………… 424

杜濬

　花笑轩诗序 ……………… 425

　朱阜公诗序 ……………… 426

周亮工

　花笑轩诗序 ……………… 427

　胥永公诗序 ……………… 428

顾炎武

　瓜步瓜洲辨 ……………… 429

宋琬

　胥永公诗序 ……………… 430

魏象枢

　《湖南按稿》序 …………… 431

刘体仁

　《颂橘堂文集》叙 ………… 432

尤侗

　朱征君传 ………………… 434

宋征舆

　《李退庵诗集》序 ………… 435

　通议大夫刑部左侍郎退庵

　　李公墓志铭 …………… 436

杜濬

　梅花书屋序 ……………… 439

王泽弘

　《花笑轩集》序 …………… 440

翁祖望

　都督鲍公传 ……………… 441

俞嶙

　胥永公诗序 ……………… 444

朱克生

　六合马先生碑 …………… 445

周斯盛

　朱岳青《游黄山诗》跋 ……… 447

余宾硕

　朱岳青《游黄山诗》序 ……… 447

汪松轩太学新柳记 …………… 448

洪 炜
《重修六合县志》序 ………… 450

陈鹏年
棠邑课艺序 ………………… 451
栖梧阁诗序 ………………… 452

方 苞
同知绍兴府事吴公墓表 ……… 453
与贺生巢禾书 ……………… 454

常 在
果老滩补造亭馆记 …………… 455

蔡学洙
介谷园记 …………………… 456

徐 鹏
夏征君传 …………………… 457

苏作睿
文庙祭器碑记 ……………… 458
《重修六合县志》序 ………… 459
《重修六合县志》后叙 ……… 460
宝成仓碑文 ………………… 461

严禹沛
重修六合县儒学碑记 ………… 462

严 森
六合县新建学署记 …………… 463
六合县新建棠城小学记 ……… 464
六合县儒学重建明伦堂碑 …… 464
瓜步山祖师殿碑示 …………… 465

僧清旭
瓜步山重建祖师殿记 ………… 466

刘王瑗
重修六合县儒学碑记 ………… 467

宋觐光
重修六合县儒学碑记 ………… 468

张 铭
《六合县新志》序 …………… 469

李龙湛
《六合县新志》序 …………… 470

何廷凤
《重修六合县志》叙 ………… 471

廖抡升
《重修六合县志》序 ………… 472

吴思忠
老梅庵梅花碑 ……………… 473

董教增
《云鹤诗钞》序 ……………… 474

杜念典
重修棠城小学序 …………… 475

李亦畴
《竹根印谱》序 ……………… 476

邵自悦
《竹根印谱》跋 ……………… 477

杨芳灿
绿净园记 …………………… 477

李周南
《尺云轩文集》序 …………… 479

吴 蒿
《碧梧山馆词》序 …………… 479

辛从益
《尺云轩诗集》序 …………… 481

程虞卿
《云鹤诗钞》序 ……………… 482

徐熊飞

  《尺云轩诗集》序 ················ 483

阮 元

  六合县冶山祇洹寺考 ·········· 484

沈钦韩

  明总兵官太子太师左柱国靖

    南侯黄忠桓公墓碑 ·········· 485

屠 倬

  靖南侯黄得功墓表 ············ 487

梅曾亮

  游瓜步山记 ···················· 488

刘文淇

  清故贡士戴君墓志铭 ·········· 489

云茂琦

  新建六邑万寿宫记 ············ 490

  重建六邑书院记 ·············· 491

  筹捐六邑缉捕经费序 ·········· 491

  筹捐六邑种德堂序 ············ 492

  初任六合通谕示 ·············· 493

贺崇禧

  移建六合县儒学碑 ············ 494

熊传栗

  移建文庙书院后记 ············ 495

吴同庆

  重修魁星亭顶记 ·············· 496

张安保

  《尺云轩尺牍》序 ·············· 497

沈兆霖

  叶亭记 ························ 498

陈孚恩

  《拙修吟馆诗存》序 ············ 499

李祖望

  二知老人传 ···················· 500

谢宗善

  《小腆纪年》跋 ················ 501

宋光伯

  《小腆纪年》跋 ················ 501

于实之

  重建六峰书院碑记 ············ 502

谢延庚

  《重修六合县志》序 ············ 503

姚德钧

  《重修六合县志》序 ············ 504

吕宪秋

  《重修六合县志》序 ············ 505

陈作霖

  徐仪舟先生行状略 ············ 506

汪之昌

  棠邑考 ························ 508

傅云龙

  《东槎闻见录》叙 ·············· 510

陈明远

  《东槎闻见录》叙 ·············· 511

顾厚焜

  《东槎闻见录》叙 ·············· 512

王耕心

  《日长山静草堂诗存》叙 ········ 513

  例授文林郎拣选知县汪君

    墓志铭 ···················· 513

范当世

  秦昌五诗序 ···················· 515

## 民 国

杨士琦
　《日长山静草堂诗存》叙 ⋯⋯ 517
俞锡畴
　《日长山静草堂诗存》跋 ⋯⋯ 518
吴 放
　《后山诗存》序 ⋯⋯⋯⋯⋯⋯ 519
夏寅官
　徐鼐传 ⋯⋯⋯⋯⋯⋯⋯⋯⋯ 520
徐公修
　《亦园诗钞》序 ⋯⋯⋯⋯⋯⋯ 522
杨 蔚
　《亦园诗续钞》序 ⋯⋯⋯⋯⋯ 523
　《亦园诗续钞》再序 ⋯⋯⋯⋯ 524
舒绍基
　《日长山静草堂诗存》跋 ⋯⋯ 525
毛文沂
　《亦园诗钞》序 ⋯⋯⋯⋯⋯⋯ 526
夏仁虎
　田北湖传 ⋯⋯⋯⋯⋯⋯⋯⋯ 527
钱学坤
　《亦园诗钞》序 ⋯⋯⋯⋯⋯⋯ 528

许同莘
　故六合县知县会稽施
　　先生行状 ⋯⋯⋯⋯⋯⋯⋯ 529
杨遵路
　《亦园诗钞》序 ⋯⋯⋯⋯⋯⋯ 531
张扬芬
　《亦园诗钞》序 ⋯⋯⋯⋯⋯⋯ 532
王震昌
　《汪氏遗著》叙 ⋯⋯⋯⋯⋯⋯ 533
包安保
　《小腆纪年》《小腆纪传》跋 ⋯ 534
水献之
　《伊斯兰六书》序 ⋯⋯⋯⋯⋯ 535
张轮远
　《万石斋灵岩石谱》自序 ⋯⋯⋯ 537
卢 前
　娱目翁传 ⋯⋯⋯⋯⋯⋯⋯⋯ 538
　《太平爨》序 ⋯⋯⋯⋯⋯⋯⋯ 539
张江裁
　《雨花石子记》后语 ⋯⋯⋯⋯ 540

后 记 ⋯⋯⋯⋯⋯⋯⋯⋯⋯⋯ 542

上编

# 晋　朝

## 王　鉴

王鉴（约282—322），晋代堂邑（今南京市六合区）人。《晋书》列传卷41载："王鉴，字茂高，堂邑人也。父潞，御史中丞。鉴少以文笔著称，初为元帝琅邪国侍郎。时杜弢作逆，江湘流弊，王敦不能制，朝廷深以为忧。鉴上疏劝帝征之。"六合之名，隋以后始用，隋以前称"堂邑"，或"棠邑"，简称"棠"或"堂"。隋以后称棠邑者，多指山东之棠邑县。

## 请征杜弢疏

天祸晋室，四海颠覆，丧乱之极，开辟未有。明公遭历运之厄，当阳九之会，圣躬负伊周之重，朝廷延匡合之望。方将振长辔而御八荒，扫河汉而清天途。所借之资，江南之地，盖九州之隅角，垂尽之余人耳。而百越鸥视于五岭，蛮蜀狼顾于湘汉，江州萧条，白骨涂地，豫章一郡，十残其八。继以荒年，公私虚匮，仓库无旬月之储，三军有绝乏之色。赋敛搜夺，周而复始，卒散人流，相望于道。残弱之源日深，全胜之势未举。鉴惧云旗反旆，元戎凯入，未在旦夕也。昔齐旅未期而申侯惧其老，况暴甲三年，介胄生虮虱，而可不深虑者哉！江扬本六郡之地，一州封域耳。若兵不时戢，人不堪命，三江受敌，彭蠡振摇，是贼逾我垣墙之内，窥我室家之好。黩武之众易动，惊弓之鸟难安，鉴之所甚惧也。去年已来，累丧偏将，军师屡失，送死之寇，兵厌奔命，贼量我力矣。虽继遣偏裨，惧未足成功也。愚谓尊驾宜亲幸江州，然后方召之臣，其力可得而宣；熊罴之士，其锐可得而奋。进左军于武昌，为陶侃之重；建名将于安成，连甘卓之垒。南望交广，西抚蛮夷。要害之地，勒劲卒以保之；深沟坚壁，按精甲而守之。六军既赡，战士思奋，尔乃乘隙骋奇，扰其窟穴，显示大信，开以生途，杜弢之颈固已锁于麾下矣。

议者将以大举役重，人不可扰。鉴谓暂扰以制敌，愈于放敌而常扰也。夫四体者，人之所甚爱，苟宜伐病，则削肌刮骨矣。然守不可虚，鉴谓王导可委以萧何之任。或以小贼方毙，不足动千乘之重。鉴见王弥之初，亦小寇也，官军不重其威，狡逆得肆其变，卒令温怀不守，三河倾覆，致有今日之弊，此已然之明验也。蔓草犹不可长，况狼兕之寇乎！当五霸之世，将非不良，士非不勇，征伐之役，君必亲之，故齐桓免胄于邵陵，晋文擐甲于城濮。昔汉高、光武二帝，征无远近，敌无大小，必手振金鼓，身当矢石，栉风沐雨，壶浆不赡，驰骛四方，匪遑宁处，然后皇基克构，元勋以融。今大弊之极，剧于曩代，崇替之命，系我而已。欲使銮旗无野次之役，圣躬远风尘之劳，而大功坐就，鉴未见其易也。魏武既定中国，亲征柳城，扬旌卢龙之岭，顿辔重塞之表，非有当时烽燧之虞，盖一日纵敌，终己之患，虽戎辂蒙崄，不以为劳，况急于此者乎！刘玄德躬登汉山，而夏侯之锋摧；吴伪祖亲泝长江，而关羽之首悬；袁绍犹豫后机，挫衄三分之势；刘表卧守其众，卒亡全楚之地。历观古今拨乱之主，虽圣贤，未有高拱闲居不劳而济者也。前鉴不远，可谓蓍龟。

议者或以当今暑夏，非出军之时。鉴谓今宜严戒，须秋而动。高风启途，龙舟电举，曾不十日，可到豫章。豫章去贼尚有千里之限，但临之以威灵，则百胜之理济矣。既扫清湘野，涤荡楚郢，然后班爵序功，酬将士之劳；卷甲韬旗，广农桑之务，播恺悌之惠，除烦苛之赋。比及数年，国富兵强，龙骧虎步，以威天下，何思而不服，何往而不济，桓文之功不难懋也。今惜一举之劳，而缓垂死之寇，诚国家之大耻，臣子之深忧也。

鉴以凡琐谬蒙奖育，思竭愚忠，以补万一。刍荛之言，圣王不弃，戍卒之谋，先后采之，乞留神鉴，思其所陈。


【按】选自《晋书》列传卷41《王鉴传》[唐房玄龄《晋书》第22册，宋刻本，见《中华再造善本丛书》（唐宋编）]。原无标题，据《万历六合县志》补。

《万历六合县志》卷5有《王鉴传》，并于卷6著录《请征杜弢疏》，题后署"邑人王鉴"，名下注"晋琅琊国侍郎"。

# 南 北 朝

## 张约之

张约之（？—424），南朝宋堂邑（今南京市六合区）人，官至吉阳县令。权臣徐羡之谋求废立，诬废庐陵王刘义真为庶人，徙于新安郡。张约之上疏谏阻，贬为梁州府参军，不久被杀。宋文帝刘义隆即位，为之平反昭雪，追赠郡守，赐钱十万，布百匹。

## 谏废庐陵王疏

臣闻仁义之在天下，若中原之有菽；理感之被万物，故不系于贵贱。是以考叔反悔誓于及泉，壶关复冤魂于湖邑。当斯之时，岂无尊卿贤辅，或以事迫心违，或以道壅谋屈，何尝不愿闻善于舆隶，药石于阿氏哉！臣虽草芥，备充黔首，少不量力，颇高殉义之风，谓蹈善于朝闻，愈徒生于白首。用敢干禁忘戮，披叙丹愚。

伏惟高祖武皇帝诞兹神武，抚运龙兴，仰清天步，则齐德有虞，俯廓九州，则侔功大夏，故虔顺天人，享有万国。虽灵祚修长，圣躬弗永。陛下继明绍统，遹追一心，藩王哲茂，四维宁谧，倾耳康哉之咏，企踵升平之风。

窃念庐陵王少蒙先皇优慈之遇，长受陛下睦爱之恩。故在心必言，所怀必亮，容犯臣子之道，致招骄恣之愆。至于天姿凤成，实有卓然之美。宜在容养，录善掩瑕，训尽义方，进退以渐。今猥加剥辱，幽徙远郡，上伤陛下棠棣之笃，下令远近恇然失图，士庶杜口，人为身计。臣伏思大宋之兴，虽协应符纬，而开基造次，根条未繁。宜广树藩戚，敦睦以道，使兄弟之美，比辉鲁、卫；龟策告同，祚均七百，岂不善哉！

陛下富于春秋，虑未重复，忽安危之远算，肆不忍于一朝。特愿留神九思，重加询采。上考前代兴亡之由，中存武皇缔构之业，下顾苍生颙颙之望，时开曲宥，反王都邑。选保傅于旧老，求四友于髦俊，引诱情性，导达聪明。凡人在苦，皆能自厉，况王质朗心聪，易加训范。且中贤之人，未能无过；过贵自改，罪愿自新。以武皇之爱子，陛下之懿弟，岂可以其一眚，长致沦弃哉！谨昧死诣阙，伏地以闻。惟愿丹诚，一经天听，退就斧镬，无愧地下矣。

【按】选自《宋书》列传卷21《武三王传》〔梁沈约《宋书》第32册，宋刻，宋元明递修本。见《中华再造善本丛书》（唐宋编）〕。底本本文无标题，据《万历六合县志》补。但是《万历六合县志》引文为节选，经查其乃引自宋司马光《资治通鉴》卷120《宋纪二》。

## 释惠琳

释慧琳，本姓刘，秦郡（今南京市六合区）人。少出家，住冶城寺。元嘉中（424—453），朝廷大事皆与议。著有《孝经注》1卷、《庄子·逍遥游篇注》1卷、《释慧琳集》9卷，均佚。《嘉靖六合县志》记载："惠琳，南宋沙门，秦郡人也。姓刘氏，出家住冶山祇洹寺。有文，业内外之学，为庐陵王义真所爱。元嘉中，遂参权要，朝廷大事皆与议焉，谓之黑衣宰相。"

# 均 善 论

有白学先生，以为中国圣人，经纶百世，其德弘矣，智周万变，天人之理尽矣，道无隐旨，教罔遗筌，聪睿迪哲，何负于殊论哉。有黑学道士陋之，谓不照幽冥之途，弗及来生之化，虽尚虚心，未能虚事，不逮西域之深也。于是白学访其所以不逮云尔。

白曰："释氏所论之空，与老氏所言之空，无同异乎？"黑曰："异。释氏即物为空，空物为一。老氏有无两行，空有为异。安得同乎？"白曰："释氏空物，物信空邪？"黑曰："然。空又空，不翅于空矣。"白曰："三仪灵长于宇宙，万品盈生于天地，孰是空哉？"黑曰："空其自性之有，不害因假之体也。今构群材以成大厦，罔专寝之实，积一豪以致合抱，无檀木之体，有生莫俄顷之留，泰山蔑累息之固，兴灭无常，因缘无主，所空在于性理，所难据于事用，吾以为误矣。"白曰："所言实相，空者其如是乎？"黑曰："然。"白曰："浮变之理，交于目前，视听者之所同了邪？解之以登道场，重之以轻异学，诚未见其渊深。"黑曰："斯理若近，求之实远。夫情之所重者虚，事之可重者实。今虚其真实，离其浮伪，爱欲之惑，不得不去。爱去而道场不登者，吾不知所以相晓也。"白曰："今析豪空树，无□①垂荫之茂，离材虚室，不损轮奂之美，明无常增其愒荫之情，陈若偏笃其竞辰之虑。贝锦以繁采发辉，和羹以盐梅致旨，齐侯追爽鸠之乐，燕王无延年之术，恐和合之辩，危脆之教，正足恋其嗜好之欲，无以倾其爱竞之惑也。"黑曰："斯固理绝于诸华，坟素莫之及也。"白曰："山高累卑之辞，川树积小之咏，舟壑火传之谈，坚白唐肆之论，盖盈于中国矣，非理之奥，故不举以为教本耳。子固以遗情遗累，虚心为道，而据事剖析者，更由指掌之间乎。"黑曰："周、孔为教，正及一世，不见来生无穷之缘，积善不过子孙之庆，累恶不过余殃之罚，报效止于荣禄，诛责极于穷贱，视听之外，冥然不知，良可悲矣。释迦关无穷之业，拔重关之险，陶方寸之虑，宇宙不足盈其明，设一慈之救，群生不足胜其化，叙地狱则民惧其罪，敷天堂则物欢其福，指泥洹以长归，乘法身以遐览，神变无不周，灵泽靡不覃，先觉翻翔于上世，后悟腾骧而不绍，坎井之局，何以识大方之家乎？"白曰："固能大其言矣，今效神光无径寸之明，验灵变罔纤介之异，勤诚者不睹善救之貌，笃学者弗克陵虚之实，徒称无量之寿，孰见期颐之叟，咨嗟金刚之固，安觌不朽之质。苟于事不符，宜寻立言之指，遗其所寄之说也。且要天堂以就善，曷若服义而蹈道，惧地狱以敕身，孰与从理以端心。礼拜以求免罪，不由祗肃之意，施一以徼百倍，弗乘无吝之情。美泥洹之乐，生耽逸之虑，赞法身之妙，肇好奇之心，近欲未弭，远利又兴，虽言菩萨无欲，群生固以有欲矣。甫救交敝之氓，永开利竞之俗，澄神反道，其可得乎？"黑曰："不然。若不示以来生之欲，何以权其当生之滞。物情不能顿至，故积渐以诱之。夺此俄顷，要彼无穷，若弗勤春稼，秋穑何期。端坐井底，而息意庶虑者，长沦于九泉之下矣。"白曰："异哉！何所务之乖也。道在无欲，而以有欲要之，北行求郢，西征索越，方长迷于幽都，永谬滞于昧谷。辽辽闽、楚，其可见乎？所

------

① 底本缺一字。

谓积渐者，日损之谓也。当先遗其所轻，然后忘其所重，使利欲日去，淳白自生耳。岂得以少要多，以粗易妙，俯仰之间，非利不动，利之所荡，其有极哉。乃丹青眩媚彩之目，土木夸好壮之心，兴靡费之道，单九服之财，树无用之事，割群生之急，致营造之计，成私树之权，务劝化之业，结师党之势，苦节以要厉精之誉，护法以展陵竞之情，悲矣。夫道其安寄乎？是以周、孔敦俗，弗关视听之外，老、庄陶风，谨守性分而已。"黑曰："三游本于仁义，盗跖资于五善，圣迹之敝，岂有内外？且黄、老之家，符章之伪，水祝之诬，不可胜论。子安于彼，骇于此，玩于浊水，违于清渊耳。"白曰："有迹不能不敝，有术不能无伪，此乃圣人所以桎梏也。今所惜在作法于贪，遂以成俗，不正其敝，反以为高耳。至若淫妄之徒，世自近鄙，源流蓑然，固不足论。"黑曰："释氏之教，专救夷俗，便无取于诸华邪？"白曰："曷为其然。为则开端，宜怀属绪，爱物去杀，尚施周人，息心遗荣华之愿，大士布兼济之念，仁义玄一者，何以尚之。惜乎幽旨不亮，末流为累耳。"黑曰："子之论善殆同矣，便事尽于生乎？"白曰："幽冥之理，固不极于人事矣。周、孔疑而不辨，释迦辨而不实，将宜废其显晦之迹，存其所要之旨，请尝言之。夫道之以仁义者，服理以从化，帅之以劝戒者，循利而迁善。故甘辞兴于有欲，而灭于悟理，淡说行于天解，而息于贪伪。是以示来生者，蔽亏于道、释不得已，杜幽暗者，冥符于姬、孔闭其兑。由斯论之，言之者未必远，知之者未必得，不知者未必失，但知六度与五教并行，信顺与慈悲齐立耳。殊途而同归者，不得守其发轮之辙也。"

【按】选自《宋书》卷97列传57《天竺迦毗黎国传》［梁沈约撰《宋书》第45册，宋刻，宋元明递修本。见《中华再造善本丛书》（唐宋编）］。《江苏艺文志·南京卷》下册中说"尝作《白黑论》批判般若本无说，引起佛学论战，影响颇大。"《均善论》为单篇论文，非为专著，故未列入书目。结合文中论述，笔者以为《白黑论》，可能就是《宋书·天竺迦毗黎国传》中引录的《均善论》。

《嘉靖六合县志》载，六合在晋武帝时属扬州，并改棠邑为秦郡，晋安帝时置秦令。《嘉靖六合县志》明确说"惠琳，南宋沙门，秦郡人也"。此处南宋为晋末分裂为南北朝时期南朝之宋国。惠琳作品传世不多，有《论语琳公说》1卷，为清马国翰辑佚，载《玉函山房辑佚书》中。据严可均辑《全上古三代秦汉三国六朝文·全宋文》卷63收录其零散文章3篇，即《均善论》《龙光寺竺道生法师诔庆（并序）》和《武丘法纲法师诔（并序）》（后两篇见于《广弘明集》卷26）。

## 阮孝绪

阮孝绪（479—536），字士宗，南朝齐梁时期尉氏县（今南京市六合区）人。幼以孝闻，性沉静，年十三通《五经》。既冠，已有超然远引之志，遂屏居一室，非定省未尝出户，亲友因呼为居士。喜坟籍。梁普通四年（523），开始动笔，撰成《七录》12卷，成为研究中国目录学的重要文献。梁武帝大同二年（536），年五十八卒，私谥"文贞"。著有《高隐传》10卷、《文字集略》6卷、《正史削繁》94卷、《七录》12卷，均佚。《七录》今人有辑佚本。

# 《七录》序

日月贞明，匪光景不能垂照；嵩华载育，非风云无以悬感。大圣挺生，应期命世，所以匡济风俗，矫正彝伦，非夫丘、素、坟、典、诗、书、礼、乐，何以成穆穆之功，致荡荡之化也哉?！故洪荒道丧，帝昊兴其爻画；结绳义隐，皇颉肇其文字。自斯已往，沿袭异宜，功成治定，各有册府。正宗既珍，乐崩礼坏，先圣之法，有若缀旒。故仲尼叹曰："大道之行也，与三代之英。丘未逮也，而有志焉。"夫有志以为古文，犹好也。故自卫反鲁，始立素王。于是删《诗》《书》，定《礼》《乐》，列五始于《春秋》，兴十翼于《易》道。

夫子既亡，微言殆绝；七十并丧，大义遂乖。逮于战国，殊俗政异，百家竞起，九流互作。嬴政嫉之，故有坑焚之祸。至汉惠四年（前191），始除挟书之律。其后外有太常、太史、博士之藏，内有延阁、广内、秘室之府，开献书之路，置写书之官。至孝成之世，颇有亡逸，乃使谒者陈农求遗书于天下，命光禄大夫刘向及子俊歆等，雠校篇籍。每一篇已，辄录而奏之。会向亡丧，帝使歆嗣其前业，乃徙温室中书于天禄阁上。歆遂总括群篇，奏其《七略》。及后汉兰台，犹为书部，又于东观及仁寿闼，撰集新记，校书郎班固、傅毅并典秘籍，固乃因《七略》之辞，为《汉书·艺文志》。其后有著述者，袁山松亦录在其书。魏晋之世，文籍逾广，皆藏在秘书中外三阁。魏秘书郎郑默删定旧文，时之论者谓为"朱紫有别"。晋领秘书监荀勖，因魏《中经》，更著《新薄》，虽分为十有余卷，而总以四部别之。惠怀之乱，其书略尽，江左草创，十不一存。后虽鸠集，淆乱已甚。及著作佐郎李充始加删正，因荀勖旧簿四部之法，而换其乙丙之书，没略众篇之名，总以甲乙为次。自时厥后，世相祖述。宋秘书监谢灵运、丞王俭，齐秘书丞王亮、监谢朏等，并有新进，更撰目录。宋秘书殷淳撰《大四部目》，俭又依别录之体，撰为《七志》，其中朝遗书收集稍广，然所亡者犹太半焉。齐末兵火，延及秘阁。有梁之初，缺亡甚众，爰命秘书监任昉躬加部集。又于文德殿内别藏众书，使学士刘孝标等重加校进。乃分数术之文，更为一部，使奉朝请祖晅，撰其名录。其尚书阁内别藏经史杂书，华林园又集释氏经论。自江左篇章之盛，未有逾于当今者也。

孝绪少爱坟籍，长而弗倦，卧病闲居，傍无尘杂，晨光才启，缃囊已散，宵漏既分，绿帙方掩，犹不能穷究流略，探尽秘奥。每披录内省，多有缺然。其遗文隐记，颇好搜集。凡自宋、齐已来，王公搢绅之馆，苟能蓄聚坟籍，必思致其名簿。凡在所遇，若见若闻，校之官目，多所遗漏。遂总集众家，更为新录。其方内经史，至于术技，合为五录，谓之内篇。方外佛道，各为一录，谓之外篇。凡为录有七，故名《七录》。昔司马子长记数千年事，先哲愍其勤，虽复称为良史，犹有捃拾之责。况总括群书四万余卷，皆讨论研核，标判宗旨，才愧疏通，学惭博达，靡班嗣之赐书，微黄香之东观。倘欲寻检，内寡卷轴；如有疑滞，傍无沃启；其为纰谬，不亦多乎！将恐后之罪予者，岂不在于斯？如有刊正，请俟君子！

昔刘向校书，辄为一录，论其指归，辨其讹谬，随竟奏上，皆载在本书。时又别集众录，谓之《别录》，即今之《别录》是也。子歆撮其指要，著为《七略》。其一篇，即六篇之总最，故以《辑略》为名；次《六艺略》；次《诸子略》；次《诗赋略》；次《兵书略》；次《数术略》；次《方伎略》。王俭《七志》改"六艺"为"经典"；次诸子；次诗赋，为文翰；次兵书，为军书；次数术，为阴阳；次方伎，为术艺。以向、歆虽云《七略》，实有六条，故立"图谱"一志，以全七限。其外又条《七略》及二汉《艺文志》中经簿所阙之书，并方外之经，佛经、道经各为一录，虽继《七志》之后，而不在其数。

今所撰《七录》，斟酌王、刘。王以六艺之称，不足标榜，经目改为经典，今则从之，故序《经典录》为内篇第一。刘、王并以众史合于《春秋》，刘氏之世，史书甚寡，附见《春秋》，诚得其例。今众家记传，倍于经典，犹从此志，实为繁芜。且《七略》诗赋不从六艺诗部，盖由其书既多，所以别为一略，今依拟斯例，分出众史，序《记传录》为内篇第二。诸子之称，刘、王并同。又刘有兵书略，王以"兵"字浅薄，"军"言深广，故改"兵"为"军"。窃谓古有兵革、兵戎、治兵、用兵之言，斯则武事之总名也。所以还改"军"从"兵"，兵书既少，不足别录，今附于子末，总以子兵为称，故序《子兵录》为内篇第三。王以诗赋之名不兼余制，故改为文翰。窃以顷世文词，总谓之集，变翰为集，于名尤显，故序《文集录》为内篇第四。王以数术之称，有繁杂之嫌，改为阴阳。方伎之言，事无典据，又改为艺术。窃以阴阳偏有所系，不如数术之该通；术艺则滥六艺与数术，不逮方伎之要显，故还依刘氏，各守本名。但房中、神仙既入仙道，医经、经方不足别创，故合术伎之称，以名一录，为内篇第五。王氏图谱一志，刘略所无。刘数术中虽有历谱，而与今谱有异。窃以图画之篇，宜从所图为部，故随其名题，各附本录；谱既注记之类，宜与史体相参，故载于记传之末。自斯已上，皆内篇也。释氏之教，实被中土；讲说讽味，方轨孔籍。王氏虽载于篇，而不在志限，即理求事，未是所安，故序《佛法录》为外篇第一。仙道之书，由来尚矣。刘氏神仙，陈于方技之末；王氏道经，书于七志之外，今合序《仙道录》为外篇第二。王则先道而后佛，今则先佛而后道，盖所宗有不同，亦由其教有浅深也。凡内、外两篇，合为《七录》，天下之遗书秘记，庶几穷于是矣。

有梁普通四年（523），岁维单阏仲春十有七日，于建康禁中里宅，始述此书。通人平原刘杳从余游，因说其事。杳有志，积久未获操笔。闻余已先著鞭，欣然会意，凡所抄集，尽以相与广其闻见，实有力焉，斯亦康成之于传释，尽归子慎之书也。

【按】选自唐释道宣编《广弘明集》卷3（《四部丛刊》子部第477册，景上海涵芬楼藏明汪道昆本）。文后有《〈七录〉目录》，此处略而不收。

阮孝绪，《南史》有传，言为"陈留尉氏人"，但历代县志未录，直至

《民国六合县续志稿》始有著录。清陈作霖《金陵通传》"阮长之"条下注："晋安帝置尉氏侨县于江北，隶秦郡，当今六合地。"可见南朝时期尉氏县即今江苏省六合县（现南京市六合区），故民国《六合县续志稿·艺文志》考订说："孝绪，尉氏人，《金陵通传》以尉氏当六合，有孝绪传。"另外，阮孝绪传说中曾在南京钟山采药，替母治病，可以推定阮氏当为六合人。

阮氏著作较多，且卷帙浩繁，但留存极少。后人多有辑佚，如《文字集略》原6卷，今有清代任大椿、马国翰、黄奭、顾震福、王仁俊、龙璋等分别辑佚本，均为1卷。《七录》，原书12卷，今存《〈七录〉目录》1卷，见于《广弘明集》《全梁文》中。另有《七录》辑本，清代臧庸辑2卷抄本，清代王仁俊辑1卷本。

# 宋　朝

## 崔子方

　　崔子方（一作房），具体生卒年不详。字彦直，号西畴居士。原籍四川涪陵，后徙居六合县南，通《春秋》学。曾任滁州知州，与当时名士苏轼、黄庭坚游。黄庭坚称其为"六合佳士"。《嘉靖六合县志》有传。著有《春秋经解》16卷、《春秋本例》（一名《西畴居士春秋本例》）20卷、《春秋例要》1卷，收入《文渊阁四库全书》经部。

## 《春秋经解》自序

　　始余读左氏，爱其文辞，知有左氏而不知有春秋也。其后益读公羊、谷梁，爱其论说，又知有二书，而不知有春秋也。左氏之事证于前，二家之例明于后，以为当世之事，与圣人之意举，在乎是矣。然考其事则于情有不合，稽其意则于理有不通。意者传之妄而求之过欤？乃取春秋之经治之。伏读三年，然后知所书之事，与所以书之之意，是非成败，褒贬劝戒之说具在。夫万有八千言之间，虽无传者一言之辩，而春秋了可知也。或曰："舍三传，则春秋之事不见，不见其事，而自为之说，是诬也。"虽然，彼恶知三家之善诬也哉。或先经以始其事，或后经以终其说，曰某日为某事，某人为某辞，其详至于数百千言。又臆圣人之意，此某事也讳之，而后云某也此某为之也，欲有所见而后云某也。观之经，则简略而难知，寻之传，则明白而易见，故后之学者，甘心于见诬，而有志之士，虽有疑于其说欲质之，而莫得其术。于是是非蜂起，各习其师，务立朋党，以相诋訾，甚于操戈戟而相伐也。岂不悲哉！彼恶知古今虽异时，然情之归则一也；圣贤虽异用，然理之致则一也。合情与理，举而错诸天下之事，无难矣。且尝谓圣人之辞，至约也。然而不惧后之人惑者，何也？恃情与理，以自托其言而传之于后世，后之贤者亦恃情与理，而能知圣人于千百世之上，而不疑六经之传由此道也。且圣人之有作，欲以绳当时之是非，著来世之惩劝，使人皆知善之可就，而罪之可避也。故明著之经，今日考之，经而无见，必待传者之说而后明，是圣人之经，徒为虚文而已。且圣人岂必后世有三家者为之传乎？其无为传，则春秋遂无用于世矣。假如圣人知后世必有为之传者，岂不曰："吾经之不明，则传者得为异说，以纷纶吾辞，吾辞将不信于后世，安得不为此虑也耶？"是故，其辞必完具于一经之间，其事必完具于一辞之中，虽然圣人，岂敢以一辞之约，而使后世之人晓然知吾之所喻哉？故辞之难明者，则著例以见之，例不可尽也，则又有日月之例焉，又有变例以为言者，然后褒贬是非之意见矣。夫事之多变，则辞之不同，例之不一，与日月之参差不齐，盖不可胜视，及其慎思而精考，则若网在纲，举而振焉，顺乎其有条理也。圣人以辞与例成其书，以情与理而自托其言，则所以虑后世者亦至矣。辞与例，其文也；情与理，其质也；文质不备，君子不为完人；文质不备，春秋不为完经。世之学者，舍情理而专求乎辞例之间，是以多惑而至于失也。左氏之失也浅，公羊之失也险，谷梁之失也迂。左氏求圣人之意而不得，一皆以事言之，而略其褒贬，故常取于近而失之浅；公羊谓圣人欲以成后世法，必有惊动人之耳目而难言者，故常志于难而失之险；谷梁谓圣人苟致意焉不当，浅近易知，必有委曲而深者，故常求于远而失之迂。虽然，是三家之失，其又有说，左氏自以为所传当时之事，足以取信于后世，虽失之浅而不嫌，公羊、谷梁自以为传当时之事略矣，不得不为险迂之论以自见。呜呼！学圣人之道，而方且以自见为心，宜其不合而多失也。今余非固薄三家之论，以为三家之论不去，则学者之疑不决，而圣人之经终不可复见，故度当时之事，以情考圣人之言，以理情理之不违，然后辞可明而例可通也。于经之下各析而解之，名曰《春秋经解》。噫！后之君子，其有意于情理之说乎，吾言其有取焉尔；其无意于情理之说乎，吾言其有罪焉尔！

【按】选自宋崔子方撰《崔氏春秋经解》书首（永瑢、纪昀等编纂《文渊阁四库全书》经部第 148 册，上海古籍出版社 2003 年版）。

崔子方，《嘉靖六合县志》及后世县志均作"崔子房"，音近致误。他的生活经历，现在我们已经很难知道。《宋史》中没有他的传记，李心传《建炎以来系年要录》卷 16［建炎二年（1128）六月戊辰］中记载他"隐居真州六合县"，"虽衣食不足而志气裕然，杜门著书三十余年而死"。《苕溪渔隐丛话前集》卷第52引《雪浪斋日记》云："崔子方喜作五言诗，如'白日行空阔，青灯耿夜阑'，真佳句也。"《永乐大典》卷2741引《仪真志》略述他的行迹，也是十分简单。

崔子方留存的作品，除《春秋》三书外，还有《宋诗纪事》卷41、《金陵诗征》卷36收其诗一首《江上逢晁适道》。

## 季　可

季可（1226—？），《嘉靖六合县志》卷5载其"中宝祐元年（1253）姚冕榜。历官御史，同御史陈过论贾似道党，皆贬斥，朝论快之"。

## 劾权奸贾似道党与疏

以妒贤嫉能之元载，辙① 自比于阿衡，以不学无术之霍光，敢妄称为②师相，专权横行，误国召兵。延羽流塑己像，而坐半闲之堂，收珍奇，聚玩物，而建多宝之阁。视事而蔑宰相，骄淫而妾宫人。讳言纳币以邀功，复留行人而不遣。冈君上以固其位，敛民财以益其家。堂吏翁应龙似道之爪牙也，馆客廖莹中似道之谋主也，王庭③为鹰犬以击正士，刘良贵行公田以扰兆民。天谴于上而陛下不知，人怨于下而陛下不畏。乞诛似道召难丧师之罪，以伸国法，以谢天下④。

【按】选自张启宗增修、施所学等增纂《万历六合县志》卷6［明万历四十三年（1615）增刻本，《金陵全书》甲编《方志类·县志》第24册影印］。署作者为"邑人季可（宋右正言）"。《雍正六合县志》卷末附录《棠邑杂考》、《光绪六合县志》卷7均题作《劾权奸贾似道党与疏略》。

关于季可的生平资料，《嘉靖六合县志》称来源于《嘉定志》和《南畿

① 辙：《雍正六合县志》卷末附录《棠邑杂考》、《光绪六合县志》卷7均作"辄"。
② 为：《雍正六合县志》卷末附录《棠邑杂考》、《光绪六合县志》卷7均作"于"。
③ 庭：《光绪六合县志》卷7作"廷"。
④ 以谢天下：《雍正六合县志》卷末附录《棠邑杂考》、《光绪六合县志》卷7均无此4字。

志》。查《南畿志》卷6有"李可"，与《嘉靖六合县志》记载内容基本一致。《顺治六合县志》卷6记载略详："季可，字与可，将仕郎郑僧曾孙，宝祐四年（1256）文天祥榜。历官监察御史，升右正言，尝同御史陈过、潘文卿论贾似道党，皆贬斥，朝论快之。"龚延明、祖慧编著《宋代登科总录》卷14（广西师范大学出版社2014年版）存两说，一种认为是江苏六合人，另一种认为是浙江龙泉人。并录《宝祐四年登科录》文："季可，第二甲第二十一人，字与可，小名斯可。第万四，双侍下。年三十一，六月十三日辰时生。外氏沈。治赋，一举。娶陈氏。曾祖郑僧，将仕郎。祖仲说。父温其。本贯处州龙泉县，寄居飞溪，高祖知府为户。"对其生平介绍颇详。据上所述，季可的姓名、里籍和中进士时间等出现三个存疑之处，录之待考。

# 明　朝

## 郑　瑛

郑瑛（约 1422—?），字邦润，号闇庵。应天府六合县军籍，东里人。正统十二年（1447）乡试中举，景泰五年（1454）进士，授刑部主事，能执法，京师号曰"郑关门"。后丁外艰，以事忤权奸门达，遂落职，时甚惜之。

## 《六合县志》后序

古者，列国皆有史，以纪国政。文献有足征者，至秦郡县天下，而汉始有地理郡国志，所以辨土疆，陈职贡，同贯利，彰人文，凡事无巨细、无古今，皆在所登载也。后世郡邑志书，盖亦权舆于此欤。其为志者，必也。沿诵训之制，遵笔削之旨，使统纪相承，名实不爽，夫然后可以质前闻而无疑，属来裔而无议也。予六合旧有志，荐更多故，散佚不存，间有一二蠹啮之陈编，盖得之于世族充汗中，腐浥之余，或得此而失彼，或循讹而泯实，或<sup>①</sup>举其略而逸其详，卒无完书，以考见一邑事物之全，诚缺典也。

成化己丑（1469），阳信唐侯廷宣来令是邑，下车之初，深锐意于此，顾时政多先务之急，靡暇及也。又明年，政通人和，百废具举，乃聘致仕季先生馆之于公，授以旧志，欲令修辑，先生直任之而不疑，遂斟酌旧典，采摭新闻，芟繁而取要，因略以致详，门分汇别，诠次成编，中间不无鲁鱼亥豕之患，又得儒学掌教周先生为之校雠，然后是书愈为明备，而无复遗憾也。侯以予为进士时，尝奉命采江西舆地志，恐亦知其端绪，俾之再加隐括，兼以后序见属。予年迈才尽，不能著喙于其间，而序则不敢辞也。呜

---

① 或:《顺治六合县志》卷 10、《康熙六合县志》卷 10 均作"统"。

呼，文献不足征，则采择不备，去取不精，无以取信于世，非为政得人，则信道不笃，见义不为，不能图传于后。今是志也，得先生之纂述，而灿然以明，得唐侯之勤拳，而确然以传，信所谓文献足征，而人存政举者也。兹侯又命工锓梓，以广其传，则其意将使四方之士，有志于远览者，取而观之，则予一邑之山川、疆域、物产、宫室，皆宛然在目，庶少寄卧游之意，而凡风俗之媺，治化之隆，典章文物之盛，人物宦迹之实，后之人或有考焉，亦可无文献不足征之叹，况资之以广见闻，以充知识，又取前修之成宪，以为治身守官之法，则是书之于政教，岂小补哉？唐侯于一邑之志书，其用心之周密且如此，则于一邑之民，不言可知，观其当道交章之荐，朝廷奖异之及，于是益可信矣。侯之政绩昭昭在人之耳目，百指犹不足于屈也，以之登入名宦，而备夫朝廷搜采循吏之实，深有望于后之君子也。

成化十二年（1476）九月朔旦，赐进士第秋官主事邑人郑瑛序。

【按】选自明董邦政修、黄绍文纂《嘉靖六合县志》卷7［明嘉靖三十二年（1553）刻本，《金陵全书》甲编《方志类·县志》第23册影印］。

# 王　弘

王弘（1458—1535），字叔毅，南京广洋卫（今六合区马鞍街道马集社区）人，浦口学者庄昶的女婿。成化十六年（1480）举人，弘治六年（1493）进士。历官行人司、福建道监察御史、广东佥事，官至广东按察司副使，驻守海南岛。为官清廉刚直，守节重名教，有诗名，受时人激赏。其乡人将巴山脚下的村庄取名为"御史王"。后学六合人陆察辑其所著为《巴山集》，已佚。逝后，入祀忠贤祠。

## 西洲书院记

地官唐公平侯，以壬戌（1502）进士，居于家，茕茕衰绖之中，弘往而吊焉。公起谢曰："吾痛吾父，恨不能读父之书，尚余手泽。吾母逾八十，遂弃官归而养。今吾母又殁，口泽之在杯棬者，犹蒸蒸然。顾吾身上之衣，线痕密密，与泪痕班班然相映。计吾父畴昔之言，乃今日成立之地，尚蔽而莫之白也。吾母尝指西洲书院曰：'自汝祖至汝父，及今已数世，所积书俾遗汝子若孙，能读否乎？是固汝父多所藏者，欲起书楼未得，但能置书柜，井井有条列，不能不混然中处。汝高大其门闾，复创是书院，中所藏加多于父。吾妇人犹未谙其意义，尊而南面者何？次而东西向者何？又次而杂然前陈者何？汝父殆念不到此也。'吾启告曰：'古之《六经》《语》《孟》，圣人垂世立教之典，今之御制时王一代之法，故南面而尊。若老、庄而下诸子百家之书，先秦、战国、汉、唐、宋以来之史，他如文人才士诗辞、简札、图志、法帖、及吾父子所自为翰墨，淋漓满卷。此东西向者，子史之所以羽翼乎《六经》《语》《孟》。杂然而前陈者，诗辞、翰墨之类，又所以让乎子史。统而会之，皆尊王之制，亦夫子从周之意云尔。'吾母喜而曰：'汝父亦有是，顾力未之逮焉，汝亦能子矣。勉哉！是之谓孝。汝优游于此，率有岁年，所养亦既足矣。吾老且病，将从汝先人于地下。汝之子孙，其有兴乎，吾得瞑目矣。汝学优而仕，宁仕优而学，岂徒闾里之荣？当出而事君，以平生蕴蓄，冀复用于他日，为邦家之光，斯不负为汝父所以藏书之意。秩然上下而莫紊，以此而卜之，天下亦从而可知也。古之人求忠臣必于孝子之门，汝勉之哉！汝父之所以望于汝者如此。'吾谨识之。子不吾辱，先人之弊庐在西洲书院，易而养优，请一言如左，以备修郡志。"曰："男子生而悬弧宇宙，皆所有之分内事。公遍读而父而祖所藏书，俾若子若孙世守之，可谓能绳祖武，翼子之燕，孙谋之贻者矣，弘何容一喙哉？却忆京师时，会公馆舍，距今十有八年。万里之外，得复拜公西洲书院，公道之甚悉，且孝思不能忘，是将移孝于忠，出而建久大功业，将谋谟庙堂，或经营四方，畏天命而悲人穷，以天下豪杰自负，必天下苍生是望，使匹夫匹妇得蒙至治之泽。是则大丈夫所以扫除天下者在是，安事一室乎？所以万里封侯者在是，久事笔砚乎？夫然后归而西洲书院未晚也，弘何容一喙哉？痛惟吾母已不在世，先人之弊庐巴山尚无恙，兹欲携海南稿而归，得一言冠于其上，置诸经书子史之末，适足以为吾道之光。巴山草堂，白头拄杖，倘海南人过而寄声，宁不为去后之思矣乎？请以奉公，公无亦曰海滨邹鲁之风？"试问东坡与近日丘老，皆文章巨公，正中国道化所及，骎骎乎而独盛。巴山乃汲汲欲归，或者殆未之知也。正德十四年（1519）冬十月记。

【按】选自明唐胄纂修《正德琼台志》卷17《社学附书院》[明正德

十六年（1521）刻本残本，《天一阁明代方志选刊》第 92 册，上海书店 1982 年重印 1964 年影印本 ]。题目为编者所加。据《正德琼台志》卷 17 载："西洲书院，在郡城东一里许，正德间主事唐胄建，为读书所。清河张少参简以胄弃官归养而学，扁曰养优书院。后宪副王巴山先生叔毅按琼，就号易今名，为记之。"

## 《半江先生文集》后序

弘少居江北，先生居江南，领丁酉（1477）乡荐时已知先生名。辛丑（1481），弘计偕春官，先生以天下第一人，天下皆知先生。弘归，而尚未有以识其面也。癸丑（1493），始窃一第，试秋官政，时先生已正郎署，得常常见之，犹自嫌以晚进末学，未敢即亲就，大贤为吾师，次贤为吾友，旷古幽怀，不徒欣慕爱乐之而已也。窃自分以为有日，寻补先生外台，董学政于江浙首善之地，俾有以知斯文之有在，后学有所兴起，微先生而岂谁哉？弘益知所向往，但古之人，门路自别，虑未有以破其藩篱而窥其阃奥，以酬夙昔之心，海内之士倘不吾辱，尚幸有所资益，亦间得先生诗文稿一二，特未得睹其全编。时先生总东广<sup>①</sup>按察，百度<sup>②</sup>具举，教化兴行，积微以至著，自近以及远，骎骎乎上之殊未艾也。观其言曰"岭表春回遍十郡，和风甘雨；台端法正凛三秋，烈日飞霜"，吾人至今以为楷范，诵之不能忘其志愿，岂可少哉？是将大启时人之耳目，一新天下之观听，毕献群策，覃有群力，天下豪杰将奔走焉。畴昔所以自负于天下，必天下豪杰是望，天下苍生，匹夫匹妇，莫不欲得蒙政治之泽，思见德化之盛，鼓舞运用之机，必有难言之妙，意先生真若人也，独文乎哉，亦岂徒科目之荣尔哉？未几先生捐馆舍，天不欲福斯民乎？何夺先生之速也？文不在兹乎？弘备员东广，步武先生后尘，亦既数年矣，乃出按海之南北，历郁林象郡，登合浦，过雷门，驻札极目鲸波，珠崖儋耳之外方，神游乎寇司户、苏长公，抱余光而坐下风，宛若睹其面目，羹墙梦寐，是窃有志于古之人矣。矧于今之人乎哉！先生平生所为诗文，体裁不一，色色皆备，而流出肺腑，物物皆春。诵其诗，读其文，不知其人，可乎？充足于有余，厚积而薄发，苟以是推之，必大有为于天

---

① 东广：疑为"广东"。

② 度：疑为"废"。

下，使天假之以年，过此以往，未之或知也！铅山费先生、阳明王先生皆文章巨公，琅琅乎冠于篇首，千万古耿耿不磨，顾弘何人，而敢厕于其后，亦得以附是名于不朽也！特以景仰前修，追陪岁月于老之将至，借重海南稿，僭入海北稿，携而之巴山，愈增光焉耳！先生号半江，栗夫字，宽名，是则天下之所知而垂诸后世者，弘无似复赘一言于左。正德十四年（1519）己卯十二月八日巴山道人王弘书。

【按】选自明赵宽著《半江先生文集》书尾〔清康熙六十年（1721）刻本，沈乃文主编《明别集丛刊》第 1 辑第 71 册，黄山书社 2013 年版〕。

# 祭庄昶文

弘治庚申，六合侍御巴山王公弘，先生门婿也。其祭先生灵有曰：

呜呼！我公庄之为氏兮论其家世，其来远矣兮严陵之裔。幼而颖悟兮古之风制，天资速成兮早登科第。致身乎金马玉堂兮，谓吾君可以为唐虞之帝，封章上渎言之忠兮，置参苓药笼之砭剂。龙颜之怒动九重兮，虽迁谪而犹幸其遭际，汉廷故事长沙可召而还兮，署大行之清制。果投闲而置之散地兮，占江南之佳丽，将从此而置之高位兮，独飘然而远逝。谓才猷可以济时兮，而竟不得一试，谓文章可以华国兮，何有于制诰之一字？仰日月之光于天门万里兮，何敢废君臣之大义？托烟霞之所于大林长谷兮，犹不忘苍生之覆庇。王公贵人与往来兮，初不见其自异，山童野叟相接引兮，亦多所蒙被，太平田野兮，实惟君恩之赐。声名海内兮则亦公之所致，诗文翰墨遍满天下兮，谁得而拟议。岂任道之重在我辈兮？抑孰知渊源之所自？愧予小子知向往兮，惜不欲专其一艺。窃自幸能自得师兮，敢庶几日窥其涯涘？溪云活水与之游兮，叩其内之刚厉，天峰草阁与之登兮，览其外之光霁。忆昔糟糠当不下堂兮，失此伉俪，感公知己兮，许其可妻，辱在东床兮，顾不能为佳婿。正栖迹于衡门兮荷真书之飞递，我亦叨忝趋天阙兮，望仙舟而共济。圣明梦卜以求贤兮，胡为众议之阻滞，乃拜官得补旧兮，统僚属于皇华之使。冰清玉润与之同堂兮，何澹然而无事，白首为郎谁之念兮，清庙之器，再一转而涉天曹兮，谓留都为根本之地。时有识者重国体兮，岂特为人才之弃？犹禄隐兮惜其为薄书之累，忽老病兮力不能以卧而治。于是乎归而定山之阳兮，得从容以自遂，顾瞻犬亩以终身兮，传家事于冢嗣。岂泉石膏肓而竟不起兮？乌可得而行窝野寺？痛惟我母之服阕兮，得拜公于戊午（1498）之季，岁升公堂而入室兮，已不能如昔之周情孔思。岂一别而遽为永诀兮？恨关山之迢递。乃者奉命使王国兮，始即闻讣音而内自惊悸。呜呼！我公君子之穷兮吾道之弊，哲人之痿兮我心如醉，死生命矣兮又何有参同之契？顾余小子怜老父兮，欲请命而为一朝之侍，瞻彼白云系我怀兮，忍不肯望铭旌而吊祭。矧公之季女处我室兮，情深之精卫，道途修阻旷日迟迟兮，恨不能一蹴而至，形神恍惚于夜未央兮，或见之于梦寐，决东海之波兮堕无穷之泪，罄南山之竹兮固不得而写其平生之志。呜呼！我公钟秀气于岳神兮，后难乎其为继，愧予小子知领略兮，至于今而犹望其磨励。吁嗟乎！公可哀兮奚独为一人之计，公不可哀兮阙世道之隆替。呜呼噫嘻！过白驹之隙于黄粱之梦兮，百年为易，挹朝露之清于轻尘之草兮，人生如寄。若公可谓中流砥柱，浩然独存兮，千万百年而无愧。公其有知，鉴此诚意，而今而后，何得起公于九原兮？庶或以予言为不赘。呜呼哀哉！

【按】选自明庄昶撰《定山先生集》补遗［清乾隆五年（1740）刻本，沈乃文主编《明别集丛刊》第 1 辑第 57 册，黄山书社 2013 年版］。题目为编者所加。

## 黄　骅

黄骅，字德远，六合县东二图人，副使黄肃子。嘉靖三十一年（1552）中举，授江西丰城教谕，升直隶曲周知县，再升江西南昌府同知，致仕。曾参与《万历六合县志》的编纂。

## 书《六峰政纪》刻后

骅读北山公《六峰政纪》而知安攘之易易也。夫六合滨江，而民伍杂处，为南北通途，地无城郭，盗贼潜滋江涛，肆掠尤甚。司土者少不加意，则民恒中其毒。公风望棱棱，卓荦不群，世有令德，才兼文武。是故临莅兹邑也，首先咨诹，载重稽考，三令五申，克诘戎兵，立恩威，明战守，耳目睹记班班然。观诸《江防议》《下车约》，可概见也。是故咨诹见度，稽考见察，申令见教，诘戎见略，恩威见政，战守见律，故曰读《六峰政纪》而知安攘之易易也。

《诗》曰："文武吉甫，万邦为宪。"夫道有二乎哉？凡学者，将以学夫文武之道也。三代而上，文武出于一，后世始歧而二之。古之治，所以专矣于前，而莫继于后者，职此而已。孔子之圣，弗可及矣。古今称文之至者，必归焉。其曰："博学于文，约之以礼"，二者居天下之大端也。及夹谷之会，华夷之防，神人之辩，轩轩然于今为烈，何勇如之？故礼乐战胜，百王之所同，古今之所一也。是故阴阳异气而同化，刚柔异质而同成，文武异业而同用，未之或偏也。公秉廉敦化，右淑抑慝，躬战教民，教知向义。今六合安堵，时物康阜，长江迤逦，绝无盗警，行旅称便，非文武并懋之教故耶？邑者刻兹议约，盖表公始终为民之盛心，永其绩于梓。附诸歌咏，复征绩于言也。骅无似，窃述邑者之意于末简，且以彰公致民爱而怀之之故有如此者。

嘉靖癸丑（1553）岁春暮之闰，门生黄骅顿首拜书。

【按】选自明董邦政撰《长春园集》下册（明抄本，私人藏）。

## 《甘棠遗爱》序

或问："为政有几？"曰："孝爱，以事君则忠，以事长则顺，以莅官则敬。如梧柏李侯，其孝思永言矣乎。"侯自幼有至性，学道立身，科名以显迹。试宰我棠，即能弦歌礼乐以雅化风俗，而阴淑人心，难乎殚言也。衰集耳目所睹，记观会通，而摭其嘉美之尤，汇次成编，名曰《甘棠遗爱》，则众论之功归焉尔。

夫棠之为物，人情共推，湛乎其有悠长之思者，或以树德，或以树功，或以树言，而皆足以致吾所爱。盖自召伯修身正家，以宣布文王之德，有司请营邵以居，伯不忍伤民之力也，出就蒸庶于阡陌陇亩之间，庐于棠下而听断焉。兹甘棠之所由作，德爱树之也。晋栾武子缵绪先卿之功，佐其君以雄诸侯，用以保族宜家，永世攸赖，百姓思之如周人之思召公焉。兹甘棠之所由庇，功泽树之也。韩宣聘于鲁季孙，从而与之语欢焉，肆尽友于之情，宿有嘉树，宣子誉焉，宿拜曰：敢不封殖此树，以无忘兄弟婚姻。兹甘棠之所由咏，歌仁人之言树之也。

今主君在邑，教养斯民，子以及子，专务德化，以无负所学，见于博士弟子员所推，及《十谣》可考，召伯之树德也。主君在邑，待士练兵，刚柔敷政，体统不紊，而综理精明，见于上司褒奖，及《十谣》可考，栾书之功也。主君在邑，兴利以革弊，节用而爱人，至诚感神，荧惑退舍，仁心仁闻，其利博哉，见于《感天居记》及《十谣》可证，韩起之言也。管子曰："终身之计，莫如树仁。"以今民情国论，同心戴侯若此，其为树人忠矣。根本节目之大，其棠不亦甘乎？扶舆蔽芾之荫，其爱不亦远乎？诗云："岂弟君子，民之父母。"父母有善，而不知匪克类也，可无传乎？可无传乎？兹《甘棠遗爱》所由辑也。万历甲戌（1574）仲春上浣吉旦，奉政大夫同守南昌府事致仕奉诏进阶朝列大夫邑人望山黄骅书。

【按】选自清刘庆运修、孙宗岱纂《顺治六合县志》卷9［清顺治三年（1646）刻本，《金陵全书》甲编《方志类·县志》第25册影印］。

## 《续修六合志》后序

尝闻传言失旨，图影失真，志可轻议乎哉？志即史之遗也。作史者，是非定其衡，抗抑综其度，劝惩昭其典。忠义孝节，金管书之；善最循良，银管书之；藻翰绘词，斑管书之。志不越时事，而观者足以儆譬。武库羡储，精粗具备，随俗雅好焉尔。我六建邑以来，亦相沿有旧志，惜残缺失次，文献不足征，久矣。海岱北山董侯以身寄一邑之保障，政成锐情，斯文珍之，公署焕乎，有完书也。越此二十余春，因革异宜，盛衰代变，殆有弗可尽信者，暨李侯桐柏公以孝子来莅兹土，忠信慈惠，惇大明作，甫及三载，循循然政通而人和矣。表剡盈庭，歌谣载道，尤不自暇逸，尚友咨猷，一旦览志，而叹曰："典籍弗修则逸，修而无据则繁，亟就易简者更新。"乃延余数辈，馆于净室，以传盛之任托焉。余受聘，遂与诸子言曰："公有百世心，吾党可弗敬承乎？"孝廉陆生察即取历年私考，并旧志折衷，删其繁，弗使牵于故，核其事，罔俾徇于俗，分更分漏，大书特书，一洗闻见之讹，而厘正之。庶乎上而天道，乘是度数彰矣；下而地利，乘是沿革备矣；中而人事，乘是淑慝辨劝戒明矣。三才之变管于是，而陈风省方，与有采择，修政齐教，与有更张，考中度衷，与有兴起。镜前闻，示后鉴，凡谨书而备录者，不啻若丹青，然则斯史也，不亦可信而传乎！虽然文能传人以迹，不能传人以心，凡此简书，不过史之陈迹耳，而史外传心之典，敦与指示哉？我侯卓鲁其行，孔颜其心者，未可易述，惟后之司牧缘迹究心，推类通变，则此史之心法，当有越古今相默契者，否则史之不衷，焉用文之。吾深望将来，故于末简申意云。万历甲戌（1574）仲春上浣吉旦。

【按】选自清刘庆运修、孙宗岱纂《顺治六合县志》卷10〔清顺治三年（1646）刻本，《金陵全书》甲编《方志类·县志》第 25 册影印〕。

## 感天居记

记曰：仁人事天如事亲，故视听不违形声，而锡类同乎民物。盖天爱其所生，如父母爱其子，岂有牧天所爱，而不轸念其疾，谌信于亲心者哉？六合，古扬州分野，厥田下下，加以天灾流行，旱熯为沴，是其疾也。仁人能勿忧乎？

我桐柏李侯，至性孚于家邦，起贤科，尹兹邑，仁孝诚敬，著存不忘，有感必通，有忧无匮。岁隆庆壬申（1572）孟夏，爰始谒大京兆，行迈至郊，睹畦苗焦瘁，潜涕默祈，至诚动应，歘忽阴纵，蕴隆成云，霖霂成霖，随车成泽。阅旬，余烈寻兴，侯复劝农忧恤，洁斋薰蒸，亦致澍应，是一月而应祈者再，时雨也。毕，协种莳什八九矣，尚虑夫狭泯望。夏五月朔，仍禁屠酤，开坛城隍，上方行香，徒跣步拜，命缁黄夹辅均礼，雷行霅霅，信宿乃止，欣欣喜色相告，时雨也。滋大繁硕，有不得其养乎？越十有五日，毁土晙睨，魃祟斯频。甲辰乙巳，西登上帝阁，东谒龙王庙，霙霶溟濛，丁未备舠，取水龙池，微服步叩如初礼，老稚千数，且拜且歌，其词哀吁凄婉，声震郊外，佥谓："我父哀民困急，愿天垂怜也。"旋拜回阁，往来沾冒，是一月而应祈，又至于再也，时雨也。禾易长亩，其有不至于秀者乎？夏六月丁巳，距不雨仅十日，侯重隐忧，具祷于水亭，翌日，雷厉滂沱，万宝垂成，是历时五祈，每祈即应也，时雨也。异亩同类，苗其有秀而不实者乎！万历始元（1573）夏，亢阳当道，檄县祈雨，侯斋戒剪祓，一祈响应，四洽丰登，是又易岁六祈，有志于民，获报于天也。往年时届小寒，雪不应候，侯恐无以凌疹毒害，乃率属洁诚斋邀，灵霭攸同，滕六献瑞，积素灵岩，暨于盈尺，此祈雪感天，又一度也。悯雨与民同忧，喜雪与民同乐，其取如携，其应如答，甚哉！侯之得天也，此岂天私与侯哉？盖以仁心求之，则亦天之与子，精神默契，有不自知感通焉尔。

昔鲁侯重谷务，屡书不雨；秦伯务力稑，感天降粟。今侯捍患御灾，生此百谷，斡旋元化，谁不曰侯有功民社者？宜勒金石，垂之不朽。然不敢贪天功为己力，问及于侯，则寂若无焉而退然，不自为功；问及士民，相忘顺治，而皞皞乎不自知其恩；问及彼苍，日监在兹，茫茫然若有主宰，而归恩于冲漠之中，如其仁，如其骅也。睹兹盛事，遂识其颠末，刻于后堂斋宿止，所惟不愧屋漏以无忝所生，我侯奉天之事毕矣。

侯名箴，字训之，别号桐柏，台州临海吉士也。与予又乡同年云。万历甲戌（1574）仲春上浣吉旦，奉政大夫同守南昌府事致仕奉诏进阶朝列大夫望山黄骅书。

【按】选自清刘庆运修、孙宗岱纂《顺治六合县志》卷 9［清顺治三年（1646）刻本，《金陵全书》甲编《方志类·县志》第 25 册影印］。

## 陆 察

陆察，明代六合庠生，具体生卒生平不详。六合进士王弘的弟子，曾收集王弘的遗著编为《巴山集》。他曾搜集历代乡邦见闻，编成《志略》一书，成书于 1561 年（辛酉）。曾参与《万历六合县志》、万历《江浦县志》的编纂，将自己积累的资料充实进去。因此杨郡在《重修六合县志跋》中说："诸公之功，孝廉陆生察为力居多，予滥侧其末。"

## 六合县尹省余董公去思碑

隆庆己巳（1569）四月维夏，省余董公奉明天子命父母我邦，敷政宜民，泽流声溢，元臣疏荐，当路交牍，金拟有服大僚，普施宇内，顾耻逐时，好雅志，乞休。辛未（1571）孟春，始获解绶，即挟来筇柄，宪符、什器剩赇，悉置弗摭，飘然而归。凡我旄①倪攀挽迻謷，犹失怙恃，追之邻郡，环之越宿，终莫能留，爰祈禬影图，称觞作颂，奉容悬焉，以寓厥思，既历岁时，思之弥笃，乃伐珉陈迹，谒察为记。察力谢寡昧，毫倪再拜，言曰："得人维公，知公维人。矧令先君父母临朐公为传清白，今日之事，子盍记诸？"遂不可返。窃闻论政有凡，凡归思斁。若思也，于去位不于莅官，于明农不于迁秩，于金石永被不于口耳仅闻，休兹勒铭，观治观俗，尚亦有赖哉。公宅心平恕，砥节贞孤，性敏而鉴精，器宏而奉约，单车之任，弗以家累自随，报国则出入戴星，体亲则献为告帝，克忠克孝，动罔不臧。轸念膏脂，创镌戒石，持冰蘖，绝苞苴，赎鍰积缪，咸充积贮，市廛里甲，不染纤毫，经费百需，无内外，无巨细，恒资常禄，禄筀不给，往往取盈于家，所埤垂八十金。土物称是刷卷，公罚故事坐在官者，特出私帑，左右止之不听。校艺谈经，额赐终岁，匦颁弟子员，深惧乾没诸司，委勘馆谷，自将兼赡，仆人矇匮，每行率以为常。我本畿辅冲衢，冠盖相望，惟痛省供亿未尝损下媚人，间有逾分伪儒，折夫觊餉，任怨峻辞，用是轮蹄声寝，稀廥庬支，寝节视昔倍蓰。值大欶，恫瘝乃身，简任信义，父老日亲馈飨，俨礼宾然，相与区画儹儆，劝输兴发，出谷而赈以万计，设糜制饵，而活各以千计。勘洲而得捐租鎏，凡四百有奇，勘屯而得准灾卫，凡三十有奇，周急而继庖廪士，凡二十有奇。甚至薄赋缓征，解衣挼溉，逋楮捐完，类非世吏所能办。尝稽往乘，讲民瘼弊窦，利源建白，惟允杜典龙津之弱，得裁代江浦之置徭，详覆运河奏新，邑篆捐赀濬泮，改作祠，兴砟刻，公移颠，在他若甘霖，格夜禁，严练阅，勤驺从，减饮贶，恧搽充，征惇独，收儜子，植干请，据力役纾，莫非便于民者。民有妇造庭，随剌是非，令之讲解，一答不妄，一纸不科，堂无喧嚣，野无勾摄，狱无淹滞。广德属邑，不远千里，皆来质成，平反息争，直欲底于止辟。尤仰承制，使恪服宪纲，弁颜孝友世家，章察累叶，树风声而惇人纪，君子亟以知务称之。迹公攸行，大都彦匪惰，仁匪悰，勤匪憨，明②匪徼，公慎而匪夸，毗节爱真，纯元元自不忍释传云。所居民富，所去见思者，公其有焉。夫惜公之去在民，系民之思在公，治嘉俗嫩，三代直道，征兹自今，思视丰碑，永世无斁，庸恕来牧闻观风，传列秉笔，足谓不朽，独思公也乎哉。公名润，字济时，世为东鲁济

---

① 旄:《顺治六合县志》卷9作"毫"。

② 匪憨，明:《顺治六合县志》卷9无此3字。

宁望族，学博行端，蚤膺癸卯（1543）乡举，临文不讳于礼，得书手事氏，民备镵诸左，敬为记以塞请，而复系之以诗。诗曰：

维操孔峻，维惠孔长。定山屹屹，滁水汤汤。

公去民思，水流山峙。流峙或穷，去思无替。

直述口碑，金归稗史。自史识之，伊神监止。

隆庆壬申（1572）秋八月甲子邑人陆察撰。

**【按】**选自张启宗增修、施所学等增纂《万历六合县志》卷7［明万历四十三年（1615）增刻本，《金陵全书》甲编《方志类·县志》第24册影印］。底本文字漫漶，部分无法辨识的字据《顺治六合县志》卷9补。

## 杨　郡

> 杨郡，字君牧，号月溪。六合县留守右卫人。千户杨志刚后，嘉靖十四年（1535）岁贡，授河南许州吏目，丁忧复补湖广随州。工诗，"善图美人，情非借笔，势或因风，里中人咸珍之"。有《杨郡诗集》，今逸。曾参与《万历六合县志》的编纂。

## 《重修六合县志》跋

古人以作史为难，具三长乃可言史。予谓三长固难，信笔尤难，有信笔然后有信史。志亦史类，讵可无信笔乎？是举也，桐柏李侯创其始，以三邑博莅之，以乡大夫黄望山总其事，同事六人，秉公一志，随事实书，冈敢以私见独任，惧弗信也。开馆于东岳行宫，试笔于万历癸酉（1573）嘉平之吉，脱稿于甲戌（1574）二月中浣。中间天文地理、治化文章、古今事迹，概凡志邑所当纪载者，旧本已具，略加采辑，至于沿革人物、民数差徭、军需课贡、田亩洲场，或疏漏简率而考索未尽，或因革损益而先后不同，则又搜罗番阅，博采群书，总类分科，质以成案，视旧愈详。诸公之功，孝廉陆庠士[①]察为力居多，予滥侧其末，不以衰陋自诿于笔砚，亦有分代之劳，故

---

① 庠士：《顺治六合县志》作"生"。

于事体切要，系于一方轻重利害处，间出己意，窃附数言，以备采取，文艺工拙□所记①也，所重贤能茂绩，方策具载，遗爱犹存，民之不能悉记者，则又概举一二，以树效法，弗类而重拂舆论者则弗书，善善长，恶恶短也。书弗书，以寓美刺，惩劝攸存，庶几信笔，文献有征，后此而官常六事，以德以功，将垂不朽于六者。披阅之下，不无小补，然以番刻劳费，多仍旧本，详略补续亦大凡耳。删订所②未尽，意见所未及，以俟后之君子。万历甲戌（1574）春二月既望，林下散樗邑人月溪杨郡跋。

【按】选自张启宗增修、施所学等增纂《万历六合县志》书后［明万历四十三年（1615）增刻本，《金陵全书》甲编《方志类·县志》第 24 册影印］。

## 方澄澈

> 方澄澈，六合人。万历四年（1576）贡生，官至温州府通判，为官"庭清如水"（乾隆《温州府志》卷18），时称廉吏，从祀温州名宦祠。他的父亲方锦，字公衮，江西贵溪人，岁贡生，嘉靖中任六合教谕，教士有贤声，在任三年半，摄邑篆亦以能著称，升襄阳教授，卒于官。方澄澈后卜居并移籍六合，曾参与万历二年（1574）《六合县志》的编修。

## 天人交感图记

甘棠君驻骖观化之野，有康衢里人过其前，邀而问曰："吾子将何之乎？情适于步，喜溢于颜，怀袖累累，载方载圆，灿分织绵，瀹分云烟，试语予略，以备采焉。"里人致恭而对曰："吾有父母，实维李侯，握符宰邑，三年是周，异政种种，百度孔修，绘图记实，庸彰厥猷，天有曜纬，八柱圆灵，下察上应，休咎相形，庶民惟星，从厥攸好，卿士师尹，师之有道，我侯德业，感通天人，各拟八图，烨然错陈，中象坤舆，博厚承载，圆拟乾环，高

---

① □所记：《顺治六合县志》作"所不记"。

② 所：底本无此字，据《顺治六合县志》卷10补。

明无外。"甘棠君曰:"美哉! 作图之意也。所谓感天有八者何?"对曰:"历岁亢旱,侯祷惟虔,甘霖辄注,底于康年;隆冬强半,愆旸如焚,侯方祈祝,三白霏霏;时值里居,卒染疫疠,侯禳逐之,惠溥以济;火燎士庐,风高焰亟,侯车往临,风返火息;文昌祠建,赫映三台,卿云璀璨,运自侯开;德协天心,民安物亨,一稃二米,元气所生;再观瑞麦,连云两岐,岂独渔阳,专美于斯,虚衷独戚,众颜允欢,和丰三载,出自琴端。凡此八政,感天之功,丹青绚烂,悉具其中。"甘棠君曰:"异哉! 感天之图也。所谓感人有八者何?"对曰:"俗违圣谕,廑侯之忧,敷宣乡约,人让其由,吾庠久湮,侯新庙貌,成于不日,兴我文教,积弊巨奸,候无智刃,顺侯之德,向风孚信,通陆滨江,狐鼠潜行,侯奋武卫,月白风清,岩谷老叟,异侯德政,谣诵交传,三公是庆,豪猾相竞,徂陌徂阡,劝农敷训,历历让田,祥瑞丰登,献耆表异,舆议造亭,天官作记,志书难尽,赋述多方,另集遗爱,统以甘棠。"曰:"异哉! 感人之图也。天人交感,白下莫群,兹十有六,愿洒奇芬。"里人乃飏言曰:"古貌古心,罕与侯伦。天植其德,纯孝至仁。侯为孝子,永作忠臣。侯为仁人,优于享神。天民感格,惟此识真。"甘棠君喜而叹曰:"子其真知侯者欤! 侯可以继甘棠之休风矣!"于是里人笔其问对,更华以金,昭懋德之渊涵,表异政之仪刑,谨献诸甘棠之史氏,而上达于天子之大廷。万历甲戌岁(1574)孟秋,应天府六合县学生方澄澈撰。

【按】选自清刘庆运修、孙宗岱纂《顺治六合县志》卷9[清顺治三年(1646)刻本,《金陵全书》甲编《方志类·县志》第25册影印]。

## 季 恩

季恩,字光甫,六合东里人。万历二年(1574)贡生,仕直隶霸州判,升陕西清水知县,谦恭缜密。著有《季恩诗集》,已佚。

## 重修六合县儒学并祭器记

六合县学建自唐之咸通中,屡易厥址。宋治平徙于城隍庙冈之上建,明隆庆壬申(1572)临海李侯莅兹邑,相其庠之虎山雄峙,朝水返跳,复迁于本基之右，经今三十余载矣。嗣是科第延绵，委有明验。无何，积雨飘风，竟为栋宇之蠹，适文源何君署篆，谒文庙，目击黉宫朽敝，祭器凋残，遂谋诸学博龚、黎、商三君，暨弟子员傅希说等，欲修葺而充拓焉，不费公帑，捐俸鸠匠，委耆民贾芳等七人董其事。不逾月，而殿庑俎豆重新，云路屏墙阔大，君之劳勋著矣。惟时江院李公巡历临学，见圣域焕然，于考察日谕曰："政声洋溢，井井有条，其代署而仅见者哉！"君讳洛，字思禹，四川南江人。万历三十三年（1605）乙巳岁仲秋吉旦，文林郎知陕西清水县事邑人季恩书。

【按】选自清刘庆运修、孙宗岱纂《顺治六合县志》卷9［清顺治三年（1646）刻本，《金陵全书》甲编《方志类·县志》第25册影印］。

## 孙拱辰

孙拱辰，字子极，别号斗垣，六合东三图人，学者孙国敉的父亲。万历七年（1579）举于乡，授江西抚州推官，移守山东临清，振济有方，荐为"山东循良第一"。为阉党所中，罢归。卒祀乡贤。米万钟为之撰墓文。著有《实政纪要》《赐书堂文集》，均佚。

## 重修六合县儒学碑记

六合为畿邑，然学不甚著。自隆庆中，庚学宫于坤方，而科目稍苗。虽余之不肖，亦滥厕诸君子之后，岂非地气使然耶？而以余计三十年间，登隽者才三四人，或盛衰有时欤，抑有待耶？

万历戊申（1608）春，介公以京兆法官来摄兹邑，上丁释菜先师，于时黉宇圮敝，为瞿然不安者久之。适李公以乙榜来署学政，锐意振铎，顾西庑尤倾甚，请于公议新之。遭岁俭，难为理，公乃欲出俸钱而摄无俸也，则蠲赎锾，多方补缀，始易漂摇为轮奂，渐及殿堂、门舍有差。公之摄而修良勤己，公家世名公卿，迄摄县以经术缘餙吏治，补偏剔蠹，芘良法奸，其政之卓卓者未易赞美。修学，故政之大，而在公又绪出之耳。于是李公辈介、诸生张问达辈，以丽牲之石，属余纪其事。

031

余惟年十五充邑诸生，讲诵何书，游息何所，事何父师，群何友朋，宛然记忆如昨日事。然近微闻胶庠间后学诸生，礼教揖让，少衰于曩昔，顾独游冶斗靡，径窦取捷，似前辈所不逮。此岂尽然，而万一有之，视三十年前，安能无朱弦疏越之叹乎？即科目蝉联奚取哉？余愿游于斯者，划华返拙，筑厚补薄，力修其本根，以毋负介公。虽摄亦修学之雅意，若恃地灵，徼宠荣，儒者所薄，余不愿为邑人士述也。

介公名梦龙，山西解州人；李公名春荣，浙江嵊人；商公名雨，山东武城人；王公名祉，四川富顺人，例得并书。

【按】选自清刘庆运修、孙宗岱纂《顺治六合县志》卷9［清顺治三年（1646）刻本，《金陵全书》甲编《方志类·县志》第25册影印］。

# 宿长芦寺应梦记

余幼失怙恃，颛赖师友以食。贫，故授经塾中，真教学半也。一再蹶名场，自谓非计。乃有长芦古寺，距邑二十里而近，洵我辈读书地。己卯（1579）之役，爰订同社兄弟翁君梦麟、季君概、朱君镇、马君筹、陈君士英、钱表弟兆旸，同以首春傚长芦僧寮。僧寮四，仅馆诸兄弟耳，无馆余者，不得已而植篱于初祖殿中之东南隅。研席炊具，难分位置，不施扄钥，一童子尸之。及把卷走笔，不能不徙倚露柱之畔，虽未尝自以为陋也，顾过者陋之矣。

一夕，梦有伟丈夫，圆颅方瞳，颜如渥赭，衣绯袍，俯身而入，且呼曰："吾语汝是年也，汝当得隽，毋自苦。"语次，若为慰藉至再者，遂别去。梦觉亦不省所谓。迨蚤起盥栉，出见南面殿中者，固俨然梦中伟丈夫也。余实骇异，罔知所承，即郗桂一枝，不中与庭前柏树子作奴，讵意划除言语文字之初祖，乃藉一帖括鄙生乃尔耶？亟取一瓣香称谢。密意所不勉，自斧藻其德如斧藻其文，以报佛恩者，有如江水。假令余学道愿深，名心不热，则初祖之诏余计，必有进于是者，而惜乎其仅以世谛告也。是役也，余果得隽，梦幻浮名，不敢告人。顾寺僧弥峰谓选佛场中心空，及第不可无片语记莂，以告后来之问苇渡者。爰次第其语付之。万历己卯（1579）十月望日书。

【按】选自清刘庆运修、孙宗岱纂《顺治六合县志》卷10［清顺治三年（1646）刻本，《金陵全书》甲编《方志类·县志》第25册影印］。

## 厉昌谟

厉昌谟（1545？—1597？），字崇善。南京龙江左卫军籍，六合县人。万历十六年（1588）举人，万历二十年（1592）进士，授江西宜黄知县，调新喻县，升兵部车驾司主事，晋员外郎。著有《竟成草》，已佚。孙国敉为其作传，收入《顺治六合县志》中，见本书后文。

## 六合县张侯去思碑

六合隶金陵，为汤沐邑，邑小政烦，青城张侯以戊戌（1598）莅兹土，凡三阅稔而著迹，诸监司异其政冠郡诸邑，贤声流播遐迩。乃庚子（1600）秋，侯以忧去，邑父老子弟转相皇棘，不啻乳提之失慈母。然学谕赵君暨司训王君等佐属，典史张君并诸弟子员，感荷伽懞，受鼎惠，思侯之政，谋所以识其不忘者，请记于余。

余读《汉书·循良传》，所称述贤守令，若卓、鲁、召、杜诸君，其治行往往为天下第一，而民爱之如父母，谣俗至今诵说不朽。考其政，大率善政之及于民者深也。侯廉明精敏，贯达吏事，迎刃而解，议论风生，姑无论其安民之大者。驿费烦扰，驰久蠹生，民受其弊，侯设法区处，曲为裁省，而驿困苏矣；牙会鸱张，商之所困，清刷布程，而商无稽留之苦矣；中贵多事，税征严急，侯阴护调停，而民赖以安矣；濒江大盗，盘诘为奸，长吏至不敢诘，侯奋毅擒剪其鲸鲵，而盗贼屏息矣；奸吏猾胥，舞文玩法，遣一警百，史徒畏之如神，而衙蠹迅扫矣。先是，民苦繁役，携孥窜异①，侯出令招抚，给以种粒，而流离复业矣。礼学校则有立馆会课，助婚赗丧之典，明乡约则有旌善惩恶，正伦化俗之条。条陈北马改折，而里甲释累，劝课农桑，开荒臻熟，而田野遍治，凡此皆侯之善政，彰明较著，列之旌节，载之口碑，即汉循吏之治行标第一者，不得擅美先代，宜六民之感而思，思而不

---

① 异：《顺治六合县志》作"徙"。

能忘也。异日，服阕还朝，复有恢规远略，告于天子，以康济天下苍赤，其系人之思，又当何如耶！礼有功绩于民者，法得书事于石，佐属等先事以为六父老子弟倡，是其和衷之美，而好德之无已焉。因不揣辑实①，俾刻石识侯所建皇华署之内，俟后贤莅兹地者，睹厥迹以自考云。倘余言有所据，当与须昌之碑童翊，宁州之碑仁杰，同不朽矣。

侯讳必振，别号亨衢，万历己卯（1579）中式，济南青城人。万历庚子（1600）仲冬吉旦，赐进士出身奉谕大夫兵部员外郎治生厉昌谟撰②。

【按】选自张启宗增修、施所学等增纂《万历六合县志》卷7［明万历四十三年（1615）增刻本，《金陵全书》甲编《方志类·县志》第24册影印］。

## 胥自勉

胥自勉（1571—1623），字成甫，六合留守左卫人。监生，携家渡江，宅枕钟山，襟后湖（今玄武湖），树其园曰"五柳居"，颜其楼曰"四照阁"，与诸名流结诗画之社，后官宕渠幕府，称为吏隐。卒后，米万钟为之志墓。古代著名的雨花石收藏爱好者。著有《四照阁诗》，已佚。

## 灵岩石子图说

世所珍者金玉，然金非锻炼，玉非琢磨，美无由成。惟棠邑之灵岩，良石产焉，大以成大，小以成小，千态万状，天然之巧。有一石具一色者，有一石备数色者，有聚散隐见，宛若天象者，有挺立坐卧，肖形神人者，有飞翔骇伏，盘结勾萌，若鸟兽卉木者，难以枚举。虽鎏镠钑铣，瑰玮璃瑶，莫过于兹。昔元宴先生嗜书，嵇中散嗜琴，靖节先生嗜酒，仲诏先生独嗜石，亦其胸中磊块，李白所谓"五岳起方寸，隐然讵能平"者耶！其所存绘图而甲乙之，百千载后，散在天壤间，睹斯石，览斯文，庶几不以礓砾视之也。

---

① 实：《顺治六合县志》作"略"。
② 赐进士出身奉谕大夫兵部员外郎治生厉昌谟撰：底本缺，据《顺治六合县志》补。

赋名诸石

三山半落青天外。〇三山层迭，而见有水光一派，绕上山，右嘴回绕中山，左渚复转环下山之右而左。〇又一石子，色白如莹，上浮墨圈花，大小十九，花作细缬，层层圈结，隽媚不可名状，其色似新墨浮水面然，大类湘妃竹斑。

潮生瓜步。〇浪头俱白，色如涌雪，水浪淡沉香色，上有轻白层云，一如白头浪里出溢城。

双凤云中扶辇下。〇石类砆砄，上结层云，淡红色，有双凤眼。

龙衔宝盖承朝日。〇石作丹霞映海，如世所云红玛瑙者，中有二龙，沉绿色，上覆红云，冠以白玉山，云中似有初旭欲升状。

庐山瀑布。〇重山迭岭，白云间之远水飞来，作千丈瀑布，障其洞前。

门对寒流雪满山。〇千山俱积雪，下有寒流一带，旁开一扉。〇又一石，层山间，云上作五色轻云，中间作白云飘渺映带意，下有两重山，俱细润如画，树木交加，下有一红竿。

绿树阴浓夏日长。〇云作轻红色，布护深林，树木蔽芾，绿阴覆野，傍有旭日，金黄映出林木之上。

琅琊古雪。〇古干秀质，如缀梅蕊数十，兼有"暗香浮动，疏影横斜"之致。

山光积翠遥疑碧。〇层峦积翠，峰作斧劈，绉色如石青新拭者，峰耸秀，几不可模。〇又一石，花缬作圈，十数枚，俱淡鹅黄色，在白石地上，浮起有痕，如蒲萄百丈蔓初紫。

藻荇交横。〇石亦玉映，中有水藻，丝丝秩如，而时间以红活色。〇又一石作玉色，中有宝光映跃，从日下照之，如水欲滴，几不可迫视，有紫色花浮其上。

天孙为织云锦裳。〇五色云霞，烂然夺目，竟无可名状。〇又一石，两崖夹涧，中有一瀑布，悬崖而下，左崖忽涌一芝，长茎挺出，上下俱有白云护之，芝白黄色。

平章宅里一阑花。〇旁竖太湖石，玲珑洞穴，穴中映出红绿似花叶然，其上缀牡丹数枝，花叶俱备，五色烂熳。〇又一石，遍地作酒黄色，而似有云气往来其上，质润而温，文淡而雅，名为黄琼，语不虚矣。

万斛珠玑。〇轻绿、淡黄、浅紫色皆错出其中，累累似鱼子欲化状，名曰珠玑。

雨中春树万人家。〇两山远近黛色，浓淡相参，烟树中有人家无数，有云合雨来，千山欲暗之状。

苍松白石。〇石色微白，上有松针八九枝，每枝作沉绿圈，圈边围一金黄色，上下有白石山相对。

桃花流水杳然去。〇从流水一派中映无数桃花，旁起波澜，回绕有致，亦如岸夹桃花锦浪生。

疏松隔水奏笙簧。〇石作铁色，映出松云、泉石、水草，交加之致中露一碧环。

请看石上藤萝月。〇石色淡白，映起两岸青山，绿藤黄叶，崖前错杂，似有明月光隐见藤萝之上，隔岸山下有二人，扶杖玩月，上有悬崖之树，下有夹岸之芦，细润可鉴。〇又一石，质如冰玉，而杂浮水墨花如湘竹之斑，深浅各极其致，斑大小五十余，冰间之文有界道。

【按】选自清刘庆运修、孙宗岱纂《顺治六合县志》卷12［清顺治三年（1646）刻本，《金陵全书》甲编《方志类·县志》第25册影印］。

## 孙国敉

孙国敉（1584—1651），字伯观，原名国光，因避明弘光帝庙讳，改"国敉"。天启五年（1625）恩贡生。《江苏艺文志》收其所著书目66种388卷（不标卷数者计1卷）。孙国敉的作品大都散佚，《六合县续志稿·艺文志》说："孙氏生当明季，以宏通博赡之才，含纳众流，纵贯三教，著书多至七十余种，而屡遭劫火，三百年来无一存焉。"

## 请驳正《三朝要典》疏

奏为逆党矫命胁编疑史，乞赐乾断，以雪公愤，以正国体事。臣年四十五岁，应天府六合县人，由天启六年（1626）恩贡[①]，蒙廷试录取首名。

① 《顺治六合县志》卷6记载孙国敉恩贡时间是天启五年（1625）。

伏遇皇上御极之初，叩蒙天恩，新选福建延平府儒学训导，时在候凭赴任，未即辞朝，适逢我皇上圣政维新，太阿独握，首锄奸党，大振乾纲。窃跃然起舞，悚然兴叹，曰：万世有国统即有国史，今赖列祖在天之灵，既以万世承乾之国统，中兴于皇上之一身，即欲以万世衮钺之国史，取裁于皇上之一心。今皇上诛一魏忠贤并其弟侄公、侯、伯三爵，而万世之矫命窃国者惧；诛一客氏，而万世之通同煽惑者惧；诛一崔呈秀并其子弟而万世之鬻权固宠者惧；逐一田尔耕，而万世之假借锻炼者惧；逐一倪文焕，而万世之望风承旨者惧。遑遑乎一时斧钺，永光史册，为万世法程，至明也。

惟是《三朝要典》者，虽为已颁之书，似为未定之论。盖臣伏读先帝御制序文并圣谕三条，窃疑名虽藉于先帝，而实出于逆党魏忠贤之所迫胁而成，即以先帝举动尚或受其迫胁，而况为史臣者何以能撄其锋，而俾不为此书？故不善读《要典》者，第以为此史臣之屈笔也；善读《要典》者，设身处地，乃知史臣剖心之无益，而姑为褚衮皮里阳秋之疑词，而留其舌以有待，恍若待我皇上之独秉乾断者焉。不然，则每事直书其断，直定其罪，足矣。何以先存其原疏之始末，姑赘以后，断之是非，信乎？其赘后断者，以塞矫命者也；而存原疏者，正以留翻案者也。即或我皇上当日初见《要典》，未尝不骇目指发，而仍必有以谅史臣之苦心，有如此者，臣益以见逆党魏忠贤之罪之重也。彼杨琏[1]等，非首劾魏忠贤二十四罪者乎？则魏忠贤指杨琏等为奸人，不亦宜乎？今皇上所首诛者在魏忠贤，则所首追恤者宜莫如杨琏、左光斗、周顺昌、周宗建等，而所首当驳正者，宜莫如《三朝要典》之三案。

臣伏读《要典》中凡所称皇祖之仁慈与皇考之仁孝，皆上通于天，而下烛于万世，原不待反复阐绎而后明者。即使挺击果出于风颠汉，红丸果出于九还丹，在皇祖与皇考之慈孝，原不以其故为加损，而在杨、左诸臣防微杜渐之疏，原不可少，不然则梃[2]击、红丸乃宇宙何等事，而顾可少此一番折槛之诤乎？至于移宫一事，则当日先帝圣谕具在，其为含愤蓄怒，唏嘘欲绝，似应立见施行，而竟以逆党之矫命，尽掩先帝之初旨，而必致杨、左诸

---

① 杨琏：当为"杨涟"，杨涟（1572—1625），字文孺，号大洪，湖广应山（今属湖北广水）人。明末著名谏臣，东林党人，"东林六君子"之一。因弹劾魏忠贤二十四大罪，被诬陷受贿二万两，惨死狱中。

② 梃：底本为"挺"，显误，径改。

臣之藏血而化为碧。嗟乎！今杨、左诸臣或亦已获见先帝于九京，又将一二数逆党之罪而面质之，定不徒从龙逢、比干游地下，以聊自愉快而已者。

今我皇上首诛逆党之旨，虽自①以为先帝成妃李氏、裕妃张氏之含冤者定罪也。臣窃以为非独为危二妃者定罪，而业已为其移宫以危先帝者定罪也。特我皇上厚道，不欲以斥指前事，致伤先帝心，而姑托之末减也者。臣伏读皇上天言，一则曰"魏忠贤借旨擅将敢谏之臣罗织削夺"，再则曰"謇谔痛于杖下致毙多命"，然则皇上一片悯忠盛心，所以恤死而起废者，自有独断，臣何敢知？第皇上或以《要典》成自先帝朝，不忍遽驳，驳当有期，愿先谕礼臣，亟毁其板，或即止印行，勿复悬诸国门，广布中外，以滋疑端，而徐以待皇上之独断施行，则万世国统赖皇上永肩之，而万世国史亦赖皇上丕焕之。

昔孔子作《春秋》，而乱臣贼子惧，在游、夏不能赞一词，而独称董狐为古遗直，然则"直"之一字，万世著史之大律令，而自龙门氏以下，如班香宋艳，皆其后焉者乎。臣于国史大政亦何敢知，独窃附于汉史弼不从钩党之诒、宋安民不镌党禁之碑云尔。干犯天威，待罪膏斧，臣无任陨越，激切待命之至。

【按】选自清刘庆运修、孙宗岱纂《顺治六合县志》卷9〔清顺治三年（1646）刻本，《金陵全书》甲编《方志类·县志》第25册影印〕。


# 《定山志》自序

往闻有黄计部若璜者，司仓浦口时，尝属其友人韩晟为草《珠泉志》，志余未之见，然余念志珠泉不若志定山，何以故？以珠泉自定山出也。泉之著于定山者，尚有初祖卓锡泉，其幽研出珠泉右，法不得独废，况志定山而二泉可苞举也。

曰"江北定山"者何？以越亦有定山，聊弁"江北"以别之也。江北定山，故在六合封域中，自洪武初割六合半以置江浦，而后定山之去江浦也近，而去六合也远。虽定山泉石之胜，自是江南北奇观，岂一州里所得颛

---

① 虽自：《古今图书集成》作"固"。

擅？然揆厥六合之命名也，实以定山六峰相合故，故六合即以定山予江浦，而原本山川谱牒宗系实兹焉在？余即欲谖定山，顾安能谖山中六峰哉？或曰："尔口良辨，身良苦，乃道六合者不获睹六峰，可奈何？"曰："岂惟是哉？四明山隶余姚，乃今明州擅其名；蛾眉山隶嘉州，乃今眉州擅其名；又华州不见华山，至同州乃见之，诘曰'人间多少不平事，却被同州看华山'，从来名实之不相蒙，类如此。"

定山自沈隐侯一诗外，求一唐鏒宋勒不可得。又珠泉最晚出，万斛玑星，只喧蛙紫，欲辑山史，莫副采摭，余岂不亦山水之嫡胤，而析箸别居。辟则出亡之人，失其家珍，而安冀入关收彼图籍，剧难为力，恐不堪供铲除文字如初祖者，一掩口胡卢也。

万历己酉（1609）秋仲。

【按】选自清刘庆运修、孙宗岱纂《顺治六合县志》卷10［清顺治三年（1646）刻本，《金陵全书》甲编《方志类·县志》第 25 册影印 ］。


## 宗圣公祠祀序

入其乡则望棹楔，所以志人物也。况大圣贤乎！一展卷即如对圣贤，况厥子若孙，鹤立一乡，而俨然修隆先典，祠祎尝蒸，尽志锡嘏乎！夫为大圣贤之子若孙，殆云幸矣。即敉辈获同里闬扫地而祭，而与升降之列，亦云幸矣。虽然敉闻祠之义七，无尝鲁史垂训，不祀非族，严淫及也。而鄩舒不报德，夔子不崇恩。或则跛倚以临，而亵如在之神，或则被发于野，戎亡其礼，或则苹蘩不洁，神之吐之，或则隋侯独丰，君何有福。是富贵贫贱者[①]难与言祠祀，而独乎其人也。

曾氏悉无憾焉，自其先人由南丰而六合，代起簪缨，文章家世，北峰、巽峰诸先生俱乡德位长，至雉山君食饩黉官，有声多士，其于棘围也，屡售而摈，莫不短气。宗圣曾夫子于孔庙配祀外，复有专祠。岁时，载清酤，率其子弟以教敬，兢兢然[②]唯以东邻杀牛是戒，煌煌乎良足[③]光祀典哉！然而

---

① 者：底本作"音"，于意不通，据《雍正六合县志》卷九改。

② 兢兢然：小心谨慎的样子。底本作"竞竞"，于意不通，据《雍正六合县志》卷九改。

③ 足：底本作"是"，于意不通，据《雍正六合县志》卷九改。

粆犹有进焉。祭，统云贤者之祭也，必受其福，非世所谓福也。福者，备也。备者，百顺之名也，无所不顺之谓备。言内尽于己，而外尽于道也。忠臣以事其君，孝子以事其亲，其本一也。他日雉山君推此心以立朝，其于先贤忠恕之学，不益如奉①家训也哉！

【按】选自清刘庆运修、孙宗岱纂《顺治六合县志》卷9〔清顺治三年（1646）刻本，《金陵全书》甲编《方志类·县志》第25册影印〕。

## 棠邑张侯首荐序

穆宗朝盖有新喻张公，由馆阁近侍出卿南阊寺，云其字爱人也，不殊种马；而其识拔人也，亦不殊相马。我棠邑奉阊寺辖，民到于今称之，愈数十年，而公嗣君来令棠邑，其视棠人士固皆先大夫之所遗耳孙也。公故尝从先大人读中秘书，如所称汉循良卓异，拜黄金玺书事，有味乎其言，充满胸臆，其于令棠犹举而措之耳。每一政出，朝棠邑而暮留都，诸卿寺及台使者侈之曰："是不尝令四会有还珠声者乎？"先是，公令四会，为亲者避移之棠，四会僻在粤东，其民寡机诈，下之令易从，不若吾棠之辖在南畿，而反以偷也。官粤，不过事粤上官而止，不若吾畿邑之饶，所辖如诸卿寺及台使者，如逃雨然，无之非是，以故吏粤不如吏畿邑，而吏畿邑难于吏粤。

公之为棠邑也，初无足血其指者，期月而已，物情之毕献于眉睫间，瞭如也。戴星坐堂皇，召诸胥吏，鳞次受署，即无敢于有所上下，或稍缓其急，急其缓，公辄发摘之，故独严于胥吏舆台辈。一左顾，辄屏逐惴惴，吏无人色。其鞫狱无俟，悉两造而剖，各满愿去。即被公法，欣然曰："吾故不敢以倖徼。"公庶几宽之。公素不修郄，故绝不喜人作睚眦事。自子衿而上，有挂爱书即不缩乎？公曾未忍暴其私，或典与贷之，而其人不知也。时闻人陈说情事稍酸楚，辄苏苏雨涕，恨不即手树之，盖岂弟其至性，假令人皆自好肖公惇大德意，则凡公之所为法，独严于胥吏舆台云者，亦若可不设耳。

公七尺，诚昂藏然，以戴星入治事，而出邮致诸传舍客，搜肠剔肾，迄

① 如奉：底本为"□如"，缺一字，今据《雍正六合县志》补正。

丙夜不得休，人皆劳苦公，而公愈益美颜色，鬓发间黝光泽，公岂其神仙中人耶！至诸传舍客，持一符过，尝不免骚然烦费，而公素恻然。吾棠之为马政累也者，辄持不可，曰："棠地薄寡积聚，吾方将去其害马者，以苏骫骳，而又忍鞭之及马腹哉。即不厌传舍诸贵人，心而有所惎，我何恤乎？"盖公所受于先大人之仁南阎寺者如此，公上而有先大人勒成鸿业，下有长公自云世其家，与公同年登贤书，虽其值滋厚哉，亦家世清冰所由然。故公视吾棠之辰星乎通籍也，乃捐俸锼塔灵岩，孔亟虽塔权舆于萧庐陵，量移复阅更米北地、徐信州皆不无惩美之吹，而公乃慨然肩之，特善其经画，以期九簣，而前事之不遑恤，然则公不特功灵岩，而倍屣功庐陵矣。继自今棠人士被服公文采久，或稍稍有鹊起色，谓非公父子祖孙所风之者，岂人情乎？

公及期耳，而奉诸部寺及台使者荐剡凡二，其劳书倍屣之。棠人士欢然为公加额，夫公也，而以一二荐剡重哉。虽然以一二荐剡重，公则不可以一二荐剡出于期年而奔走。棠人士欢然乐公之被荐剡，公固可重也。若异日贤公卿、综名实，修丙魏之业，以公应召，公当逾于元康神爵间万万，吾棠人士又不知当何如欢然矣。

【按】选自清刘庆运修、孙宗岱纂《顺治六合县志》卷10［清顺治三年（1646）刻本，《金陵全书》甲编《方志类·县志》第25册影印］。本文题中的"张侯"，即江西新喻人张启宗，万历四十年（1612）由举人知六合县。

## 棠邑甄侯考绩序

许昌甄侯尹棠邑满三载，当奏绩天官氏，适前后直指使者荐剡十数上，庆与期会，宜首揆帝简，赐玺书、黄金，并陁封大典，一时在宇下者如邑尉赵某，尤戴公贞度之惠，思切巷舞，歌为舆人之颂，而币余片词为贺。乃拜手扬言曰：

治畿邑难，治江以北孔道冲疲之畿邑尤难，然于以显盘错而蕙英茂，则又惟畿邑为易。盖朝为而鸣琴于堂，日未晡而声施于留都，况累而徐，以俟之三载哉。公为人岳立渊停，海蓄日暄，喜怒不形，哂笑无苟，岂不亦宽然长者乎？然以余所闻于父老，习官府者云："前令虽号精敏，或罅处皆可谩，数十年间其不可欺者，公一人而已。然则公虽甚慈祥，但于人则慈祥，而于事则综核耳。"

邑介舟车之凑，而刑狱钱谷杂，而尝我绅衿冠盖，环而伺我。我见短而堕窾多，訾诽亦多，我见长而巧拙半，毛举亦半，公于其间，精白乃心，操羔羊素丝之节，以为吏治根本，而鉴空衡平，乃称物而纳照，程形而赋音，殆绰乎其处膏不润，在喧能静者乎？即轺轩如织，而手版支颐，无务谄悦，即贯索盈庭，而片言环解，无事惨礉，即牍山积橛，旁午而委蛇退食，无烦拮据。虽积逋为奸，而公靡不稽，虽践更交遁，而公靡不核，虽少府金钱督责无已，而公靡所不办，虽猾胥舞文，燃犀莫烛也，而公以无意空其垒，虽豪石蔓引，拔薤莫慑也，而公以不怒祓其魄，总之大德不德，夫是以有德；无事处事，夫是以集事。即顷者，邻封江浦俗顿浇，目无长令，蒙台使者檄公往镇之，始得危疑定，而废堕举，任劳与怨，皆公所勿恤。然公勿恤也，而上乃允孚矣。夫是以绪不能骇剧，不能莽撼，不能惊娆，不能滓投，以猝而神愈，间祷为幻，而识先定，辟之善解牛者，视止行迟，而后技经肯綮，无弗尝也；善御马者，若灭若没，而后疏勒流沙，弗能蹶也。由是行之，一年而洒然，二年而泌然，三年而醇然、闷然、逌逌然、熙熙然，吏畏民怀，其埏埴蒸变，亦日异月革，而岁不同，而又总自公之廉靖寡欲始，乃公岂自知其廉靖，而翘翘然以自见乎？形溷而洁，临深而高，高与洁皆他人所命，而非君子所以自处，故士而廉、女而贞等耳。公第以自靖厥心而宰一邑，与所宰天下视此矣。棠邑安得久藉德星于百里耶？在令甲有逮亲之典，与锡内之纶，互映交贲，且纪其勋，异其擢，上则铨部，其次亦夕郎侍御，我知圣天子行召公矣。赵尉佩公澄清之教，顾瞻前后，惟恐不长荫公宇下者，而属余为扬厉之。夫余即远逊班管，而公于汉卓异循良何渠非第一也。余故略胪列之，以俟夫褒美晋秩之远迈汉廷者。

【按】选自清刘庆运修、孙宗岱纂《顺治六合县志》卷10［清顺治三年（1646）刻本，《金陵全书》甲编《方志类·县志》第25册影印］。

## 邑甄侯连城先生宪奖序

先是董令公之既去棠，而甄令公之未莅棠也，棠士民投讼牒于南操台及诸台使者，趾相错也。及我连城甄公莅，而诸台讼牒日以稀。且尝所萑苻于棠者，日就擒戮，而棠之境可雊雉矣，而棠之吏廨可罗鸟雀矣。于是南操台徐公致劳书于公，有曰"吹群生于暖律，坐下吏于寒冰"。旨哉斯言！遂为棠君写照。或曰："必也，疏荐公于朝，始足为公重，而何有于劳书?"或曰："否否，即疏荐不足重，而政以操台知公深，然只以期未应疏荐，而又不容茹于口也，则姑为之厚其币，郑重其辞，而致劳书于公以券，诸台必皆疏荐公之旨。"夫操台何以知公之深也，请胪其大凡。

郡邑守令难其贤，而更难其贤相继。棠失董令公而得甄令公，是失一慈母而仍得一慈母也，失一神君而仍得一神君也，失一廉吏而仍得一廉吏也。天祚棠而畀之济美，棠其乐国乎！凡守令能慈母、神君、廉吏矣，而难其妙龄。公以妙龄掇巍科，领岩邑，其年富者，其神全，其韵远，其愿力大。公之令棠也，不取其为赫赫名，而只以真实心为民托命，非有刻画古循吏而规规为者。谁云初政仅一脔耶？凡初政，多震耀人胆魄之意，而后稍易窥其宇也。公介石自许，三尺之下，王侯不能易，而以真率和婉出之，令愚生寒，畯金得罄其情，公四时之气皆备，而不自知也。公不自知，而棠士民知之，凡操台及诸台使者之为棠加额者知之。即如公以文学饬吏治，特先造士群博士弟子员而庭课之，搜真才不以先真品，蕲其为麟、为凤不常见于世，而见即为世瑞，不蕲其虱于室，鹿鹿于里，而阳鳝于庭，若曰士瑞而民象之矣。诸如幅员斗大，钱谷羞涩，而公不作厌薄想，户口雕疏，稽核繁赜，而公不作疲懈想，贯索盈庭，束矢萧寂，而公不作惨礉想，牍山积檄旁午，而公不作委蛇想，辀轩如织，手版仆仆，而公不作媚悦想，胥吏秉宪，舞文杜迹，而公不作狎易想，顷崔苻之盗，次第授首者，什什伍伍，几欲穷其数，凡此又操台所吃紧者也。棠无城池，邑士民比闾如野处，只赖公为金汤，而有御人于国门，何用张筹边之口乎？夫御虏本于弭盗，弭盗本于明农，明农本于造士，造士本于经术，公与操台徐公皆以经术经世务者。徐公亦尝为溧水令，待疏荐于前操台者，而今为疏荐人之人，不又公他日之榜样耶。公之邑学博吴君辈佩公广励之造，因师及弟，而券其余，况余典在笔札，亟扬榷以供石渠之采择，即三年有成，具视吾言，毋问疏荐而况劳书乎，兹吾言其嚆矢也夫。

【按】选自清刘庆运修、孙宗岱纂《顺治六合县志》卷10［清顺治三年（1646）刻本，《金陵全书》甲编《方志类·县志》第25册影印］。

# 登石帆山记

石帆山者，余六合瓜步江中一拳石之多耳。石势峩岢，如乘风张帆，将逆江涛而西溯然者。肇锡乃以嘉名，名罩宾，其实乎？浮清飞白，嘘云酿雨，槎枒嵌之，殆只尺鲛人之宅。鲍明远勒铭其上，有曰"下深地轴，上猎星罗，牵湘引汉，喝蠡吞沱，西历岷冢，北泻淮河，沦天测际，亘海穷阴，崩涛山逐，郁浪雷沉"，其仿佛形胜苞括源委，几欲与山势争其奇险。山有落帆将军庙，凡舟过必祷石帆也，而后布帆无恙。庙后一洞，藏唐神建禅师肉身其中，屡代雩祷，立霈甘澍。盖分风送客，挂月栖禅，缅想往哲，游览击节，鸣榔之乐，时时不乏。近盖以沙漾洲涌，龙舌渐长，芦苇被之，隔而成河，欲与江复。殆密迩瓜步，若可褰裳而涉者，顾自鲍明远后千数百年，未闻嗣响，讵不令山灵笑人哉。

按石帆之丽六合，当邑中五十四流汇泄之口，屹然作水心锁钥，在堪舆家命曰罗星。有一于此，法当钟奇孕灵，为潘江陆海树赤帜。夫以山川流结之胜，而仅供一堪舆之用也乎哉？然即以堪舆一法，亦正足备游览者开一眼孔，譬之羲周之易，不专为卜筮设，而即卜筮亦足以见易。余乃洒然悟曰："甚矣！造物者之幻出江中山也，请溯源江以上诸山而胪列之。江源于岷，形如三瓮，口倾而出，瞿塘两峡，悬崖对峙，中贯一江，则滟滪堆，首当于口，所谓'滟滪大如象，瞿塘不可上，滟滪大如马，瞿塘①不可下'者是也，嗣是澎湃而东，蟠结不一，其幻出洞庭湖中者曰君山，其幻出彭泽江中者曰大孤山，其幻出宿松江中者曰小孤山，其幻出芜湖江中者曰蟂矶山，其幻出金陵江中者曰神烈山，其幻出瓜步江中者即此石帆山也。其幻出杨子江中者曰石排山，中冷泉在其中，曰金山、焦山、圌山以及永生洲之属，盖累累乎达尾间而后止，甚矣！造物者之幻出江中山也，分之如华表，如砥柱，如飞孤云，如浴片月，各为其郡邑用，合之如连珠，如联星，而幻出于江者，还以为江用，猗欤！江之灵乃尔尔哉！"吾友阮太冲尝骄语余："江源之近出岷，当逊河源之远出昆仑。"余曰："唯唯否否。尝读魏子才与谢时臣书曰：'长江万里人知其源于岷耳，不知其从雪山万壑中来，山绵亘三千余

---

① 塘：底本作"马"，不合民间谚语所言，据《雍正六合县志》卷9改。

里，特起三峰，高寒多积雪，遥望晃若银海，杜子美草堂适当其胜，故其诗有窗含西岭千秋雪，门泊东吴万里船之句。'不然，则以河源之远，而幻出于河中者，仅平陆一砥柱，峰乃以江源之近而幻出于江中者，顿至十数奇峰飞浮水面如此哉。余是以深会心于江之灵也。顾余登一石帆，而并胪列江中诸山者，令其兄弟相见也；胪列江中诸山，而并溯江源于岷及雪山者，子忆母也。"

【按】选自清刘庆运修、孙宗岱纂《顺治六合县志》卷 10〔清顺治三年（1646）刻本，《金陵全书》甲编《方志类·县志》第 25 册影印〕。

## 游冶山记

冶山，按邑志为汉吴王濞冶铸处，冶水出焉，经邑东，是为冶浦。其山磅礴，六合、仪征、天长三邑，地凡九十九峰，峰回壑转，耸青曳翠，距余邑两舍而近。拄颊望之，殆不减九子莲花之胜，其奠我淮楚也，秩固当视岳镇云。顾余劳劳展齿，每结想五岳，而近失之邦域中，殊不能自解。

岁丁巳（1617）腊月八日，归之汉涧，始决策作冶山游，携儿辈载笔以从。友婿陈元亮给舆马，又先于其所往为万善寺僧云松。时天云翳，如以酿雪，故得不作苦寒。行四十里许抵万善寺，寺门有伐木丁丁者，问之即云松僧也。寺有径焉，从右腋入，折而南入，门直小山巅，审视之，乃知脉从小山逶迤东北来，结一阜，盘龙转头，复顾眄小山。开铃结寺，寺藏竹柏中，竹柏隆冬转茂，几不见有殿阁，龙砂带岸作外护，虎砂稍缩，其缺处当卯方，恰得唐公山作金星补之，天开屏障，蓄气极密。亟挈儿辈登小山颠，乘夕阳尚可数远峰许许。寺僧遣苾刍速之归，设腊八粥供，余故善粥，然客元亮所，于是不啜粥者，匝一月矣。急遣苍头调珍珠泉煮茶，茶罢，起步招提外，月正作腰镰形，冷光迸射，藤树影满地，真苏长公所谓"水中藻荇"状。寺左奡蕤藤挂临溪高树间，藤围可尺许，夭矫如虬龙，轩举怒撑，不可名状；又有桦香树，结实如金樱子，如栌，汁用染褐色，良宜树之僧寺者。群鸟宵鸣竹间，想亦以月光不可奈，故夜分枕上成《宿万善寺》二诗。

未曙，群鸟先啁啾，急呼苍头起，盥栉礼佛，山僧进香积饭。从寺南行，观珍珠泉，鼓掌则骊珠涌，欲成串，故一名"喜客泉"，酷与定山诸泉同状，第以宅地幽阒，未著称人间世，遂为樵夫牧子之所颛享，而不至为俗游所染，在山灵必自以为厚幸，而肯介介显晦间乎哉？泉一泓，未甚辟，蕹藻鲜碧，虽春草不如，缘冬时，泉脉反暖，长养蕹藻，游鱼乐之，然则凡泉皆以冬为春者耶？掬漱甘冽，诸舆人利其温，欲下浴，余诃止之，匪独恐为舆人厉也，亦岂容秽我明月珠乎？折而东南行，过龙泉废寺，寺亦有泉，涓涓行两山峡中，作琴筑声。出峡已，途遇中山僧觉明。觉明，故予友，方氏子也，爰携同行。又有泉从中山寺之下方，流过山民毛氏村舍前，坡堨田塍，递盈其坎，此中遂无旱岁。旧闻毛氏舍后山可宅，兆今所见，不逮所闻，乃弃去不复顾，而之祇洹寺憩焉。寺有群山前揖，又蛾眉山衬其外，僧告余寺故吴时建，然非三国之吴，而前乎三国之吴。余笑谓："岂汉吴王濞铸山时所擘创耶？然汉明帝朝佛法始入中国，则寺将谁吴耶？"寺左老山柿下一泉，弥漶而南，散于田。山僧云，先是中山寺之泉流兹山以北，缘陶者涸其脉，遂不流；而忽又有泉焉，从山南出，折而流以出祇洹寺之左方。余慨惜者久之，泉脉自不容终遏，而又善自为窍也如此。寺前有莲花池，昔从阿耨，今为污莱。僧寮旧鳞鳞万瓦，尝接待八百神僧于此，今顿旁落，盖创刹者向只见为宅地宏敞，而不知其气不蓄也。从寺左臂登仙人山，山颠怪石离立，叠翠摇岚，为山之佳胜，石骨饶透漏，厥一峰可当丈人，舁之园林，何渠不兄太湖而弟青龙山哉！

下山巅，东北行山腰翠微间，过所谓中山寺，寺一名"祇涯"。余尝①为寺僧作募疏，未果修，盖寺在虎穴熊馆中，诸峰障之，阒其无人，非安禅者不能止。自此过山以北，则为大圣寺，而属天长辖矣。寺枕山之阴，山门踞悬崖，陡甚，殿前有古井，井床镌"汉昭烈章武三年（223）"字，因念余邑故吴孙仲谋属，而奚以镌蜀汉年号，始知余邑人以彼其时已有，系汉统，奉正朔之想焉，彼司马君实乃犹帝魏哉，见出此镌井床者下矣！寺前古银杏树可三人合抱，槎枒间有乳，下垂如石笋，闻之树千年始乳繄，两树岂不山之耆旧哉！古槐亦诘曲可观，寺后沙菩提树、无患子树、黄柏树。称是沙菩提，实如棠梨而小，味如栗，枝端别有一叶，如梧桐之囊鄂以覆之，而免鸟粪，亦一异也。每秋时，长干僧市去作念珠。从寺背绉而登山之颠，为白龙池。池旧有秃尾白龙都其中，龙见则岁丰稔。土人云龙今徙匡庐山中，

---

① 尝：曾经。底本作"长"，于意不通，据《雍正六合县志》卷9改。

不知何据，然余不能不诘山灵，何以致此龙徙耶？昔池形广如三楹屋许，今淤渴，土人以岁数俭，将仍庙其巅，以媚龙神，而力未逮也。饭寺中，已欲晡，导师告疲，作杜鹃"不如归去"声，曰："以嗣春游始佳。"不知冬游有三胜：山无藏骨，泉有澄鉴，寺出寒林，正昔山阴道上人所谓"秋冬之际更难为怀"者。余安肯以彼易此，而竟重违导师，以故所谓珠砂废寺及牡丹凹皆不及游而归。

先是土人言山产金及石青、石绿及赭石，及假山石，余曰："恶是何言？濞铸山已属多事，矧以金鸣，而逢内多欲人哉。"余他无所欲，即假山石亦皱枯，陋劣不足承匠石，顾乃别有美石，遍土内半出土肤上，非俗眼所赏，余力以指掐之，其质肥润，正作苍玄色，而一膜云翳，以内顿莹然如玉，可研、可枕、可盎、可几、可碑、可屏、可塌、可柱、可础，所谓美石曰"珉如玉"者，此之谓与？闻牡丹凹中石作红玉，色弥佳，余不能不贪而动五丁力士想。至于宅兆，则舍万善寺绝无可寓目者，然既寺矣，亦已矣。遂归万善僧寮，篝灯作《游冶山记》，并以报元亮。乃山僧言冶山一名"百峰"，昔明高皇帝驻跸山中，爱峰岫之胜，身坐一峰数之得九十九峰，而忘其所自坐一峰，盖合之得百峰云。余唯唯否否，而更谬为之说，曰："冶者，铸也。又为冶容之冶，余不知峰果九十九与否，而正唯九十九峰，故其冶容始遗世而独立，若满百则笨甚矣，余无所辱余展齿矣。"

【按】选自清刘庆运修、孙宗岱纂《顺治六合县志》卷10［清顺治三年（1646）刻本，《金陵全书》甲编《方志类·县志》第25册影印］。

# 重造冶浦桥碑记

王政，关梁与城郭相为险，随隳即缮，独不限以岁功，乃有时以毁为功，非政之得也，然可以观世。岁丁丑（1637），寇六合。六合故无城，受创尤惨。寇原耽耽真州、广陵，而东之则冶浦桥尤棘。桥有屋焉，为楹凡十有八，巨丽甲江南北。然邑人士谓安得更以桥资寇乎，计莫若毁桥而保浦以东。便寇退，邑仲侯及大京兆及诸台使者，既奉旨城六合，而后邑人士私以其力桥冶浦，然桥矣不复能屋。

邑人厉静夫适以射策入都，出所勒《重造桥议》一通，语甚具。静夫世宅浦以东，兼能世其先司马公学，居平有折冲千里之才，而以不能捍御一邑为耻，其言曰："丁丑之役，倘得若而人任战，若而人任守，则六合可不受创，桥可不毁，毁桥出最下策，忍言功哉？幸桥成，而地水为师，寇当不复敢薄城下。即万一警至，将浦东之众，横戈跃马而起，以与城中精锐夹击寇于浦之西，寇不宵遁不可得，即或寇转窥浦东，第以一丸泥塞桥之冲，真成一夫当关势，寇可遏不得渡，或俟其半渡击之，当令冶水尽赤，寇敢望投鞭断耶？"余闻而韪之，信乎！城与桥险矣。所以险维何？则此城六合者与桥冶浦者，是果其所以险者，惩而毖后患，而桥又焉用屋为？余乃与静夫追忆曩昔盛时，而相与叹曰："自非闽也，鲜有屋于桥者。"

维六合有汉吴王冶铸之山，冶水出焉，是为浦。纡曲三舍许，经邑东与滁之水合流，入于江。夫当车辙马迹之未至桥也，望之翚飞然，则屋也；及其至而蟏蛛然，雁齿然，砰訇然，则桥也。绮疏玲珑，潮音时闻，东逗真州，西达滁阳，北睨冶山，不复睹，而东睇灵岩，一屏障之。夫是以浦东有殷轸辐辏之势，孰知菁藻虽奋，甲伏不讲，承平日久，邑不知兵燹为何状，孰是以其竞渡重午，箫鼓画船之费，而用诸水犀鹅鹳者。一旦不虞，彼城之有无，岂桥与分咎焉？而付诸一炬，所谓毁桥，非政之得者，以此今即不屋乎？而桥东西则楼橹，然桥中央则亭榭然，曰以存屋斯桥者之意。昔蜀汉为瞒所追，而张桓侯为殿，据水断桥，无敢向迩者。绍兴间，寇创吴江，有建议毁垂虹桥者，而郡侯洪遵持不可，兼父老环泣，得不果毁。余愿邑人士宁为洪郡守，毋为桓侯，盖自有所以险者也。邑人士捐资及董役若而人，著碑阴。

【按】选自清刘庆运修、孙宗岱纂《顺治六合县志》卷9［清顺治三年（1646）刻本，《金陵全书》甲编《方志类·县志》第25册影印］。

# 五一庵记

五一庵者，于余园中庵五先生，而以其庵之者，一之也。五先生维何？其官吾土者两人：唐六合县丞王无功先生绩，及吾师前邑令米仲诏先生万钟；其人本六合之外，而游于六合之内者亦两人：初祖达摩及六合园叟张果；其产吾土者一人，周剑客专诸。而所谓"以庵之者一之也"云何？则国𣏌自命之。

无功在隋大业中举孝弟廉洁，授秘书省正字，不乐立朝，求为六合丞。隋末乱，乃置俸钱城门外，托风疾，轻舟夜遁。唐武德中，诏征以六合丞待诏门下省，以其□□<sup>①</sup>酒德，日给良酿一斗，称"斗酒学士"，著《酒经》《酒谱》各一卷，太史令李淳风目为酒之南董，以其脱落世事，于性情最近，故其诗为唐隐逸诗人之宗，乃余每以无功举似人，皆不能置对，岂鲁人亦不知有伯禽耶？嗣是千余年，乃得一仲诏先生，始班马史才也，而用作栽花吏，遂能以文学兼循良，邑故有颙祠祠先生者，语具顾太史碑，不具论。论其诗古隽，乃直超无功上，其书法亦超其家南宫上，而画品则伯仲虎头龙眼间。性酷嗜奇石，亦肖其家南宫，而其石更饶理所未有之奇，恨南宫不及见耳。其家藏古图书彝鼎称是先后，为湛园及勺园，两胜甲都会，他若奕品、茶勋、觞政种种，开韵士宗门，皆不作第二流。而其相天下士也，如其相奇石，即如粃之磊砢，亦谬在磨砻中，光实不胜沾沾以国士报。故庵先生而因念无功先生为异代同寅，遂追录为配享耳。两先生皆具禅心道气，故以达摩、张果附，而况达摩一苇而渡，实至止余邑。今定山有宴坐石影，及所遗长芦寺之佛齿、贝叶经尚存，此未入嵩山时事也。张果，故梁六合园叟，入唐，隐中条山，武后召之即死，元宗召之旋复至，乃知仙籍中尤重节义哉。后娶邑子韦恕女，令其骑驴戴笠，策杖相随，入王屋山去，语具《王屋山庄记》中。今邑河东有张果滩，数古梅栖其上，存幽致然，则六合虽弹丸黑子，将无亦活佛之丛林，真仙之窟宅也耶。余断以果或灌园于六合，而未必其土著也。于传有之专诸，乃吴棠邑人也。因伍子胥进诸于吴，公子光置匕首鱼炙中，刺王僚，以成阖闾之业。而厥初，实屡谏光，姑陈前王之命，俾知国之所归，以俟季札，而无烦私备剑士，以捐先德，语具《吴越春秋》中。然则揆专诸本念犹冀光传国于让国者，而光弗任受也，计乃始不得不出于任侠，而以身许人。噫嘻，今此人遭逅明圣，必且许身管、乐，否则亦不居椎中副车者，丁惜哉。

光窃为之论著曰：五先生隐、显、仙、佛不同格，然正以其不相袭格也而有同韵，譬则五行相克而还相生，五岳不同形而同气，五音不同律而同和，五色不同彩而同质，五味不同性而同调。余非能酒禅剑仙，合五先生而一之也。而幸旦暮遇之，愿以余一人周旋五先生间，如无功意不可一世，不

---

得不隐；以仲诏先生公辅才，乃二十年未去郎署，岂不犹以吏隐哉？即长生之业，亦有尽者耳，庶几空诸所有者，其达摩乎？然既不立文字矣，又何为东来，而犹以一苇示济渡群品意也，盖亦未尝忘世也。余其为苇乎？余将以此义诠之仲诏先生。

万历乙卯（1615）长至日。

【按】选自清刘庆运修、孙宗岱纂《顺治六合县志》卷9［清顺治三年（1646）刻本，《金陵全书》甲编《方志类·县志》第25册影印］。但底本缺"上存幽致"之前半部分和题目，今据《雍正六合县志》卷9补。

# 睡香庵记

古人宅不西益，余家之西偏，有数椽，家人陋之，余乃得以其陋，故颛有而庵之。稍为扫除，藏书数帙，佛一龛，以餙陋而其实为供黑甜地耳。庵有花焉，则世所诓称为瑞香者也。

往读《庐山记》，有山僧睡石岩畔，时觉奇香来鼻端，特勃郁，逆风物色之，则此花在焉，欲名其花而无可名，而强名之曰"睡香"。夫睡者，非花也，而能诏此僧靭靭中，而棒喝焉。使之寤，无亦花神久晦不彰，而授指山僧以自见耶？彼穷岩邃谷中，岂乏不名之花，能自养厥灵根者，而此花不免有入世之想，遂致浪博浮名。然使山僧亦以睡梦作佛事，讵不韵哉？何物俗子，改"睡"作"瑞"，真点金成铁手。花有刑书，罪不在杖杜下，彼改者，讵非献媚花神，然睡香能托根匡续隐居之山，岂受媚俗子者哉！

余最厌人称祥说瑞，世俗人产儿，不自引分，辄妄为拟焉。而命以国家不必有之，瑞以侈其名，尽丧羞耻，自取夭折。况祥瑞之献，中主所不纳也。睡香有灵，宁不捧腹。

按睡香，色似辛夷，而小，香似檐葡，花于首春，而苞胎于隔岁。及其花时也，又能不雕其叶。允宜净土，为睡僧表章之。余雅好睡，睡亦第鼾鼾作梨花云想，非能为睡香高足，而以庭前适有此花，复记忆匡山故事，遂用山僧之类其花者，以颜其庵，聊复写吾睡之意已耳。

假令睡香在匡庐时，克终自韬晦，以葆其朴，即山僧且不得有所名之，而矧其有以祥瑞辱之者乎？士方穷居时，先自窃窃然为入世之想，而究竟毫无所瑞于世，与睡香徒供人玩悦，何以异哉？则余未尝不悔山僧当年一睡转多事也。作《睡香庵偈》，偈曰：

山僧昔未睡，花非不曾香。香性自虚空，不与血肉遇。当其息若雷，四大如虚空。众香国里来，此一花何有。睡既作花香，便睡不必醒。想其薰难忍，咄咄参鼻观。何俟逆风寻，而后与花值。假合睡香故，遂以名其花。花自有佛性，睡无受香处。有心作睡想，纵令花同睡，睡亦不复香。

〔原书评语〕既为花辨冤，又为花惜节，伯观爱之者至矣。乃至终南捷径，凡物有之。

【按】选自明郑元勋辑《媚幽阁文娱》（《四库禁毁书丛刊》集部第172册，北京出版社1997年版），作者原署"孙国光"，原书评语中"伯观"乃孙国敉的字，可知孙国光即孙国敉。

## 游勺园记

驻湛园之旬日，适雨师洒道，清和月，乃欲如秋。友人胥西臣曰："曷不决策为勺园游？"遂同策马出西直门。行万绿阴中，不减山阴道上观。无几何，抵仲诏先生明农处；又无几何，抵先生封树先大夫处，同西臣谒墓。距墓道数武而西为勺园。

园入路有棹楔，曰"风烟里"。里以内，乱石磊砢齿齿，夹堤高柳荫之。折而南，有堤焉。堤上危桥云耸，先令人窥园以内之胜，若稍以尝游人之馋想者，曰"缨云桥"，盖佛典所谓"缨络云色"，苏子瞻书额。直桥为屏墙，墙上石曰"雀滨"，黄山谷书额。从桥折而北，额其门曰"文水陂"，吕纯阳乩笔书额。门以内无之非水也，而跨水之第一屋曰"定舫"。舫以西有阜隆起，松桧环立，离离寒翠，倒池中，有额曰"松风水月"。阜陡断为桥几曲，曰"逶迤梁"，即园主人仲诏先生书额。逾梁而北为"勺海堂"，堂额吴文仲篆。堂前古石蹲焉，栝子松倚之。折而右个为曲廊，廊表里复室皆跨水。未入园，先闻响屟声。南有屋，形亦如舫，曰"太乙叶"，盖周遭皆白莲花也。从"太乙叶"东南走竹间，有碑焉，曰"林于滋"。按：林于，竹名也。燕京园墅得水难，得竹弥难。竹间有高楼，从万玉中涌出，曰"翠堡楼"，楼额邹彦吉书。登斯楼也，如写一园之照。俯看池中田田，令人作九品莲台想，更从树隙望西山爽气，尽足供挂笏云。从楼中折而北，抵水，无梁也。但古树根络绎水湄，仍以达于"太乙叶"，曰"槎枒渡"，亦园主人自书额。从楼下折而东一径，如鱼脊，拾级而上，为松冈，有石笋离立，一石几峙其上。又蛇行下折而北，为水榭，榭盖头以茅，正与"定舫"直而不相通。榭下水仅碧藻沉泓，禁莲叶不得蹦入，盖鱼龙瀺灂所都处也。自是返至曲廊，别有耳室，其上一线漏明，如天开岩梯而上，旷然平台，不知其下有屋，屋下复有莲花水承之也。从台而下，皆曲廊，如螺行水面，以达于最后一堂，堂前与"勺海堂"直，仍是莲花水隔之，相望咫尺不得通。启堂后北窗，则稻畦千顷，不复有缭望焉。此中听布谷鸟声，与农歌互答，顾安得先生遂归而老其农于斯乎？自是返至"勺海堂"，左个为水榭，榭东小堤度一亭，亭内为泉一泓，昔西岳十丈莲生玉井，此则井乃藏莲花中，亦奇矣哉。从亭折而南，为"濯月池"，池在屋中，池形与窗棂形，皆如偃月。然池南为浴室，额其气楼曰"蒸云"，仍与"定舫"直而不相通。然种种不相通处，又皆莲花水百脉灌注而篾不通也。莲花水上皆荫以柳线，黄鹂声未曙来枕上，迄夕不停歌，何尝改江南韵语耶？

大抵园之堂，若楼、若亭、若榭、若斋舫，虑无不若岛屿之在大海水者，无廊不响屧，无室不浮玉，无径不泛槎，将海淀中固宜有"勺园"耶？园以内，水无非莲，园以外，西山亦复如岳莲，亶其胜乎！问先生之为"勺园"，以补先大夫墓傍沙形也。然则先生居园，犹庐于墓也。今而后，真当赋遂初哉！

是日午后再雨，同西臣饭"太乙叶"中，听莲叶上溅珠声，快甚，遂信笔为记。

〔原书评语〕米先生好奇多慧，结构定不落凡。曾与予订此游，未遂，得此聊一染指。园不依山依水依古木，全以人力胜，未有可成趣者，其妙在借景，而不在造景。若登高临深，倚柯憩荫，无一骋怀，而局于亭前之叠石，台榭之花竹，犹鱼游沼中，唼藻荇以为乐耳。

【按】选自明郑元勋辑《媚幽阁文娱》（《四库禁毁书丛刊》集部第172册，北京出版社1997年版），作者原署"孙国光"，即孙国敉。

## 邑侯萧公灵岩山建塔纪事前

灵岩山为六合重镇，峙东南隅，水口如留如捍，惜少一奇峰崛起。应巽体前，父老子弟数拟建塔，然下有求，上或乏实心举行，辄不果。微山之灵，以庐陵萧侯莅六合，侯乃先获我父老子弟意中事，自矢鸿愿，遍请创塔于部使者，皆报可，爰同学博龚、商、王三先生选胜筑石，倡诸寮捐俸施山灵，编齿景附，所输一钱一谷，悉付诸尉董出内，又时时戴星入山中。别捐俸钱，劳苦工佣咸佩侯实廉且惠，贾勇以前，不期月报一级成，更祷山灵，谓塔九级，愿符侯九列命，以为六合报功云。无何，塔甫一级成也，而侯忽中忌者口，腾谤要人之前，乃侯直为民受过，弗问升沉，倏然解组。行，犹心怜邑人士及灵岩未了局，惓惓不能置。即邑人士之德侯者，不直创塔一事也，而正以未竟侯创塔一事，愈益次骨，侯呕为雪之，群抢地而吁于诸部使者，曰："天乎！以侯名进士，一钱不爱，独爱有造于六合而已者，而其官之方覆一篑，乃遘此乎！就其未竟创塔一事也，犹不可以无侯，而曾是有进于塔者之可无侯乎？代有侯兹邑者，未有子民如侯之真者也。侯兹邑者，亦代有成败，未有如今日之民情痛侯之棘者也。"顷侯为兹山捐俸过多，民尚虞侯贫而罔所出，而忌功者翻口实兹山以阴中之，然则人之所忌侯耶？民耶？灵岩耶？嗟嗟！图竟一塔，犹不可无侯，则吾民图所以不朽，侯尤不可不竟此塔。嗣是有不奋半臂，以勔厥不逮，是真负侯，其有负侯，罪当与忌侯者等，山灵实式鉴之。设有为疾竟此塔者，其人适足以合侯而作一身，而侯即塔止一级，已足以不朽侯。故今塔未竟，未可以碑，而侯属光先纪其事，以望继侯者必期成侯之塔之旨如此。若夫颂功德、勒姓名、纪工费，则不日落成，别树贞珉，以俟诸如椽之笔。万历岁丁未三十五年（1607）冬至日。

【按】选自清刘庆运修、孙宗岱纂《顺治六合县志》卷 10 ［清顺治三年（1646）刻本，《金陵全书》甲编《方志类·县志》第 25 册影印 ］。

## 灵岩山造塔纪事后

前邑令萧侯既以吾棠界河为邑，而灵岩当河之东流，号水口重镇，先自欲塔灵岩，与邑人士意符合，祇覆一篑，未几改任去，嗣者蔑不谓塔灵岩是也。而卒未尝塔，岂独塔之机缘未至耶？

岁辛亥（1611）得新喻张侯篆吾棠，广厉学校，以及塔之役，即毅然以七级干霄为任。阅岁，竣其役，所捐侯俸镪不赀，况屡命屐齿，躬自督如督家政。噫！阅塔始末，当萧侯不竣塔而去，而又兼以介侯、米侯、徐侯之所不遽塔者，而侯直奋其股肱物力以塔之，力排众阻，手补造化，评者谓侯之功灵岩与萧侯之功灵岩等。光曰：不宁惟是。当其始创也，人心皆有塔，故塔易；及其嗣为创者，多惩羹而吹之，念是人心先自无塔也，故塔难。侯易其难，则侯功德虽此塔不足方其高耳；更有异焉者，侯与萧侯同豫章籍，同举庚子榜，而又前后同为吾邑令，然则灵岩一拳石，与萧、张两侯别有一段机缘，密相终始，补凑而成无缝塔。光岩居者，乌乎知之？

颂曰：童童灵岩，千载阒莫，豫章两侯，相继木铎，手出塔影，树之寥廓，金碧宝气，江光相濯，曩也童童，斯今岳岳，吾道宅祉，朝仪鹭鹭。

万历岁甲寅四十二年（1614）秋九月。

【按】选自清刘庆运修、孙宗岱纂《顺治六合县志》卷10［清顺治三年（1646）刻本，《金陵全书》甲编《方志类·县志》第25册影印］。


# 巴山庵地藏菩萨胁生莲花像偈

巴山庵距棠邑西北三四舍而近，其山童童也。有梦堂大师者，吴门兰风大师高足弟子，以万历庚寅（1590）间自吴门来卓锡此山，体地藏菩萨悲悯罪过之旨，特镂地藏像于庵之左，个事之有年所矣。

天启辛酉（1621）九月，肃霜之候，适地藏右胁下生莲花一茎，迸裂縠布金漆而出，凡四十余瓣，短长环抱，攒簇一蒂，高八寸许，色黄白如栗玉，光彩照人，自秋徂冬犹不萎。稍萎矣，十一月复苗如前。又稍萎矣，明年正月复苗如前。于是，江南北之佞佛者争奔走，随喜皈依，赞叹得未曾有，而归重于梦堂道力所玄感云。

梦堂足不下巴山者三十年，手种柏于庵之周遭，每种一柏，礼三十拜，其他苦行称是。今梦堂年八十有三，犹日夜口喃喃梵诵，并咏其师兰风所著颂偈以为常。有诘之者，自言籍以醒神，俾不昏聩，其饮啖如少壮人，其颜面即如地藏胁下莲花色然。善哉！有邑居士孙国紶登山礼佛及梦堂，并求何居士德谦貌其像二，其一勒石，一归其庵存故事。已而为说偈言：

地藏王菩萨，身座莲花中。云何右胁下，复自生莲花？葳蕤如芝房，亦如楼阁云，冒霜雪生花，况复生枯木，是胡清净身？入莲花三昧。幻出莲神通，了非佛所重。若以莲求佛，遍地皆莲界。凡向花薰修，即登莲花藏。众香国去来，我舌亦如是。

【按】选自清刘庆运修、孙宗岱纂《顺治六合县志》卷10［清顺治三年（1646）刻本，《金陵全书》甲编《方志类·县志》第25册影印］。

# 灵岩石说七则

灵岩山之西涧名玛瑙涧，石卵充斥，沙砾杂之，内有文石，雨后流露。然玉质天章，色不啻五，或一石颛以一色擅美，或一石备美众色，多作云霞、星日、峰树、水藻之状，天成幻出，思议不及。略摹其似，丹砂逊赤、水碧让绿、茄花歉紫、栗胎输黄、脂肪愧白。更有间色，倍难粗拟，其或水墨空青，不炫他采，亦别具格外风韵。俗子好以菩萨、人物、禽虫貌之，强加名目，殊不知果有天然肖像，不待强名，如其依稀，徒秽仙骨。若夫天光倩灿，肤胎透漏者，入手夺目，不待贮之清泉、涵之旧陶，而后发色，此神品也。有奇文，非乏天光稍昒，而色胜其骨者，必待入水，若助其姿，屈居二乘。其或章美内含，有璞其蕴，必假砺琢，庶免按剑，及其后天莹澈，璧彩尽呈，有目共赏，较前二流亦不易以甲乙论也。但不称为玉者，玉质光润不露，而此石子神明太露耳。外国玛瑙有此石子之润，而无其文，至世俗所云缠丝，斯属奴隶矣。吾邑赏鉴家谓之没石气，以端圆匾薄为贵，倘轮囷离奇，虽石子佳，亦不勉汰而居追琢成器之列矣。

岩以灵称，旧未闻厥旨，而孕石子乃尔。灵，斯极矣，但谓之石子耳。虽非玉、非玛瑙，而其实有玉与玛瑙不能及，故足贵也。往日览诸地志所载，如南京聚宝山雨花台侧产玛瑙石，想古时生育或盛，今虚语耳；又杭州有玛瑙坡，在西湖孤山之东，碎石文莹如玛瑙然，人多采之以镌图篆；又顺德府尧山出文石，五色锦章；又登州府丹崖山之下，峭壁千丈，水中有小石，状如珠玑，或如弹丸子，岁久为海浪所磨，圆洁光莹可爱，苏子瞻尝取数百枚养石菖蒲；又黄州府聚宝山多小石，日照之红黄灿然，即苏子瞻取作怪石供以寄佛印者也。近日袁玉蟠集中"纪游"云："余家江上，江心涌出一洲，长可五七里，满洲皆五色石子，或洁白如玉，或红黄透明如玛瑙，如今时所重六合石子，千钱一枚者，不可胜计。余尝拾取数枚归，一类雀卵，中分玄黄二色；一类圭，正青色，红黄数道，如秋天晚霞；又一枚墨地布金彩，大约如小李将军山水人物，东坡《怪石供》所述，殊觉平常，藏籁中数日，不知何人取去，亦易得不重之耳。"如前地志所载，名实难稽，古多虚美，如近日袁玉蟠所纪"如六合石子""不可胜计"者，恐纵佳不过缠丝锦文止耳，有如六合石子之没石气者乎？玉蟠新参石牙，浪作雌黄，未必石之董狐，当非笃论。且六合好石子真没石气者，正不多到进贤冠眼孔来耳。

灵岩童童，以饶众牧，故牧子缘崖上下，过涧搜剔，得石子多瘗之田塍间，私识其地，俟游山客有问石子者，出升许才换得饼饵数枚去，然亦极难得奇石。此余髫年结交石丈时也。里中人亦有收藏家，然乏表章之力，虽有珪璧，难享连城，乃有新安程别驾，侨居长干里，作"醉石斋"，斋中所藏石子甚伙，如郇厨邠架，列盆盂成队。一石奴唱石名号以见客，号多鄙俚，以石亦多粗豪故也。焦太史弱侯先生作《醉石斋诗》有"摩娑承碧草，斌驳带清泉，锦文纷灿烂，玉质谢雕镌"之句，其他名人赞咏不具载。比时价亦未甚腾贵也。里人迩稍竞奉贵官，广市希有，不惜数千钱一石，以备筐篚之末，而贵官又多耳食，或得空青水碧，乃犹致憾于不缠丝。余尝闻之，不觉喷案。噫！千秋以来，独一石子难知己哉。万历戊申（1608）北地米仲诏先生来令吾邑，以南宫法嗣，特具只眼，善于激赏，自悬高价，殆十目罗之。一时吾乡收藏家，或多贫士，割爱献琛，恐误厚直；或代赠剑，亦幸其得所主，遂至荷锸之徒，斫山斧壑，先期候雨冲流，搜讨如陵鲤甲深穿山骨，获一文石，即剖腹为藏，待以举火，然皆不之里中旧收藏家，而之米令。君做声捏价，遂至与明月车璩、木难火齐相伯仲。是时，地亦不爱宝，一片玛瑙涧几不胫而走入宝晋斋中矣。噫！一石子显晦亦有时耶！

仲诏先生既富有文石，复雅多贮石之具。上者官定旧陶，下亦不失为宣德间窑器，大小异涵，寡众殊置，全不仍俗子十石一盆格。或离之以标双美，或配之以资映带，清泉易涤，锦绮十袭，衙斋孤赏，如在珠宫宝船中，手自品题，终日不倦。或清宴示客，拭几焚香，以次荐目，激赏移时，授简命赋。不则亦必饮客一蕉叶，赏之已，乃呼童子引捧，而宅其旧所，更呼别涵以荐。或从衣袖间时出尤物，一博奇赏，则余所称光彩蒨灿，肤胎透漏，入手骇目，不待贮之清泉而后发色者也。余谓仲诏先生："昔米颠奇石，只是树表峰岫，及灵璧研山之族，初不闻有如今灵岩石子，可用充衿佩而餖盆盎者。先生未尝无米颠所有，乃复有米颠所无，异日可备湛园中一段石史。"先生曰："余内子陆夫人赏鉴石子尤怪异，但听余衣袖间石子相戛击声，便知某石以文绮胜，某石以泽润胜，审声定品，不烦目击，出石视，一一如券。"噫！然则此石子与米家有宿因，又不独以先生癖嗜故矣！先生藏石既有声，簪绅中征求颇众，或者谯青宋祎，时充赐婢，绝未尝遣王昭君入胡也。余每代为答求者曰："非无明珠，但骊龙睡时故难遇。"闻者掀然笑，去。

石子以灵岩著称，其实横山、马鞍山、鸭山皆产之，卖石人各山披拣来，却只挂灵岩名目耳。各山石子不乏绮绣，然玉质郎润，正背通透无翳障，则灵岩独也。石质硬，且离涧穴久易燥，故居平宜常换清泉浸渍，以养其脉。天落水次之，河水又次之。井水绝不堪用，令石体绣涩淬秽；又不宜油手触污，斯二者皆石刑也。王文学忠所家多藏石，常语余得一奇石，沃以泉水，闭置一瓦瓨中，安柱础畔者久之，偶一取看，则大石下孕生小石子，累累数十枚，或若雀卵，或若蚕豆粒，其色皆稚嫩可爱。尝闻陶隐居云"云母以砂土养之，岁月生长"，定当不诬。余乃叹石既离山矣，生意孕育尚犹不可御，况其深宅地肺，时得山泽之全气，其嗣续顾可测哉！

余家在昆山而不能蓄良玉，亦一缺陷也。时过从里中藏石诸家，如袁二川、王忠所、唐逸我、朱鹭洲、褚明自以博一饱玩。仲诏先生尝让予不藏石子，对曰："货恶其置于地也，不必居于己。"先生曰："君但未知其趣耳，然苟得趣，安问主宾。"近日诸公石子，藏亦几为传舍，而忠所特精品石，乃取石之质美而局延褒者，以供镂镂，作环玦、炉顶、扇牌之属，自匠新意，取势拟物，就色造奇，种种可赏，但作簪难其料，然短簪正宜我辈人蒜发耳。异日有补著《宣和博古图》者，不得少"王氏灵岩石"一段也。余亦得忠所所制石荔枝十数件，绝佳。初藏之未尝不坚，顷乃渐羽化去，入米瓮中，为八口噉尽。余洒然笑曰："古人犹煮石代粮，我幸不烦煮。"

灵岩石极难状，非不欲状其妙，然反将活物说向死去，使孔门论石，恐宰我、子贡未必登言语之科耳。近里中人或择唐诗貌之，亦多属点金成铁手。吴城徐警栎旧爱石子，尝图其所藏石子为一谱，付不佞为序，传示好事，不佞逡巡，未有以应之，非鲁人不识麟也。盖图以五彩，业已失真，勒之剞劂，何啻千里？余不独叙石子之难，亦叙其谱石子者难也。今其谱尚留余所，顷闻仲诏先生已属吴文仲图其家藏石子为一卷，而授时贤题咏之，此自其书画船中家常饭也。然余欲纂《灵岩小志》一书，当向先生钞一本来载志中。

【按】选自清刘庆运修、孙宗岱纂《顺治六合县志》卷12［清顺治三年（1646）刻本，《金陵全书》甲编《方志类·县志》第25册影印］。

# 城六合议

按六合在洪武末年，自扬州府改属应天府，原为补南畿右臂，以特截天堑之险而遥护孝陵之重，其意至深远也。顾不知何以不城六合也？夫无城则一旦缓急，将六合且不能自保，而又安望以六合屏蔽南畿哉！六合从古为用武之地，迨魏太武受祸尤酷。宋南渡、元南侵皆所必争，即明兴，又尝首事，岂非江南北第一要害地，而国家之所当亟城者乎？

考诸郡邑之环列江以北者，上江则有和州、江浦、浦口，下江则有仪真、瓜洲、扬州，莫不有城有池，有卫所，有兵有饷，而独六合无之，是名为以六合屏蔽南畿，而其实不过任其偷安苟活，以支旦夕之命。而苟有缓急，原忍心举亿万生灵，竟委之锋镝之下已耳！哀哉六合！何其不得与江北诸郡邑同厪主上南顾之虑乎？从来官六合者，惮于发大难之端，而不闻一言；即南畿当路诸公，披览六合舆图，岂无知其无城者？而不闻一言；即缙绅先生以使命往来六合间，岂无讶其无城者？而不闻一言；而生长六合者，亦复如虱处裈，如燕雀处堂，甘心寄命于必受兵燹之冲，而绝不闻有一言以请于当路者。无论受倭房大创，虽小，有寇警乎？在强有力之家，虑无不鼠窜麇散，而待肉于几上者，又无论已。嗟哉！六合兴言及此，可为腐心，或曰："六合有滁河界之，跨河而城宜其难？"余曰："否否。考今宇内有跨河而城者，北则并州、张秋之类，南则苏州、丹阳之类是也。又有界河南北，各为一城以自固，而空置其河于两城之中者。又有先尝跨河为城，而后以水势冲啮，遂离去其河，而徙造城于傍山平壤者。六合河水冲激良甚，故城六合良难，然揆前三者，独不可仿其一耶？"或曰："城六合难矣，而城六合之费更苦无所出。"余曰："否否。从来各郡邑造城，势必取盈于协济，而况城六合以屏蔽南畿，便当为南畿议协济。诗曰'哲夫成城'，则合当路经济之哲，定无难，平心达观以共谋国，岂得鄙夷我六合也者，而犹然为秦越之视耶？"或曰："纵城矣，无兵与饷，何以守？"余曰："否否。第患无城可守耳，有城则寻常捍卫，用乡兵、保甲而足。万一有警，又不妨另议借兵与饷，为防御之策。考滁州来安县于嘉靖三十五年（1556），知县魏大用始造砖城，并申准地方，遇警即以南京锦衣，管屯千百户，带领原操官军一千八百员名，暂移防御。夫来安且然，则六合患不城耳，有城独不可仿而行耶？古今通患惟是，中才而涉世之小康，愚者偷巧者讳，而迂阔之士好托言休息，且情不下协，则怨生而谤起，当路者亦必持其言不肯下，每甘心临事之悔，而绝意先事之防，乃民命则何辜哉？"此余所私为痛哭流涕而无所控告者也。

夫《春秋》书城二十九，失得并昭，彼莒恃其陋，不修城廓，以致楚克其三都，特著为戒，而况六合无可修之城乎？即鲁之祝丘、齐之小谷，犹以多事，不时而城，而况六合在畿甸之内，偷安之久者乎？天其或者怜而藉手当路以闻诸君相，则凡六合城基之新旧，壕堑之广袤，地脉之横亘，当别绘为图以请。

【按】选自清刘庆运修、孙宗岱纂《顺治六合县志》卷10［清顺治三年（1646）刻本，《金陵全书》甲编《方志类·县志》第25册影印］。

# 六合士民求止浦口开河揭帖

揭为急止开河，以固陵寝，以救民生事。窃惟国家自定鼎南京，安置孝陵以来，始割古真州之六合，并割六合及和州之两半以为江浦，凡皆为孝陵西北，长江天堑，非赖有此二县，则右臂缺陷不完。是二县土地，其关系黎民生理者固重，而其关系陵寝护脉者，尤重之重者也。自孝陵而北迄于冶山，自孝陵而西迄于浦口，虽传前代曾有河影，今皆封塞，与平土无异，良为孝陵培右臂之脉，故国家享两百五十余年之安。自后虽屡起开河浮议，亦屡以虑及国本而止。其议开冶山之河者，谓漕运安稳，以避风涛；其议开浦口之河者，谓商船来往，以便贩易，此皆由小人射利，敢于轻动，既而上官误听，未策万全。况今辽夷蜀寇之危未有宁止，乃兴劳民动众之役，费更浩繁。今浦城地势高于江面三丈有奇，其间山石数里尤难施凿。水既增建瓴之险，城且切为壑之虞，或万一国本有伤，彼官民谁执其咎？只今滁、全诸水，藉六合境内出江，专为环拱孝陵，不独襟带六合，盖由瓜步而出则为朝宗，若由浦口而溢则为反跳，愚意先当就水利与国本而公议其轻重，不但就江浦与六合而私争其损益。且六合民少军多，三十六屯之田皆滨滁河而列，胥赖灌溉，以供秋粮。今河水以旁溢而就干，屯田必失溉而常渴，边饷所关，后悔何及？即据今开河之意，动辄以米价为辞，夫都城西北，长江浩荡，南贸北易，何地不通？必冤称六合一勺之河，遂致腾贵都城之米，最为谬论，并出炉心。况今六合之河，非能尽撤江北之米以出，但能贩买上江之米以入其间。担米者，筹夫也。而筹夫即应抬轿抬扛，转送银两等差。其间评价者，经纪也，而经纪即出平斛，碨税大行等税，专供养马、苦役两项，取给以数千计，从无旁漏，尚苦不支，今有捷径必致尽夺，姑未论陵寝重地，江浦不宜发大难之端。即今夫马重差，六合必致激眼前之变，思及于六合之无商无民无邑不可言也，思及于陵寝呵护，关系安危，尤不可言也。此不但六合士民当死与之争，亦我府县公祖父母，当亟为之禁者也。从来议开者十数次，而以避忌中止者，亦十数次，卷案可查，时刻难待。伏乞合台具由转详，速行禁止，以固长旺之孝陵，以安久静之地脉，畿辅幸甚，下邑幸甚！

**【按】**选自清刘庆运修、孙宗岱纂《顺治六合县志》卷10［清顺治三年（1646）刻本，《金陵全书》甲编《方志类·县志》第25册影印］。


# 道川汪隐君传

公姓汪，讳如底，号道川，系出越国公华，世为徽之婺源人。所居地名大坂，后有隐君清者，徙居六合，遂家焉。数传至屏山，屏山生北塘，北塘生三子，公其季也。

公性淳朴，自幼举止不苟，俨若成人，笃于孝友。倭中江南北诸郡，警猝至闾左，竞挟赀以走。公时为童，独收神主置橐中，他无所顾。北塘公奇之。年十七，补邑博士弟子，未几，升成均，务择其贤豪者与游，业益进。会北塘公倦勤，授以家政，百口仰给，不得不治家人生产，初志遂诎。亡何，母季即世；又十年，北塘公亦捐馆，公治丧事，哀毁尽礼。更父事两兄，善抚兄子，孝友之行孚于乡党，固敬信公，推为长者。而公性介介，遇是非可否，不少阿狥，人益服。族有争构，就公决焉，不至公庭。性狷不欲当人惠，尝曰："有受于人，一似有贷于人，不亟偿之，意终不释。"常市币帛门鬻者，爽于算价，缩于币，彼此不觉也。公归而持筹，悉以所缩价往偿之，其较然不欺若此。

生四子各授一经，经一其师，夜聚一室中督之，与俱寝起。二十年诸子学成，公别卜筑，以花鸟自娱。常自书"知足不辱，知止不殆"二语以见志。或劝之仕，夷然不屑，以太学终其身焉。卒年六十三。配黄氏。子元宾，府经历；元震，廪生；元忭，国子生；元哲，成进士，今为国子监博士。史以诚曰："方余与汪季子同举于乡，季子年最少，越十年成进士，为国子先生。师范方严，清真绝俗，人争惮之。季子常为言先生训督之严。少时之市，见一雉，而心悦之，祈于公，弗得，至涕泣，不顾，已就塾，数见挞流血，终身不敢作非分之想。少成，若性固有所本。"昔曾参以杀彘示信，封公以禁雉端尚，闲微杜渐，慈父之意深远，国博君骎骎向用于世人之式，公将益远。余推原所自，使知庭训云。

【按】选自清刘庆运修、孙宗岱纂《顺治六合县志》卷10［清顺治三年（1646）刻本，《金陵全书》甲编《方志类·县志》第25册影印］。


# 真如道人传

沈光禄父子祖孙皆与余交善，盖光禄尝属余为其伯子端伯立传矣。未几，光禄亦世，而光禄之仲子熙仲复属余为光禄立传。呜乎！余忍圹良友九泉耶？然不称光禄而称真如道人者，以光禄晚年逃禅，直蜕去光禄不居，而自称曰真如道人也。感熙仲无改于父之道，作《真如道人传》。

真如道人，姓沈，名延祖，字世承。先吴郡之桃花坞人，自高王父御史公达再传为萍乡令斌，又再传为鸿胪卿濚，及其弟学博浩，浩生秉让，让乃生真如道人。延祖先世尝卜筑震泽洞庭山中，自先考始挟赀游棠城，遂家焉。道人生而醇朴，不好弄，龆岁就外傅，即能领略文义，每篝灯读书，达丙夜不休。岁乙酉（1585）入太学，日与名下士游，攻举子业，以文行相砥。方骎骎策进，乃缘先考春秋高倦，将属道人佐家政。道人以为数者六艺之一也，起黄钟累黍之律，积成觚方，以至协宫商而穷历数。微矣，祖冲之缀术乎！道人尽得其术。如其读书至一目十行俱下，稽簿籍，权子母，综奇赢，厘然指掌，诸伙伴无敢给者。先考乃以家政授之。食指繁多，应酬旁午，遂不暇作章句学，然博闻强记，自其本性，喜购经史及本朝典故诸书，搜讨寻绎，至忘寝食。每与余晤言，即举疑事相质，以为快，是时尚未尝佞佛也，然嗜名理而薄世味。当少壮时，业已有然者矣。家素故封饶，珍错旨甘，及锦绮丝谷之蓄，而食不兼味，体不拽纨，若寒素然。先考尝谓其质直大过，恐不免俚，至当宾客前晋且晒之，而道人唯唯否否，终不任受变也，但色养恭谨有加尔。道人居平落落穆穆，喜怒不形于色，即燕居，如对宾客。其遇贫窭人也，如其遇士大夫；其待棠城人也，有加于其待吴郡人；其秉家政也，能以守兼创。先考明作贻之，而道人柔恬居之，所置田庐价必浮其所直。尝见故冢邻其地，令耕者让畔寻丈，以广其墓隧。诸如资给婚丧、抚恤缓急，皆阴行其善，不望报。所交游，多温良长厚辈，或有强悍者，道人处之有道焉，亦默夺而不自知。终作吉士，故终道人之身无怨家，从不辱身，以不辱其亲，真类有道者。道人奉绍山君之命，随牒光禄署丞，以养绍山君，而不之官。其居先考之丧，哀毁骨立，一切从厚，无违礼，欲就棠城营宅兆，不复扶榇入吴，以避涉江之险，或曰："道人之丧其母也，绍山公尝归葬于吴，而道人反是，何也？"道人曰："呜呼！生者家于斯而可，则殁者亦家于斯而可耳。"终不向人明其所以也。葬先考于棠城桂子山之阳，表墓纪庵，供古佛其间，庄严幽阒，居然一清凉界，盖道人于是时佞佛之念恳至矣。客有欲觞道人五十初度者，道人固辞，曰："吾母享年未半百，吾忍觞此时耶？"泣数行下，觞者感悼，乃止。客有讽道人入官光禄者，道人辗然曰："久作佛子，摈绝酒脯，乃欲吾以酒脯从事膳夫耶？"客亦一笑而止。道人伉俪双修，举家戒杀，日坐一静室，念生净土，爱与淄流往还。尝捐数百金广佛舍，置田饭僧，而惟恐人知之也，如其阴行善于闾里也。诸吴郡人侨居棠城，无虑数十百家，然婚且墓于棠邑者，惟道人耳。年五十六卒。

孙国敉曰：真如道人之佞佛也，带果修因，亦从事有为功德者，余不知其于真如之旨何若，然世出世间，能以孝义而作佛事，即往生净土，其庶乎？余观道人，貌不逾中人，言若不出口，身若不胜衣，然遇事有执持，道力坚固，似从佛法金刚不坏中来，故其资于学佛为近，有以也夫。

【按】选自清刘庆运修、孙宗岱纂《顺治六合县志》卷 10〔清顺治三年（1646）刻本，《金陵全书》甲编《方志类·县志》第 25 册影印〕。

# 武库员外郎厉公默所先生传

厉公讳昌谟，字从训，其先有曰厉山氏之王天下者，遂以号为氏。始祖赠太傅公，讳持起，家晋陵，从文肃公之封也。嗣是，以县尉公俊为南渡余姚之祖，以三府君昌为会稽迁地之祖，中间登进士者六，登制科者三，登乡贡者七。至十六世讳均德，始从武功入隶京卫，下六合之灵岩，江浒居焉。用盐策起家，遂赀甲一邑，输寒巢饥，有义声。至祖圻遭奇祸，家产散略尽，赖公文封驾部君延如线之绪。封君举三子，公其季也。至性孝友，父兄见之自不觉听然笑。幼美丰仪，如晋所称璧人。清辩绮灿，每倾四座。里人陆见而奇之，曰："厉氏子其亢宗乎?"以女妻之。

公年十四补邑弟子员，益攻苦。以封君家中落，每昼治生人<sup>①</sup>产，夕治书。公竟未尝就外塾，惟趋庭之训是赖。为文奇隽，务陈言之是去。蚤廪胶庠，奏秋一篇，里中儿争构读之，稍具资颖，皆愿出其门下，称玉笋班矣。岁戊子（1588）登贤书，壬辰（1592）成进士。先是与吴郡吴因之、新安杨澹冲结社燕市，及闱中牍悬之国门，识者谓其文价亦略相拄抗云。

拜宜黄令，宜黄在江右，为驯邑。然寇余又巨猾为患，胏石未澄，公精炼，爱书"平反冤抑，胥吏不得因缘为奸"。厥有虎，白昼伤人畜，蹂躏禾稼，公召猎师，焚山泽，虎渡河遁去。即里中之虎而翼者，亦次第牙獶，不烦骛击。适文庙灾，堂庑煨烬，泮水赤涸，公拜祷，返风灭火，独岿然一戟门若有留之，乃捐俸鼎建庙学，风厉相孚，不两月翚然、翼然、鳞然。而后以政为教，进诸博士弟子员，衡其文，鼓铸不倦已，泣免弟子员之首火难者，俾复青其矜，至今严祀。公如周益国然。邑有豪家，故相国姻戚，僭为楼堞箐砦以自固，而即属垣耳。于诸庶民之在官者，凡旧令嚬笑风旨，无假胫翼，而辄能掣其肘，公正思察其状，会豪家箧金币中以献公，立摘发之，以闻于部使者，将置诸理，而豪家强有力，阴走入长安。风铨部以公卓异，当调剧，乃有新喻之命。

新喻土瘠民狡，故数盗较宜黄之所谓寇余也为棘手。且吏兹土者，往以盗为讳，即得其主名，捕系之，辄又以无左验，置不问，莽伏剽攻，日益

---

① 人：疑为误刻多出的字，当删。

炽。公威稜岸行，弭戢有法，自是盗不敢入其境，而公所平反日益众。自是讼者复不敢出其境，画兑支之法。自是积逋乃尽完。诸如拓丽谯，创义仓，劝农兴学，惠心所旁皇，较宜黄弥深。岁阅上闻，下玺书褒美封公父文林郎如其官。岁丁酉（1597）秋，上方简用司马郎以备缓急，遂召公入拜车驾主事。盖是时上久虚台省不补，数请不一报诸郡邑，吏淹徊岁月，困顿簿领其有以治最得。征入为诸曹郎者，人望之不啻登仙，而公更以枢曹召，故众尤艳之。时关北之寇未授首，挞伐方张，而士马虚耗，戈甲朽钝，上有忧之。自公视事，出其弭盗材，条上方略，躬按部二十有四卫，检阅军校，凡按籍则有，简阅则无者，尽汰革之，不少避权贵，务行其志，以佐大司马。戎政初，奉命颁武臣诰，煌煌简书，照耀旧部。明年，转武库，再奉命饷边大同，凡三十七万金有奇，尽革羡金，人谓其不殊官两邑时之革羡金也。良然，会覃恩再封公父奉直大夫如公官，凡封君所谓如线之绪，至赖公纷纶缵绣矣。第先是公之应召归里也，适封君春秋方七十，至则荣戟在门，舣舳在堂，而其后复以使命归里也。昼绣未倦，莱彩未雕，公以次第哭妻陆宜人、哭冢子振鸿及冢子妇，神太伤，血太耗，遂委顿不起，然神明炯炯不少昏。病将革，犹栉沐北向，稽首曰："父子受国家殊恩，外未歼巨寇，内未终封君及母宜人，鼎养用为？"耿耿一语，不及他事，年仅五十有二。嗟乎！若公真位不满，德年不偿，才德福不肖慧者矣。公官两邑，首以雪冤弭盗闻，官司马郎，首以赋车籍马，搏力训材闻，而溯其家食也，则首以孝友闻，甫廪饩学宫，即一钱不肯私，曰："俾生作者有所筹以供亿，夫肆力于文章者，即一豆一觞，亦未尝不欢然共之也。及其以鼎养养先封君，蔗境弥佳。终公之身，具庆未央，岂不亦天伦之希遘乎！亢宗贻谋奢矣哉。"仲子振岳，季子振海嗣，一时文价重都人士，与公韶年同。

外史氏曰：考《汉史》循良吏数辈，迹其异，时所树建，或无能有加，其为郡邑时，故各以其行所最者著于篇，如渤海、颍川、蜀郡之类。盖立朝经济，总不出守令之及民亲切者也。以公官司马事神宗朝，所上方略，简练军实，凿凿可强弱国，然皆从其治两邑弭盗中来，惜也未尽奏厥效而殁。乃顷者，辽阳之变，重为国巇，比欲检阅禁军，按籍补伍，乃十无二三，然后券公之有先见远识也。籍公未殁，庸渠有今日耶！

【按】选自清刘庆运修、孙宗岱纂《顺治六合县志》卷10［清顺治三年

（1646）刻本，《金陵全书》甲编《方志类·县志》第 25 册影印 ]。

## 衢郡太守汪公传

汪太守之[①]官衢郡也，适余应辛酉（1621）秋试，订余曰："是必迟孙生为别，始行约当在菊月。"庸讵意公以七月捐馆舍，遂不诀而别耶！呜呼痛哉！明年，太守孤子国湄辈，以余与太守同社久，其知太守宜深，乞为传。顾无状可按也，第追余所耳而目之者而传之，所谓对以臆者也。

公姓汪氏，讳元哲，字鲁生，别号心烛[②]，六合人也。其先曰汪华，官唐歙州刺史，封越国公，后裔在新安郡[③]最夥。其后有隐君清者，始从婺源上[④]坂徙六合，为始祖，数传至公曾祖澜，澜生拱秀，秀生赠郎中如底，如底生四子，公其季也。幼秉夙慧，兼奉先赠公义方，足不逾家塾，耳围目囿，神智渟蓄，无物诱，几不辩市儿啁啾为何语。而所延又明师，未几，所奏秇出其师上。舞象时，补博士弟子员。凡郡邑及学宪试必冠军，所奉秇又出其昆弟上，于是庚子（1600）之役，以麟经魁，都人士录所奏秇于贤书进呈。归见先赠公，甚慰藉，然未尝沾沾自喜也。中间丁先赠公艰，哀毁备礼，后乃招余同读书澹永斋中，冥搜遐讨，于制秇则尸祝汤宣城、许同安，于古文词则尸祝北地、历下二李先生，他书罕寓其目。所为文凡三变：始如大官庖珍，贵丰盈樽簋，起色非寒生可办[⑤]；继如药铸彝鼎，昆吾刀镂琢环珧，森然古法，时有斧痕；后如坐禅人为讲师，提心手在口，法争上流，步行空界，虽是金刚身，而五脏作琉璃观。余目摄公曰："今复谁能留鲁生者？"岁庚戌（1610），遂成进士。公曰："吾上不获读中秘书，下亦不能领钱谷甲兵之局，以役吾心，姑从郡邑掌故，借径而游康庄，可乎？"乃随牒为广陵郡博，如出鬘陀华雨，雨四天界，合旃檀与芝菌，皆应期蒸变，郡人士之班玉笋者，蝉联如也。壬子（1612）应楚聘入闱，所得楚材甚盛。更有异焉，榜首黄君图升，本他房牍而实赖公甄录之，遂得冠楚人士，楚人

---

① 之：底本作"之之"，据汪昇远编纂《六合汪氏家谱》卷 8 改。

② 别号心烛：底本无，据汪昇远编纂《六合汪氏家谱》卷 8 补。

③ 新安郡：底本作"新都"，据汪昇远编纂《六合汪氏家谱》卷 8 改。

④ 上：汪昇远编纂《六合汪氏家谱》卷 8 作"大"。

⑤ 办（辦）：汪昇远编纂《六合汪氏家谱》卷 8 作"辨"。

士以是归公藻鉴云。是岁，拜成均之命，都人士藉甚，称曰："是尝校楚闱，录他房牍为冠军者耶？"争愿出其门墙，环桥而问业者日益众。又阅岁，拜计部之命。夫计部，非公志也。然不爱为钱谷甲兵也者，乃能为钱谷甲兵者也。公既即计部，则念既不逮养先赠君，而太夫人亦以恋梓里不就养邸舍，日悬公归梦中。无何，先皇帝以公饷边，边人戴公廉惠，焕于綊<sup>①</sup>犷，公为诗纪其事也，曰《片石吟》，指燕然一片石云。缘饷边归，获觐太夫人，颜色欢然甚。无何，命公绾通州仓篆，力澄鼠窦，爬梳略尽，致新陈羡相溢，若老于吏事然。无何，丁太夫人艰，哀毁愈益甚。服除，适遭覃恩，得赠其先公如公官，迨于母妻，大哉王言！如丝如纶，至称公脂处而甘茹蘗，是所谓"不为钱谷甲兵也者，乃能为钱谷甲兵者"耶？辛酉（1621）命以公出衢郡，衢郡为浙要害，孔道聚奸，慓犷嚚讼，且以辽左之创多婺中骁健，以敢战著称，更赖公为良二千石，且绥且缴，行将鼓其慓犷为桓赳，岂不裨国忼哉？不谓公未履衢郡，时偶疾卒，时年才四十有八。

嗟乎！衢郡之不有公也，即六合之不有衢郡公也。命也夫！按公孝友廉靖，所渟蓄甚深，居乡不关白公府，然里人有疾苦，必特为达之。即其施于政也，亦未或百一，天夺之速，朝野惜之。公居平好绘画，凡道名山，或途次怪树，必徘徊久之，摹入画乃去。每退食，不废点染，五指烟云，咄嗟而办<sup>②</sup>，交游争宝之。家居田居所在皆为园，丘壑具体<sup>③</sup>如其画。子三，国湄、国泗、国藻嗣。

孙国敉曰：以余观于鲁生，真可谓无言不酬者乎。方鲁生家食，语余行博一第，必且为郡博、为国博、为尚书郎，过此以往，未之或知。噫！何其若券也！金石之义，琅琅弗渝，竟厥所自矢，岂有量哉？昔人享修名者，谓人不可以无年，若公又安在，其必以年竞也。《礼》称"乡先生殁而祭于社"，若公者，祭可矣。

【按】选自清刘庆运修、孙宗岱纂《顺治六合县志》卷10［清顺治三年（1646）刻本，《金陵全书》甲编《方志类·县志》第25册影印］。《六合汪氏家谱》卷8题作《衢郡太守心烛汪公传》，文字略有不同。

---

① 綊：汪昇远编纂《六合汪氏家谱》卷8作"挟"。
② 办（辦）：汪昇远编纂《六合汪氏家谱》卷8作"辨"。
③ 体：汪昇远编纂《六合汪氏家谱》卷8作"备"。

# 封南京鸿胪寺序班汪公墓志铭

余从同籍汪鲁生稔其先赠君道川，与其兄封君十城友于甚笃，乃至是鲁生与十城之子鸿胪荫余之友于也，复各如其先人。夫能世其孝友，足以风已，顷鸿胪持鲁生所为十城状来，乞余志墓门之石，安敢以不斐辞！

按状：公讳如璧，字十城，官淳安簿，以子元庆虒封南京鸿胪寺序班。其先世出越国公华之裔，世居婺源之大坂，祖隐君清始徙六合，数传生曾祖澜，澜生祖珙秀，珙秀生子三，如璧其仲。公有夙惠，髫年补博士弟子员，十九补国子生。尝闻风雪中急乃公难，间关邻郡，竟得白其事以归。处雁行，以谨厚推，又似暍，就其弟赠君者，正余所闻诸鲁生友于谊甚笃者也。举丈夫子三，皆凛凛受义方唯谨，先后补乡国学，羡雁蝉联，与鲁生修公车之业，为里中人所归。谒主爵，得淳安簿。林司理贤公才，以查盘转委，综核有法称任使。居二年，念有先人之田庐在，可自老，奚以淳安为？凡五乞休，始报可。郡太守陈公讶末寮中乃有此廉靖恬退之士，亟旌其棹楔以荣之。邑人士以公位不满德，券公他日必享申佑。居无何，荫余拜南鸿胪之命，覃恩虒封公如元庆官，所以娱亲又不直赖煌煌王言已也。元庆念公春秋高，亟请告归。子舍侍公，杖屦于六峰间。所未满愿者，次子元宰、元行，先公修文，不及食鲤庭之报。乃诸孙多且才，又羡雁蝉联，为里中人所媲也。复何憾！公神王体健，春秋将望八龄，饮啖如常。垂革时，前子若孙，以训为诀，惟孝友于及善其创守语，刺刺不休。呜呼！其屡世名德，所燕贻远矣，铭曰：

粤草斯塘，白云之乡，公楛其光，以善其藏，孙子烺烺，翳其世也昌。

【按】选自清刘庆运修、孙宗岱纂《顺治六合县志》卷 10 [ 清顺治三年（1646）刻本，《金陵全书》甲编《方志类·县志》第 25 册影印 ]。


# 与胡长白

偶读白乐天和刘梦得《终南秋雪》诗云："遍览古今集，都无秋雪诗。阳春先倡后，阴岭未消时。草讶霜凝重，松疑崔散迟。清光莫独占，还对白云司。"秋雪者，以终南高深，迄秋犹积雪耶？抑秦地早寒，甫秋而早飞雪耶？题甚佳，惜诗不副。又未见梦得原倡何如？敢求足下写《终南秋雪图》，以传将来，见图何以知是秋雪，须用匠意消息之也。

【按】选自清周在浚等辑《赖古堂名贤尺牍新钞·二选藏弆集》第5卷（《四库禁毁书丛刊》集部第36册，北京出版社1997年版），标引自孙氏文集《鸡树馆集》。文中"白乐天和刘梦得《终南秋雪》"诗，白居易原题为《和刘郎中望终南山秋雪》，文字略有出入。

## 复董玄宰

唐摹晋帖，如虞永兴、褚河南，皆青出于蓝，况以先生之笔摹唐人哉？昔人谓右军书兰亭则萧远，书曹娥则悲悯，殆寄心于腕也。先生临鲁公，顿欲将鲁公生平，秋肃之气，一笔摹出，不独比波磔为工。闻鲁公生前常遇陶八授刀圭，碧霞遇难后，遂仙去。试问先生走笔时，有蓬勃来笔端者，仙耶人耶？

【按】选自清周在浚等辑《赖古堂名贤尺牍新钞·二选藏弆集》第5卷（《四库禁毁书丛刊》集部第36册，北京出版社1997年版），标引自孙氏文集《鸡树馆集》。

## 答陈木叔

陆叔平山水花卉，但力摹宋元便妙极。文弱疑于无骨，骨秀在藏飞燕掌上舞，止是筋脉自运，观者赏其韵已耳。女三为粲，再欲着一语不得。

【按】选自清周在浚等辑《赖古堂名贤尺牍新钞·二选藏弆集》第5卷（《四库禁毁书丛刊》集部第36册，北京出版社1997年版），标引自孙氏文集《鸡树馆集》。

## 答文启美

辱下问《石经》中缺《孟子》，或唐大历、乾符间《孟子》七篇，尚未列学宫耶？宋神宗元丰七年（1084）以孟子配食孔庙，亦可想见，敢以臆对。

【按】选自清周在浚等辑《赖古堂名贤尺牍新钞·二选藏弃集》第5卷（《四库禁毁书丛刊》集部第36册，北京出版社1997年版），标引自孙氏文集《鸡树馆集》。

## 与大梁张林宗

世之集句者，弟惑焉。沉钩而出比目，举弋而落双飞，杂取旧律中既耦之佳句，而另集成律，攘为己物，如是而已耳。弟每思之，先哲佳联，久著诗苑，譬则文箫之与彩鸾，萧史之与弄玉，葛洪之与鲍靓，各以仙而耦者也；梁鸿之与孟光，鲍宣之与桓少君，庞公之与饯妻，刘凝之之与郭铨女，严光之与梅福女，各以隐而耦者也；王凝之之与谢道韫，窦滔之与苏蕙，赵明诚之与李易安，各以韵而耦者也。此既天生佳耦，难容生割，而人乃公行剽窃，别为配耦，必欲重婚秦玉于梁鸿，再醮孟光于萧史，强匹易安于右军，则毋论伉俪非伦，共伤心于珠璧之点，抑亦摹拟多事，或血指于凿柄之讹。作者袭舛，而莫悟其非，观者沿习，而漫呼其好，岂不千古一大冤案哉！弟思前人诗中自有只句之佳者焉，古则有音律恰调之句，律则有起结不对之句，绝则有简练可对之句，余乃揽彼孤芳，觅其奇似，巧为媒妁，各遂应求，虽有移桃接李之劳，而无截鹤续凫之病，岂不炼女娲之乳液，补天地之遗憾者哉！譬则上帝遣天汉中白水素女化为江上螺，而畜于谢端之家，以为耦；又若周瑜之得小乔为耦，司马长卿之得文君为耦，当其只也，若有所待，当其耦也，若固有之，岂不千古一大快事哉！又譬则林逋以梅为耦，干将以莫邪为耦，箕以毕为耦，斯又得耦之神，而遗耦之形者也。集句者甚多，而集只句为新耦者，实自弟始，中间或所耦非伦者，亦愿足下为我正之。

**【按】**选自清周在浚等辑《赖古堂名贤尺牍新钞·三选结邻集》第 12 卷（《四库禁毁书丛刊》集部第 36 册，北京出版社 1997 年版）。

## 潘世奇

> 潘世奇，字平之，一字澹予，六合人。天启七年（1627）举人，崇祯元年（1628）进士，曾任直隶真定（今河北省正定县）知县，河南长垣县、河北遵化县知县，钦取湖广道监察御史，巡按贵州。明末从桂王于粤贵，顺治初，张献忠余部进攻贵州时，力御而死。死后梅庵僧人葬之。著有《文集》《奏疏》诸稿。

## 请添设江北道员疏

湖广道监察御史臣潘世奇谨题为江北寇乱已极，道臣遥制非宜，恳祈敕部速增以重弹压，以巩藩屏事。窃照江北一带，为祖宗发祥之地，国初定鼎金陵，分割江浦六合，拱卫神京，立意最深，其他如滁、和、全椒、来安、含山五州县，各据一郡，设卫置军，不隶于府，诚以龙兴汤沐之区，重其统属，与各州县不同。乃滁、和五州，则分辖于颍州一道，而颍之距滁、和也相去七百余里，且山河迢递，江、六两县则近，改摄于池太一道，驻扎芜湖，芜湖之距江、六也相去四百余里，且大江阻隔，即在承平粝宁之时，民情之痛痒几于膜外不相关，官吏之贪廉抑且混淆而无别，盖耳目渐远，蒙蔽易生，声息不通，缓急莫恃，矧今何时乎？自寇渡河而南，侵扰中都，八年于兹，城邑屡被其攻陷，村落数被其焚掠，人民尽被其荼毒，迩年来盘踞安、庐，出没无尝①，如今春之破巢、含，下亳州，不逾月而舒城告陷，庐州名郡以暨无为州，相继失守，滁、和五州县，江、六两危城，真有朝不保夕之谋，与死为邻之惧，而颍州道远，处于颍寿池太道，距隔于江南，鞭腹不及，呼吸靡灵，万一戎马生郊，谁为提兵挈将，以之防要害而壮声援？谁为涣号发令，以之固人心而坚死守？则信乎遥制之难，而增设道臣之为亟亟也。说者谓增一官即滋一费，然臣以为官可增而费正不必滋也。以七州县额

---

① 尝：《雍正六合县志》作"常"，意同。

设之钱粮，但留之为新设之供应，不费踌躇，咄嗟可办。说者又谓设兵备更苦招募，然臣以为兵备设，而兵又不必烦募也。以七州县新练之义勇，再加之以池、浦之防营，随时鼓舞，随处皆成劲旅，设有不足，则酌其要害，添用兵将以佐之。至于俸廪公费，臣亦有说，以处此滁州，旧有鸿寺少卿，近经裁汰，其俸薪及舆皂吏胥工食之旧尚存，滁阳仅有空署，以之驻镇于此扼要，弹压犹便，于责成鸿寺数倍也。一调剂间，而保障江淮，屏蔽陪京，两得之矣。所恃道臣精明，区画得宜，布置有方，严以御下，恩以结众，临驭既亲，防维愈饬，无事则察吏以安民，有事则一呼而即应，与其焦头烂额，徒作事后之嗟，孰若曲突徙薪，早见未然之虑，则设一道臣以提挈七州县之精神，联络七州县之人心，振扬七州县之纪纲，事不虞其纷，更益实垂之久远，所关非止戡乱而已也。伏祈皇上立敕部议，速赐施行。

【按】选自清刘庆运修、孙宗岱纂《顺治六合县志》卷9﹝清顺治三年（1646）刻本，《金陵全书》甲编《方志类·县志》第25册影印﹞。原无标题，今据《乾隆六合县志》补。

## 题为创设既有专官旧辖，自应详改，恳以一事权，以课安攘事

湖广道监察御史臣潘世奇谨题为创设既有专官旧辖，自应详改，冒恳圣明敕部分载信地，以一事权，以课安攘事。窃惟朝廷建官置吏，俾上下凛然，知有所禀承，便区画截然，各有所表率，匪直欲其肃官，尝使耳目统摄于一，确有持循，抑将有以纾民力，使恩威提挈，于独苦无奔命。虽间有更置，或斟酌于一时之权宜，当益思善后，求审处乎经久之事势，故虑及于昔之所以合，近约而实疏，宜筹夫今之所以分，期详而有当也。顷因江北贼氛孔炽，臣冒昧具疏请于滁、和五州县，江、六两邑，添设道臣，以资弹压，以绸缪未雨，业蒙皇上俞臣所请，特简旷昭而用之，仰见我皇上虚怀纳牖，捷于转圜，从此扼要封疆，各分统驭，辛勤图治，互为励精，向之阔绝疏逖，为号令之所难，申纠察之所不到者，今则幅员联络，吏治之得失，民生之休戚，道臣巡览易周，不苦于鞭长不及之虑矣。惟是新衔既立，旧属宜更，地分既已不同，控制亦自攸别，诸凡钱粮之供亿，檄牒之传宣，隶于此者，断不可仍听命而奔给于彼，倘于敕书填载犹然，列衔如故，则群下何所

适从？且未奉明旨，谁敢擅自削易？如颍州兵备所管即应删去"滁、和"等字，池太兵备所辖即应删去"江、六"等字，庶位叙不至混淆，而统摄皆有专主矣①。

【按】选自清刘庆运修、孙宗岱纂《顺治六合县志》卷9〔清顺治三年（1646）刻本，《金陵全书》甲编《方志类·县志》第25册影印〕。原无标题，结合文章内容，编者新拟标题。

## 汪国策

汪国策（1594—1655），字叔献，崇祯六年（1633）举人，七年（1634）进士。曾任南京户部湖广清吏司主事，官至户部郎中。为官清正，工制举文，古文亦典丽奥博。著有文集和《春秋世家合艺》。

## 别驾石虎汪公行状

明承德郎粤东惠州②府别驾石虎兄者，余共曾祖之从兄，少偕学，壮偕游，老偕宦者也。余耻言谀，亦无复敢讳云。余系出婺之葭莘岭，历数传，迁婺之莲花塘，再迁姑苏。二载，祖隐君清以江北淳朴，徙于棠，遂家焉。又再传生征仕郎讳杲祖，杲生屏山祖，屏山生北塘祖，即余共从兄曾祖。是曾祖生子三，余祖封征仕郎十城公居次，从兄祖赠中宪大夫道川公其三也。道川祖生子四，行三者征仕郎中冶叔也，生两子，兄从居冢，讳国瞻，字石虎，蓬庵其别号。岐嶷资颖过人，治《春秋》《左》《国》，日可数传。时中宪大夫鲁生叔翻驳麟解，别神炉鞴，海内奇之，兄独首缵心法，人每称安玄焉。甫弱冠，补邑博士弟子员，撷探图史，思绚道德。方壮，即笃于庠，试辄冠军，腕有夙慧。每援笔草就，间腹稿不吐，阅其颐笑醋适，似未竭废井，忽结撰，即枯髯者让工。三载比士，乡人推吾族跻美，然间有苦刑璞者，兄独寸晷游刃，无嗟匏落，值读礼容，蹙③年计录试者七家，棘围几

---

① 底本文末有"等语"二字，疑为衍文，据《雍正六合县志》删去。

② 州：底本缺，据汪昇远编纂《六合汪氏家谱》卷8补。

③ 蹙：底本作"憾"，据汪昇远编纂《六合汪氏家谱》卷8改。

几两月，锋颖干将，久而益健。壬戌（1622）恩选，业拟白眉，逮发卷呼名，竟以定省先归而殿。自是鹏志益奋，讲学问梅居中。其事亲，乃天性爱慕，融泄不衰。犹忆吾叔以痁竖久苦，兄躬诣北固矶头，拜邀仲景手，倾身疗治，夜睫不交者月余，至面无余厵，人以为难及。叔喜为黄绮遗荣，兄于读书暇，必洗盏园亭，投辖歌风，冀娱堂上色笑。尝捧卮柔声曰："折腰岂大人志，儿愿效哺乌，作莱子乐，毕温清也。"自仲弟兰摧，鸰<sup>①</sup>原感恨，不忍为若敖馁，命瑄子子之。之官日，戒以奋志干城，好侍媚母，无违友于，亦重以周矣。至缔盟交友，群饮以和，而处伯叔诸母间，蔼蔼子情，无惰容，亦鲜矫饰。接诸弟侄，不言躬行，信无惭万石君家训也。然好义解推，情近于侠，而急公负气，尤所欣慕焉。如棠介冲疲，雉堞新创，不惜捐橐，以神板<sup>②</sup>干。庚辰（1640）岁旱，来值盈莛，枕藉沟中等悉盼盼然矣。兄倡先赈贷，为粥厂以饭之，蒙袂者立起。六庠旧有学租数亩，隰畔多不盈阡，究其获萧然也，兄慨捐腴田，以裕寒斋膏火不逮，黉宫栋楹支圮，瓦砾颓岩，与学博王君倡建，苦凉友逡巡铢积，兄首以五十金助缮，群英乃争解橐焉。且多种德于阴，置漏泽园，奠安无祀，荒烟磷火，恻然于怀者，乃兄仁也。若集众肇放生社，时时<sup>③</sup>解汤，网逝侨鱼，其他义焚薛券，德及穷骸，诚有莫能殚<sup>④</sup>述者。壬午（1642）以岁进士贡于天子，策廷魁众，爰授粤东长史，获抒素蕴。下车不逾月，两宪以圭璋目之，假嵩城以别利器。署永安，无几即功在高深，墉壑克巩。是邑素以搜寨历巡为往例，纳贿陋举，兄裹粮以行，饮水毕事，冰蘗操允，无愧于清郎也。永安寇伏盘据者久，临之以兵，负隅无得，兄至，尽撤兵卫，独驰骑入虎穴，愶<sup>⑤</sup>以利害，擒其寇首，俚号"温阎王""腌菜茎"者。一境悉平，是殆桑怿再见哉！方奏最，又复藉寇兴宁，时兴苦海氛，兄躬亲抚巡，剪鲸鲵，贻安辑，绿苇寝，柝渤海，殆难独霸矣。值兴岁恶，菜色堪忧，兄曰："为民父母，养不以方畴，责也。"又出其拯桑梓手，捐俸粥饥，多所全活，欢声如挟纩然。哦松暇，进髦士问难，瞻其贫者，视义赈有加焉。而剔蠹澄奸，如燃犀焯，此兴民精

---

① 鸰：底本作"令"，据汪昇远编纂《六合汪氏家谱》卷8改。
② 板：底本作"扳"，据汪昇远编纂《六合汪氏家谱》卷8改。
③ 时时：底本作"时"，据汪昇远编纂《六合汪氏家谱》卷8改。
④ 殚：底本作"弹"，据汪昇远编纂《六合汪氏家谱》卷8改。
⑤ 愶：底本作"摄"，据汪昇远编纂《六合汪氏家谱》卷8改。

明，颂中所以有"匣中秋水吕虔刀"之句也。惠政所及，沦肌浃髓，以至民讴士诵来暮之歌，镌而成帙，愿竢秋成，以布帐颂再生。谓一人五文能縠得，四门设柜，各投钱，以视刘宠之纳一钱，愈为见德矣。民欢刘鲍，有续甘棠志爱，生祠之建泪碑，叔子宁敢阿吾私哉，所不敢讳者。间有情痴，亦善谐语，名心之热胜予①冷吏，治之敏胜予疏。追忆鬐年歌喉，轩窗奕韵，荷风梧月，笑傲清狂，方谓其拂袖罗浮，诗颠酒癖，继乐风流苏学士所也。岂期痛京师之变，忧悲愤郁，抑以成疴，捐馆公署乎？其贤劳王事，心勤豹猷，当途方倚以为重，咸交章挽之，而已梦两楹奠矣，竟赍志殁哉！客冬，琯侄邮凶问至，既哭以诗。今璐侄又促予为之状，能不呜咽而涕洟云？兄生于万历癸巳（1593）二月三日，卒于弘光乙酉（1645）闰六月念五日，享年五十有三。配孺人朴氏。生子三：长璐，附例国子生，娶褚氏；次琯，邑庠生，娶厉氏，继娶徐氏；三瑄，壬午（1642）科武举，娶毛氏。孙一：烨，瑄出，继仲弟后，原所生故并书。

【按】选自清刘庆运修、孙宗岱纂《顺治六合县志》卷10［清顺治三年（1646）刻本，《金陵全书》甲编《方志类·县志》第25册影印］。本文亦见于汪昇远编纂《六合汪氏家谱》卷8，文字略有不同，影响文意者加注，余不赘考。

---

① 予：汪昇远编纂《六合汪氏家谱》卷8作"于"，下同。

# 清　朝

## 曾祉龄

曾祉龄，江苏六合人。顺治九年（1652）贡生。官至如皋县知县（嘉庆《如皋县志》卷12《秩官》载，其康熙三年（1664）任如皋县教谕）。

## 家祀宗圣公祠堂记

宗圣公祠祀者，棠邑曾生瑭之祖祠也。曾生籍丰城，而实则武城宗圣公正派也。洪武初年，其祖福二从征，子文接役领调湖广都水司荆襄军，嗣三世而孙琛，奉钦敕往西天乌思藏、八剌等国公干。宣德六年（1431），蒙兵部官引于顺天门，奏准钦升龙江右卫镇抚。正统十年（1445），关领诰命，内载琛系江西南昌府丰城县人，原籍东昌府武城县宗圣后裔，至是以屯隶籍棠邑，其丰祖南丰公之先，自鲁武城因避王莽之乱，迁豫章，家焉。至肃宗访贤嗣之派五十八世孙质粹由丰抱谱应访，而琛其裔也。琛偪仪家六合，奉钦典优恤圣贤子孙，逮今上甲申岁（1644），通邑以仪孙瑭请察核诘谍，申详部院，而瑭遂得世受奉祀生员，送本县儒学肄业焉。然有祀不可无祠，因追念芜莱侯宗圣公，虽有殿庑宗祀，而于其家祠则始祀也，无容祧焉。又查其六世祖讳乐者，汉都乡侯，唐镇南将军讳洪立，宋尚书户部郎中直史馆右谏议大夫密国公讳致尧，亦附祀焉。是祠也，传经久远，刊为木主者，凡五历周汉宋明，或道继周孔，或学尊孟韩，得文章之正派，与经术相表里。至国朝陈守礼先生有云"如帛之暖，如粟之饱，人不可一日无，而人莫知其功也"，以斯文明斯道。古所谓乡达先正，殁则祭于社，远则祀于祠，况有国典之隆恤乎！龄忝后裔，勉为度地建祠，以彰圣明崇贤重道之雅，乃于邑学之西皋右臂，划草取旷，刊突就夷①，为堂其中，而置主焉，勒其额曰"宗圣公祠"。前有门庑，以谨启闭，后有寝，以处衣冠之来聚者。经始于崇祯甲申（1644）之夏，至乙酉（1645）之春落成，于是人无远近，皆知斯文，愈久愈光，而喜斯道之有属②也。

【按】选自清刘庆运修、孙宗岱纂《顺治六合县志》卷9［清顺治三年（1646）刻本，《金陵全书》甲编《方志类·县志》第25册影印］。

## 孙宗岱

孙宗岱，字石君，孙国敉长子。初补邑诸生，崇祯末以荐为游击将军。督造军器，升参将，总理钱法。国变后隐居卖药以终，著有《汲古堂草》1卷、《楮墨》1卷、《兵荒纪略》1卷、《通礼纂要》6卷、《射义府》6卷、《志郭》1卷、《燕睇草》1卷。与胥西成编纂《顺治六合县志》12卷，更为《志外别纪》10卷。

# 六合县创造神器记

六合处大江以北，为古棠邑，隶在真州，宜不必属之江南。必割真州为六合以翼南都者，盖六合实旧京右臂，非此无以立犄角之势，以环卫陵寝。果尔，则国利民生，硕有攸系，何当事者等为弃地？匪独民命可矜，亦且于祖制鸿图未甚悉也。

三十年前，风尚醇谨，古意未失，迩缘南都，习尚浮侈，兹以近而似之，故事益繁剧。自昔许州甄侯去任，去今不十数载，遂十数易侯，揆之时事人情，地与侯均大相累焉。不幸遭丁丑（1637）寇变，虽事出不测，而兆端久见，有心者盖识之不敢言，即言亦蔑有信耳。戊寅（1638）春，大中丞张公露冕观风，睹兹残燹，恻恻然忧靡有宁，始力更土垒成城，屹然坚壁，雄踞上游，则是谷莺锈羽，后幸复见海燕巢梁日矣。然防守未备，每遇

---

① 夷：《雍正六合县志》作"平"。
② 属：《雍正六合县志》作"励"。

小警，播迁反倍于未城时，禁御虽严，民罔有顾，岂抑知无备而官办者，犹拾沈也哉。庚辰（1640）春，饶侯以议去，邑父老奔留都，乞京兆佐陈公再署县事，朝理夕治，有辞让而无征求，是惟识人之功，而忘人之过者，积废渐兴，首谋城守。

夫六合为京师屏蔽，神器实御寇急图，故上古制人于百步之外，惟持弓矢，为之长兵。战国时始有弩箭驳[①]石，自置铳用药，以弹射人，后弓矢驳石失其利矣。今火炮除大将军、佛郎机、千里雷诸器外，小铳远且毒，无过噜密快枪、五子鸟铳，然不同弓矢。载之经传，见之歌咏者，只缘将吏间多私以为建竖具而卤莽浅识之夫，悭于费重，复哑口訾其不便，是以攻守者多遗神器而费招选，况又新城无备，素未谙守，岂能熟审及此。陈公深知火器为制胜具，因集里中名宿，申明其义，以有守无战之方，彰明士庶，以永逸暂劳之势，劝勉商民，人一其心，士百其勇，程工浴铁，不匝月，阖城内外大小炮得四千余门，铅子硝黄积六百余石。使然丝，入夜几同晴野寒星，挟弹循墙，亦似长空飞雪矣。此既造之尽制，更宜用之有方。从来农夫小民，轻霜露而狎风雨，故寒暑不能为之毒，使各知治力治气，习久自便，亦复有何患乎？万一有警，便可驱市人乘城而守，戮力同仇，共申挞伐，足当精兵百万，何至仰给征调，虞兵后期，虞饷缺额，虞寇不戢哉？虽然贵而能贫，生逢多事，正有识者容世藏身之道，奚止为招携怀远计也，何世皆瞆不及此？昔蘧伯玉有言"观其器而知人之巧，观其发而知人之智"，陈公其几之矣。但岱素以古愚自勉，每多噍让，然思四民实拜廉吏惠，聊自为记，树国威，记民干而已。

【按】选自清刘庆运修、孙宗岱纂《顺治六合县志》卷10［清顺治三年（1646）刻本，《金陵全书》甲编《方志类·县志》第25册影印］，底本题后注"崇祯十三年（1640）"。

# 六合县哺饥记

六合遭丁丑（1637）寇变，旋竭民力而城，家咸空户，爨少盛烟。至庚辰（1640）春，橇枪屡见，宿麦不下，且蝗蚋岳发，茅茨悉尽，民物乃

---

① 驳：疑为"炮（礮）"，形近误抄，下同。

多流迁。迨夏秋，罹巫尪祟，数千里内外，阅无生稼，昔之谈智尺寸间者，咸捃拾自资，桑榆为饭，诸如三家墅，皆兽蹄鸟迹，而北地雕劫之余，犹桥首南向，如饥鱼归饵。是以寄径六合者，肿唅骨立，多无守气。夫灾异之发，闻各家过失，以类告人，旱之为言，则又为臣民有悲怨难言之隐，故阳气盛高，骄蹇失度，始为之应。

今皇上吁天乞治，变格罗才，赈恤忧劳，无所不至，犹不幸耗旱，时会使然，自非政教所致矣。难未歇，剧贼窃发，盘牙连野，揭木成兵，然犹山栖草藏，莫适捕讨。至八月，劫起白昼，椎埋为奸，脯巨人而炙婴儿，计不可数，百里内扶老稚投诚者，门几噎不得关，使乱踪不载，将不知死所矣。无何，来侯授事，义切共患，与守阃宣孟杨公、斌甫张公分兵部索，不避强御，先捕郡内豪猾之有窃疾者，绝之党援；徐簿录其藏亡匿死，家迹所至，机毒矢待，不匝月，贼首从渐缚，属刃于颈，民少帖然。然饥馑荐臻，生业流弃，日枕藉死不啻百，或弃子于长河，或食人于道路，或易子炊，或咽糠毙，尚有古人未经言，笔舌不能状者，悉备之，时为游目，无不泫然失涕。侯乃集诸弟子员，议募馈粥，开赈两厂，一于水南净明寺，一于邑东香积寺。每厨三楹，釜六只，两夫司煤，十人运水，监米者不假人以司，调粥者不越阃以足。先日亥时发火，次日巳时止炊，任事恪恭，给散循序，悉如苦行头陀。是以上下初终，竟绝嬉笑，且遴端士揽纲，义民分职，皆自动，其不容己之情，殊非激劝所能鼓舞者，推食念真，故感助广。经始于庚辰（1640）之畅月，事竣于辛巳（1641）之仲春，每日应赈人五千有奇，炊米数十余斛，然皆鹄面鸠头，裸行草食，人驱滨死，步策游魂，佛氏所云"饿鬼道"，触目皆是。伤哉！人命危浅，竟至尔尔耶！然阽亡之辈，行不能前，食不敢饱，又当严寒裂肤，流血成冰之日，势归道殣，亦犹火将逼而投之水，知其不免，且贵其缓也。目今疆场日骇，岁恶不入，逃人之赋无偿，流散之穴未复，苏民之术何者？当先是不得不急冀夫当事者之轸念矣。

夫羸疾之众，不能言恩，耗斁之时，孰忍市德，余奚为记此？盖以妖由人兴，变随事转，故欺枉非民所爱，而哀敛者教之；杀害非民所愿，而鞭挞者驱之。所谓盂方，水方也，使能为令，图又何难？夫转妖以祥，反变于常耶？尝闻为稼于汤之世，虽终归焦烂，必一溉者后枯，矧捐赈以活千万民命乎！况今凶祲殊尝，各地多故，我棠邑安堵无惊，远近获保，识者已指为劝分告籴之报，为善日益，信当勉夫。

## 《重修六合县志》跋

丙戌重九日，孙宗岱曰：邑乘十二卷，分志纪事[①]既毕，稽其始事，盖受职于溽暑，而竣役于清秋，其间考辑纂订、校阅诸事，挥汗成百日中。文则于旧无损，事则于前有增，从来野史杂记半恩怨好恶之口，谀收滥述，多门生故吏之言。宗岱本末祈详，烦[②]阙务当，未敢粉黛之饰，壮士难免笙匏之佐鼓声，所负刘侯委命，至谊岂浅鲜哉！然侯以百年旷典，一旦修明，则不朽斯邑者，即转以不朽，侯机缘有待，非偶然也。苟一私缠缚，百事顾畏，头白有期，汗青无日，居是职者，亦有腼面目矣。漫识于后，至于缮写之妙，剞劂之精，各秉深思，以襄盛事，宜附诸姓氏以著庄雅。

【按】选自清刘庆运修、孙宗岱纂《顺治六合县志》卷12书末［清顺治三年（1646）刻本，《金陵全书》甲编《方志类·县志》第25册影印］。原无题目，据《雍正六合县志》卷9《文艺志》补。文后缮写、督刻、梓人姓名不录。

## 孙汧如

孙汧如（1605—1675年后），字阿汇，号汇父，孙国敉次子。少工诗文，与父兄齐名，人以"三苏"拟之。顺治九年（1652）贡生，出任靖江训导，顺治十四年（1657）升任安徽含山县教谕。博学多识，长善文词，精画理。著有《颂橘斋集》《汲古堂时艺》《客花馆杂说》《赋》《说余》《汲古堂诗集》《浮淮篇》《江西纪游》等均佚，现存世只有《释冰书》1卷。

---

① 纪事：《顺治六合县志》无此二字，据《雍正六合县志》补。
② 烦：《雍正六合县志》作"繁"。

# 《释冰书》序

水，清虚之体也，而寒结而冰之，块然可举，大叩亦鸣，小叩亦鸣，鸣而不自保其身，辄有锋刃可割，人而水德，不复少存矣。人心亦有冰处，骨肉间亦用之，人情物理似皆了然有见，而终隔一层冰为之也，抑谁其为冰者也，苟能随地澄清，随事温养，胸中一团阳和自升，而冰渐释矣。《越绝书》薛烛论宝剑曰："涣涣若冰之将释。"余甚慕乎其能释也。既释矣，虽出而宰天下也可。作《释冰书》。六合孙汧如自题。

【按】选自周亮工著、朱天曙编校整理《周亮工全集》第16册《赖古堂藏书》（凤凰出版社2008年版）；亦见于上海书店《丛书集成续编》子部第88册，影印自清代张潮编《昭代丛书》辛集卷第13，吴江沈廷镰世楷堂藏版。

# 《闽小记》序

张华著《博物志》四百卷，薄海内外，穷极咨讨，即汉宫室制度建章，千门万户，指画成图，而不知显节陵策文，问之束皙，其故何哉？当夫子时，商羊、鸟䂮、萍实、土狗、折俎等物，无不知之，乃千古而下，不闻再见，抑又何哉？盖凡尤物之著世也，有数存焉，又必待其人而后因人以著于世，亦有数存焉。故博物如茂先有所不知，而束皙知之，夫子无所不知亦仅以数者见知，皆非偶然也。

若闽物者，闽人知之，天下人不皆知也。闽人知之，而无所以品题之，予夺之，犹之不知也。百千年后，有栎下先生出焉，自屈造凌云台手而支略彴，自屈造仙掌铜柱手而绎针铍，即一木、一石、一禽鱼酒茗、一人物之可著称者，皆标识成编，名《闽小记》，各缀数言写照，摄取魄兆，被之文绣，古雅隽令，数见益新，虽河清一笑者，见即颐解。郭景纯于日用小物，系以铭，读之似索笔未还，殊未满志，然后叹先生好学，读书非独竹素缃青，触目即领天地之奇，作非偶然也。顾先生犹抑抑乎小其纪，小奚昉乎？《易》曰："《复》小而辩于物。"孔曰"识小"，思曰"语小"，皆其义也。然小大实何常之有？小学、小子，洒扫应对之事也，而从蒙养得圣功；筮卜，小技也，而本河洛；田猎，小事也，而寓兵法。礼曰"蛾术"，梵曰"鸎音"，小大亦何常之有？审如是，则先生命之为"小纪"，亦宜然！而余犹有感焉。

余尝考天下瀑布有三，蜀《梁山县志》载，蟠龙山瀑飞万状，当第一，雁宕第二，匡庐第三。然匡庐非泉也，山顶有大壑，久雨壑盈，溢处适当绝壁，故"一条界破青山色"，久旱则壁有湿渍，迎旭作芡，仅如思妇面上泪痕。然以渊明、青莲辈题咏，天下人无不知者。雁宕，人知之而到者少矣，古名贤题咏又少矣。蟠龙山，则并无一人知之矣。由斯以谈闽物，至今日得遇先生，是蟠龙山瀑布所未能望见也。岂偶然哉？然则先生即欲不急授锓，以公天下后世，吾知有不能，何也？此更有数在也。六合晚学孙洴如撰。

【按】选自清周工亮撰《闽小记》书首（《瓜蒂庵藏明清掌故丛书》，上海古籍出版社 1985 年版）。


# 顾与治诗序

吾观今人恒狎于诗而为之，狎于诗者，以花鸟山水足以尽乎诗，而浮靡相逐，吾之性情不与焉。斯人也，奚足病诗，诗病斯人矣。吾友与治则反是，其诗一以性情为主，而花鸟山水不与焉。曹能始先生《十二代诗选》外无他刻也，今海内亦既知与治诗，而与治无刻，以是知诗之传不传，不系乎刻不刻矣。吾里沈子迁氏于与治在时，则屡索其稿，欲寿之木，与治以善病未报，及其捐馆，予与子迁哭其人，更哭其诗，亟从友人壁间扇头，穷搜博讨，得诗五百余首，将为徐君之剑。会是时施愚山先生亦有同心，子迁遂出其稿付方尔止，转致愚山重加选定，捐俸授梓，子迁仍助其梨枣，不旬月而其诗成，予独讶与治素不存稿，不刻稿，一反今人之所急乃有人焉，代为之急，益信诗之传不传不在我之刻不刻。至其为诗，亦无不反今人者，今人狎于诗，第知山水花鸟浮靡套语。夫花鸟山水，《三百篇》亦言之，然不过比兴耳，而谓诗遂尽于是乎？与治诗字字在人意中，而人自不能及，则以其善言情也。盖得《三百篇》之深者哉。今刻与治诗，不独风雅之业，有功亡友，其有功天下之狎于为诗者抑又多矣。

【按】选自明顾梦游著《顾与治诗集》书首（民国翁长森、蒋国榜辑，上元蒋氏慎修书屋刻《金陵丛书》第 27 册）。

# 汪观我全荒民孙氏苦节记

好善无过济人利物，而崇尚二氏不与焉。即二氏所喜，亦祇在济人利物，其殿阁言言，香灯钟鼓煊赫，但以昭明信可耳，二氏非于此有重轻也。广陵逃荒人李君妻孙氏，乞食广陵之钞关，为奸恶绐以督耕，来吾邑之程驾桥，妇年十有九，至则令其御芳泽，曳纨素，献笑倚门，谓饥者易啗也。妇见之泣下曰："七年水荒至此，乞于市，非辱也，市门可倚，岂待今日？"坚执勿许，强之辄誓死，奸者弗能犯。复有市棍召之，役于家，计在徐图，妇终不可犯，遂逐于外。伤哉！苟非冀遂邪欲，绝无衣之食之者矣。其地估客，多义之，敛资数金，令自食其力，妇含凄谓夫曰："此地村镇野市，无官司可制强暴，不他徙虑终不免辱，不则蹈逝波死耳。"遂潜告一人附之，夜逃至邑。余闻之，急白妇状于邑侯顾公，公堂严谕勉劳之，以绝奸者之谋，而估客资助金钱，已为借口，查核者于瑯铛琐<sup>①</sup>中，应声而去矣。妇妊娠，饥寒渐难御，余为白于吾乡汪君观我、程君士宜辈，谋所以保妇之贞操，复有鉴于客冬广陵苦寒，荒民僵尸遍野者，皆席棚中，人席不足蔽寒，见之者，或以其卧席中而忘其寒，虽有破橼败庑，弗授以居矣。观我为捐金一楹居之，夫妇各能一技，治器具给之，令自营以食，以待岁稔还乡。了凡先生所谓"保一人节，可当百功"，此真实义矣。议甫定，弘济寺僧耀十过访，语余曰："寺邻道友白姓者弃世，往暗攓殓，其人忽苏，语人曰：'适为二青衣趣去焰山沸鼎之地，前故亲邻皆在焉。'诸人见之色坦蹙不一，皆不能言，会领见尊人□谕云：'汝五十二岁，当死，因汝家有侄女孀居，其父母尊章皆欲夺之，赖汝执不允以保其节，延寿一纪，今年六十四，当死矣，速回语汝家人知之。'顷苏，备语家人毕，方检视攓殓诸具，而目已瞑矣。"嗟乎！耀十之言初不知孙氏事也，乃若为孙氏劝书云。自求多福，夫子曰：智者利仁，福与利圣贤所不讳，延寿一纪，当不诬也。况妇人之□等于子臣之忠孝，人伦所重，岂涉二氏果报之说□，吾儒所不信哉。汪君，名光国，字观我，候选州同，子二，长启仪，次启信，皆英才伟抱，将来能昌大家声者。

---

① 琐：疑为"锁"字。

## 吴嘉祯

吴嘉祯，字源长，父宗周，原籍吴县人，经商于浦子口，补六合县学生，因移籍六合。天启七年（1627）举人，崇祯十年（1637）进士，授户部郎管通州仓，仕至泉州布政司参议，迁粤西，以病请归，囊橐萧然，年五十七卒。著有文集。

## 致徐枋书

尊公浩然之气千古长存，大兄纯孝，高遯林泉，坚守先人之志，士林莫不诵之。但空山不可久居，乡村多盗剽掠之患，其小者也。近来匿影山阿者，多不测之祸，维斗、卧子、公旦、彦林无辜惨戮，大可畏也。况妒贤之人此间不少，不以忠节仰慕，转以立异萋菲，每闻其言，不胜浩叹，倘有谗毁，做成机阱，谁能挽回？深为大兄虑之。今日之计，速速进城，与二哥同居，兄弟相依，和光混俗，可以处乱，可以避祸，守身之道，不得不然，万勿固执，遗事后之悔。恃在世交，敢效狂直，祈大兄俯听，望之望之！尊公大事，及时早襄，世界纷纷，烽火可虑，并祈留意焉。

## 汪 铉

汪铉（1612—1702），字尔调，号耐庵，六合人，崇祯三年（1630）入邑庠补增广生。究心古学，长于史才，士林推之为冠冕，是《康熙六合县志》的主要编纂者，另著有《易经蠡测》16 卷、《耐庵文集》12 卷、《澄思堂集》《吞海楼诗文稿》等。

# 袁淑岐隐君传

六合淑岐袁先生，隐君子也。里之人无少长与之游，而家受其赐，交口誉之无异辞，为能以无隐为隐也。袁氏发源会稽之新昌，新昌诸袁噪天下，而公始祖移家六合，则自有明开国初年，五世而后得文溪公，文溪生我山，以文学显；八世而得云衢、云川、云津、云郊，趾肩相望，亦皆以文学显，公之大父，伯仲也。公之大父为云石，当是时袁氏五云藉甚乡党间，独云郊以儒者兼医，云石尤精其艺，传其子肖石公嗣之。肖石生丈夫子四，而公之序三，讳逢恩，淑岐其号也。生而英敏绝伦，承其父若大父，三世之业，饮水上池，挟《肘后方》治人病，病者一见霍然，而仆者起，迷者苏，沈绵卧褥者，且一旦淫淫然而阳满大宅也。公之艺精矣！儒者有言，不为贤宰相，必为良医。公于《素问》《灵枢》及四大家所论，固已突入其阻，抉奥洞微，复旁及子史百家，广为证验，手著《医学鸿宝》一编，曰："医之妙不可言传，吾言其可传者而已。推此志也，于以燮理三辰，调和六气，相君之能事毕矣。医云乎哉。"公伯兄开之、仲兄际之与五裁季弟，各以经艺号召辞坛，试辄冠军高等，公视之意若蔑然，有所弗屑也者，曰："儒者存心济物，必于物图其有济。今物之待济于我，视兄弟所得孰多？"此肖石公所以爱其英敏绝伦，独授以三世之业也。公于曲艺，无所不精，寓物而不留物。棋视海内国手，相去止一二子间；诗则掏肾镂心，耻为庸格，士林宗之，诚袁氏之特也。今开之物故已久，际之则自毗陵博士挂冠，而五裁方以老明经待选，公视兄弟所遇，颇萧散从容，不幸而捐馆矣。是可哀也！有子二：长绾，次授，与予为文字交，能承其考志，予乃得以一身论交父子间，备详其家世如此，故为诠次其懿行而归之。

【按】选自洪炜修、汪铉纂《康熙六合县志》卷10［清康熙四十六年（1707）增刻本，《金陵全书》甲编《方志类·县志》第 26 册影印］。

# 晦生公《简斋集》原序

先叔父晦生公，静者也。幼而孤，神寒骨重，躯干清赢，善病，于人世举子业概束之高阁弗观，独终日危坐斗室中，案上置棋一局，琴一张，法帖两三函，古方书数十百卷，肃容正对，默无一言，不知者疑其苟为罗列，徒事赏玩而已。间有一二高贤过访，叩其心所冥会，而与之角其技艺于[①]手口之间，虽世之专门绝学，用志不纷者，精妙殆无以[②]过此。其事人无不知，而公反若不自知，则公原有其不易知者在也。

诗道不传久矣，当公少日，六合前辈多不长于诗，公独不顾流俗之姗笑，号召同人，陶写风雅，每一分题拈韵，皆率其兴会之所经，不事雕镂而奥义灵机都从肺叶中流露，超超出人意表，其一唱三叹之际，所争得失在毫厘分寸间，惟公自知之耳。自公无禄，距今几四十年，当时所谓专门绝学用志不纷者，已与其音容化为异物，独所留诗集岿然尚存，而其不为人所知，犹如夙昔。昔扬子云草《太元[③]》，人无知者，子云自言曰，使后世复有一子云则知之矣。同时弟子侯芭已能传雄之业，至东汉桓谭深嗜而笃好之，固不必其后世复有一子云也。公今云亡其人，已不复为后世所有，独予以犹子当侯芭，为评定遗诗若干篇，属其长君自昭弟寿之梓。方今六合，无一人不为诗，能为诗则必知诗[④]，岂无起而当公之桓谭者乎？予谓必能知公诗，兹其人始[⑤]可与言诗。

【按】选自汪昇远纂修《六合汪氏家谱》卷8〔民国十三年（1924）石印本，南京图书馆藏本〕。《民国六合县续志稿》卷15有选录，文字略有不同。


## 《六合续志》跋

修志者，最忌沿讹踵陋，杂越无章，私心曲笔，蒙犯清议，古人垂为炯鉴，铉知之病之久矣。兹焉何幸，恭遇令君洪老父母，为星江名宿，斗南一人，体具三长，胸函二善，昨岁累承宪檄，仰奉恩纶，汇纂《江南通志》，

---

① 于：《民国六合县续志稿》卷15作"与"。
② 以：《民国六合县续志稿》卷15无此字。
③ 元：《民国六合县续志稿》卷15作"玄"，通假，避清讳。
④ 能为诗则必知诗：《民国六合县续志稿》卷15无此7字。
⑤ 始：《民国六合县续志稿》卷15作"乃"。

遂将本县所存丙戌（1646）重修旧本，命铉加意整辑，手授条纲，用是夙夜忧劳，矢公矢慎，业已补新黜谬，对扬隆休，事增于旧志十之四三，辞减于旧志十之七八，使人开卷展阅，心目了然，非敢窃比良书之称，或能稍免秽史之诮，顷谋授梓，生面重开，而工费不赀，事难猝办，令君为之屏营筹画，饮冰茹蘗①，廉俸尽蠲，又且岁行荐臻，重用民力，于是齐心盥手，敬将兴朝革命，四②十年间六合世变③风移，所为政成于上，俗美于下，稽查册籍，博采里间，按序分门，先登梨枣，缀于旧本各款项之后，俾读者晓然知皇清九围式廓，轶汉逾唐。六合虽小邑穷乡，亦迈性敏德，余仍旧贯，请俟将来。时康熙二十三年（1684）岁次甲子仲秋谷旦，邑庠生汪铉拜手谨跋。

【按】选自洪炜修、汪铉纂《康熙六合县志》书末［清康熙四十六年（1707）增刻本，《金陵全书》甲编《方志类·县志》第 26 册影印］。《雍正六合县志》卷 10 录本文题作《六合续修县志跋》。

## 《六合新修县志》跋

志亦史也，而其立意微有不同。孟坚本子长八书，改为十志，盖各指一事，非史家全体，谓心之所之谓之志也。志六合，则心之所之惟六合，赜博以示夸，影响以增重，皆非也。自先哲云，亡春秋之凡例不讲，听其残坠久矣。惟我令君抱海函地负之才，抚兹斗大邑，顾以纂修县志之役，委之小子铉，铉自知其才力精魄之不足以任矣，而又不敢以固陋辞，为屏营者久之。虽然有凡例具焉，有义存焉，循览旧志，以星野冠舆地是矣，而灾祥别序星野何以征？以疆域统山川是矣，而城池各陈疆域，何以守寺观？本非朝典，奈何与公署相联？科荐同是王臣，安得判勋封为二？若此凡例多与义妨，不揣固陋，僭列十门，门分几则。垦其荒杂，使就醇也；茀其旁岐，使归一也；大书提纲，尚体要也；细注填目，备初终也；重出者多互文，避冗长也，传各冠以表，伸纸并观，了如指掌也。古则略，今则详，昭代秉权，当王者贵也。理有疑词，有缺如，其尽善以俟君子也。每门略置四言，每则

---

① 蘗：《雍正六合县志》卷 10 作"蘖"。

② 四：《雍正六合县志》卷 10 作"三"。

③ 变：《雍正六合县志》卷 10 作"易"。

无烦只字躁人，辞多剿袭取厌也。而尤有感焉，茸补遗编，则二代无征，空咨文献，缀属近事，则索居委巷，难冀采风。而且也克限浃旬，将伯谁助，罣一漏万，无所取裁，使后人复讯后人，则孙樵所谓其书皆可烧也，铉滋惧矣。

【按】选自选自苏作睿主修、张简等纂《雍正六合县志》卷 10〔清雍正十三年（1735）刻本，《金陵全书》甲编《方志类·县志》第 26—27 册影印〕。

## 汪　璐

汪璐，字月佩，崇祯十年（1637）入邑庠，具体事迹不详。

## 果老滩补亭馆记

吾邑辛水东流，过宫反跳，议者欲于果老滩之第一曲筑墩豗起，以留去水。或云建小石塔，接灵岩文峰之秀，皆托空言。今邑侯常老夫子莅县四载政成，真清真仁，沛泽宏远，而尤为六合后世计，于果老滩补造亭馆，艺松竹，挽维流，结所不足。按扬州旧志载，张果，六合园叟也，学道，隐于圃，种瓜河干，今故名果老滩。滩有铁牛，卧土中，土人云系张果炼<sup>①</sup>丹遗滓所成，都不可辨。旁有古梅三株，一株已化异物，二株尚存，而游人牧竖攀折莫禁，虽犹作虬龙舞，而鳞鬣须髯尽秃，不复有拗铁观矣。璐心伤之，捐资市得二梅，周置园地，计为缭垣，建草亭其中，□螺门蛤房，闭固以养头角峥嵘之势，蓄志有年。乙卯（1675）春，常夫子偶一游览，辄捐俸建置，六合数百年积愿酬于一旦，表彰仙迹，如继马阆风，凛然闻云璈之奏。时铁牛头角欲生，梅亦扶扶，侍座士大夫举酒，酹曰："贤侯双凫所至，不啻鹤驭之下霄汉，而操凛冰霜，用调鼎鼐，宜乎与梅臭味投，而根株合也。"璐老且贱，力不足以庇物，幸邀侯德被草木，四野春台，璐窃随桃李之荣，而于果仙遗圃窃比于居停主人，不可以无言也。是为记。康熙十四年（1675）岁次乙卯五月吉旦六合邑弟子员□璐敬志。

---

① 炼：底本缺，据文意补。

## 李 敬

李敬（1620—1665），字圣一，一字退庵，六合竹墩里（今竹镇镇）人。顺治四年（1647）进士，授行人，考选广西道御史，出按湖广，征贼有功，升太仆寺少卿，通政司左右使，宗人府丞，刑部右侍郎，转左侍郎。有《退庵集》21 卷（含《退庵诗集》12 卷和《文集》9 卷）、《竹镇纪略》2 卷存世。

## 《退庵诗集》自序

诗何为而作也？天无声，以风雷声之；地无声，以水声之；若婴儿之呱泣，鸟兽之鸣号，殆于自然者矣。圣人观之而作乐，因其声，求其志，因其志，求其辞，则诗生焉，贵得中声而已。故四声，和气者也；五音，应节者也；六义，赋形者也。先志后辞，辞之成也，取比而去奸，而诗道传焉。苏、李《十九首》以下，至杜甫、元结之流，皆通其解矣。才如李白不免凌杂，况他人乎？非深知元气流行，使心口之间律吕相合，以适乎喜怒哀乐之正，则恶能与于斯哉？

## 《审录》序

尝读欧文忠公《泷冈阡表》，述公父为吏，夜烛治官书，屡废而叹，其母问之，则曰："此死狱也，我求其生，不得尔。"曰："生可求乎？"曰："求其生而不得，则死者与我皆无恨也。""矧求而有得耶？""以其有得，则知不求而死者，有恨也。夫常求其生，犹失之死，而世常求其死也。"仁哉斯言！可为治狱之法矣。今巡按御史一官，关人生死出入，予每断死囚案牍，必焚香再三阅之，以朱墨点记其处，或重叠如渍，属吏请其故，曰："尽予心焉尔，亦所以感汝辈也。"

壬辰岁（1652），数月不雨，予于武昌审录，审次，例有公宴，不觉引满杯酒，因撤席罢审，且谓按察使李中梧曰："饮酒，心不诚，下吏谓予倦于听，记事属辞不能尽。又酒后决囚生死，虽允不能服也。"中梧叹其言。审录毕，次日，即甘澍大降。至宁乡县，死囚罗孝两为兵贼劫去，自请归狱焉，按旧例重囚必经前官批，固监详决者，送审覆按，其当，具题请旨再审，不当，应驳分别减释。凡经予手批倒案，按察司俟后官覆审，兹第将送审驳案记之，以示治狱者，题案具在奏疏中。

【按】选自李敬著《退庵文集》卷 3（清康熙刻本，复旦大学图书馆藏本，《四库全书存目丛书》集部第 216 册，齐鲁书社 1996 年版）。

## 《湖南观风录》序

我皇上御极九襄，文教洎于四陲。岁辛卯（1651）秋，命臣敬察巡兹南土，敬愈惢愈虔，朔驾乎武昌，暨乎岳，略洞庭之隈，历于长沙，致禋于衡山，次衡州，喟然而叹曰："雄哉楚风，其地负险阻，多潴泽，而衡江尤天下岳渎之会也。"敬闻高山巨川，人文所生，舜祀禹碑，屈骚杜律，渐而摩之者，至矣。周道州之理学，刘华容之功名，启其里而标其采也久矣。毋宁不获瑰奇尤杰者，逢春秋之典，则以荐于陛，抑数世后何赖焉。夫御史之官，以震耀疏剔为能，譬之疾霆严霜，飘风熛火之属，其孰与灵雨膏露，使万物达材者乎。用是造郡县，遴士试之，取其文，审而眡之，得其齿之老稚，遇之荣枯，材之坚脆矣。又得其声之纯杂，气之刚靡，习之贞淫，又进而得其萌焉、动焉、比焉、辟焉、翕焉、息焉者，发之应施之中，皆楚之瑰奇尤杰也。采而用之，则皇上之敦颐大夏也。维时僚属谓："先生之于文也，其非术之能，亦有可教诸否乎？"敬唯而进之曰："子知楚风之雄乎？览其山川，斯有开郁渟泄矣。问其谣俗，斯有淳浇缓疾矣。数其古今之人物，斯有忠佞仁鄙矣。文何间焉？是故采风者，文也；衡文者，心也。心正则文正，心邪则文邪，作者含毫而追景，阅者执矩而定踪，其于日暮灯光，深微静止，睒然相遇，则惟皇上文教威灵，默启掖之，震迭之，且皇皇焉以不克恭命，是惧而岂敬所能及也夫。"

【按】选自李敬著《退庵文集》卷5（清康熙刻本，复旦大学图书馆藏本，《四库全书存目丛书》集部第216册，齐鲁书社1996年版）。

## 《王贻上诗集》序

将为珠玉宝石、象齿犀角之玩，必从千金之贾，列五都之市，袭以缄縢，藉以褬褕，其光辉然肆映而不止。然①丈夫得之则为佩具，妇孺得之则为簪珥焉。若夫盈尺之璞，处于深山，草木之所蒙翳，蛇虎之所盘旋，日月之精，荡于其上，雪霜之严，结于其下，当国家之祯祥，鬼神所贡效，屡世而一见焉。其得之也，非和氏弗名；其琢之也，非工师弗成；其登之也，非郊庙弗陈。然而其初，块然无容彩色泽也，田夫牧竖过之而弗视也，以为瓶罂杵臼，曾不如一石之用也。是故君子亦志乎远且大者而已矣。

王子②起家华胄，自琅琊徙新城，世为名卿显人。年未三十，以进士甲科筮仕扬州司理，处通途要秩③，挟其所为诗文数十万言，以知名于海内，可谓盛矣。今世门阀稍高，或毛发班（斑）白博一第，及掇拾章句，通晓韵语，号为闻人，于王子④之数者有一焉，其能免于浑然肆映而不止者邪！噫，抑从事于末，而未之思也。王子⑤有是数者，而容益下，器益邃，且尽⑥出其诗之俊逸而中尺度者，问于予，是其意在乎敛才而就道也⑦，将无志乎远者大者，以尽去其辉然之光乎？异日者⑧庙堂之上，以文章扬一代之盛，必王子也，予无以测其至矣。

---

① 然：底本无此字，据《王士禛全集》补。

② 王子：《王士禛全集》作"王贻上先生"。

③ 年未三十，以进士甲科筮仕扬州司理，处通途要秩：《王士禛全集》作"年甫二十，登进士甲科"。

④ 王子：《王士禛全集》作"先生"。

⑤ 王子：《王士禛全集》作"先生"。

⑥ 尽：《王士禛全集》无此字。

⑦ 是其意在乎敛才而就道也：《王士禛全集》无此句。

⑧ 异日者：《王士禛全集》作"他日"。

【按】选自李敬著《退庵文集》卷6（清康熙刻本，复旦大学图书馆藏本，《四库全书存目丛书》集部第216册，齐鲁书社1996年版）。袁世硕主编《王士禛全集》（齐鲁书社2007年版）第1册《渔洋诗集》卷首有本文，文字略有不同。

## 自陈疏

奏为遵谕自陈事。臣捧读上谕，谕吏部，国家政务委任庶官分理，必大小臣工各称其职，乃可收得人之效。近见在京部院各衙门官员有称职者，有不称职者，宜速加甄别，以示劝惩。内三院满汉大学士、学士，各部院尚书、侍郎等官，俱着自行陈奏，其满郎中向来亦系自陈，今汉郎中以下至笔帖式等，俱著部院各该衙门堂官实心详加考核，称职与否，应去应留，开送尔部，再严加考核，具奏如将不称职者草率徇情姑留，后事发觉，将当日考核之官即以徇庇治罪不饶，以后旧例京察考满，满郎中不许自陈，照此例考核尔部，即遵谕行，特谕，钦此。仰见我皇上激劝大小臣工，务收用人实效至意，臣敬例应自陈，伏念臣由顺治四年丁亥（1647）科进士任行人司行人，八年（1651）考授御史，于十三年（1656）恭逢京察，蒙恩留用，自十四年（1657）三月内奉旨掌河南道事，本月奉旨内升，十五年（1658）补太仆寺少卿裁缺，十六年（1659）补原官协理督捕事务升通政使司右通政转左通政，十七年（1660）升宗人府府丞，二月内甄别奉旨留用，升刑部右侍郎转左侍郎。十八年（1661）正月内为题明遗漏事因遗漏朱世德一案，具题未检举认罪。宗人府议覆罚俸六个月，奉旨宽免。六月内为请旨事因阿儿纳土里察其父兄阵亡虚实辄议免死等因，回奏本应治罪，奉旨宽免，各钦遵在案。窃臣一介草茅，重荷国恩，致位卿贰，常思殚心竭力，以图报效，但臣才本庸常，识更愚昧，欲惩虚浮之积习，而立身行己，未能自进于忠纯，既章刑名之重任，而听讼理冤未能一归于允协，皆由臣职掌未勤，佐理有阙，以致愆尤之叠出，荷蒙恩宥之再加，臣清夜扪心，过实难逃。况久居禄位，何以自容？伏乞皇上睿裁，特赐罢斥处分，以为不职之戒，庶臣心臣职得以少安，而明刑敕法，不致贻误于将来矣。臣奉差祭告在途，缘奉有速加甄别以示劝惩之谕旨，若俟差回，陈奏恐滋迟玩之愆，查例在差在籍诸臣许赍本赴通政司封进，臣谨望阙叩头具奏，理合一并奏明，仰祈睿鉴施行。

【按】选自李敬著《退庵文集》卷 3（清康熙刻本，复旦大学图书馆藏本，《四库全书存目丛书》集部第 216 册，齐鲁书社 1996 年版）。

## 请囚粮疏

题为楚囚情哀粮断，仰疏①请圣鉴以弘②好生之恩事。臣思御史一官，职司风宪，定罪参赃，辨冤理枉，恒必由之。臣自入境以来，不忽细微，不避强③御，与按察、理刑等官，虚公理解，有子母夫妻④和好如初，有心服辞穷涕泣愿息，楚民维良，何尝不可化也？臣乃检阅前案，究问新规，数年以来，因陋就简，臣不敢不为皇上陈之。如司府县监犯囚米给瞻重囚不致瘦死，近因楚省缺饷，将此项裁扣，冲抵一空，八府二州嗷嗷待命，臣咨询之下，何禁涕零！夫现米支给，尚恐狱卒侵欺，况重监固禁囚徒，无食何以苟延顷刻，贪残官吏因而断绝供送，置人于死，莫可胜穷，所以荆州推官刘祖生⑤未拟招而就毙，以致特厪上传，贯索春生，洞见万里，除臣檄行该司府县，那支积谷暂给外，前议《赋役全书》力主应留，但俟此书成就，开复已历经年，接阅招详，实多暴死。

近复天寒岁暮，雨雪飘零，黑狱沉沉，杳无烟火，臣亦何心安然？民上缮疏入告，诚难刻缓，而臣尤有请焉。湖南新定，地方官民无知犯法，曩者乱离草率，兵火仓皇，尤多附会深文，锻炼成狱，或署官武弁推问失真，或株累干连，重案未结，容臣与按察守、巡理刑等官勿纵勿枉，援赦上陈，而恩诏适至，臣踊跃欢呼，惟皇上鉴湖南之狱未得其情，湖南之囚久濒于死，立救⑥开复囚粮，以解倒悬，仍乞严敕问刑官员，原情定罪于肆赦之中，解一面之网，则天下幸甚，楚民幸甚！

【按】选自李敬著《退庵文集》卷 1（清康熙刻本，复旦大学图书馆藏

---

① 疏：底本无此字，据《乾隆六合县志》补。
② 弘：《乾隆六合县志》卷 6 作"洪"。
③ 强（彊）：底本为"彊"，据文意改。
④ 子母夫妻：乾隆《六合县志》作"夫妻子母"。
⑤ 刘祖生：乾隆《六合县志》作"某"。
⑥ 救：《乾隆六合县志》无此字。

本,《四库全书存目丛书》集部第 216 册,齐鲁书社 1996 年版)。《乾隆六合县志》卷 6 有选录,文字略有不同。

## 请折黄绢疏

题为再陈楚省本色黄绢之艰,仰请圣恩全折,以苏民困事。臣看得楚省兵荒交至,仅存孑遗,前本色黄绢一项,已经湖北按臣聂玠题请改折,部覆减织,深沐皇仁。惟是本色绢二千九百匹,目今蜀道未通,丝无出办,兵火之后,匠役沦亡,绢匹数目虽多寡不同,而零星分派各县买丝募匠之艰难则一。况楚省自开辟以来,节年具征折色,杼轴久停,无论织造,多不合式,而长途解运之烦,领解、领织、里甲金点之扰,诚有不可胜诉者。至湖南所属武昌旱灾独惨,长沙开复方新,岳、常等处贼警,剥肤抚绥不暇。臣伏睹皇上爱民如子,何敢以事属上供,而不亟为请命耶?查黄绢楚省厪二千九百匹,在内部计之,为数无多而关系民瘼,至为痛切。伏乞皇上俯念时艰,将八、九两年零绢暂允改折,仍俟地方大定,始行织造,庶兵荒残黎,咸衔圣 ① 恩于无既矣。

【按】选自李敬著《退庵文集》卷 1(清康熙刻本,复旦大学图书馆藏本,《四库全书存目丛书》集部第 216 册,齐鲁书社 1996 年版)。《乾隆六合县志》卷 6 有选录。

## 论蠲免疏

题为灾伤必议蠲免,蠲免贵在实沾,预陈酌济之方,以杜侵冒之弊事。伏见皇上励精求治,爱民如子,但臣等德薄才庸,致干和气,大旱奇荒,遂当楚省,除布政司见今应查受灾分数,确勘请恩外,臣复接阅邸报,各省灾荒水旱屡屡上陈。兹值军兴浩繁,司农告匮,不蠲则民力难支,多蠲则国用不给,策无兼善,法在两难,臣愚以为已过而蠲多,不如未来而蠲少,事后则官吏遂其侵欺,事先则百姓受其实惠,臣试陈其利弊,唯皇上垂听而采择焉。

---

① 圣:《乾隆六合县志》作“皇”。

今之灾伤在顺治九年（1652）也，题勘往返已顺治十年（1653）矣。及乎十年议定，而蠲九年之赋，是九年催征之期已竣矣。愚民正额之数已纳矣，即有拖欠而在官不在民，所蠲者在官耳，非在民也。而官吏之因缘为奸者，有六焉：

在有司唯论考成正供，一日未蠲则一日开征，不能停征，以待蠲一也。官吏闻蠲，将应征正项侵扣不解，藉口民欠，便为己有，是抚按告灾之疏甫上，而额赋已缩，拖欠已多，二也。奸吏猾胥串通粮里，将收过花户银米，延挨不报，三也。藩司粮道收解银米、难定实数及蒙蠲免，援例造册达部，在朝廷只论灾伤，减缩额赋，不知其中实多隐射，且司府州县吏胥勾通，改易册籍，抚按安能一一觅穷民而问之，况钱粮之数原以积少成多，百姓岂肯因两钱之银、石斗之米，独出而与本官[1]作证乎？四也。蠲免之日，府州县将前之已完入，现在未完而改掣批回，巧抵销算，五也。内有奸里[2]顽甲逃窜他境，拖粮不纳，累及良善，其应得蠲免，奸玩得志，良善包赔，必然偏枯，又在官已征之物，谁能清楚，扣抵[3]还民，官扣虽清，而经承之役，包收之里必然侵没，六也。

此六者，天下之通弊也。即以湖南论之，如武昌旱荒独惨，王师南征，其米豆、草束、牛只取之该属者，追呼孔亟，九年正赋岂能缓至十年，而待蠲小民忍死旦夕，以望恩纶，而蠲无可蠲，何以仰承德意？武昌一府如此，他府可知，湖广一省如此，天下可知，则臣所陈六者之弊，皆在所不免矣。臣以为同是朝廷之赋，九年减缩定议拨济，是以十年之赋而补九年之灾，其为减额一也，同是百姓应征之数，九年完者听其全纳，十年照荒量加蠲恤，是亦以十年之赋而补九年之灾，而百姓之实受惠则大有不同者矣。在内部九年、十年止减此数，而一转移之间，弊窦悉除，亦何惮而不为乎？臣愚仰乞皇上敕部行抚安臣，将九年灾荒确察轻重，分数于抚按册送之日，分别蠲数若干，三月前布告该地方，预行遵守免征，俾愚民咸知德意，毫厘皆得实沾。而于抚按未册送以前开征过期者，其额赋照旧如数输纳，以杜官吏混淆之弊，如是则法令归于画一，饷额不致挪移，蠲免之虚名有救荒之实着，上普皇仁，下苏民命，所关天下之大计，非浅鲜矣。如果臣言可采，伏乞永诸

---

① 官：《乾隆六合县志》卷6作"县"。

② 里：《乾隆六合县志》卷6作"吏"。

③ 扣抵：《乾隆六合县志》卷6作"抵扣"。

著为令施行。

【按】选自李敬著《退庵文集》卷1（清康熙刻本，复旦大学图书馆藏本，《四库全书存目丛书》集部第216册，齐鲁书社1996年版）。《乾隆六合县志》卷6有选录。

## 请止题补将领疏

题①为请止题补委署将领，以肃枢政，以遏乱萌事。

臣惟封疆之事，一予一夺，出自朝廷。未有爵赏大政可容专擅者②，我皇上文武原无异视，则吏兵二部事例相同。今吏部上自督抚，下逮杂职，无不由部推选，请旨定夺。在外虽州县末吏，该督抚镇不敢私行委用③，肃官方而重部体，盖所关诚大也。至于将领代题委署，有实系权宜从事，而渐不可长者。臣每见章奏，时有如副将参游有缺，则间请敕该督抚就近题咨查补；如中军营将有缺，则该督抚镇自行题请补用；如千把总以下，则听该督抚镇自行委用。夫兵权乃有国之大柄，选将乃统兵之要领。其中倘若姜瓖、李成栋、金声桓、海时行之辈，首恶一呼，反侧四应，岂其麾下独无忠诚骨鲠④，不从叛逆者哉？良由平日专恣威福，部署官僚，营伍化为腹心，爵赏惟其所命，积习既久，行止自如。使其参、游、守、把等官尽由部选，则指臂不顺，调度无人，即一人作逆，必有声罪致讨者，必有逗息首告者，必有誓死不从者矣⑤。是则题补委用一出朝廷，则皆公选，一出外镇，多系私人，利害是非，斑斑可见。且臣稽之史册，汉之刺史、唐之藩镇，其初不过官于一方，特以兵权由己，遂成极重难返之势，终贻溃决不治之忧。

今将领若从外请，则履历无可稽查，功过难于遥度，⑥以本人而官本地，

---

① 题：《皇清奏议》卷6 "题" 前有 "巡视中城广西道试监察御史臣李敬谨" 16字。

② 未有爵赏大政可容专擅者：《皇清奏议》卷6无此11字。

③ 在外虽州县末吏，该督抚镇不敢私行委用：《皇清奏议》卷6无此17字。

④ 忠诚骨鲠：《皇清奏议》卷6作 "稍知法度"。

⑤ 一人作逆，必有声罪致讨者，必有逗息首告者，必有誓死不从者矣：《皇清奏议》卷6作 "有叛形，必然败露，自当消阻。"

⑥ 若从外请，则履历无可稽查，功过难于遥度：《皇清奏议》卷6作 "重任外用之数增则内推之数减人才既苦壅滞履历更难稽查况"。

易起咆哮；以旧弁而管旧兵，竟成党类。在他日深谋远虑，长此安穷，而今日克军剥民，从兹而起。臣愚以为[①]，除湖南、川、广等处见在用兵外，其附近大定[②]地方从前题定委定各官，止应令督抚镇备造清册报部，不得更议，以滋纷扰，自今以后，当略仿旧制，督抚总兵官原由廷推，其有勋劳，懋著地方平定者，次第优升内召，至于参游[③]等官，兵部选用，该管官不得题叙所属，用树私交。既有人地相宜、才干可用者，止于岁终及不时题荐兵部。若为国择人，自然留心器使，下至千把总并听部推，兵部于过堂之日，择其年力方刚、技谋出众者，一一亲遴，务堪任使。如该督抚镇地方，果有豪杰之士，试之辄效，应行录用者，汇名题咨，听部当堂考试，推选千把总等官，以罗真才。如此，则主将无专制之偏裨，偏裨无专制之士卒。朝廷得用人之体，枢部有公选之权，将帅无冒请之嫌，师中鼓报效之气。非但屏抑恩幸，肃清军旅，于以防微杜渐，遏专擅而消乱阶，其于国家之功令未必无小补矣。如果臣言可采，伏乞敕部议覆施行。

【按】选自李敬著《退庵文集》卷3（清康熙刻本，复旦大学图书馆藏本，《四库全书存目丛书》集部第216册，齐鲁书社1996年版）。罗振玉辑，张小也、苏亦工等点校《皇清奏议》卷6（凤凰出版社2018年版）有选录，文字略有不同，可能是奏本与底稿的差异。

## 论用人疏

题为敬陈用人要务，仰祈睿断举行以收实效事。窃惟帝王开国，首重人才，得人则事治民安，纲纪毕举，但人才代有，惟在任使合宜，鼓舞有法，则奔竞朋党之弊塞，而师济协恭之道开。今日讲求品级，尤需考订，敢以臣学识浅陋，而不以刍荛一得，为皇上陈之。

一、定久任。人臣才识原少兼长，虽尧舜治世，皋夔稷契各有专官，诚以诸练既久，思虑必精，迨选法混淆，朝命夕改，只便私谋，无关国计，臣

---

① 臣愚以为：底本无此4字，据《皇清奏议》卷6补。

② 外，其附近大定：《皇清奏议》卷6作"及直省"。

③ 当略仿旧制，督抚总兵官原由廷推，其有勋劳，懋著地方平定者，次第优升内召，至于参游：《皇清奏议》卷6作"副将、参游、中军、守备"。

见部院京堂由上而下，人有一岁而历数官，若官有一岁而换数人者，到任之后，即欲循资望升，谁肯实心任事，国家大政所关，职掌要领所在，延挨推委，欲其振刷，何可得乎？臣以为卿贰各司其事，如有大故，更换择资望相应者，会推一人顶补，即品级不对，不妨带衔管事，试之有效，始行实授，不得陞一人而数人俱升，动一缺而全缺皆动，自今部院大臣务于本等衙门，职业果有修举，积弊果有厘剔，期月三年，克臻成效，则贤者为策励之计，不肖者绝徼幸之思，亦关切政治之大纲也。

一、广人才。前朝旧制，凡翰林官及吏部四司，必直省兼用，户、刑二部则设江南、浙江等司，都察院则设河南、山东等道，因地名官，用防壅蔽。皇清太祖太宗收服他国之人，多蒙拔置左右，故能料敌制胜，展土开疆，我皇上缵承大业，中外一统，但山海余氛犹然不靖，滇黔之境未入版图，正宜搜罗英贤，树之风声，使其向化，诸如湖南、川、闽、两广等处，屡次开科，甲第有人，备员京师者实少，皇上何以咨询其山川险易，兵马虚实，财赋厚薄，官吏贪廉？部院间有应行事宜，闻见亦多未集，今宜于每科传胪选授之初，讨复旧制，参用四方，即吏部等衙门，行取各官，考授司属，尤当公溥并用，毋俾偏枯，不但招携怀远，成一统无外之模，亦可兼听并观，破党同伐异之习，于古人设官之深意有合矣。

一、拔劳绩。按臣子任事不分内外，而安常处顺为易，冲锋御敌为难。今升转京堂多由近缺，湖南、川、广用兵等处，寥寥乏人，岂果天末远臣，尽无学识，诚以地近承平，则循资论俸，而声华易见，官居隔远，则勤劳清苦而成绩无闻。昔韩昭侯留敝袴以待有功，宋太祖解貂袭以赐边帅，今宜略仿此意，于危疆中功深劳著者，取其大节，略其小疵，量才优转，以资鼓励。

一、酌升补。窃惟布、按二司及守、巡各道，关系钱粮刑名职掌，或有水旱盗贼，机密重大事情，或控制边界，逼近外寇，弹压扑剿，尤于守土之大吏是赖，数年以来，外用翰林、部属科道等官，精勤历练者虽多，老稚疏愚者亦有，千里之吏，治民生宁，易胜任乎？迨历任未久，即挂弹章，贻误地方，愈旷官守，则繁简边腹，吏部必需确议人地相宜，督抚早当奏请，若朦蔽徇容，察明处治。又如贡监出身，多由年老家贫，半途入仕，今有候选领凭之久，谁无日用薪米之艰，道路已多借贷，廉吏岂复可为？又如甲科同出恩赐，而部属推官经年未补，中行评博，数载稽迟，既无选授之定期，难鼓清华之朝气，则酌量员缺，疏通选法，守候者挽迟为速，挨缺者亟议变通，务俾画一，经久可行，庶公道昭而奔竞息也。

以上数款，皆铨政急着，因时制宜，考古有据，仰佐皇上求贤图治之心。故不揣冒昧，字稍逾格，如果臣言可采，伏乞敕部速覆施行。

【按】选自李敬著《退庵文集》卷 2（清康熙刻本，复旦大学图书馆藏本，《四库全书存目丛书》集部第 216 册，齐鲁书社 1996 年版）。

## 竹镇水利议

水势有九，治之如一。险者使平，泄者使渟，洿者使深，散者使聚，障者使浚，流者使均，塞者使辟，浸者使疏，浊者使清，九者，治之大要也。下不苦潦，高不苦旱，溉田畴者，不废转输，钟库恶者，不妨汲浣，是治术之可以一言毕者也。

竹镇二水交汇，东北河在乌龙港，由均济桥百余里绕镇入大河；西河出冷水坝、丁家冲，由青龙涧十余里，绕镇合东河之流；河东有刁家坝，导乌石山之水入于河；再东有凌泉，合练山、巴山、盘石山、沈家湖之水出板桥河；西有戴泉，导仙人山、祠山、白羊山之水入于河；再西南有青龙泉，绕龙山及祠山，出独山之下，环乎三德桥之间，合全椒滁水，径洋洋乎通大江矣。非有浩瀚澎湃如江湖之广，非有潴泽斥卤偪鱼盐之利，然而天旱桔槔，远方枭籴，胥赖之焉。《诗》不云乎"泉之竭矣，不云自中"？言王泽流而泉盛，地运竭而泉衰也。《禹贡》纪扬州之域，厥土涂泥。涂泥者，沦水任土，以滋种植也。水之利，其可不尽乎？是故水或源于山，或驶于川，秋冬设陂塘沟浍之属，障之入田，以备春夏之旱，则岁余一稔矣。是险当平，泄当渟也。本有源泉而土石横截，田塍壅蔽，仅供乡民绠汲瓶饮而止，宜宣启其脉，以象支川助河之流，河身愈敞，则岁余再稔矣。是洿当深，障当浚，塞当辟也。水行地中而贫者欺于力，愚者私其利，豪疆①者旱则遏，雨则渍，损众而益己，若设法决排裁抑，其利斯溥，则岁余三稔矣。是散当聚，流当均也。田之高者，无术激水使上，田之下者，无术导水使行，多为淤泥冷沙，寒流荄草，反伤麦苗，若作池以潴其中，为沟以通其外，水恒平，田

---

① 疆：疑为"强（彊）"，形近误刻。

恒露，则岁四稔矣。是浸当疏，浊当清也。况水之所汇，田必肥美，水之所经，兼美菱芡，腊其鱼鳖，足以供干豆，获其蒉苇，足以备时用，故圩田、湖田较之山地获常倍钟。又于故老讨其风车、小车、脚车、手车之制，或圆之为轮以挽之，方之为柜以逆之，有巧思者，水不劳人力而足也。今之急务在乎裕人工，庀物材，筑堰闸。镇北十里，为上闸，镇为中闸，镇南十里为下闸，三闸既具，环镇之田皆沃土矣，此百世之利也。

【按】选自李敬著《退庵文集》卷4（清康熙刻本，复旦大学图书馆藏本，《四库全书存目丛书》集部第 216 册，齐鲁书社 1996 年版）。

# 岳阳楼记

楚多名楼，敬少时独见范文正《岳阳楼记》而爱之，以为敬幸与先生同里，庐舍相接，恨不及从先生游，亲其言说志趣，先生学业在史传者，世不尽知，而《岳阳楼记》悉人人通晓。信夫！山水可以感情，楼观可以寓目，记赋之类，悠然颂咏之间，触于目而兴于情，是以读其文如从先生游。又尝眺于吾里之太湖洞庭东西两山，缥缈林屋之胜，辄临风思先生文，而惊叹天下所谓两洞庭者，既而按《岳阳志》君山扁山浸波浪中，亦复如缥缈林屋然，则先生将为记于楚乎，抑里中风土梗概，意之所至，忽焉发之，是以敬虽恨不得从先生游，因恨不得登先生属记之楼。

岁辛卯（1651），敬始奉皇上命，巡按是邦，访滕君子京古迹，盖已庚辰（1640）火矣。郡太守戴光裕修而复之。嗟乎！南楚兵乱二十年所，其间城郭之荆榛，宫室之狐兔，多矣。兹楼岿然独存，远山犹峙，空江自流，非楚楼之故得名，而先生之尝在天地也。时郡城已墟，太守李若星等至，稍稍集三百家，敬复同太守比户计口，授产分田，教之□艺，通其商贾，而民大悦。岁壬辰（1652）元旦，敬登斯楼，举手向僚属而告之曰：“惟万物不常，惟德其常，楼制几兴废，而敬吴人，重来楚地，后之游者，其能以敬为文正，若为子京乎？谁使千秋百岁复闻吾语也已。”敬独慷慨汍澜，而回首少年时，文墨湖山之景，已寥不可识矣。盖当时恨未登先生所记之楼，不与先生游，而今日登之，又恨其身之不即为先生也。“若夫巴陵胜状，在洞庭一湖”，经先生形容既备，敬以乡关怀旧，触于目而兴于情，用补他日还山之未逮，今第述兹楼之重于楚，与敬登楼而记之如此，其诸屈子之悲吟，杜陵之啸咏，别有记载，敬亦不能详也。

**【按】**选自李敬著《退庵文集》卷6（清康熙刻本，复旦大学图书馆藏本，《四库全书存目丛书》集部第216册，齐鲁书社1996年版）。

## 洞庭雪后记

予闻长老传说，荆楚山水之胜无过湖南，湖南山水之胜无过洞庭。

壬辰（1652）出巡斯土，初抵永道。季夏，乃涉潇湘，略长沙而入湖口，观所为洞庭者，时风盛水驶，瞬息之间舟行二百八十余里，计挂席以至带维，未暇饭也。所见风樯、烟树、沙鸟与君山一点隐隐洪涛中，因叹洞庭不过蒙澒澔溔而已。使予去官归里，渡杨子而浮具区，所得未知孰上也。

迨是岁之冬，予将由鄂岳而之武陵，戒舟之日雪，次日又雪，三之日雪甚，登岳阳楼而望之，向所见风樯、烟树、沙鸟与雪俱没，又冰霰杂作，冻云垂水，白日欲暮，间有一二渔舟来往湖上，从官仆夫皆愕眙，以为浩浩沧波，无从得路矣。其黠者返署中，结筳篿以卜渡期。越日忽霁，予大喜，登舟，放乎君山之西南，日雪照耀，舟椂几案间皆如玉色，启蓬窗一视，乾坤回互，山之峛崺者，转而崔巍矣，水之混茫者，转而渟滢矣。湖山无际，洲渚毕出，冰雪之气尤有助焉。予虽御重裘，寒砭肌发，凛乎不可以久留也。既行六十里，舟师告予以冰合。使戒途者侦之，返而曰："洎乎西湖，冰拥雪积，峨峨万顷，银城贝阙，气象不分，中疑于神，鸾骖蛟导，羽葆续纷，盖洞庭君之灵也。"舟师摇手相戒以为难，前恐舟胶焉。坐而达曙，未几，而朝光愈和，訇訇有声，冰融水涌，顺流而下，如筏如屋，如席如轮，如盖如杯，触乎舟舷，相劘以危，而莫之或止也。如是者约二日，冰势乃杀，北风复兴，从官仆夫歌笑乎中流。向之风帆、烟树、沙鸟，接乎予目者，依然环湖之上，唯多鸥鸢数群，或曝翼冰上，或觅食沙中，殆腊尽而春回，故飞鸣游咏①，以相乐也。

嗟乎，其他一隅之美，一时之事，文人以相矜述，岂若洞庭之景，屡

① 咏：《清文海》第4册作"泳"。

过愈异！即官乎湖南者，犹不能尽况于传说，此庄周所谓"夏虫不可语于冰"者欤？然予倦游将老，则今日在洞庭，其幸而复济以观焉，又不知何时何景也夫。予尝东指吴会，中游梁宋，北适燕云，生平所历名山大川，以幽奇险奥，而失之如洞庭不少，每一追忆，至于怅然而流涕者，亦有不可胜道者哉！

【按】选自李敬著《退庵文集》卷6（清康熙刻本，复旦大学图书馆藏本，《四库全书存目丛书》集部第216册，齐鲁书社1996年版）。南开大学古籍与文化研究所编选《清文海》第4册有选本文，转引自清宣统元年（1909）石印本《国朝文汇》甲编卷5。

# 退 庵 记

宅之东偏隙地，数十步，平净爽皑。旧屋颓漏，春雨既过，从而葺之，以为退居之所，曰"退庵"，从予号也。京师中无幽岩耸峙，乳泉漫流，然往往能奔走名山大川之士。士或以不至京师为耻，有延胫举踵而思者语曰："望长安向西，笑无他嗜，进不已之念为之耳。"予既居京师，而进无所嗜，及其退也，又无以为乐，是不两失之乎？

今得于庵之中裒聚周秦以来书数千百卷，金石刻文数十卷，焚香一炉，注茗一瓯，春足名花，夏当永昼，秋有风霜之秀，冬宜雪月之清，退处其中，固无慕乎其进，然亦非嗜进不已之士所及知者矣。或过予曰："子进人也，而多退思，可乎？"曰："子不观《大壮》之上六乎？'羝羊触藩，不能退，不能遂'，言当上之，终处动之极，欲进不能，欲退不遂也。"《羔羊》大夫有进退之节，《诗》云：'退食自公，委蛇委蛇'，言其节俭而正直，进有以效于公朝，退不失容于私室也。夫人节俭正直，而无奢淫陂□之私者，庶几进亦宜，退亦宜。是故居乎廊庙而江湖者，有隐之心，吾美之，与其退也；居乎江湖而廊庙者，有仕之德，吾美之，与其进也。"刻兹语于壁，使好退者过而览焉。

【按】选自李敬著《退庵文集》卷6（清康熙刻本，复旦大学图书馆藏本，《四库全书存目丛书》集部第216册，齐鲁书社1996年版）。

# 东园记

为园之道，非山水则城郭。山水取其幽，吞溟涬而负青苍，方外之游也；城郭取其近，平畴广野，花药翳如，省舟车仆从糇粮器具之烦，朝而往，夕而归焉，可也。故二者皆足以名园，柳子厚云"旷如也，奥如也"，岂不然哉？

予家东园者，大河径其西，刁坝之流活活东注，绕罗家桥而入于河。河之外如珠而伏者独山，如蛟螭蜿蜒，而争攫其珠者龙山、遥山、练山、巴山，峰峦突兀，有万里之势者芝麻岭，如兕象之蹲，如修蛇之蟠，而吞吐出没于芝麻岭者，仙人山、盘石山、三山、乌石山，釜而覆者釜山，圆与珠等，盖山水之巨观也。园既块然，处其中，因河以为池，无藩篱之限，故少崇台华构以悦乎耳目，而损其天真，因土以为丘，有岁月之久，故多茂林高树，可以驻白云，来清风。所居不越阛阓，西向则万户晨烟，千家秋杵，皆出乎眺听之下，陆植不过松竹榆柳，水产不过稻粱菱芡，随时所宜，皆适乎稼穑之用，如是足矣。李子喟然曰："自予滨溪公之营兹园也，在隆庆、万历之间，距今百有余岁矣。三十年有其土地，再三十年有其草木，再三十年有其庐舍，岂人力也哉？李赞皇云'以平泉一木一石与人者，非吾子孙也'，后世或病其愚，赞皇之才魄，倾动宇内，岂区区平泉木石之间哉？其为此语，意有所云也。羊叔子登岘山，语其僚属以'此山常在，而前世之士，皆已湮灭于无闻'，即叔子之意，岂徒欲与岘山争寿者哉？"嗟夫！山水有时而堙废，城郭有时而变移，而后之游东园者，知前人叔子、赞皇之感慨，不可得而磨灭也。傥独取其奥而旷者，以游予园，无异庄生所云归而窅然失之者矣。

【按】选自李敬著《退庵文集》卷7（清康熙刻本，复旦大学图书馆藏本，《四库全书存目丛书》集部第216册，齐鲁书社1996年版）。

# 盘石山记

温庭筠为方山尉，作《盘石寺逢旧》[①]诗云："梵寺上方宿，满堂皆旧游。

---

[①]《盘石寺逢旧》：《温庭筠全集校注》（刘学锴撰，中华书局2007年版）卷7本诗主名为《和友人盘石寺逢旧友》，文案与本书略有不同。

月溪逢远客，烟树有归舟。江馆白苹夜，水关红叶秋。西风吹暮雨，汀草更堪愁。"予尝谓其诗中有画。陈季卿客游既久，喟然思归，指壁间《寰瀛图》问终南老翁，江南路翁折竹叶于图之渭水间，季卿熟视，便见一舟，遂登之，迟明已抵其家矣。予又叹其画中有诗。

及予壮岁，从事四方，老而且倦，思昔日过梁宋之郊，遂适京师，既而历青、徐转舒、六，浮大江而溯洞庭，东指吴会，渡钱塘，陟会稽，观所为禹穴者，然游子思家，梦寐中顾不能忘我盘石。斯时也，怅然于季卿之画。今日悠闲田里，携童策杖，访二三方外之友于盘石寺中，支松窗，坐白云，烧芋栗而食，以咏以言，渐忘寒暑。斯时也，又怅然于庭筠之诗。

于是乎拂衣而起，登山之巅，环揖群峰，带绕江流，西风动而槲叶争鸣，夕阳开而枫林乱色，徐步洞壑，烟霏月晶。斯时也，予恶知其身之在诗中耶，画中耶！噫嘻！非终南老翁，其孰能索予于盘石之麓耶。

【按】选自李敬著《退庵文集》卷7（清康熙刻本，复旦大学图书馆藏本，《四库全书存目丛书》集部第216册，齐鲁书社1996年版）。

# 重修盘石寺记

竹镇东南十五里为盘石山，山如盘焉，故名。或谓昌黎韩子《送李愿归盘谷序》中有"隐者盘旋"之语，兹山附镇而峰峦迭秀，林木郁然，隐居所便，故傅会而名之。半山有寺。相传大唐僖宗咸通中僧道兴开建，历年既久，鲜碑版之文，但记温庭筠曾有《盘石寺留别成公》及《和友人盘石寺逢旧友》二诗。按，庭筠大中末授方山尉，已游此寺而题焉，而县志所载咸通中建，则又在大中后矣。岂大中时寺而道兴新之耶？抑县志第未深考耶？嗟乎！建寺以来，几及千年，其间五季兵争，六合当南北冲要，戎马驰驱之地，所为鹫峰鹿苑，如"南朝四百八十寺"，不知销沉几许，而岿然丈室，宜其闻见错乱无征也。予省亲归里，有僧来言，此地本镇旧刹，东南屏峙，形家利焉，榱题柱础，未就芜没，从而修之，费省事集，予闻而叹之。且以寺几兴废，无足传，传者庭筠二诗。今水陆迁改，寺反在荒山断陇间，名人巨公足迹之所不至，况于题咏求如庭筠与赠别成（公），及满堂旧游之景，皆不可得也。即而修之以备文献，乌可已乎！寺址至确，隘仅编屋数楹，兵火后，□望荆榛，如诗中所载"月溪""烟树""岸雪""林霜"，益寥□难逮，然后知王方平言海中行复扬尘，信矣。而二诗卓荦与山川争寿，后之游者追温、李之芳踪，吊唱酬之逸事，谁不泣下沾襟者乎？以予闻咸通中其君奉佛太过，禁中设讲席，自唱经，手录梵筴，一枯茎朽骨，皆降楼膜拜，意其时山僻小民，必有焚香割臂，争入无知之教者，虽荒山断陇，亦创为此寺至今，而予幸生无事之时，遭逢圣代，混一区内，斯民离四镇汤火，涵濡饮食，十有二年，以陈情终养，遂其潘舆、毛檄之志，又于伏腊之暇，咨访故旧，翔集祇园，则予之所乐，殆非庭筠、成公辈所及知者矣。是役也将成，故援笔而记之。

【按】选自李敬著《退庵文集》卷7（清康熙刻本，复旦大学图书馆藏本，《四库全书存目丛书》集部第216册，齐鲁书社1996年版）。

# 巴山记

东渡板桥，望巴山，如青螺髻拥云中，稍近如车盖羽葆，及登之，不甚高，仅数武耳。银杏一株，枝干参天，周遭皆鹳鹤，构巢层累，如芝房菌舍，予笑谓同游："尧民居洪水上者为巢，下为营窟，亦复尔耶。"鹳声桀格不休，或拊翼霄汉间，加以竹柏茂密，怪石阴森，游人始慄然入重岩复嶂矣。寺门向南，二层五楹，傍座古佛，释名地藏菩萨。壁间记天启辛酉（1621）间，胁下生木莲花一茎，三萼三苗，作栗玉色，香数月不散，时有何正位绘图，孙国敉纪事。僧复为予言师梦堂者建此寺，年八十三矣，种柏数千，每一柏必三十膜拜，其志行深苦如此，予为叹息久之。既饭，由巅而下，拜王巴山先生墓。先生名弘，字叔毅，别号巴山，文章节义，燀赫一时，具先生本传。先生既贵显矣，足不出山，田庐不离，祖墓今且为颓垣荒草矣。意其魂魄必幅巾拄杖，逍遥于林间。蜀中巴江《纪》云："阆水与白水合流，曲折三回如巴字。"每怀其胜意，恒恨恨不能至。登兹山，形胜亦三折，始晓然于山之名，先生之号岂非幸欤？山产石榴，高至寻丈，花时竹木交映，如火如锦。老父碧螺翁有诗云："千年银杏树，五丈石榴花。"好事者题为春帖。后之游者，当岁月漫没，不幸而为樵夫牧竖所催折，其能与孙、何并称实录欤？是钧不可以无纪纪之，庶并兹山以传也。

【按】选自李敬著《退庵文集》卷7（清康熙刻本，复旦大学图书馆藏本，《四库全书存目丛书》集部第216册，齐鲁书社1996年版）。

## 乌石山记

有屋数百椽，有田数十亩，有苍松、古柏、橡栗之树数千株，中莳稻粳，旁种姜芋，背高临下，以樵以渔，非隐居之胜概乎？是故环镇之山多矣，皆苦峻隘无所容畜，惟乌石绵绵延延几百十里，包沃野，导清泉。及好游者穷其巅，南抱江流，北枕长淮，问之土人，云："望之非山，登之屹然山也。"《小雅》云："如山如阜，如冈如陵。"而《毛传》独言："高平曰陆，大陆曰阜，大阜曰陵。"考亭朱氏，考据精核，因而弗变，其于冈义犹有遗也。予尝以为大曰山，小曰阜，平曰冈，高曰陵，乌石者以陵为体，以冈为德，外虚而中实，貌隆而志坦，其《天保》君子之所以降福禄而谐神人者耶？张子公远曰："斯可谓善言乌石矣！"遂书之以为游记。

【按】选自李敬著《退庵文集》卷7（清康熙刻本，复旦大学图书馆藏本，《四库全书存目丛书》集部第216册，齐鲁书社1996年版）。

## 练 山 记

众山之中有峰崔嵬而磅礴，峰之前有寺，危敞而幽深。寺之傍有树，古郁而罗列。树之下有泉，沸涌而淳泓。泉之上有石，秀异而诡特，斯可以极游山之胜概矣。或告予以练山曰："冬月初晴，雾雾既歇，木叶尽脱，可以眺江流，巴山居其左，盘石居其右，可以挹爽气而迎寒曦，曷往游乎？"予欣然策杖而登。至险，不绝猿猱，至平，不逾牛马。凡数盘而及其巅，于是坐其石，听其泉，抚其树，倘徉乎寺，而以揽一峰之秀。盖山之胜无不具，而予之游亦无不到也。噫嘻！镇之山褊小，唯兹山阴雨则云气瀚然，故寺之神名"起云"。《记》曰："天降时雨，山川出云。"其在《传》曰："山川有能润乎百里者，天子秩而祭之。"夫孰为福民育物，而足以当庋悬之典者，安能舍兹山而他属也耶？

【按】选自李敬著《退庵文集》卷7（清康熙刻本，复旦大学图书馆藏本，《四库全书存目丛书》集部第216册，齐鲁书社1996年版）。

## 破山口记

如环如带，如几如屏，绵衍而列乎东南，为破山口。形家言镇之山由乾亥而来，水由辰巽而去，得巽丙丁砂法，斯尽善焉，山当之矣。凡仕宦商旅，祖载而之四方者，其出也，道兹山以至于县，其归也，道兹山以至于家。山川不殊，欣戚顿异，故其所经丘峦、庐舍、树木，多有萧槭而涕下者。予四方之人也，每驱车策马，而兹山未尝一登，今归田来游，而予亦冉冉老矣。是可记也夫，是尤可感也夫！

【按】选自李敬著《退庵文集》卷7（清康熙刻本，复旦大学图书馆藏本，《四库全书存目丛书》集部第216册，齐鲁书社1996年版）。

## 隐仙山记

仙人山，在镇西十五里而遥，间于东西二龙山，木石秀异。隐仙，予所名也。当世非有仙人，必隐者可得仙耳。茅盈隐于茅山而仙，葛玄隐于句曲而仙，张果隐于六峰而仙，它如焦光、陶弘景，或得仙不得仙不可知，然后世想象其人，无不疑其仙去者；秦皇汉武，据天子之尊，逞海内之富，作为璇宫琼台之属，以招致方士，其后竟与山泽之民争一日之呼吸吐纳而不可得。富贵、神仙可兼遂耶？或言张良、李泌皆富贵而得仙者，然二子蝉蜕轩冕，卓立尘溘之表。昔人所称"山梁悦孔性，黄屋非尧心"，其别证上真无疑也。或又言仙者，人之一法耳。十洲三岛之间有寿民焉，如鸟之有鹤，兽之有鹿，鱼之有龟，龙木之有松柏，各能自致数百年或数千年，不系乎仙也，而柳子厚乃独以木石龟蛇皆老而久。又掘草烹石以私其筋骨，以为无当于大道，子厚非隐人，道其道，非深于隐仙之道也。仙人山传云光道人者，口吐火以焚其躯，土人祠之，谓之仙人，彼掘草烹石无愈于夭，况于多行诡异以惑世诬民者耶，固不若隐仙之名为正而可传也。

【按】选自李敬著《退庵文集》卷 7（清康熙刻本，复旦大学图书馆藏本，《四库全书存目丛书》集部第 216 册，齐鲁书社 1996 年版）。

# 驹子山记

从西北驶駊[1]而来者驹子山，山去镇至近，形类砥石。登之，似驹伏然。《周礼》"庾人攻驹"，驹，马子也。大宛有天马，在高山不可得，取五色牝马置其下，与交生驹汗血，因号曰天马子。是山界乎东、西二龙山之间，腾踔天表，鬣振而尾应，岂命名之义或然欤？山无林木庐舍，不堪登陟，仅西眺芝麻岭，翠嶂如迭，稍东为遥山，益破碎庳小无足名，今附于此。

【按】选自李敬著《退庵文集》卷 7（清康熙刻本，复旦大学图书馆藏本，《四库全书存目丛书》集部第 216 册，齐鲁书社 1996 年版）。

# 重修六合县学记

教化之行自上，而风俗之成自下，教化起于近，而风俗同于远，斯可以复三代之治矣。三代之所以为治者，封建也，井田也，学较[2]也。其泯绝而不存者，封建井田是也；其名仅存而实亡者，学较是也。古者自天子至于庶人，皆有学，辟雍泮宫，党庠术[3]序，皆其地也。天子之世子、诸侯之元子、卿大夫之适子、庶民之俊秀，皆其人也。春夏秋冬，皆其时也。诗书礼乐，皆其教也。宾祭饮射，治兵断狱之典，皆其事也。举孝升[4]廉，移郊移遂之法，皆其才也。汉唐而降，辟雍不临，州里之学不具，则非其地也。元子适子不向学，或用赀纳粟，则非其人也。佻达者执经以嬉，而学宫鞠为茂草，则非其时与地也。小师末学，流为章句记诵，士人进身，皆凭于糊名易书，则非其典与才也。若是者，其谓之三代之学欤？其不谓之三代

---

① 驶駊：疑当为"駊騀［pǒ ě］"，指起伏不平或马头摇动的样子。

② 较：《雍正六合县志》卷 9 作"校"。下同。

③ 术：《雍正六合县志》卷 9 作"塾"

④ 升：《雍正六合县志》卷 9 作"兴"。

之学钦？求人才之盛，至治之蒸亦难矣。洪①惟我皇上兴学较，崇教化，敦古训，育人才，渐磨②涵濡十有七年，岁在庚子（1660）仲春，备法驾，临学宫，行释奠礼，一时师儒之盛，礼乐之隆，都人圜桥门而观听者以万万计，莫不叹兴于学矣。岂非教化之行，自上而起于近者钦？六合，滨江小邑耳，邑之宰、乡之士大夫闻而踊③起，重新其学，殿阁门庑如制，俎豆干羽如物，凡输其材用者若干，鸠其工力者若干，民不言劳，而告成事焉，可谓善应天子，化民成俗之意于数千里之外者矣。岂非风俗之成，自下而同于远者钦？愚见世之菲其治、卑其民者矣，曰："上作之，下不率也；近督责之，远不从也；仁义道德之说浸微，而一切出于刑名法术，苟可以为而止。"今观皇上临雍遒阪僻壤，皆以兴学育才为先务，此其慕善之诚，归义之勇，岂非三代之治之信可复者钦？为治者因人心之所乐，慕而进之，因以复其地，同其人，稽其时，而明其教，举与典与才而申儆告戒之，岂非学较名实之相符，而不同于封建井田之一往不复，以重古今升降之感者钦？虽然学宫成矣，而其切乎为学之要者，不可不亟讲也。《记》曰："凡始立学者，必行礼于先圣先师。"自汉高过鲁，以太牢祀孔子，后世遂以孔子为祖矣。孔子以前之先师，又何人钦？先生之祭，川也，先河而后海，言贵本也，自孔子而后，配享者稍繁矣。孔子即生知肯自诬其学为无师之智钦？愚谓祭孔子者，应如禘祭，先圣先师为孔子之所自出，加于启圣祠一等，而以孔子为不祧之始祖，此举也，或亦于圣心益安，于师道益隆钦？学宫之有师儒之官也，非以其选于举贡，名于文部已也，应极师道之尊焉。《记》曰："君之所不臣于其臣者二，当其为师则不臣也。"大学之礼虽诏于天子无北面，今遇府道则拜跪，遇县令则悚息，严师固如是钦？今宜于进士甲科举经明行修之士以充此选，别设一格，以师礼尊之，学政有成与不称职者，吏礼部严加考课，或者士行可茂美而风俗可淳朴钦。二者切于学，切于治，又不仅仅涂墍其垣墙，丹艧其宫室尔也。修学者冀侯北哲阳和之朔州人，治行循良，将以台省内转，观其志，知重学者，故以是记于碑末，与当世贤士大夫见之，且备侯他日入告之资焉。

---

① 洪：《雍正六合县志》卷9作"恭"。

② 磨：《雍正六合县志》卷9作"摩"。

③ 踊：《雍正六合县志》卷9作"崛"。

【按】选自李敬著《退庵文集》卷7（清康熙刻本，复旦大学图书馆藏本，《四库全书存目丛书》集部第216册，齐鲁书社1996年版）。《雍正六合县志》卷9有选录，文字略有不同。

# 苏 武 论

苏子卿，功名之士也。于汉为忠臣，于李陵未得为良友也。武以单车之使，仗节而入单于之庭，单于欲有以屈之，利啗之不得，威摄不得，患难消铄之不得，节旄尽落，此心不移，可以为难矣。然武之处此，其不当降者有二焉：一为家有老母，古之为子者，以身死父母耳。武若降，汉必戮母，一降而忠孝两失，何以为人？武贤者不降，武即中人，计亦出不降以观其后，中人之所不为，而谓武为之乎？一为单于之使武牧羊大窖中，曰羝乳则放归，其无杀武之心显矣。方武之为使也，有盛名，一介来宾，左右欢动。单于而常人也则已，单于而非常人也，必怜爱之，折挫之，未必遽杀之也。当是时也，汉方盛疆，使于单于，仅属国之礼，非如南宋之屡也。屡宋犹有洪皓之臣，况汉乎？观单于绐汉以武已死，然后幽之海上，其必不任拘杀使臣之名，绝两国之欢，而启甲兵之衅也，又显矣。及汉使来言曰："天子游上林苑，弋鹰获帛书，武尚在。"单于随备礼遣归，则单于之畏汉而重杀武，会武之贤而不辨此耶。故曰"子卿忠汉，功名之士也。"司马迁之救李陵也，汉军新破，陵始出降，天子为之临朝变色，而迁乃以疏贱之臣，亟为之说曰："陵事亲孝，临财廉，与士信，其本所以降，欲得当而归报汉耳。"是言也出，挠国法而违众议，庇私交而奖叛臣，人以为必无迁矣。而武帝下迁腐刑，在法腐刑当赎，而迁之亲戚交游莫救，故迁即于法而自伤也。汉法人臣诽谤妖言，犹坐以死，武帝未加迁以片语之罪，而刑在可赎之科，则其心踸迁言，而终怜陵者，于不杀迁见之也。使迁有力能自直，或友朋出资助之，或得贵重亲幸者居间，理陵先人之功，而徐为迁说，迁俱可以不腐，是故人之救陵，非若言脱于口，而祸戤于躯者比也。今武与陵周旋漠北，不为不久时，杯酒通殷勤，不为不欢，见之赋诗赠答，不为不相许，及武奉使十九年，皓首归汉，母死妻去，天子公卿，计无不重武而倾听武者，岂忧一言涉私哉？使武能以出使事情，慷慨道陵，如郭子仪解爵以赎李白之罪，鲁朱家游说以释季布之诛，则此时之为陵者，吾知继武而功罪暴白于天下矣。然后辞典属国之封，逍遥归第，君臣朋友之间讵不千载一时哉。虞卿解相印，立脱魏齐，贯高受极刑，白王不反，况武以老臣归国，居得为之时，出无害之语，与司马迁之冒死救陵者不同矣。或曰，陵负罪大，武出使久，有嫌于引手者，子何论之深乎。夫君子之于友也，知其不可与之交，则告绝焉。武汉臣也，陵既降则义在越国，苟来见，辞之可也。武在单于之庭，既无芥羽之援，其不死而终归也，非陵以国情输武，或武藉其衣食智计，以阴用单于，则必当告绝，其不绝陵朋友之分犹在也。与之交而弃之，不义；用人之力而忘之，不仁；平日饮酒赋诗往来，而临事不发一言，不勇。武之于陵其犹在腐迁之后乎？而世人犹称苏李，故曰："子卿功名之士，非良友也。"

【按】选自李敬著《退庵文集》卷4（清康熙刻本，复旦大学图书馆藏本，《四库全书存目丛书》集部第216册，齐鲁书社1996年版）。南开大学古籍与文化研究所编选《清文海》第4册有选本文，转引自清宣统元年（1909）石印本《国朝文汇》甲编卷5。

# 宦者传论

李子读欧阳子《五代史·宦者传论》，废书而叹曰："其言痛哉！于人主之用宦者，与宦者之终始固结人主所以为害，何其深切著明也。欧阳子当治朝，事贤君，未尝身与宦者之祸，而言论悲切若此，况予生乎光熹①之际，历于乱亡，实见其事者哉！"虽然，予以欧阳子之说犹有所未尽也。夫欧阳子之以女色比宦祸，不知宦者之祸，尝因人主近女而起也，女色伏于房帷之间，宦祸出于使令之际，其势固已亲，而宦者苟不淫声靡色，以导其上，则忧其志气定而耳目一，彼奚自而入焉，其术又已浅矣。是以宦者必因女色，然后外结强藩，内固党类，以阴阳②排陷天下之士大夫，其端发于近女，而所为流毒极弊，亦非女色之所能及者矣。且欧阳子谓女色之惑，不幸而不悟，则祸斯及矣，使其一悟，捽而去之可也。宦者之为祸，虽欲悔悟，而势有不得而去也。呜呼！岂其然哉？宦者始伪为柔顺忠信，以动人主，其后必干权犯法，而窃柄者，比比也。故人主久而厌之，再久则思所以图谋殄

---

① 光熹：《清文海》第4册作"启祯"。

② 阳：《清文海》第4册无此字。

艾之矣。其不幸而不悟者，十无一也。若夫女色，彼人主方将寝兴俱而嗔笑狎也，以为女子之身，其安能为，不则谓彼与我如一身耳。故倒其意旨而授之，以至于颠祖法，害忠良，而灭亡者不可胜数也。且宦者之祸，正人君子可以发愤而争之，至于宫闱之内，测之固有其端，指之又无其迹，其事为人主之讳言而厌听，而正人君子尤难于口说，每至于灰心短气，以为无可如何者也。故曰宦者有驱除之日，女色无觉悟之时，使后之人主不幸而见欧阳子深于女祸之说，以女色为可近，且去就唯吾志，而无所于患，则是欧阳子持论之疏也。况欧阳子所称捽而去之者，不过寻常佳美之容耳，若夫妲己、褒姒、吕雉、武瞾之流，其警智雄才，牢笼宇内，人主虽终世不能觉悟，即幸而或悟，而当其身，思所以捽而去之，岂不难哉，岂不难哉！

【按】选自李敬著《退庵文集》卷 4（清康熙刻本，复旦大学图书馆藏本，《四库全书存目丛书》集部第 216 册，齐鲁书社 1996 年版）。南开大学古籍与文化研究所编选《清文海》第 4 册有选本文，转引自清宣统元年（1909）石印本《国朝文汇》甲编卷 5。

# 刑部左侍郎滨溪公行状

皇清诰赠通议大夫刑部左侍郎李公，讳云鹄，字汝皋，号滨溪，苏州府吴县洞庭东山头人。以孙贵称侍郎公，上爵也；乡人祠之，亦称乡贤公，上德也。公父应文，客于松江，赘钱氏，居附郭乡之龙树桥，以酷酿为业。

公五岁丧父，九岁丧母。与兄李云鹏失所依。叔文绣、文缙者，应公异母弟也。云鹏从绣公之江宁，公从缙公之竹镇。缙公御公严，公谨事之，贫瘵甚，濒于死矣。有客遗金二十七两于屋隅，公得之叹曰："天生某，宁以遗金富乎？"封识之。客旋以事来，公倾囊还之，则宛然贫瘵孺子也。一座皆惊，客固让其半，公曰："不利其金，何以半为？"于是缙公益不直公谩："己且贫，儿何计？更觅如千金。"因群呼噪之为䫰。䫰者，吴人不慧之语也。里人叶埁生女有奇禀，不妄许人，顾独伟公，愿托焉。公辞，埁曰："吾重子德，非论财也。"至二十五岁始克娶焉。既娶而叔婶不能容，析居于外。遇善相人者，熟视公曰："孺子面有阴骘文，待交六六，大如心，两颊生须莫比论。"谓叔曰："善视此郎，非叔辈所及也。"或欲赡公为之收，责

111

公曰："某虽贫，义不为人屈。"却去之而图自立，计乏赀，因遍告宗族人，榷金五钱耳。居数日，无应者，公低徊东街之石桥，遇徽客某，执其手曰："若非还金孺子乎？何惫也？且若谋生，几何而足？"公谢曰："数两出意外矣。"客曰："益之，与子金十两，不收若息，羡而尝我。"会村姬亦以群鹅界之。公遂贾于镇之北街，三月市之，布帛米盐则曰滨溪公良，斗箭权衡则曰滨溪公平，毫厘铢两则曰滨溪公直，无远近少长，悉归之矣。

公既有屋百间，田数顷，念已少孤，猝致温饱，出自天佑，何故积金遗子孙？于是刻意施济镇之人，鳏者婚姻，鬻者完赎，饿者粥糜，殣者棺敛。某欠官粮二石，负七岁幼女将质之矣，公闻其啼，立偿所欠，俾复聚焉。苏人张氏兄弟客死，公为之择善地，连葬其露棺，如是者无算。凡城郭、桥梁、道路之圮废者，岁必需公修葺，公即视为家事不倦也。僧道乞丐，望门投止者日数十人，公哺之均平如一，受者稽首，公亦稽首。公常泛舟载米数百斛之六合，大河病涉，士民有所兴建，闻公至，群喜跃曰："非公莫为簿首矣。"持簿遮索公书，公笑曰："予何书，则请以少米佐公等耳。"罄其米与之，刺船而返。邻人眚西村，年九十余，病将卒，嘱其子曰："汝知吾貌所以肥乎？滨溪李翁月以粱肉钱输我，如此十数年矣，不言，他人不知也。"子感泣叩首公前，出血盈地不能去。豪举如彼，隐德如此，其天性然也。

叔缙公寻卒，公经纪丧葬成礼。幼子云雁养之，衣食与己同，年十六为之娶妇，授产。兄云鹏亦卒，侄世珍、世珠为市佣所构嗾使讼公，官吏案治律书不之贷也。公涕泣请宽，归而娶妇，授产比于雁公焉。公未老，谢家政，委诸子。计邻里宗族负贷千金，阅其券曰："天之与我至矣，留此何为乎？子孙贤，多财无益，不肖，适滋讼耳。予弗忍也。"因聚券于庭前，悉焚之，自是坦然无营矣。

公好莳花竹，寻佳山水为乐。每岁必遍召邻人饮丝竹兼旬，常曰："人生勤俭其本然，钱帛有数，天地神鬼实司之，水火盗贼复共之，毋徒徇愁效笼库奴也。"友人以子为吏者，公劝之曰："生男能读书，令之取科名，不则各执一业，己有子而役于人，何无志也？"友不听，其子终以吏败，人以是服公。当是时也，公抚危济困解纷息争，一乡之人无不被公之泽，四方之士无不慕公之化。一日忽遗帖于门曰："施布我穿，今日报恩，月半上下酉时关门。"知其绿林客漏言也。未几，大盗逾垣，以严备不得入而去。公游滁州醉翁亭，道旁人视公曰："竹镇李翁也，予辈衣食久矣，顾何以报长者乎？"随棒含桃一筐以献，公欣然受之，非公之德及于盗贼细人昆虫草木之深者耶？公长躯秀目，须拂于左，晚年右须始匀如相者之言，而子孙乃绳绳贵矣。

公生于嘉靖辛亥（1551）二月二十日辰时，卒于崇祯丁丑（1637）六月十八日亥时，八十有七。葬于本镇东北隅之新阡。子四人：长世臣；次在公，前丙辰（1616）科武进士，官至援剿副总兵；次世儒；次世贤。女一，适金继震。孙七人：茂春；长春；宏谟，生员；敬，顺治丁亥（1647）科进士，刑部左侍郎；素；宏道；标。曾孙十五人：谦；让；倩；之本，生员，今官生；之实，生员，今荫生；谦亨，生员；之用；豫亨；之瑞；之全；之正，晋亨；□□□□。玄孙三：廷益、廷岳、廷夒。

先是本县乡绅士民合辞，条上其事于督抚提学道，请入乡贤祠，春秋祀焉。辛丑（1661）皇上登极，覃恩以孙敬三品赠公通议大夫刑部左侍郎，赐之诰命。盖公于竹镇为始迁之祖，以布衣克显，岂非天邪！

善乎！同里生叶誉之言曰："滨溪公起于贫而能施，微时人多加己而能厚心，未贯诗书而操行比于邹鲁，足不逾闾巷，而声名腾乎郡国。夫妇九十，无疾考终，会葬，千人强半垂涕，其在隐逸庞德公之流也。"于惟先大夫之遗行，诚不足贤豪一二，伏望当时先生大人采入志传，岂徒不孝之望，抑亦太史之光。谨状。

【按】选自李敬著《退庵文集》卷9（清康熙刻本，复旦大学图书馆藏本，《四库全书存目丛书》集部第216册，齐鲁书社1996年版）。

# 王 弘 传

王弘，字叔毅，直隶广洋卫人也。居巴山，因别号巴山。家世力农，少贫，牧牛田间，读书不辍。县令某行乡，见而异之，与之语，应对条畅。命属对，曰："牛背亲黄卷"，弘应声曰："龙头夺锦标"。行少间，复曰："送别黄泥坝"，对曰："相逢白玉阶"。令喜甚，资之竟学。乡塾富家儿坐堂内，坐弘帘外，弘专精讲习，略不为动，塾师器之，曰："他日堂上者，帘外儿也。"成化庚子（1480）科举于乡，弘治癸丑（1493）科成进士，皆以《礼记》第一。

弘夙负天才，品骘古今，沉潜理学，以名节自砥砺。定山庄昶以其女妻之。初官行人，考绩奉敕进阶修职郎。正德改元（1506），擢南福建道监察御史，时宦官刘瑾专恣不法，弘上书论列其罪状，忤旨被逮，杖发为民，瑾仍矫诏榜奸党于朝堂，弘与焉。未几，瑾逆谋露伏诛，起弘广东佥事，摄学政，振拔人才，衡鉴不爽，时人称之曰："一炉炼就三学士，六载陶成两会元。"谓储巏、霍韬、伦以训也。再升副使，上赐之敕谕曰："敕广东按察司副使王弘，广东琼州府所辖三州十县，地方孤悬海外，去广城二千里，控制为难，且近切外国，所系尤重，今特命尔前往彼处，提督军卫有司，操练军士，编点民壮，抚安兵民，防御贼寇，芟除贪暴，理断辞讼，禁革奸弊，本处一应钱粮及凡有益军民保障地方等事，悉听斟酌处置，如盗贼生发，外寇侵犯，量调官军抚捕遏绝，或势重大，奏闻区处，仍不许生事，邀功妄杀平人，每遇公出，许带官军自随防护，府县官员贪酷害人者，照呈总督衙门究治。尔宜专一在彼理事，不许回司居住，尔为宪臣，受兹委任，必须持廉秉公，守法勤事，兴利除害，思患预防，务使军威整肃，黎民得所，寇贼消弭，地方获安，斯称厥职。如或处事乖方，重贻民患，罪不轻贷，尔其慎之！"其为上所知任如此。适海南洞猺作乱，猺倚竹箐自固，竹坚，用刀截之，利如签，官军阽于险隘，猺喜且跃，曰："非巴山王，岂能克我邪？"弘居止姓号皆合比，至其地，用火攻大破之，计功当获廷赏。时内阁某有子杀人，弘执法论抵重辟，其人衔之，遂挂冠归。嘉靖初，京官欲援弘出议大礼，弘坚却之，不附名，隐于山麓，竹篱草舍，裁足自蔽，终身游处，未尝一至县城云。庄昶以诗赠之曰："北山一梦可忘君，不道移文更有文。到处河山终与点，人间富贵等浮云。"王守仁诗曰："衡文岂不重，竹帛总成尘。且脱奔驰苦，归寻故山春。人生亦何极，所贵全其真。去去勿复道，青山不误人。"一时贤达咸歌咏叹美之。竟卒于家，后学陆察辑其遗书为《巴山集》。

退庵曰：巴山诗云："衣裳颠倒步趋难，旧日翻思胆尚寒。瘴海几番头半白，封章连上墨初干。苍天道长三阳泰，圣主恩深万国欢。惭愧小臣官退早，只存风力外台看。"此与杜甫"一饭不忘君"何以异，北山一梦岂为知弘之深者欤？弘性刚才毅，扩其所就，似不出阳明下，而地有通塞，时有显晦，势有屈伸，可谓不竟其用也。仲尼曰："后死者，不得与于斯文也。"《巴山集》既散失，并劾瑾一疏亦湮没无传，可胜惜哉！

【按】选自李敬著《退庵文集》卷8（清康熙刻本，复旦大学图书馆藏本，《四库全书存目丛书》集部第216册，齐鲁书社1996年版）。

## 泛河赋

炎暑将歇，秋风渐兴，蔓草多露，百虫旅鸣。李子泛轻舫，涉洪河，乘惊涛，冲洄波，澎澎潗潗，滴滴漻漻，乍往乍来，如跳如立，声兼冀马之驰，势折溟鹏之翼。其方张也，若山崩海啸，万夫难防；其将戢也，若蛟缠鼍斗，垂头弭角，敛余怒而未息。于是揽青镜，悲玄发，候北候南，曷日曷月，曾涉岁以万程，何壮佼之能阅，安得排懑舒怼，解颜导和，箜篌徐引，延颈而歌，曰："岁既逝兮节欲秋，搴菌苕兮凌中洲，碧纷滋兮不可采，忽鼓櫂兮超洪流，今夕何夕兮西风起，扬北波兮惊吴子，拥绣被兮竦青霜，凝露降兮雕时芳，梦魂劳兮关塞远，望征人兮何日返。"斯时也，星汉低帘，明月照席，悄四顾之无邻，泪淫淫而霑臆。

【按】选自李敬著《退庵文集》卷9（清康熙刻本，复旦大学图书馆藏本，《四库全书存目丛书》集部第216册，齐鲁书社1996年版）。《乾隆六合县志》卷6有选录。

## 蚊 赋

嗟尔族之细微，实托化乎炎暑。锐头耸身，六足二羽，有晴夜明，昼伏宵举，集响成雷，结市如雨，饮食沮洳，栖息草莽。斯永保其天年，亦克安夫壤土，何为招朋引类，腾势蜚声，肆钩镶①之利喙，乘挥汗而营营。河济之间，则细如蠓蠛；江淮之上，则大若苍蝇。矧或青而或白，亦嫠黝之殊名。方其宵鼓动，华灯张，穿金门，上玉堂，御纤绤而笼雾，垂绡帐以舒光，莫不玲珑善入，宛转曲畅，伺隙往来，临风升降，喋血畴堪，憯肤难状，才摇手以频挥逝，翩飞而他向，以致燕姬反侧，越童号叫，或垂罗以作毕罿，或列炬以相焚燎，曾果腹之几何，哀残躯之莫绍。况乎时序代谢，日

---

① 镶：《乾隆六合县志》卷6作"锥"。

月易周，白露凝兮将降，金飙飒兮已秋，摧万物兮如扫，虽片翮兮焉求，譬之李斯相秦，陆机入洛，虚悲上蔡犬，空想华亭鹤。噫嘻，白鸟在帷帐之中，当终慕江湖之乐。

【按】选自李敬著《退庵文集》卷9（清康熙刻本，复旦大学图书馆藏本，《四库全书存目丛书》集部第216册，齐鲁书社1996年版）。《乾隆六合县志》卷6有选录。

## 沈希孟

> 沈希孟，字子迁，江苏六合人，庠生。以孝闻乡里。工画，善诗文。著有《云在斋集》。曾参与《顺治六合县志》的校订。

# 顾与治诗序

与治之为诗，海内同人亦既知之矣。第其诗草随手即逝，索书者来，则累累出诸腹中，偶有遗忘，即以意改之，虽前后工拙不问也。嗟乎！茂陵有妻，辋川有弟，非易得事，不则散逸失传，岂顾问哉？尝趣与治寿诸木，与治谓家方垂橐，不暇以珠桂易梨枣，可叹也。然古人著书，必有藏本，壁与井皆禹穴也，苟得出世，不论何代何人，自不忍听其湮没，若与治诗唯曝腹将奈何？退与吾友孙阿汇商之，愿得其稿，代为整理，而与治方骨见衣表，药裹支床，形神俱瘁，莫能缮写。嗟乎！与治不能缮写，而予索稿之心益棘矣。大江南北，数行书问，时接于道，唯伏枕称谢，终未克应，未几修文天上。呜呼！前约未酬，音徽顿绝，予复何以为心哉？吴子不官暨家弟子宁辈皆予同心，共为搜辑，得诗五百余首，编次成书，急携渡江，谋梓行之，偶晤方子尔止，为言施学宪愚山先生，求与治诗甚切，南中藏本虽多，未有若君之备也，盍不以此本归之。因取予所录者持向愚山，重加参订，明年，捐俸授梓，予亦少助刻资，遂成全集，颇用为快。或曰，与治交最广，即微子天下必有刻与治诗者，何为是汲汲哉？然天下无宿约之人，矧予与愚山先生皆与治生前好友，许剑短札，墨沈尚湿，安忍以亡友遗编，存亡听之？则是刻也，亦何预与治事，即谓予与愚山先生自酬其志可也。

【按】选自《顾与治诗集》书首（沈乃文主编《明别集丛刊》第 5 辑第 71 册，黄山书社 2015 年版）。

## 朱贞孝先生谥议

谥之为言，引也，引烈行之迹也。古者，生无爵，死无谥，后世不必有爵位，凡生平有德行道艺，可以没世不忘者，皆得以私谥加之。柳下惠则其妻谥焉，蔡贞定则其乡人谥焉，陶靖节则其友谥焉。盖赐谥，议自博士，或怵于权势，而有溢美。若私谥，则必当其人之实行，故古来所传之私谥，皆天下之至公也。金陵处士朱嗣宗先生，卒逾月而葬，一时樵牧之旧侣，几席之门徒，执绋郊外，皆哭失声，追维懿德高风，思垂不朽，金曰："先生少负经世之才，遭阳九之运。谈虚寂者，拾糟粕，矜风采者，逐声气，水火倾陷，妄生羽毛。先生独洁以持己，正以接物，挺然如千尺之松而不屈也，湛然如一泓之水而不滓也。决成败之机如镜之照形，而无所遁也；执坚苦之节如山之作镇，而无所移也。环堵萧然，躬履陋巷之行；布衣安燠，自娱舞雩之心。谨按《谥法》，清白守节曰贞，秉德不回曰孝，请谥贞孝先生。"佥曰："宜然。昔陶隐君谥为贞白，然山中宰相预谋图谶，徐仲车谥为节孝，然性喜奇异未合中庸，后人不无微憾。若嗣宗先生硕果不食，经明行修，真无愧乎贞孝者矣。至先生博学多能之誉，宽乐令终之美，兹悉略焉，取其大节，而其余可无赘云。"

【按】选自朱嗣宗撰《洗影楼集》书后附录［清道光庚子（1840）三月金陵刘文楷刻本，《金陵朱氏家集》三十种之一］。

## 汤澈

汤澈，字圣弘，又字易庵，号昭夔，原籍吴县震泽，居六合，庠生，以诗名，精天文、六书。著有《言树堂诸集》《读易考略》《测天历补》《韵学》《春秋历补》《测天杂说》《说文部叙》《六书谱》《音声定位图》等。

## 《洗影楼集》跋

　　濩先师朱嗣宗先生，乐隐不仕，以教授生徒为事，及门不下数百人。门人李敬以文字登巍科，跻显宦，以书与公曰："将迈申公以蒲轮，进桓荣于帷幄。"先师答之曰："仆老耄昏愦，志气衰惰，岂有他哉？青溪之曲月可以钓，冶城之麓云可以樵，终老瓮牖而已，敬尔躬，洁尔守，则荣于荐我多也。"李遂不敢复言。门人叶灼棠以政问，亦不告。尝就年丰寰馆，年以子弟从游，甚德之，偶以微言动先师，欲为推毂，先师遽去，年遣人物色之，不可得也。先师生万历甲辰（1604），卒今年康熙丙午（1666），年六十五①，濩与弟沐俱出先师之门。今编遗诗，不胜泰山梁木之痛云。门人汤濩谨百拜。

　　【按】选自朱嗣宗撰《洗影楼集》书后附录［清道光庚子（1840）三月金陵刘文楷刻本，《金陵朱氏家集》三十种之一］，原书无标题，题目为编者拟加。

## 胥庭清

　　胥庭清，字永公，六合留左卫（现南京江北新区长芦街道留左村）人。崇祯十五年（1642）举人，顺治四年（1647）进士。除南宫知县，迁余姚，擢工部主事，迁员外郎，督龙江新钞关（关在金陵上新河）。著有《北山堂稿》《听江冷署》和《钟山草堂诗集·武林游记》传世。

## 武林游记

　　武林山水并佳，游人言湖而不言山，此未得游趣者也。余六月朔抵浙，宿紫阳观，观在吴山坳，竹邻于石，寺冠于峰，余心目交欢，一夜不梦。次蚤即拉羽士走百折磴，直上第一峰顶，左江右湖，前山后海，真天地空处。

---

　　① 六十五：根据本文记载推算，实际上应是63虚岁。

数武，则飞来石，如劈空半天下者，又如逆云乱走上者，不可端倪，石上有萨天锡旧句。丁野鹤从石尖上祠之，循石而渡，危楼在白云中，是张三峰居止也。祠曰三仙，实一人也。立像如斗山，坐像如痴云，总不如卧像，天安地息，世界一枕。楼下石片片如残云涌雪，有泉清澈可饮，土人传为白鹿所出，大约山津石液聚而流焉。沿石高低，至钟翠亭，此是吴山之幽秀最处。万木织烟，千云铺绿，竹气松声，江痕钟响，无一不妙，竟不知为城市中。予久坐至暮，改钟翠曰流翠，以钟则静，而流则动也。有羽士能琴，约余复登峰上听之。未几，百万灯火尽如流星，纵目下视，羽士曰："此是武林一景也，名曰地星，以杭人家皆楼，楼皆向山，初暮尽构火焉，一更二更则渐零落矣。"余遂止宿于峰，不知身在何处。

初三日，自一峰下，复到钟翠看朝气，是云是雪，蓬莱不过如是。由钟翠过山则上方寺，寺在百万此君中，僧息鸟巢，人走鹿窟，百转百折。又云居寺，寺全从石中得之，东坡题跋最多，今半埋蛮哀草寒矣。从土窦乱林，支筇破草，得三佛泉，泉仅一滴水，生佛顶上，流佛足下，可养数僧。由庵而东则吴山十二峰，初意必参天插地，另有奇构，及阶僧以往，小如棋局，所谓一拳是也。过此则纯阳之小蓬莱，重阳之玉童井，子胥之怒涛牌焉，观止矣。

初四日，下吴山，西至清波门外，买小船如叶，恰受两三人者。由湖西出莲花中，抵涌金门，上百尺船，绕湖过雷峰塔，至净寺，闻古钟作千年声。内有阿罗五百，金辉璧烂，冠绝时刹。自净寺半里水面，则湖心寺也，朱栏映水，石桥三折五丈余，波彻如镜，人与鱼争飞舞焉。折舟而东北，高耸独峙，为湖心亭，全湖之气归焉。柳绿于水，云白于波，更是四面花与四面风相约而来，楼船箫鼓，真如阆苑。西湖六月，此地得之。鼓棹再去，名曰卢舍，有联云"西湖即西土，卢舍即卢生"，以门外乃放生大池也。鱼则盈丈，呼之食，举池若狂，时落日斜照，金尾赤鬐，上天下地，亦是奇观。半步则朱文公祠，有楼曰风满，飔飔竹声，送于船槛，颇称宜人。过此万年松柏，气肃肃森森，则岳家父子墓也。堤下直数六桥如画，日已晡矣。遂回，再渡西泠，直宿放鹤亭岸，吊林逋仙焉。万绿万红，一星一月，山楼浮杯，渔蓑覆枕，苏白诸公当盟予于鸥心鹭梦间矣。

初五日，朝露未干，新曦在南峰顶上，即催舟子出第二桥。桥外尽浦，十里花如锦，十里叶如地，分花穿叶，又如流云线天。鼓楫至毛家渡，登岸时，日大放红矣。走三里，一野亭，暂歇力，又三里则灵隐矣。入寺门则飞来峰，较吴山更奇，石皆崆峒，或由天得地，或由地得天，虚悬不可测度，但闻晴雷日雨，江涌海潮，则泉声之飞瀑也。其水出自山谷，六月如冰，董玄宰颜曰"冷泉"。进此则一殿二殿三殿，竟非人世，有高僧名"晦山"者隐焉。坐憩而谈，且食以蔬，啖以麦，饮以水，得无饥渴。少息而足复健，僧授以筇，七尺许，遂百折上韬光，所谓"楼观沧海日，门对浙江潮"处也。石龙一尺，作半山雨，百岁朽僧日在冰雪中居，麋呦禽语，不知在何处招人。二里许，则下天竺。又二里，则中天竺，野花烂熳，不知其名，旁有石如垂拱者，所谓三生石是也。三生悟石，石悟三生，亦天地之奇气，玲珑如削青芙蓉，离离怪怪，云碎月剪，不可名状，大约亦飞来峰之流派云。又二里许，则直上三天竺矣。古殿庄严，松桐静密，如在天上，真名山灵会，岂独供游览云哉？时炎阳西去，足烟心雨，一气奔腾，归于湖帆，而天忽云烟四造，飞舟至西泠，风雨相迎，虽十里镜中，而江海之气备焉。舟子颇弱，惟知恬风碧月，逐花依柳，见猛涛颠水，手足茫然，祈天祝地，付之大笑，尽生平力，乃抵湖心寺，止宿焉。时山钟乍动，蛮砌生歌，湖中又一光景矣。

六之日，微雨如丝，白云薄薄，起伏乱峰间，如美人朝梦初醒，三分新粉，欲抹未抹，可爱。七之日，天与湖态不解，众山青绿，不知从何处去。予孤舟锁断桥前，一望茫茫，烟耶雾耶？至八日、九日、十一二日，则雨盈三尺，湖边瀑布数千条，如白龙沉天，将挟风雷而去，更是一段奇观。十三日，则一轮明月，纤毫毕炤，余三鼓卷帆，直卧湖心。天月湖月，夹舟上下，此身如在雪窟冰桥，不惟暑气全消，而清露竟从广寒中堕入百万莲花心，冷香浸人肺肠。

十五日，晓出定香桥。桥名定香，以莲花之尽故，而桥外则里六桥又相接，究竟岸随花转，花逐帆迎，芬芳之气，不知定在何处？二里，舍舟登路，看南山之破石，与夏云斗峰，大似练江，偕四五友人听村鸡邻犬，绕树寻桥，半天刹影，若隐若见，乃虎跑寺也。杉花松盖，无漏日处，入门登堂，浑是清秋，逢山僧数辈，引入流泉，所谓虎跑井也。清浅可以鉴发，饮之如古雪老冰，魂魄都冷，真是一滴甘露，消凡人无限热肠。坐竟日忘归，遂偕僧榻夜谈，始知南高上有烟霞、石屋二寺更奇。次蚤，各踏芒屦，曳拄杖，草上新露犹湿衣袂，竟登半峰，见败瓦荒藤，绝无人迹。寺后有石屋，可容数十人，石佛、石床、石磴、石枰，更有石洞，深不可测，传与钱塘相通，援石而上，得小柴门，茅屋半间，山僧一个，汲水饷予，檐前怪石，倒落天际，高低如峭壁悬空，予学飞鸟斜腾，走数峰顶，则烟霞寺也。寺之巅，洞深数丈，细佛如米，精凿非人工，而万年老石之气，或青或紫，真是烟霞。洞外有石如盘，僧指为观海亭基焉，目之所放，大海合天，洪洪蒙蒙，总无涯际，如江如湖，则线波勺水也。是日回舟，又雨，五日方霁。

念之日，偕诸友又出风山门，寻南渡旧址。绕凤凰山下，有败寺数椽，得病僧，指曰："此宋家皇极门地。"旁有小阁，供如来。指曰："此梳妆台地。"细水小桥，半山半石，颇有幽致。走万松岭，则圣果寺。前环江，后抱湖，皆宋大内殿廷处，百万石乱铺青草间，如飞如跃，是龙是虎，莫可名状，最巅方圆平坦，地可百丈，斯高宗练兵内卫之址，名御教场。全湖如画，所谓夜看灯火，知为贾似道处也。宋家宫殿，俱因山上下，内可见外，外可见内，不知当日建极意，或亦天子风流，时作绿水青山想也。数武有巨石如林，上有石隙如月，土人传每月十五夜全月，恰穿隙中，规画幻甚，名曰月牙，王阳明读书于此。浙江潮朝夕作声，千山为之震动，月望时一洗空天，江海皆为城郭浣濯，真是大观。予山情水乐，得景生容，仿前人竹枝词一百首，非云尽致，或亦不负湖山云。至五云等峰，及莲池诸胜迹，留待刘阮天台，第二回之兴，何如？石城散人永庵自著。

【按】选自胥庭清撰《钟山草堂诗集》第1册（清康熙刻本，国家图书馆藏本）。

## 叶灼棠

叶灼棠，字函公，号嵩巢，先世由吴县洞庭山迁金陵，后移六合竹墩里（今竹镇镇）。顺治八年（1651）副榜试博学鸿词科，补中书舍人，从征闽海有功，擢巡福建兴泉兵备道。著有《京稿》《西清六子稿》《心学宗元》《兴泉政略》《嵩巢诗集》《四图说》《庸行录》等。

## 重修泉州郡城记

泉郡罗城，广三万七千三百六尺，高三丈二尺，为门七，瓮城六，共二千六百六十九尺。南唐留鄂公从效所筑，宋元以来，代有修缮，规制未备。今海氛不靖，寨游悉废，内港通潮，一苇可薄城下。总督李公疏请修茸，地方文武官绅衿商贾捐赀助工，得三千金，益以俸钱，赀苦不足，而意不敢苟。提督马公赞成之。于是条列五则，详请上台，壮垣墙，更垛式，定料价，均力役，分职掌。垣墙之庳者崇之，薄者裨之。计丈尺以定工程，使会计者知所循也。垛高八尺，广五尺，杪厚盈咫，不任炮攻。守者内累石基，峭而偪，措足其上，为敌所阚。改仿辽左规制，下增坐台三尺，厚倍之，登降坐立皆便焉。马道不碍驰驱。堞厚三尺，高倍差，阔丈有五尺。月城少狭，密守御也。界画八字形如便面，中留箭窦如其式。联隙以短，垣尺有咫，一夫当之，可左右射，矢石之加，广纵数十武，较旧式口平而隘，窥探无所见，俟敌登陴而后奋挺刃于一击者，功相万已。垣外内皆石垛，砖足三之一。始试之于迎春门建二垛，权物力而综之，佣作十万计。始事逮落成，指屈六阅月，计折补城垣三百八十九丈，周城筑石台，累垛墙二千三百八十六堵。盖空心炮楼六角，茸城楼六座，炮门炮台一百七十五。朝天门月城加六尺，因羊马墙故址拓翼城四处。职其事，兴泉道兵备金事叶灼棠、知府陈秉直、署城守事副将张应诏、城守参将刘进宝、署兴协回通判王泽洪、知晋江县丛荫坤，皆自朝暨夕，跋履城头，经营求至。当畚锸所及，外鼓而中虚，势如拉朽。榕根杂树数百年，拥沙崩壁，如虬龙蟠结，斧斤不能摧撼者，徐启石镈，命力士击以铁椎，缚巨缆群曳之，移日而动，不下数千株。蔓草丛茸皆剪伐。其旧垛二夫缏挽，以次尽踣。自仁风门东北角迤逦而南，折西过北，隳之旋补，虽一坏一块，不从绳直，必再易焉。求赤腻黄壤和纯灰实之，培土欲坚，购石不计远，砖发于型，润以水，叩之铿有声。筛簁蜃灰，汰沙砾，舂研细草，内塓外墁，就燥复垩之。如是者三，俾凝入釁郄，虽风雨鸟鼠，久而不能剥也。施炮之所度，火力所到，而高下损益之。临漳门潮河远上，绕城西北，旧有闸口，以时蓄泄，便民载鱼米入城。湮塞圮坏，从士民请修复之。河水澹且不涸，溉锦墩、泉山、福安田千余顷。右半里许，讪一雉，有潮汐涨啮之患，令水师运濒海巨石，议筑翼城扞之。凿堑沟，圆折以杀其冲。规模详备，百堵具兴。当夫役繁困，辄躬行慰劳，犒之牛酒。虽劝输不继，未敢轻议罢役。卖马毁器，助金钱，藉草千束，织寝荐为之御寒。渥以姜汤，施良药，救疾民，怡然如治家事。勘阅之始，核直万金。勤省试，杜破冒，故费半而功倍之。乡先生雅意急公，众心有成，迄以竣，糜白金五千八百四十三两。观者讶其俭而疾，谓神物冯之。

既而登清源绝顶，回视其下，纡曲如练丝在筐，殆俗传鲤城者。是因命工绘其图，形势广狭，堞楼度制皆肖。郡人以是役有三善焉：讲于农隙而民不劳，一；会海氛他适，闲暇修内事，二；中际伏腊，还而罢之，冬燠如春，无烈风淫雨，沾裳涂足为苦者，三。城既成，复属绅士耆老于南门之楼，卮酒为寿，宴而落之。爰追始事之艰难，勒石以志。

【按】选自乾隆《晋江县志》卷16《词翰》。周学曾编清道光《晋江县志》卷71《金石志》载叶灼棠有《罗城记略》和《重建泉州城记》两碑。前碑目后注见《城池志》，经查《城池志》所载《灼棠记》，内容与乾隆《晋江县志》卷16《词翰》所载的《重修泉州郡城记》完全一致。《重建泉州城记》与《重修泉州郡城记》仅一字之差，亦当为同一文。因此《罗城记略》《重建泉州城记》《重修泉州郡城记》，乃一文三名，今统一用乾隆《晋江县志》所载文名。

## 请给兵饷

为兵士庚癸频呼，不得不转吁设处事。准驻守同安副将施手本，看得施副将驻兵同安，逼近贼巢，实属咽喉重地，除饷银司给外，粮米俱就县支。兹该县粮米不继，驻防禁旅尚多欠缺，而都城仓库如洗，事急燃眉，屡次哀请司饷，至今音信杳然，此该将所以有庚癸频呼之请也。窃谓储粮养兵，该县纵不能稍有委积，亦何至令其计升计合按日而支？今且欠缺日多，将责此枵腹之众荷戈临敌，其不为鸟兽散也几希矣。合请宪台迅发司饷，责令该县买籴米谷，以应急需；迟恐庚癸一呼，必至焦头烂额，非下吏吁请之不先也。

【按】选自李渔汇辑《资治新书二集》卷4《文移部·军政七请发粮饷》（《李渔全集》第17卷，浙江古籍出版社1991年版），题后署"兴泉兵宪叶函公，讳灼棠，江宁人"。

## 再请司饷

为呼天不应，措饷计穷，饥军之呼甚可危，下吏之肉不足食事。窃照泉郡驻防兵马粮饷月需一万，自本年正月至今，司发饷银止二万两，仅供一月之需，其司拨之银十八万，大半纸上空文。已据该府造册，登答全完。今郡城大兵缺料甚多，同安驻防兵马尤为困涸。准甲喇章京郭移文，自到汛以来，止得三日之料，马匹瘦弱不堪，移会贵道等因，随传集该府公议。据称拨饷已尽，已经册报之后，又复先后差官三员赴司守候给发饷银，至今音信杳然，分厘无给。屡次呼吁上台，虽蒙批司迅给，而实无一毫接济。仰望司银，不啻救焚拯溺。始初尚有空文一二纸，今并文书亦复断绝，不知欲此如云之兵马枵腹御敌耶，抑别有良法，令一二下吏粉身啖兵、剉骨饲马耶？地方有司职守所在自不足惜，但大兵之事关系封疆，不得不再为沥血披陈，以俟宪裁者也。

【按】选自李渔汇辑《资治新书二集》卷4《文移部·军政七请发粮饷》（《李渔全集》第17卷，浙江古籍出版社1991年版）。

## 三请司饷

为兵饷有一定之数，士马无隔宿之粮，吁请计穷，脱巾将见，并叙郡守疾辞缘由，仰祈宪鉴事。窃照驻防泉州、同安大兵月需粮料七千余石，向准藩司拨饷一十八万两，久已登答全完，此不待再赘者也。前蒙宪台发下饷银一万五千两，分发二处，未及到库，焦釜燎毛，一烘而尽。有此实兵，用此实饷，原无可腾挪押欠者。今各兵呼饷火急，该府既无以应，全望司饷接济。下吏抢地呼天，煎劳成疾，而司银杳不可望。当此岁冬将尽，各兵枵腹嗷嗷，拦街喊叫，倘月内不得银两接济，立见脱巾。区区下吏自不足惜，其如此封疆何？查据泉州府呈详：为请饷四月无发，军需丝粟难支，下吏庸劣病发，莫能雨粟点金，催科政猛，抚字全乖，谨自陈不职，并详病状，恳祈宪恩先赐罢斥，另委贤能视事，听候一面题参，以重封疆，以谢民怨事。"窃照卑职今日因请饷无发，供应艰难，而遽敢以病废庸劣求罢，揆之臣子服官之谊，言未出口而罪已当诛矣。但实实粉身碎骨，难疗兵马之饥，扶病支吾，莫胜边冲之任，若不早自决策，则军需缺乏，遗误封疆，彼时虽席藁待罪无益矣。泉南十年兵火，上岁大旱一年，今复三秋不雨，西成失望，民命悬丝，兵马云集，司饷连年不继。蒙藩司于本年正月内，将数年新旧积欠钱粮，以及家产尽绝之赃银，并吏书缓纳，破城被劫，荒顽难征，各项有征无征、难征易征、远年近年银两，厘毫丝忽，凑括一十八万，作见在银两，拨供大兵提兵粮饷。卑府彼时细思，此皆前官血比难完之数，纸上画饼，安能充眼前急需？故于奉到司文之日，随经具详申请。蒙藩宪批云："该府有督征之责，本司不敢以'不能征'三字复大部。"卑职奉批严切，不敢再请。又复供应泉州、同安两处月需，计十个月，共饷银二十万矣，其中多有挪借别项勉力支持者。民不为不髓尽血枯，官不为不神疲力竭。今所欠而可征者，不过数千金。必欲责其即日征完，以济眉急，能乎？不能乎？卑职竭四月之呼吁，而藩司惟以空纸塞卑职之请，犹之小儿昼夜号饥，父母不以乳哺，但拈黄叶以止儿啼，其不致泪断声绝，垂首而毙者，无其理也。今呼天不应，吁地无门。府库三月不封，已成各兵坐卧索饷之所。犬马残喘，痰气郁膈，三焦上炎，非旦夕可瘳之症。今日泉疆何地，可容病废庸劣之夫卧治斯土，造孽斯民也？若莆、仙五千金之协济，不但少不济事，且恐缓不应急。今将岁暮，无项可以通融。至于同安兵马差官来府索饷，云："到县一月，止开过三日粮料，以致典卖帐房，自度朝夕。"蒙本道百计持筹，卑府连夜设处，借贷府城旗下器皿，共凑五百金，付应一时。即令数米而食，能救几何？伏枕陈情，忧在封疆，又不独洒伤心之泪，冀惟尽犬马之恩而已也。"等缘由到道，阅其情词恳切，空拳实属难支，辞疾出于无奈，谨摘其节略附尘宪照，知必为恻然动念者。伏望宪台勿以寻常批檄行催，万恳专员立查，不拘何处银两，即日运发泉州，以救此未覆之舟，再迟则无及矣。

【按】选自李渔汇辑《资治新书二集》卷4《文移部·军政七请发粮饷》（《李渔全集》第17卷，浙江古籍出版社1991年版）。

## 请协济款项

为紧急军需事。复看得同安驻防兵马粮料，奉宪檄责催，兼示详派款项。据该府回称，前详派剩一千三百余两，系礼、户、工三部额银。近奉旨打造船只，令尽数起解福州，所以前详拨济之文，两宪台俱未批允，是此项均为无着落之数矣。夫有司所掌虽帑藏充盈，尚不免出内之吝，况部额考成至严，私挪擅动谁肯任者？试思大师之腾饱重耶，一官之参罚重耶？本道职任诘戒，钱谷非其所司；以为苟有济军需，虽越俎之嫌所不遑恤。若非独力担当，则脱巾之呼立见。今日伏乞催发司给一千三百余两，权润饥兵焦釜，仍多发协饷，及坐款拨兑，三军之命悬于宪台之一笔。本道亦得勉竭驽力，按项督催，不致口血徒干，无益嗷嗷也。

【按】选自李渔汇辑《资治新书二集》卷4《文移部·军政七请发粮饷》（《李渔全集》第17卷，浙江古籍出版社1991年版）。

## 请增同安谷价

为请定料谷时值，以便买备供应事。据泉州府详复，本道批查，复看得同安弹丸一区，逼近贼窟，驻防大兵云集，其地皆需购买米谷，以充兵食。本地产粮有限，又无舟楫可通，数年之间，谷价或登二两以上，或一两七八钱。部限一两开销，则其余赔累尽出穷民膏血，困惫已极。本道前经屡请乞增价直，墨迹未干。据府禀称，去年九月内，蒙藩司又减二钱，且以六月为始。夫部价一两为定，他郡岁丰谷贱，所损之价正宜裨补兵多谷贵之乡，岂堪未议加增，反截扣于部额之内乎？嗟夫，同民岂惟无皮无骨，迨于骨髓全无矣。有司不知地方先务碍于立言之艰，致疾苦不能上达，叩之始鸣，言之不畅。仅求奉文之口为始，免追补以前给过之数，则已充饲秣者纵获免偿，后来赔累者将何底止？即今谷价每石尚一两二钱，较贱处何止三倍？若比而同之，皆以八钱为准，是于衰益之道未之有当。融省例以益同安，正所以遵部额而利通省，以岁之丰歉为低昂，正谓此也。宪台筹画兵食，洞悉民瘼，此为第一急著。伏乞迅行藩司，自去年六月至今，允以一两二钱销算，即或不能，亦应复一两之数，俟秋成之日照时价再定。同邑冲途，兵马差使络绎不断，谷价贵贱，耳目所同，亦非官胥所能冒请者。唐刘晏驰驿而知四方物价，讲理财于此时此地，尤莫急于此也。部额既定，此中损余补歉，权衡悉在宪台主持。本道一日在地方，不得不一日为民请命，俯赐饬行，吏民咸沾再造矣。

【按】选自李渔汇辑《资治新书二集》卷4《文移部·军政八解运粮草》（《李渔全集》第17卷，浙江古籍出版社1991年版）。

# 请免德化桅木运漳

为紧急军务事。看得德化处万山之中，去漳郡五百里，至泉亦二百里，皆层峦叠嶂，纡曲狭斜，跋涉艰危，飞挽难达。据该县详称，奉宪令采取桅木二十根，就南埕搜伐运省。架桥开路用夫数千，每株夫二百五十名，抬至水次，以溪涸不行而止。复蒙行取一百八十根，运至漳州。每伐一株，先须凿山通道，壅水筑桥，用夫千数挽之，穷日之力，仅行里许。木身长十丈余，径围七八尺，众力并举，离地数寸，下施滚木，上维杠索，高已齐人。巉岩壁立，下临不测之渊，虽作飞桥渡险，悬木吊崖，比到山头长喙①，三面落空，人无措足之地，驱山鞭石，无所施其巧矣。宪台差官在彼，身任劳瘁，犹且计不能行。新伐之木，其重兼倍，入水必沉。值今春水未发，滩高石出，其不能运动于永福港口者，矧可推挽于永春乎？且木自山巅水际而下，道经六县之界，即在平地犹须二百余人挽动一株，则每一县需用民夫四万。此虽竭数十万之人力，经年累月而不能出，安可望其朝呼夕应，济大兵飞渡之用也哉？本道奉令督造同安马船，严催各县，竭力趋公，概不听其借口推诿。只此一项，实在非人力所能为者。询之提督水师，皆云漳之华峰一带为良材邓林之薮，且逼近溪河，顺流而下可直达郡城。上年王师到漳，取十余丈杉木构江东桥，不日而成，较之德邑，劳逸难易何止百倍？况今同安船木，皆自山县截成板料，方能陆续挽输。若桅木一项，则必选良工入山相度，自首至尾用斧斤叩击有声，无尺樗寸朽者方堪胜任。若概行砍伐，或斜曲孔穴，不中绳墨，或道途剥削，梢根不完，比至地头，可用者十无一二，徒劳民力而已。今同安见要马船桅二百根，较漳桅为小，亦蒙委德邑采办。若令解运漳桅，顾彼必致失此。合请宪台批免德化伐运，该县得专力备办同安马船之桅，庶军务不致两耽，泉南百万生灵皆宪仁再造矣。

【按】选自李渔汇辑《资治新书二集》卷4《文移部·军政十派发夫马》（《李渔全集》第17卷，浙江古籍出版社1991年版）。

---

① 喙：集成局本作"崖"。

# 请免山邑民夫

为紧急军务事。奉部院檄行，看得师命方殷，远迩编民谊当负戴趋公。蒙宪台俯恤，晋、南、惠、同四邑应役已多，免其赴漳，滨海之民欢声雷动。惟安溪、永春、德化三县远在山陬，春檄各拨人夫一千名，解漳州候用。切念军机紧急，凡属民间所有，人力所至，无不立呼立应；而势所不能及，不敢不据实陈之宪台之前者，则山邑之民夫是也。安溪远隔峻岭，造船之役百计安顿，播德宣威，始得用夫几三万。若永春壤接德化之界，二邑材木皆由此路出郡。今德邑山寇通诛，人情汹汹，望风煽乱，斗大之城，孤居万壑之中，县官惴惴不能自保。目前尚得苟安者，以大师压境，余威之蹑其后耳。一旦征调民夫三千人，裹粮从师于五百里外，且取盈数日之间，县官势格于行，必且重烦兵力。所以然者何也？山邑之民散处寨堡，征求过急，每至殴打官差。县官亲至，往往闭门不纳。而民夫赴漳，烦苦尤甚。往返路程即已半月，守候尚无定期，携粮多，则艰于担荷，少则转于沟壑。故泉郡军兴以来，运木、运粮、运火器军辎等项，役民之力不下三十余万矣，而未敢过求于山邑者，诚以力役不堪越境，穷民易为走险，权利害之轻重，而销患于未萌也。拟合密请宪裁，另檄停止。云云。

【按】选自李渔汇辑《资治新书二集》卷4《文移部·军政十派发夫马》（《李渔全集》第17卷，浙江古籍出版社1991年版）。

# 禁私抽行泉州府

为清查税额，永禁私抽，以恤商便民事。照得民间杂税，国课攸关，民纳官征，此定例也。泉南积习，多有认税代征之弊。往者奸徒势恶，钻营告示，刊刻号票，假公税为名，横剥私抽，以一取十。初税之于地头，继税之于经过，又复税之于市廛。甚则遍张假告示，私立印单，执陈年之批照，冒官府之名目，虎踞沙头，狼贪澳口，悬灯树帜，藐法抗官，细至肩挑步担，米谷鱼盐及蔬菜柴薪，皆私立税名，纤悉不漏。小民资生日用，尽入网罗，以致百物腾贵，厉商病民，莫此为甚。案查该府请一应杂税俱归官征，严剔私抽，详院禁革，至今民享其利。昨见属县具申，以邑宰不能身亲税务，请令铺行均认额银。恐乃是认征宿弊，妆头换面，阳去阴留。且恐差役上下其手，生端扰民，令善政反滋奸数。若不彻底清查，分别澄汰，勒石永禁，何以裕国利民？合行咨核，仰泉州府官吏通查一府七县，一切鱼盐货物杂税，某项起于何年月日，奉何明文，额数若干，曾否达部编入《全书》，抵充某项钱粮，悉照查旧款项，造细册报道查考。其一应杂物不在额税之内者，或有司专擅，或士豪霸踞，及额税已纳正项，复私阻路津，叠抽横索，并无名派取，止凭势力，鱼肉商民，或见之目击，或得之访闻，俱逐一开列报道。至归县官收应作何布置，使官不烦而民不扰，旧案作何追销，故辙作何更改，假示私票作何禁止，一一条议具报，以便详请上台，永定划一之规，勒石示禁。至于盐课一项，各有专司。该府所辖额征若干，国课至重，商民赖以营生，奸人易为射利，尤当归官征解，丝毫不得多取于民。该府凤谙蓝政，亟宜指陈利弊，商确兴除。事关国计民瘼，立待详行，濡笔以俟。

【按】选自李渔汇辑《资治新书二集》卷6《文移部·榷政二禁私抽》（《李渔全集》第17卷，浙江古籍出版社1991年版）。

## 禁民妄告投诚

为嘉与投诚，严禁挟仇妄告事。照得难民陷身逆党，多因被掳被胁，势非得已，情实可矜。兹如黄沙窠投诚李某、抚目黄某、叶某等，归化自新，已行安插得所。此皆本道仰体朝廷赦宥之恩，矢心招抚。故能反逆归顺。无论远年近日，一切罪过咸与豁除，即实在受害人等，亦当听从劝谕，解释前冤。总之，以本道招安为超度忏悔之缘，毋得谬执前愆，为甘心报复之计。倘有仍挟宿怨，入笠深求，或从其解散而张罗置网，或摭其往事而索瘢求疵，有一于此，查实法究。总之，身在贼营，所行必无好事；名登顺册，诸凡悉置罔闻。前此虽系冤仇，今日皆吾赤子，纵不能扩尔等之量，亦当推本道之恩。自示以后，如有生端构衅，不遵劝诚者，即以诬陷良民治罪。间有朦赴督抚告准者，本道即具详重处，决不宽贷。

【按】选自李渔汇辑《资治新书二集》卷10《文告部·军政七抚贼》（《李渔全集》第17卷，浙江古籍出版社1991年版）。

## 倒悬待苏事

看得陈从纶，同邑民也，婿庄对入海数年，因黄起阴谋，戴将执而监之，令招回伊婿。若云通海之情，府、厅、县屡讯无据。即禀首拘拿之人，亦未有实指。幸天道难容，生擒俘获，而对之头已挂藁街矣。夫戴将之执从纶，为庄对之在海故也。谓一时之权宜则可，若乃贼既死，必欲取其未为贼之翁而并死之，则甚矣。矧同疆咫尺贼窠，其民皆釜底之鱼、砧头之肉，生杀惟命，莫敢言伤。区区从纶，生耶死耶又沧海一粟，何预重轻？第恐此窦一开，株连蔓引，必无已时，滨海之地，人人自危，其不至尽驱而之贼也几希。应照府、厅、县议，从而祝网。

【按】选自李渔汇辑《资治新书二集》卷18《判语部·叛案三平反》（《李渔全集》第17卷，浙江古籍出版社1991年版）。自《请给兵饷》至《倒悬待苏事》十篇，为叶灼棠在泉州从事军政时的政令，当为其佚著《兴泉政略》一书中的篇目。

## 议覆同安筑堡

为设立寨堡以卫民生事。看得同邑滨海，当泉漳二郡之冲，中左对峙，其前而丙州贼党伏于肘腋，其来也无时，去也无迹，忽而登岸则骤雨狂风，乡村遭彼蹂躏，比及我师掩至，则已扬帆而游，此同郊迄无宁宇。该副将所以有修复太平旧寨之请，并令沿海各村保民自筑土寨，自为守御，贼来则坚壁待援，贼去而耕耘如故，绸缪疆场之道无逾是矣。所虑者，兵燹残黎，贼役繁困，上有经营之苦，常患于民之不可使知，下有筋力之劳，常怨于官之不能尽亮，小民身家之计。一旦临以官法恐趋公未必如营私之易，应令各保地方就本保内出工役，责保长以董其成，该印防官，时时鼓舞劝导之，俾无疑、无畏而后可也。

【按】选自盘峤野人撰《重订居官寡过录》卷4（见于李元春编《青照堂丛书次编》），题后署"兴泉兵宪叶函公，讳灼棠，江宁人"。

## 刑名职掌

为申饬刑名职掌，以端责成事。照得闽南习俗，轻生好斗，讼狱繁多；兼之寇乱以来，民轻犯法，构怨纠纷，皆以人命盗情，互相倾陷，冤累无辜，而真正凶顽败类反多漏网，皆有司勘问不精，所以刑狱失实。本道遵照律例，定为单式，详允颁行。人命则以验审单为凭，强盗则以审盗单为凭，又用二小报单，听民间自填报县，该县即日查验申详，一面拘齐两造，审确口词缘由，填载单内，招详批勘。狱重初情，最宜详慎。近见各县奉行之法，尚未画一。有遵原行填写如式者，其词畅遂，其情显直，谳法称平；亦有疑难烦重之事，或鞫讯粗疏，或填注挂漏。人命重情，不分七杀，伤痕多少，招语参差，获盗多人，混置一单，脏私有无，介在疑似，或初报止一验文，或延久杳无详覆，其间官私吏弊，全在详略增减之中，预为布置，开其辨窦，谓可以涂饰耳目，不知于己身伏一罪案也。尤可异者，各邑吏书，每将报单私匿，不肯刊发便民，遇有赴县控告者，每每寝阁单纸，不为申详，及至本人赴上司告发，乃始迟迟补报。县官欲掩其过，反曲为解释，终始朦胧。原行单尾，开载律例甚明，不知曾否经心寓目，一任奸胥蠹役，受贿行私，故违成式，假作痴聋，以资猫鼠，父母斯民者，固如是乎？该听职掌刑名，兼廉吏治，民生休戚，莫切于此。为此牌仰刑厅官吏，照依文内事理，即将发来申明验审、审盗二单例说，明白抄写，大书晓示。各县官民，嗣后务要画一遵行。如或故意抗违，填写不合式，迁延迟阁，以致讼狱不清，即以溺职填注劣考。倘或过期不报，及隐匿报单者，官揭参，吏提究。仍将发来详报体式，抄发各属遵照，先取各遵依缴查，毋违。

【按】选自陈芳生辑《洗冤集说》卷8［据清康熙二十六年（1687）薛氏有恒堂刻本点校、杨一凡主编《历代珍稀司法文献》第10册《洗冤录汇校（下）》，社会科学文献出版社2012年版］，底本题下注选自叶氏佚著《兴泉政略》。

## 《纂辑世谱》序

　　且谱牒之作，非以侈先烈也，取其辨宗支，叙昭穆，世世相承，历久不紊之精进也。每见旧家大族，户齿日繁，居或稍远，有服尚未绝者，竟觌面而不相识，不惟遇诸途而不为礼，即同堂燕会，而懵然坐次乖伦。呜呼！此族道之衰，谱系之废，因不讲之故也。然欲使支流虽远而统绪不淆，非修谱将安能哉！

　　吾宗自叶县分封之后，肇姓南阳，由来旧矣。远迹多不可考，维于汉建安二年（197），有大中大夫讳望者，避乱渡江，始家于句容，后丹阳，是为江南始祖。至晋，望之五世孙俭，官折冲将军，守括苍，因遂居于属县之缙云，是为浙江始祖。俭之十六世孙曰慧明，生二子，长曰法善，次曰道感。长仕唐开元越国公银青光禄大夫，还居处州。至五季之后，慧明之七世孙讳逵，号造玄者，仕吴越，归宋为刑部侍郎，娶永嘉郡侯之女乌程羊氏，而居湖州，因有别业在洞庭东山，且爱莫厘景物之胜，乃迁家焉，遂因姓而名其里曰叶巷，则吾东山之有叶氏，端自造玄公始，是为吴中之祖一也。公生三子，长曰元颖，次曰元辅，三曰参。元颖还居处州，元辅宋淳化二年（991）进士，居莫厘山后之南为南叶。生一子曰纲，天禧四年（1020）进士。生四子，曰羲叟、温叟、尧叟、深叟，长生助，助生梦得，号石林，宋绍圣四年（1097）进士，仕至户部尚书观文殿大学士。参字少列，宋咸平中（998—1003）进士，历官光禄卿，居莫厘山后之北为北叶。参生二子，长曰清臣，次曰清甫。长字道卿，宋天圣二年（1024）中一甲二名进士，历官侍读学士左谏议大夫，生四子，曰均、圻、原、增，而圻生授，授生三子，曰允蹈、允中、允明。允明宋元符年（1098—1100）进士，历官吏部左侍郎，生一子曰给，给生二子，曰镒，曰钟。镒生豫，豫生二子，曰敏修、效修。效修生坦，坦生律，律生善赞。上溯逵祖为宗肇，循流已一十三世。善赞公天资觉捷，才抱弥强，为儒冠之翘楚，盖斯时尚居江宁也。明初洪武年，上《圣德论》，嘉之，太祖着廷尉督同江宁府查有府庠廪员叶善赞，凤学敦行履历，诏下，赐大贤博学宏儒，擢为太子傅，公辞官复命，隐归于洞庭东山之嘶马坞，名其所曰吉祥里，只今之纪革头地方也。

　　维纪革之有叶氏派，端自善赞公始也。公生六子，曰福一、禄二、寿

三、祯四、定五、添六。盖禄二无稽，其福、寿、祯、添四支，别有详著。兹续定五公派之家乘，载余灼棠，系善赞公之十二世裔也。溯世隐居耕读，文字落传，所可晓者第八世听泉公，以道学闻世，诗辞擅于海内，三吴名士多出其门。九世与山公，挟书策，游览四方，家本殷实，著有《漫稿》付世，今搜遗诗五百余篇，其残缺未传者，不知凡几，此余高曾二世文献有足征者。至吾祖玄溟公，兄弟四人，皆学贾于棠邑，虽专治养生，犹教子孙以文艺，今予辈皆秉先人之遗训也。

粤稽前徽，自石林公修谱后，而伯昂、海虚、吴西、湖村、逢春诸公，相继修葺，所以源流炳著，而我祖定五公世居纪革，支属益蕃，有居山中者，有迁于淮安、六合、铜城、江宁、汉涧、宿迁、邳州、松江等处者，虽散居不一，然所垂世系而脉贯枝连，载之谱籍者，班班可考。顾奕代子孙，联疏以为戚，合远以为近，务期勤书谨录，毋致荒迷，只更数百世而展卷了然，则后之视今，犹今之视昔也。盖世以谱著，谱以世传，凡吾同宗，幸无轻弃也哉。谨识。

大清康熙二十八年（1689）岁次己巳仲春之吉，分巡福建兴泉兵备道按察使司副使加八级廿四世裔灼棠系善赞公十二世孙百拜谨述。

【按】选自清叶屋龄纂修《吴中纪革叶氏世谱》书首［浙江萧山十万卷楼藏本，乾隆四十六年（1781）木活字本］。

# 郊 祀 赋

屠维著纪，协洽编年，肃典文于畅月，昭祈报于泰坛，乃诹奉常，命宗伯，精斋祓，练时日，将有事于南郊礼也。于时颛顼乘权，叶同司令，日会龙猶，躔移斗柄，昆虫当潜伏之时，草木遂敛藏之性，当燔柴以荐馨，只扫地而将敬，尔乃金吾视坛，羽林扈跸，鸡人夜呼，野庐朝觐，掌次张毡而设邸，太仆执舆而授策，端门方启，矫双凤以腾辉，葆盖遥临，驭六龙而齐都，青旗育袅以冒云，朱旆飘飚而曳日，天子乃服大裘，建太常，出斋宫，辞建章，驾金根之奕奕，御玉辂之锵锵，七萃精严以森列，千牛驰骛而翕张，走夔魖兮肃道，缯昭摇兮布光，集青气兮摇社，招白云兮入房。于是太祝献仪，礼官时迈，列位次于坛前，备乐舞于悬内，樽罍筐筥之器，灿如星陈，山川岳渎之神，纷若云霭，仰居歆于昊天，迓先灵而作配，爰循旧典，合祀于郊，奠以苍璧，藉以白茅，席以稿秸，器以陶匏，既陈苴栗，乃取血膋，邸两圭以象数，旅四望于清霄，体朴素为礼之本，笃精诚而明神交。时则奏圜钟，击灵鼓，舞云门，歌大吕，乐六变而降神，毕九奏而咸叙。既乃重城爝火，夹道条风，爰返斾于枫陛，遂受厘于紫宫，迓至和于五位，迎纯嘏于九重，于都麻哉。窃惟郊坛祀天，明堂飨帝，礼有专隆，道无二致，祝史但习其文，儒臣必详其义，祖虞廷之类禋，述周礼之遗制，太乙五畤，伊秦汉之陋卑，优赏肆赦，亦唐宋之疣赘，稽特祀于史册，厪一二之可记，我皇上膺图御极，握符阐幽，制作衷诸三代，仪礼酌乎千秋，躬祀而嘉气翔洽，迓禧而八风和柔，实柴槱燎，各得其所，沈狸副荤，咸底于休。岂与夫鄌畤陈宝，甘泉斋房，白麟赤凤之夸，金马碧鸡之诞，比类而相谋也哉。辞曰：惟天之子兮富有万方，四序既成兮百度孔章，敬陈祀典兮仰格穹苍，禋六宗与岳渎兮秩序煌煌，若云龙而风马兮来也洋洋，祭而受福兮祝亿兆以咸康，式敷淳化兮永芾禄于无疆。

【按】选自廖抡升修、戴祖启纂《乾隆六合县志》卷6［清乾隆五十年（1785）刻本，《金陵全书》甲编《方志类·县志》第29册影印］。

## 秘阁藏书赋

惟圣皇之启祚，宏文治以膺图，萃典文于册府，称秘阁之藏书，载帝王之统绪，传圣哲之心模，鼓元气而常建，翼景运而同趋。尔乃壁府，影英奎躔，焕采东观，霞蒸西昆，云暧崇峻，级以周垣，布重轩以高垒，饰金碧于檐楹，绘龙鸾于山海，更有金板玉箱，象签犀轴，弢以缣黄，介以缥绿，缦以冰茧之锦，错以昆山之玉，金匮石室，悉松柹之装潢，宝牒琅函，尽芸香之馥郁，中则三坟五典，八索九邱，河龙画卦，洛龟叙畴，竹简素丝之美，丹文绿字之幽，六经道隆于万禩，诸史义炳乎千秋，拾五纬之余意，资七略之旁搜。至若神经怪牒，虫文蝌漆，峋嵝藏碑，岐阳勒石，覆笥宛委之奇，藜邱羽陵之积，既浑噩以彪炳，复聱牙而佶倔，以至九流百艺，辨种画方，稗官野乘，谶纬缁祥，书则大挠之六甲，数则周髀之九章，譬犹岱华不辞乎峏嵝，渤海无让乎污潢。若乃宸章宝录，讦谟文诰，集故府之会典，肃诸司之涣号，鉴辑乎古今之精，义衍乎圣贤之奥，所以跻世运于升平，偕斯民于大道也。于是发天苞，阐地灵，钟河岳，垂日星，左图右史，崇文尊经，震洪响于天室，拔幽滞于岩扃，乃命儒臣爰加慎选，开汉室承明之庐，广唐代宏文之馆，兰台虎观，列二酉之珍奇，天禄石渠，倾五岳之宏演，充栋宇兮如登群玉之峰，溢缥缃兮若聚瀛洲之苑。斯时也，丹綍初膺，清都载簿，凤揶揄扇，豹关启钥，烟羃羃于蓬莱，日曈昽于鳲鹊，灯然藜杖之光，润滴金壶之濯，游鸾坡与凤沼，憩菭室与药房，金蜺玉蛛，每蚴蟉于藻井，青蚪赤虬，时夭矫乎茄梁，俨矣入圣贤之室，郁乎登作者之堂，岂馨帨之小伎兮，敢嗣嫩乎天章。重曰：大道中天，蔚文治兮，星云灿烂，阐灵阃兮，经史子集，廓其无际兮，坎鼓轩舞，菁华丽兮，遍示群僚，垂教于万世兮。

【按】选自廖抢升修、戴祖启纂《乾隆六合县志》卷6［清乾隆五十年（1785）刻本，《金陵全书》甲编《方志类·县志》第29册影印］

# 帝城春日赋

皇都天府，圣代神州，阳回九域，泽布三畴。睹韶华之萌苗，欣淑气之和柔，湛露因时而润物，条风应节而旁流。时惟太皞乘震，勾芒御辰，斗杓东指，日驭南巡，启龙精兮戒旦，占凤历兮司春，乘青圭以将肃，服苍玉以迎新，云翘舞而青帝降，玉律吹而寒谷均，所以万类霑濡，百灵和悦，太史卜以丰年，礼官陈其嘉节，云占三素之辉，水记八风之映，土牛绘彩以知时，彩燕迎幡而就列，气融而草木敷原，冻释而虫鱼出穴，旌旗扇暖，马衔南苑之冰，钟鼓报晴，鹤舞西山之雪。尔乃履端伊始，献岁方开，溪容动柳，山意调梅，殿吐华灯之焰，庭陈百兽之礨，家贴桃符之版，人沾柏酒之杯，七叶仙蓂，傍御筵之焯烁，百枝火树，烛天阙之崔巍，色映而琼华岛出，光摇而太液波洄，云冉冉兮平临于碣石之馆，日迟迟兮照耀于黄金之台。若乃节届中和，时临广厦，鹖鸠先鸣，仓庚在野，锦雉频雏而逐人，黄鹂屡哢而随马，鱼瀺灂以跃池，燕差池而就社，水晶帘动，暖生鸂鶒之楼，云母屏开，寒尽鸳鸯之瓦。于时堂悬彩树，樽湛红蕉，衣裁翠袖，幔卷轻绡，探玉河之细柳，窥瑶圃之含桃，红杏绿杨，曳千丝之靓服，夭桃秾李，映五色之宫袍。况乃桐花初甲，榆火将更，玉楼栖鹊，金谷迁莺，戴鵀促茧，布谷催耕，传烛遍五侯之第，禁烟浮万雉之城，曲水金堤，握兰而采艾，平沙翠幕，列笋而陈樱，花发上林，奚假渔阳之鼓，凤鸣高阁，谁知曲沃之笙。当斯时也，天子驾苍龙，建羽翟，曳朱旗，排画戟，火度青槐，鸡鸣紫陌，乃乘时而阅搜，复履亩而观藉，山川草木，觐黄钺以威严，花鸟烟云，睹翠华而悦怿。是以千门歌吹，九陌香奁，金鹅仗列，银鸭香添，骑拥青丝之勒，车悬绿玉之襜，鹰掣铃而欲击，鸡系锦以相觇，蹋踘低盘于画阁，秋千斜挂于绣檐，蜂摇而蕊落，蝶飘飘而絮黏，千花齐放，夹绮罗而奕奕，百鸟偕歌，杂弦管以鶒鶒。于是乎东顾蓟门，西眺居庸，南瞩芦沟，北俯卢龙，沐舒长之化日，被初景之绪风，广八荒于寿域，转一气于鸿濛，四海臣民，咸拜手而颂曰："圣人之德，与天地同。"

**【按】**选自廖抡升修、戴祖启纂《乾隆六合县志》卷6［清乾隆五十年（1785）刻本，《金陵全书》甲编《方志类·县志》第29册影印］。

## 南海子阅武赋

仲冬阳月，万宝告成，讲武事于农隙，将耀德以观兵，修大阅之典礼，振六师之先声，选车徒于熊馆，遴骠骑于虎城。是日也，太白初高，凉风始至，蜻蛚先鸣，貙膢毕备，宫门陈七萃之师，京府简八屯之制。乃命有司戒道，工虞治场，执路鼓，建太常，列鵕鸃，驾鹔鹴，摄乌号，佩干将，出轩车之槛槛，振组练之锵锵，万骑景从以纷蔼，六龙挟道以煜煌。时乃御行宫，设殿帷，开武库，启兰锜，列繁缨之玉珞，缀明月之珠旗，抗招摇之华铃，垂宛虹之长绥，召天策虬须之将，驱羽林猿臂之儿，箕张翼舒，鹅鹳鱼丽，表厥威严，昭父子君臣之鹄，齐其步武，习张弛进退之宜。于是佽飞岩郎，材官骑士，张繁弱之弓，系忘归之矢，起鸟于晾鹰之台，顿辔于沙龙之址，荡兰区，凌桂畤，轮躏獐麋，蹄蹂兔雉，抟猰貐而肉狻猊，摧黄熊而殪青兕，岂徒夸禽兽之多，抑亦示三驱之礼也。俄而天子愀然改容，穆然正色，而言曰："军礼既定，兵威克宣，仁民爱物，毋盘于田。"遽尔弥绥止杀，缓辔言旋，时则群臣百执事皃趋辇下，虎拜车前，而进曰："古帝王寓兵于农，讲武于郊，平居有陛楯金吾之卫，临事无征调训练之劳，且夫升献时膳，奉上之诚也。赐胙命釂，逮下之惠也。私豵献豜，致禽之义也，驺虞麟趾，及物之仁也，振旅先长，治兵先壮，而上下之分明矣，我车既攻，我马既同，而险易之利尽矣。狝于既蒸，狩于毕时，而茂对时育之道得矣。前有表貉，后有馌兽，而成民致神之义彰矣。今皇上播天威，昭圣武，顺时布令，宪天法古，罗贤士为熊罴，仗仁义为干橹，伏麋鹿于灵台，骎神骏于悬圃，镂丰镐之景钟，篆岐阳之石鼓，将上登三，下咸五，岂与夫上林子虚，长杨羽猎，颂兵戎之盛，扬旌旗之美，侈宫观之富，夸羽毛之缛者，同日而语哉！于是天颜有喜，圣眷方隆，割行炰以飨士，酌酒车以犒戎，羽盖葳蕤，和鸾玲珑，布鱼须之灿灿，击夔鼓之逢逢，还眺紫极，仰瞻太微，卤簿前驱，鸾舆后辉，驭苍龙之飞驷，回翠凤之华旗，抚龙骧以延仁，盛鹤列而旋归。

【按】选自廖抡升修、戴祖启纂《乾隆六合县志》卷6［清乾隆五十年（1785）刻本，《金陵全书》甲编《方志类·县志》第29册影印］。

## 陆世忱

陆世忱，字葵心，号约庵，邑诸生。我国著名的道教学者。天资颖悟，究心理学，尤邃于《易》，从游者众，学者称"葵心先生"，因居邑西之龙山，故又称"龙山先生"。著有《天壤旷观记》《遗书九编》《圣贤原委便幼》《语录质疑八篇》等，均佚。唯有《就正录》传世。

## 《就正录》序

袁子武若，大名豪杰士也。于今春三月间，来游棠邑，寓准提静舍。余友李子叔静识之，交渐笃。一日谓余曰："有袁子者，北方佳士，曷往晤之？"余因叩其为人，叔静曰："其人谦而和，爽而毅，且时时以不昧自心为志。"余跃然曰："是学问中人也。"于是即偕叔静往晤之，且以生平管见就正，谬蒙许可，每日夕，即造与谈。袁子曰："大丈夫居世一番，须有是大学问，惜某目下琐琐，不及尽请益，奈何？"余因反复请证。袁子益喜曰："俟某归，得稍宁息，即事此言。"十余日来，余以午节返山中，而袁子亦以羁旅事不暇，遂致暌隔，方切怀思，忽袁子告别，于次日返里。余低徊久之，愧无以赠，且恨心期未尽曝，而性命之计，未尽发明，恐辜千里同心之义，敢略举平日所见，草述之，以就正有道云。时康熙戊午（1678）五月六峰弟陆世忱拜书。

【按】选自陆世忱著《就正录》书首（见胡道静等主编《藏外道书》第10册之《古书隐楼藏书》，巴蜀书社1992年版）。

## 袁　綎

> 袁綎，字度昭，号石根。康熙二十四年（1685）拔贡，仕涿州房山县知县，断积年疑狱，兴教劝学，士风丕振，得人最盛。后逢调收口外皇粮，卒于官。

## 《就正录》弁言

予与先生，同受知于谦居简夫子。始以文艺往来，未识先生真面目。先生不弃予，屡以道德相规劝。予初不能解先生讲论，忘寝食，后稍觉悟。私以其说证之先贤语录，不爽毫发，因益喜闻其说。先生尝曰："人生本原，如是而已，濂溪令人寻孔颜乐处，即此便是也。"嗣后从游日众，先生掀揭底里，日夕指点修己治人之方，体用寂感之妙，久大无穷之旨，私宣厥蕴。与同志诸友，花晨月夕，风雨晦明，数十年无间，方私幸不传之学，得以弗坠。奈同志诸友，多散在四方。阅几年，先生竟弃吾党而逝矣。所著有《圣学原委》《便幼天壤》《旷观记》《语录质疑八篇》诸书，阐发圣贤奥义，真濂洛关闽以后所罕见者。余友黄子左臣，一见欣然，思有以广其传。而诸书卷帙繁多，急切不能尽付剞劂。黄子尤钦重者，则《就正录》并《与林奋千书》二册，遂授之梓，因援笔而序之。

先生生平学问极博，与人言历昼夜津津不倦，原非二书所能尽。然先生常谓人生宇宙，不外形、气、灵三字，但形为必敝之物，形尽而气灭。所谓真我，惟恃一灵，灵即太虚，太虚无形，即物以为形贯三才，该万有，阅历古今，横塞宇宙，以先生之道德文章经济，使其得志，居要职，必能有所建立。列清班，必能有所阐明。奈命与时违，终老青衿，且年仅五十有二。徒以言论为吾党表率，岂足以尽先生哉？然其不朽者，不在遇合穷通，年算修迫也。世之高位厚禄，享有大年者夥矣。然生则赫赫一时，尸骨未寒，而姓名泯灭，千百年后，谁复知有某高位，某大年者，遭际何尝，夭寿不测，真不足为先生重轻也。无富无贵，无贫无贱，无寿无夭，胥恃有此，此处能惺惺者，则为完人，不能者，直非人矣。古今圣贤豪杰，直完得一人而已，非于人有加也，此先生立言大旨。即千百万言，亦不过发明此旨。善读此二书者，亦可以得先生之大旨矣。

先生讳世忱，字葵心，号约庵，六合邑庠，居邑西之龙山，从游者因称龙山先生。

时康熙丁丑（1697）十一月同学教弟袁梃拜序。

【按】选自陆世忱著《就正录》书首（胡道静等主编《藏外道书》第 10 册之《古书隐楼藏书》，巴蜀书社 1992 年版）。

## 汪佃民

汪佃民（1659—1731），字永思，号述庵。康熙四十四年（1705）举人，四十八年（1709）进士，任山东费县知县。善为诗，著有《聊存诗集》《塞上运米纪略诗钞》《闺词集句》等。

## 《塞上运米纪略诗钞》序

仆江右迁儒，山东拙宦，谬叨甲第，十年重沐君恩。初仕阳城两载，实沾宪德，常思报称，会值军需分运之时，不揣庸愚，愿尽臣子效忠之谊。今奉大人提命，复承同列维持王事，云劳何惮，拂风沐雨，臣躬尽瘁，讵辞戴月披星，行见士饱马腾，克期奏捷。仁见金鸣镫响，指日凯旋矣。第长驱万里，亦属壮游，亲历百蛮，尤称仅事，高山旷野，见造化之无穷，白草荒烟，识人间所未有，行惟坐地，恍如太古遗踪，饮酪烧羊，别是近今风味，边雾塞月，时牵游子之情，吹角鸣笳，每助征人之感，鸟兽草木俱堪收入奚囊，雨石风沙亦可载归梦笔，运思马上，顿忘行路之长，觅句车中，暂解睡魔之渴，逐种记去，无非边地情形，信纸书来，只是眼前光景，因之记事，或可存焉。若以言诗，实兹愧矣。

【按】选自汪昇远纂修《六合汪氏家谱》卷 8［民国十三年（1924）石印本，南京图书馆藏本］。《民国六合县续志稿》卷 15（《金陵全书》甲编《方志类·县志》第 32 册，南京出版社 2013 年版）有选录。

## 《闺词集句》小序

五伦，皆情也；五伦，皆钟情之地也。臣钟情于君，即为忠臣；子钟情于亲，即为孝子；兄弟朋友，彼此钟情，即为贤兄弟良朋友。第此四伦，犹有粉饰，独至夫妇男女之际，其情最密，其钟情亦最真。月下花前，一堂聚首，山高水远，千里相思，甚至寄怀于无何有之乡，幻想于不可知之境，所以古人才士，于臣子弟友间有难以显言者，类托兴于闺词，以思妇劳人，缠绵恺恻，慷慨悲歌，言之者无罪，闻之易入耳。予为是集，虽一时寻章摘句，消遣情怀，尤愿世之读者，能移此情于子臣弟友间，即为五伦中全人矣，闺词云乎哉？

【按】选自汪昇远纂修《六合汪氏家谱》卷 8［民国十三年（1924）石印本，南京图书馆藏本］。《民国六合县续志稿》卷 15（《金陵全书》甲编《方志类·县志》第 32 册，南京出版社 2013 年版）有选录。

## 棠邑侯万公去思碑

岁次癸卯（1723），我皇上御极之元年，汉水万公以五经高魁来莅吾棠，德泽恩溥，政美化行。越五载丁未（1727），循例引见，邑绅士耆老张乐结彩，祖饯数十里，依依然恐公之去棠而不复来也。仰荷圣恩留任，邑绅士耆老复张乐结彩，郊迎数十里，欣欣然喜公之复来，而迫欲望见颜色也。今年戊申（1728），奉旨特升滁阳，绅士耆老闻之交相惊愕，悲怙恃之倏离，知卧辙攀辕非计也，爰谋勒石以志不忘，而问记于予。予与诸绅士耆老同亲沐公之令德惠政，何敢以憪逾谢请，得而缕陈之？

公甫莅任，时惟七月，旱魃为虐，诸务未遑，即建坛晨夕步祷，忧形于

140

色，倏又飞蝗入境，遍历四郊，祭告田祖，涕泗交流，而岁卒不登，力请上宪，得邀蠲赈。蠲则逐户清查，照数豁免；赈则亲诣赈所，分给饘粥，俾穷民皆得沾实惠焉。次年，自春徂夏，不雨如故，民艰栽插，且遗蝗出地，远近报闻，公愈忧心如薰，首夏遂虔诚祈祷，旋下捕蝗之令，未几甘霖大沛，蝗蝻灭息，而离城二十里松林冈，有神鸦数千，食蝗殆尽，洵足异矣。此公之初政惠灾黎而格明神也。

今公莅棠六载，计此六载中，文庙地势卑下，特崇高殿宇，而戟门廊庑焕然一新。圣谕朔望宣讲，必细加开导，而智愚秀顽油然心解，遵耕耤田。坛壝屋宇，捐俸创建，而典礼肇修。亲课农桑，酒食花红，霁颜劝劳，而农夫克敏，进诸生而课艺，定其甲乙而剖析经义，多士罔不振兴。合两造以察情，片言折狱，且温语丁宁，讼者顿生悔悟。屯米例征本色，岁歉颗粒维艰，请详兼收折色，而采买转解，赔累不辞。卫田邑多逋赋，积久新旧难支，捐费力恳，分年带征，而十年积欠举重若轻，奏限时当迫促，民间不能猝办，设法代为那解，而逋欠偿还，曾不及十之一二。军纳黄快丁银免运，垂为令甲而运丁，牵累驾运，面陈当事，而民无额外之差。浦口禁止开河事，经两朝而奸徒朦请开濬，叠文详禁，而邑免浸没之患。非真命案随报随验，秉公立结，而民无纷扰，开放浮桥，夫役不许勒索，而凡客艘往来者，颂声播闻。矜恤罪人，饮食出自内署，而凡羁禁递解者，□立数行，下至若杜请托，绝苞苴，严缉捕，禁赌饮，诸凡□政，不可更仆数。夫托在宇下，感恩则有之，然亦习焉，不觉若去后之思，曷有穷极？滁阳去棠仅百余里，父母孔迩，而天各一方，维我棠人如之何勿思耶？公异日登枢要，秉钧衡，惠遍天下，棠邑仍在怙冒中，此又吾棠人所朝夕愿望而思之，积而流焉者矣。公之莅棠也，一轮明月；公之去棠也，两袖清风。思公者棠人，而致棠人之思者惟公，以是知盛德之足以感人，而三代直道之。公于今未泯也，后之览者，其亦有感于斯文也夫。公讳世良，字季常，号耐庵，湖广汉阳府汉阳县人，康熙丁丑（1697）选拔，癸巳（1713）万寿恩科举人，今升滁州太守。

【按】选自苏作睿主修、张简等纂《雍正六合县志》卷9［清雍正十三年（1735）刻本，《金陵全书》甲编《方志类·县志》第26—27册影印］。

## 贺鸣谐

贺鸣谐（1717—1769），字铎夫，号犂禾，乾隆元年（1736）举人，乾隆二年（1737）进士，十二年（1747）授山东泗水县知县，十九年（1754）任陵县知县。秩满陈情归里，日闭门著书，训徒课子。晚爱练山幽静，自号"练峰学者"，人称"练峰先生"。著有《学庸讲义》《乡党注释辨疑》《离骚直解》《评注唐宋八大家文》《练峰时文古文集》等。

## 《雪林汪公篆草》序

韩子送僧①高闲，极赏其书法之工，而推本于机，应于心，不挫于气，是盖韩子养气之功，直接孟子，故一物一名，必究极本原，而智巧在心，务求全此刚大之气以运之。所谓艺也，而道寓焉矣。余尝执是以概古今才人，若屈原、司马之文，太白、子美之诗，书法中之二王，画家之米、顾，类皆具有不可一世之气，而或则郁积愤发，托物寄志，或则魁梧奇伟，间假翰墨，以见厥能，或又飘飘然遗世独立，而兴之所会，往往动与古俱，此皆前之人心精默运，故随事具有大本领在，而今乃动以游戏效之，甚或借以干名誉，丐缙绅。呜呼！是何怪以今摹古，百不及一，而千不及一也。

雪林先生，高韵越俗，醇古淡泊之气，得于天者，全矣。自少阅老，键户养高，一切世俗名利，未尝少蒂于怀，而时以长吟短咏，发其幽思，时以摹山仿水，抒其清兴，间有暇者，更复觅佳石，奏笔刀，以上求之秦②上求之汉，而骋其嗜古爱奇之思，于单词只句，雕刻摹画间，即今者裒集之《印薮》是矣。然要之其薄蚀擅奇，苍秀蔚起，皆其醇古淡泊之气，不可一世者之为之也。是帙也，成自先生既殁之二年，乃两嗣君次山、衷丹重其为先君子手泽之遗，而萃之成帙者。次山昆仲与余交皆称极善，故得就片羽之呈，而特援韩子之说，以为先生道其全体若此。然世有假篆刻以糊口四方，亦或市井小儿将借此以文其俗，饰其陋者，得勿睹余言而重诧，以为是说也，果何为钦？

---

① 僧：《民国六合县续志稿》卷15作"赠"。
② 上求之秦：《民国六合县续志稿》卷15无此4字。

【按】选自汪昇远纂修《六合汪氏家谱》卷8［民国十三年（1924）石印本，南京图书馆藏本］。《民国六合县续志稿》卷15（《金陵全书》甲编《方志类·县志》第32册，南京出版社2013年版）有选录。《民国六合县续志稿》录汪应趴印谱名《雪林印薮》。

## 石婆冈冯氏殉节论

邑西北五十里外，有高冈焉，周可十里许，土人呼之曰石婆冈。明之初，有冯氏娶族于斯，食指数千，重门邃壁几数里，其家之或农或士，皆不得而辨也。燕王兵自盱眙来，取道南行，将至境，冯氏积水决渠，遏王将士，筑城堡，结义兵数百以御之，燕师却走。成祖正位后，遂籍没其家。冈有灵居寺，《嘉定志》谓自宋以来已有之，当冯被逮，寺僧聚徒击登闻鼓请代，成祖怒诛冯氏，并废其寺。余尝经过其地，划削消磨，一无所见，土人犹摩挲而指顾之曰："若者为冯氏之遗井也，若者为冯氏之旧基也。"吁，可慨已！夫冯氏于燕兵临境，决渠筑垒，抵御非常，在当时亦祗申率土皆臣之义，知为朝廷拒敌，不知为燕王除道也。乃不逾年，惨遭报复，屠族亡家，烟户无存，荒冈一片，此拟之于景铁诸君子未之敢知，而一门忠愤之气已足愧夫开城出迎、马前导引者矣。且燕兵之南下也，由幽而冀、而兖、而青、而徐，转斗数千里间，使尽得冯氏其人而御之，将河不能逾，江不能渡，龙潭之驻军万不得有之事矣。而抵拒者，只一冯氏，冯氏亦卒以族夷，岂非天之于冯氏有独异，俾忠烈萃于其族姓也哉！惜其名字无征，史不书，而志亦未载，前辈李退庵《纪略》，胡龙文《笔记》尝叙及之，而断简残编，书亦不传于世。冯氏之忠魂义魄，沈没于荒烟蔓草间者，四百余年矣。予故论列之，亦以告后世之修史纪事者。

【按】选自《光绪六合县志》卷7［清光绪十年（1884）刻本，《金陵全书》甲编《方志类·县志》第30—31册影印］。

## 毛先生传

先生姓毛氏，讳至洁，或曰玉洁，六合人。少负奇节，慨然以忠孝为己任。崇祯①时，朝事日非，大臣上封事多文饰，先生每阅朝报，歔欷泣下者久之。父病笃，先生刲股和药以进，乡里悲焉！既终丧，闻黄公石斋讲学浙西，往从之游，公一见，叹曰："异日成吾志者，此子也。"居数月，从黄公归闽，又就学于石养山下，逾年乃归里。崇正甲戌（1634），贡成均，授沙县尉。是时，黄公方被遣，先生一闻知，辞不就职，间关至粤西，省黄公于戍所。弘光②立，黄公奉特召至金陵，先生朝夕追随，所与订《九策》，公皆陈于上。寻从黄公入闽，荐授广信通判，参幕府。黄公进至婺源，师大败，被执，先生与同门赖雍、蔡绍谨、赵士超俱械至金陵，幽于别室。黄公殉节，先生抱其头，哭曰："吾师乎！吾师乎！志其遂矣，愿其毕矣。魂其少需，吾即来矣！"时家人涕泣者，先生麾之去，曰："吾遭际时艰，一无建树，生平所不忍者，内而父母，外而吾师。今③得从吾师植纲常于此日，地下见父母，荣矣，亦幸矣。"四人同时就义，家人蒿葬于金陵。越三年，有赵姓者，奉黄公榇归闽，乃并启先生之棺回六合云。

【按】选自《光绪六合县志》卷7［清光绪十年（1884）刻本，《金陵全书》甲编《方志类·县志》第30—31册影印］。

## 关夫子画像赞

呜呼！溯夫子于前二千年，气配岳以参天，奉夫子于后二千年，神如水之在地。崇庙祀兮煌煌，炳丹青兮翼翼。顾独不写夫子，据几摊书，亦并不图夫子，扳鞍纵骑，乃从苍茫四顾中见夫子，蒿目中原，空诸傍倚，稜稜石磴，上直盘礴，出几番剿魏吞吴意，宝刀高悬兮，义仓谨侍，知尔日气压三分，光腾奕世，心目里岂因那孙子、曹瞒，存了些芥蒂。

【按】选自《光绪六合县志》卷7［清光绪十年（1884）刻本，《金陵全书》甲编《方志类·县志》第30—31册影印］。

---

① 祯：底本作"正"，径改。
② 弘光：底本作"宏光"，南明朝年号，径改。下同，不出注。
③ 今：底本作"令"，据文意改。

## 汪世泰

汪世泰（1770—?），字履清，一字紫珊，一字子山，清代著名诗人、诗评家袁枚的女婿。河南候补同知、候选知府。汪世泰性好施，家居筑绿净园，宴集当代名流于其家，文酒之盛称于一时，著有《碧梧山馆词钞》。曾编刻《七家词钞》。

## 《筱云诗集》叙

钱唐陆茂才筱云，工诗，善尺牍，客余所者凡五年。余试官河南，旋乞假归省，往返并与之偕。归逾岁，而以瘵亡，年四十八。无子若女，亦无族属可继绝者。侨寓白下，寡妇仅存，遗稿散佚，将就澌灭，爰为葺录，得诗百余篇，复从袁子兰村处得百余篇，合而计之，得二百三十七首，厘为二卷，付之剞劂，俾附其先人《湄君集》后。先是湄君殁，其舅氏随园袁太史论次其诗，并为小传以弁卷首，备述其力疾雠字酌句，若沾沾于身后名者，揭其志行，所以最其遗孤。传中称"有子官郎，生八年"者，筱云乳名也。自余为太史门婿，始识之小仓山房，齿长且贤，因折辈行，为罤弟交。筱云为人介而诚，质而礼，斤斤不逾尺寸，而与人无忤。太史暮年负海内重望，走书币者，门无虚日，应求文字，颇以属君，当其合作，几不可辨。盖筱云依其大母于随园久，亲承太史指授，诗古文辞，俱有法度可观。迨太史归道山，始就余瓦梁。兹检其手稿，在瓦梁作者过半，因念前此之放失者，不知凡几，且筱云自以两世羁孤，思博科名以自振，耗精帖括，颇废吟咏，卒不遇于有司，乃菀笃侘傺，至损年寿。吁，可悲已！夫人年寿极于期颐，而志力动规百世之上，圣哲不斥其惑，此身与心实有绵历于无穷期者。心之所寄，述作是也，身之所分，子孙是也。逝者即无知，当属纩时，能不以斯二者往复于中哉。今筱云既无继嗣，以绵其祀，遗诗又零落，所存止此，且不获如太史者品目而表章，足以征信于后，仅得余于敝簏故纸中，摭拾一二以存之。呜呼！筱云穷于天，而复穷于人，抑何酷也！或者板本流布，较广传写，他日艺林因太史之言而重湄君，因湄君之诗而求筱云，不至其诗心与宗祀斩焉，俱绝于世，冀遇一知音于将来，用慰泉壤，此虽未可知之数，然余为筱云图不朽者，力止于是矣。

嘉庆十二年（1807）丁卯秋日，紫珊汪世泰序。

【按】选自陆筱云著《筱云诗集》书首（清袁枚编撰《随园全集》第24册，上海新文化书社1935年排印本）。陆筱云（1758—1805），名应宿，字昆圃，号筱云，浙江钱塘（今杭州市）人。诸生。幼孤，补博士弟子员，肄业紫阳书院，后侍祖母于袁家，得袁枚照拂，业大成。为汪世泰记室，得纳交士林，有士衡再生之誉。著有《筱云诗集》。

## 汪世泽

汪世泽，字子晋，六合人。汪世泰弟，道光十二年（1832）至二十一年（1841）援例多次补授湖南湘乡县丞，以邻境获盗，保升知县。道光二十三年（1843）任新化县知县。

## 《甘菊簃诗集》序

人无真性情、真学问、真才力，遇风雅坛坫，分韵赋五七言诗，有时思涩肠枯，犹未能畅所欲言，章妥句适。况乎遭逢时变，城邑则邱墟矣，井庐则荆榛矣，家人骨肉则风流云散矣，身外无长物，昼伏夜窜，奔驰四方，耳之所闻，目之所见，足之所经历，饥寒劳顿，悲忧惊恐，愤懑抑郁，环塞胸中。当是时也，方救死幸生之不暇，而何暇为诗哉？即暇为诗，亦必思涩肠枯，不能畅所欲言，章妥句适也。而又安望其诗之惊心动魄，可传后世无疑哉？而抑知不然，不见吾友周君莲叔之诗乎？君以名秀才当飞黄腾达之时，展骥足，奋鹏程，扶摇直上，指顾间事耳。一旦发逆起粤中，窜扰江浙，所至破碎，六合尤当其冲。君奉亲避乱，一子陷贼中，历险阻艰难，无虞数十次，可谓否困之极矣。而君抒其生平之所蓄，遇事触发，作为歌诗，动天地，感鬼神，前无古人，后无来者，直欲自成一子。今统观其诗，驱役经史，斟酌时势，发言微中，惬心贵当，具工部吏部之体势，盖有真学问者也。思挟风霆，笔摇山岳，有转无竭，叠出不穷，具谪仙坡仙之风调，盖有真才力者也。至于骨肉离合之间，朋侪投赠之际，肫诚恳至，沥血披肝，忧乱登楼之作，感时按剑之吟，慷慨悲歌，握拳透爪，则又真学问、真才力而出之以真性情者也。予读近今诗人诗多矣，徐伯舫、张功甫、姚梅伯、何廉舫而外，未有如君之惊心动魄，可传后世无疑者。君以军功得县令，廿年沈滞，听鼓章门，郁郁不得志，同人无不为君惜，而予以为无足惜也，有此大业，胜一官一邑远矣。遂援笔而为之序。

【按】选自《民国六合县续志稿》卷 15（《金陵全书》甲编《方志类·县志》第 32 册，南京出版社 2013 年版）。

## 朱实发

朱实发，字泉树，一字饭石。幼颖异，善属文，弱冠游邗上，以诗画知名于时。嘉庆十八年（1813）举拔萃科。文辞瑰丽，尤长于诗，著有《尺云轩全集》（含诗、文、书等）8 卷行世。

## 《尺云轩秋窗迭韵诗》自序

岁甲戌（1814）薄游前溪，与邑孝廉孙君晓墀订文字交，苔岑合并，诗歌间作，推襟送抱，相得甚欢。今年秋赋，属以事羁，不得归试，瓠落萍飘，客怀恺憛，少得萧暇，辄就晓墀谭艺。晓墀作“先”字韵七律一首见投，予既次韵报之。不半炊许，晓墀诗复和到，于是驱役性灵，腾召烟墨，前于后喁，殆无虚夕。间有怀人望远，感遇思乡，以及咏史之篇，缘情之作，胥归一致，不涉他岐。自七月至九月得诗若干首，而吴羲池、苏花农两广文，暨陈石琴、张梅崦、马棣原诸君子，以予与晓墀角胜词场，蝉联不已，或两家骑驿，通彼我之怀，或各出偏师，为犄角之势，又复各有赓和，有来斯应，同调不孤，日月既积，楮墨遂夥。惟才苦谫陋，兼为韵缚，且乘人斗捷，急行复无善步，自非兼人之勇，难成一家之言矣。只以朋交所投，精神所寄，不忍废弃。又晓墀与予皆远皋先生门人也，念商赐可与言诗之意，故钞而存之，既志一时笔墨之缘，且为他日爪泥之印。诗无甚佳，情有独至，质之大雅，得毋笑其剌剌不休乎？嘉庆丙子（1816）岁冬十月杪，饭石朱实发识。

【按】选自朱实发著《尺云轩秋窗迭韵诗》书首［清道光甲午（1834）刻本，哈佛大学汉和图书馆藏本］。

## 《马棣原秋馆听潮图》序

甲戌（1814）初冬，予与棣原先生同客前溪官舍，秋苔共岑，冬岩结桂，书声入夜，彼此相闻，酒价买春，有无互借，不知羁迹之况，得畅贫交之欢，蛮蚰因依，致足乐也。一日，以《秋馆听潮图》见示，曰："此予客瓜步时作也。一白同色，荡为烟光，纯青入虚，泻成云气，大声发于水面，奇响转过山腰，吟怀振空，胆魂皆壮，客梦搅醒，风雨并来，于时瓶茶荐绿，炉烟袅馨，竹籁毕停，月话方寂，启虚牖而并纳，伫空庭而独延，大澈闻根，一空心境，秋气虽悲，此声不恶也。"然而乐莫乐于故乡，苦莫苦于客子，际此西风在野，素波接天，故园之松菊方秋，家江之莼鲈可啖，正宜归寻乡味，去卧柴关，何堪入人海而浮沈，住他方而栖屑，以棣原长身立玉，清才冠云，而使之负郭无田，牵萝乏屋，乃致仗蒯依人，佣书食力，红幕淡而莲花欲落，青衫碎而蕉叶愁干，燕梦辞巢，鱼书断信，惟是空江枕醒，撼来滚滚之涛，油灯烬枯，送到萧萧之响。听斯潮也，意其中得毋有不平之鸣，而带离愁之咽也乎？顾余因卷里之秋声，而有感于天涯之旧梦。瓜步去敝居带水，向曾寄砚五年，去此之后，遂复长淮溯波，碧海泛梗，燕台踠马，平陵奔车，东暾西崦，忽忽几岁，又与棣原牵手于此，予悲棣原萍蓬飘风，爪泥换雪，而予亦劳薪不停，小草增愧。循览是卷，怅触履綦；《河上》之歌，应怜同病矣。

【按】选自朱实发著《尺云轩文集》卷上［清道光甲午（1834）刻本，哈佛大学汉和图书馆藏本］。

## 陈芗亭诗序

今夫无江山之助者，不可以骋奇怀，无泉石之娱者，不可以抒逸兴。故夫灵运宦游永嘉之诗乃作，渊明归去柴桑之咏为多，何者？语发于因时，情生于伫兴，盖意匠之经营，本心声为酬献矣。然综其大端，厥有二弊：夫其拔薤伸威，投甌告密，有心钩距，而赪鱼已伤，无意怜牟，而害马先见，本非慈惠之师，难语文章之治，若是者固无论矣。即或悬镜为明，鞭丝见智，而簿书迷闷，则神明易湮，耳目回皇，则语言亦瞀，昔人所谓一行作吏，此事遂废者，其弊一也；及其解组辞荣，抽簪遂志，而或恃其巧宦，藉为里魁，由径登长吏之庭，借箸与公家之事，联荐绅之会，而市侩亦列于筵，贬士夫之尊，而吏胥时引于室，无复子弟之鹄，竟同阳鱎之鱼，欲使诗心入云，书眼敌月，以著屦斜簪之致，耐搜萤剔蠹①之功，窃恐才尽江淹，学惭②高适，金针失绣，铜钵无声，其弊二也。

今观吾茮亭先生，而知其过人远矣。先生少掇巍科，旋膺赤紧③，历甘水苦水之乡，展风弦雅弦之奏。方其龙庭不靖，蚁贼纷驰，先生凿出凶门，传来吉语，墨磨盾鼻，曲唱刀头。温太真办贼之时，啸歌不废，陶士行从军之日，著作尤工。官好能诗，仕优则学。迨夫宦途既谢，乡趣弥深，鱼鸟亲人，图书伴我，日以讴吟为事，心惟文字能娱，古调独弹，群鸥不去，佳句忽得，一鹤恰来④，出亦徒行，不知从大夫之后，居仍自课，依然作秀才之时。前则宦稿已多，后则山吟不少，向所讥为二弊者，先生微之，亦可谓风雅无乖，出处均适者矣。发与先生谊本世姻，交同小友，谈艺则时推襟抱，拾欢亦屡奉祸凭。兹授予全集读之，命缀序言⑤，漱齿三复，字尽生香，抱膝高吟，墨皆入古，所愧方心不转，沓舌难调，有负左思，难为元晏，惟就倾倒之怀，聊作喤引之响，使世之读者知先生之诗，由先生之遇得之，而先生之遇则先生之学为之。是则本性情方术之酝酿而成，而非从风云月露之撝拾而得也。嘉庆甲戌（1814）春三月既望饭石弟朱石发拜手⑥。

【按】选自朱实发著《尺云轩文集》卷上［清道光甲午（1834）刻本，哈佛大学汉和图书馆藏本］。本文亦见于陈作珍著《云鹤诗钞》书首（清嘉庆刻本，南京图书馆藏本），文字略有不同。陈作珍（1747—1817），字价南，号

---

① 剔蠹：《云鹤诗钞》作"映雪"。

② 学惭：《云鹤诗钞》作"人非"。

③ 旋膺赤紧：《云鹤诗钞》作"既膺紧望"。

④ 恰来：《云鹤诗钞》作"来听"。

⑤ 命缀序言：《云鹤诗钞》无四字。

⑥ 嘉庆甲戌春三月既望饭石弟朱石发拜手：底本无此17字，据南京图书馆藏清嘉庆刻本《云鹤诗钞》补。

芳亭。六合人。乾隆四十四年（1779）举于乡，大挑得知县，分发四川，署松潘同知。旋摄新都县事。迁梓潼及安县，未几乞归，著有《云鹤诗钞》。

## 《夏竹饮壮游图》序

今夫男儿作健，掉头去里巷之间，贤者好游，放脚走中华以外，是以张骞泛斗，十载来归，风后负书，万里一息。大都气豪者，咫尺不得而限之，神全者，耳目不得而拘之，则吾友竹饮其人也。竹饮智能眼语，学得心师，读书而不谒有司，结客而半都健者，忽痴忽黠，聪明出人鬼之间，不古不今，议论飒风云之上。刳肠贮酒，放胆吟诗，遍地埋愁，弥天选色，浑生老死而一空色相，总仙佛儒而难定指归，其知者以为狂者之狂，不知者以为怪哉之怪，而竹饮逌然不顾也。然而区士区庐，难言纵横，九天九地，须用卢牟，准斯以断，可得而言。

盖竹饮黄散门风，朱轮世胄，其尊甫实原先生，宦迹所经，名区殆遍。竹饮撰杖相随，舁篮并到，自其龆龀之年，即已东寻禹井，南入云中，北走中条，西窥大陆，而竹饮豪情映日，逸气凌云，以为虎射北平，方称壮士，马驰西极，乃号龙媒。前者之游，未为壮也，而乃一叶驼装，五丁辟路，则自黄河而北上，从青岱以东征，披图于督亢之陂，击楫于桑乾之水，仰三辅之黄图，谒九乾之金阙；而更登医无闾，渡混同江，黑水浮天，黄花作镇。凡夫强台古戍，迭藏新屯，虎落中周，胡门北栈，鸡林佛子之家，盘古三郎之庙，靡不黑月呼灯，青天拾路，衣篝扫雪，马鬣封霜。野火关门，搜剔李斯之字，西风渡口，掀翻管父之舟。水毒鸢飞，林腥虎出。其险也，蹋尧庙之十寻；其远也，见中原如一发。此目直穷夫天地，斯游不朽于古今。大哉观乎，可以无憾矣！虽然向平长往，不告家人，宗炳浮踪，难携弱息，而乃红拂英雄，能随李靖，狮儿爽隽，解逐孙公（竹饮偕爱姬与幼子同游）。山色与眉痕比翠，鞭丝共帽影成秋。驱美人于古莽之乡，走童子于金床之上，王霸之妻孥，皆古刘安之鸡犬，都仙茫茫，一代落落于秋，屈指几人，有斯快事哉。

且夫钻营利孔，故猗顿牵车，爱恋名场，故王尊叱驭。若竹饮则谢情轩冕，绝意泉刀，而乃牛目埋辕，羊肠转毂，犯风霜之爪甲，破囊橐之金钱。一时目论之士，莫不谓鸿泥浪踏，萍梗徒漂，自寻苦恼之乡，空转崎岖之路。嗟呼！眼光似豆，谁知大块之空虚，鼻唱如蝇，那识天风之鼓荡。以斯世之屠门涸浊，狗窦腥污，为丈夫者，既不能烟视媚行，效凫趋之丑态，又不能途穷日暮，学豕突之横行。计惟是跳荡尘寰，裁量宙合，呼名山而共语，斟大海以浇愁，此虽达观者之闲情，或亦有心人之末路也乎。乃蒙者不察，犹有烦言，则将为井之蛙乎？抑将为枥之骥乎？此吾所以累息欷歔，而欲为竹饮一吐之者也。兹者劳商唱罢，不动心旌，款段骑归，思留蹄印，爰凭纸墨，小驻烟云，猥以鄙才，命为喤引。仆也，江淮浪迹，几载劳薪，书剑依人，一番小草，足未极于空同，目徒迷于斗蔀，今日披图延赏，展卷流连，愧秋驾之难追，羡祖鞭之先著。浮云满眼，来寻纸上之烟，落叶催装，细认山前之路，一片之斜阳钱客，几声之哀雁呼人。然则此图者，在君为前游之矩券，在我为后路之初桄，惜乎当日之未能著翅而从也。

【按】选自朱实发著《尺云轩文集》卷上［清道光甲午（1834）刻本，哈佛大学汉和图书馆藏本］。

## 与鹰巢上人书

昨奉手毕，并示新诗，宏响振秋，深情溢墨，河梁发唱，同此献酬，风人之旨，郁乎可思矣。华阳仙窟，引领有年，幸得导师，益思登涉。落叶打包，石头问路，方将攀萝，星饭入竹，烟餐于时，诗成互唱，杂以松声，酒倦同眠，覆之云气，山禽语客，落落如仙，红药延年，采采寿母，远交真隐，上叩星灵，行行重行行，何肯后也。顾缘尘累，难副嘉招，乞语竹臞，仰希督亮。顷者，幽桂已丹，江螯欲荐，秋气佳哉，绝有清味。伏想茏居休畅，瓶钵绥宜，芏师无师，时来谈咏，花猪米汁，雅足留连。仆山居无俚，终日郁伊，一毡已破，坐而不离，一砚久枯，磨且弗辍。昼长不知，宵短难寐，虽束脩牵羊，足代餐纸，问字载酒，可用挈瓶。而隐几嗒丧，闭户禁痒，贫则力贱，劳则神疲，岁月不居，体貌渐敝。玄发燥首，时素一茎，革带移腰，乃宽二寸，以此疲顿，益用累欷。读书既不致用，行乐又须及时，在人在己，两失之矣。吾师爱我，谓且何如？承寄别纸，未见邮筒，彼君粗莽，洪乔之任，非其所能，托以红鳞，几时递到，化为黄鹤，无日飞来矣。带江渺隔，轸念维劳，语不悉心，诸希慧照。

151

【按】选自朱实发著《尺云轩文集》卷下［清道光甲午（1834）刻本，哈佛大学汉和图书馆藏本］。

## 朱谷昌

朱谷昌（1788—1843），字稻生，亦作稻孙，后改名退昌，朱实发子。能传其家学，工诗画，精篆刻。道光乙酉（1825）拔贡生，寓都中。后橐笔游四方，遇益穷，诗益工。著有《拙修吟馆诗存》2 卷。

## 《拙修吟馆诗存》自叙

谷年过三十始学为诗，间有所得，复散佚不自收拾，存者十五六耳。客居多暇，检行箧略加编次，起癸未（1823）至乙未（1835）都为一集。诗不足存，而中年游历，与夫家庭欣戚之故，朋侪聚散之感，藉以志梗概，留岁月，固不欲拉杂摧烧之也。忆曩时侍先君子，窃窥先集，四寸许，丹黄点窜，卓然炜然，心雅好之，以方事帖括，未暇请业也，谓并力于彼，冀得当耳。今发已种种，落拓如故，先君子复弃不肖，问道无从，是此十余年，徒殚精于无益之地，而忽忽者两失之也。偷息视荫，能无慨然。

道光丙申（1836）三月望日，稻生朱谷昌识。

【按】选自朱谷昌著《拙修吟馆诗存》书首［清道光乙酉（1825）季春刻本，南京图书馆藏本］。

## 四十贤人赋（以"著一个屠沽不得"为韵）

今将选胜侣于骚坛，怀好音于吟阁，稽苏、李之篇章，掩庾、徐之著作，则必心洁如冰，格高似鹤，裁成四韵，居然佳士品题，赋就一篇，不背先民绳削，契兰言而不殊臭味，谁则非贤，搦筠管而尽得风流，讵云不著？

原夫五言肇兴，群才辈出，自沈约之辨声，如萧何之造律。在初唐而犹宽，至老杜而愈密，将使诣能入圣，选辞者必按部而就班，莫嫌格太伤严，学古者必哜藏而入室。除叠句双声之疵类，士尽无双，如二难四美之周旋，贤难缺一，则见诗国雄才，诗坛清课。六朝分白下之题，七子入黄初之座。十年旧雨，凭锦字以招邀，千里停云，集瑶章而倡和。佳咏倘吟成嵇阮，恰号五君，妙才则选倍顾厨，岂弱一个，指凡几屈，较山阴之修禊略殊，肩定相随，视唐室之登瀛已过，有席可设，惟轮是扶，典不忘祖，骚亦命奴，伯仲在王孟之间，须眉各异，揖让于钱郎之上，心腹同敷，即教词意艰深，偶邻寒瘦，亦是英雄肮脏，甘隐钓屠，若乃不择言于尤雅，或恶谑之与俱，兔毫任扫，鸦点乱涂，则非如十九人中，独能脱颖，而直等三百人，忽有滥竽，将何以称雄于坛坫，而不至遗消于屠沽？

岂知他山之错，可求故纸之灵，漫乞推少陵为诗圣，法乎上，乃得乎中，笑梦得之诗豪，左或支，而右或诎，原是翰林作主登筵，无不速之宾，从知君子有朋列座，比修来之佛，古册为四十，同声同气以如斯，况酒号贤人，一咏一觞而岂不，是惟才必兼收，功须诣极，敲金戛玉，合受精金美玉之品题，弄月吟风，无忌霁月光风之颜色，陋彼搜神点鬼，谬种相传，看余范水模山，古训是式，梅花香冷，奉一字以为师，雏风声清，顺五音而成则，庶几富风雅之千篇，岂但比刍荛之一得。

【按】选自《光绪六合县志》卷7［清光绪十年（1884）刻本，《金陵全书》甲编《方志类·县志》第30—31册影印］。原题作《四十贤人（赋以"著一个屠沽不得"为韵）》。题目典出南宋时期阮阅《诗话总龟》所引用了北宋潘若冲《郡阁雅谈》中的一段话："刘昭禹，字休明，婺州人。少师林宽，为诗刻苦，不惮风雪。……尝与人论诗曰：'五言如四十个贤人，乱著一字，屠沽辈也。觅句者若掘得玉匣，有底有盖，但精求，必得其宝。'在湖南，累为宰，卒于桂府幕。有诗行于世。"意思是说写五律诗应该严谨，一首诗四十个字如同四十位贤人，其中不能有一位宰牲卖酒之人。故修正本文题目为《四十贤人赋（以"著一个屠沽不得"为韵）》。

## 厉 柏

厉柏，字默庵，诸生，世居冶浦，善诗，工琴。性爱兰，平日以卖字、卖药为生，隐居不仕。著有《默庵诗存》《乐天斋旧诗忆录》《冶浦集》。

## 《云鹤诗钞》跋

赵松雪跋《兰亭》云"右军人品甚高，故书入神品"。余谓诗学亦然，晦庵夫子以理性情为诗字注脚，真至论也。然未有人品不高，而性情能得其正者，殆相为表里云尔。芗亭先生吾邑佳士，才长学邃，不以诗鸣，中年解组归来，逍遥林下，宦囊无长物，珍藏诗稿若干篇，出示知己。大约公余吟啸，得锦城山水之助居多，而养士爱民之休，于兹可见其漠视荣华，急流勇退，不已高人一等。或余不敏，不敢自信能诗文，又岂敢轻易论诗？第藉其从性情人品真实中自然流出，自不与揣摩家博取虚声者，同日而语矣。妄识数语，庶令海内名流，览其诗如睹其人焉。默庵愚弟厉柏敬跋。

【按】选自陈作珍著《云鹤诗钞》书首（清嘉庆刻本，南京图书馆藏本）。

## 孙 渊

孙渊，六合邑诸生。具体生平不详。

## 鸡留寺冯贞媛浣纱殿记

绝处逢生，英雄令显仁能兼义，巾帼尤难，一节可钦，千秋不朽。漂母志墓，露筋立祠，昭昭斯世，有形共仰其春秋。冯氏贞女，里居莫考，当其执纱浣于濑石，即此江滨，忽逢大夫胥遭楚变，孑身潜逃，适经此地，于时问渡，日暮途穷，诉冤告馁，济以一饭，且恐后忧，遂赴清流，以决其疑。即投白水，克见厥心。呜呼！与芦中人，此何以异？传与不传，岂非遗憾？泊后大夫报怨平郢，沿江觅迹，追其姓里，报得千金，建庙立祠，额曰"鸡留"。隆庆元年（1567），县宰申公，厥名嘉瑞，重建东皋芦碕，壁左浣纱，壁右乡人，纪祀鸡黍，不衰迄今，代远屋宇倾颓。道光九年（1829），与侄继之重修旧制，复广规模，及子世果竟有同志，病笃之余，素蓄数金交予，特建贞女法身、龛座等，费得本源也。予悲情志，爰为贞女立象，西偏殿额"浣纱"，一切装潢，次第观成，少子微忱，附善末光，是身虽殁，名实不

154

殇。遂为记。

道光十有一年（1831）岁次邑诸生孙渊敬立。

【按】选自《民国六合县续志稿》卷 12（《金陵全书》甲编《方志类·县志》第 32 册，南京出版社 2013 年版）。碑原在六合区东沟镇北沙地鸡留寺前，今寺废不可见。

## 释定志

> 释定志（？—1842），字鹰巢，一字旅树。六合人。十岁出家于承恩寺，晚年复主金陵承恩寺，通经能文，善指头墨戏，工诗，著有《承恩寺缘起碑板录》《据梧集》《承恩寺诗存》《竹香楼集》等。

# 《鹰巢诗集》自序

身俯仰旦莫之寄也，而淑慝悠忽之名生焉。身也，名也，振古所宝也。诗云乎哉？顾余堕地，发未燥，为人拾，嗣父母族里无闻焉，仰嗣祖母黄以活。祖母虑家人之綦余也，将十岁，命薙染，从承恩寺石塘祖游，梦寐犹呼祖母也。石祖钟爱，书塾归，指试字句不少假。长命习内典，性婞直。年二十四，忤众被摈，祖寄余于石头城畔乌龙潭上，戒曰："静肆之，无他往。"既闻以诗交也，驰书责曰："恶用此！"诗云乎哉？肥水方孩上人有聪明错用之嘻，江右周子著乃有光阴迅速之叹，余心折焉。既晤楚中雪岛大师，有契，数十年来负愧多矣。诗云乎哉？是役也，吾徒顾堂葆忱辈为之，抑亦太清中之飘忽野马耳。诗云乎哉？入《据梧集》者，不出兹二卷，殆二百章。

道光庚寅（1830）长至日，鹰巢定志自识于竹香楼下。

【按】选自释定志撰《鹰巢诗集》书首［清道光十年（1830）刻本，见陈红彦、谢冬荣、萨仁高娃主编《清代诗文集珍本丛刊》第 377 册，国家图书馆出版社 2017 年版］。

## 《承恩寺诗存》序

前明制各大寺皆设公学，俾行童游习，至年二十，赴礼部试，以八事能一，授之度牒，否则人其人。后他寺皆废不讲，吾寺至今循之，以故操觚者间有之。然语言文字，不甚爱惜，泯灭者多。数年前，石塘老祖命辑寺中逸诗，编而成，仅百数十章。今石祖弃养，抚卷泫然，因以己所记忆者附之。盖舍识之夕，平日稿本，命委诸火，余不在侧，罪又焉辞？今辑寺中缘起碑板，承成命也。忆孩稚时，灯前月下，引塾中课，指试甚严。及长，则又命读内典，毋他习，忽忽五十余矣，负愧良多。定志识。

【按】选自詹天灵点校，释定志著《承恩寺缘起碑板录》附录（《南京稀见文献丛刊》，南京出版社 2011 年版）

## 厉式琯

厉式琯，字紫筠，世居东城外冶浦桥。幼劬学，居邑香积寺，潜心经史者十余年。道光己亥（1839）乡试中举。著有《紫筠诗文集》。其作品集没有传世，但清道光年间清美堂刊黄锡麒编《蔗根集》卷 13 中选录他的诗 38 首。

## 晦生汪公《简斋诗存》序

洪武初，吾邑始隶南都，地当冠盖往来之冲，山川秀杰，代产伟人，独怪有明三百年间，诗人蔚起，自高、杨、张、徐至历下竟陵诸①家，几于各张旗鼓，钱牧斋、朱竹垞两先生会萃全诗，山噬海陬②，搜罗殆遍，而吾邑绝无一人，岂询访未及耶？抑吾乡之能诗者鲜，不足当其一盼耶？尝阅前明志书，前辈称博雅者甚夥，意文人胜流，往来是都必有罄其藏而发其覆者，

---

① 诸：《民国六合县续志稿》卷 15 作"诗"。

② 山噬海陬：《民国六合县续志稿》卷 15 作"山陬海噬"。

不宜寂寂无传,使山川减色也。今读晦生汪公诗,而得其故矣。公世为棠邑甲族,性恬淡不求闻达,尝偕同里孙伯观诸先辈结诗社于别墅,拈题分韵,期于陶写性情而止。琯从其裔孙香谷兄处受其诗而读之,发纤秾于简古,寄至味于淡泊,卓卓乎其可传也;或疑先生诗名不大著于世,疑其诗未必工,予谓幽兰生于空谷,无言自芳,岂俟人之采缀而后知其可贵乎?然予因先生之诗而不禁重有慨矣。

当明之季,朝政衰而处士横议,大江南北立文社以相取重者,不可胜数,大者讥讪国政,毒流缙绅,小亦号召朋党,私相标榜,独吾乡诸先辈韬光匿迹,不求人知,一时所谓骚坛主盟者,屏迹不与之通,故声闻不大振于当世,而性情之古淡,品格之高迈,名且不可得闻,况欲见其诗哉?然斯文光气如精金良玉,历久必显,固有沈埋数百年之前而流播于数百年之后者,是不可不郑重而宝贵之也。集中所载诗人,如谈叔敬、沈熙[1]仲诸君,今日几无有知其姓氏者矣。然则阐幽光,传绝业,后死者之责也。予友朱布衣蕉窗,尝欲搜辑诸前辈诗,刊为《棠川耆旧集》,所志未就,遽没于水,艺林惜之。读先生诗,并识于此,以俟后之同志者。

【按】选自汪昇远纂修《六合汪氏家谱》卷8〔民国十三年(1924)石印本,南京图书馆藏本〕,《民国六合县续志稿》卷15《艺文志上》有选录。

## 汪传缙

汪传缙(1800—1868),字笏斋,一字子绶,又作紫绶,号敦复,亦号瘦峰。六合县增生,潜精宋儒之学,著有《养和斋语录》《瘦峰诗草》《敦复自省录》《养和山馆诗草》等。其作品曾散佚,后经其孙汪昇远收集整理,而成《汪氏遗书》传世,包括《养和山馆诗文辑存》2卷和《敦复自省录存》1卷。另有《研北琐谈残稿》1卷存世。

---

① 熙:《民国六合县续志稿》卷15作"希"。

## 《汪氏诗钞》序

吾族代有文人，能诗者夥矣。历久散失，编辑为难，香谷弟宝守先泽，出家藏遗稿付缙，检阅数四，择其佳者敬录之，间附一二管见于本名之下，以志景仰。夫祖宗之事业，子孙得而知之，祖宗之性情志虑，子孙不得而见之。诗言志也，诗以道性情者也，读之而想见其人，犹居处笑语志意之思也，此慎修族祖附诗于谱之意也。

【按】选自汪昇远纂修《六合汪氏家谱》卷9［民国十三年（1924）石印本，南京图书馆藏本］，《民国六合县续志稿》卷15有选录。

## 致徐太守彝舟书

自兵乱以来，兄住城，弟住乡，居处相隔。兄又参办军事，门多宦迹，弟以野田服色，未可攀跻，故踪迹稍疏，而心情亦未能上达，今因呈书之便，略为言之。弟之居乡，非恶嚣耽寂也，亦事其所事耳。道光癸卯（1843）元夜，梦中神明示警，疑汗俱下，起而有悟，遂日取《五子敬思录》、吕叔简《呻吟语》、新建《传习录》、李二曲《四书反身录》及《儒门语要》，时时探究，觉得人生在世自有一个要紧东西，声色货利，一切可忻可羡之物，万比他不得，舜禹有天下而不与，是真正不错底。而此一个要紧东西又是人人有的，人人有之，人人都自抛却，惟圣人兢兢业业，存之而勿失，所以成为圣人，学圣人者亦惟存而勿失焉耳，无难事也。然存之之法，在朱子则由功夫做到本体，象山阳明则即以本体为功夫，似略有分径，而其同条共贯，无毫发差别者，则惟慎独。慎独者，圣学入门之要诀，即二氏之教分门别户，而入手亦不外此。慎独者，独慎也，不知有独，安知有慎，知独而后静以存之，知慎而后动以察之，静存动察，慎独之功略备，而此静有动察功夫，在困勉者往往稍纵即逝，故又设为自课自励之法，案头置一册，日日笔记，自意念发动，以至一言一动之显，应事接物之繁，推而至于天地、山川、草木、阴阳、寒暑、昼夜、死生，与夫人情物态，凡识力之所到，会悟之所及，或长篇累牍以书之，或片言短章以括之，要皆于自己身心性命有所关切，故必日日登记，而总名之曰《敦复自省录》。敦复者，弟悔过后自易之名号，勉己敦复，戒其不为频复之厉，而实未能践其言也。此册自道光癸卯（1843）至咸丰戊午（1858），书之未懈，意欲迟二三载积卷成帙，饱集踵门，丐为弁言，附忝家乘，以示子孙，而不意其仓皇避乱，而全稿俱失也。然书虽失，而心则未失也。心既未失，则天之所以与我，与我之所以事天者，其具尚在。虽举世不知，可也，何必书？虽知己如吾兄而亦不令其知，可也，何必书？然则今日琐琐以陈，而必举二十年之心得为兄告者，抑犹名心之未淡，嗜欲之未清，先圣贤有知，所当面让而痛责之者，即在乎此，不诚为多事乎？然知己如吾兄，通品如吾兄，而犹吝不以告，则又与世无情，而为枯槁寂寞之病。往时卧云归里与之言学，尝通宵彻夜不倦，见《敦复自省录》，叹而美之曰："长者书，此不可一日间。"越数载归，寒暄后，辄急口问曰："《自省录》犹书否？"可见心之关切于此，盖伊自为存心功夫者，同心之言，故易入耳。惜其后堕于禅舍，平易而就高远。转若议论有未洽处，设天假之年，必将返而还焉。昔程朱阳明之学，皆先出入于二氏，而后归于儒，岂以其禅而非之？呜呼！惜其年之不永也。而若吾兄者，聪明与之匹，而读书万卷，便便腹为经史库者，则又驾卧云而上之。弟不以告，又将谁告哉？顾弟于兄有不能无疑者，夫圣人之学，不尚夫拘谨，而亦防范之不疏不峻，其门墙而亦藩篱之不撤。窃观兄之居乡，和光同尘，诚不以贵势自矜重，而由由与偕，有时若为凝滞于物者，岂意之所向，不能自主，与抑郁郁有所不得志而放情于山岭水涯之外，若刘伶、阮籍之隐于酒者？然与君子之所为，众人不能识此，固不足为彝舟病，特因论学而偶及之。今夫显晦者，时也，升沈者，势也，有其时则有其势，势之所在，利害因之，诚不可不慎也。高原之水灌溉田亩数千余顷，而其驰突奔溃，则又漂没人民庐舍，而莫可防御，何也？所处之势高，在利害之所关甚钜。夫犹水也，或处下泽，或处高原，相去不可以寻尺计，下泽之水非不欲灌溉田亩数千余顷，而势不能及；而高原之水者，或不能灌溉，而反至驰突奔溃，不良可惜哉！兄今者所处高原之势也，转瞬而观察，而方伯，而开府，则又势之最高者也，以兄平时之为人，亮兄今日之居心，其必欲为灌溉，而万不至奔突驰溃，断断其无疑，而第恐局于情势，牵于利害，而莫能自由，则非有学力以济之不可也。夫学问之道，可以淑身，可以淑世，徒淑其身而不能淑世，则学为无用。慎独之学敛之在一心，发之则为勋名事业，望兄于此上着功夫，则幽独之地，可对神明，大廷之间，可服众庶，自己一个要紧东西既不肯放失，自然不为声色货利所动，自然不为艰难险阻所摇，上之为国承麻，下之为生民造福，其树立岂有涯哉？老友居林下，将拭目以俟之。（昇远按：此书前尚有正牍，以叙事多，故略，此特其副牍耳。）

【按】选自汪传缙著《养和山馆诗文辑存》下卷文集（石印本，南京图书馆藏本）。

## 秦淳熙

秦淳熙（？—1846），字介庵，号莲溪，世居邑西乡莲花里，系宋代著名词人高邮秦观的后代。道光五年（1825）举于乡，十五年（1835）成进士，授庶常，散馆授湖北兴国知县，旋改浙江龙游知县，曾任浙江省乡试主考官。丁母忧归，主讲旌德凫山书院，所刊《凫山课艺》称于时。服阕，授浙江龙游知县。后卒于官。著有《木天清课》《最乐编》。

## 凤梧书院碑记

学校所以育人材，兴教化也；书院所以助学校，而兼养者也。自宋初建四大书院，其后胡安定教授湖州，朱子会讲鹅湖，理学名臣后先辈出。故下逮元明，因而不改我圣朝雅化作人，覃敷文教，自畿辅以逮州县学校之外，复立书院，延名师以教之，设膏火以养之，多士云蒸，英才雨集，风同道一，何其盛欤！龙邱为三衢望邑，历有闻人，近代以来，文风稍逊，岂地运使然欤？抑振兴之法未尽也。予于己亥（1839）秋来令斯邑，甫莅事，知其民俗朴实，又集生童而考其文艺，虽未能悉归于纯粹，亦彬彬质有其文焉。诸生颇服予绪论，屡来就正，而予迫于公事，应付往往后时，因念敬业乐群，无其地则不成其事也，无其时则不当其可也，非造书院以聚之不可。检邑志在城有鸡鸣书院，在乡有九峰书院，今皆废不可复兴，急欲另择善地，而重建宏规焉。辛丑（1841），以其事商诸两学博暨二尹、少尉及诸绅士等，幸诸公韪予言，予乃捐廉为倡，而城乡之殷实者，咸踊跃相应。爰卜地于学宫西首，基址宽宏，建大堂、穿堂、讲堂、两廊、坐号及仪门、头门，旁有号房，后有厨湢，所计屋共百十数间。董其事者皆城乡公正之绅士，经始于是年之秋，告成于次年之冬，费逾万金，外又以捐输余钱，置买田亩若干，以充膏火并修理之费，其勤劳至矣，其计画周矣。功既竣，予因召诸生而告之曰："是举也，为育人材，兴教化计也。夫士为民之表率，士风醇则民俗厚，礼义明则廉让兴，予既喜邑民之俭朴，又喜邑士之质直，而欲其更有进也。诸生果能广己而造大将，《记》所谓化民成俗，必由于学，其在是矣。"适绅士请予书额，予名之曰"凤梧"，盖取"蔼蔼吉士，惟君子使"之意，愿诸生务为明体达用之学，他日为理学，为名臣，足为邦家光，岂仅掇取科第，显荣乡里已哉？是为序。

【按】选自民国《龙游县志》卷 36"文征三"（《中国地方志集成·浙江府县志辑》第 57 册，上海书店出版社 2000 年版）。原书文后有附注："右文录自原碑，碑为道光二十五年（1845）四月立，书丹者亦淳熙，淳熙见宦绩略。"此碑今仍存。

## 叶觐仪

叶觐仪（1801—1851），字棣如，六合人。道光十二年（1832）北闱举人，十三年（1833）进士，选庶吉士，授编修。历充四川、云南乡试主考，提督云南学政。复典江西乡试，得士称盛。中间入直上书房，直文渊阁事。迁国子监祭酒，累擢至内阁学士。精医善画，有名于时。

## 《陈勉斋德政谱》序

道光庚子岁（1840），奉天子命典试滇南，遂留视学，得订交于勉斋先生。先生黔之龙里人，以外翰保荐选滇之南宁县，历署宝宁、建水诸繁邑，暨石屏州、剑川州、广西直隶州，所至有政声，都人士皆以诗歌相赠，颂德也。于辛丑岁（1841），署赵州事。赵州古天水郡，隶大理府，吏治久弛。先生下车伊始，即起而振兴之，凡一切兴利祛害，除暴安良，诸政无不毕举。癸卯岁（1843），膺大计卓异，将入觐，士民借寇不得，为之建长生祠，立德政碑，既以联额标其堂，复以诗歌纪其政，集金付梓，裒然成帙。

濒行，攀辕附辙，几千万姓捧送数百本，以作宦囊，甘棠之爱，于斯为盛矣。是非学问经济有以窥其本原，何以所过辄化，而感悦若此，及读尊甫老伯大人《仕蜀政谱》，膺懋典，崇祀名宦、乡贤，乃知先生之学，其得于庭训者深也。仪忝附轺轩，有采风之责，滥叨史馆，有纪传之司，既读是编，复联寅谊，虽惭无文，敢不秉笔，以志其实。是为序。

赐进士出身、上书房行走、国子监祭酒、前翰林院编修、詹事府右春坊右赞善司经局洗马、翰林院侍讲、詹事府左右春坊庶子、庚子协办院事本衙门撰文、国史馆纂修、丁酉顺天乡试同考官、己亥四川庚子云南正考官、提督云南学政愚弟叶觐仪顿首。

【按】选自叶观仪辑《陈勉斋德政谱》书首（清刻本，《中华历史人物别传集》第 40 册，线装书局 2003 年版）。底本无标题，题目为编者所加。


## 《红蕉吟馆诗存》序

余自己丑（1829）游燕台，执经南雅夫子之门，凡三载耳。秋槎之名最熟，未暇询其为人也。后归扬州，同人以《和秋槎春草诗》教读，并出原唱，始知秋槎为今世之诗人也。而于秋槎之生平梗概，亦未暇询。迨读吾乡顾秋碧稿有《赠秋槎》律句八章，且代述其里居，详陈其巅末，始知秋槎固不仅今世之诗人也。其于出处之节，经济之学，裕之深矣。故见诸吟啸渊然，皆风人之遗，使用尽其才，以歌丰功，扬伟烈，其鸿篇巨制，当与昌黎诸什并耀简编，岂仅以吊古登临，怀人咏物，聊写其胸中之块垒耶？心窃恕焉，爱识之未尝忘。

庚子岁，余有督学滇南之命，以红叶题试士，倏有以诗代刺者，展读之，清新俊逸，合庾鲍为一手，惊喜若狂，如获奇宝，急倒屣出迎，晤言之下，始知其为秋槎也。十年积愫，抒于一朝，此乐何极！秋槎并出是编，问叙于余，余不获辞，聊记神交之始末，以志向往。惜南雅师已归道山，不克陈今日之奇遇，将作书以寄秋碧。

道光庚子（1840）十一月，赐进士出身翰林院编修上书房行走云南督学使者白下叶觐仪序。

【按】选自清严廷中撰《红蕉吟馆诗存》书首［清道光十六年（1836）刻本，云南省图书馆藏本］。

## 徐 鼒

> 徐鼒（1810—1862），字彝舟，道光十五年（1835）举于乡。道光二十五年（1845）成进士，改庶吉士，散馆授检讨，考取御史。咸丰三年（1853），太平军陷金陵，六合戒严，鼒方假归，与办团练，以保城功加赞善衔。旋奉命以知府用。咸丰八年（1858），授福建福宁府知府，以积劳卒。博通群籍，著有《读书杂释》14卷、《小腆纪年》20卷、《未灰斋文集》10卷、《周易旧注》12卷、《度支辑略》10卷、《小腆纪传》65卷等。

## 《未灰斋文集》自叙

《隋志》曰："灵均以降，属文之士众矣。后之君子，欲观其体势，而见其心灵，别聚焉名之为集，词人景慕，并自记载以成书部。"盖《西京》前以集名者，皆后人集之；自为文而自集者，其起于建安诸子乎？《隋志》著录四百三十七部，《唐志》七百五十部，宋元踵而增焉，至《明史·艺文志》，一代之集多至千一百八十八部，集至是而极盛，文亦至是而极衰矣。

鼒从先大人问业，间学为古文词。先大人曰："古文以意为主，文成法立，无一定之体格也。归震川、方望溪、姚姬传皆近代作家，论者犹谓有时文气骈俪。文以藻炼为上，袁枚之浮嚣、吴锡麒之靡弱，不足学也。业非专治必不精，汝亲老家贫，不得不业制举文以糊口，兼而治之，则卤莽灭裂，以为亦卤莽灭裂以报藏拙可也。"

咸丰癸丑（1853），奉命留籍办理防堵事宜，凡移置将帅、指陈战守之事，多与当事驰书辩①论，见者或诧为能文，遇地方有大营建及忠孝节烈事，交口属为碑志。始赧然惭，皇然辞，既而幡然改，曰："将帅战守、地方营建之事，事之可传者也；忠臣孝子、义夫节妇之人，人之可传者也。

---

① 辩：底本为"辨"字。

事可传，人可传，敢以吾不文而不之传乎？"谨志之以俟虞初之采，是吾责矣。

戊午（1858）八月，六合之变，故居毁于火，向所为制举文及酬唱赠答之篇，灰焉。独是稿随行箧获存，意者其事其人之不可不传，冥漠中有主持之者乎？事不灰，人不灰，而吾之文亦因以未灰乎？爰自取而集之，卤莽灭裂之讥，吾其不敢避矣。

咸丰十一年（1861）岁在辛酉九月朔，六合彝舟甫徐鼐自叙。

【按】选自徐鼐著《未灰斋文集》书首［清光绪丁丑（1877）重刊刻本，美国哈佛图书馆藏本］。

## 《小腆纪年附考》自序

叙曰：世运治乱之大小，人心之邪正分之也。《易》之占曰："坤变乾至二成《遯》，为子弑父；至三成《否》，为臣弑君。"《洪范五行传》之言天人感应也，曰："彝伦攸叙，彝伦攸斁。"彝伦叙，则人心未死，天理犹存，兵戈水旱之灾，人力可施其补救；彝伦斁，则晦盲否塞，大乱而不知止。孔子之作《春秋》以讨乱贼，所以明君臣之义，正人心而维世运也。两汉近古，气节未尽泯亡，其祸变亦数十年而即定。自魏、晋、南北朝以及隋、唐、五代之季，人心波靡，伦纪荡然。或一人而传见两史，或一官而命拜数朝；荣遇自夸，恬不知耻。故其间篡弑相仍，两千年中可惊可愕绝无人理之事，层见迭出。盖人心之变、世运之穷极矣！朱子忧之，作《纲目》一书，以昌明孔子之教，踵事《春秋》，而义例较浅显，稍识文字者能读之而知其说。于是愚夫妇亦晓然于君父之义，怵然于名节之防。故自南宋后七八百年中，有递嬗之世，无篡立之君。极微贱之人，知节义之重；则圣贤正人心而维世运之明效大验也。

臣鼐恭读《纯庙实录》及《御制胜朝殉节诸臣录序》谓："史可法、刘宗周、黄道周为一代完人，其他死守城池、身陷行阵、琐尾间关，有死无二，在人臣忠于所事之义，实为无愧。朕深为嘉予，不欲令其湮没无传。下及诸生、韦布、山樵、市隐之流，慷慨轻生者，亦当令俎豆其乡，以昭轸慰。"凡赐谥者千六百余人，入祀忠义祠者又二千余人。命儒臣于《通鉴辑览》之末，附纪福王年号，撮叙唐、桂二王本末，铨次死事诸臣。又命史馆编明降臣刘良臣等百二十余人为《贰臣传》，吴三桂等二十余人为《逆臣传》。煌煌圣谕，至再至三。盖以前圣人公天下之心，行后圣人正人心之教，大中至正，超越千古。而史臣惑忌讳之私，稗史习传闻之谬，漏略舛错，不可究诘。臣鼐仰遵纯庙附书之谕，窃取《春秋》《纲目》之义，原本正史，博采旧闻，为《小腆纪年附考》一书。考而知其梗概者，则王鸿绪《明史稿》、温睿临《南疆绎史》、李瑶《绎史摭遗》、黄宗羲《行朝录》、谷应泰《明史纪事本末》、杨陆荣《三藩纪事本末》也；参考而订其谬误者，甲申三月以前，则吴伟业《绥寇纪略》、邹漪《明季遗闻》、李逊之《三朝野纪》、文秉《烈皇小识》、钱𫝹《甲申传信录》、陈济之《再生纪》、某氏《国变难臣钞》、戴田有《桐城子遗录》《保定榆林城守纪略》暨《国子监进士题名碑》《贡举考》也；福王南渡事，则顾炎武《圣安本纪》、黄宗羲《弘光实录》、李清《南渡录》《三垣笔记》、夏允彝《幸存录》、文秉《甲乙纪》、许重熙《甲乙汇略》、应廷吉《青磷屑》、戴田有《伪东宫伪后事略》、某氏《弘光大事纪》《金陵剩事》《扬州殉难觚》《福人录》暨各省郡县志、诸家诗文集也；唐、桂二王事，则钱秉镫《所知录》、瞿昌文《天南逸史》、闽人《思文大纪》、刘湘客《行在阳秋》、沈氏《存信编》、鲁可藻《岭表纪年》、冯苏《劫灰录》、某氏《南粤新书》《粤游见闻》《东明闻见录》、范康生《仿指南录》、何印甫《风倒梧桐纪》、杨在《纪事始末》、邓凯《滇缅纪闻》《遗忠录》《求野录》《也是录》、黄晞《江阴城守纪》、某氏《赣州乙丙纪略》、徐世溥《江变纪》、沈荀蔚《蜀难叙》、郑元庆《湖录》暨闽、广各志书也；鲁监国及赐姓成功事，则冯京第《浮海纪》、鲍泽《甲子纪略》、陈睿思《闽海见闻》、汪光复《航海遗闻》、某氏《江东事案》《江南义师始末》《鲁乘》《舟山忠节表》《江上孤忠录》、黄宗羲《朱成功始末》、江东旭《台湾外纪》，暨台湾、厦门志，海外诸遗老诗文集也。

臣鼐入史馆后，始创是书。壬子（1852）冬，乞假归觐，奉命办理团练，扞拊之暇，发家藏稗史，参互推勘，五历寒署。每月夜登埤与诸同事相劳苦，辄举书中忠义事，口讲手画，环而听者，咸感喟不能自己。戊午（1858）春，扬州官军移营浦口，士民额手相庆。臣鼐亦解团练事，需次入都，属门下士汪达利缮写成帙，方冀故乡友朋参订讹阙，乃五载金汤，一朝瓦碎，向时家藏之书毁焉，无复存矣。登坤听讲之人，较书中死事之人为更惨矣！独臣矗以孑然之身，远宦数千里外，烽烟未息，羽檄交驰，脱并是书灰烬焉，则臣矗所以仰遵纯庙圣谕，窃取《春秋》《纲目》之义，汲汲以正人心，维世运之愚衷，与不才之躯同忽焉没矣。是则梓而存之之意也夫！

咸丰十一年（1861）岁在辛酉秋八月，六合彝舟甫徐矗自叙。

【按】选自徐矗著《未灰斋文集》卷7〔清光绪丁丑（1877）重刊刻本，美国哈佛图书馆藏本〕。文末所署时间和署名据中华书局1957年王崇武点校排印本《小腆纪年附考》补。

## 《敝帚斋主人年谱》自序

昔灵均赋骚，纪庚寅之降，渊明自祭，编甲子之诗，台卿志圹，元凯沈碑，类皆叙述修能，发摅怀抱，其不自菲薄，一息千古之心，非苟焉已也。

仆生长童土，浮沈债台，传舍寄如秦赘，囊粟饥于侏儒。艺海千寻，饮鼷鼠之勺水，冰署十载，滞鲇鱼之竹竿。鲐仲之生也，无益敬叔，则丧不如贫，计惟荷埋人之锸，高没字之碑，幻身世于浮沤，涸先生于乌有。呼牛呼马，听客所为，曰龙曰蛇，匪贤胡阨，无咎无誉，不识不知，庶邓禹不至笑人，魏收可以藏拙。而欲画混沌之眉目，纪蟪蛄之春秋，则我学山鸟，自呼其名，人食蛤蜊，不知许事矣。

然而生当圣代，家世业儒，溯弧矢于厥初，惟门户之所寄，风前翦髦，摩顶犬子之呼，雪夜横经，提耳鲤庭之训，眷言杯棬，敢委逝波？十二而识金镮，弱冠而游黉序，言了家禽，技逞碟鼠，誉之者，决为破浪，恶之者，嗤为偾辕。既登贤书，始观上国，宠吏部高轩之过，当陆机入洛之初，刘毅乞炙，未冷牛心，江式谈经，不辱狗曲，经琐闱之三黜，迨阆苑之初游，鸦涂或弃于法家，驴券或呼为博士。簪毫东观，修先皇实录之书，需次西台，劳御笔屏风之记。

当夫诟逋人去，问字酒来，猿击铁以倾壶，鹤开笼而验客，笋冠狂脱，搜秦碑汉碣之文，蔗杖欢呼，半日下云间之选，亦复硕人自誉，先生解嘲。

无何黄巾贼起，皂帽人归，飞燕矶头，鼓声沈雨，佛狸祠下，箫吹呼风，醉兵狂舞于荻船，有女化离于菆谷，缚裤作桓公急装，操杯与樊哙为伍，书生叩马，乞渡河苍兕之师，炎帝驷虬，流王屋赤乌之火，令我至今心悸，此事乌可不传。

又况江国陆沈，故人慷慨，怒伤猿鹤。耳叫鸺鹠，西台朱鸟之吟，谢翱痛哭，北方赤狐之惧，宋玉招魂，即或劫灰幸免，畏垒僦居，而生者吹吴市之箫，逝者赋山阳之笛，望灵修其不见，吹参差兮谁思？黄祖论心，多蜮射鸩媒之惧，健儿把臂，杂鸡鸣狗盗之雄，鵩赋自嗟，鸮音日瘁，溺人必笑，伤如之何？

又复小草出山，苦匏求济，梁鸿之热灶因人，范叔以绨袍赠我，息壤在彼，芜蒌曷忘。至于阿软题诗，玲珑遣唱，感半出于沦落，事不接于风流，问影问形，或歌或泣，冀同伯玉之知非，窃仿门律之自序。知交好事，谱叙成书，见之汗颜，弃之可惜，以志吾过，何恤人言？加我数年，再增一卷，若逢日者，算磨蝎以占，余为告巫阳早灵龟之舍尔。岁在戊午（1858）孟冬月主人自序于虎邱舟中。

【按】选自徐鼐著《敝帚斋年谱》书首［清光绪丁丑（1877）重刊《未灰斋遗书》刻本，美国哈佛图书馆藏本］。其所著《未灰斋文外集》中亦有本文，文字略有不同。


## 《未灰斋诗钞》序

仆所学，以诗为最浅，乱后存稿，亦以诗为最少。一行作吏，笔墨俞疏，检拙著付梓人，不欲留诗，福州林香溪致书谓"君诗佳者，虽梅村、仲则不能过之，请留之，以雪言朴学者不能诗之耻"。因检存稿，录示门人李孟丞，属其校对讹误，他日留覆酱瓿也。咸丰己未（1859）仲冬彝舟自志。

【按】选自徐鼐著《未灰斋诗钞》书首（清光绪丙戌排印本，广东中山图书馆藏本）。

## 《读书杂释》自叙

汉初，说经守师法。人治一经，经治一说，无一人兼治数经，一经兼治数说者。自东京修明经术，鸿生巨儒，负帙来远方者，兰台、石室之书多于天禄之旧，班固综其异同，作《白虎通义》，自后许氏之《五经异义》、郑氏之《驳五经异义》并尊于世。唐《艺文志》别之为经解类十九家，盖踵刘向《五经杂义》之书而为之也。宋以后，著录之书多于前代，理学家凿空之谈无复说经之法矣。国朝巨儒辈出，阮氏《经解》中所列若干家，又《经解》未列而书可传者，亦十余家。然遵用古学则语多雷同，旁及类书则义嫌琐屑，又近儒之通弊焉。鼐幼从先大人治经，好涉猎，有所疑，辄以私意志之眉额。先大人始怒诃之，继而笑曰："任汝所为，胜饱蠹鱼耳。"久之，自觉蹈雷同琐屑之弊，而家藏之书点污已遍矣。戊子（1828）己亥（1839），馆扬州史氏，治《月令》，见高、蔡之义，间优于康成，作《月令旧解异同》，读洪兴祖《楚词补注》，作《楚词校勘记》，未卒业，而闻先大人疾革，匆匆卷筐归，柢稿散失过半。癸丑（1853）四月，粤匪犯六合之南关，藏书毁焉。就行筐所遗留者，录鄙说而覆勘之，不复觉为雷同琐屑。盖向时因学而知其不足，今废学则自忘其丑，则即是书之既弃之而复取之者，亦可见予学之不殖将落乎！然以是志先泽焉，则固当过而存之矣。咸丰十一年（1861）岁在辛酉秋八月，六合彝舟甫徐鼐自叙[①]。

【按】选自徐鼐著《未灰斋文集》卷7［清光绪丁丑（1877）重刊刻本，美国哈佛图书馆藏本］。

## 《张又莲诗集》序

又莲居邑西之程驾桥，去敝居二十里，以故家居时不相闻。丙申（1836）予来京师，与又莲相见于客邸，见其人胸怀磊落，有丈夫气，或同人宴集，酒酣耳热，又莲则脱帽狂呼，横笛歌诸杂曲，意气闲逸若不可一世。而其牢

---

① 咸丰十一年岁在辛酉秋八月，六合彝舟甫徐鼐自叙：底本无此21字，据徐鼐著《读书杂释》补。

骚不平之气，每托之于诗，时而拔剑咤叱，击唾壶作壮士吟，时而呢呢作儿女子语，不屑屑于汉魏唐宋名家之迹，而其即景寓情，自抒怀抱，渊乎莫测其中之所止焉。予始恨知又莲晚，而益怪又莲有才如此，而未尝以诗名也。今夫寒士处山林枯槁之中，褻其不可一世之才，而无由见知当世。杜少陵客严武幕中，李义山为令狐记室，往往托迹公卿之门，思附青云以自显，以太白之雄才逸气，其与韩荆州书几类于乞怜者之所为，岂非自怀其才，冀于流俗中有所遇邪？今又莲馆大司寇史公家，众方谓又莲遇合自兹始，而又莲决然辞归，不少依回，是又莲之高世绝俗，有非古人所及者，而诗之名不名，又非又莲所屑计也。然则予虽知又莲晚，而能知又莲之心者，莫予若也。于其归也，赠以诗，酌酒以告之曰："君所居多豪于酒者，又其地舟车辐辏，多丝竹管弦之胜，君得弃尘世事，风流笑傲其间，隐于才不才之间，以全其天，或风晨月夕，远念劳人，因取入都来所得于朝廷之政事典故，以及二千里之名山大川，无不发之于诗，则他日之裒然成集者，虽欲不以诗名，岂可得乎？"又莲曰："善。"因书其言以弁诗首焉。

【按】选自徐鼒著《未灰斋文集》卷 7［清光绪丁丑（1877）重刊刻本，美国哈佛图书馆藏本］。

## 请救兵疏

窃臣因迎养母亲，于去年九月告假南还，在途患病，于十一月抵里，适闻岳州、汉阳相继失守。江南民风脆弱，又连年水灾，盖藏鲜少，客商凋敝，一闻此警，人无固心。臣思东南全局，上游莫重于武昌，下游莫重于金陵。楚抚常大淳轻躁暗弱，料难抗此巨寇，必须江督陆建瀛身率重兵，会合安抚蒋文庆、赣抚张芾两省兵勇扼九江，进占道士洑诸隘，为犄角之势，上为武昌声援，下为金陵屏蔽。六合距省七十里，连夜赴省面陈机宜，值陆建瀛驻办河工未归，投谒藩司祁宿藻，又以藩司患病迟之，五日始克会面。时汉口避贼之人纷纷东下，人心愈骇，藩司以未见督臣，无从号令。臣见此策不行，因思浦口、六合为金陵右臂，可以连凤、泗之援兵，通淮、扬之旱路，盐枭出没，土匪繁滋，关系最为紧要，连夜折回本县，与县令温绍原募捐口粮，集义勇千三百人，严队伍，分旗帜，添造火器、军械，又令各坊户造竹枪、灯旗为救应计。

　　既而武昌失陷，圣谕三路会剿，命陆建瀛驻九江，军民喜跃，方期克日成功，孰料建瀛畏葸无能，闻命二十日之后，始出省城，正月上旬始抵上游，将士未辑轻犯贼锋，一闻鼓声解甲溃散，建瀛若能急于此时收合余烬，退驻小孤山，犹可保守安庆，即不然，亦当扼获港、芜湖、牛渚、采石、东西梁山之险，为保护金陵之计，乃建瀛尽弃沿江险要，于十九日单舸奔回金陵，次日又私送家眷出城，由水路赴松江，以致阖城鼎沸，军民逃散，迫于舆论，带兵数百，驻扎东梁山，贼船甫至，又弃东梁山奔回省城。二十九日，贼兵踵至，焚毁城外居民房屋，火光两日夜不灭，炮声闻百里。贼又设浮桥数座，攻打省城。隔江浦口向设防兵都司富勒浑泰先一日逃避，贼兵上岸，焚杀甚惨。

　　臣与县令温绍原激励义兵，动帑给饷，捕斩抢掠土匪，分别杖毙数十人。赖温绍原坦白为怀，与臣同心戮力，保守城池，勉支旦夕，然螳螂何足当车，丸泥何足塞险，敢竭其愚为皇上陈之。

　　金陵城广高与京师同，以一堵一人计之，非十万之众不足守之，今城中败残士卒不及数千，仓库见粮不支一月，以空虚之城抗方张之寇，臣愚以为此城将不保也。万一金陵失守，贼必趋淮扬以绝运道，扰凤、泗以图中原，如此则天下全局必至大坏，臣愚以为宜急饬河臣、漕臣，合兵固守瓜州，饬东抚率山东之众，招集丰工游食之人，选其勇壮，分隶诸营，星夜南驰，据淮扬以为后继，饬钦差大臣琦善率河南之众，招光、固、颍、亳、庐、凤壮士，星夜进扼滁州之关山，以援浦口，再饬向荣诸大帅率上游之兵，水陆并下，绝其后路，如此则腹背夹击，一鼓可歼，西北可无桴鼓之惊，东南可收桑榆之效。

　　臣虽怯弱书生，犹当凭借宠灵，号召义勇，执殳缚袴，以效前驱。倘及之弗图，后噬脐而何及？臣锋镝余生，旦夕不保，八旬老母侍奉无资，妻子伶仃流寓京邸，仰瞻帝阙，涕泣何从，坐守孤城，号呼莫救，即死为厉鬼，亦何补于国家，况家世儒生，敢有负于君父，惟皇上矜而察之，臣死且不朽。

　　谨遣臣子监生承禧，间道赍奏，伏阙待命，不胜悚惶之至。

　　【按】选自徐鼐著《未灰斋文集》卷1（清咸丰刻本），原题作《请救兵疏［癸丑（1853）正月入奏］》，《光绪六合县志》卷7选本文题为《癸丑二月拟疏》，内容一致而所署时间略异。

## 《六合保卫团练章程》叙

六合在吏部铨选册为无字简缺，而实疲难之区也。南滨大江，与金陵为唇齿，东接仪扬，为盐枭薮，西北界皖省，捻匪出没，与土人相仇杀，而二百年来无大兵革，百姓耽安乐以声色自恣。道光壬寅（1842）之秋，夷船入犯，仓卒募乡勇数百人，握刀游市上，实不足用也。今上御极之元年（1851），江夏温北屏先生来守兹土，莅任未久，修城垣，积义仓谷，众犹谓非急务，乃事甫竣而粤匪已逼武昌矣。

壬子（1852）冬，焘归自京师，先生谋诸焘，募四方壮士数千，捐资制器械旗帜，分队伍，设团练保卫局，亲历四乡百二十余保铺，教以树旗鸣锣，起伏救应之法，贼三犯东沟，团勇三败之。贼既陷金陵，复陷镇江、扬州，乃渡江分两路北犯，破浦口官兵，陷滁州，分其众间道奄至邑之南关外，我军荷神庥以火攻破之，贼骇奔南乡，兵勇团练尾而歼之，时癸丑（1853）四月壬午日也。是时，贼之由滁州而上者，连陷凤阳、颖、亳、归德，逼开封，攻怀庆，破临洺关，掠直隶界，京都大震。独其歼于六合者数千人，焦头烂额，折骨绝筋，无一获全，抛弃铜炮火枪刀矛无算，贼中为之语曰"纸糊扬州，铁铸六合"，由是吾邑团练之名闻天下，天子诏书褒美，而四方闻风而起者，往往聚乡兵以杀贼焉。

夫常胜之众易于骄，骤积之财易于匮，撤勇则可虞，养勇则多费，必也。用民之力，以保其身家，不破吾民之身家以隳其力，庶乎众不骄而财无匮。百余保之村落窎远，户口畸零，散而难聚也，故首编联。难民流徙，良莠错杂，故次之以稽查。责任不专，则功过相诿，选炼不早，则老弱滥充，故责任选炼次之。未能守，何言战，故未遑言攻剿也，而统之以防御。不除弊，何兴利，故不更烦条约也，而终之以禁止。远法古人，近揆时势，经历两年之久，斟酌变通，而画然始归于一。此先生劳民节财之苦衷，而凡欲保卫其身家者，所当慎终如始者也。焘故条而列之，以告司事者焉。

**【按】** 选自徐鼒著《未灰斋文集》卷7［清光绪丁丑（1877）重刊刻本，

美国哈佛图书馆藏本 ]。

## 达成荣传

达成荣，六合人。邑达、马、常、王诸姓之族，居南北门者，世习回回教，土人称之为教门人。雍正中，达子敬以拳勇名梁宋间，后有达五雷公者，习其技，成荣其子也，故又号"雷公达八"云。伟躯干，高颧巨鼻，膂力绝人，奔马逸芦洲中数月，野性如虎豹，人近之辄伤，成荣令众噪逐之，身伏大树旁，马奔过，飞一足洞马腹，毙之。

淮北盐徒曰三之妇某，率其徒辇私钱十六车过境，少年某亦以拳勇称，与群少要诸途，某削顶骨毙焉，众号救于成荣，成荣约众毋前，持流星铁仗独追之。众闻刀仗铮然有声，遥而望则见白光如轮，十六人者环白光而攻之，炊时许，一人中仗倒，妇摇手呼曰："止！止！君非达八雷公邪？吾夫属过六时，候君起居，妾忘之，伤君兄弟，妾之罪也。"指两车钱曰："留此为君兄弟养伤费耳。"

成荣既以勇名远近，又颇敦信义，然诺不欺，城乡有盗警，知县官以礼致之，辄擒获盗渠。道光间，淮北枭匪充斥，监司聘成荣主巡盐事，枭匪敛迹，请之大府，檄为潜山营外委，久之以病归。咸丰癸丑（1852）春，粤匪自武昌顺流东下，在籍检讨徐鼐与署县事温公绍原谋之成荣，为捍御计，部署未定，贼奄至，仓卒得战士百余人，冒雨御之龙池桥。士民操棓从者如堵墙。成荣曰："第扼此桥，贼未测我虚实，不敢逼也。"众易贼少，噪而进，麾之不止，进则堕贼伏中，围数重，成荣与缪长庚、长酉兄弟者挥刀步斗，手杀百十人，而我战士死者亦五十二人。枪子中成荣肩，麾婿李祥和曰："汝去，我死此矣。"与缪姓兄弟皆死。鼐与绍原请之大帅，向荣得奏闻，赐恤如例。

【按】选自徐鼐著《未灰斋文集》卷4 [清光绪丁丑（1877）重刊刻本，美国哈佛图书馆藏本 ]。汪士铎等纂《续纂江宁府志》[清光绪六年（1880）刊 ]卷14之10上有《达成荣传》，当为转引本文，文字略有不同。

172

# 六合重修火星庙碑文

火星庙，一名彤华宫，在龙津桥南之前街，庙门北向，与城南门相值。咸丰三年（1853）癸丑四月八日，粤贼渡江来犯，官民仓卒出御，众寡不敌，千总徐琳、外委达成荣暨民勇五十三人皆战死，余众奔还，断龙津桥以守。贼踞前后街、头铺、二铺民房，役居民异攻，具执炊爨，恶庙当路冲，积薪焚之，火不然，乃数十贼绳曳神像，像不动，一贼刃斫之，伤像额不半寸，再斫则刃折而仆，骇而罢。贼谋夜攻城，薄暮酒脯群饮，忽一人呼火起，贼惊视之，则所饮屋火，走出门则四面街衢皆火，骇而奔，则衣袖间火，彼此相扑，灭则延而火，展转号呼，枕藉死。是时，守者登堞，望火烛天，惊谓贼逼城，顾火光中嘈杂鼎沸不可辨，愈噪声愈远，天明乃寂。缒城视之，则自前后街至江口尸横数十里，或全躯焦烂，而长发一二尺独存，视焚屋则贼所踞火，贼未至不火，或左右数家火，间一家不火，或一家前院火后院不火。贼以四军五千人来，负火伤渡江还者才百十七人，医之不活，逾月皆死。而居民锢于屋者，或杀伤死，而死于火者无一人焉。有自邻郡裹胁来者，逃归亦不死，告其乡人，谓是日申刻，贼将攻城，见城上旗帜如林，有"九江王"字，疑不进，迨火起，见伟丈夫白衣骤马，负大小火炮，以十数手所掷则火然。言之凿凿，顾居民亦杳无见焉。

呜乎！贼起广西，蹂全楚，陷九江、安庆，顺流陷金陵、扬、镇，经数千里，毁庙宇以千百计，何吾邑独获神佑，灵异若是？夫数千里官绅军民走降相继，而吾邑地不过弹丸，官不过令弁，顾同仇敌忾，书生操白梃，工商握莝刀，以裂眦杀贼，断筋绝骨而不悔，其忠愤激发之气，固足以感天地，而通幽明。《易》曰"天之所助者，顺也"，岂不谅哉？大府以闻天子，手书"威灵显曜"字额诸庙，官民醵钱装塑，修殿宇，像首受刃处屡塑辄裂，众异之，谓神留刃伤以警人也。就塑为三目，像益威。五年（1855）乙卯五月工落成，满汉官弁、地方文武争布施金银与执膰焉。九江王，邑城隍神也，是日亦著灵异，别详《重修城隍庙碑》。

【按】选自徐鼒著《未灰斋文集》卷5［清光绪丁丑（1877）重刊刻本，美国哈佛图书馆藏本］。

## 六合重修城隍庙碑

邑城隍庙旧传为汉九江王祠，在县治西，后枕吴大帝堰，前临滁水，缭以城垣。邑庙宇之建自唐宋以前，可考者三十余区，皆倾圮，绝香火，惟城隍庙岿然独存。咸丰三年（1853）癸丑四月戊午，粤贼毁于南门外。后获贼谍讯，知是日火未起时，贼见城上旗帜如林，隐约有"九江王"字。既败，谋再犯，辄昏夜见隔江灯火烛天，疑是领兵大帅为郡王衔，久之知为神号，益怵然为戒。署县事今升盐运司温公绍原详叙其事并火神灵异，以闻大府，请之朝，加封号，邑人重新殿宇，五年（1855）乙卯工竣，属鼎为文，刻石以记之。

鼎按：宋《嘉定志》，绍兴、开禧间，金人再围六合，皆以神佑获全，敕赐庙额曰"昭卫"。明洪武二年（1369）封为监察司民显佑伯，敕书有"念尔鄱阳助阵之功"云云。又祷雨旸、驱蝗疫，无不应，志乘碑额详哉言之。夫前史载鬼神御灾捍患事，或一时一事著灵爽，惟神之福吾邑者，至再至三，愈久愈著，盖神负雄桀不可一世之气，生长乱世，事猜忌之主，赍恨以终，其魂魄英毅不能泯没于两间，儒生家又泥马班书，相诋娸，固神所隐恫焉？欲有所补救，以暴白生前之志，而吾邑士民独观听不惑，虔信隆礼，历千余年，祖父及其子孙罔敢亵越，斯固神所乐为凭依，而拯之水火者也。其情状亦显赫哉！而形家谓庙址卜壤吉，故祚灵长，亦琐妄无足道矣。

【按】选自徐鼎著《未灰斋文集》卷5［清光绪丁丑（1877）重刊刻本，美国哈佛图书馆藏本］。

## 张紫庭封翁墓表

翁姓张氏，讳维垣，字位中，号紫庭，先世江西人，明嘉靖间有□公者，以教职官溧水，老于金陵，寻迁六合，家焉。传至翁之王父彭年公，生二子。长太学生玉衡公，即翁本生父也。次智衡公，母丧毁瘠，又以童子试失志，病不起，无子，彭年公命翁嗣焉。

幼岐嶷有大志，谓嗣母李太宜人曰："儿不得科名，不足洗吾父泉下之恨，否亦当以数篇文字传不朽耳。"年十二应试郡县，皆前列，偕兄西林明经赴省院试，居场期，接家书知玉衡公病笃，即徒步归侍，玉衡公旋殁。彭年公抚翁而告之曰："尔父死后，予益老，不治事，尔宜代父尽孝道，读书固佳，谋生亦要事也。"手算学书授翁，读未半，伏案熟思，起对曰："儿知之矣。"试之，则布子历历无差谬，彭年公大奇之，曰："能承先业者，必是孙也。"翁请身任劳苦经营事，而俾伯兄卒读，许之，命翁学贾于戴姓银号。邑宰某贪婪，将以查禁私钱祸戴，同伴匿不敢出，翁时年十四，挺身出，词色不挠，事遂寝，由是为里党所知。

彭年公既下世，翁独肩家务，居积利恒三倍，不数年业隆隆起。西林明经中年目失明，多疑忌，季弟维藩为生母袁太宜人所钟爱，荡佚不事事，斗鸡走马，岁费千缗，翁重拂母意，委屈顺从之，犹不能得兄弟欢。金谋析产，翁泣曰："以吾为之数年，倍蓰可也。吾兄弟又何求焉析，病兄弱弟而自为之，岂我所以报先人哉？"既不获已，则膏腴田产任兄弟择之。逾年，岁歉，则又悔所择，请更析之。翁悉如所请，无所较，凡三易始定。顾岁入皆折阅，始愧且感，敦和好焉。

嘉庆十九年（1814）甲戌，大旱，赤地千里，翁捐钱数千缗赈一方。道光间，大水频年，捐钱倍之。又独棹小舟沿圩堤拯护，立育婴堂收弃儿，种德堂施药材、棺木，积善堂恤嫠妇，皆各捐数千缗为之倡。袁太宜人以节孝旌表入祠，翁见祠宇倾圮，葺而新之，与同邑姚公文曤之新修忠孝祠并巍，焕成巨观。丹徒举人朱部郎铁臣、天长进士崇大令家鳌以乏资不能之官，翁皆以千金资其行。甲辰（1844）之冬，肃将馆谷某绅家，翁走相告曰："君不赴明岁会试，而就数十千馆谷，何也？君豪士，其以资斧故耻求人乎？仆资君行矣。"同时有戚人某，因借贷成仇隙，或尤之曰："不求公者，公与之；求公者，公靳之，何也？"翁曰："钱者，有用之物，不利己则利人，损己所有而非以利人，虽淄铢可滥与哉？孟子所谓与伤惠也。"

翁生于乾隆丁酉（1777），卒于道光戊申（1848）七月□□日，得年七十有二，浅葬于邑程驾桥之汪庄。元配余宜人，无出；继娶余宜人，生长子县丞晋，肃之姻兄弟也；侧室李氏，生庠生训导鼎、通判恒、国子监典籍颐；杨氏生太学生震、益、泰、坤。

戊午（1858）九月，六合之变，邑巨室多戕于贼，亡在外者又不能自存，独翁家男妇数十人无恙，岂非节用好施之报哉？通判恒改名定山，需次来闽，手行状属为文，覼辱翁国士之知，何敢以不文辞，诠次其大节，通判他日归里后，其勒石以表诸墓焉。

【按】选自徐鼒著《未灰斋文集》卷 5 ［清光绪丁丑（1877）重刊刻本，美国哈佛图书馆藏本］。

## 赠布政使衔防堵六合候补道温公祠碑

公讳绍原，号北屏，先世大兴人。伯祖屏山公，以乾隆辛未（1751）进士历官湖北汉黄道，遂家焉。赠公心则<sup>①</sup> 司训以明经起家，生子四人，公居长。幼慧，读史识大义，工吟咏，以家贫弃举子业，橐笔游楚北，州府交辟。初筮仕淮南，厌醨务事，改地方官，大府器之。

今上御极之元年（1851）七月，檄公署六合县事。甫莅任，除前令苛政，省役减赋，月进诸生而课之，士民大悦。西北乡强梗难治，官有亲行踏勘事，往往中途反，公曰：“官之于民如家人父子，不见面则猜嫌生。”率家丁数人，遍历边堡，男妇数十年不见官长，闻公至，欢呼跪迎，公察民情之可用也。劝捐义谷数万石，就各堡储之，鸠工庀瓴甋，修城垣之圮者。时贼方远在粤西，而公督促司事者日数至，众未以为急务。三年（1853）癸丑正月，工甫竣而贼已陷九江、安庆，且逼金陵矣。先数月，公创团练法，合三四堡为一联，户出壮丁，制旗帜器械，约贼至，以鸣锣为号，别募壮士数百人，亲教之战。贼既陷金陵，连陷镇江、扬州，分兵犯我东沟、瓜埠、皇厂河，乡民歼其二十七骑。四月初八日壬午，贼大至，公御之龙池，众寡不敌，千总徐琳、外委达成荣战死。公单骑援辔而殿，贼疑有伏不敢逼，退踞南关，意城且旦夕下。酒脯群饮，夜未半，四面火起，贼骇为神，大乱，兵勇蹙之，杀伪丞相一，伪统制四，余贼歼焉。贼自起广西，残全楚，突江西，顺流数千里，莫敢撄其锋，至六合辄败，忿甚，顾不敢深入，掠沿江诸堡。公督守备秦怀扬、千总夏定邦、王家干等随机御之，擒获过当，扼要路，浚品字坑埋地雷、火炮，置梅花桩于港汊以断贼径，别募水勇掉小舟，泅水与之上下，贼技益穷，为之语曰“铁铸六合”。

---

① 心则：底本空缺二字，此据周长森编纂《温壮勇公六合殉难事略》补。

176

是时，江南北督师者各一帅，六合归北帅辖，而兼承南帅之令。冬十二月，南帅向军门荣列公御贼状于朝，谓为"江南北第一出色之员"，擢知府，赏戴花翎。贼初谋由六合夹攻甘泉山大营，既屡不得志于我，乃筑营九伏洲，扼金陵达庐凤之路，结木簰长数十丈，上筑垒穴，旁置炮，顺流以窜下游，众谓事不在六合，公笑曰："大局坏，一隅能独保乎？"四年（1854）甲寅九月，焚贼簰于八卦洲。十月，会官兵攻九伏洲，乘雾破其垒，斩馘数千人。是役也，公实首事，比北帅论功，他将帅晋阶，而公仅予一级。贼于上游铁锁断江路，向军门谓贼且下窜，谋于下游黄天荡，亦置铁锁以阻之，计非公不足任，而虑其以九伏洲事介怀，私书慰藉，公曰："贼一日未平，绍原敢论功乎？"铸铁练数千斤，设炮船及火攻子母船以守之，贼数冲突，辄败去。又亲过艇师总兵吴全美船，劝以立功弭谤，吴感公义，即日冒死斩贼练，驶船直上，江路以通。是时贼不敢窥北渡，专力下游，故沿江百姓称安堵，而我勇弁顾踊跃思斗，乃截击贼下驶之船于江，七出七胜，破南岸之七里洲营，毁其船，贼虑水路梗，乃出陆路下窜，乘间筑垒于高资下蜀街，重濠周之。

六年（1856）丙辰正月，巡抚吉尔杭阿来檄六合勇助剿，公命弟同知纶与守备夏定邦率千余人以往，贼望见六合旗帜辄退走，进平其垒。方冀会江南官军，复镇江，而江北扬州大营为贼所袭，北帅托明阿弃军走蒋王庙，贼势复张，与皖省捻匪相呼应，二月陷江浦，进犯浦口，总兵武庆弃营走，贼踞六合之葛塘集，会南帅向军门檄总兵张国梁来援，公督秦怀扬等会师战于龙池，大破之，追至藏军营、盘城集，再战再破之。十九日丁未复浦口，二十一日己酉复江浦。初贼东西两路夹攻，志在必克，及陷仪征而闻西路之败，乃弃不守，遁回瓜洲。公与在籍赞善徐鼒交章劾武庆罪，代北帅者为都统德兴阿，檄撤武庆，而以总兵安勇将其军，诸将心益坚。五月，贼另股自江西来，舳舻蔽江下，吉抚军殁于阵，镇江、九华山大营悉溃，向军门退守丹阳，句容、溧水相继陷，江浦复失，江以南数千里，烽火相望，而江北大旱、蝗，斗米银一两，桶水钱二十，天长枭匪啸聚数千人，来安山匪结金陵贼突踞县城，筑寨石鼓山。公谓："此乌合众，必先剿后抚。"亲督守备王家干、千总俞承恩，由施官集进讨，一日三战，大破之。旋遣干役入山招抚，不旬日邻境肃清。先是，公署江宁府，德帅奏擢公以道员用，公谓拜恩私室，为近世陋习，执属员礼如故。暨公再上来安将弁功，德帅谓公越境邀功，公执唇亡齿寒意苦相抵，德帅乃疏劾公干预保举。天子稔知公无罪，而重违帅意，褫公职，谕以防堵江北自效。不数月，制军何桂清疏颂公冤，诏开复知府。

是年冬十一月，南副帅张国梁急攻镇江，贼撤江北瓜洲，众将并力出逸，德帅亦以其间复瓜洲，德帅虽于公有举劾事，顾未识面，既复瓜洲，则移大营于浦口，道出六合，公陈复江浦策，东门外之某山为贼所必争，公请以所部任之，德帅亦心动。明年戊午（1858）春二月，公督秦怀扬等攻克江浦，德帅奏复公官。贼旁陷来安，公复率众复之，奏加公盐运使衔。是时，皖省捻匪与粤匪合，势大炽。秋七月，庐、凤连陷，贼前队犯滁州之水口镇，公檄夏定邦驻雷官集，俞承恩驻大殷集，与都统富明阿、副将邓凤林之驻施官集者相策应，以备贼自西来，谓帅营在南路也。八月二十日壬戌，贼自和、含犯大营，未交锋而营中火忽起，德帅仓卒登广艇道，众遂大溃，有都统穆某率众自六合东窜，公挽之不可止，乃檄西路兵勇回城守御。癸亥，贼奄至南关，公焚浮桥，画河而守，王家干、俞承恩败贼于壶芦套，贼少却，贼帅号四眼狗陈天安者，谋曰："六合所以不可破者，以兵勇与土团相救应也。今闻大营破，土团必胆落，我以众抵城下，使兵勇不敢离城，而别遣骁锐四出，破其土团，且收旁县，使城中势孤，则可图矣。"丙寅，天大雾，贼自杨家河以木排潜渡，富明阿、邓凤林不能御贼乃沿河西走，掠桂家营、程驾桥、竹墩、雷官、施官诸集镇，巴山土团与战歼焉，北行者焚马家集、四合墩，遂破天长，贼既破我土团，乃大集城下，射书城中诱降，莫之应，昼夜急攻，城上多方御之。又自西北门暗掘地道，城中亦以地道应之，凡三掘三穿，贼多伤。小东门滨河沮洳，城中掘尺余辄见水，贼于城外民房掘得燥土，乃炮石佯急攻，而潜洞地以达城脚，火药实空棺轰之，城遂陷，时戊午（1858）九月十九日丁卯[1]也。公遇害，夫人王氏、孀妇陈氏、次子辅材殉焉。先是公募能伏水中行者，赍血书告急于南北大营，张国梁、胜保各督兵来援，先后抵城外数十里，而城已陷矣。同时殉难者：都司夏定邦、守备俞承恩、王家干、千总海从龙、知六合县李守诚、典史周锡光、叶棥奎及绅士城守者数十人，皆助公守御有功者也。事闻天子震悼，赠公布政使司衔，立专祠，家属及官弁之著者并袝祀焉。

---

① 十九日丁卯：周长森编纂《温壮勇公六合殉难事略》作"十八日丙寅"。

臣焘曰：壬子（1852）之冬，焘以检讨乞假省抵里，而闻楚警，绍原详请留办捐输团练，五载之中无役不从，绍原遇危事则身先之。金陵之初陷也，英夷火轮船驶入长江，绍原获夷人，通贼书以闻向军门，檄绍原偕臣焘犒遣之火轮船，舣贼船旁，绍原手白旗招之，贼噪呼"杀妖"，不为动。又有言盐艘通贼者，率众搜捕艘数百，岿巨如山，众疑不敢前，绍原手攀铁锚跃而上，众从之，遍历诸艘而返。四年（1854）二月，与贼战通江集失利，虑归路狭，为贼所乘，手大刀杀退者数人，众乃止，整队再进，植坐纛于江干，贼收入观音门，始麾军退。六年（1856）七月，攻江浦，飞炮落足前不盈咫，色不为动。臣焘尝从容言："公一身系安危，宜持重自爱。"绍原慨然曰："足下爱我，言诚是，顾绍原何人，乃辱皇上知，敢爱身乎？且死生命也。"既大军移营江浦，绍原谓臣焘曰："以弹丸邑养勇数千人，费钱千百万，哀我人斯亦既劳止，今大营足为吾邑卫，君辈可少息肩矣。"时众绅多奉檄之官，臣焘亦以知府需次京师，授福建福宁府。戊午（1858）七月三日谢恩勤政殿，上询绍原年齿、起居及防堵事甚悉，臣焘具以对，上曰："汝来京，六合捐输团练事孰任之乎？"臣焘对曰："始绍原任地方官事烦，臣勉力襄事，自绍原革职办防堵，臣虑其呼应不灵，已将臣事全付之，以一事权矣。"上曰："新令李守诚能了是事乎？"臣焘对曰："守诚亦清勤好官，惟六合南逼金陵，西接滁、来，实为庐、凤管辖，防堵事非绍原不可了。"上颔之至再，方拟便道回里，述天眷以告绍原。九月朔日，抵清江浦，则六合已不可归矣。呜乎！六合以小邑当贼锋，向时扬州大营远在百五十里外，救援不相及，五载来大小数十战，挫贼锋者屡矣。今大营胜兵数万，棋布星罗，谓可聊固吾圉，而卒以长木之撢受池鱼之殃，使一邑文武及招集四方骁锐之士，腾踔奋发而无前者，如岸龙阱虎，智勇不及设施，仓卒钤缚，以同灰烬，此固事势所不可解，而亦臣焘与绍原所不及料也。绍原死后，而江北事始不可为矣。呜乎！岂非天哉。

【按】选自徐焘著《未灰斋文集》卷5［清光绪丁丑（1877）重刊刻本，美国哈佛图书馆藏本］。周长森编纂《温壮勇公六合殉难事略》（《中华历史人物别传集》第45册）一书亦收徐焘本文。

# 敕授修职郎累晋中宪大夫显考轶陵府君行述

府君姓徐氏，讳石麟，字穆如，号轶陵，祖考远村公之长子，何太恭人出也。八岁，何太恭人弃养，曾祖考佩苍公谓无母之孙尤怜爱之，告塾师毋扑责，珍羞必与偕饬，诸从祖父毋许争。而府君勤读寡过，学日进。年十八，游于庠，学使者胡文恪公高望试诗古，府君以《地中有山》赋押官韵，哀字见赏；疑其年少，面试以农丈人七律，府君有"银河抱瓮无边白，玉宇挥锄不断青"之句，拍案称好，呼府君名曰："汝诗文冠场，楷法劣耳。"起入内，遽出，手持颜鲁公《多宝塔碑》旧拓本，曰："吾与汝，日用油纸影写之，明岁科试不长进者，吾夏楚汝矣。"是年，饩于庠。归如胡公教，日曛犹握管，由是病目。未几，而家讼作，讼结而谭元度之事又作。谭元度者，以身家不清，冒廪生谈德阶姓应试邑廪，增附生二十一人讦之，远村公暨府君与焉。知县浙人闻镛纳谭贿三千金，右之讦之，府闻君恐纳缎四十端，讦者大受呵责，远村公愤怒，谓廪保不可再作。遽遵豫工事例，为己与府君报捐训导。初远村公以家讼由谈德阶唆使，怨之甚，故锐任攻击，府君虑远村公性刚，遭折挫，止之不得，郁郁几盲，捐官非所好，然不敢违命。远村公寻弃养，家中落，府君念赋闲且日困，以家事属从父黻堂公，奉檄就职，历署邳州学正、宿迁教谕、仪征训导。黻堂公为匪人所诱，比府君解组归，则诟逢盈门，府君以群季尚幼，不得不力持大局，遇事辄与黻堂公嘀嘀，久之不悛。念祖父以骨肉参商，启外侮不可蹈覆辙，俾各自谋食，庶稍知稼穑艰，请于继祖姚汪太恭人，析家产为七，华好楼屋任诸叔择之，己分得马厩圊溷十余间，改葺为课徒塾。幼处膏腴，至是乃痛，自刻苦，日以盐豆下饭，一布裘十余年。自修脯外，一介不取，赒救诸叔外，亦一介不与，谓不孝兄弟曰："吾以勤补拙，以俭养廉，如某某者吾不能为也。"自弃举业后，专治经史，背诵经注，一字不讹，好《史记》《南北史》《新五代史》《通鉴》，读至十余过，恶晚唐以后人诗，而独好陆务观，初教兄矞为文，主浅显。暮年获入泮，及不孝矞请业，持说颇相反，或请其故，曰："吾曩以家运迍邅，冀儿辈为蒙师糊口，然未免斩而小之，今当尽其材耳。"闻同邑郑孝廉德昌善《周易》，兄矞师事之，询其说，殊不谓然。道光戊戌（1838），不孝矞试礼部，报罢归，呼而问曰："史问山司寇家多藏书，汝西席三年，读何书？”不孝鼒具以对。曰："汝治诸经而不及易，畏其难耳。天下岂有畏难而成之学哉？"是年，史公之丧归自京师，公子丙荣大令奉遗命来招不孝鼒，以久离膝下不欲往，府君曰："汝在家不患无馆谷地，然日与不若己者处，则学日损耳。扬州多通经者，汝往也。"己亥（1839）冬，患癜病，犹日促不孝鼒治装赴。明岁计偕，曰："我家世积德，以无妄遘迍邅，子孙当有兴者，汝能成进士，俾汝父收穷经教子之效，则死不恨矣。"庚子（1840）春，疾革，始辍命呼不孝兄弟跪床前，告兄鼐曰："汝宜勤宜和。"告不孝鼒曰："汝宜谦宜慎。"既挥兄出，泣而告鼒曰："汝兄才短累多，汝助之。"以三月十一日寿终正寝。呜乎痛哉！遗命一月发引，浅葬于远村公茔之左侧。配洪太恭人，生子三：长蓉，殇；次鼐，次不孝鼒。鼐娶厉氏，生承祜、承祺；继娶黄氏，生承祐、承禄、承祚、承禋。鼒娶沈氏，生承禧、承祖、承礼。女一，适同里王应元。孙女二。著有《四书广义》若干卷，《轶陵诗文钞》若干卷。所成就门下士以刑部主事丁未（1847）进士朱君麟祺、丙辰（1856）庶吉士唐君嘉德为最著。呜乎！府君皓首读书，病目不获应乡举，心以为恨，迨不孝鼒暨门下士先后通籍，府君又不及见。戊午（1858）不孝鼒奉命守福宁，将为府君修祠墓、刻遗书，又遭粤匪之乱，兄鼐殉焉。江北豺虎纵横，未可岁月底定，不孝鼒年且五十有奇矣，或遂先狗马填沟壑焉，是府君所以遗不孝鼒者，如天罔极而鼒之所以报府君者，一无可言也。呜乎痛哉！

【按】选自徐鼒著《未灰斋文集》卷4［清光绪丁丑（1877）重刊刻本，美国哈佛图书馆藏本］。

## 烈妇陆氏传

烈妇，六合生员林世增之继配也，姓陆氏。陆家故贫，妇纺绩养其父母，以贤闻。年二十五归于生，期年产一女，伉俪甚笃。无何，生遭疾卒。妇绝粒数日，舅姑抚抱中女，曰："尔夫一生只此一块肉，尔死，将焉置此？"妇始复食。时女生甫逾月，妇辄哺以饭，女或啼思乳，妇泣曰："我焉能久待？尔奈何久累未亡人哉。"舅姑疑而察之，见妇或晨起抱女入灵帏中，兀坐如痴，久亦弗之怪也。逾年，女渐能食，家人为生卜葬，秘不令妇知，妇微觉之，持酒浆奠于夫灵前，已哭，请于舅姑，曰："儿夫既死，儿不独生，所以忍死至今者，以此一块肉未断乳哺耳。今以累两老人，儿从此逝矣。"先是，生为妇制绣襦，妇珍爱之。生有腰巾，殁时家人取以殓，则已裂其半，索之不可得。是夕，妇自姑室归，家人咸就寝，闻妇启箱箧声，良久乃寂，拔关视之，则妇著绣襦，持所裂腰巾，自缢死。时道光壬辰（1832）四月之五日也。

徐鼐闻之，慨然曰：慷慨捐躯易，从容就义难。使妇死于生甫殁之时，可谓勇决矣。然女未能食，则妇之死宜有待，艰难乳哺，迟之半载，非所谓从容就义者乎？呜呼！一女子耳，曲直赴礼，视死如归，呜呼烈哉！因纪其颠末，而为之传。

【按】选自徐鼐著《未灰斋文集》卷4，原题后署"壬辰（1832）四月作"。《光绪六合县志》卷7选录本文。

## 上云澹人师笺

乙未（1835）冬拜别后，计偕来京师，修禀附家书寄呈，缘递书人粗莽，浮沈无从，根究疏忽之咎，万无可辞。鼐伏思古人为学，其成就高下，视其生平志向之所存，而卒能守道而不渝者，则莫不赖良师友激劝之力。

鼐年二十，粗解为文，自经史外亦尝涉猎先秦、两汉、唐、宋诸家，其指事类情，状写景物，纵横奇谲之章，亦尝爱而诵之，而心知其义，顾所居童土，无见闻讲贯之资，又赋性浮躁，所学不能卒业，辄弃而他去。自夫子莅官敝邑，每月吉课试，召诸生雁立座侧，告以修己治人之方，相与屏息而敬听者不乏人，其迂之、怪之、目笑存之者，亦不知凡几也。而夫子悯其顽愚，不以愚不肖而弃之也。鼐于是始知圣贤为学之本，向所为涉猎乎秦汉唐宋之文者，皆其肤末，而无与乎修己治人之道者也。顾念亲老家贫，不得不从事制举业，以谋糊口，以驽下之资驰心名利，其耗敝精力，不足与有为者，又数年于兹矣。

既来京师，京师为海内辐辏之地，冀于此间博求当世贤杰，以自扩鄙陋之胸，而所遇知名之士，则自试帖乡会房行书外，绝口不言，间叩以秦汉唐宋之文，则已迂之、怪之、目笑存之。鼐始知井蛙不可以语海，夏虫不可以语冰，以古人肤末之学，尚迂之、怪之、目笑存之如此也，设有百倍于此者，有不掩耳而走者哉？譬如驽马尚不能驾盐车，矧追风千里邪？然蕭所以琐琐焉为夫子告者，又非敢诋他人以自快也。思古人为学，笃志力行，不顾举世之非笑，而毅然以道自守，异学煽惑，离群赘肬，摧抑沈滞，侧身无所，犹与其徒讲明切究，使微言大义如日再中。

夫子今之古人也，蕭虽不敏，愿执鞭随其后矣。近课读之暇，读近儒说经之书，虽与宋儒多所抵牾，而其思虑精专，坚守师法，实足以昌明周孔之传，而补心性。诸儒之过惧其久而散佚，拟效贾孔之例，与同志数人集《皇清经解》，诸儒之书，并藏本未刻行世者，成《十三经后疏》之学，就中惟《易》《论语》稍有端绪，又作《今古文辞》各若干首，俟他时趋侍呈正，临禀不胜悚惶之至。

【按】选自徐蕭著《未灰斋文集》卷6［清光绪丁丑（1877）重刊刻本，美国哈佛图书馆藏本］。本文标题后有小注"丁酉（1837）都中作"，题中"云澹人"，即云茂琦，时任六合县县令。

## 陈　灏

陈灏（1799？—1881？），字让泉，道光十七年（1837）拔贡，后二年（1839）举顺天乡试，咸丰三年（1853）挑用教职，选长洲教谕。光绪十七年（1881），重游泮水，年八十三卒，著有《灵岩山馆诗稿》2卷。

## 《灵岩山馆诗稿》自序

古人作诗，所以怡情，非以求名也。《三百篇》及《古诗十九首》初无作者姓名，余少时只习试贴，道光丁酉（1837）入都，始习古今体，阅沈归愚《古今诗话》《说诗晬语》，袁子才《随园诗话》，稍知作诗蹊径，每想正学另有正路，苦心孤诣，用之小技何益？海内士大夫及山林逸士，呕心耗血，欲以诗传，或请名流冠序卷首，一意表扬，转眼无存，良可慨也。余年逾八十，亦常常为之，虽系见猎心喜，不过消遣光阴，《随园诗话》述江宾谷自序其诗曰："予非存予之诗也，譬之面然，予虽不能如城北徐公之面美，然予宁无面乎？何必作窥观焉？"温明叔葆深序伊兄翰初肇江诗文集云："是集之梓也，非欲流传海内，而邀誉士林也，亦藉作家乘之传，使世世子孙奉为几座之铭而已。"噫！可谓得怡情，而不求名之本旨矣。拙作何敢步宾谷、翰初后尘，惟作诗与存诗之意则俱不甚相远云尔。

**【按】**选自《民国六合县续志稿》卷 15（《金陵全书》甲编《方志类·县志》第 32 册，南京出版社 2013 年版）。

## 杜 林

> 杜林，字献白，江苏六合人。官江西福安县知县，署安义县知县，蓝翎同知衔。

# 《安义县志》序

尝考邑之有志，犹国之有史。志也者，志也。举凡县中之山川人物、沿革废兴与夫文章风俗、户口徭役，无不备载而毕志，上以备辐轩之采，下以立官师之程，志之所系大矣哉。安义自建邑以来，前明督学宪副周公曾委司训陈士瑞、黄生昌宗、张生欢肇，修志乘而未就绪。迨嘉靖己未（1559）高宾之明府知县事，谋集邑之名宿，开局纂订，志之规模始粗具焉。至国朝康熙十二年（1673）癸丑，陈侗庵明府慨志残缺，与沈懋赓学博共纂之；嘉庆二十三年（1818）戊寅张西屏明府莅任，重为修辑，惜甫脱稿，未及付梓，遂解组去，迄今世远代湮几及二百年之久，其间人才丰啬，物产盈虚，民俗朴华，庶务损益，几至厘订难周。况值兵燹之后，地方之完敝，军务之始终，以及草野忠贞，闺门节烈，义夫孝子，奇才异能，若不访查撰述，既无以光泉壤，而慰忠魂，亦不足以昭慎重，而资考核。同治庚午（1870）余承乏来兹，适大府刘中丞奏请纂修《江西通志》，刊发章程，通饬各属，一体遵办，履任后进邑人士而商之，金谓当务之急。爰于季夏之六月开局纂辑，汇为十集，分为十六卷，阅八月而告成，今而后条分缕晰<sup>①</sup>，纲举目张，

---

① 晰：疑当为"析"。

于地理则因革可悉，于建置则城廨井然，于食货则征役已均，于学校则伦常以叙，于武备则军制独严，于职官则政治足法，于选举则登进有阶，于人物则名实相称，于艺文则文献有征，于杂类则祥异悉载，志之所系诚大矣哉。余之序之，亦欲使后之君子知志成于百数十年废阙之余，视往昔为信难，其一切偏徇之私，游移之见，师心之智，皆务绝去，罔或苟且附会，欺后人耳目也。是为序。时同治十年（1871）岁在辛未孟春之望，知安义县事金陵杜林谨识。

【按】选自杜林修、彭斗山纂《同治安义县志》书首［清同治十年（1871）刻本，国家图书馆藏本］。

## 周长森

周长森（1824—?），字莲叔，咸丰初以廪贡生宸办本邑团练，叙劳奖训导。同治元年（1862），投效曾国荃营，金陵复，保知县，分发江西，历摄崇义、进贤、安远、弋阳、上饶、永兴等县篆。后居金陵，以诗酒为乐。著有《六合纪事》4卷、《甘菊簃诗集》8卷、《文集》《日记》等传世。

## 《六合纪事》序

山水之佳，觞咏之乐，见闻之异，一名一物之珍奇，好事者传之，遂为故实，吾不知其于人心风俗有补否耶？古今之事迹可以炳天壤而垂不朽者，莫大于忠义，史册传之，志乘载之，虽贵贱不同，时地有别，其为忠义一也。故史之目十有三，而传记为一类。传记者，所以补史乘之缺，历代之史，网罗散佚，往往求其人不得，则取之诸家碑志，因以立传。宋司马温公纂《通鉴》一书，泛览百氏，旁采小说，非务博也，其意亦主于阐扬大节云尔。

我朝定鼎之初，传记杂出，在江左者，如《南疆绎史》《南渡录》《幸存录》《扬州殉难舻》《十日记》《江阴城守纪》《嘉定屠城录》《金陵剩事》之类，明知为稗官野史，无当于著作家，而感事抚时，详叙本末，非好事也，谓忠孝节义或藉是以传也，则传记不可废也。森童土鲰生，寡闻鲜见，自束发后，窃喜读史，家贫鲜藏书，又时值兵燹，学殖遂废，然遇可惊可喜之事，辄援笔记之，若自忘其陋者。咸丰癸丑（1853），粤逆窜踞金陵，桑梓孤危，力图保卫。于时变故蜂起，耳目日新，登陴之暇，仿《封氏见闻记》《李氏南来录》之例，起是年正月甲子，至戊午（1858）八月，为日记六卷，及贼逼县城，仓猝召团练，城陷付之一炬。然记丑而博，无裨时事，弃之亦宜。独念蕞尔之区，支持六载，枕戈待旦，投袂兴师，即至兵尽矢穷，死守一月，官绅士庶，如百万樗蒲，拚命一掷；今则沧桑更变，蔓草荒烟，凭吊遗墟，将疑将信，即殉难者之子孙，询其祖父之情形，有茫然失据者。然则传与不传，殉节者不计也，而不可不传，不忍听其不传，人心天理之公也。天下之大，从古至今皆如是也。

邑志修于乾隆甲寅（1794），今且百年，乱后之有无不可计，而今而后，将使忠义诸公，上之国史而不详，登之志乘而失实，其安乎？或谓子之纪，一似专为温都转发者，众人其附见也。曰："然。"曰："温都转往矣！当日奉令承教者，翳岂无人，何子独汲汲焉，将藉是以报知己乎？"曰："否。虽然亦有说焉。夫名公巨卿，声施炫赫，当其在位时，奔走名利，踵门委贽者，莫不諤諤然赞扬功德，一旦时易势殊，声闻顿寂，而所赖以传诸不朽者，乃在一二有心世道之人，所谓'莫为之后，虽盛弗传'也，此即众人为之，犹当各抒所见，而况乎时事茫茫，晨星落落，如今日哉！是乌可以藏拙也。抑此编之缘起，不至毁于敝簏者，则尤有说。"

咸丰戊午（1858）冬，舟泊兰溪，霜寒月皎，闻谯楼鼓吹声，潸然泪下，其时殉节诸君，夜辄入梦。明年冬，游万安，亦如之，乃追叙旧事，灯昏漏永，执笔欷歔，稿成藏诸行箧。同治甲子（1864）春，归金陵，谒中丞沅甫曾公于军次，公询六合事甚悉，爰呈此稿。旋以军事赴海陵，九月归，不敢以琐琐者请，同事某君忽出以见示，曰："中丞复金陵之前二日，移驻城东，将行，检以属我，且谆谆曰：'是有苦心，其归之毋失。'"明年乙丑（1865），抵星沙，今赣南观察辅卿文公时与黄观察南坡公同管矿务，黄公夙与温都转善，研询往事，娓娓不倦，爰再以此稿进，两公皆恻然，亟命别录一通，将上之两江节相，已而节相移镇淮北，乃达之金陵采访局中。夫此一小说耳，而诸公眷眷如是，非以忠义不可没，文不足重，而重在事耶？

呜呼！当都转公之莅六合也，森以肄业诸生，过蒙甄识。军事起，无役不从，暇则追述生平勤苦状，曰："人能自立，必不诡随流俗，盖期以远

186

大也。"丙辰（1856）夏，或以森家贫亲老，请改学博为他禄秩者，公怫然谓徐侍御曰："是读书不懈，当以科第显其亲，胡屑屑为末吏计升斗也。"呜呼，公知我矣！庸讵知事与愿违，浮沈冗俗，一至是乎？今发且种种矣，微论负知己之恩，乏尺寸之效，即往日同袍同泽诸君，交勉于夕烽夜堠中者，不可复得矣。

滩声汩汩，山色苍苍，东望白云，故乡何在？昔之患难师友，六年心力，徒付劫灰，犹幸有此一编，异日史乘家或因以考其生平，附诸简册，则其事虽往，其人如在也。是则区区之意也夫。九京有灵，尚其鉴我。

同治七年（1868）戊辰夏四月，周长森莲叔自序，时舟次西昌早禾市。

【按】选自周长森撰《六合纪事》书首［清同治十一年（1872）刻本，《中国华东文献丛书》第 82 册，学苑出版社 2010 年版］。


# 《酒令丛钞》序

《周礼》酒正酒人掌五齐、三酒、四饮，梓人为酒器，由一升至三升，曰勺，曰爵，曰觚，示限制也。而酒禁则掌自萍氏，说者谓官以萍名，取其上浮而不沈溺。盖酒之有官有令，此其始矣。然禹疏仪狄，绝旨酒，令因酒起者，莫先于此。故《五子之歌》，首戒甘酒。夏商之末，以酒为池，而令遂废；成周戒群饮，作《酒诰》；卫武公立监佐史，皆循令也；春秋时名卿宴会，肆雅歌风，一洗号呶之习，遂为即席倡和之滥觞；汉以后榷酤有令，而公私宴饮，仿监史之例，觞政以名，觥录事以起。盖自投壶习射，以至藏钩阄覆，猜枚博塞，种种意趣，千百年来，每变逾新，因难见巧，以视倡优杂沓，管弦喞嘈，且徒以欢呼拇战为娱者，雅郑判焉。

夫以上使下谓之令，若举觞促坐，迭为盟长，听其约束，有举必行，有禁必止，无宾主百拜之繁，罕饮无算爵之罚，亦谓之令。然则令因酒起，酒亦以令行，且令者善也，有择善而从之义焉。

金匮俞芝帖大令挂冠侍养，侨寓双江，辟地数弓，莳花种竹，四方同好之来者，倒屣联袂，觞咏无虚日。君以多材多艺，每登饮席，辄举新令，如匡鼎说诗，语妙解颐。余别君五年，今夏过赣，谒观察星台许公，翼日召饮，君预焉。酒半，获睹是编，盖君所采辑，公为之授梓，且命为序，俾得附名卷末。爰手是编，一再翻阅，曰古今，志缘起也；曰雅令，别尘俗也；曰通令，利推行也；曰筹令，参伍错综，明乎纯任自然也。

呜呼！君之才，岂仅此哉！夫以君之蕴蓄，不尽展于时，今乃随举一事，穷源竟委，类聚群分，集众人之心思，供一时之采择，而又联络穿贯，妙趣环生，于以资考证，佐佳话，一酬酢间，而古近人之灵机隽旨，因是以传。览是编者，爱之将与《茶经》《酒谱》等，君才之可见者，此其一端已。

约举是编，有四宜焉：和亲康乐，少长咸集，标新领异，吉语缤纷，于岁时之宴宜；觥筹交错，左右秩秩，欢伯联情，口无择言，于宾僚之会宜；高峰流泉，探幽选胜，啸侣翕集，钩心出奇，于山水之游宜；良宵雨霁，奇葩吐芬，同调写宣，谐谑闲作，于花月之赏宜。由是推之，酒官不必设，酒禁不必申，入酒国者酿为太和，合四海而同春焉。彼刘伯伦之荷锸，毕吏部之盗瓮，王无功之逃醉乡，则瞢然而不知，阒然而寡趣也。六合周长森莲叔序。

【按】选自清俞敦培撰《酒令丛钞》书首（《丛书集成》三编第 30 册）。


# 《余辛集》序

壬戌（1862）仲夏，我夫子以权守吉州，至是未周岁，以嫌罢职，时值溽暑郁蒸，惮于跋涉，杜门息影，取莅任后所为条陈利害，斟酌规模，为地方经画久远，措诸行事，而见于笺牍者，命森编次而钞写之。又公务之暇唱酬篇什，发抒怀抱，与夫骈散各体，一一检拾，将弄诸行箧，森从旁怂恿，曰："盍付诸剞劂，以续前集乎？"夫子颔之。会森以襄事西昌，不获与雠校之役，窃思一年中橐笔登堂，亲承咳唾，凡建言行政，即不敢旁参末议，而一一得之目见耳闻。至于商榷古今，慨论时事，县钟待问，大叩大鸣，则固非悦服于亲炙之时，盖私淑为已久矣。先是乙巳（1845）冬，乡大夫归自京师，曰："江阴有才人焉，其笔锋所触，风发泉涌，而又沉博典丽，不可一世，心向往之，然而文章不可得而闻也。"戊午（1858）春，避乱游钟陵，得读我愧之集，潸潸泪下，始知夫子出守建昌，甫逾月，而室家灰烬，铭诔诸篇，哀感顽艳，私幸文章窥见一斑矣。越明年，投谒章门，取拙作《六合殉难记》《章门新乐府》二首，执贽门下，夫子笔削不少，贷因赐全集读之，煌煌大著，绝艳惊才，而两汉乐府尤为推倒一时，开拓万古，遂乃欢欣鼓舞，如宏农之得宝，如瞽人之发蒙，然而文章可得而闻，而政事不可得而见也。今夫抱有为之才，而不居可为之位者，是为失势，居可为之位，而不尽其有为之才者，是谓溺职。唐代以后，廷臣请乞，辄就便量移一郡，自是地方长吏一岁数迁，民视官如举棋，官视位如传舍，才人旷达，或纵情诗酒，或游览山川，与俗浮沉，而地方利弊所当讲求者，蔑如也，则意夫子政事之才，将为文章掩乎而顾不然。去年夏季，森侨寓石阳，适夫子来典斯郡，甫下车，即膺二竖之灾，又抱三军之惧，其时风鹤震惊，逆氛日偪，郡城自三月告陷，痍伤未复，市井为墟，民有去心，兵皆客气，金以为岌岌殆哉。而夫子则屏弃汤药，而忘其身，驱遣弱小，而忘其家，称贷于阛阓，而以犒将散之师，召募于间阎，而以备深入之寇，漏五下犹飞书驰檄，神色晏如，已而陈镇军自赣南帅劲旅直下，贼氛渐熄，夫子以为吉郡南北要冲，前此无登坛上将控制中区，今总戎奉天子命移镇此邦，此诚不数见之数，而不可失之机也。然则辑和文武，联络军民，兴一时之利，树百年之规，使散者复聚，废者辄举，备而无患，危而复安，非守令之责，而谁属哉？于是筹度支以佐军饷，增城堡以固外藩，伐山木以兴工作，修楼橹以习水战。义仓可复，则捐谷以实之，火器宜增，则积铁以铸之，环陴而筑楼卡，引泉而灌濠隍，油薪有备，扉屦有资，数月以来，招徕流亡不下二千余户，城厢廛市焕然改观。嘻！其勤矣！盖其为治，大抵抑强宗，锄巨猾，辟荒废，广储积，事有不便，辄抗论直陈，动触忌讳，虽屡经折挫，而志节不移，谤之者或以为兴利太骤，求治太急，而不知厝火积薪，其势迫也。昔子产执政，乡校有毁，孰杀有歌，向使未及三年，而执政报罢，则褚衣冠，伍田畴，至今疑之，谁复以为惠人耶？然则政事之可见者，又如是是固非一人阿好之言也。森乡曲后进，叠经离乱，糊口四方，每念士君子不能利济苍生，亦当讲求时务文章，政事不可偏废，兴利除弊，得时则为，至于屈伸荣辱，一听于天，古来名世之才，未有不出于此者。然则我夫子岂必以一日之屯邅，而挫千秋之志业哉？不合于时，乃合于古，古人之行其为，今人之疑忌也宜矣，然而名亦随之矣。刻既竣，谨书其端末如右。

同治元年壬戌（1862）秋八月下浣受业周长森百拜撰。

【按】选自何栻著《余辛集》书首［清同治元年（1862）刻本，《清代诗文集汇编》第664册，上海古籍出版社2010年版]。

# 重建筹备仓记

两汉以后，国家首重吏治，而吏治之大者，以兴利除弊为先。然而时不可为而为之，与时可为而不为，其失等也。余以谫陋，甫膺吏事，乌足以言兴革。顾尝读两汉以后循吏诸传，下至于近日府州县志所载，观其勤于吏事，而士民怀之者，未尝不悚然神往也。夫治邑当如治家，勤苦则成，堕窳则废，矧谫陋如余，滥膺升斗食焉，而怠其事，能毋得天殃乎？

岁己巳（1869），始至崇，览山川之形胜，察生民之休戚，鳃鳃然为久远计，以为横江不濬，则水利不兴，城中必艰于生聚；社谷不储，则旱潦无备，寇变必起于仓皇。明年庚午（1870）二月，谒巡宪文公，首陈其事，公颔之，退而询诸邑人士，知河道不可骤复，于是为储谷计。至四月谷价腾踊，斗米钱四百八十，邻封遍祲，势汹汹将变。已而谷熟，至十月，楚南斋匪起，自醴陵边防告警，集绅士会议，将召募以守险，佥以仓无储蓄对，余乃毅然出二百缗，为设局经费，整器械，集乡团，设侦探，已而寇弭。于是再为储谷计，而邑人士知此举为不可缓矣。

当崇邑盛时，常平社谷约三万有奇，历久而废，军兴以后，汪大令捐城乡谷以万计，未几，军务报销，一扫而空，余以此举，非严订章程，则事难持久，非克期蒇事，则费必虚糜。闰十月兴事，康君燕宾先赴尚德里，杨君仁琛偕余躬历金坑，过埠思、顺鳞潭、上堡等处，黄君家骥躬赴长龙、三堡等处，钟君占鳌躬赴杰坝、长潭、白面等处，今年正月奉大中丞刘公、巡宪文公先后檄催在案，而七里士民咸知此举为不可缓矣。三月，康君复偕余亲至江头、严湖、秀罗寺下等处，杨君、钟君复躬赴关田、聂都、密溪、义安、铅厂等处，而两巡司苏君景泉、张君墉皆竭力勤事，以次毕举，得谷一万有奇，太平里社谷及七里殷户之输局者，专贮城仓，余则分贮各团。订出纳之例，凡息谷所入，兼设义学，并宣讲圣谕，各里仓庾废者举之。城仓则建于署之东偏，先是，邑人黄居湖以公事捐钱三百缗，修复城仓，始于十年（1860）二月，成于五月，南向五楹，东西向各二楹，前列门楣，额曰"筹备"，费不足则提各里二成以充之，于是申详列宪，刊布章程，有续报者，随时汇入，将使涓滴归公，行之久而不懈。嗟乎！是岂余一人之谫陋所能成事乎？抑同官及诸绅士之任劳任怨耳。

夫时不可为而为之，则张皇而无济；时可为而不为，则贻悔于后来。今崇邑微天之幸，年谷屡登，西东毗连，楚粤伏莽之兴，不旋踵而灭，向使钱谷簿书之暇，诗酒自娱，未尝不可以循分称职也。而必偕我绅士奔走于山深箐密之中，较量于石斛升斗之末，何哉？曰：难得而易失者，时也；有备而无患者，理也。今瓜期及矣，区区之心，所不能已者，尤望后来之君子，思其艰而图厥成也。是为记。

【按】选自光绪《崇义县志》卷6（清刻本，国家图书馆藏本）。

## 宋吉阳令张约之诔并序

约之，堂邑人。六合，古名堂邑[①]，吉阳即吉水也。《宋书》称：徐羡之既废庐陵王刘义真，改约之为梁州府参军，寻杀之。文帝即位，诏曰：故吉阳令抗疏矢言，至诚慷慨，事屈群丑，殒命遐疆，志节不伸，宜加旌显，可赠以一郡，赐钱十万，布百疋。今吉安、吉水两县均载入名宦。考六合仕江右者，以约之为首，而忠节素著，慷慨捐生，则千载有光焉！予以咸丰己未（1859）九月三日，舟过吉阳，睹山川之秀丽，慨前代之兴亡，知我公正气昭垂，常伸天壤，虽子孙支派，故里未详，而乡先辈之卓卓可纪者，当首屈一指也。爰为之诔曰：

崇冈叠巘，实产松柏，朔吹寒冰，挺然劲节，奇姿含章，芳气馥烈，斤斧横加，不曲而折，弃百年材，为万人惜。在昔刘宋，侃侃张公，作令吉阳，抗疏矢忠，羡之构衅，义真昏庸，屏斥谠言，雉离于罿，权奸网密，左迁公秩，匹马长征，涕泗横出，气阻群丑，身殒七尺，白虹亘天，惨淡风日。雪冤诏下，生顺死荣，十万赐钱，百匹悬旌，棠川森森，赣水盈盈，两地崇祀，赞叹同声。我过吉阳，山川清秀，代毓奇英，铮铮朝右，惟贤令尹，实为领袖，因直不屈，匪躬获咎。嗟予不才，后公千祀，桑梓邱墟，只身异地，尺寸无权，金石有志，常恐泥涂，泯泯斯世。过公之治，吊公之灵，读公章奏，鉴公精诚，公存竭忠，公殁得正，宋史特尝，曰吉阳令。

---

① 原注：堂一作棠。

【按】选自张官倬著《棠志拾遗》卷下"艺文上"（1947年仲春石印本）。题中"张约之"，南北朝时期宋人，六合人。初为吉阳令，后免。以疏理庐陵王义真，授梁州府参军，不久被杀。

## 明万安令黄公祭文并序

公讳宏，江苏六合人，少卓荦不群，登进士第。宏治十六年（1503），为江西万安令，为政详明，宽猛得当，尤留心虚粮，奸胥屏绝，私相语曰："今县令不可欺也！"且奖许士类，士风丕变。居五年，擢户部主事，累官至江西左布政司参议。宸濠将起事，大集群僚，伪称奉懿旨起兵，巡抚某及公皆不屈。濠怒，杀巡抚而悬公竿上，置之烈日中，公骂不绝口而死。事平，褒赠如制，载入《江西通志》及吉安、万安《名宦志》，六合崇祀乡贤，并建专祠于东门外。公族繁，其嫡支人目为"晒黄"，志死事也。予以咸丰己未（1859）九月至万安，去为公令时计三百五十七载，其流风善政，令人想见，惜兵燹以后，庙貌荡然，而余以颠沛余生，依人作活，碌碌于三千里外，不克继乡前辈之志，因登五云之墟，酌以清泉，修以蘋藻，妥公之灵，而为之祭曰：

呜呼！天壤之大兮，虽飞潜动植，莫不思表见于时，士生斯世兮，顾泯泯没没终其身而不见知。嗟予生之不辰兮，巢倾卵破，干戈满地而何之？不能奋青云而上兮，坐令岁月之虚縻，橐饘裹砚于三千里外兮，来朽壤而栖迟，望五云之苍莽兮，听赣水之长嘶，缅流风余韵之未泯兮，仰乡先辈而神驰。维我公之莅治兮，以名宿而作宰，当明孝宗清晏之时，振颓纲而挽逆流兮，水懦火烈，各适其宜，虚堂悬镜而人在兮，如秦台之照而无遗，彼万安之疲玩兮，胥吏舞文而售欺，浮粮匿税，增减成额兮，户口吞声而任其转移，维公则洞悉隐情兮，为之指瘢而索疵，民免蠹而有鸠兮，吏瞠目而莫敢置词，朝劝农而耕勤兮，夕课士而经治，冀拔十而得五兮，羡春华秋实之繁滋。历五年而内迁兮，父老攀辕而追随，进一钱而不受兮，士民脍炙而传为口碑。方擢居于农部兮，复被诏而参使司，过并州之旧境兮，儿童竹马而嬉嬉，遂端居于台宪兮，以正道而自持。属强藩之构逆兮，奉伪诏而起师，诛大臣之异己兮，公独唾骂而淋漓，悬藁竿之百尺兮，阴风惨淡而骑箕，正气如山岳，屹立而不动兮，大节昭日月而无亏，彼吏治仅窥公之一斑兮，已超出乎俗吏之卑卑。桐乡流涕而奉祀兮，桑梓悲怀而置祠，公族姓繁而晒黄独别兮，视公炎炎如夏日之烈曦，我何人斯，岂能述公之遗迹兮，过甘棠之芨舍，谨奠公以一卮，去公三百五十有七载兮，壮盛瓠落而溷迹于尘缁，志不甘于蠖屈兮，身讵终于马羁，安得假尺寸而继起兮，行吾素志而不疑？惟公血食于兹土兮，士民秋赛而春祈，山崱屴而峭拔兮，水奋激而参差，人民城郭虽非旧日兮，豺狼榛莽已渐次而芟夷，佐新侯而懋治绩兮，怀故土而勿咨。嗟！忆故土之陷于蛟窟兮，荒榛断棘而不可以居，苟妖氛之净扫兮，当重新乎庙貌，而招公以风马云旗，公其悯颠蹶之后生兮，毋使萍飘梗断而终老于寄篱，悲鸣踯躅而为文以祭兮，尚其默默而有鉴于兹，呜呼尚飨！

【按】选自张官倬著《棠志拾遗》卷下“艺文上”（1947年仲春石印本）。

## 徐承禧

徐承禧（1832—?），字心燕，徐鼒长子，以监生应京兆试。报罢，以布政司经历补缺浙江，因功奖知县留福建补用，历任光泽、连江、长乐、古田、莆田、福安等县知县。光绪甲申（1884），以平定地方有功，迁知州，再升知府，历著绍武、延平两府，均有善政，卒于闽。

## 《治长事略摭存》序

长乐西接闽县，东滨大海，幅员不及百里，各氏聚族以居，擅鱼盐果蓏之利，士人被服儒雅，世称海滨邹鲁，有自来矣。然其俗强不受侮，往往以小故寻干戈，加以学校之不修，水利之不讲，水旱盗贼之时作，民生日困，讼狱日滋，械斗赶书，几无虚月，当官者，簿书鞅掌，惴惴焉救过之不暇，苟居其位，而思尽其职，岂易易哉？

光绪丙子（1876）冬，余捧檄宰其地，捕剧盗，锄豪猾，不一年，而械斗赶书之风息，年谷屡登，讼狱衰息。余与士大夫谋所以修坠举废，而陈瀍川刺史尤以吴航书院费绌为言，乃首筹书院膏伙，修学舍，改建奎光楼。继浚陈塘港，疏西湖，设北路育婴局，改造汾阳王庙桥、陈塘港桥，重修五贤祠、城隍庙、鼓楼官廨，旁及崇圣祠、文昌阁、先农坛、养济院、南城桥路，以城乡诸绅分任其事，而自总厥成。虑经费之难集也，则捐俸以倡之，虑属役之不均也，则亲身以督之。凡三易寒暑，始次第竣事。庚辰 ①（1880）春，又议继浚东湖，估丈既定，而占湖奸民控诸宪府，往复查勘，迁延及于初冬，余复以量移福安，亟去兹土，工弗克竟。更有南陂塘、莲柄港亦议而不行矣。然则他役之克举也，虽曰人力，盖亦有天幸焉。抑余闻诸父老，乾隆间贺君世骏在任九年，兴作尤巨，工费请之官帑，无纤毫累于民，其规模当可为后世法，惜也文献无征，欲问百年前经营之迹，已无能道其详矣。今勤民之力，耗民之财，所就仅此数端，若书院、港湖、育婴局、城隍庙，递年皆有应收之费、应办之事，条议章程，详明列宪立案，而陈塘港、西湖两工，制府何公、中丞岑公且先后具疏上闻矣，其他废兴沿革之故，余与陈君各有叙述碑志，惧其久而散佚，亦犹今之视昔也。爰摭为一帙，刊附邑乘末，俾后来者参今制，酌时宜，推而广之，使百废俱兴，家富足而户诗书，礼让兴而闾阎洽，以上跻郅治，是余之私志也夫。

【按】选自孟昭涵、李驹主纂《民国长乐县志》卷 22 上（民国排印本，国家图书馆藏本）。

## 《重修福安县志》序

天下政治得失之源，其肇于郡县乎？后代沿秦制，立郡县，以大一统之规模，必县无不治而郡乃治，必郡无不治而天下乃治。然则一邑虽小，苟政治得其道，亦可以上佐圣天子车书之化，则治天下必自治县始。治县者，欲举其职，必熟悉乎一邑之建置、沿革、疆域、田赋、户口、关塞、险隘、人物、风俗，以准今酌古，因时制宜，使发为政教，著为禁令，悉施之不悖，非稽诸志乘，不能得其要也。

《福安县志》，旧为乾隆癸卯（1783）侯君谨度所纂集，道光壬辰（1832）刘君之蔼踵而续之。夫沿袭旧说，而不知订讹正讹，论古者何所折衷，别纂新篇，而不能因流溯源；考古者，仍多遗憾。此侯、刘两志，识者

---

① 庚辰：底本为"庚戌（1910）"，显误，径改。光绪六年（1880），距作者任职的光绪二年（1876）虚四年、实三年左右，也是作者改官离职之年。

所由病也。然自刘君续编之后，数十年中生于斯，官于斯，懿行嘉言，流风善政，岂无卓卓可传者乎？若更迟之又久，文献以远而无征，稗乘以非而淆是，传闻失实，稽考无从，亦守土者之过欤！

余于光绪庚辰（1880）莅兹邑，大惧斯志之废缺，思集邑之人，按图订辑，收坠拾遗，以都为一书，正在筹增紫阳书院，考课经费，拟次第行之。未几，移任玉田，代余者为钱塘张君景祁，与邑绅黄锦灿诸人启局重修，取侯、刘两志，节其冗者，补其亡者，去取维严，厘然悉具。盖至是，邑志非向之因陋就简，而足以垂久远者矣。癸未（1883）秋，余捧檄重来，喜是书之将成，幸初心之无负，乃与诸君复深商确，付之梨枣，刊资不足，为鸠集之，以讫厥功。夫予有志未逮，赖张君以成之，而张君亦赖予以终其役，则予两人拳拳于兹土，诚欲后之宰是者，披览此编，将邑之建置、沿革、疆域、田赋、户口、关塞、险隘、人物、风俗，了如指掌，可以藉手有为。由是修其教不易其俗，齐其政不易其宜，则奠民居，有若郑鄜、林子勋；兴民利，有若忙兀歹、赵琏；除民患，赈民穷，有若卢仲佃、金汝砺。步武昔贤，争相辉映，不雍雍乎政平讼理，以黼黻升平也哉。当务之急，莫急于此，都人士问序于余，爰述其缘起云。光绪十年（1884）冬十一月诰授奉政大夫同知衔调补莆田县福安县知县六合徐承禧谨撰。

【按】选自光绪《福安县志》书首（清光绪刻本，国家图书馆藏本）。


# 重修城隍庙记

事神治民，守土职也。则凡庙关典祀，皆宜时修，况城隍之神，御灾捍患，尤为民所凭依者乎？苟听其剥落，因循弗顾，则是神能庇数万户生民，咸得其所，而数万户生民不能卫此一庙，以妥神灵。呜呼亵矣！余自丙子（1876）冬莅长以来，政渐通，废渐举。戊寅（1878）秋，乃召邑民告曰："尔辈敬神乎？盍修庙乎？自道光庚子（1840）大修，迄今三十余载矣，剥而宜复，向以费广而辄止，今余议酌估其费，由城及乡按户匀派，所出甚廉，集数万户之力，一反手间事济矣。尔民其愿乎？"民咸欣然愿从。爰协众志，率绅董，庀材兴工，乃新寝殿，整神像，观瞻肃焉。其有撤而更造者，为剧台，为酒楼，暨祠旁观音殿之钟楼鼓楼，仆者植之，垩者饰之，基扃固护，规抚<sup>①</sup>益张，更以余赀修崇圣祠、先农坛，下及养济院。夫圣教尊而士教学校，农事重而民力畎亩，废疾有养，令无失所。盖事神治民，无敢偏废，亦尽余职焉尔。嗟夫！庙貌显严，神威愈赫，既大修以扩其规，无小修以善其后，安能垂久远而叨永庇乎？余因复筹款购产，生息以备岁修，愿董是事者留意焉。是役也，经始于戊寅（1878）十月，告成于庚辰（1880）九月，工既竣事，而神栖载安，驱祓沴孽，岁迄大苏，民又益喜，乃相与请纪颠末，以诏来者，余将受代而行矣，亦不敢违其愿也。遂援笔书之，而刻诸石。

【按】选自孟昭涵、李驹主纂《民国长乐县志》卷 20 上（民国排印本，国家图书馆藏本）。

## 重整吴航书院碑记

郡邑书院，育英才地也。长虽百里区，自唐迄明，代有名臣大儒，理学文章，后先辉映，至今科目之盛，常甲诸邑，而书院则自乾隆初安成贺公草创之，嘉庆中阳湖杨公润色之。唯历年既久，人士增多，膏火短绌。丙子（1876）冬，余甫下车，山长陈瀍川刺史有心造士，首以为言余，维经费必足，教泽乃长，非岁有余利，源源不竭，安能垂永久乎？丁丑（1877）夏，公暇，集绅衿议，倡捐四百金，由城及乡率董劝导，咸踊跃乐输，综计得赀约万两，谕置田产店业，收租取息，额款以充。于是，重整院规，增修学舍，资讲习也；厚加膏火，倍于旧额，广栽成也；改建奎光楼，翚如翼如，象文明也；经营三载，视昔有光，一时士风，翕然丕变。岁己卯（1879），逢大比，获隽者二十余人，为开邑以来所未有。懿乎盛矣！异日名臣大儒，后先辈出，文治之隆，固将超轶前代，则尤守土者之所厚望也夫。

【按】选自孟昭涵、李驹主纂《民国长乐县志》卷 20 上（民国排印本，国家图书馆藏本）。

---

① 抚：底本作繁体"撫"，疑为"橅（模）"字。

## 汪达利

汪达利，字次安，江苏六合人，监生。生平事迹不详。

## 《小腆纪年》跋

癸丑（1853）之春，粤匪窜踞金陵，犯六合，夫子奉命团练，为桑梓卫，谓士民必知忠义而后可为国家用。登埤之暇，辄举所著《小腆纪年》中之忠义城守事，及纯庙褒谥祠祀之典，慷慨陈说，众多感奋。书中寓褒贬、别善恶，俾孤忠不至以微贱没草莱，大憝不得假名号逃斧钺，自叙所谓"正人心以维世运之愚衷"也。紫阳踵事《春秋》，是书则又踵事《纲目》。范蔚宗曰："体大思精，天下奇作。"是书殆无愧夫！同里受业汪达利谨跋。

【按】选自徐鼒著《小腆纪年附考》书首（清光绪刻本）。

## 徐承祖

徐承祖（1842—?），字孙祺（一作孙麒），徐鼒次子，以同知随陈兰彬出使美、日、秘等国，得奖特用知府。中法之役，条议中西利病入告，上纳之。光绪十年（1884）任驻日本公使，后以铜案被议罢职。著有《美英条约》和《徐孙麒星使条议》。

## 《经籍访古志》序

目录之学，自刘歆《七略》始，《汉书·艺文志》因之，隋唐诸史沿袭其例，宋以来私家著录者尤夥，晁公武《读书志》、陈振孙《书录解题》其卓卓者也。学古之士藉以验存佚，辨真赝，核同异，为益匪鲜，然如《通志·艺文略》，标举名目，无所诠释，别开尤袤遂初堂一派，读者病其太简焉。日本与我同文，海程甚近，以故秘书珍帙，往往流传。日人藤佐世尝著《见在书目》，距今百年，书皆散佚，不可复问。近涩江全善、森立之复作

《经籍访古志》，继之分经、史、子、集四部，医书别为部坿于后，凡七卷，大抵论缮写刊刻之工拙，于考证不甚留意。然海东群籍，总汇于斯，固集古者所取资，采风者所必录也。予衔命东来，公暇访搜古籍，姚君子梁为道此书，获之深喜，亟命以聚珍版印行，公诸世之同好者。工既竟，爰书缘起于简端。时大清光绪十一年（1885）岁在蒙作噩窉月上浣，六合徐承祖序。

【按】选自日本涩江全善、森立之同撰《经籍访古志》书首［清光绪十一年（1885）排印本，见《海王村古籍书目题跋丛刊》第 8 册，中国书店2008 年版］。

## 《美英条约》序

事有自我处之而条理毕具者，固不必取资于人也。若事为今之急务古所鲜见者，人之处之或视我加详，则虽有不可失其在己者，而择善而从，似亦广益之一端。我国家谟烈昭垂，凡为政诸大经典籍靡不具，惟自道咸以来，五洲各国连樯请款，文语不同，情伪各异，时事之变，有非前人所及料，故于外国立约一事，无从取证。夫讲信修睦，载在礼经，盟誓之词，古所不废，矧迩来欧亚诸国，各出争雄，其于修好订约，尤视为重。凡有关国体者，如彼此土产进出口税，从不肯此轻彼重，其定界则恐沧海或有变迁，故兼以经纬度数为准，商务则力求保护，字斟句酌，必两得其平。盖欧洲各国恃条约以通交际，已数百年矣。珠槃玉敦间，实可取彼以证此，岂可谓他国约章，于我无与乎？承祖于丁丑年（1877）随使赴美，驻华盛顿者三年，公余习其语文，因取美国与各国所订条约，参考讨论，间有疑义，不惮周咨博访，期于词意详明，不失其本旨而已。顾其全书中互订条约者七十有二国，而与英独加详。盖美故英之属地，百年前英以重税困之，有十三部落起而与英抗，鏖战八年，英卒不能有之，遂许为自主之国，美之北境与英属毗连，其分疆定界，罢兵修好，诸约章无不详备。间有以一语未明，终启争端者，两国复审慎商改，并经友邦公断始定议，由此观之，则立约一事岂可率尔哉？又美商贸易于欧罗巴、阿非利加及亚细亚之西南洋者，英之属地居多，其交涉事视列邦尤繁，其条约亦视列邦为尤备，承祖爰就二国约章译之，俾后之办交涉、修条约者，借以取证。至于球美约章中洋文，系载我朝年号，亦可见我属邦遵王之义，为太西各国所公知，因译之附于后焉。约内地名以各处土音不同，虽按官音注明，仍有洋字以便查核，其立约之大臣名姓概不译注，则是书之凡例也。甲申（1884）入都，曾录呈译署，谬蒙当轴诸公嘉许，上达宸聪。比持节东来，适译署将原稿寄回，因用活字版排印成书，以质诸海内之留心洋务者。光绪十有二年（1886）岁在丙戌秋九月六合徐承祖自序于扶桑使廨。

**【按】**选自《美英条约》原刻本书首（清刻本，南京图书馆藏本）。

## 《小腆纪传》跋

昔先大夫作《小腆纪年》既成而作《纪传》，谓"《纪年》一书取《春秋》《纲目》之义，凡明季衰乱及诸臣贤否固在在可考；然读迁、固之史，其人其事必综其生平言行，各予纪传，令观者得悉其毕生之善恶。"此史家之例，而先大夫《纪传》之所由作也。维时出守福宁，贼氛告警，登埤尽瘁；遗命深以此书不克成为憾。迨兄承禧筮仕闽中，理繁治剧，为政务所迫；承祖从节泰西，鞅掌奔走，迄无定日，虽无忘先志而皆未逮。弟承礼在闽，珍什遗稿，于公余暇日，辄出是书厘次，与仁和魏君锡曾参校编次，得六十五卷，缮为定本。弟承礼复搜遗搜逸，博采群书，凡先大夫未及录者，作《纪传补遗》若干卷，亦本先大夫作书之旨，其间或俟编次，或俟考正，多未脱稿。其已订正者，凡五卷。

甲申（1884）冬，承祖奉命出使日本，函商于兄承禧，谨出《纪传》，命工人梓成，因令《补遗》之已成者附刊于后。盖不敢忘先大夫作书之本心，并以勖弟承礼缵述之笃志云尔。

光绪十三年（1887）岁在丁亥冬十二月，男承祖谨识。

**【按】**选自徐鼒著《小腆纪传》书首［清光绪丁亥（1887）刻本］。

## 《周易旧注》总目跋

右《周易旧注》十二卷，先大夫纂辑未成之书也。先大夫于道光己亥（1839）馆扬州史氏，治《周易》，谓韩、王、程、朱之说虽纯驳不一而外，象数以言性命，终非圣人作易之旨，取明何氏楷、国朝惠氏栋、张氏惠言、姚氏仲虞之书参考之，将为《周易旧注疏证》，乃详稽孟京以下诸儒，迄于干宝，辑旧注若干卷。未几，闻先大夫病革，遂匆匆卷箧归，追入直史馆，又有《小腆纪年》之作，是稿仅付钞胥录成帙，而未暇为疏证也。今距先大夫捐馆已二十余年，钞本藏庋笥中，几遭蠹蚀，承祖惧其久而散佚，爰于奉使之暇，雠校付诸剞劂。原钞未分卷次，别签"卷第几"于眉上，是否当日手定，抑及门诸子所分，不可详，今仍之为十二卷。其中有未注明所引何书者，疑系传钞时漏落与蠹简脱字，并从阙疑，不敢妄补，以俟他日校正云。光绪十二年（1886）岁次丙戌秋九月，男承祖谨志于日本东京使署。

【按】选自徐鼒编纂《周易旧注》书首目录后［清光绪十二年（1886）日本刻本，《四库未收书辑刊》8辑第1册］，题目为编者所加。

## 《条议存稿》节选

窃维国家之要务，不外治内、安外两端，而当今之世，安外较治内为尤急。我朝政治、兵农、立法原归至善，惟相承日久，流弊丛生[1]。渐成积弱患贫之势。方今朝廷下诏力图振兴，内外臣工多有忠贞体国，实力奉行者，然于积重难返之时，讵易求期月三年之效？况乎内治未纯，外患叠起，或窥伺夫边疆之地，或垂涎于府库之财。种种狡谋，凡有心世道者，无不疾首痛心。不及今而筹富强之策以成治内安外之规，为人臣者何能寝馈稍安乎？承祖不揣愚昧，就管见所及，敬拟储才、理财、化莠、水陆营制、江海防、洋务、出使等七款，凡二十四条，恭呈钧览，伏冀采择上陈，则天下幸甚[2]。

**储才（三条选二）**

一、为政首在得人。天地之大，一萃才之区耳，不必求备于一人也。知人善任，量才器使，斯用之不穷[3]矣。宜设立储才馆于京中，令内外大小臣

<hr>

① 《中国近代史资料丛刊——洋务运动》（后简称丛刊本）此处有"兼之外夷扰乱，唯利是图"。

② 丛刊本在此段之首有"光绪十年（1884）闰五月初二日候选知府徐承祖呈。前奏派出使美日秘三国随员候选知府徐承祖谨呈管见，恭乞钧览"。段后有"至朝政大端，固非鄙见所能知，亦非小臣所敢妄拟也"。

③ 丛刊本此处有"收之有效矣"。

工，各举所知，不论文武，贡于政府①，察其心地明白、事理通达者，留于馆内，时与晤谈。询其何事见长，不妨明试以功，则真伪立见，庶不致为徒托空言者侥幸功名。即京外候选、候补各员，并草野有志之士，欲舒抱负，亦准投刺晋谒，留心察看，上选则登诸廊庙，次选则记诸怀夹。如遇需才之时，择取录用，实足以收效于将来。但宜一秉大公，不论亲疏，精心考核，拔取真才，杜夤缘之路，绝幸进之门，乃为无弊。

一、从前曾文正公挑取幼童出洋肄业，法至善而意亦深。惟前次所挑之幼童，多系贫贱小户子弟，于诗书、伦纪、政治、纲常，举不通晓。一到外洋，见其屋宇之华丽，饮食之丰美，多有此间乐不思蜀之意。且洋书中多有毁谤我国之言，彼等见闻日习，不禁心志皆移，其鄙薄中国之心较洋人为尤甚，后经李傅相奏请裁撤。徒糜国帑，未得人才，此诚后来办理者之过也。鄙意宜令各直省学政于科岁两考所取二等前二十名内，择其年未二十，气体强壮、口齿伶便者，每县挑取二名，送入总理衙门同文馆学习洋语二年。察其果能通晓，即派妥员带领该生前赴各国，分投学习。三年后，取其性之所近，于天文、算学、化学、矿学、机器、测量、绘图、陆路、水师、船主等事，专学二三年，俾精一艺，回国备用。惟学成之后，如何奖赏，宜先行酌定晓示该生等，以示鼓励。其所以必令附生学习者，盖以人生之精力有限，若似前次汉洋兼习，必至两无所成。既系附生，则文理必已通顺，自可专习洋文，速期成效，不出廿年，洋人之奥妙，我国皆能洞悉矣。惟在外洋，必须自立书院，访请各种明师，在院传习，不可仍似前次令学生散处洋人家内，或赴伊国书院就学，致令学生沾染洋气，甚有入教等事，总期学业有成而心术不致变坏，斯为善矣。

**理财（六条选二）**

一、通行洋货，宜急为仿造，以塞漏卮。洋人因我国地广人众，货物销路甚广，是以视为利薮，纷至沓来，莫可阻止。鄙意宜饬令各海口税关查明进口洋货，以何物为大宗，照销售最广各货，择其出产相宜之省，分责成地方官劝令商民广积股分，多购机器，延请西洋工匠教授，悉心仿造。总期物色与外洋无甚差别，则销路自不愁其壅滞。我国出产富庶，工价极廉，一切取材无资于彼，且制成物品之后，关税既轻，运费又少，其价自较西洋运来

---

者贱多矣。数十年后，各省厂局林立，出产丰足，则外国运来之货，成本既昂，销路愈减，彼贩运而来者，不特无利可图，并有亏本之患。泰西人以谋利为主，不得利则来者不来，更无须闭关拒客，而财不外散矣。又查十余年前，外洋各国，丝、茶两项悉由我国购买，是以进口之货虽多，而出口者尚可相抵。今则意大利、印度、日本等国仿我中国栽茶、养蚕，出数日见其旺。近来我国丝茶两商，亏折甚巨，销场大减，是其明证。此时民间行用洋货，亦既相习成风，禁之实难。国家于军器、轮船又复买自外洋，若不设法亟为补救，则中国之金银流出外洋者正不知伊于胡底矣。

一、上益国计，下便民生，莫火车铁路若也，宜令各省宜渐次兴筑。夫国计以漕粮为最重。方今论漕务者，俱以海运为不足恃，河运为不可弃，是以每年于江安粮道漕米中抽拨十余万石，仍由河路转输，虽所费数倍于海运，盘驳极费周章，而始终无敢议请停止者，盖恐一朝有事，海路不通，留此一线运河，以为漕粮转输之路①，亦足征计出万全矣。然其间亦有筹虑未周之处。即以目前论之，每年由河路所运之南粮仅仅十余万石，尚须守汛、守黄，节节阻滞，若当海路不通之际，则南方各省漕粮皆须由河北运②，不特沿途水浅费力需时，而海运全改为河运，即粮艘亦难猝然备办。且淮扬一带，逼近南洋，敌国知该处为运粮要道，彼必将设法阻截，我岂能从容盘运？窃思近时河患悉由于迁就运河形势，致令水性不能下趋，故一经泛涨，各处溃决。若漕粮改由火车转输，则运河可废，庶黄流顺轨入海，不致有漫溢之虞矣；岁省河工经费，为数亦巨。且使设立火车，则南粮由淮抵京，朝发夕至，不但转输捷便，又可免霉烂之虞，运费亦较节省。至于征调兵士，运解军装，呼吸可通，尤极迅速。倘各省俱有铁路，即额设之兵并可酌为裁减，货商行旅之便，犹其末焉者也。或者谓水路民船、陆路车辆，因此失业，恐致激成事端，则火车似不可兴。岂知近今廿年来，货物客商搭附轮船者十居其九，从不闻有失业游民滋生事端。而各通商口岸市面日形繁盛，流民藉以养生者日多，此即开铁路，设火车，无碍小民之借证也。夫火车较轮船既稳且速，行人客货孰不愿避风涛之险？则内地货物易于流通，商贩往来不断，经过各处分运必多，小民之谋生愈形其易。且此时江海轮船虽有招商局，而利益仍与洋人共之。若兴铁路，则权利悉归中国，他人不得过问。尚

---

① 留此一线运河，以为漕粮转输之路：丛刊本作"运河淤塞，漕粮转输无路"。

② 皆须由河北运：丛刊本作"悉须由河路运输"。

求剀切上陈，勿为众论摇动①。虽事属创始，未免惊人，而于国于民利益实为无既。承祖昔年奉使在美，曾以电报、火车创办之始，该国舆论何如，询之年老洋人，据云初兴电报时，国人以为决无是事，至火车则举国尤骇惧。当时各省绅民皆以火车若兴，必致有碍民生，禀请议院禁止兴造。旋经议院定议只允煤矿公司自造转运该矿之煤，不准揽载人货。乃三四月后，各处货价贵贱悬殊，该公司因车系已有，遂自载货物，获利甚厚。闻者意始歆动，彼时铁路仅长四百余里，不及一年，各省均禀请招商兴筑，并愿出资助赞其成，盖深知有此铁路，则向来本地出产不能远运于他方，及本地所缺别处难以运来者，均可流通矣。食力之人，沿途分运必多，谋生较前更易，不三年而铁路遂遍于通国焉。察美国因机器厂甚多，出产丰足，兼有电报、火车转运极速，故立国甫及百年，而庶富已匹于欧洲，因思外洋各国，于官商创办之事，悉由官民会议允妥，然后施行。若火车实有妨国病民之处，则各国铁路又何得日见其增乎？

**江海防（二条选一）**

一、办理江海两防，守口而外必须兼防内洋，并办沿边团练，方为周妥。查南北两洋各大口，如广东之虎门、汕头、福州之五虎门、东冲口，两边高山对峙，港道曲狭，颇得形势，防守较易；其浙江之温州、宁波，江苏之崇明、吴淞等口，地势平衍，毫无险阻，非重兵难以阨守；天津之大沽口，地势虽平，然口外有浮沙一道，轮船驶至该处，不能速行，似较宁波等口稍易筹办。惟山东之烟台一口为最难守②，若长江则以江阴为入江门户，镇江之焦山、安徽之东西梁山、江西之小姑山，其内户也，自焦山以西皆系腹地，宜以重兵扼守江阴为要。此江海各口之大略情形也。然犹有虑者，各口守御虽已严密，敌船无计驶入，或于沿边各处登岸，则百密仍恐一疏，故内洋不可不守，而团练不可不办也。查内洋与外洋相隔以岛屿为界，港路不甚宽阔。宜饬令各督抚于平时遴委实心耐劳之府道大员，会同海军武官，乘坐轮船，带领绘图、测量、照相各员，周历内洋外海，察看形势，何处可救应，何处可截击，何处与何处可为犄角，何处可扼，何处可堵，何处宜筑炮台，何处宜安水雷，何处为正，何处为奇，均须一一勘明，绘具明细图说，申覆该督抚，请旨特派知兵大臣，前赴该省，复行按照图说，周历细勘。如

① 丛刊本此处有"准令招商兴办"。

② 丛刊本此处有"其南北洋小口及沿边可以登岸之处甚多，防不胜防"。

实系妥善，即刊刻成书，呈送军机及兵部查核，并颁发沿海大小文武衙门各一本，庶平时胸有成算，临事自有把握。沿海沿江各州县，宜饬令举办团练，每县于四乡选派董事，挑取壮丁一二千名，造具名册，制造木质洋式假枪，由省派出教习数人，于农隙之时前赴各乡教以西洋放枪手法、步伐并各种洋式阵法。又发旧式火枪一二百杆由该地方官分给练丁，以便练习准头。操练日每名给钱五十文。俟练熟后，于每年冬间禀请大宪派令文武各一员前赴该处阅看，如果人俱强壮，步伐整齐，准头在六成以上者，练民加赏，官董给奖。一遇有警，即由省发给新式后膛枪并炮车等件，交该地方官转发该董等分散应敌。彼时须按营哨款式，每名照勇粮支发，归地方官节制，扼守沿边要隘，遇有敌人登岸，即行相机迎击，凡土著人民于地利自较客兵熟悉，且事定后即可散伍归农，不至似外路勇丁难于遣撤①。其一切经费，由各州县在正款内核实开支。倘如州县官或因事烦不能兼顾，或不谙兵事，准其据实直陈，禀请派员会办亦无不可，惟若视为具文，不肯实力办理，及有侵浮等情弊者，查实即按治军法，以昭炯戒。

### 洋务（二条）

一、洋务为我国今时之要端，若人身之有恒疾焉，日日宜防其病势之举发，更日日宜补其病源之亏损，必至气血充足，精神强旺，乃足以冒风霜，历寒暑，耐辛劳，勤操作，而为坚实无病之身，然调理亦难耳。溯自与洋人订约以来，我国所立条约，吃亏处甚多。②即近时内外各衙门办理交涉事件，每于无可如何之会，隐忍迁就。此在旁观论之必曰怯弱无谋，而不知今非能强之候也。方今国家元气未充，岂可言战？战而不胜，则削地赔银，势所必至，斯更难乎为国矣。且内地斋匪、哥老等会，无省无之，时思蠢动。因时值承平，官兵足以压制，是以不敢窃发。若一与洋人失和，此辈必乘机而起。悬想彼时，当事者将何措手？是此时之不战，非畏葸实慎重也。夫兵凶战危，国体所关，生灵所系，岂敢凭愤激之言、血气之勇，轻于尝试哉？彼锐谋主战者，盍亦尝通筹中外全局乎？虽然此时未能操必胜之权，固难遽言战，然内外工臣不可不急修战守之具，时存必战之心，庶将来犹可以一战耳。查外洋各国，以俄罗斯为极强大、极贪狠之国，毗连我疆，时萌窥伺，幸为欧洲各国牵制，未敢公然肆其雄心。即英、法、德及凡在欧洲各国，亦

---

① 勇丁难于遣撤：丛刊本作"兵勇遣散后流为匪徒，贻害地方"。

② 原注：以我国所立各国和约与承祖前所翻译《美英条约》比较自明。

彼此互相猜忌，盖其目下土地甲兵大抵势均力敌，若有一国得志东方，势将难制。此万国公法所以只准赔费削权、不准灭国之条也。三年前俄国与土耳其开战，土京将为俄得，而英、法、德等国从中勒兵讲和[1]。此即各国相为牵制之明证。就以中国土地而论，未尝不为各国所垂涎，且彼知我水陆器械非其所敌，而卒无一国敢为戎首者，亦此故也。我国正宜乘此时势，求贤才，抚小民，筹饷源，练军实，利器械，整海防，力除旧习，丕焕新猷，待时而行，以雪前耻。目下各国与我尚称和睦，值彼等自相猜忌之[2]时，正天予我以自强之候。若再因循懈忽，不思作未雨绸缪之计，非特通商各口日见其增，将来难免龃龉，为可虑也。倘或欧洲大局别有变更，则更不堪设想矣。窃思西洋各国，犬牙相连，心怀争利，一有不合，即启兵戎。我国素以仁义自持，纵不必伺隙乘危薄人于险，然苟有机会勒其更改从前之约，有损于我则去之，有益于我则增之，彼自不得不俯首听从[3]。此亦天假我以维新之便也。倘有洋人仰慕声灵，倾诚倾向，愿效驰驱者，即可抚而用之，以备探访及间谍之用。其与我通商各国，如[4]有固好输诚之意，尤当时与周旋，深相结纳；且仿西例彼此立一密约，以为外助。是在总署及出使各大臣以精鉴别其真伪，以大才善其牢笼，固非片语只言所能尽其曲折者矣。承祖所谓洋务为要端者如此。

一、与洋人办理交涉事件，宜言信行果，无诈无虞。彼有求请之事，如彼此有益，自宜允行。或于彼有益于我无损者，亦可允之。倘惟益于彼而损于我，即宜早行拒却，不可设词推宕，致令彼藉为口实，多方挟制。以遂其有求必应之谋。倘遇不能允许之事，彼仍渎请再三，始终据理直争，即别国闻之，亦以我为君主之国，例应如此。有一二事真能决断办了，使彼等知我有百折不回之定见，则其狡猾不驯之气，诛求无厌之心，默自消矣。查西洋各国，无论君主、民主，凡其国中大小政事，悉由上下议院会议。若系用兵大事，较我国更难决定。盖洋人惟利是图，苟事关本国大局，必须用兵者，仍须预计能必胜与否，胜后所用兵费能如数取偿与否，二者皆有把握方敢言战，断不草率从事。若为贸易及教堂等细故，纵彼此争论，必不肯遽然失

① 丛刊本此处有"是役，俄国得不偿失"。

② 丛刊本此处有"华洋杂处交涉事繁"。

③ 丛刊本此处有"在我仍不失为宽大之意"。

④ 丛刊本此处有"察有自约以来办理交涉尚循情理颇"。

和。至派驻之公使人等，其权仅能通好保民而已，于和战大事岂能凭彼一言而决乎？尤不当听其恫喝之词，遽为所惑也[①]。

**出使（四条选二）**

一、出使大臣首在识大体，通权变，处事详慎，临机敏断，以能固我邦交，保我华旅，斯为不辱君命。并应于所驻之国，其风土、人情、政治、兵刑及通商、交涉各事，留心采访，或事关我国，或法有可采；均须随时记载成书。并饬翻译各官购买该国有用之书，详细译成，汇集成帙，咨送总署，以备考核。窃拟出使各缺，以俄国为最要，其界与我毗连，界务及交涉各事较形烦重，若办理不善则祸患立生，宜慎其选。又令该大臣于到国后，不必常住俄京，赴交界一带地方踏勘地势，访察人情，平时了然于胸，则临事有把握。鄙意此缺宜遴选久任伊犁等处之大员简派前往，方为人地相宜。其次则美国、西班牙、秘鲁、日本四缺，查华民在此四国人数最众，然四缺中亦有烦简之别。美国、西班牙、秘鲁旅居之华民，其一切词讼均归该地方官审办，我国领事并无会审之权，惟遇有冤抑，代为剖辩。日本则凡系华民词讼，拘提审断，均归我国领事自行主裁。如原被系华日两国之人，即由我国领事会同日本地方官审办。英、法、德、意等国，华民既少，事务亦简，又其次焉。虽英属之新加坡及新金山，华人在彼甚多，而词讼各事领事亦无权干预。此出使大臣缺之烦简大概情形也。伏思目下通商之局已成，则各国出使不可不派，既系体制所关，亦可谍彼虚实。且各国驻华公使、领事人等，知我国有大臣驻扎在彼，亦不敢驾词恐吓，遇事欺朦。则出使之事，其紧要为何如乎？方今议者[②]，或曰此事无关重轻，或曰此举徒靡经费，未免不知要领矣。

一、出使奏带人员，选择宜慎。如有才品俱优，兼谙洋务者，固为上选。然全才难得，斯择品尤要于择才。近来拣调人员，但能通晓西洋文字语言者，辄目为熟悉洋务。殊不知此辈因与洋人贸易往来，略有闻见，并非真有见地之人，甚有身家不清，为洋人服役者，若令其办理交涉事宜，难保不失国体，即将来藉差保得一官，地方亦必受无穷之害。应责成出使大臣于奏带时，查明各该员真正籍贯，并出身履历，汇咨总署备查。至翻译一项，只

---

① 尤不当听其恫喝之词，遽为所惑也：丛刊本作"即如我国所派出洋大臣，倘有因无碍本国大局之事，与该国商酌龃龉，何能遂定争战之局乎？中外一理，反证即明"。

② 议者：丛刊本作"议出使者"。

宜奏调京师及广东同文馆并上海广方言馆之各学生，盖朝廷设立各馆，原为培养人才，以储异日洋务之用。该生等在馆肄业，虽可由书温习洋文，而语言应对究属生滞。若派令出洋，俾于传话细心讲究，三年后文语必俱有进益，自堪适用矣。此时翻译各员多由各大臣访用，然其所访之人，语言文字并不能胜于学生。现在各使署仍须延请洋翻译，即其明证。此章若定，则流品自清而弊端亦可杜绝矣。

【按】选自徐承祖著《条议存稿》[ 清光绪十一年（1885）日本排印本，南京图书馆藏本 ]。本文亦被清强汝询编纂《求益斋文存》（见《中国近代史资料丛刊·洋务运动》第 1 册，上海人民出版社 1961 年版）选录，文字略有不同。

## 贺延寿

贺延寿（？—1880），号静之。同治三年（1864）举乡魁，归里，当事者延董集善、种德两堂，积谷仓、忠义祠、卫务局、龙津桥诸善举，兼分修光绪县志中的《兵事略》，稿成，以疾终。性敏嗜学，工诗文，著有《洁玉堂文稿》《六峰忆草》《抱瓮诗钞》。

## 新建果老滩钟亭碑记

宇宙间固有事不可知而理则可信者，则惟释氏九幽之说为然也。咸丰戊午（1858）秋九月，发逆攻陷邑城，东路乃仪扬通衢，贼踪去来，屠戮无算。明岁复城，师溃，兵民死者又不下数千人，恨血流碧，磷火飞青，至今廿余年，残壕废垒中草木犹隐作战斗死绥状，盖人各负一刚大不可屈之气，膏涂原野，命效疆场，毅魄贞魂，固宜与天地相终始。特念菜羹莫奠，麦饭谁供，幽怨群聚，怪变乘之，君子化猿鹤，小人化虫沙，悲愤鸣啸，可骇可惊，鬼犹求食，正不得谓生，则英者之死而不灵。予每经过其地，但见云影含愁，雾痕结惨，常欲有以振拔之，而无其计也。昌悟禅师驻锡果老滩，慨焉以为己任，告予曰："君所筹者，僧亦熟筹久矣。"僧拟构一亭，而悬钟于中，并供地藏佛像，诵经礼忏，日夜系之，足以导阴郁，达幽灵，亦与我佛超拔之义为近。予深韪其说，师乃托沿门之钵，成集腋之裘，鸠工庀材，阅八九月而其事乃定。工竣，予为颜其额曰"觉亭"，并叙颠末而泐诸石。因念古今来，水火刀兵，彼苍既开劫运，以儆惕愚顽，我佛即辟宗门，以拯救苦难，禅师结大愿，力发大慈悲，不独枉死伤中九幽无祀，凭藉佛法，普度生天，抑且五更漏尽，一杵声敲，城市嚣尘间，人平旦清明，当亦有闻之而发深省者。《礼》曰："钟声铿，君子听之则思武臣"。是亭也，庶几其有所合耶？或谓果老滩乃河水第一曲汇注处，有亭以障蔽之，滧流坚其锁钥，冶浦固其藩篱，堪舆家言，余殆不敢强不知以为知也。是为记。

　　光绪七年（1881）八月初一日邑举人贺延寿撰，岁贡生巴明璧书，住持僧昌悟建造。


　　【按】选自张官倬著《棠志拾遗》卷下（1947年石印本，国家图书馆藏本）。


## 徐承礼

　　徐承礼（1846—1905），字乳羔，徐鏞三子，由荫生官日本神户理事，任满得奖知府，光绪二十五年（1899）十一月由定海厅补任浙江台州府知府，不久因事离任，光绪二十七年（1901）十二月复任。光绪三十年（1904），台州地区发生王锡桐"伏虎会"反洋教起义，徐承礼坐镇宁海，调集台州、宁波府清军"并偕法国兵数十"镇压。终因劳累过度，于光绪三十一年（1905）病死任所，终年59岁。能读父书，徐鏞所作《小腆纪传》未成而卒，徐承礼积生平功力续成之，梓以行世。


## 《畅园遗稿》序

　　岁己亥（1899），予奉简命出守台州，甫下车，即闻张君哲甫名，心甚慕之。既而以事解职，壬寅（1902）正月复任，则闻张君名益甚。盖张君自会稽移家天台已十年，近且闭户不出，为田园终老计。于是乃具书币延致幕下，甫及半载以疾卒。君善论事，熟悉掌故，及中外形势，而于吏治得失、民生利病之端，尤兢兢垂意。尝著《治台策略八条》，多可采者。为文修洁有法度，不苟作，尤善于诗，风格高而情致特胜。生平所作甚夥，没之前数月，自删存诗八卷、词二卷，又撰《瑶华集》，于朋友死生离合之感，拳拳于中而不忍释。呜呼！将陨之禽，顾侣悲鸣，欲蛰之虫，感秋坏户，岂君至是亦自知不能久留于世耶？君无子仅一女，未几，女亦没，田园皆易主，君夫人漂沦转徙，困顿不堪言状，文人之厄未有如君者。然君之诗既已传于世，则君固可以不朽，塞其遇而昌其名，就异日观之，天之待君亦为之不薄，然必使之生前落拓，身后雕零，一至于此。吁！可叹也！君之学兼涉释典道藏，与天台山僧敏曦往来，谈禅理甚契，尝欲祝发未果，而乐清钱伯吹广文则谓君善练形之术，临没时当有异，然亦不见有所谓身轻而羽化也。噫！君之于方外特其寄耳。士之不遇时而感愤郁结，无所发泄，托于此而逃焉者比比也。又奚怪于君哉？独念予自莅任以来，遭时多艰，日不暇给，思欲得如君者扶翼之，以期于共济，既幸邀一遇，而又使之不克相助为理，以收岁月之效，则予之于君其能无悒然于怀耶？因刻君诗既竣，而为序其缘起如此。君所辑《畅园丛书》各种已刊行，所著文稿颇散佚，俟他日汇次成帙续梓之。光绪甲辰（1904）五月六合徐承礼。

【按】选自张迈著《畅园遗稿》书首［清光绪三十年（1904）刻本，《清代诗文集汇编》第 750 册，上海古籍出版社 2010 年版］。

## 《条议存稿》跋

仲兄于光绪戊寅（1878）随使节出游美利坚，归以所见闻中西利病，著为《条议》，献之阙下，朝旨嘉之，下直省督抚议行。时承礼需次闽中，以海氛方炽，家书间阻，仅于公牍中略读所议数则，顾末<sup>①</sup>由睹其全也。迨甲申（1884）冬，兄衔命出使日本，疏请以承礼随轺东渡，始得卒读一再。

夫今世建言之士众矣，顾或囿于见闻，泥古而不知通今，其流于近习者，则又竞尚泰西淫巧之法，穷力步趋，以自耗其物力，奚可乎？是作独能综中西之用，舍短取长，而其要尤在利国用，厚民生，切于事实可施行者为言，宜乎邀宸眷，膺使命，而为家国光也。承礼不才，谬膺神山<sup>②</sup>理事，于

① 末：疑为"未"。

② 山：疑为"户"。

护商睦邻之道未窥涯涘，载读此编，用深负愧。丙戌（1886）秋九月同怀弟承礼谨识于日本神户理事公廨。

【按】选自徐承祖著《条议存稿》书尾［清光绪十一年（1885）日本排印本，南京图书馆藏本］。

## 钱家麟

钱家麟，字玉亭，号澹菊山人。六合人，工诗文，有文名于江南，人谓其韵淡以远，其言明且清，诗自天性中流出。著有《澹菊山庄全集》，稿本藏南京图书馆。全书包括《澹菊吟》11卷、《澹菊山庄词选》6卷、《汇选词钞》6卷、《澹菊山庄诗选》16卷、《搜珠集》10册、《搜珠集补遗》2卷、《试贴诗》1卷、《澹菊山庄棒喝录》15卷，共8种，分订58册。

## 《澹菊吟》自序

余爱百花之中，惟菊最淡，淡而弥永。花虽放于三秋，容不变夫九九。若夫名推第一，色号无双，亦不过藉春风嘘拂，艳称一时而已，较之经霜耐寒，晚节犹香者，奚啻霄壤耶！余之为人恬淡自居，如与此花无异，余之诗亦如此花，平淡无奇，不足见赏，此之谓《澹菊吟》云尔。同治戊辰（1868）秋八月淡菊山人自序于申江榷署之寄足轩南窗。

【按】选自钱家麟撰《澹菊山庄全集》（清抄本，南京图书馆藏本）。

## 《平江泥爪》自序

余青灯自愿，黄卷无缘，因红巾之扰境，遂橐笔而依人，朝樯暮辙，历尽他乡世态，南航北马，徒嗟异地炎凉。虽到处联吟适志，竟不若家山隐迹，逍遥自如也。自同治乙丑（1865）暮春，泛舟吴会，或与二三知己剪烛西窗，或与吟朋胜侣畅咏消愁，客邸羁凄，聊以自遣，计得诗三十首，自署《平江泥爪》。每遇闲窗雨坐，检阅一过，觉旧日游踪，历历如见，亦聊以解乡愁而消离恨云尔。光绪甲申（1884）立冬前三日自叙于淡菊吟庐。

【按】选自钱家麟撰《澹菊山庄全集》（清抄本，南京图书馆藏本）。

## 徐致远

徐致远，原名承禋，字少芝，由附生随使日本，奖知县分发安徽试用。著有《覆瓿诗存》。

## 《东槎闻见录》叙

中土郡县皆有志，统乎郡县者曰行省，有各省通志。天下者，直省郡县之所积也。国家幅员之广，为亚细亚洲冠，乾隆八年（1743）、二十九年（1764）先后诏儒臣编《大清一统志》，王者无外之规，远过汉唐，顾星野山川，亘千古不变者也。疆域、田赋、户口、建置、制度、人物、风俗诸大端，历数世而一变，历数十世而又一变，沿革损益兴废盛衰之故，各省通志、各郡县志详载之，一统志则荟萃之，而挈其大纲。儒者分而考之，合而参之，酌古准今，以抒经世之谟猷，非即以志书为图史哉，而第谓觇一道同风之盛，犹后也。

日本与我同洲，立国二千余年，明治初年，废封建为府三、县四十有四，政治俗尚与其国往古异，与中土亦异，而郡县之制与中土秦以后略同，邦之人舍其旧而新，是谋以亚细亚而涂泽以欧罗巴，世局之变迁，或有不得不然者欤。然吾观维新以前，享国久远，所以治其国者师周公、仲尼之道乎，抑不师周公、仲尼之道乎？则今所异于古者，正此邦一大关键，笔而识之，以入全国志，而沿革损益兴废盛衰之故，俾后人可考镜，固此邦士大夫责也。

余于光绪十一年（1885）冬随节使是邦，公余采风问俗，求其全国志读之，弗得，求其郡县志读之，有得有弗得，欲揽其全，偏而不举，他如地理志、职官志、海陆兵制、刑罚录诸书，散见于各家著述，求其都为一书，如源光国之作《日本史》，上下两千年了然可睹者，卒莫之觏，邦人之憾亦游此邦者之憾也。余尝欲集同志数人，纂《日本通志》一书，以到此未两年，征文考献，犹有未周，载籍虽博，半皆其国之方言文字，非假以岁月翻译不为功，逡巡久之。同邑陈君轶士，往年同受知于长乐林锡三师之门，先余一年来东，今于三年得代，时出其所辑《东槎闻见录》付手民，征序于余。

余惟轶士此书与余欲纂《日本通志》之见或不同，且名其书曰《闻见录》，则未闻未见者，固不能无遗，要其日积月累，裒然成集，实今之有心人也，贤于余有志未逮多矣。他日有才、学、识三长者，欲纂《日本通志》，起而为之，是书有裨于采择者不少也。然则余虽不敢目《闻见录》与作《通志》同功，而谓即作《通志》之嚆矢，亦奚不可。时光绪十有三年（1887）孟冬之月，徐致远叙于日本东京使廨。

【按】选自陈家麟撰《东槎闻见录》书首［清光绪十三年（1887）铅印本，国家图书馆藏本］。

## 《条议存稿》跋

二十四条大旨重在攘外，然内未治则外未可攘，故先之以储才、理财、化莠诸大端，如人必元气充周，其精神乃可以肆应，此治内与攘外所以相辅而行也。尝慨今之狃于一偏者，非迂远不切事情，即放言高论而无当，实济泥古人之方，以治今人之病，犹未见其可，况治国乎！是作审时度势，剀切敷陈，果使见诸施行，不难收其实效。盖天下形势利弊了然于胸，故言之确凿乃尔。不但此也，法人于甲申年（1884）犯我边疆，兄封事凡数上，其于云南、两广边防，与夫沿海各省堵御之策，筹之无不备。厥后谅山一役战而胜，胜而后法人就疑其料敌之情状，自始至终已一一决之于其先。然则兄驻美三年，岂独习知彼一国之情伪耶？以原折留中，故未能使人人快睹，此次覆印附录十三条，皆当时已行直省者。经世之业，此其嚆矢乎。光绪丙戌（1886）十月上浣，弟致远校毕，谨识于日本东京使廨。

【按】选自徐承祖著《条议存稿》书尾［清光绪十一年（1885）日本排印本，南京图书馆藏本］。

## 张凤诰

张凤诰（1854—1911），字诏臣，号后山，张颐（字朵山）之子。著有《燃灰稿》《解嘲集》《落拓吟》《覆瓿草》《文集》等，均散佚。子张官倬曾选其诗260余首刊为《后山诗存》。

# 《后山诗存》自序

诗赋始于汉魏，而盛于六朝，至唐而极。曹魏萧梁，骚人辈出，甚至父子帝王均以富于词藻称。呜呼！盛矣。其中臣工号名家者，晋则有陆机、潘安、陶潜，宋则有谢灵运、傅亮、鲍照，齐则有王融、谢朓，梁则有任昉、江淹，他若周之庾信、陈之徐陵，莫不才华绮艳，彪炳一时。至唐沈佺期、宋之问，开律诗之先声，陈子昂、元结为古诗之正轨，最著则莫如杜甫之雄浑，李白之豪放，王维之冲和雅正，白居易之擅长乐府，李商隐之专美无题，即韦应物、张籍诸人不假雕琢之工，亦靡不俊伟佚宕，各极其致，而张说、苏颋称燕许手笔，更无论矣。宋则以欧、苏为最，虽杨亿、刘筠、郑条、宋郊诸人开其先，皆不逮欧、苏两家。元工词曲，诗落于柔脆薄弱，而轻倩纤巧处亦令人可爱。有明七子，调高格响，无美不臻，虽王、李之肤廓，钟、谭之纤仄，学者病之，而二百余年间扬扢风雅者，亦不乏人焉。至我朝开国之初，王渔洋为一代正宗，独标神韵，笼盖百家，即乾嘉间，袁、赵、蒋、阮诸公亦能各适其性，成一家言。中兴以来，曾、左为天生伟人，诗之温柔敦厚，亦人所不能及。同、光而后，欧风东渐，中国文学日就式微，清庙生民之作等于凤毛，阳春白雪之吟几同麟角，缅怀雅制，谁其嗣音？鄙人际兹时世，愧修名之不立，叹国粹之将亡，每于玩日愒月之余，为学舌效颦之举。自兹以往，苟能国学重光，词林蔚起，则区区之作为抛砖引玉之资，藉此豹窥一斑，蠡探一勺，木头竹屑，不弃于陶公，马勃牛溲，见采于医士，是鄙人模蠡铸岛之遗，为后生覃典涂诗之具，此则私心自冀者耳。虽明知徒钻故纸，无益时趋，而仰前人之掌故，名作如林，仿处士之别裁，寸心不死，世有酸咸同嗜，苔岑同契者乎。予铸金事之矣。宣统元年（1909）春王月，后山氏书于吟秋书屋。

【按】选自张凤诰著《后山诗存》书首（民国排印本，私人藏本）。

## 游独山记

夫以是山之团结，独出于清流之表，而其上童童无草木，且如彼形，如覆盆势，若建瓴，其名曰"独"，其果有所取乎？抑无所取，而名之乎？古人云"无独有偶"，是山也，何居乎而以独名也？四顾苍茫，近无所依，远无所倚，是山之适成其独也。夫既适成其独，则亦适成其独之妙欤！

盖视天下人士，只知登峰造极之高，不知离群索居之乐，而欲藉是以警之者耶？抑视天下人士，只知攀崖附磴之奇，不知绝俗孤高之贵，而欲藉是以醒之耶？不然胡为以"独"名也？浸假而不外无良朋益友，则不如其独，内无淑妇佳儿，则亦不如其独，兹之以"独"名也，殆有取也。张子少固不喜独，老则爱独而不厌，平居喜独坐独立，登山临水喜独游独泳，于书喜独观，于诗喜独吟，于琴于酒，虽不甚好，而亦喜独弹独酌。张子殆深于独有会焉者乎？

山之上，破屋数椽，屋旁有小圃，种蔬一畦，颇青蒨。一跛僧汲水灌圃，见客来，不甚介意，张子知其非韩之澄观，苏之琴聪也，故亦不顾去，独旁皇于片石之旁，冀招山灵而一问之，杳不可得。斯时也，夕阳在山，飞鸟环树，歌无俦，啸无侣，乃独遵所陟之径而返。

【按】选自张官倬编著《棠志拾遗》卷下（1947年石印本，国家图书馆藏本），言引自《后山文集》。题后署写作时间"宣统己酉（1909）秋八月作"。

## 刘 鹗

刘鹗（1857—1909），清末小说家。谱名震远，原名孟鹏，后更名鹗，字铁云，又字公约，号老残，笔名"鸿都百炼生"（又作洪都百炼生）。祖籍江苏丹徒（今镇江市），出生于南京六合县。博学多才，精于考古，在数学、医术、水利等诸多方面颇有建树。著有《铁云诗存》《老残游记》《老残游记二集》《勾股天元草》《孤三角术》《历代黄河变迁图考》《治河七说》《治河续说》《铁云藏陶》《铁云泥封》《铁云藏龟》等。

# 《老残游记》自序

　　婴儿堕地，其泣也呱呱；及其老死，家人环绕，其哭也号啕。然则哭泣也者，固人之所以成始成终也。其间人品之高下，以其哭泣之多寡为衡。盖哭泣者，灵性之现象也，有一分灵性即有一分哭泣，而际遇之顺逆不与焉。

　　马与牛，终岁勤苦，食不过刍秣，与鞭策相终始，可谓辛苦矣，然不知哭泣，灵性缺也。猿猴之为物，跳掷于深林，厌饱乎梨栗，至逸乐也，而善啼。啼者，猿猴之哭泣也。故博物家云：猿猴，动物中性最近人者，以其有灵性也。古诗云："巴东三峡巫峡长，猿啼三声断人肠。"其感情为何如矣！

　　灵性生感情，感情生哭泣。哭泣计有两类：一为有力类，一为无力类。痴儿呆女，失果则啼，遗簪亦泣，此为无力类之哭泣。城崩杞妇之哭，竹染湘妃之泪，此有力类之哭泣也。有力类之哭泣又分两种：以哭泣为哭泣者，其力尚弱；不以哭泣为哭泣者，其力甚劲，其行乃弥远也。

　　《离骚》为屈大夫之哭泣，《庄子》为蒙叟之哭泣，《史记》为太史公之哭泣，《草堂诗集》为杜工部之哭泣，李后主以词哭，八大山人以画哭，王实甫寄哭泣于《西厢》，曹雪芹寄哭泣于《红楼梦》。王之言曰："别恨离愁，满肺腑难陶泄。除纸笔代喉舌，我千种想思向谁说？"曹之言曰："满纸荒唐言，一把辛酸泪；都云作者痴，谁解其中意？"名其茶曰"千芳一窟"，名其酒曰"万艳同杯"者，千芳一哭，万艳同悲也。

　　吾人生今之时，有身世之感情，有家国之感情，有社会之感情，有种教之感情。其感情愈深者，其哭泣愈痛，此鸿都百炼生所以有《老残游记》之作也。

　　棋局已残，吾人将老，欲不哭泣也得乎？吾知海内千芳，人间万艳，必有与吾同哭同悲者焉！

　　丙午（1906）之秋洪都百炼生作于海上得秋气斋。

　　【按】选自刘德隆编《刘鹗及老残游记资料》（四川人民出版社1985年版）

## 《老残游记二集》自序

　　人生如梦耳。人生果如梦乎？抑或蒙叟之寓言乎？吾不能知。趋而质诸蜉蝣子，蜉蝣子不能决。趋而质诸灵椿子，灵椿子亦不能决。还而叩之昭明，昭明曰："昨日之我如是，今日之我复如是。观我之室，一榻、一几、一席、一灯、一砚、一笔、一纸。昨日之榻、几、席、灯、砚、笔、纸若是，今日之榻、几、席、灯、砚、笔、纸仍若是。固明明有我，并有此一榻、一几、一席、一灯、一砚、一笔、一纸也。非若梦为鸟而厉乎天，觉则鸟与天俱失也。非若梦为鱼而没于渊，觉则鱼与渊俱无也。更何所谓厉与没哉？顾我之为我，实有其物，非若梦之为梦，实无其事也。然则人生如梦，固蒙叟之寓言也夫。"吾不敢决，又以质诸杳冥。杳冥曰："子昨日何为者？"对曰："晨起洒扫，午餐而夕寐，弹琴读书，晤对良朋，如是而已。"杳冥曰："前月此日，子何为者？"吾略举以对。又问："去年此月此日，子何为者？"强忆其略，遗忘过半矣。"十年前之此月此日，子何为者？"则茫茫然矣。"推之二十年前，三十年前，四五十年前，此月此日，子何为者？"缄口结舌，无以应也。杳冥曰："前此五十年之子，固已随风驰云卷，雷奔电激以去，可知后此五十年之子，亦必应随风驰云卷，雷奔电激以去。然则与前日之梦、昨日之梦，其人、其物、其事之同归于无者，又何以别乎？前此五十年间之日月，既已渺不知其何之，今日之子，固俨然其犹存也。以俨然犹存之子，尚不能保前此五十年间之日月，使之暂留，则后此五十年后之子，必且与物俱化，更不能保其日月之暂留，断断然矣。谓之如梦，蒙叟岂欺我哉？"

　　夫梦之情境，虽已为幻为虚，不可复得，而叙述梦中情景之我，固俨然其犹在也。若百年后之我，且不知其归于何所，虽有此如梦之百年之情景，更无叙述此情景之我而叙述之矣！是以人生百年，比之于梦，犹觉百年更虚于梦也。呜呼！以此更虚于梦之百年，而必欲孜孜然，斤斤然，骎骎然，猎猎然，何为也哉！虽然，前此五十年间之日月，固无法使之暂留，而其五十年间，可惊、可喜、可歌、可泣之事业，固历劫而不可以忘者也。夫此如梦五十年间可惊、可喜、可歌、可泣之事，既不能忘，而此五十年间之梦，亦未尝不有可惊、可喜、可歌、可泣之事，亦同此而不忘也。同此而不忘，世间于是乎有《老残游记》二编。鸿都百炼生自序。

【按】选自刘德隆编《刘鹗及老残游记资料》（四川人民出版社 1985 年版）。

## 厉式金

> 厉式金（1858—1935），字荔青。光绪二十三年（1897）优贡，历任广东吴川、顺德、香山、曲江县知事，代理岭南道尹。曾主持《香山县志续编》编纂，民国四年（1915）始修，民国十二年（1923）成书，共16卷。并曾任《民国六合县续志稿》征访处顾问，商定人物门，续立各传。

## 《续修香山县志》序

香山邑志纂修于同治癸酉（1873），番禺陈兰甫京卿为之发凡起例，至光绪己卯（1879）告成。迨授剞劂而校雠未精，图绘未竟，邦人士犹有憾焉。岁在乙卯（1915），予知邑事，邑中诸君以续修为请。予维地方经一变革，则文献之缺坠必多，久则不可问矣。因为之陈诸当轴，延邑绅汪君文炳、张君不基总其成，纂辑搜采则诸君分任之。兹三十余年中制度之沿革，有由此而益扩者，有由此而告终者，靡不灿然具载，而前志之漏略承讹者，亦随类补正。诸君心力交劬，方冀事之速藏也。迄丙辰（1916）乱作，中止者七阅月，汪君重理故业，而遽殁，予方再知邑事，乃请张君独任之。又以经费之绌也，复勉筹焉，事赖以集，书成得若干卷。乌虖！多闻阙疑，实事求是，缵前修，昭来叶，其在兹乎！予以谫陋，于书之体裁无能为役，幸与诸君子始终商榷，得以乐观厥成，亦足少慰汪君未竟之志也已。庚申（1920）夏月，六合厉式金序。

【按】本书选自民国《香山县志续编》书首（民国排印本，国家图书馆藏本）。

## 姜良材

姜良材（1860—？），原名良金，字问桐。幼随父宦四川，读书颖异，回里改名咸。补博士弟子员，试南闱不中，应顺天试中光绪十五年（1889）举人，光绪二十一年（1895）成进士。以知县用。尝办安徽运漕厘税，非所长，三月而罢。性不宜官，需次安徽，未及补官而卒。性嗜酒，酒后辄吟咏，著有《景坡山房诗集》10卷、《词集》10卷、《寄影斋杂记》2卷，均佚。

## 春草堂诗序

余年十二三，从先大兄读书，时先大夫权四川彭水县邑篆，一时幕中诸客皆豪于诗酒，而大兄尤喜为之，酒酣耳热，摊笺选韵，盖无一日不从事于诗也。后偕大兄随侍定远县署，公私事渐繁，凡遇巨细诸务，大兄以分居长，不得不强为应之，而诗兴始稍稍衰矣。岁在辛巳（1881），大兄由蜀改官来直隶，补冀州吏目，时冀州刺史为材受业师吴公挚甫，好诗古文，大兄初谒见，即以风雅士目之，继览所作，益加赞赏，每谓材曰："诗人每屈于下僚，唐之王龙标、常盱眙，其彰彰者，哲兄何以异是哉？幸无自薄古贤，不难企也。"材退告大兄，大兄益自奋发。每诗成，必命材就正吴师，积十年如一日焉。始犹稍加笔削，后五年，不过为加评点而已，盖知大兄之学已进也。嗟乎！如吾师之待属吏，固近今所罕有，而如大兄之好学不倦，亦岂易得者哉？去岁，承上官命，权凤凰颈厘务局中，长夏无事，检理行箧，中得大兄手写《春草堂诗稿》三卷，删其重复者，订为上下两卷，虑其久而遗失也，爰命堂弟良骥校正，付诸手民，俾大兄半生之心血不致湮没，亦使子弟辈知作诗之甘苦焉。刻既成，因识数语。噫！青简犹新，而宿草已列，重抚斯编，不胜鹡鸰之痛也已。时光绪戊戌年（1898）中秋前三日，胞弟良材谨识于漕川舟中。

【按】选自姜良祯著《春草堂诗集》书首［清光绪二十四年（1898）刻本，陈红彦等主编《清代诗文集珍本丛刊》第541册，国家图书馆出版社2017年版］。

## 汪昇远

汪昇远（1864—?），字荷生，号鹄飏，光绪二十九年（1903）进士。选庶吉士，散馆授翰林院编修。曾任《大清德宗景皇帝（光绪朝）实录》协修官。主持《民国六合县续志稿》修纂，任六合征访处主任，备勤搜采，较前志既增新目，又复网罗旧闻，多所创见，体例更为完备。重修《六合汪氏家谱》10卷传世。

## 《后山诗存》序

诗者，古人有韵之文，所以自道其性情而非为弋取名利之具也。自世人假诗为弋取名利之具，本不工诗，诗亦未必可传，而动辄赠人以诗，如所谓寿诗、贺诗、谢诗，及一切唱酬步韵之作，累数千百首，则灾梨枣而刊刻之，倩名公巨卿为之题词序引而张扬之，颜曰某某集，抱此以游通都大邑，遍赠津要，为之先容，然后有谋，则遂可以攫显宦，饱私囊矣。呜呼！此诗教之所以日衰，而诗集之所以日多也。

张后山君，吾乡能文士也。曩余未通籍时，与后山角技六峰书院，后山屡列前茅，每遇科岁试，后山亦高取优等，邑之人皆知其能文，无有知其能诗者，即余亦未见后山之有诗。今后山已归道山矣，哲嗣卓人出君诗稿四卷相示，始知君能诗，而为之勤且多如此，当其时卒未有能知之者，以是知君生平不轻以诗示人，即其不屑以诗干人，而集中所有诸诗，大都舒写性情，自适其所适，而无唱和酬应之作，真所谓以诗自娱者也。余本不能诗，不敢妄论君之诗，君之诗亦不因余言为轻重，姑即君之人品以推定君之诗品，俾诗界中知有志洁行芳如君其人者，为不可及焉。民国七年（1918）春三月，同里鹄飏汪昇远拜撰。

【按】选自张凤诰著《后山诗存》书首（民国排印本，私人藏本）。

## 《养和山馆诗文辑存》后序

先大父生平作诗甚多，有《瘦峰轩》《晴雪楼》《养和山馆》等集，自清咸丰戊午（1858）粤匪扰陷六合，仓皇避乱，转徙于武进、泰兴间之孟河、黄桥、掘港等镇，一切书帙荡然无存。回乡后，不三年而遽殁，箧中所遗散乱诗稿数十首，昇远尝录而存之，不复辨其先后，今乃稍稍整次，并辑其遗文数篇，以附于后，而书之曰：人之生于世也，不过数十寒暑，久者无过百年，而其居处笑语志意，乃随其人之有生以俱尽，独至文人学士随时随址抒写性灵，一一达之于诗若文，读其诗若文者如见其人，虽相距数十百年，而流风余韵犹有感慕而效法之者，况其子孙也哉！子孙而读先世之诗若文，其气类相通，如居堂下而闻堂上之诏语者，又非他人可比也。昇远幼读大父诗，痛其全稿散佚，不能成集，每遇大父门下士，辄问而得其一二，必谨录之。夫以先大父研究身心性命之学，自课自励数十年，欧阳子所谓修于身矣。不见于事、不见于言可也。既无诗若文，与诗若文全稿具存，均不足以增损之，然必博访而搜集之者，则以吾先大父之居处笑语志意略在是矣。用是辑而录之，以贻子孙，仍颜之曰《养和山馆》，从其最后诗集之名名之也。至别有《敦复自省录》一书，虽全稿散失，而残本仍存，校而刊之，同付梓人，以见不幸中之幸者，止此而已，可慨也欤。民国七年（1918）旧历五月，孙昇远谨识。

【按】选自汪传缙著《养和山馆诗文辑存》书后（石印本，南京图书馆藏本），《民国六合县续志稿》卷15有节选。

## 《敦复自省录存》跋

右《敦复自省录存》一册，计百零七则，先大父楷写完成，而题"甲子"二字，乃同治三年甲子（1864）所书也。

当清道光间，文昌云淡人先生令六合，每朔望扃试六峰书院，躬往讲授，教诸生以敬存养之学。是时，先大父在院中，为高材生，即有志焉。后于道光癸卯（1843），猛然深省，设为自课自励之法，案置一册，日日笔记，自意念发动至，以至一言一动之显，应事接物之繁，推而至于天地、山川、草木、阴阳、寒暑、昼夜、死生，与夫人情物态，凡识力之所到，会悟之所及，或长篇累牍以书之，或片言短章以括之，要皆于身心性命有所关切，而总名之曰《敦复自省录》。敦复者，先大父悔过后自易之名号也。迨咸丰戊午（1858）积卷成帙，不意其仓皇避乱，而付诸劫火，无复有一字存焉者已。是册所书，乃在避乱泰兴黄桥时昇远伏而读之，恨不能见全帙，然其发愤致力之初，与夫逢源有得之候，均可略窥一二，如云："不在慎独上做功夫，总不是真君子。""畏人知，犹后也畏鬼神知；畏鬼神知，犹后也畏自己知。""一言不照察，一言有失，一事不照察，一事有失，存养功夫，不可须臾间。"此皆脚踏实地，刻苦中体验之语；如云："学问功夫，入手枝枝节节而为之，嗣后要打成一片。""存养之功熟，自然矜平躁释，未到此，却甚费力。""到得熟时，亦自不烦着力。""扫去尘情俗虑，觉得心境广大，无物不容，心镜光明，无物不照，洞洞然，惺惺然，此乐正难以语人。"是皆豁然贯通纯熟后悟道之语。又尝与友人书云："存养之法在朱子，则由功夫做到本体，象山阳明即以本体为功夫，而无毫发差别者，则惟慎独。"故与诸弟子言学，切切示以慎独为入门要诀。而其不惑于二氏，则曰圣人空而实，佛氏空而空，道家宝有形之元气而无形之元气胧削而不自知，以故宗旨正大，实践躬行，近于程朱一派，而无朱派末流非毁陆王之习，岂非近世之纯儒，卓然能步圣贤之后者与？昇远不肖，不能仰承家学，于天人性命之理概乎未之有闻，今读是册，惶愧无地，宝而存之，以示子孙，以附家乘，毋亦有闻先世清德，而绍述流风者乎？是所望于后之读是录者。孙昇远谨识。

【按】选自汪昇远编《汪氏遗书二种》书尾（民国石印本，南京图书馆藏本）。

## 《六合县续志稿》总目跋

右《六合续志稿》，志地理、赋税、学校、武备、官师、人物、实业、艺文、金石，为类九，为卷十八。计自编辑之始至脱稿，凡十有六月。先是民国五年（1916），内务、教育两部通令各省饬属重修县志。六年（1917）三月，江苏通志开局，省令各县派征访员与省局征访员接洽，时以经费无出，迄未举办。七年（1918），叠奉严催，乃由县署集议，先办通志征访，设征访办事处，推昇远为主任，再辞弗获。至九月朔，处中组织始告成立，著手辑访。阅七月，成稿十二卷，上呈省局，其中未备处，复延长数月，增辑武备、实业、金石三志，及校勘记一卷，颜曰《志稿》，以备异日修志取材焉。

夫修志如修史，然必深明史体，繁简取舍，始有当于古人义法，以昇远之谫陋，虽亦曾滥充史职，然于马、班、陈、欧家法，未能仰窥万一，而欲步武旧志，赓续前人，能无退避三舍乎？且乾隆旧志，经戴敬咸、吴山尊等诸巨公编纂考订，历五稔始成书；光绪前志，集十数先辈之才力，亦阅四稔始观厥成，然犹不免滋后人遗议。矧当前哲已渺，邑鲜藏书，国体变更，事多创见，既增新目，复网旧闻，仅赖王君一山为之襄助，以十数月之时，期成十八卷之稿本，纰缪疏漏必倍蓰于前人。夫人貌之不齐，妍媸美恶不能自见也，必待明镜，然后见之，邑人士其将为吾明镜也乎！留此稿，以待要删焉尔。

若夫旧志所载诗文，皆乡先辈手泽润色此邦山川者也，拟辑《诗征》《文征》附志稿后，以博观慎取之，不可以苟，而征访处又不能久延，掇辑成编，仍当俟诸异日。民国八年（1919）十二月邑人汪昇远识。

【按】选自《民国六合县续志稿》卷首总目后（《金陵全书》甲编《方志类·县志》第 32 册，南京出版社 2013 年版）。

## 书《六合乾隆志》后

光绪初，邑先辈设局修志，维时经咸丰大乱后，故家世族书籍散亡，征求旧志，仅得《雍正志》一部于窑湾堡姚姓家，《乾隆志》一部于大营集彭姓家，此外无有焉。厥后志成局撤，在事者不知保存，而乾隆志复佚。往年，余任征访处事，于邑诸生黄维勤家假得《雍正志》，缺其一册，遍觅《乾隆志》，则城东贺氏存其"田赋"一本，余无存焉。余又托人求诸省垣某藏书家，亦未之得，私心怅想久之，而不能忘。会孙君叠波充国会议员，赴京师，寓江苏省馆，馆故有藏书室，孙君为邑中屯田缴价事，方搜求《江南通志》《赋役全书》，征集资料，意馆中所藏或有二书，启室检阅，无所得，乃得吾邑乾隆旧志，孙君本处内征访员，喜而商诸掌馆，带回六合，余始得见全志，书凡六卷，志六表二附录一，略仿明康对山《武功县志》，简严精要，于此邦之地理山川，考证详确，于人物则黜季可、杨俊，訾杨武强、李云鹄，推论名宦乡贤崇祀诸公之失当，而列举二祠宜增入祀之人，以昭公论。又论节妇烈妇之书法，核实不苟，洵可为后来者取则，而乾隆以前诸志所不能及也。其时纂修者戴君祖启，分修者方君性存、吴君肃，皆当时知名士，而非本邑人，故无瞻徇顾忌，而笔削一秉大公，或有议刊削太甚者，然不刊削，又乌能简严哉！此不足以服戴、吴诸君子矣。要知此志不失为吾邑良史，此本每卷前有江苏省馆图记，不知吾邑何年何人送入省馆，保存以至今日也。在当日送入之人，安知数十百年后复归吾邑耶？安知储留为吾邑今日宝贵之孤本耶？余之求是志也，安知数千里外省馆之有此也？即孙君此次入京，本可不寓省馆也，而竟寓省馆矣，本不求是书也，而竟得是书矣，是何故哉？盖尝推求之，窃以为文字者，精神之所寄也。前人以严正之精神，发为不刊之文字，后之人求其文字，既不可复得于耳目所及之地，而常悬诸心目中，其精神默与前人相感召，遂若有阴助之者，一旦机缘凑泊，值其时，遇其人，突然发现于数千里外，谓非鬼神左右其间不致此，殆所谓"思之思之，鬼神通之"者欤！且是书关系吾邑甚巨，前此志体，赖以釐正，后此志文，多所因袭，即吾乡诸先辈在天之灵，亦岂忍听之湮没散佚而不为之呵护也哉？余既喜此志之复为邑有，因揭明是书之体要，与其前后得失源委，以告后之留心乡邦之文献者。民国十五年（1926）邑人汪昇远识。

【按】选自张官倬著《棠志拾遗》卷下"艺文上"（1947年石印本，国家图书馆藏本）。

## 再书《乾隆志》后

或曰："如子言《乾隆志》，遂无可议乎？何以吾乡先辈，皆不惬意于此志也。"余曰："光绪间，诸先辈原有《乾隆志》不善之说，究其所以不善，亦未闻先辈道及。观《光绪志》中凡例、总叙全袭此志，原文并未见有自出手眼高于此志上者。惟于"人物志"析子目"忠孝"为"忠义""孝友"，增"文苑"于"儒林"后，改"节烈"为"列女"而已，其所增改，未为非是，然于此志弊处全未道著。此志凡例不云乎"目繁则不确，纲繁则不尊"，故于"人物志"立"忠孝""事功""儒林""义行""节烈"五目，"方伎""仙释"屏诸人物外，入于附录，以为尊也，确也！而实不知史家体法，志体原本于史，史有专传、类传之例。专传传一人，或附一二人，或合数人为一传，而皆不标色目；类传则取其人之道艺、政学相类者，胪列以类其人，而标题以二字如"儒林""循吏"之类，马班而降，标题增多，盖不欲使一节成名者归于湮没也。今乃取史家类传之标题，以四五子目，括全邑人物，遂使陈之吴明彻，明之杨洪，正史为立专传者，亦下侪于一官一邑循良之吏，而以泛而不当之"事功"二字目之。明之孙国敉，旷代逸才也，局之于"儒林"，竟不如两汉之儒林为经学，明史之儒林为理学也，不类而类，吾未见其尊且确也。夫不标色目而立专传，史家所以位置大小，一切人物者无所不赅，乃偏援用类传之例以品题之，虽多标色目，犹不能确，况约之以四五目乎？妇女限以"节烈"一目，设有孝如曹娥，才如班昭，贤如桓少君，非节非烈，将削而不传耶？抑屏诸附录中耶？章实斋谓"志体坏于标题，不明史法"，其此之谓欤？至历史"艺文"之载书目，其体宜尔。吾乡顺、雍旧志，搜求有关地方诗文，兼载邑人著述书目，此则删其书目，而约选其诗文，又滥载无关地方之赋数篇，厥后《光绪志》沿之，遂采应试律赋入志，类于后世文集，不知史体亦不能为讳也。若观其全书，笔墨严整，褒讥不苟，犹存直道之公，虽未深于史学，究不失为作家。吾乡乾隆前后诸志，均不能及，则又何可议哉！何可议哉！民国十六年（1927）邑人汪昇远再识。

【按】选自张官倬著《棠志拾遗》卷下"艺文上"（1947年石印本，国家图书馆藏本）。

## 《重校六合县续志稿》后跋

是稿赓续前光绪志，有改异前志之处，有增广前志之处，克日成书，仓猝付印，转写讹谬，一校再校，如扫落叶，不能净尽。今年春，邑人有复印之议，孙君叠波取初印本悉心考订，误者更之，漏者增之，失次者理之，并将后附之正误复校二百数十条，一一就原文改正，举以属余，余受而重校一周，又厘正改订十数处，权作定本，复印则举付写生，不印则待来哲。

　　夫志为一邑之官书，稿乃初成之略本，际兹时局进化，法制随时而创立，人物乘时而挺生，一邑虽小，新政稠叠，年复一年，事实滋多，不有记载，后胡以征，其不能不续纂者，势也，其不能不改异此稿，增广此稿者，亦势也。所冀通才踵起，润色乡邦，匡余今所不逮，成他年之伟作，增新补故，囊括靡遗，勒为完书，庶此邦之文献有征，而山川亦因以生色，是则余与孙君今日重校所同抱此厚望也夫。民国十七年（1928）秋九月邑人汪昇远识。

　　【按】选自《民国六合县续志稿》卷18书后（《金陵全书》甲编《方志类·县志》第32册，南京出版社2013年版），原题《〈重校志稿〉后跋》，今根据书名变更为《〈重校六合县续志稿〉后跋》。

## 刘长年

　　刘长年，六合县诸生，《光绪六合县志》载其"优古学，应试《九曲池赋》，为宗师所激赏，以鼓乐送归寓所，当时荣之"，具体生平不详。

## 九曲池赋（以"何必丝竹，山水怡情"为韵）

　　山弯染黛，水秀堆螺。楼台日丽，杨柳烟多。伊人宛在，相望如何。鸟唤六朝之梦，秋生九曲之波，则有太子昭明，萧梁世室，选赋论千，量材第一。丽句裁云，香花蘸笔，鱼鸟助其精神，林壑恣其隐逸，望水国兮何年？坐云乡兮永日，南邻之钟鼓何须，东海之烟霞不必。钟山之下，淮水之湄，乃相形势，乃作亭池。夜开半面，月写全规，画楼几队，垂柳千丝，引清流兮宛转，疏别派兮逶迤。路比武夷更曲，势如湘水频移。地折云平，桥横浪蹙，两岸花飞，一溪烟扑。沿流则翡翠双飞，隔浦则鸳鸯对宿。加以洲岛参差，亭台起复，镜面揩菱，溪头种竹，莫不烟水成村，鸥凫戏逐。其往而伏也，似九折纡回之坂；其缭而曲也，似九嶷缥缈之山；其冈峦层出也，似九点齐烟澹沱；其溯洄流光也，似九迴江水弯环。天铺潭底，月坠波间。客到藏春之屿，人来消夏之湾。太子乃荡桨烟中，披蓑画里，濯足云涛，搴芳蘅芷，去复去兮中流，行复行兮中沚。蘋白一滩，蓼红十里。隔苍葭兮幽人，发清吟兮帝子，无丝竹之繁声，恰恰情于山水。迄今徘徊古巷，徙倚荒祠，临青溪而櫂发，问桃渡以神怡，指前湾之风月，怀少海之栖迟。烟迷兰渚，雨涨芦漪，羽何为乎花外，鳞何为乎云湄？词客销魂之地，秋风载酒之时。靡不筝猜谢傅，笛诉桓伊。歌曰：远浦斜阳外，琉璃一碧横，六朝人去后，秋水尚盈盈。高歌未已，幽溪转清，扣舷载续，欸乃声迎。载歌曰：台城东望暮云平，文选楼头月倍明。千载高风谁得似，青山流水不胜情。

【按】选自《光绪六合县志》卷7［清光绪十年（1884）刻本，《金陵全书》甲编《方志类·县志》第30—31册影印］。

# 民　国

## 唐志岳

唐志岳（1867—?），字浚澄，一作浚臣，六合人。生平事迹不详。曾参与《民国六合县续志稿》编纂。

## 《亦园诗钞》序

盖闻重考据者，不尚华艳之词，穷义理者，不谈竞病之学。固性情有偏倚乎，亦心志贵专注也。况值金鸡亡失之世，玉虎吞噬之秋，崇拜西欧，用蛮貊变华夏，诋諆东鲁，以鳞介易冠裳。石室兰台荒凉，致慨牙签钿轴，零落堪悲，茫茫者谁归，滔滔者皆是，问谁具璞玉浑金之质，兼镌云镂月之才乎？则吾同里张君卓人是已。君介节砥石，高行范铜，慕栗里之清芬，具曲江之丰度，英年入塾，制艺偏工，弱冠驰名，对策亦善。迨戊戌（1898）变政，丙午（1906）停科，则又读畴人之传，考职方之书，凡《四元玉鉴》之精微，《万国舆图》之经纬，皆能剖晰奥窍，辨正舛讹，惟于艺苑之名言，词人之韵语，未暇致意焉。嗣于戊午岁（1918），检读令祖《逋逃吟草》，选钞尊人《后山诗存》，遂乃触起闲情，思承旧泽，家有范馨之砚，书存晏子之楹，衍三代薪传，萃一门风雅，回忆鲤庭趋对，训语如新，悉发马帐珍藏，潜修罔懈。譬紫薇仰承杜佑，九华亦世其家；玉局能绍苏洵，斜川亦传其学。息焉游焉，高矣美矣。又于宅后建筑亦园，辟地三弓，种花数亩，迭石成路，插棘编篱，萝磴屈曲，而萦青芳畦，滋润而苗绿，张志和清风明月，呼为良朋，张季鹰鲈脍莼羹，留供嘉客。君乃支筇觅句，对菊铺笺，摹瘦影于碧云之天，品幽香于黄花之圃，而且各疏其色，分咏其名，如郑笺《毛诗》，济以景阳妙笔，郭注《尔雅》，演以于湖清词。他若阑药呈妍，尽成诗料，檐梅索笑，亦助诗情，感身世则写悲怀，咏史事则发宏议，笔端垂露，字里生香，得句如名将成功，苦吟似高僧入定。锦因濯而愈艳，剑用淬而益铦。始则约六邑同人，联床叠韵，继乃与四方词客，斗巧争奇，由是而苔岑结社于吴中，文盂筑坛于湖畔，襟题汉上，铎振虞山，莫不登君之篇章，署君之名氏，乃江淹之彩毫未秃，而李贺之锦囊已盈。拟缮琼编，谋付铅印，积铢累寸，成高叟渤海之吟，披沙拣金，仿渔洋菁华之录，猥以小序，责诸鄙人。鄙人长君十年，识途自惭于老马，订交廿载，弁言敢谢于涂鸦，略述大凡，勉成短引。独是君固精研天算，熟悉地舆，乃不制张衡铜仪，仅宝四愁绮句，不铭张载剑阁，徒袭七命腴词，抑又何欤？

岁在屠维大荒落如月（1929 年 2 月）上浣，同邑唐志岳溶澄拜撰。

**【按】**选自张官倬著《亦园诗钞》书首［民国十八年（1929）排印本，私人藏本］。

## 王乃屏

王乃屏（1873—?），字展为，六合人。曾留学日本，归来后与张官倬等一起创立六合私立励志初级中学，并在学校任教。

## 《棠志拾遗》序

民国二十一年（1932）春，马君客谈、张君顾言暨地方人士，筹办六合私立励志初级中学，推董君鼎三为董事会会长，屏为校长。时江苏省政府，有省保卫团委员会之设立。鼎三以建设厅厅长为当然委员，屏亦被省府聘任，滥竽充数。故月必莅省出席会议。议毕，辄与鼎三商谈校事。首以校中急需设备者为图书室，而应购书籍，非筹款不可。屏乃商之鼎三，以厅令征集苏省各县志书，颁发励志初中图书室收藏，以为基础。一年之中，先后寄到县志四十余部。张君卓人，积学之士，好古敏求，老而弥笃，授课之余，借归披阅，凡有关于六合事迹者，分类择录，几历寒暑，衰集成帙，其中有采自正史及他省府县志暨私家著述谱牒者，皆先生平日搜讨所得。至山川、古迹、金石等门，先生与黄君伯东，不惮徒步之劳，登山涉水，披荆扪棘，寻求断碣残碑，以考其事实。盖其时，黄君伯东以编辑乡土志为己任，而又与先生同在初中任教，故志同道合，劳瘁不辞。自黄君殁，而先生之道孤矣！今年秋，先生出所著征序。屏虽不文，而义不容却。谨述其缘起，弁之于首，俾乡人士知吾邑文献散见于他书者正复不少。先生穷数年搜讨之苦心，条分缕析，列为九门，名其著曰《棠志拾遗》，殆犹是述而不作之意焉。其征文考献之功，有裨于吾邑者，岂有涯哉！

民国二十四年（1935）秋九月上浣王乃屏展为谨序。

【按】选自张官倬著《棠志拾遗》书首（1947年石印本，国家图书馆藏本）。

## 王桂馨

王桂馨（1874—?），字一山，江苏六合县人。曾游学日本，任职六合学宪，参与《民国六合县续志稿》的编纂。

# 劝学所记

劝学所，汤氏之旧宅也。汤君春圃，浙东会稽人，粤乱后，侨居吾邑，以医名。晚年买宅于邑前街，家焉。居未久，病故，易箦时，属其妻与所生之三女，曰："吾无亲嗣，负螟蛉以为嗣，诸女出室后，此子贤守吾之产，不贤则将此宅归公。"越十年，妻故，其子承宗应征兵，丙午（1906）夏亦以暑疫亡，三女皆适人，宅无主。秋间湘乡赵公重莅吾邑，励精图治，百废具举，三女遵遗命，奉产归公。维时国家以时势阽危，急重兴学，饬各府厅州县，遍设蒙小学堂，赵公亦极力提倡，振兴学务，爰以汤宅居城中央，牒之大府，改为劝学所。适仆以留学东瀛回，赵公及学界诸君留尽义务。今春提学宪又札派为县视学，承办所事，币两月余，组织成立，修理告竣，学界同人群乐观成，乡人闻之，亦怦然兴起，谓吾邑学界前途进步，将于斯所基之矣。仆不敢忘赵公热心兴学之诚，与学界群志赞成之力，并不敢没汤君遗产归公之缘起，爰命匠氏勒石，以告后之来斯所以承其事者。是为记。

光绪丁未（1907）夏五月县视学王桂馨谨撰。

【按】选自《民国六合县续志稿》卷 17（《金陵全书》甲编《方志类·县志》第 32 册，南京出版社 2013 年版）。

## 达浦生

> 达浦生（1874—1965），名凤轩，以字行。回族。江苏六合人。中国伊斯兰教著名阿訇、教育家、社会活动家。1894 年赴北京牛街礼拜寺师从王宽阿訇学习教义、教法，1899 年返回六合任清真寺阿訇，并创办六合广益回民小学，任校长。1912 年任甘肃回民劝学所所长。1940 年任民国政府参议员。1945 年，抗日战争胜利后回南京，后又迁居上海，开始创作《伊斯兰六书》。中华人民共和国成立后，历任中国伊斯兰教协会副主任，中央民族事务委员会委员，第一、二、三届全国人民代表大会代表，政协全国第二、三届常务委员。1955 年以宗教顾问身份参加了周恩来总理率领的中国代表团出席"万隆亚非会议"。曾多次出访巴基斯坦、印度、埃及等伊斯兰国家。著有《伊斯兰六书》。

## 《伊斯兰六书》自序

溯吾伊斯兰教，自唐代传入中土，迄今已千数百年，教胞散处四方，不下五千万众①。然而其道未昌，其教未扬，推原其故，盖由宣道无人，传教乏术，非失之于食古不化，即失于真理未明。复以伊斯兰经典文义深奥，译述寥寥，研习者探讨无从，教外人士自更无以窥其门径。而教内自命维新之士，辄以宗教为迷信观点，既误乌能抉其微奥，一般信仰诚笃之教胞，又只知绳墨自守，多未能穷其究竟，遂使至大至中之道、至和至平之教，未能昌明阐扬于天下。孔子云："道之不行也，我知之矣，知者过之，愚者不及也。道之不明也，我知之矣，贤者过之，不肖者不及也。"其斯之谓欤。

余尝数游埃及、阿拉伯、印度等国，观乎彼邦伊斯兰教之精神，心有感焉。对于吾教真谛，每思有所著述，以为宣道传教之助。而自惭浅学不敢贸

---

① 原书编者注：五千万众，为解放前流传的一种不确切的估计数。解放后我国曾进行过几次全国人口普查，据统计，目前我国 10 个穆斯林少数民族的人口为 2030 万人。

然从事，泊民国二十七年（1938），奉命迁上海伊斯兰学校于甘肃平凉。于主持校务以外，并自任伊斯兰教义一课，苦无成本，乃随编随授，直到简易师范四年级生毕业，编成四册，草率成编，原不过期以造就一般具有科学知识兼通本教教义之师资而已。厥后参政中枢，事虽繁冗，尚能忙里抽暇，得以脱稿，深觉犹有未尽，复增二卷，并加润色，共成六帙，名之曰《伊斯兰六书》。首言认主认圣，以明教本；次言笃信"哀比"（乃形而上者之学，非寻常知识之所及），以明教旨；次言知、行、诚、信，以明中心；次言本教仪式，以明天命；次言本教真理，以辟异说；末言宗教与科学相辅为用，以明经训圣谕之不失时代。前三者为穷理尽性之学，后三者为修齐治平之训。全书数十万言，其中一言一理，无不以《古兰经》、圣谕为惟一之根据，决不敢稍有臆造，此则私衷之所可自信者也。

是书不过系伊斯兰教义之一部分，亦仅能阐发《古兰经》真理于万一，但阅之即可了解伊期兰之真谛，以之养成至诚之心、廉洁之身、纯净之性，进而发挥伊玛尼性分中所含诸美德，以实践吾伊斯兰立教之精神暨吾穆罕默德圣人毕生所遗之嘉言懿行至一般。对伊斯兰真理有所不明或有所误会者，亦可矫正其思想，增益其信念，而获有伊斯兰之常识，并明了教条之义理，倘更殚精以思并可知吾教之哲理，微特与科学毫无抵触，且能昭示科学家凡竭尽多人之思想，费尽多时之脑力，所不获得之真理。至是恍然自明，豁然贯通，是以真能知科学者，则真能知创造天地万物全知全能之真主宰，此又余之所敢断言者也。

吾伊斯兰教根本信仰，以认识真主为主旨根本，哲学以致知真主为基础。若能确知真主，则心有所趋，志有所向。一切不易解之理，可以易解；一切不易明之理，可以易明。真理既明，则异端邪说莫由撼惑。对本书所述形而上、形而下诸义理，亦得有所印证，而可深信不疑矣。

余自知不敏，安敢著书问世，只以宣道传教之心，未敢后人，爰不揣谫陋，愿以是书公诸世人，共相研究。至抉理之精确，与夫文词之工拙，未遑计及，尤望海内同道不吝赐教焉。

民三十四年（1945）四月八日江苏古棠达浦生序于西安。

【按】选自达浦生著《伊斯兰六书》书首（宗教文化出版社 2007 年版）。

# 张通之

张通之（1875—1948），名葆亨，以字行，南京六合人。居南京仓巷。宣统元年（1909）拔贡，未入仕。一直从事教学几十年，生徒甚众。擅诗书画，著有《娱目轩诗集》《庠序怀旧录》《趋庭纪闻》《秦淮感逝》《金陵四十八景题咏》《白门食谱》等。均见于卢前主编、张通之参与编辑的民国时期出版的《南京文献》中。

## 《娱目轩诗稿》自序

余髫年与兄弟辈侍先君子，读书课余，每相与学韵语。犹忆年十岁时，咏鸡冠花，有"风动欲飞来院落，霜寒无力出篱笆"句，先君子笑谓尚见心思。年十六，考四仲月课，作《绳直钩曲赋》，有"芙蓉江上，随钓竿以升沈；杨柳楼前，傍珠帘而起伏"句，王芝兰大令谓不脱不粘，极其可诵，因时得长者奖掖，益喜为之。然幼年嗜好多端，平日吟哦，惮于推敲，绝句有得一二句即止者，律诗有得半首即废者，姑搜集从前所作仅一二十首而已。

余耆画，初学南田，好写生。继喜青萝山人，后又学任氏兄弟，与赵㧑叔及八大山人，吴昌硕笔墨亦颇好之。余以作书之腕力作画，故尚自信能有笔也。书法初学欧及二王，继好张廉卿，因改习颜鲁公，及汉魏大小篆钟鼎，笔力得稍坚劲。终年为人挥毫，自早至夜深不倦，自信能得此中三昧。因是每作一字画辄为人所称许，余益以为乐焉。是时虽无暇吟哦，然案头常置古今人诗集，稍暇即藉以消遣，画时亦间题咏，但未专力于此耳。去岁友人思怂来沪，鬻字画，沪上固全国书画家荟萃地也。余在学校教授三十三年，颇厌倦，急思来沪与诸大家一战，并藉以穷书画之深邃。时浙人孙词臣邀余课子，修脯尚丰，并允半日教读，半日书画，余遂辞学校事赴沪，与诸名家数数晤谈，拟于是时从事笔墨。忽患目，延医治愈，治愈不如前，遂囊笔作休养计，镇日无可自娱，乃复整理旧诗草。已成者稍加推敲，未成者继续为之，日必作一二首，或二三首，数月以来，积集益多，私喜颇能自遣，两目亦忘其痛苦。目见痊，书画事又时时技痒，然余终不敢复劳其目，仍将前日游览各处，所欲作而未作之诗，一一构就，前后共集有一百余首，非敢言诗，聊以抒其写意云尔。

余自幼学诗，对于古今人之作，无所不读，亦往往各有所取，而至作时，惟自写其意，绝不定摹何家何集，而他人之所有，或偶然与余意同，非有心求合，亦听其自然而已。余意作诗当如此，近年作书画，亦往往若是。质之方家，不知以余言为然否？

己巳（1929）秋八月，通之自识于申江客次。

【按】选自卢前主编《南京文献》第 23 号（1948 年 11 月出版）。

## 《白门食谱》序

昔袁子才先生侨居金陵，筑随园于小仓山，著有《随园食谱》。予广其义，取金陵城市乡村，及人家商铺，与僧寮酒肆，凡食品出产之佳、烹饪之善，皆采而录之，曰《白门食谱》。其曰白门者，存古名耳，一如渔洋之在金陵咏秋柳，而名曰白门者也。予又思孔子之言曰："士志于道，而耻恶衣恶食者，未足与议焉。"似士人之所当研究甚多，亦不应斤斤于饮食。然《论语·乡党篇》记孔子之饮食曰："不时，不食；失饪，不食。"又曰："沽酒市脯，不食。""肉虽多，不使胜食气。""不得其酱，不食。"又曰："食不厌精，脍不厌细。"其种种适合今日卫生之道，当日子才先生之为《食谱》，或即此故。兹予之为此，亦窃取斯意云尔。

【按】选自卢前主编《南京文献》第 2 号（1947 年 2 月出版）。

## 田北湖

田北湖（1877—1917），初名其田，字自芸，一字自耘，后居玄武湖，乃字北湖，以字行。六合人。幼聪颖，13 岁被王先谦擢入南菁书院。工骈散文及词赋。光绪二十三年（1897）拔贡，廷试被放。参与创立国学保存会，精研汉学，希望保存国粹，著述颇富。民国后，入北京大学教授历史。其著作主要连载于民国期刊《国粹学报》上。

# 告玄武湖文

芙蓉城者，仙灵栖真之宇也。桃花源者，幽隐避世之乡也。碧落高高，黄尘扰扰，周览风景，变幻云物。访蟪蛄之春秋，寄蜉蝣于朝暮，已无清净之土，遑云安乐之窝。神山在望，辄引归帆，海岛移情，空闻远籁，虚无缥渺之间，惝恍迷离之境，便涉稗环，莫搴芳躅。越情广漠之野，极念重霄之表，寓言十九，玄思万千。吾生劳形，惟曰无涯，仆夫沈梦，若离诸苦。从伊人于水沚，溯到兼葭，呼有鬼于山阿，披将薜①荔，起天半之赤霞，照波心之皓月，驾车鼠穴，戢翼雉罗，长揖嚣氛，上通元化，指太空为归宿，结平生之古欢，尚在人境，岂有真宅哉！

余以菲质附于浊流，生长江淮之交，行坐尸冥之侧，聊休息于歧路，盛哀乐于中年，土木形骸，樊笼毛羽，梦登天而无杭，随飘风之所仍，冢鸿避篡，倦鸟知归，乃四壁之徒立，靡寸田之可耕，赁春庑下，何处皋桥，牵舟岸上，盍来西塞，徘徊青溪之渡，寥落白门之城，誓墓碑成，买山钱乏，蓬庐风雨，空为汗漫之游，壶中天地，别有清凉之界。盖亦亢心远举，蹑踪遐想矣。

钟山之下，草堂之阴，有湖一曲，实名玄武，赤鸟之际，黑龙所经，潢污行潦，择三岸之细流，宛在中央，列五洲之息壤，气吞云梦之泽，境接琦玗之洞，村郭自幽，烟波无限，四十里之昆明，水嬉不竞，二千年之桑泊，宫禁如墟，岛溆萦洄，冈峦倚伏，平芜弥望，膏腴就荒，菰蒲陂塘，鱼凫窟穴。农家聚处，姓只朱陈，渔父助谈，世当魏晋，南都瓯脱之地，楚国寝丘之田。安石夷其阡陌，景纯寂于邱陇，泛剡溪之一叶，明月随人，飞绣谷之万花，春风无主。系我生之靡骋，过兹区以忘返，顾沧浪而濯足，指渑池以监影，爰问水滨，往求宅土，托幽壑之浩渺，卜衡门之栖迟。山精木魅，喜人经过，樵竖牧儿，许我庋止，临渊结纲，闭关诛茅，直干青云，坐观白昼，纵巨鱼而亦乐，屈尺蠖以当伸。入主洲民，遂为湖长。夫深山大泽，龙蛇是潜，暮雨朝云，虹睨不耀。盖鸿鹄之所志，非鹪鹩之可窥，是以北海啬夫，高并末之概，西河钓者，乐考槃之歌，抱焦违天，孤芳遗俗，不求致远

---

① 薜：底本为"薛"，显误，径改。

之用，宁虞老死之方，况乎修途荆棘，落日桑榆，燕处危巢，鱼游沸釜。齐州历历，迟王孙而无归，秋水涓涓，望美人而不见，未遑驻景，谁与餐霞，有此卷阿，居然福地，扁舟散发，适蓬颗而犹甘，苦蘗染衣，笑淄尘之莫化，林深菁密，岳峙渊渟，沙鸥俱来，幽鸟相逐，庐除火宅，操谱水仙，种玉藕于污泥，化金莲之世界。舍南舍北，结吴农为比邻，种豆种瓜，课越佣以新约，襄衣箬笠，布韈青鞋，浮沈水草之湄，祈报春秋之社，导鸡犬而飞升，任枭卢之胜负，招隐偕予，告灵没世，闲云指正，清泉要盟，纵横驿路，休勒北山之移文，迎送丛祠，新制巢湖之平调。

【按】选自民国邓实主编《国粹学报》总第3期。

## 别玄武湖父老文

湖主入湖三年矣，与五洲三岸诸父老，水土操作，岁时休息，泌之洋洋，桑者闲闲，分渔樵之半席，作风月之平章，援鹤不笑，鸥鹭忘机，公田之利，足以为酒，濠濮之游，出而听琴，操豚相祝，烹羊自劳，不识不知，斯歌斯哭，蒹葭苍苍，亦有霜露，杨柳依依，爰及雨雪。方谓羲皇以上，遑问魏晋伊谁，壶公容身，农父没世，披裘行吟，怀璧非罪，相期白首，不入城市，乐有素心，与数晨夕，民安太康之风，里鲜追呼之吏，役车其休，挐舟云固。

弗意寝丘之地，忽争半山之墩，蝇矢既集，牛耳尤污。起风波于江湖，罹文字之罗网，篝灯受诈，徽墨终凶，瓜熟伏其杀机，萁落诬其怨望。清尊招饮，逻卒在途，空庭勒移，高士不返，闭门大索，全家皆收。沉沉黑岳，皎皎青天，未对西曹之薄，旋纵北寺之囚，犬牵上蔡，鹤唳华亭。

归来枫林之魂，无恙芦中之渡，故乡多虎，不可久留，弋人慕鸿，逝将远引。有客宿宿，迟徐稚于谷中，踏歌声声，揖汪伦于岸上。信焚身其足惧，故折尾而不辞，还求出世之方，更卜幽人之宅，畴昔之乐，梦亦成尘，别离之情，座犹掩泣，闲云相逐，逝水长澌，剩芙蓉于空塘，笑桃花之夹道，鸥夷请变名姓，鲛人莫卖沧田。鱼鸟有缘，烟霞重约，此日武陵渔父，不办①仙源，他年幕府山灵，为留佳处。

① 办（辦）：疑为"辨"。

【按】选自民国邓实主编《国粹学报》总第 3 期。

# 田府君尹氏母合葬墓志铭 ①

孤子将去其乡里，望墓而号，泣血瘗石，敬白诸君发土者曰：

此田北湖父母之墓也。吾父讳朝元，字子春，有妫之后，受氏于陈，齐国青州，实聚门族。吾远祖讳兴者，明太祖之故人也。诛元功成，屡聘不就，闻畿辅患虎，强起为理，徒行手搏，尽殪其群。止于六合，遂隶民籍，二十传而及吾父。六合久苦兵，吾合家三十口，不死兹难，惟吾父耳。孑然流离，周览天下，初娶徐氏母，既早卒，乱平归来，与吾母尹氏偕居江宁。生平矫时疾俗，不求显达，虽至穷困，弗改其操。吾母能成吾父之志，故泰然寂处，著录忘老。吾家累世为医，有声江淮间，述作颇富。吾父少受家业，熟精其理，不欲为人治疾，惟治训诂考订之学，尤恶苟同于人，古今之故，更发明其是非，卓尔自立，有书盈尺，壬辰（1892）失火，悉毁其稿。吾父旋以天年终，时六十六岁也。呜呼痛哉！吾父行义，不获表见于天下后世，纸墨之迹，重罹奇灾，一言一论，且不得示其子孙，赍志以死，岂非天有所厌哉？吾父葬于江宁南郊袁村之小龙山。吾母劳苦以教子，而再造室家，深入佛海，竟不享龄，以五十六岁卒，距吾父七年而已。甲辰（1904）二月，乃得合祔于父墓。有男子子二人：长北湖，初名其田；次于田。女子子二人：思存、思平。忝为人后，未能振门祚，猥奉父母之遗教，不敢怠荒，属天下多事，将走四方，死何所逃？安厝斯原，无封无树。呜呼痛哉！不祀之鬼，不哭之墓，仁人君子，犹或恤之。后有发此土者，知其姓名，哀人父母，勿锹勿锄，暴及白骨，尚其鉴观，保此抔土，和泪书石，更为铭曰：

齐田之曾孙，有贞斯德。董道不豫，归于幽宅。胡为君子，而斩其泽。马鬣未封壤可耕，下则为泉君勿掘。死者何知，尚生者之恻恻。

【按】选自民国邓实主编《国粹学报》总第 5 期。

---

① 铭：底本无"铭"字，据文体加。

## 与某生论韩文书

承示高论，实获我心，猥辱明问，相与质证，谫陋如仆，恶足知文？自夫受书，少解词翰，好恶殊别，志在辨惑，一得之愚，窃有所见，不欲强人就我，亦不欲强我同人。曩于所谓唐宋大家者，私用臧否，然而流俗之耳目，且骇且怪，何以免此诟病也。

世人盛扬韩愈矣，其文章道谊，莫或訾议，以耳代目之说，固结于人心，师表神明之弗暇，况从而指斥乎？我则未敢过信也。展卷往复，求合群言而不得，更欲委曲附会之，以弥缝古人之阙，乃疵累触目，有若芒刺，故疑之愈深。既薄其文，益薄其人，岂好为苛刻哉？

韩愈《三上宰相书》，陈义甚高，大言弗作，投而失利，卑词乞怜，但不耐穷困，希冀宠遇耳。士虽终窭，稍有气节者，不忍出此，而谓自命大贤，甘为之乎？盖当时习尚，在愈视之，恬不为怪，况贫能病人，饿死事大，不惟利禄之见，尽人难免也。愈呼吁于权宜之间，亦当引耻终身。属稿旋毁，勿令人知，隐其迹也，可矣。文章自夸，留示未艾，若甚满意者，天下后世未尝责备贤者焉，夫又何美之可归？

韩愈《原道》，貌为正论，亦儒家之功臣欤？顾词旨不属，语迫气促，支离而为之，若未完篇也者。愈固弗习二氏之书，尤未闻君子之道，故执词发难，局蹐不宁，非惟难折二氏之心，适藉二氏以口实，欲拒而反导之，其前后援引，漫与驳诘，理不足敌，且屈且穷，矛盾自苦，迷不知归，以窘人者自窘，不得已而忿激之，聊以释难解嘲，轻率躁妄，何尝由衷？是以为文匆遽张皇，盈篇累牍，迄乎终篇，则曰"人其人，火其书，庐其居"，其所武断，莫非遁词。夫二氏诚当辟矣。从容中理，乃毕其说，苟非好学深思，心知其意，使儒墨之是非曲直，憭然于胸中，不足以持其平而救其蔽，驯致降伏，受我裁决也。彼听讼者，研鞫两造之情伪，廉得其情，而后断狱，虽老吏猾胥，不能解救之，而受罚者，亦甘即于法，至死而无怨。愈为此文，犹之决盗发奸，未有左证，竟以己意为信谳，鞭笞斧锧，横加其身，是诚有罪亦必呼冤，又何异乎蠢奴悍婢？交谇口舌，此指彼摘，争执不下，气塞色沮，各道秽语，被发跳掷，反唇辱詈，势将缚而噬之，更思毁其家室，折其肢体以为快，无理足喻，殊可笑也。世之尊崇愈者，方以是篇为巨制大文，

237

而授受诵习焉。狂泉之饮，沈惑不返，尤吾所甚不解者也。夫事理不辨，学理不精，发为文章，已弗能达，况根柢浅薄，有文无质哉？愈生盛唐，士习靡然，但攻应举之业，就试之体而已，外诱浮华，罕觏先籍，故病《尚书》而鄙《左氏》，其所学问可想见焉。世俗弗察，贸然推许，至谓一言为法，百世为师，障川挽澜，起衰于八代，誉美失实，毋亦以耳代目之蔽欤？嗟乎！后人之于古人，人誉亦誉，人毁亦毁，因其一节之长，遗其全体之短，习非胜是，好恶不公，有起而匡谬正俗者，辄谓伤忠厚焉。凡所称赞，曾无持平之议，岂独论文然哉？吾甚痛夫是非之不辨也。惧其所蔽积久而不发，故于前人之是，固不敢诬前人之非，尤不敢讳轻薄之罪，夫何恤乎？执事疑愈，深合鄙意，盖于愈文多所正订，故略述私意如此。

【按】选自民国邓实主编《国粹学报》总第 10 期。

# 石狮子记

上元北郊，自蒋子文庙至栖霞山，古冢相望，无封无树，周遭数十里间，齐梁贵人埋骨之墟也。予主北湖，出购鱼子，来去径过，辄访故迹，员员之所负，华表之所题，丰碑短碣，犹有存者，残蚀倾侧，散见于草际。予尝剔苔藓，刷泥沙，辨其文字而识为某某之邱陇，证诸志乘，与夫金石家言，颇能符合，斯固不足以异，何为独称石狮子哉？一日憩姚坊门，驴惊狂跳，登高四瞩，冀得踪迹之。下有田塍，巨石突兀，不能审其形状。及往抚视，则一石狮子头也。周身没土中，由唇以上，暴露于外，举手摩挲，仅接其眉，躯干之庞大，想当称是，予以未见全狮为憾。询之土著，云某村某落似此亦多矣。因导予行，纵横十里许，先后得十九狮，大小皆相若，或立或蹲，或牝或牡，青石细理，神彩奕奕，雕琢之工，近世罕有。其长几五丈焉，弱二丈，胫周三尺强，盖墓门之镇，与翁仲、马、羊、虎、象之属，夹道比列者也。齐梁时尚如斯，勋戚之家，竞置冢上，庞大坚绝，不为风雨所剥泐，樵牧所摧毁，阅千载而独存，金石家病其无文字欵识，未足资以考古，又从而遗弃之焉。于是齐梁法物，长此草芥矣。吾国不产猛大之兽，天竺东通，始称狮子，神异既不数觏，率饰之于器象，俗工所绘刻，与今印度来者，殊不相似，此石乃酷肖之，非徒体制雄伟，斧凿精巧已也。意者，齐梁时代，当有真狮，贵家取其状观，表诸隧道，复得良工，互为传模，尚能无毫发之爽，是为刻狮之祖，足正后来之讹谬已。亟撮其影，以饷博物学者。

【按】选自民国邓实主编《国粹学报》总第 39 期。

# 田兴传

明太祖起布衣，不十五年而成帝业，芒砀之英，濠濮之灵，应①运来归，聚合于草泽，智者决谋，勇者奋力，始终左右之，以经营天下。一时怀抱奇特，抑塞于闇世，而无所求试者，皆得抒其不平之气，尽效志愿，相与定大计，平大乱，而告武功之成。拜爵明堂，刻券盟府，十人为公，二十八人为侯。诸从龙者，遭逢其盛，无不致身荣显，姓字②光于史册，禄邑及于子孙，未有与共忧患，屏绝功名，飘然远引，不屈于万乘之主，如田兴者也。开国之初，记载草率，畸行高义，非史官所及闻，私门谱录，又复芜杂失次。予述兹传，以表祖德，而高庙之轶事遗词，足以资野获焉。

君讳兴，无字，山东青州府安邱县人也。齐王之孙子，守在故邑，本支百世未尝他徙，高祖而上，都以材武入仕籍，赵宋之亡，先后陷阵殉节至二三十人。元主中原，耻食其禄，终元之祚，历三四传，一门族姓，无服事北廷者。曾祖、祖父皆隐于农，暇则驱车远贾，往来两河之间，扶急救难，好行其德，时人以义侠称之。英宗至治元年辛酉（1321），君生于大石庄。

君躯干魁梧，幼而好勇。儿时入塾，所经关羽庙，阶石累二十四级，一日数过，与群儿超距为戏，久之一跃而登，犹以为未足。复举周仓像旁百斤之铁刀，跳舞升降。洎为塾师所见，惊告家人，意将戒之，祖父皆曰："是儿生有神力，吾族又武世家，今天下多事，吾辈期望至殷，窃喜孺子可教，不坠祖业于地，方③诱掖之不暇，奚忍沮其志气哉！先生勿过虑也。"自是废读，武艺益进。少室僧置会颜神镇，征集四方教师，君往较技，无有与敌，时仅十六岁耳。中途逆旅，遇儒生谈古人事者，怦然动焉。鬻所乘马，尽购诸史鉴，荷担以归，朝夕展览，几忘寝食，尤喜袁了凡《纲鉴》，出入

---

① 应：《虞初近志》卷 2 作"虑"。
② 字：《虞初近志》卷 2 作"氏"。
③ 方：《虞初近志》卷 2 作"力"。

怀挟，两袖若不能屈伸，盖数十寒暑未尝少间也。

君既弱冠，出走四方，贸迁土物，遍于江淮之南北，什一所入，悉以周济道途①之贫困者。或遇不平之事，必出死力以营救。尝曰："吾一贩夫，家无王侯之富，手无尺寸之柄，生平志愿，百不一酬。自念既披人皮，即当稍尽人道，以求此心之所安。苟有危急之状，冤苦之情，入吾目中，不能为之救其难，捍其患，乃吾之所至痛，不啻负灾于身也。"至正丙戌（1346），阻雪颍州之老子集，如厕，见太祖僵卧草堆，已两日不得食，无过问者。掖至旅舍，为之治汤药，备衣履，知其孤露，载与俱行。太祖不耐琐屑经纪，使附豆船返临淮，既厚其资，且慰之曰："他日有缓急，愿以告我。"同伴窃窃讪笑，群谓："此丐形状诡异，令人呕逆作恶，天与穷骨，乃至懒不可医，不旦暮填沟壑者，吾弗信也。"

自后，汝、颍、淮、泗，数与太祖遇，遂结义为兄弟，君故长于太祖，太祖事之若同产。太祖曰："吾受子亦多矣，而穷蹙流离如故，四海虽大，吾无容焉。"君曰："子固非常人也，吾不足为子画生计，大乱将及，何施而不可？丈夫贵得时耳。"会方国珍踞台州，张士诚亦以贩私啸聚于淮南，江淮亡命之徒，争往依附。太祖欲纳草求效，君曰："鼠辈昏于淫利，但负海滨之嵎，其人其地，皆不足与屈伸者，古来有事，无论为帝为王，为寇为虏，必根本于大江以北，黄河以南。"已而太祖入濠州，君饮郭子兴，亟游扬之，太祖因以见重，卒得假籍②兵柄，君又阴求羽翼，先后引进胡大海、常遇春诸故人，北取滁、和，南收姑孰，君所决策为多。时时语太祖曰："元以苛虐致盗贼，无赖乘间而逞，民陷水火，狼虎复相搏噬。有仁者出，稍稍问其疾苦，保全其生命，使得一见天日，可以唾手得天下，寇不足平也。"每闻太祖下名城，辄厕流亡中，潜视军纪，将士有劫掠为暴者，必驰书相报，以尽忠告。起兵以来，周旋六岁，所受委托亦至重，顾踪迹飘忽，未尝久留行间。太祖知不可强，始终待以客礼。及丙申（1356）克金陵后，不复至太祖所。

洪武三年（1370），六合、来安间有虎患，朝夕传警，历五六月，一时猎户弓手，更番叠进，诸捕虎者悉为所伤。诏求壮士甚急，益增所悬赏，卒无应者。君方行贾沂、兖③，转运六合纸葛锅瓷诸货，岁必再至，慨然曰：

---

① 途：《虞初近志》卷2作"路"。

② 籍：《虞初近志》卷2作"藉"。

③ 兖：《虞初近志》卷2作"兑"。

"我所经行之地，乃有虎当道乎？"徒手伺<sup>①</sup>山谷中，旬日而杀七虎。土人感其义，日具牛酒，叠相慰劳，更治舍于六合之曲涧，君故爱其幽僻，流连不欲去。县官赍金帛来，固辞弗受，问姓名亦弗<sup>②</sup>答，则曰："山东男子，生平惯杀虎，非为应募来者，何与官府事？"吏表其状奏朝廷，太祖笑曰："必吾故人田兴者。"使素识者踪迹之，果君也。命宋濂题七坊，立石遍识其地，曰："大明洪武三年（1370）九月某日，山东田兴打虎处。"今六合西乡五十里外，瓦庙子之打虎洼，石柱当路，巍然存焉。其邻近之村落，所谓田家牌楼，又西北二十里所谓田家巷者，皆有遗迹，父老犹能言之。

太祖既闻君在六合，再发诏使，坚不入朝，复遣詹同奉手书渡江。其词曰："元璋见弃于兄长，不下十年。……再不过江，不是脚色。"<sup>③</sup>君既得书，野服诣阙，太祖俟之于龙江，欢宴累月，如家人然，稍稍及时事。君曰："天子无戏言，所约我者而忘之乎？"太祖因乱以他语。明年，卒于应天，太祖临其丧，凄然曰："二十年来，与我共患难，而不共安乐者，斯人而已！"为之置冢于鼓落<sup>④</sup>坡，诏留二子于京营，并授锦衣卫指挥。二子以遗命辞，归耕曲涧，编在民籍，是为六合田氏之始迁祖。越五百三十年，二十一世孙北湖，叙次为传，别附于家乘。

【按】选自民国时期邓实主编《国粹学报》总第42期，1908年6月18日出版。胡寄尘编《虞初近志》卷2（大达图书供应社刊行，1932年增订重编）亦收录本文。

## 《北湖土物志》叙

北湖者，古之玄武湖，世所谓后湖也。始为桑泊，孙吴赤乌之初，有黑龙见其地，因名玄武湖。齐梁之际，凿而广之，以校水战，是名昆明。又筑三山其中，以象蓬莱方丈，宫殿池馆，如神仙居。南通枕潮沟，直贯台城，鸡鸣在左，覆舟在右，环抱乐游苑，入进香河而泄于秦淮。六朝之君臣、画

---

① 伺：《虞初近志》卷2作"饲"。

② 弗：《虞初近志》卷2作"不"。

③ 朱元璋《与田兴书》，详见下编。

④ 鼓落：《虞初近志》卷2作"落鼓"。

舸往来，游宴甚盛，流连吟咏，文献著焉。王安石居半山，请塞为田，旋赐蔡京，广治宅第，陵谷沧桑，非由天变，阡陌沟洫，尽改旧观。顾群山之坳，行潦所汇，与水争地，终病农夫，十年九荒，民以为厉，湖山风景之阨，尤<sup>①</sup>其末焉者已<sup>②</sup>。明太祖建南都，大举土工，恢复故迹，奋录所积，更累五洲，渚洳坻谲，并假人功<sup>③</sup>，置库中央，收贮天下之黄册，发囚徒以配之，使守管钥，且制灯火之禁，今之湖心亭，其遗址也。偏北为三司法堂，俗所谓刑部牢也。二百余年，号称禁地，宦官出入其间，樵采陂塘之利，但充后宫粉钱，铁棍铜管，锁其尾闾，伏流城隍之下，阻绝人迹。自是挐舟来者，已如风引海上，可望而不可即矣。康乾之世，屡降翠华，离宫法物，照灼光华，春秋佳丽之辰，与同游观之乐。洎乎南越内犯，窃踞金陵，抗师钟山之阴，恃萑苻为间道，岁星一周，爝火息灭，狐鼠悲依以后，荒芜不治，水草之湄，鞠为丛莽，好事之官府，亦尝匠作土木，粉饰太平。然而兵燹初经，物力有限，及今四十年来，元气犹未调和也。勺水撮土，乘除于兴废之林，古人之遗，莫由印证。吾所躬遇而目接者，弗使稍有存焉。继今以往，境过时移<sup>④</sup>，后人欲求此已陈之迹，苍苍者山，茫茫者水，吾知其不能语矣。不贤识小之责，吾何以辞之哉<sup>⑤</sup>？

金陵，故秣陵地。郭北钟山，蒋子文之陵墓也。湖在山阴，古亦从地得名，曰金陵湖，曰秣陵湖，曰蒋陵湖，曰蒋湖，特非通称耳。后湖名字，虽属土俗之语，《南唐近事》曰："金陵城北有湖，《建康实录》所谓玄武湖是也。一日，诸阁老待漏朝堂，语及林泉之事，坐间冯谧因举玄宗赐贺监三百里镜湖，信为盛事。又曰，予非敢望此，但赐后湖，亦畅予平生也。吏部徐铉怡声而对曰：主上尊贤待士，常若不及，岂惜一后湖，所乏者知章尔。"是南唐时代<sup>⑥</sup>已有此称。然六朝宫殿，大率背倚台城，而湖属城北，实当宫墙之后，则所谓"后"者，指宫城而言，湖之得名，不自南唐为然。俗说钟山之阳有前湖，此固山阴，故以"后"别之。不知"前湖"之名，发见最

---

① 尤：《民心》作"犹"。

② 已：《民心》作"矣"。

③ 功：《民心》作"力"。

④ 移：《民心》作"迁"。

⑤ 吾何以辞之哉：《民心》作"吾其何以辞哉"。

⑥ 代：《民心》无此字。

晚，因后湖而称前湖，后湖不为前湖称也。自有后湖之称，古之玄武云者，文人词翰而外，已不常见，盖世人相传千五百年于兹矣。北湖之名，古无闻也。予独以此锡之者，予维①故宫如砥，其迹成尘，前既无朝，湖于何后，若就地位言之，城垣犹是，风景不殊，十里平湖，故在金陵城北。古之说山川者，有形势故事两说，命名所宜，并从兹谊，故事不能征实，毋宁取于形势之为当欤。东南名胜，美不胜收，锦绣自然，都如图画，显晦盛衰之际，或幸或不幸焉。予成童出走，垂二十年，凡长城以南，经行之路线②，延长可三万里，周览中原，惟不见黔、滇、陇、蜀耳。天生好山水，何地蔑有？登临所至，乐将忘归。既三适越，因过西湖，蹀躐泛舟，辄不解其佳处，自非灵隐三潭，差强人意，其诸溷我心目者，至今犹作恶也。夫西湖亦寻常之山水而已，山水似西湖者，遍地皆是，不过所处之地位，与其遭际，无所侥幸，世人视之未尝重轻焉，岂真山水之不若西湖哉？唐宋以后之西湖，名贤颇有遗迹，文人墨客，因以模范风雅，争与铺张，祠墓池馆，附会于其间，几如蝇蚁之相逐，且比近城市，便于步趋，以是因缘，皆为寻常山水所不逮，究之纸上烟云，人工所烘托，矫揉造作之象，金银酒肉之气，鼓里耳而炫俗目，遂得容饰取悦，标榜延誉，天趣梏亡，索然一览，不足傲我北湖也。北湖托非其所，遇无其时，益以堙塞之惨，禁锢之阨，兵燹之灾，留此残且剩者，沙汰于草木土石，志乘之所记载，文词之所扬搉③，都不能尽其真相，虽区区邱壑，弗具奇特之姿，置诸清波门外，当亦无可轩轾，物望所归，未尝齐齿，将寂寂焉无称以终古，抑何不常乃尔。生平阅历所及，为之比较彼此，至是不得其平，世无真是非，于山水奚讼焉？予欲谈山水者，知西湖之外，自有胜境，故易今名，以示无独有偶之义，而资从游之先导，诚得大雅君子，信所言之不谬，相与拂拭尘垢，庶几钟山之英，桑泊之灵，重宣景光，际会六朝之盛，是又予志也夫。

国初郡人尝著《后湖志》，姚姬传《江宁府志》，标目于艺文，其书不传，访诸父老，与夫四方藏书家，亦未之见，于是湖中事实，别无专书，仅散见于官私记载④，其诸轶闻故典，莫可搜辑，尤后生小子之大憾也。湖至

---

① 维：《民心》作"纵览"。

② 路线：《民心》作"道路"。

③ 搉：《民心》作"攉"。

④ 记载：《民心》作"载记"。

今日，三四变迁，王蔡作俑，而六朝之遗址，铲削净尽，遑问汉魏间甄邯、郭璞之冢哉。洪杨称乱，而近百年前之建筑，付诸涂炭，遑问朱明之版籍寺狱哉。空谷寒流，平芜广漠，黯淡冷落之景象，几如洪荒草昧之世界，望古有怀，乃至无从凭吊，益以废弃之故，不能免于耰锄之手，山川无幸，孰有若斯之极者？证之已往，则如彼验之未来则如此，此不甚爱惜之山水，可以消灭，可以摧毁，视其无常之命运，直与积潦石等耳。俯仰顾瞻，吾惧滋甚，吾既服勤三岁，假为主人，不得不注水笺山，稍稍表著其声价，俾护持者易为力焉。是又予之志也夫。

夫风景之美，无益于人生，薮泽之利，民赖以养。若吾北湖，岂以名胜古今，仅供玩赏已哉？其土地之肥美，物材之丰富，一亩所获，比诸黍稷稻价值倍蓰，此潢污者无负于人，诚有自卫之道矣。世俗不察土宜，汲汲于黍稷稻粱之谋，务反其故常，谬谓尽地之力，虽杀风景，于事何裨？甘为埋水之罪人，未闻从前之覆辙，安得更觅梁山泊而泄之，度无以塞贡父之口也。胜境罹殃，抑其末焉者乎。予乞兹湖，尝测算其形势，辨别其土性，会计其货财，规画疏浚之方，宏我渔樵之业，方葺讲舍，召生徒，而时日不假，重为豪吏所嫉，予亦从此逝矣。后之来者，连年失策，流亡之渔户，往往告予以疾苦，慨然于先畴之弗殖，而忘啬夫之喋喋。吾爱其土，因爱其产物，尤愿有事于湖者，人亦如吾之爱其土与物也。因举所得，述为斯篇，《齐民要术》非《湖山便览》之书，古迹无征，故从略焉。

【按】选自民国邓实主编《国粹学报》总第 45 期。后来 1945 年出版的《民心半月刊》第 1 卷第 2、3 期合刊重刊本文，改名为《后湖考》，文前另加编者按语，末段未录，文字略有不同。

## 《魂东集》序

哭盦大师幽居母服，仄闻主忧。哀思清霄之表，精越广漠之野。壹气孔神，抚情效志。去郢东迁，进路北次。存子推之余年，抗申徒之暴节。毛锥未掷，手缨自长。请剑之奏留中，执殳之驱不前。发轫天津，骑霓南土。横海徒壮，下亭终旅。玉关生度，愿违弃缥；金庭幽通，问托呵壁。精卫冤结，怨水罔填；隽周泪渐，忿泉斯涌。气缭转而自缩，思蹇产而弗释。梦登天而无杭，随飘风之所仍。营营识路，皎皎往来。一夕九逝，大招四方。廓抱景而独倚，中抒怀以属诗。斫地促响，切云长号。因魂所游，厥篇以名。呜呼！绘汉阳之板荡，惟主悲哀；怆河上之逍遥，何期功业？心寒魴毁，血热鼠思。軠车逐逐，养空以流；缟袂纚纚，抆泪而吟。望长沙而不返，皋鱼待枯；睇灵岳以永谣，梁鸿有寄。所遇屯如，其气悲哉！谷神未死，山鬼时来。慷慨歌燕，凄壮激楚。杜甫七哀，兰成一赋。穷者达言，劳者述事。兴感帷幄，足备辎轩。岂徒孤愤，聊寓公忠？曩维萱背秋萎，草心春短。蛇年起起，乌夜呜呜。中郎之庐墓，白兔犹驯；王母之增城，青鸟不至。眷眷天阍，凄凄人海。每亟殉身，仅尔留命。希彭咸以并踪，怵刘潜而欲绝。亲丧冈极，时艰又丛。瀛洲波沸，韩京陆沈。扶桑爝火，燎东海之原；孤竹虚墟，陨西山之涕。舳舻黑焰，烧残柳城；欃枪白芒，点凌榆塞。匈奴侵边，甲士出戍。陈戏儿之军，八公鸡犬；老勤王之兵，三户貔貅。枢密内奸，节度外忲。莫捣黄龙，竟逞白马。藩篱失固，畿甸胥惊。既构蒿目，足令棘心。烦冤忡忡，驰聘渺渺。身虽栖乎南国，神已宅乎朔方。起舞半夜，激枕戈之情；誓清中原，决舆榇之志。申旦驾螭，甲辇步马。同越石以共被，著士雅之先鞭。薄浮江淮，狂走幽蓟。爰奋效死之气，粤有告哀之篇。阮生咏怀，谢公纪游。只伤王室，讵悲身世。都为一集，始号《魂北》。多鱼之师，漏于辽塞；唳鹤之警，偪于陪都。南荣靡期，东征云赋。历太皓而右转，遇句芒以前驱。上马杀贼之豪，探虎得子之壮。唐山弭节，渝关税车。元览秦城，慨登魏垒。从戎墨经，公子依刘；当阵白衣，小军知薛。佐雄镇以参谋，请前敌而不许。斧柯莫假，长喟龟山之阴；鼙鼓每闻，将老龙城之戍。上将靡战，深宫和戎。露布莫草，髀拊丁年；雪衣皆麻，心酸子夜。上匡时之策，伏阙徒然；拜出师之表，投笔已矣。陈志无路，离忧苦神。瞩沧桑以怆凄，寓丝竹之陶写。胡笳抒其沉菀，羌笛助其啸吟。从军之曲，出塞之声，凌步王粲，抗怀陆机。非羁旅而无友，作歌辞以相和。播之乐府，吹之中军。墨志画章，白行陈情。远维前图，近敷恒干。此《魂东》之诗所由，继《魂北》而集也。假使朱云伏槛，获斩佞臣之头；终军请缨，竟累降王之颈。王睿当道，董龙匿形。申包胥之气盛，能复危亡，岳武穆之功成，会看痛饮。长人授首，十日潜精。横铙奏凯，磨盾纪行。铭在燕然，赓之象阙。昌黎丰碑，义山长歌．舒志抽冯，扬词烈采矣。岂期乱厌自天，欲不从民。人皆安石，坐镇临敌之风；朝多魏绛，主持和亲之议。贾豫州之子，社稷输人；严分宜之儿，狼狈卖国。仰息契丹，承意颜白。志士痛心，天下指发。极运不中，董道不豫。由来孝子为求忠之门，长使英雄无用武之地。出车徒劳，及关而叹。孤桐鸣凤，志极无旁；枯杨冤雏，声何弥苦。郁其忠悃，托此哀歌。悲夫！傅干君亲之痛，袁安家国之感。惟以写忧，自然流涕。远高阳而莫程，鸩告空要；遇丰隆而不将，虹蜺罔导。结念九鸿，驰精八龙。惆怅世维，屏营尘表。素冠壮士，惨歌易水之滨；碧海遗黎，待命田横之岛。愿舒幽愤，长握神精。穆如清风，壮兹回日。他年献颂，功当迈诸钱镠；此日讽词，招无待乎宋玉。六合田其田谨叙。

【按】选自易顺鼎撰《琴志楼集》之《四魂集》卷 2（清刻本，《清代诗文集汇编》第 785 册，上海古籍出版社 2010 年版）。

## 中国名义释

吾族自建政府，天子诸侯分国而治，多制邦域之号，不加总括之名，固以普天率土，罔有穷极。凡属人类栖止之区，苟经发见，并受一尊之统，匹敌既无其人，疆土益无其界，不容有所表示，以自隘其范围。及乎文明大进，阶级益显，不得不区别居民，规画方法，遂准天然地理之限，水土风俗所便，因缘部列，施行政法，而以内外为其大较，分之则曰中国四海，合之则曰五方。今人视为地位之泛称，实乃最初之定名也。得名之始，殊不可考，必在造作文字，方制州土以后，其时国外四境，当滨海水明矣。洪水既平，地表非昔，西北海涸，流沙成陆，所犹环海者，仅仅东南而已。春秋战国，已知边海之真相，宁待汉人之疑惑弗解，附会训诂哉？特古语流传，周人沿此习惯，言必称四海耳。中国云者，对于四海为词，谓此部诸国，皆在四海之中。外四海而内中国，中国犹言内国，非徒指陈中心之位置已也。四方之裔，列于化外，未具立国之资格，但就穷远无界之海以概之，而不称国，是内外所异。又以国与非国为断，故中国四海，联属成文，不相对待者也。后世疆宇日辟，幅员日广，古昔荒裔，大都同化齐治，内附于中国，无复四海之称。又值世界交通，并立无数国土，而吾境内只有帝王国号，统系其朝代，独于不改之山河，弗锡统一之名字，于是对外之际，一从古语，推放范围，随其统领所及，冠以旧称"中国"二字，贯澈古今矣。外人讥为居于中央，自尊自大之词，吾欲正此谬误，请举历史地理、人种地理研究所得者，证以古籍，详释其义，而地方民族得名所由因，亦连类及之。

亚东大陆，至冲积世尽浮露于海面，以四川高原与西藏高原相衔接，今之青海及新疆戈壁、蒙古沙漠，皆古地中海、北冰洋间之纵贯亚洲者，分支入太平洋之所经也。其东南如辽东半岛、山东半岛、太湖诸山，浙江东部，闽粤诸山，彼时并在海中矣。吾族西自高原，降居蜀境，故此部分最古之遗物，世有发见，史称堤地，良不诬也。及其离群析宅，各从性之所适，东迎寒燠之气，迤而趋响南北，路线既分，因是栖止所及，遂占两大区域。水土气候，限于天然之地理，又无交通之机关，殊俗异化，乃至不可推移，由政治而别种族，更由种族辨其地方，致有井然之界画。兹先述其派别：

（甲）北派东入寒地，栖止于黄河流域者。由高原而东经四川，迤北入甘肃境，更东沿黄河上游，度陇坂，循渭水，历乎山岳邱陵，而止于原野，故秦、晋、豫、皖、鲁、直诸省境，皆其次第移殖者也。今陇坂以东，山东半岛以西，霍太行山脉以南，大别山脉以北，介乎昆仑中北二干，间包有黄河、淮水两岸之平原，世称中原者，犹有中国平原。其气候温而微寒，其地味肥瘠得中，便于垦植，其地势平坦，易于交通，其人民须自谋生活，因以养成优美之风俗，发生高尚之智虑，促进其文明事业，开物成务以后，治理所致之绩，且日趋于统一，充其能力，犹得经营四方，抚驭百族，古称神明之胄，开辟混沌者，非陡在此区宇矣。

（乙）南派东入热地，散处于长江上游者。由高原而东至四川，更迤南而东，缘五岭两麓，而北止于洞庭，南止于岭南海滨，近世所谓高地族也。在蜀、滇、黔、湘、鄂、桂、粤境，凡岷江川峡以南，西江、沅、资、澧、湘之流域，山岭林菁，为其少数人群散处之所。其气候暖而多瘴，其动植物产丰富，其地势险峻，艰于往来，其人民受天产之给养，不待耕稼畜牧之劳，故习于畋猎，尚力而好杀，酋豪之长，固守方隅，自为风俗，不知变革，盖天然地理，有以阻其进步矣。北派文化发达，势已南侵，此乃志气昏惰，智虑闭塞，处于劣败之地位，故洞庭以北，彭蠡以东，未有移殖之迹也。①

黄河流域之民，土著乎中原，其始以兵立国，由家族而社会，而国家，

---

① 底本此处两段文字字号比正文略小，这里改为楷体，以示区别。

247

列圣继王，统率师旅之际，制为军礼、军乐、军教、军刑，命军吏治民事，准田猎行阵之法，以画井分田，使得相生相养，于是百政渐举，皆从军事统系，为之条理。故夫文字指事，所造一切名词，其形体之组合，率用武器偏旁，属于个人，如印、予、我、躬、丈、夫、身、命之类，属于团体，如家族、父子之类，属于国家，如邦国、都邑之类，属于政治，如政教、典章、法则、制度、职事、仪式、律令、刑罚之类，属于人事，如公平、正直、是非、强弱之类，莫非表示防卫制裁之具，所以明武力之构成也。世人乃谓古代以农立国者误矣，尚武之族，文明臻高，顾仅限此平原耳。分布域外之群，锢蔽于野蛮争杀之习，淫佚歌舞之娱，有刑而无教，有乐而无礼，又皆自成一种土族，未得地理之便利，弗与同化也。而南派一大部分，犹形强悍顽梗，遂使区宇之内，状态异殊，及于方制万国，画列九州，谓夫形束壤制，不足以尽人类之大别，而名词作焉。

建立邦国，综分天下，为九州。州者，洲之省文，水中可居者也。环水之陆，肇锡九名，后来洪水断绝，离为十二，水平陆合，复其旧观，此唐、虞、夏居州制所由殊也。九州之域，荒远兼包，其中心优美之族，占地不止豫州，但以平原为断，分割诸州，而成区域谓之中，或亦曰殷，曰齐，人则曰夏，后来大禹成汤，用为有天下之号，盖犹中之义也。彼时中原以外，皆属化外之民，民族不齐，治从其俗，遂有两种行政法，以图绥辑之方便。所谓王者制夷狄乐，不制夷狄礼，为其不能身履行之也。以是因缘，比列五方之部，居定其种人之类别，在中原者，曰华曰夏，在四方者曰东夷、南蛮、西戎、北狄，所谓二民共戴一君也。更由种人以名地方，其在中心有范围者曰中国，其在域外无界限者曰四海。

夏者，中国之人，躯干强伟之像形，对于夷蛮戎狄而为词。夷具人形，蛮、戎、狄则皆视为虫介禽兽之属矣。华之云者，又为对苗而言，农业时代，取喻植物。中国已如禾稼之华，渐就成熟，苗乃畋猎初民，萌芽始苗之期也。苗族占地既广，生虫亦繁，且与同源分途，故别加名号焉。世称苗族，旧居黄河流域，见驱于华，但据黄帝伐蚩尤，舜窜三苗故事，更惑于蚩尤君三苗之说，以为佐证。夫汉儒不通地理，不习古史，诚非今人所当深信。彼时江河两戒，山道阻塞，何由驱三苗之民，移居西鄙哉？不过窜其君耳。蚩尤亦河北之酋长，固无与于苗族，乌得误读《尚书》对举之文，遽使联属为一也。

春秋学者，内中国而外诸夏，内诸夏而外夷狄，中国夏裔，果分三类乎？非也。中国之化日广，四裔之界益蹙，就中接壤之区，其以中国人治理者，方始进化，犹未大同，故有诸华、诸夏之称，顾四海名字，其息久矣。及乎疆理所届，随时推放，裔亦入于中国，故汉唐以来，中国之称，视帝王所统一者以为范围，虽有少数之土族遗裔，容其杂居，恒从古来成法判以内地外藩行政之方法虽殊，而中国领土，未尝有所区别，盖其习惯上之承袭久矣。今世以国内治法不齐，欲分两区之地方，未闻政治历史上之名号，辄举长城以南，旧称内地十八省者，妄加本部二字，然则中国原始之领土，果在是乎？既知国界之推放，则凡政府所统治者，皆本部也。夫本部者，对于不相接壤之属地而言，且其属地，又为势力所隔得，吾则非其伦已外人私有所利，务以本部为说一若表示主权者，其用心盖别有在焉。吾人不察，乃亦据为定名，长此不改，或非吾所忍言。吾释国名窃有感，连类而及，欲国人勿见愚于外人也。

【按】选自张相文等主编《地学杂志》第 7 卷第 9 期（1916 年 10 月 25 日出版，转引自姜亚沙、经莉、陈湛绮主编《中国文献珍本丛书·中国早期科技期刊汇编》第 13 册，全国图书馆文献缩微复制中心，2008 年）。

## 张官倬

张官倬（1877—1960），字卓人，号菊隐、菊叟。宣统二年（1910）岁贡生，曾任按察司。民国建立后创办六合私立励志中学并任教。新中国成立后，张官倬曾被聘任为江苏省文史研究馆馆员。他诗词歌赋无所不精，著有《亦园诗钞》《亦园续钞》《亦园五秩唱和集》《棠志拾遗》《评绿轩哀如儿录》等。

## 《棠志拾遗》自序

予慨邑志记载之疏漏，私家著述之散亡，欲拾遗订坠者久矣。考吾邑宋、明旧志，年湮代远，搜索无从，即清雍正、乾隆两志亦仅存孤本，普通所常见者不过光绪、民国两志而已。雍正志最称详赡，乾隆志删削不少。乾隆志如地理、艺文两门，及每门后附以编者精确之论断。光绪志复加以删削。民国志于建置、古迹等既缺而不书，而所增金石一门，凡邑中旧存石刻，搜集仅及半数，且山脉、河流记载亦多疏略。此固无庸为前贤讳者，明康对山《武功志》、韩五泉《朝邑志》简括精要，自古称为善本。然后世学者犹谓其近古而太略，盖省志郡志宜简而赅，邑志宜详而备，其体例然也。自民国己未（1919）邑《续志》印行后，距今二十年，乡邦耆宿，日就凋零，凡所遗漏未载之事迹，设再任其湮没，窃恐有文献无征，等于杞宋之惧！予老矣，无能为也。既不能读万卷书，又不能行万里路，荒园伏处，局促似辕下驹，久已厌闻世事，惟于乡邦掌故，略识端倪。同人多怂恿成书，冀传久远。夫吾邑一弹丸地耳，非有高山大川之阻，目之所见，耳之所闻，足之所经所得，较为容易，不能为者遂毅然为之。由是而调查，而参考，而编辑，萃五六年之心力，兼得王君展为、黄君伯东、刘君戒三等先后赞助，始底于成，颜之曰《棠志拾遗》。夫不曰"补"而曰"拾"，盖私人著述与邑志体例不同，可拾者拾之，不可拾者，聊付诸夏五郭公之例，不敢为穿凿附会之谈。故兹书纪载，于地理、古迹、物产、金石四门，则于荒烟蔓草之区，山巅水涯之处，亲自考察，溯委穷源，于人物、科贡、官师、兵事、艺文五门，则采他邑志书、私家著述，以补缺略，以订舛讹。他日者，太史辀轩之问俗，乡土史地之取材，或可备刍荛之献耳！至因形格势禁，采访未周之事实，掇拾成编，姑俟异日，爰揭明此书之体要，及编辑之缘起，以就正于邦人君子。民国二十六年（1937）夏五月，菊隐氏张官倬卓人自序于亦园之评绿轩。

【按】选自张官倬著《棠志拾遗》书首（1947 年石印本）。

## 《棠志拾遗》再序

予辑《棠志拾遗》一书，今已十余年矣。回忆八年以前，此书曾有杀青之议，迁延复迁延，而大乱以作，当时以此为恨！郁郁于胸者久矣。及今思之，不但以为不可恨，且转以为可幸焉！何也？予自丁丑（1937）仲冬，避居倪黄，以迄于今，饱经忧患，不废搜求，前编稿本，误者正之，缺者补之，八年之间，所得又复不少。设当时贸然从事，不贻覆瓿之讥，灾梨之悔者哉？昔顾亭林著《日知录》，积三十余年乃成，并云："后人著书，其视成书太易，而急于求名，故愈多而愈舛漏；逾速而愈不传。"魏默深著《圣武记》，付梓后，阅二年，自觉舛疏，重订发刊时，慨然曰："学问之境无穷，未审将来，心目又复奚似？"以亭林、默深之淹博，一则诮后人成书之太易，一则自悔刊书之太早，谫陋如予，当时因经费难筹，未将此书汲汲杀青者，亦不幸中之幸也。今之视昔，亦犹后之视今。倘再历若干岁月，不知所得又复何如？古人之言，岂欺我哉？况自中日事变后，耳听山中之风鹤，心感海上之沧桑，家室飘摇，罔知所届，世间已印之书，埋没于劫火中者，何可胜数？今日者，神州恢复，天日重光，此书庋阁数年，卒能保存无恙，亦已幸矣！若云杀青，仍俟异日。民国三十五年（1946）春二月上浣，菊隐自序于棠东寄庐。

【按】选自张官倬著《棠志拾遗》书首（1947年石印本）。

## 《亦园诗钞》自序

余少困制艺策论之学，不暇为诗，即偶有所作，亦不过蛙鸣蚓唱，供应试之需而已。迨国政变更，科举废，学堂兴，日孜孜于天算、地舆诸学，犹苦不给，更何暇为诗。时先君子尚在堂，趋庭之际，每见其自吟自咏，晨夕无倦，容暇则举生平得意之作，反复指示，家庭乐事，莫过于斯。奈为自身进取计，为教育前途计，先君子既未强余学诗，余亦遂漠不关心，从未于声韵竞病间稍加涉猎。强仕后，世乱相寻，名心渐淡，乃于宅之西偏小筑亦园，种菊栽花，藉以自遣，间与三五知己，吟风弄月以行乐，始稍稍为诗，然往来酬唱，犹限于一邑之陬也。后闻沪报载各大吟坛写景言情，暨述怀征和诸作，不禁见猎心喜，鱼鳞雁足，投赠无虚日，由是而武进苔岑社、汉口消闲社、常熟虞社等，先后招附骥尾，神交遂半天下矣。使先君子尚在人间，不知其愉快何如也。而惜乎不及待也！

回忆学诗之日，距先君子去世忽忽已六七年，求如当日面命耳提，殷殷以诗学诏我，已渺不可得。余诗学之不能进步，此一因也。且一人之精力，只有此数，专于彼者，不免荒于此，而余由少而壮而老，学凡数易，制艺策论之学困之于前，天算地舆之学复困之于后，精力日耗，所余者能有几何？

而欲以垂暮之年华，日事推敲，冀深造古人堂奥，良非易易，余诗学之不能进步，此又一因也。虽然刍荛之语，先民必询，曲木之材，风斤不弃，积稿既夥，恐其久而散佚。况余年逾半百，嗣续犹虚，先君子《后山诗集》既为之刊印保存矣，余虽不能诗，而一得之愚，不忍抛弃，他日刊印保存之责，付与何人？清夜思维，不觉泪涔涔下矣。用特不揣谫陋，将自戊午（1918）至己巳（1929）所作，都千余首，痛自芟薙，存其十之二三，付诸梨枣，以酬余十年笔墨之心血，兼以志当日学诗之缘起。若云问世，则余岂敢？岁次屠维大荒落（1929）陬月，菊隐识于亦园之评绿轩。

【按】选自张官倬著《亦园诗钞》书首（民国铅排本，私人藏本）。

## 《亦园诗续钞》自序

当国学凋零之日，世风颓靡之秋，斤斤焉以声韵之学，日事推敲，鲜有不笑其迂者。而何迂也？夫诗虽小道，古人不废，韩昌黎云"物不得其平则鸣"，人之于言也亦然。余素嗜吟咏，不善鸣而好鸣，非好鸣也。郁诸心者，不得不发诸口耳。自民国己巳（1929）《亦园诗初钞》印成后，迄今又七载矣。凡天时之变幻，地理之沿革，人事之推迁，其中可欣、可戚、可泣、可歌之事，无一不鸣之于诗，历时既多，积稿又富，择其可留之作，都三百首，汇为一编，署曰《亦园诗续钞》，编辑之例，一如初稿。昔黄山谷晚年自订其集，止存诗三百八首，余何人，斯敢比山谷？今存诗之多数，几与山谷埒，覆瓿之消，其何能辞？然马勃牛溲，尚有兼收之日，竹头木屑，非尽无用之材。余近岁以来，除闭门种菊外，又复掇拾旧闻，徜徉山水，兴之所至，辄以诗鸣，如游山咏古诸作，实地描写，夹叙夹议，后来修辑志书，或不无小补焉，固非仅吟眺风景已也。至咏菊咏史、言情写景各诗，或借物以寓意，或援古以证今，亦聊以其能鸣者，补《初钞》所未备耳。一得之愚，不敢自秘。余今岁适逢六十初度，爰节筵席之费，为剞劂之资，他日书成，当就正于有道君子。蕉窗闷坐，溽暑蒸人，钞录既竣，遂纪其颠末，泚笔而为之序。岁在柔兆困敦（1936）且月上浣，菊隐自识于亦园之评绿轩。

【按】选自张官倬著《亦园诗续钞》书首（民国铅排本，私人藏本）。

## 封沛恩

封沛恩，字汉波，六合人。生平不详。

## 《棠志拾遗》序

选胜于泰山，不能免培嵝之未陟；探珠于沧海，不能无寸蚌之见遗。是岂选胜探珠之术欠工欤？缘泰山之高大，沧海之渊深，恐非穷搜博采不足以蒇事。夫编纂一邑之志乘，其征求难免遗漏者，正复类此。吾邑当南北冲要，屡经劫火，城市为墟，乡人士流离异地，或商或仕，其功名事业，足资记载者，不乏其人。他若河流变迁，以及古迹名胜、金石文字，经兵燹之销毁，致杞宋之无征，则后之编纂县志者，谓必无培嵝寸蚌之遗。揆之事实，势有难能，邦人君子，恒多引以为憾！此张君卓人，于六合县志续修后，历十余年而有《棠志拾遗》之作也。

张君敏而好学，不耻下问，工诗文，刊稿积尺许，有《亦园诗初续钞》行世，自以为技属雕虫，无关治体，复潜心于史地，致力于枌榆，遍读苏省及他省各县志百余种，焚膏继晷，摘要钩元，凡与吾邑有关系者，靡不手录于编。既而登山临水，寻流溯源，访耆旧之口传，援典籍以印证，冒寒暑，餐风霜，跋涉长途，不辞劳瘁者又数年，搜罗既富，考核尤严，别类分门，例宗迁史，撷精去粕，独运宋斤，笔则笔，削则削。积时既久，裒然成章。脱稿后，命恩校而序之。恩何人，斯敢参末议，致亵简端？然羡张君有志竟成，使吾邑志书缺而不载，载而不详之事迹，因斯编相得益彰，行见灵岩雾豹，顿显斑文，滁水潜骊，亦呈异彩，非特壮山河之色，增梓里之光，且令后之稽古者，有所参考，藉收他山之助。钦仰之余，遂不觉芜词之妄拟也。

时在[①]民国二十四年（1935）十月既望后学汉波封沛恩薰沐拜识。

【按】选自张官倬著《棠志拾遗》书首（1947年石印本），原题《封序》，今改为《〈棠志拾遗〉序》。

---

① 时在：底本无此2字，据中国科学院文献情报中心藏抄本补。

# 孙为霆

孙为霆（1902—1964），号雨廷，别号巴山樵父，他与卢前、任中敏、唐圭璋等同为词曲大师吴梅弟子。曾任江苏淮安中学校长。抗日期间，流亡重庆，任教于当时的中央大学。新中国成立后在陕西师范大学任教。教学之余，笔耕不辍，创作了《巴山樵唱》小令47首、套数8套。他一生酷爱曲学，尤长于治曲，著有《元散曲选注讲义》《壶春乐府》《巴山樵唱》《老树新花》等。

## 六合孙叠波先生哀启

哀启者：

先严气体丰实，禀赋异常人，天性笃厚，尤劬于学，读书恒逾午夜。先王父鹤笙公，以身体力行为教，先严习闻庭训，绳趋尺步，终身未尝逾焉。年十三，先王妣汪太宜人弃养，先严哀恸如成人。十七，入邑庠，旋食廪饩，文名藉甚。十九，先妣叶太宜人来归，二十，登壬午（1882）乡榜，四应春官试，屡荐未售，遂绝意进取。三十，署沭阳训导，秉铎四年，教士有方，生徒翕服，学使龙芝生侍郎尤契重之。时先伯父吉芝公方以编修官都下，先王父春秋高，乏人侍奉，因毅然乞归。未几，有先伯祖秩廷公及先伯祖母叶太宜人之丧，先严随事措理，井井有条，不以劳先王父之心。光绪二十六年（1900）秋，先王父弃养，先严尽哀尽礼，又以先伯父体赢善病，多方调护，使无灭性。

初先王父居乡里，乐善不倦，如赈灾、恤嫠、施棺、保墓之类，莫不尽心，力以为之，而经理救生局公产，综核精密，于添置船只，增设局所外，积储逾二万金，尤为创见。至是，先严复董局事，一秉先王父成规，岁仍有所增益，其散放嫠妇恤款也，每月二十六日按册清查，遐迩无间，岁除日则携款亲放，往往酉出而辰归。二十七年（1901），邑大水，东南大圩尽淹没，先严募集巨款，与邑人士乘船至永兴圩、刘家圩以赈之。次年春，又至文、武、广、大四堡，亲办工赈。迨后如民国三年（1914）之蝗灾，十八年（1929）之旱灾，先严或亲至各堡查放，或负责劝募，其乐善之诚与先王父如出一辙。至于严以律己，宽以待人，于亲故尤加厚，盖数十年如一日也。

二十八年（1902），官绅集议设学堂，改六峰书院为小学，先严与王子笙世丈、徐懋叔姻丈诸老，分任筹款经办工程事宜，然舍旧谋新，未易竣事，乃于次年四月，先假城东育婴堂开学授课，先严为总理，是为吾邑学堂成立之始。嗣以学额扩充，先后创设十校，改县小学为初级师范，就书院故址添筑学舍，先严独任艰巨，惨淡经营，筹款不足，辄捐资助之，治校綦严，一时成绩卓著。又以学费无常款，与徐丈及汪鹄扬世丈赴省，请拨五成桥厘为常年经费，呼吁屡月，此案乃定。今邑中教育款产，仍以此项为大宗焉。三十二年（1906）春，先伯父吉芝公谢世，先严悲恸不已，旋辞去学务管理。次年秋，以皖抚冯中丞梦华调办学务，赴皖，中丞为先王父门下士，先严又相从问学，累世至交，最相契合。三十四年（1908），又因江督端制军电召回籍，筹议学堂因革事宜，计总理全县学务者四年，从事教育事业者且十年，未尝略支薪水夫马，凡毁产三处，不下万金，此外凡有益于地方者，虽蹈艰危，任劳怨，皆所不恤也。

民国六年（1917）夏五月，先妣叶太宜人一病不起，先严以骤失内助，神为之伤。先是，邑中故多屯田，数且半于全省，邑小屯重，全国所无。自屯田缴价之令行，吾邑屡求免而不得，其时江都、高邮等县追呼极严，邑人闻而大恐，遂于七年（1918）夏，选先严为众议院议员，欲使民间疾苦藉以上闻。先严应选北上，昌言屯田与官产不同，缴价实为苛政，与青浦金先生咏榴博稽往籍，历引《漕运全书》所载隶卫屯田有民人执业若干条，以证其本非官产，又据吾邑乾隆志，述明之田制，以籍为定，实民屯改变一大原因，于是真理显然，而免缴屯价之案始定。当是案之初起也，江、高等县人士请愿于省议会，奉部严驳，复请愿于众议院，先严提出确据，剀切条陈，反复辩论，几于舌敝笔枯，有以危词相怵，或以甘言相饵者，先严皆屹然不为所动，卒使吾邑未损毫末，遽释重负。自后以时局多艰，遄返里门，屏绝人事，间亦陶情诗酒。

先严素留心乡邦掌故，及田赋水利之学，每苦书缺有间，征信实难。在众议院时，因争屯案，得吾邑顺治旧志于京师图书馆，乾隆旧志于江苏省馆，大喜过望，急索乾隆志原本，并录顺治志副本以归。返里后，又得邑人黄维勤家藏雍正志残本，于是考证益勤，与汪丈往复商订，过从极密。会汪丈纂修《续志稿》成，先严取初印本悉心厘校异同，凡二百数十条，尝欲仿阮文达订《仪征志》之例，为《六合县志汇编》一书，以先后各志体例有殊，迄未编次。惟遇乡先哲遗著散佚者，必百计求得其书，或原稿手录副本，今家藏《竹墩纪略》《若洲诗草》。《甘菊簃》《日长山静草堂》二诗集，皆先严手写者也。又欲选钞杜若洲、朱饭石、周莲叔、汪少浦四先生诗，付诸剞劂，尚未脱稿。其已完稿者，仅《六合田赋汇考》一卷。又叙述乡先哲遗闻轶事，及厘正旧志误说，命不孝为霆笔录之，成《棠川琐记》四卷，均未及梓行。

年来感慨时变，杜门却扫，稍阅二氏之书，以息尘扰。长兄雨林嗣先伯父后，十六年（1890）夏馆于扬州关监督署，以兵乱惊悸而卒，先严伤感最深。去腊，忽触气痛旧疾，甚剧。寻愈，而精气似稍逊前，不孝等力劝出游，冀资怡悦心性。今春，渡江至南京，陟蒋山，泛玄武，止商藻亭姊丈家，几一月。四月中，偕顾戬箴世丈、俞寿田姻丈游武林，藻亭姊丈及垣卿二姊亦从游，流连于西子湖几十日。尝于清晨自湖滨步行至孤山，周览而归，同游者金羡其清健。不孝为霆时友教扬州，请于归途过扬，登平山，临瘦湖，随侍又一月始恭送归里。不孝为霭奉严命治家事，常在里居；不孝为震自北京大学毕业，归，遂未远出；不孝为霆毕业于东南大学，虽友教四方，而不时归省。适商二姊，适俞三妹，亦岁必归宁。孙男善庆等十人、孙女蕙芬等十一人，均依依膝下，先严顾而乐之，不孝等方私相庆幸，以为先严乐在天伦，老怀稍畅，虽行将七十而饮食不减，步履如常，期颐可以预卜。讵知旋里后，于六月中忽得腹泻之疾，延医诊治，数药而愈，然体气因以大伤。七月初，两足微肿，第疑湿热下注，迭进温化之剂，竟无效。七月望后，渐及腿腹，西医谓为肾脏病，注射数次，仍不效。廿三日，为先王父忌辰，先严往岁必茹素，是晨犹进素面半盂。午，令不孝为霭、为震奉酒荐羞，潸焉欲涕。午后二时许，二姊由京返家省视，先严犹强笑，略述病况。五时许，气忽上逆，旋弃不孝等而长逝矣。

呜呼！痛哉！不孝等无计显扬，久深内疚，况不能视听于平日，复不能补救于临时，罹此鞠凶，百身何赎，只以宅夅□□□□□□□□□勉当大事，谨和泪濡墨，缕陈先严平生志事，不敢有片语之诬，倘蒙□□□言，君子锡之铭诔，藉光泉壤，感且不朽。苫块昏述，语无伦次，伏乞矜鉴。棘人孙为震、霭、霆泣血谨述。

256

【按】选自孙为霆等辑《六合孙叠波先生讣告》（1931 年石印本，私人藏本）。本文文末虽署孙叠波子孙多人，据其文采，实唯有孙为霆有此手笔。

## 《太平爨》序

近作杂剧三种，曰《断指生》，曰《兰陵女》，曰《天国恨》，皆演太平天国时兵间之事，以《太平爨》名之。幼读清咸同间各家诗文集、笔记，尝怪清军将领拥兵扰民，杀人劫货，所在多有较之太平军将领如忠王、英王者深得民心，不可同日语。及侍霜厓师南雍，方治南北曲，广求剧材，偶言于师，师命先据金和《兰陵女儿行》试为北剧。适友教他方，因循未就，辗转主省校事，旧学亦浸废矣。今时隔廿载，课曲沙坪，勉继吾师志业，忽忆往事，乃以数日之暇，草成此稿，选套倚声，恪守元人成法，取材则本《秋蟪吟馆诗》与《忠王供词》，而旨在褒正砭邪，廉顽立懦，不作寻常风月语也。所以为三折者，期于一夕演完，当此旧乐衰沈之际，为便于搬演，情节安排，场面布置，与脚色分配，无一不取苟简，识者自能谅之，惟已不及就吾师之指正，为可恸耳。癸未（1943）八月为霆谨识于重庆沙坪坝中央大学讲舍。

【按】选自孙为霆著《壶春乐府》卷下《太平爨三杂剧》书首（1964 年铅印本，陕西师范大学）。

下编

# 东　汉

## 赵　晔

赵晔（？—约83），字长君，会稽山阴（今浙江绍兴）人，东汉史学家、文学家。早年为县吏，奉命迎接督邮，赵晔认为做这类仆役工作可耻，弃官去犍为郡资中（今四川资阳）拜经学大师杜抚为师，学习"韩诗"。后回乡，闭门著述，著有《吴越春秋》《韩诗谱》《诗细历神渊》《诗道微》等。今仅存《吴越春秋》1种。

## 专　诸　传

专诸者，棠邑①人也。伍胥之亡楚如吴时，遇之于途。专诸方与人斗，将就敌，其怒有万人之气，甚不可当。其妻一呼即还。子胥怪而问其状："何夫子之怒盛也，闻一女子之声而折道，宁有说乎？"专诸曰："子视吾之仪，宁类愚者也？何言之鄙也？夫屈一人之下，必伸万人之上。"子胥因相其貌，雄②颡而深目，虎膺而熊背，戾于从难。知其勇士，阴而结之，欲以为用。遭公子光之有谋也，而进之公子光。光既得专诸而礼待之。公子光曰："天以夫子辅孤之失根也。"专诸曰："前王余眛卒，僚立，自其分也。公子何因而欲害之乎？"光曰："前君寿梦有子四人：长曰诸樊，则光之父也；次曰余祭；次曰余眛；次曰季札。札之贤也，将卒，传付适长，以及季札。念季札为使，亡在诸侯，未还，余③眛卒，国空，有立者，适长也。适长之后，即光之身也。今僚何以当代立乎？吾力弱，无助，于掌事之间，非用有力徒能安吾志。吾虽代立，季子东还，不吾废也。"专诸曰："何不

---

① 棠邑：《吴越春秋》卷3作"堂邑"。六合古代称谓。

② 雄：《吴越春秋》卷3作"碓"。

③ 余：底本无，据《吴越春秋》卷3补。

使近臣从容言于王侧，陈前王之命，以讽其意，令知国之所归。何须私备剑士，以捐先王之德？”光曰：“僚素贪而恃力，知进之利，不睹退让。吾故求同忧之士，欲与之并力。惟夫子诠斯义也。”专诸曰：“君<sup>①</sup>言甚露乎，于公子何意也？”光曰：“不也，此社稷之言也，小人不能奉行，惟委命矣。”专诸曰：“愿公子命之。”公子光曰：“时未可也。”专诸曰：“凡欲杀人君，必前求其所好。吴王何好？”光曰：“好味。”专诸曰：“何味所甘？”光曰：“好嗜鱼之炙也。”专诸乃去，从太湖学炙鱼，三月得其味，安坐待公子命之。九年，而楚平王死<sup>②</sup>。吴欲因楚葬而伐之，使公子盖余、烛佣以兵围楚，使季札于晋，以观诸侯之变。楚发兵绝吴后，吴兵不得还。于是公子光心动。伍胥知光之见机也，乃说光曰：“今吴王伐楚，二弟将兵，未知吉凶，专诸之事于斯急矣。时不再来，不可失也。”于是公子见专诸曰：“今二弟伐楚，季子未还，当此之时，不求何获？时不可失。且光真王嗣也。”专诸曰：“僚可杀也，母老子弱，弟伐楚，楚绝其后。方今吴外困于楚，内无骨鲠之臣，是无如我何也。”四月，公子光伏甲士于堀室中，具酒而请王僚。僚白其母曰：“公子光为我具酒来请，期无变悉<sup>③</sup>乎？”母曰：“光心气怏怏，常有愧恨之色，不可不慎。”王僚乃被棠铁之甲三重，使兵卫陈于道，自宫门至于光家之门，阶席左右皆王僚之亲戚，使坐立侍，皆操长戟交轵。酒酣，公子光佯为足疾，入堀室裹足，使专诸置鱼肠剑炙鱼中进之。既至王僚前，专诸乃擘炙鱼，因推匕首，立戟交轵，倚专诸胸，胸断臆开，匕首如故，以刺王僚，贯甲达背。王僚既死，左右共杀专诸，众士扰动，公子光伏其甲士以攻僚众，尽灭之。遂自立，是为吴王阖闾也。乃封专诸之子，拜为客卿。

【按】选自清刘庆运修、孙宗岱纂《顺治六合县志》卷10［清顺治三年（1646）刻本，《金陵全书》甲编《方志类·县志》第25册影印］。题后署引录自《剑侠传》。考《剑侠传》，一般认为是明代王世贞所撰，共四卷。是我国古代一部剑侠小说集，收短篇小说33篇，多半直接或间接抄录自宋人所

---

① 君：《吴越春秋》卷3作“吾”。

② 九年，而楚平王死：本句前《吴越春秋》有大段文字，底本略之未录。另据《吴越春秋》载：“十二年冬，楚平王卒。”与本处记载不同。后文吴伐楚的时间，《吴越春秋》载是“十三年春”。

③ 悉：《吴越春秋》卷3作“意”。

编大型小说集《太平广记》，又从《江淮异人录》《夷坚志》及其他野史笔记中杂取数篇汇编而成。但是查阅传世的《剑侠传》，其中并没有《专诸传》。经考本文实际上抄录自东汉赵晔所撰《吴越春秋》卷3（《四部丛刊》史部第282册，景上海涵芬楼藏明弘治邝璠刊本），这是一部记述春秋战国时期以吴、越两国史事为主的史学著作，文字略有不同。

# 南　北　朝

## 鲍　照

> 鲍照（416？—466），字明远，祖籍东海（今山东省郯城县）。南朝宋文学家，与北周庚信并称"鲍庚"，与颜延之、谢灵运并称"元嘉三大家"。大明五年（461），出任刘子顼前军参军，故世称"鲍参军"。泰始二年（466），刘子顼起兵反宋明帝刘彧失败被杀，鲍照于乱军中遇害，时年约五十一岁。其作品被后人编为《鲍照集》，今有丁福林、丛玲玲校注《鲍照集校注》（中华书局 2012 年版）。

## 瓜步山碣①

岁合②龙纪，月巡鸟张，鲍子辞吴客楚，措③兖归扬，道出关津，升高问途。北眺毡乡，南瞻炎国，分风代川，揆气闽泽，四睨天宫，穷曜星络，东窥海门，候景落日，游精八表，驶视四遐，超然永念，意类交横。信哉，古人有数寸之篇，持千钧之关，非有其才施，处势要也。瓜步山者，亦江中眇小山也，徒以因迥为高，据绝作雄，而凌清瞰远，擅奇含秀，是亦居势使之然也。故才之多少，不如势之多少。仰望穹垂，俯视地域，涕洟江河，疣赘丘岳。虽奋风漂石，惊电剖山，地沦维陷，川斗毁宫，豪盈发虚，曾未注言。况乎沉河浮海之高，遗金权④璧之奇，四迁八聘之策，三黜五逐之疵⑤，

---

① 碣：钱仲联增补集说校《鲍参军集注》卷 2 作"楬文"。
② 合：钱仲联增补集说校《鲍参军集注》卷 2 作"舍"。
③ 措：钱仲联增补集说校《鲍参军集注》卷 2 作"指"。
④ 权：钱仲联增补集说校《鲍参军集注》卷 2 作"堆"。
⑤ 疵：钱仲联增补集说校《鲍参军集注》卷 2 作"疵"。

败交买名之薄 [1]，吮痈舐痔之卑，安足议其是非。

【按】选自明董邦政修、黄绍文纂《嘉靖六合县志》卷7 [明嘉靖三十二年（1553）刻本，《金陵全书》甲编《方志类·县志》第23册影印]。文末注引自《南畿志》。今人钱仲联增补集说校《鲍参军集注》卷2有本文，题作《瓜步山楬文》。元嘉二十九年（452）五月，鲍照离开江北，经由瓜步返建康，登瓜步山有感而作。

# 石 帆 铭

应风剖流，息石横波，下滍地纽 [2]，上猎星罗。吐湘引汉，歃蠡吞沱，西历岷、冢，北洿淮、河。眇森 [3] 弘蔼，积广连深，沧天测际，亘海穷阴。云族 [4] 未起，风柯不吟，崩涛山坠，郁浪雷混 [5]。在昔鸿荒，刊启源陆。表里民邦，经纬岛 [6] 服。瞻贞视晦，坎水巽木，乃剟 [7] 乃铲，既刿既矴。飞深沉 [8] 远，巢潭馆谷。涉川之利，谓易则难；临渊之戒，曰危乃安。泊潜轻济，冥表勒 [9] 言。穆我戒逐 [10]，留 [11] 御不还。徒悲猿鹤，空驾沧烟。君子彼想，祗心载惕。林简松栝，水探 [12] 龙鹞。觇气涉潮，投祭涵 [13] 璧；揆检含图，命辰定历。二崤虎口，周王夙超 [14]；九折羊肠，汉恶 [15] 电驱。潜鳞浮翼，争景乘虚。

---

① 之薄：底本缺，据钱仲联增补集说校《鲍参军集注》卷2补。

② 纽：钱仲联增补集说校《鲍参军集注》卷2作"轴"。

③ 森：钱仲联增补集说校《鲍参军集注》卷2作"森"。

④ 族：钱仲联增补集说校《鲍参军集注》卷2作"旌"。

⑤ 混：钱仲联增补集说校《鲍参军集注》卷2作"沈"。

⑥ 岛：钱仲联增补集说校《鲍参军集注》卷2作"鸟"。

⑦ 剟：钱仲联增补集说校《鲍参军集注》卷2作"剞"。

⑧ 沉：钱仲联增补集说校《鲍参军集注》卷2作"浮"。

⑨ 勒：钱仲联增补集说校《鲍参军集注》卷2作"勤"。

⑩ 我戒逐：钱仲联增补集说校《鲍参军集注》卷2作"戎遂"。

⑪ 留：钱仲联增补集说校《鲍参军集注》卷2作"昭"。

⑫ 探：钱仲联增补集说校《鲍参军集注》卷2作"採"。

⑬ 涵：钱仲联增补集说校《鲍参军集注》卷2作"沈"

⑭ 超：钱仲联增补集说校《鲍参军集注》卷2作"趋"。

⑮ 恶：钱仲联增补集说校《鲍参军集注》卷2作"臣"。

衡石赪①鲧，帝子察殂；青山断河，后父陈躯。川吏掌津，敢告访途。

【按】选自明董邦政修、黄绍文纂《嘉靖六合县志》卷7［明嘉靖三十二年（1553）刻本，《金陵全书》甲编《方志类·县志》第23册影印］。今人钱仲联增补集说校《鲍参军集注》卷2有本文，文字多有不同。

# 庾 信

庾信（513—581），字子山，小字兰成。南阳郡新野县（今河南省南阳市新野县）人。自幼随父出入宫廷，累官右卫将军，封武康县侯。侯景之乱时，庾信逃往江陵。后奉命出使西魏，因梁为西魏所灭，遂留居北方，官至车骑大将军、开府仪同三司。北周代魏后，更迁骠骑大将军、开府仪同三司，封临清县子，世称其为"庾开府"。著有《庾子山集》，明人张溥辑有《庾开府集》。

## 周大将军怀德公吴明彻墓志铭

公讳明彻，字通昭，兖州秦郡人也。西都列国，长沙王功被山河；东京贵臣，大司马名高霄②汉。岂直西河有守，智足抗秦；建平有城，威能动晋而已也。祖尚，南谯太守。父标，右军将军。抗拒淮、沂，平夷济、漯，代为名将，见于斯矣。

公志气纵横，风情倜傥。圯桥取履，早见兵书；竹林逢猿，遍知剑术。故得勇爵登朝，材官入选。起家东宫司③直，后除左军。葛瞻始嗣兵戈，仍遭蜀灭；陆机才论功业，即值吴亡。公之仕梁，未为达也。

自梁受终，齐卿得政，礼乐征伐，咸归舜后。是以威加四海，德教诸侯，萧索烟云，光华日月。公以明略佐时，雄图赞务，鳞翼更张，风飙遂远。冠军侯之用兵，未必师古；武安君之养士，能得人心。拟于其伦，公

---

① 赪：钱仲联增补集说校《鲍参军集注》卷2作"赤"。
② 霄：《乾隆六合县志》卷6作"西"。
③ 司：《乾隆六合县志》卷6无此字。

之谓矣。为左卫将军，寻①迁镇军，丹阳尹，北军中候②，总政六师；河南京尹，冠冕百郡。文武是寄，公无愧焉。

潇湘之役，凭陵岛屿。风船火舰，周瑜有赤壁之兵；盖舳襜舻，魏齐有横江之战。仍为平南将军，开府仪同三司，都督湘、衡、桂、武四州刺史。遂得左广回局，辚车反畅，长沙楚铁，更入兵栏，洞浦藏犀，还输甲库。虽复戎歌屡凯，军幕犹张，淮南望廷尉之囚，合淝称将军之寇，莫不失穴惊巢，沉水陷③火。为使持节，侍中，司空，车骑大将军，都督南北兖、青、谯五州诸军事，南兖州刺史，南平郡开国公，食邑八千户，鼓吹一部。中台在玄武之宫，上将列文昌之宿。高蝉临鬓，吟鹭陪轩，平阳之邑万家，临淄之马千驷。坐则玉案推食，行则中分麾下。生平若此，功业是焉。

既而金精气壮，师出有名，石鼓声高，兵交可远。故得舻舳所临，盖于淮、泗；旌旗所袭，奄有龟、蒙。魏将已奔，犹书马陵之树；齐师其遁，空望平阴之乌。俄而南仲出车，方叔莅止，畅毂文茵，钩膺肇革，遂以天道在北，南风不竞。昔者裨将失律，卫将军于是待罪；中军争济，荀桓子于焉受戮。心之忧矣，胡以事君？

宣政元年（578），届于东都之亭，有诏释其鸾镳，蠲其皂社。始弘就馆之礼，即受登坛之策。拜持节大将军、怀德郡开国公，邑二千户。归平津之馆，时闻枥马之嘶；舍广城之传，裁见诸侯之客。廉颇眷恋，宁闻更用之期；李广盘桓，无复前驱之望。霸陵醉尉，侵辱可知；东陵故侯，生平已矣。大象二年（580）七月二十八日，气疾暴增④，奄然宾馆，春秋七十七，即以其年八月十九日寄瘗于京兆万年县之东郊，诏赠某官，谥某，礼也。

江东八千子弟，从项籍而不归；海岛五百军人，为田横而俱死焉。呜呼哀哉！毛修之埋于塞表，流落不存；陆平原败于河桥，死生惭恨。反公孙之枢，方且未期；归连尹之尸，竟知何日？游魂羁旅，足伤温序之心；玄夜思归，终有苏韶⑤之梦。遂使广平之里永滞冤魂，汝南之亭长闻夜哭。呜呼哀哉！乃为铭曰：

---

① 寻：《乾隆六合县志》卷 6 无此字。
② 候：《乾隆六合县志》卷 6 作"堠"。
③ 陷：《乾隆六合县志》卷 6 作"蹈"。
④ 暴增：《乾隆六合县志》卷 6 作"增暴"。
⑤ 韶：《乾隆六合县志》卷 6 作"昭"。

九河宅土，三江贡职。彼美中邦，君之封殖。负才矜智，乘危恃力。浮磬①戢麟，孤桐垂翼。五兵早竭，一鼓前衰。移营减灶，空幕禽飞②。羊皮讵赎？画马何追？荀萤永去，随会无归。存没③俄顷，光阴凄怆④。岳裂中台，星空上将。眷言妻子，悠然亭障。魂或可招，丧何可望？壮志沉沦，雄图埋没。西陇足抵，黄尘碎骨。何处池台？谁家风月？坟隧羁远，营魂流寓。霸岸无封，平陵不树。壮士之陇⑤，将军之墓。何代何年，还成武库？

【按】选自（北周）庾信撰，（清）倪璠注《庾子山集》卷15（清康熙崇岫堂刻本，《四库提要著录丛书》集部第41册，北京出版社2010年版）。《乾隆六合县志》卷6有选录。

---

① 磬:《乾隆六合县志》卷6作"盘"。
② 禽飞:《乾隆六合县志》卷6作"飞禽"。
③ 没:《乾隆六合县志》卷6作"殁"。
④ 凄怆:《乾隆六合县志》卷6作"怆凄"。
⑤ 陇:《乾隆六合县志》卷6作"垅"。

# 唐　朝

## 房玄龄

房玄龄（579—648），名乔，字玄龄，齐州临淄县（今山东省章丘市）人。唐初名相、政治家、史学家。善诗能文，博览经史。十八岁中进士，授羽骑尉、隰城尉。晋阳起兵后，投靠秦王李世民，成为得力谋士。武德九年（626），谋划"玄武门之变"，同杜如晦等五人居于首功。唐太宗即位后，拜中书令、邢国公，负责综理朝政，兼修国史、编纂《晋书》。逝赠太尉，谥号文昭。

## 王 鉴 传

王鉴，字茂高，堂邑人也。父潃，御史中丞。鉴少以文笔著称，初为元帝琅邪国侍郎。时杜弢作逆，江湘流弊，王敦不能制，朝廷深以为忧。鉴上疏劝帝征之，曰："……①" 疏奏，帝深纳之，即命中外戒严，将自征弢。会弢已平，故止。中兴建，拜驸马都尉、奉朝请，出补永兴令。大将军王敦请为记室参军，未就而卒，时年四十一。文②集传于世。

【按】选自《晋书》列传卷 41《王鉴传》[ 唐房玄龄等撰《晋书》第 22 册，宋刻本，见《中华再造善本丛书》（唐宋编）]。

---

① 见本书上编：王鉴《请征杜弢疏》。
② 文：底本无此字，据中华书局 2012 年点校本《晋书》补。.

# 王 绩

王绩（585—644），字无功，号东皋子，绛州龙门县（今山西河津）人。隋末举孝廉，除秘书正字，出授六合县丞。后弃官还乡。武德初年，待诏门下省。贞观初，因病去职，隐居东皋山（今山西省河津县东皋村），自号"东皋子"。嗜酒豪饮，善诗文。著有《王无功文集》。

## 醉 乡 记

醉之乡，去中国不知其几千里也。其土旷然无涯，无丘陵阪险；其气和平一揆，无晦明寒暑；其俗大同，无邑居聚落；其人甚精，无爱憎喜怒，吸风饮露，不食五谷；其寝于于，其行徐徐，与鸟兽鱼鳖杂处，不知有舟车械器之用。

昔者黄帝氏尝获游其都，归而杳然丧其天下，以为结绳之政已薄矣。降及尧舜，作为千钟百壶之献，因姑射神人以假道，盖至其边鄙，终身太平。禹汤立法，礼繁乐杂，数十代与醉乡隔。其臣羲和，弃甲子而逃，冀臻其乡，失路而道夭，故天下遂不宁。至乎末孙桀纣，怒而升其糟邱，阶级千仞，南向而望，卒不见醉乡。武王得志于世，乃命公旦立酒人氏之职，典司五齐，拓土七千里，仅与醉乡达焉，三[①]十年刑措不用。下逮幽厉，迄乎秦汉，中国丧乱，遂与醉乡绝。而臣下之爱道者，往往窃至焉。阮嗣宗、陶渊明等十数人并游于醉乡，没身不返，死葬其壤，中国以为酒仙云。嗟呼！醉乡氏之俗，岂古华胥氏之国乎？何其淳寂也如是！予得游焉，故为之记。

【按】选自廖抡升修、戴祖启纂《乾隆六合县志》卷 6 [清乾隆五十年（1785）刻本，《金陵全书》甲编《方志类·县志》第 29 册影印]。《王无功文集》卷 5 "杂著"（韩理洲校点，上海古籍出版社 1987 年版）有此文。

---

① 三:《王无功文集》卷 5 作"四"。

# 李颀

李颀（690—751），祖籍赵郡（今河北赵县），家居颍阳（今河南登封）。开元二十三年（735）中进士，曾任新乡县尉，后辞官归隐于颍阳之东川别业。擅长七言歌行，边塞诗风格豪放，慷慨悲凉，与王维、高适、王昌龄等皆有唱和。《全唐诗》录存其诗3卷。未见有文章传世，现在可见者只有本墓志，至为珍稀。

## 故广陵郡六合县丞赵公墓志铭并序

天宝十载（751）六月十二日，广陵郡①六合县丞赵公卒于洛阳客舍，春秋五十四。呜呼哀哉！公讳昕，字□，其先天水人也。珪组玉帛，宣慈贞范，史谍详焉。祖佐名蕃，父登列岳，不殒厥德，惟贤嗣生年仕七宿卫出身，调补南阳郡穰县尉。秩满，转广陵郡六合县丞。从阶渐也。公浑金之姿，巨海之量，居常朴略，无亏典礼，洞见□微，不为苛察，故怀才而安小邑，积行不至大官，旷如也。自赞□两县，历事数公，升堂如执友相知，议狱以活人为本。家无檐□，故贰邑不辞；室有偏孤，乃三娶而卒。呜呼！书读万卷，不为时所知；艺穷六甲，不为时所用，命矣！夫尝著《衡镜论》《上吏部郎郑公书》，自以为班扬之俦也。加以事兄顺，抚弟仁，家无田畴，屋满甥侄，宜其天与大禄，神假上寿。湮殁下位，吞恨重泉。虽曰非夭，亦夭之痛。嗟乎！穷达，时也；死生，分也。中年奉使，见厄上官，苍黄失图，忧恚发疾，王程未复，公怒仍加，遗孤寄于官舍，幽榇攒于逆旅，穗帷不设，奠酹何依，浊酒一杯，感伤行路。颀，赵出也，亲则内兄，周旋讨论，欤曲笑语。不见数日，天丧斯文。食贫无赙税之资，卧病违匍匐之礼。悲夫！公亲兄晧，远在江介，堂弟旴，遇居洛邑，衔酸茹泣，乞贷友朋，夜申悲号，昼至丧事，天伦之戚，吾见子矣。至六月廿五日，迁神于北邙原，礼也。嗣子謇，泣血孺慕，殆不胜哀。为余从敬祖之游最多，叙林宗之辞无愧，执笔挥涕，托铭片石。词曰：

---

① 广陵郡：《旧唐书·志》卷20"地理三"记载，淮南道设有扬州大都督府，于武德"九年，省江宁县之扬州，改邗州为扬州"，"天宝元年，改为广陵郡，依旧大都督府。乾元元年，复为扬州"。可见有很短时间内（742—758）曾称扬州为"广陵郡"。故本墓志铭有此称呼。

葬于何所？洛门之北，出郭直视，邙山之侧。却背伊川，傍临瀍谷，素车一乘，妻号子哭。冥寞孤坟，于嗟赵君！外兄前汲郡新乡县尉赵郡李顾撰。

【按】选自陈长安主编《隋唐五代墓志汇编·洛阳卷》第 11 册（天津古籍出版社 1991 年版）。

## 房　翰

房翰，开元二十三年（735）朝请郎，行六合县令。具体生平事迹不详。

## 大唐扬州大都督府六合县冶山祇洹寺碑

昔者迦维诞圣，兜率降灵。鸡足岩门，以一音成佛；象头山上，以三事教人。舒慧日之光，无幽不烛；洒甘露之法，随器皆盈。谈法界之虚空，演妙门之真实。及夫涅槃示灭，舍利传灵，金人见于汉宫，白马来于西国。由是绵花奥旨，贝叶真文，流行域中，遍满天下。国城聚落，多葺禅宫；山水园林，散开精舍。黄金布地，则龟甲成文；紫玉为阶，则龙鳞叠彩。希向者六根俱净，住持者五蕴皆空。或有漏之良因，得无生之法忍。则知佛之教也，其大矣哉！

夫扬州六合县冶山祇洹寺者，创自吴朝，初为像塔。洎乎梁代，更立道场，以地若祇洹，故寺标美号。宋国公镇吴州之日，绀殿初营；隋皇帝为晋王之辰，白楼方立。其后隋室板荡，玉石俱焚；唐运中兴，土木重建。钟应霜而复响，炉含烟而更芬。时有比邱僧智口、惠惁等，望攀澄什，德冠卿云，精修六通，妙达三昧。想千花之帐，怀四极之台，乃复营为，便成结口（阙一字）①。座飞万鹤，门结千龙，僧坊若须达所营，佛刹如匡王所造。香台窈窕，影殿阴岑，凤跂雕甍，龙盘绣柱。三百间之邃宇，赪垩昭明；十八变之云图，丹青炳焕。大乘法藏，饬以七珍；广座真容，装以百宝。灵仙掣曳于梁栋，若往若来；神鬼口（阙一字）颟于户窗，或俯或仰。入海功就，

---

① "阙一字"为底本夹注文字，夹注前的"口"为新加，表示缺文。

272

岂惟舍卫国人；动山力成，何必商那长者？能使毒龙作礼，屡集法筵；乳鸟来驯，每游禅窟。忍辱之草，垂晓露以翻光；欢喜之花，摇春风而散彩。其地则棠邑东岭，广陵西岩，背淮面江，倚山枕壑。铁冶腾光而赫赫，上烛霞空；石梁激溜而洄洄，旁亘烟野。涧溪豀险，岩岫纆连，丰草罗生，□（阙一字）林□（阙）解脱塔□（阙）大师经行之地，二上人并勤修净行，高视法朋，践无垢之清尘，谈不□（阙一字）之胜躅。识我相非相，知色空是空。乘慈惠力，解烦恼缚。其时□（阙一字）人八百，因立村名；世界三千，俱传法号，或悲薪尽，山门为之洞开；或叹芝焚，庭树为之雕落。真仪灭已，图像俨然，可以导利迷途，可以发明觉路者矣。

复有门人昙影，心内珠融，法侣多文，掌中印发，实道门之龙象，为法海之舟航。并结念四禅，澄襟八解，幽灵已度，盛德仍传。今上座怀亮、寺主惠勔、都师德本、道裕、元逸、惠瑳等，扬枹净域，鼓枻法流，发四谛之良音，辩百非之妙旨。游遨寂境，乘绀马而济时；出入真门，驾白牛而拯俗。菩提树下，脱落嚣尘；般若路旁，修持行果。蹈如来之阃域，度菩萨之津梁。虽佛在虚空，固难闻见；而人瞻影像，或易依凭。乃修饬殿台，洒扫院宇。擎法鼓以警俗，声杂雷霆；然慈灯以著明，光耀日月。以为雪山童子，妙赞神功；阿斯仙人，能宣佛教。于是求翠锦之石，既已琢磨；假黄绢之词，方希笔削。翰学惭初日，才愧凌云；舅氏能诗，无因酷似；家庭闻礼，有恨阙如。空调单父之弦，弥乏河阳之藻。辞不获已，敢作铭云：

天大地大，乃圣乃神。感生诸佛，觉悟黎人。三千世界，八万由旬。咸□（阙一字）性相，俱超至真。龙宫西秘，象译东阐。贝叶假言，贯花妙典。四禅备习，三藏俱衍。□（阙）勤诚□（阙）善，棠邑之甸，冶山之旁。宏开佛刹，大启僧坊。徘徊广院，窈窕修廊。日暖冬屋，风清夏堂。庄严成就，相好具足。体色开金，毫光散玉。十地部众，四大眷属。仰瞻尊颜，护持芳躅。□（阙一字）石耸□（阙一字），香泉流砌。竹林烟积，庵果云洗。狂象来驯，毒龙作礼。青莲夜开，赤莲昼启。□□（阙二字）上德，持律名僧。行超惠远，道冠□（阙）朝。游锡杖□（阙一字），坐□（阙）。虔奉真教，规模法朋。蠢蠢氓□（阙一字），明明惠智。一心向佛，五体投地。悔过罪销，□（阙）福至□（阙），宁非我利。

【按】选自清董浩等编《全唐文》卷353（影印本，中华书局1983年版）。

# 吕　温

吕温（772—811），字和叔，一字化光、河中（今山西永济县）人。贞元十四年（798）进士，历任左拾遗、侍御史、户部员外郎、刑部郎中等职，因与宰相李吉甫有隙，曾被贬充衡州刺史，世称"吕衡州"，有政声，著有《吕衡州集》10卷行世。

## 陈先生墓表

有唐贞晦先生，广陵郡棠邑乡陈君也[①]，曰融，无字[②]，享年七十有二[③]，游不出乡，考终厥命。呜呼！至哉。良玉虽白不受采，醴泉自甘非有和，贞色缜密，丹素无自入也，灵味天成，曲蘖无所资也。故先生长而不学，大朴不通于轮辕，至音不谐乎宫商，曲直浑成，巧匠莫能材也，清浊一致，伶伦莫能器也，故先生老而不仕。地虚而践则有迹，器疏而扣则成声，我践惟实，迹不可得而见也，我扣惟密，声不可得而闻也，故先生没而不称。若夫为养克孝，居丧致毁，事亡如存，朋友孜孜，兄弟怡怡，于乡恂恂，与物熙熙，天性人道，其尽于兹，何必读书，然后为学。知命是达，怡神为荣，乐天忘忧，自宠不惊，贵我以道，此非禄乎，何必入官，然后为仕。我有信顺，自天祐之，谓天盖高，亦既知矣，谓神盖幽，亦既闻矣。何必俗声，然后为名。大哉！[④]先生行不学[⑤]之道，据不仕之贵，负不称之名，达人观焉，斯亦极矣。予贞元初[⑥]，寓居是邑，言归京国，道出其乡，始见一乡之人，父义子孝[⑦]，长惠幼敬[⑧]，见乎词气，发乎颜色[⑨]，

---

① 也：底本无，据《嘉靖六合县志》补。

② 无字：《嘉靖六合县志》无此 2 字。

③ 二：《嘉靖六合县志》作"一"。

④ 良玉虽白……大哉：此处 300 多字，《嘉靖六合县志》未录。

⑤ 行不学：《嘉靖六合县志》作"学圣贤"。

⑥ 初：《嘉靖六合县志》作"中"。

⑦ 父义子孝：《嘉靖六合县志》作"义子孝孙"。

⑧ 敬：《嘉靖六合县志》作"恭"。

⑨ 见乎词气，发乎颜色：《嘉靖六合县志》无此 8 字。

不闻忿争<sup>①</sup>之声，不见傲慢之容，雍雍穆穆，甚足异也。因揣之而<sup>②</sup>叹曰："芳兰所生，其草皆香，美玉所积，其山有光<sup>③</sup>。此乡之人，岂必尽仁，其<sup>④</sup>必有贤者生于是矣<sup>⑤</sup>。"遂停车累日，周<sup>⑥</sup>访故老，果曰："吾里尝有陈融者<sup>⑦</sup>，孝慈仁信，不<sup>⑧</sup>学不仕，乡人见也<sup>⑨</sup>，皆自欲迁善远罪，亦不知其所以然也<sup>⑩</sup>。今也则亡，清风犹在。"予于是慨然痛先生以<sup>⑪</sup>纯德至行，沉落光耀<sup>⑫</sup>，官阙轼<sup>⑬</sup>庐之礼，士无表墓之文。知而不书，我执其咎。乃披典校<sup>⑭</sup>德，谥曰贞晦处士<sup>⑮</sup>。穷<sup>⑯</sup>征其行<sup>⑰</sup>实，建石于路，用告将来之有识者云尔<sup>⑱</sup>。贞元五年（789）秋八月，东平吕某<sup>⑲</sup>述。

【按】选自吕温著《吕衡州集》卷7（永瑢、纪昀等编纂《文渊阁四库全书》集部1077册，上海古籍出版社2003年版）。明董邦政修、黄绍文纂《嘉靖六合县志》卷7节录本文，题作《贞晦先生记》，文后有按语"此文据嘉定志云云，与成化志少异"。后世《六合县志》录本文均仿此题并节选。

---

① 忿争：《嘉靖六合县志》作"争忿"。

② 之而：《嘉靖六合县志》无此2字。

③ 芳兰所生，其草皆香，美玉所积，其山有光：《嘉靖六合县志》无此16字。

④ 其：《嘉靖六合县志》无此字。

⑤ 矣：《嘉靖六合县志》无此字。

⑥ 累日周：《嘉靖六合县志》无此3字。

⑦ 者：底本无，据《嘉靖六合县志》补。

⑧ 不：《嘉靖六合县志》作"博"。

⑨ 也：《嘉靖六合县志》作"之"。

⑩ 也：底本无，嘉靖据《六合县志》补。

⑪ 以：《嘉靖六合县志》无此字。

⑫ 耀：《嘉靖六合县志》作"辉"。

⑬ 阙轼：《嘉靖六合县志》作"缺旌"。

⑭ 披典校：《嘉靖六合县志》作"考行检"。

⑮ 处士：《嘉靖六合县志》作"先生"。

⑯ 穷：《嘉靖六合县志》无此字。

⑰ 行：底本无，据《嘉靖六合县志》补。

⑱ 尔：《嘉靖六合县志》无此字。

⑲ 某：《嘉靖六合县志》作"温"。

## 叔孙矩

叔孙矩，河南人，乡贡进士。具体生平里籍不详。

# 大唐扬州六合县灵居寺碑

观乎范围之大者，莫廓落于乾坤；著明之高者，无辉映于日月；回斡不已者，莫变化于阴阳。然而造诸数极，未尝不几乎息矣。曷若兆朕于胚浑之前，昭临于曦舒之表，运化俾阴阳不测，巍巍荡荡，无得而称者，其惟我西方圣人欤！洎玉象降于率陀，金仙诞于刹利。万灵翊卫，百福庄严。遂奄有大千，纂承正觉。乃诞膺灌顶，作大法王。茂绩鸿勋，历僧祇不朽；乃神乃圣，随感应无差。不然，何以仪形中天，俾是则是效；列刹东土，而作福作威者哉！

灵居寺者，肇自齐天统元年（565）创也。盖珠标榜，为古伽蓝。绵周历隋，或兴或废。暨有唐高宗御宇之代，上元元年（674），特降天书，赐题寺额。增我圣教，煜然有光。至若舍宅布金，倾财施树，前志磨灭，不可复知，故阙如也。古老云：其居地灵，有如地肺，环广泽，惟下潦怀山自浮。不知有力者负之然耶？将为福地自尔耶？我等策名，实由斯得，其碱也，□厚地，距崇埔。右挟鸡岑，左带乌阜。荫牛宿，藩麋山。压华沛之上源，龙缠绀菀；吞漕口以流恶，股引清滁。壮矣哉！难得而具论矣。

详其占龟食墨，揆景端星。徵杼匠子来，感福财辐辏，而后喻筏临海，瑰材积山。乃运神工，摅妙思。绳以正木，斤以成风。高殿岩岩，列三尊而俨若；端门奕奕，容双驾而豁然；步庑鸾舒，飞楼蜃涌。宰回合以云蔼，峯凌兢而星倚。朱柱离立，若内地龙升；修鲵载铿，疑中天雷落。将欲宏尽饰道，补梵居阙。不只荫释侣警泥牛而已。入自门右，开净土坊，芬华台，敷叶座。揖九品圣，礼无量尊。挂宝铎吟风，引金绳界道。念佛念法，见水鸟树林；若天若人，献香花仙乐。忽如断百亿国土于陶家轮上，又何以十万八千里为远而。入自门左，辟僧伽院，从颇黎地，涌宰堵波。焚牛头旃檀，普薰五浊；储福祥休佑，大庇四生。凡所投诚，其应如响。覃不思议救护力，良可与覆载校优劣乎！当大殿后，厥构讲堂，森浮柱以星悬，抗雄梁而虹蜺。层覆云勃，重檐翼张。绰文轩洞开，疏绮寮虚豁。至诞一佛日，设八斋辰，瑞表优昙，馤传檐葡。于以考大法鼓，吹大法螺，礼天神师，升师子座。八部倏睒以云会，四众缤纷而雨集。我大法师方凭曲几，搐谈柄，辨腾电策，音扑海潮。狻猊吼而香象魄消，霹雳震而樵种甲拆。地神矗矗以捧足，天仙嫖姚而雨花。一建胜幢，不惟动于六种；再见舌相，宁只覆于大千。故知洒醍醐，澍甘露，无不长兹善根力者也。次讲堂后，式建天厨。百味饪芬，八珍芍药。蕫脯不扇而清暑，蔗浆不肃而凄寒。善吉持盂，免造乎无垢；菩萨捧钵，不上于诸天。觊食肥腻牛，无妨施乳。业工巧子，有时献供焉。厨西序列宾客省，厨东序陈香积库。厨乾维启仓廪地，厨艮背广臧获院。次净土坊后，式创律堂。下压放生之池，坐观水族。上临簨业之阁，时听风镛。懿夫肃草，系楫护鹅。保浮囊无亏，持油钵不坠。韫行六万，习仪三千者，允升于此堂焉。

且源至清，流必长，地至灵，人必杰。我寺昔大德法师禺公者，童真出家，洞明三藏。讲《涅槃》《法华》《净名》等经，各至数日。声振八表，名盖五都。实梵宇栋梁，天人领袖。贤禅师者，沧州人也。于至德元载（756），隶名此寺。德超鸯窟，学最鹏耆。达一乘心，宜绍佛种；摄无量众，有过蜂王。积衣钵余，崇常住业。置鸡笼墅肥地庄，山原连延，亘数十顷。诚功绩大者，亮福田不赀。光禅师者，越州人也。自永泰元年（765），飞锡戾止。气禀稽山之粹，量涵镜水之清。死生一盂，寒暑一衲。口虽纵辩，非道不言；身虽任缘，非律不动。以禅念余力，营建旧帐下西行廊焉。泗州开元寺大僧正明远者，谯郡鄸人也。于元和八年（813），来憩兹寺。略见隳废，良用忨然。思效补天之功，遂假建瓴之力。乃请前县大夫郑继，戮力合谋，相与经始。仍于泗上迎僧伽大师真身，并移厨置库，迁净人院，创常住仓。客省营，律堂设，功用大备，实有可观。上人戒德侵冰，神仪耀玉，韵含律吕，学究天人。加之扇道飙，均法雨，演毗尼藏，传木义灯。北暨两河，南被五岭，莫不高山仰止，望景趋风。连帅稽首以传香，诸侯接足而施禄者矣。时同□葺僧常演、少良、法空、志远、□遵、惠兴、如筠、道通、南约等，禀僧正成规，受缁俗礼请。乃悉心缔构，期著厥功。至九年（814），起檀度门，剖方便法。大致资货，遂收复常住旧典赁田三千馀顷。铸大粥镬，写大香炉，矻矻然尽力惟持，迄今未已。

我太和皇帝①陛下纂元元，登紫极，炳焕日月，恢拓寰宇。铜雀鸣而九有清，玉烛调而八纮泰。将宏十善之化，是阐大仙之教。扬州大都督府也史京兆公，列宿降灵，为唐国桢。入践台庭，赞一人之庆；出分符竹，播二南之风。不然，何能作炎天霖，为旱岁谷也？朝散郎守令崔儇，代袭珪组，声高闻望，清逾照胆，□剧佩韦。驯雉舞鸾，我无忝于先哲；兰风长雨，尔何彰乎灌坛？知袁伯仁、钟离意不得专美于兹邑也。矧乃崇信释教，顿了性宗。□清境于六虚，凝白云之一点。何独盖缠之内，涌没自由哉！且权见宰官，终次补金粟，故我释士，繄赖良多。主簿钱文、尉史公素、尉杜珣，并琼林青翠，鸾鸑羽仪。佐制锦，材挥蒨，练霜刃，赞鸣琴。化牵的皪，朱丝必当。鼓翅九霄，喷沫千里。岂婴梅福滞仇香而已乎！镇遏兵马使赵君诚，庆演凿门，勋崇受钺。力宣虎旅，煞敌旄头。白虹摽贯日之诚，黑槊得彼军之号。故能为江山弹压，呈相府爪牙也。上座大沙门道孚，风骨卓然，神韵遒拔。戒轮高据，非八法可摇；律镜沈明，何群妖敢见。宁惟提振纲领，抑扬人物者欤！寺主大苾蒭道通，识度格物，风道期人。处烦指水月为心，厉行以冰霜表节，都维那僧令宗，佛乘表准，道品轨仪，携抚缁徒，博延寮寀。内库典座僧令翛，以历落为心，风云满抱。南库典座僧省幽，以沈默适性，谦冲在怀。悉能重德好贤，进退有度。继□修葺，星劫为期。邑客前徐州蕲县丞赵曾、士林馆□知官同十将王从一、邑人处士吕鉴、前杭州富阳□主簿吕康武、前试左卫率府兵曹参军胡复言、□□、嘉王府主簿胡正言、齐州录事参军胡审言等，□瑰意琦，当代乏偶，德行高敏，与日而升。或委质□□奉身牵彼；或放心云水，涤性疏神。匪尘雾可婴，指松筠见节，方之人物，禀茂高土风；校以词华，得承叔儒雅；悉舍诸缚著，回向菩提。树福田良缘，为檀那上首。矩词浅意陋，学不常师。将整思含毫，若神解虚质。孚公不以蹇才曲艺，谬辱见知。尔犹清风寄韵于修篁，白日呈规于浅濑。既不我弃，敢无词乎？略举一端，以为斯说。彼日月既有，庶徽猷不泯。幸请银钩，挥洒翠埦。拟诸乱曰，而作偈言。其词曰：

一气混茫，是称大易。三才爰兆，两仪将辟。有物妙万，藏神至赜。寂然不动，动而常寂。与化推移，未尝今昔。粤无上士，应运来觌。德证泥洹，道超光宅。功充幽爽，业摄元白。体一如来，大千藉藉。金言宝偈，布

---

① 太和皇帝：即唐高宗李昂。太和为其年号，使用时间为公元 827—835 年。

在方册。大哉真人，焕矣垂迹。重辉叠庆，蝉联舄奕。代御金轮，功悬玉策。宏阐象教，永昌皇历。于惟地居，普赖天泽。惟唐建刹，因齐旧迹。郁兴台殿，造化开拆。下控安流，上侵凝碧。懿诸龙象，继武筹画。天意昭宣，鸟篆光额。惟扬大都，地望雄极。辍我宰辅，建旟邦伯。化被中和，妖氛荡涤。彼美县尹，才哉政绩。由今况古，绰有宏益。冯蜂台之九重，望龙刹之百尺。想文物以储思，疑世界之来掷。庶福门之悠久，任扬尘于朝夕。寄神工而刊刻，永流芳于金石。

【按】选自清董浩等编《全唐文》卷745，中华书局1983年版。本文所言"灵居寺"，结合历代《六合县志》记述，可能为古代六合的灵居禅寺、云居禅寺或灵岩禅寺，待考。

## 卢　豁

卢豁，生平里籍不详。除撰本墓志外，文献中可见他还撰有《唐华州华阴县李主簿（宗本）墓志并铭》，作于开成五年（840）。王昌龄有《武陵田太守席送司马卢豁》诗赠答。

# 唐故杨州六合县令李府君墓志铭并序

君讳敬言，陇西成纪人也。曾大父为太仆卿；祖鹓，泽州刺史；父尚，仕至台州临海县令，皆有芳声，闻于当时。临海府君娶扶风□□氏，有子二人，外祖摄黄门侍郎同中书门下平章事。公即临海府君之冢子也。以□□荫出身，初任舒州桐城县尉，次任苏州嘉兴尉，次任饶州录事【参】军，累授至杨州六合县令。夫六合为邑之大者也。公以惠养及民，无不从化，视百里之内如一室焉。曾是理兹邑者，多为上官，使移□□属，皆不卒岁，如公之政，不可夺也。故秩满，人多惜其闲，以宗族骨肉，离散弥年，而来京师，会盐铁使□□相国王公，知其理县之能，欲分醝务，乃署职统于宝应院，公不获辞，将副所知，方斯课最治，能闻于□□□明君贤执政将簪□□真，领其务未数日，不幸寝疾，大和九年（835）八月廿八日卒于万年县长兴里，享年五十八。呜呼！人不难乎，寿命与才能而不侔，使公不得践历显位，而终于明府。悲夫！有子四人，长曰遇，前年黄衣入选，未及禄而身已亡；次子曰归郎、樊老、献郎，未成人而将为有后者，盖公之行德茂著，宜不绝于庆耳。女二人，选娘、端娘，皆幼。今诸孤护其柩归，葬于河南县伊芮乡尹樊村先人之墓侧，礼也。公之弟守官【汝】州叶县主【簿】，闻□□公丧，不俟郡守命，衔哀而来，泣抚诸孤，悲可知矣。又公之从父弟宗师尉阳翟州守，大夫郑公知其才，俾摄尉于河南，是日乡贡进士卢谿因候谒，命以笔书纪公之德，而为铭曰：大和九年（835）十月廿八日 [①]

呜呼六合，官政百里。惠化既孚，施于童子。邑无冤人，野有驯雉。厥政有闻，移于雌治。利刃在心，莫剚其利。□彼于将，终年而已。

【按】选自出土墓志铭拓本（刘荣喜收藏）。

## 郑处诲

郑处诲，生卒年不详，字延美。郑州荥阳（今河南荥阳）人。太和八年（834）进士。释褐秘府，转监察、拾遗、尚书郎、给事中，累迁工部、刑部侍郎，出为越州刺史、浙东观察使、检校刑部尚书、汴州刺史、宣武军节度观察等。方雅好古，勤于著述。著有《明皇杂录》。

# 张 果 传

张果者，隐于恒州中条山，常往来汾晋间。时人传有长年秘术。耆老云："为儿童时见之，自言数百岁矣。"唐太宗、高宗累征之，不起。则天召之出山，佯死于妒女庙前。时方盛热，须臾臭烂生虫。闻于则天，信其死矣。后有人于恒州山中复见之。果常乘一白驴，日行数万里，休则重叠之，其厚如纸，置于巾箱中；乘则以水噀之，还成驴矣。开元二十三年（735），玄宗遣通事舍人裴晤，驰驿于恒州迎之。果对晤气绝而死。晤乃焚香启请，宣天子求道之意，俄顷渐苏。晤不敢逼，驰还奏之。乃命中书舍人徐峤，赍玺书迎之。果随峤到东都，于集贤院安置。肩舆入宫，备加礼敬。玄宗因从

---

① 这里的时间标注，原墓志如此。

容谓曰："先生得道者也，何齿发之衰耶？"果曰："衰朽之岁，无道术可凭，故使之然，良足耻也；今若尽除，不犹愈乎？"因于御前拔去鬓发，击落牙齿，流血溢口。玄宗甚惊，谓曰："先生休舍，少选晤语。"俄顷召之。青鬓皓齿，愈于壮年。一日，秘书监王迥质、太常少卿萧华尝同造焉。时玄宗欲令尚主，果未知之也，忽笑谓二人曰："娶妇得公主，甚可畏也。"迥质与华相顾未谕其言。俄顷有中使至，谓果曰："上以玉真公主早岁好道，欲降于先生。"果大笑，竟不承诏。二人方悟向来之言。是时公卿多往候谒。或问以方外之事，皆诡对之。每云："余是尧时丙子年人。"时莫能测也。又云："尧时为侍中。"善于胎息，累日不食，食时但进美酒及三黄丸。玄宗留之内殿，赐之酒。辞以山臣饮不过二升，有一弟子，饮可一斗。玄宗闻之喜，令召之。俄一小道士，自殿檐飞下，年可十六七，美姿容，旨趣雅淡。谒见上，言词清爽，礼貌臻备。玄宗命坐。果曰："弟子常侍立于侧，未宜赐坐。"玄宗目之愈喜，遂赐之酒，饮及一斗，不辞。果辞曰："不可更赐，过度必有所失，致龙颜一笑耳。"玄宗又逼赐之。酒忽从顶涌出，冠子落地，化为一榼。玄宗及嫔御皆惊笑，视之，已失道士矣。但见一金榼在地，覆之，榼盛一斗。验之，乃集贤院中榼也。累试仙术，不可穷纪。有归①夜光者善视鬼，玄宗尝召果坐于前，而敕夜光视之。夜光至御前，奏曰："不知张果安在乎，愿视察也。"而果在御前久矣，夜光卒不能见。又有邢和璞者，有算术。每视人，则布筹于前。未几，已能详其名氏、穷达、善恶、夭寿。前后所计算千数，未尝不悉其苛细。玄宗奇之久矣，及命算果，则运筹移时，意竭神沮，终不能定其甲子。玄宗谓中贵人高力士曰："我闻神仙之人，寒燠不能瘵其体，外物不能浼其中。今张果，善算者莫得究其年，视鬼者莫得见其状，神仙倏忽，岂非真者耶？然尝闻堇斟饮之者死，若非仙人，必败其质，可试以饮也。"会天大雪，寒甚，玄宗命进堇斟赐果。果遂举饮，尽三卮，醺然有醉色，顾谓左右曰："此酒非佳味也。"即偃而寝，食顷方寤。忽览镜视其齿，皆斑然焦黑。遽命侍童取铁如意，击其齿尽随②，收于衣带中，徐解衣，出药一贴，色微红光莹，果以傅诸齿穴中。已而又寝，久之忽寤，再引镜自视，其齿已生矣，其坚然光白，愈于前也。玄宗方信其灵异，谓力士曰："得非真仙乎？"遂下诏曰："恒州张果先生，游方之

---

① 归：《旧唐书》卷 191《方技传》作"师"。可从。

② 随：《旧唐书》卷 191《方技传》作"堕"。可从。

外者也，迹先高尚，心入窅冥。久混光尘，应召赴阙。莫知甲子之数，且谓羲皇上人。问以道枢，尽会宗极。今则将行朝礼，爰申宠命，可授银青光禄大夫，仍赐号通玄先生。"未几，玄宗狩于咸阳，获一大鹿，稍异常者。庖人方馔，果见之曰："此仙鹿也，已满千岁。昔汉武元狩五年（前118），臣曾侍从畋于上林。时生获此鹿，既而放之。"玄宗曰："鹿多矣，时迁代变，岂不为猎者所获乎？"果曰："武帝舍鹿之时，以铜牌志于左角下。"遂命验之，果获铜牌二寸许，但文字凋暗耳。玄宗又谓果曰："元狩是何甲子？至此凡几年矣？"果曰："是岁癸亥，武帝始开昆明池；今甲戌岁，八百五十二年矣。"玄宗命太史氏校其长历，略无差焉。玄宗愈奇之也。是时又有道士叶法善，亦多术。玄宗问曰："果何人耶？"答曰："臣知之；然臣言讫即死，故不敢言。若陛下免冠跣足救，臣即得活。"玄宗许之。法善曰："此混沌初分白蝙蝠精。"言讫，七窍流血，僵仆于地。玄宗遽诣果所，免冠跣足，自称其罪。果徐曰："此儿多口过，不谪之，恐败天地间事耳。"玄宗复哀请，久之，果以水噀其面，法善即时复生。其后累陈老病，乞归恒州。诏给驿送到恒州。天宝初，玄宗又遣征召。果闻之，忽卒。弟子葬之。后发棺，空棺而已。

**【按】**选自清刘庆运修、孙宗岱纂《顺治六合县志》卷10 [ 清顺治三年（1646）刻本，《金陵全书》甲编《方志类·县志》第25册影印 ]。题后注出《神仙传》。本文原出唐郑处诲撰《明皇杂录》卷下（《唐五代笔记小说大观》上册，上海古籍出版社2000年版），亦见于《太平广记》卷30。

# 宋　朝

## 王安石

## 真州长芦寺经藏记

　　西域有人焉，止而无所系，观而无所逐。惟其无所系，故有所系者守之；惟其无所逐，故有所逐者从之。从而守之者，不可为之量数，则其言而应之，议而辩之也，亦不可为量数。此其书之行乎中国，所以至于五千四十八卷而尚未足以为多也。真州长芦寺释智福者，为高屋建大轴两轮，而栖甀于轮间，以藏五千四十八卷者。其募钱至三千万，其土木丹漆珠玑，万金之闳壮靡丽，言者不能称也，惟观者知焉。夫道之在天下莫非命，而有废兴，时也。知出之有命，兴之有时，则彼所以当天下贫窭之时，能独鼓舞，得其财，以有所建立。每至于此，盖无足以疑。智福有才略，善治其徒，众从余求识其成，于是乎书。

　　【按】选自宋王安石撰《临川先生文集》卷83［宋绍兴二十一年（1151）两浙西路转运司王珏刻元明递修本，《中华再造善本》（唐宋编）］，顺治之后历代《六合县志》有收录。

# 刘 攽

## 故宣德郎守大理寺丞知陇州汧阳县事王府君墓志铭

君讳伯先，字孝公，其先系出于琅邪。五代之乱，自太山徙江东，至君曾祖德辉仕李氏，为羽林参军，江南平，徙居六合。君祖讳可则，以孝谨闻州里，两世皆隐不仕，至君父纶以进士举中第。官至太常博士，告老致仕，以令得一子官。君补太庙斋郎，初调通州司户参军。始至官，有告妇骂姑折其齿者，狱既具，君独能察之，以直其冤，郡守悦服，因使摄海门县事，校户籍。第其高下，君以术参伍知之，贫富无差，由是益有声，以父忧去。服除，为钱塘县主簿，用使者荐，再迁润州金坛县令。县多陂泽，民以渔钓为生，而豪富人规占陂湖，各有分地，自擅入其中者，则执以为盗。君悉使表识，显其疆畔，于是豪富人名占有限，而细民渔钓有所，后莫相犯，而狱讼衰息矣。会郡守有求于君，不能得，恨甚。时狱有囚病死者，即奏抵，君坐去官，吏民人人冤惜之。初君伯兄名某，不喜为吏，故以官与君，而闲居海陵。及君免归，亦自以刚特寡合，遂将退伏不出，家族故旧，人人敦劝，久之乃复为商州录事参军。诸公交荐其才，三年代还，犹以金坛事才得应天应[1]推官，然上旨许其迁矣。自应天府还，遂除大理寺丞，知陇州汧阳县事。君性端厚亮直，为文敏速，遭事明辨，名公钜人多知之者，势可显仕于朝，而中以文法龃龉踬踣，似有命者，然君奋迅自振，而名公钜人终相之以出于厄穷滞淹，与夫遭命而显仕者不辨也。君年若干，伯氏年若干，其将往汧阳县，归省其兄，至家之五日，无疾而终，熙宁三年（1070）十二月

---

① 应：疑为"府"之误。

十一日也。君娶江氏，故某官某之妹，生子彭，拜为密州观察推官；女嫁某官。江夫人前君若干年终，葬于六合，王丞相志之，君合祔焉。以君卒之明年二月某甲子，乡曰永福，里曰梅原，王氏祖墓也。铭曰：

君敏从政，事称其贤。恶吏困之，乃仆而颠。善人佑君，咸竭其力。如涤垢取白，如伸钩取直。其卒有成，而绵以岁月。迨君之迁，年则耆耋。于生无厌，于殁无悔。志铭泉宫，万世勿坏。

【按】选自刘敞《彭城集》卷 37（永瑢、纪昀等编纂《文渊阁四库全书》集部第 1096 册，上海古籍出版社 2003 年版）。文中有"君娶江氏，故某官某之妹"，据考其夫人江氏乃北宋文人江休复（1005—1060）之妹。江休复在其所著《醴泉笔录》中称王伯先为妹夫："胡武平内翰丁母忧，前一岁。常州宅中海棠花开白花。余妹夫王伯先为金坛县令，尉胡宾说。"

# 王 令

王令（1032—1059），初字钟美，后改字逢原。原籍元城（今河北大名）。少丧父母，随其叔祖王乙居广陵（今江苏扬州）。长大后在天长、高邮等地以教学为生，有治国安民之志。王安石对其文章和为人皆甚推重。有《广陵先生文集》《十七史蒙求》。

# 龙 池 说

距真而西七十里曰六合县，地皆原阜，无川泽，县行五里曰龙池。池之南，民居数十家，又有亭以休行者，余尝过而宿焉。爱其池之宽远，既而策之，又殊深，不可穷极，且怪其龙池之谓，因求而问之，则曰："世传此地旧无池，为常人居，昔而忽陷焉，既而有龙居之也。"今其池之东①北，冬寒水涸，则浅处尚见柱石与遗井在焉，以是验之，旧为人居也，决不疑矣。民四时必具祭，则水旱如旁郡；即不尔，则风雹害稼。

余旧常疑于龙，今又得此说，私怪骇之，因退而思之曰：天、地、人，

---

① 东：底本无，据《文渊阁四库全书》本补。

三才①也。上而为天，日月星辰在焉，而不得下而杂地②也。下而为地，山川草木在焉，而不得上而杂天也，况又中而人与禽兽哉！是各有分定，而不可杂以上下也。故飞者虽高，已上则穷；穴者虽卑，已深则死。而龙也，潜而伏泉，跃而飞天，风雷云雨，动且从焉，是其神亦大矣！独能杂出于天、地、人之间。吁，亦盛哉！今何孑然独居此也？

夫人非龙曹也，地陷且水，人则溺死，龙独害人而居之安邪？祭而有求也，所求非所力，则虽祭当不受，而民或不祭，则龙又当凌风厉雹以惊祸之邪？夫风雨，天之付龙者，以能行云施雨，苏焦活枯而然尔。龙何旱而不用为雨，不祭而用是求食耶？江海至大也，横亘数千里，鲲虾共容之，龙盍居且乐焉，而何为龊龊居此与蚯蚓伍也？岂彼不容龙而龙私居此邪？不然，则龙惧其大而不往也。

余观《易》之乾卦及他经传所载，凡拟圣人君子，则必以龙。是岂龙者能利人而不自私者邪？今何乃尔也？夫龙者，岂尽若此焉邪？又将若人者，有君子人而有小人人邪？

【按】选自宋王令著《广陵先生文集》卷12（明钞本，见《四库提要著录丛书》集部第46册，北京出版社2010年版）。

## 吕希哲

吕希哲（1036—1114），字原明。少从学于焦千之、石介等，后与程颢、程颐、张载游。以荫入官，管库约十年。后除兵部员外郎。哲宗绍圣初，出知怀州。徽宗即位，知单州，召为光禄少卿。改直秘阁，知曹州，后因崇宁党祸，夺职知相州，徙邢州，卒。著有《吕氏杂记》2卷传世。

## 《真州长芦崇福禅院第八代慈觉赜和尚语录》序

慈觉大士，缙绅令器，场屋高才，悟世谛之无常，慕空门而有素。于是

---

① 才：底本作"材"，据沈文倬校点《王令集》（上海古籍出版社1980年版）改。
② 地：底本作"人"，据《文渊阁四库全书》本改。

焚除笔研，毁裂衣冠。游圆通禅师门，蚤堕僧数；入广照和尚室，始预法流。淘汰益精，名声遂震。先觉许其出世，后学愿以为师。住塞北之道场，一方从化，徙江干之法席，四众如归。把断要津，拨开迷网，高提祖印，祖祖相传，直指人心，人人有分。唱无碍之辩，阐不二之门，续达磨之宗风，广云门之法乳。编联具在，演说无余，更欲多言，实难下口。若夫精诚默运，感应冥通。愚夫罢市以钦风，异类现形而听法。此道人之余事，非纳子之所传。又若贯综三乘，庄严万行。安心入定，皆助道因缘，发愿往生，乃诲人之渐欠。任诸方之检点，唯有道者融通，欲见其心，但观此录。

大观三年（1109）十月□日荥阳子吕希哲序。

【按】选自宋代宗赜撰《真州长芦崇福禅院慈觉禅师语录》书首（朝鲜钞本，日本驹泽大学图书馆藏本）。

# 苏　轼

苏轼（1037—1101），字子瞻，一字和仲，号东坡居士，眉州眉山（今四川省眉山市）人。嘉祐二年（1057）进士。宋神宗时曾在凤翔、杭州、密州、徐州、湖州等地任职。曾因"乌台诗案"被贬黄州团练副使。宋哲宗即位后任翰林学士、侍读学士、礼部尚书等职，并出知杭州、颍州、扬州、定州等地，晚年因新党执政被贬惠州、儋州。宋徽宗时获大赦北还，途中于常州病逝。宋孝宗时追谥"文忠"。著有《东坡集》40卷、《后集》20卷、《和陶诗》4卷等。

# 书六合麻纸

成都浣花溪，水清滑胜常，以沤麻楮作笺纸，紧白可爱，数十里外便不堪造，信水之力也。扬州有蜀冈，冈上有大明寺井，知味者以谓与蜀水相似。西至六合，冈尽而水发，合为大溪，溪左右居人亦造纸，与蜀产不甚相远。自十年以来，所产益多，工亦益精，更数十年，当与蜀纸相乱也。

【按】选自宋苏轼著、孔凡礼点校《苏轼文集》卷70"题跋（纸墨）"

（《中国古典文学基本丛书》，中华书局 1986 年版）。《光绪六合县志》卷 7 "补遗"有选录。

## 释元照

> 释元照（1048—1116），字湛然（一作湛如），号安忍子，俗姓唐，钱塘（今浙江杭州）人。北宋时期弘传律宗和净土教高僧。幼时依钱塘祥符寺慧鉴律师为童行（沙弥候补者），治平二年（1065）遇度僧考试，因通诵《妙法莲华经》得度。熙宁元年（1068）从神悟处谦（1011—1075）习天台教观，同时博究诸宗，而以戒律为主。后览天台《净土十疑论》，归心净土法门。赐谥大智律师。有《芝园集》2 卷、《补续芝园集》1 卷、《芝园遗编》3 卷传世。

## 《长芦赜禅师文集》序

佛教所谓大乘师者，盖有上根利智勇，历丈夫，顿了自心，旁达诸法，缘生无性，一切皆如，无性缘生，广大悉备，安住实际，得大总持。摩尼宝珠，出生无尽，大圆镜智，应现无差。秉智慧刀，被弘誓铠，入生死海，游浊恶世，遍微尘刹，历恒沙劫，善巧方便，化导群生。六度四弘，三聚四摄，如梦如幻，无舍无著。终日说法，无法可说；终日度生，无生可度。众生无尽，悲智愿行，宁有尽乎？业惑无穷，身土寿量，宁有穷乎？发此心者，即菩提心；行此行者，即菩萨行；传此法者，号大乘师也。然则功高而业广，任重而道远，自非识洞天人之际，道超区宇之表，孰能荷三宝之重寄，为四生之良导乎？是以在昔高僧，学优才赡，节高行苦，至有食不耕锄，衣无缯纩，忍人之所不忍，行人之所不行，扶颠持危，辟邪御侮。其济物也，视形骸如朽木；其护法也，轻性命若鸿毛。与夫独善偷安，厌谊求寂者，日劫相倍，未足校其优劣矣。

赜老禅师，河北洺水人，少业儒文，晚从释氏，志节超迈，学问宏博，遍历丛林，饱参宗匠。天机既泄，学众云从，三处住持，六时精苦，门墙壁峻，规矩霜严，著述盈编，播流寰海。传闻有日，尚或持疑，比得斯文，喟然惊叹，不意后世复有大乘师耶。观乎《发菩提心要》，则知修行发足，不践于小道也。观乎《自警铭》，则知笃志在道，无暇于世论也。观乎《百二十问》，则知晨夕自检，不容于妄虑也。观乎《诫洗面文》，则知节俭清苦，不以口腹费于僧物也。观乎《在家行仪》，以至《公门十劝》，则知悯物情深，不择于高下也。观乎《枯骨颂》，则知达妄穷真，不为世相所动也。观乎《莲华胜会序》《劝念佛颂》，则知决了死生，灵神有所归也。观乎《坐禅仪》，则知志尚修习，不徒于言句也。噫！正道难闻，知音罕遇，方图款扣以尽所怀，俄闻暮秋奄归真寂，沉吟感概，长吁永日。惜乎，得非吾道衰替，不使真善知识久住世耶？古人有言：“百年影殂，千载心在。”览斯集者，则禅师之心可鉴矣。

【按】选自宋释元照《芝园集》卷下（《续藏经》第 105 册，台北新文丰出版股份有限公司 1993 年版）。《全宋文》卷 2432 有收录。

## 孙　觌

孙觌（1081—1169），字仲益，号鸿庆居士，常州晋陵（今江苏武进）人。徽宗大观三年（1109）进士。历官和州、平江、温州、临安等地，官至吏部侍郎，兼权直学士院。善属文，尤长四六。著有《鸿庆居士集》《内简尺牍》传世。

# 长芦长老一公塔铭

绍兴二年（1132）六月，予南迁，次临川，道过疏山，长老善清领众出迎予于稠人中。见一人小异，仪状翘秀，有贵介公子之风，问知为善清之高弟，今一公也。已而与之语，谈词亹亹，皆自经论中来，听之弥日不厌。又问其世出，实 [①] 章懿太后家，故彰信军节度使、太师襄阳郡王李公用和之玄孙也。襄阳王生子曰璋，武成军节度、殿前都指挥使；曰玮，尚兖国公主，为驸马都尉；曰珹，宫苑使，赠金吾卫大将军，师 [②] 之曾祖也。承 [③] 平百余

---

① 出实：《全宋文》卷 3486 作“实出”。

② 师：据《全宋文》卷 3486 补。

③ 承：底本作“成”，据《全宋文》卷 3486 改。

年，中外安富，李氏以勋戚之贵震天下，筑大第，建旌节，粉白黛绿充满后房。鸣钟列鼎而食，子孙奉朝请者数十人。朱轮华毂，相属于道。豪者以驰骋射猎为事，谨者亦累勋阀，践华显世其家。师独奋然舍去，入山林，践荆棘，茹蔬食粝，昼夜持膏火，给薪水，事佛祖，修无上道，为天人，师非所谓豪杰之士不待文王而兴者欤？

师讳法一，字贯道，开封府祥符县人。祖俨，朝奉大夫；父某，某官。方在其母也，夜梦一老僧梵相奇古，如世间所画罗汉像，而师以是夕生。比成童，见群儿嗷枣栗、跨竹马、为嬉弄，皆不顾[1]。年十七，试太学为诸生，被服诗书，偊偊然如[2]寒士。从其翁仕淮南，大夫公欲任以官。不就，请诣长芦，事慈觉赜公为比丘。其翁难之，母曰："此宿世沙门，勿夺其志。"未几，赜公没去，礼灵岩通照愿公。得度，受具足戒，是岁大观元年（1107）也。愿公徙滁之琅邪，又从之凡十年。迷闷不能入，益刻苦奋厉，刳心练形，至不知寒暑之变。时圆悟勤公住蒋山，见师书一偈，以大法炬许之。圆悟奉诏住京师天宁，师又持钵而往。会靖康之乱，圆悟还蜀。闻江西草堂清公坐疏山道场，间关兵火，徒步数千里而至。一语之投，忽有所得，如金篦刮膜[3]，表里洞然。绍兴七年（1137），泉州太守、宝文阁直学士刘公子羽闻师名，具书币，驰请住延福院。开堂说法，缁素咸会，至无地以容。丞相张公浚帅福唐，徙住寿山。尚书梁公汝嘉守四明，又挽居雪窦。于时公卿大夫想见风采，争先邀迎，惟恐不及。天台万寿寺在山谷穷处，其徒数犯法，不能禁。有司奏改为禅，率选用一世名缁众所信服者为领袖，又徙万年[4]。积六十[5]岁，淮南转运使蒋公璨以书抵师曰："长芦大丛林，公弃家学[6]道，推论于公，璨[7]一来乎？"师欣然许之。居岁余，如有所不乐，辞归万年观音别院。才浃日，示微疾，索笔书四句偈，趺坐而寂，实绍兴某年三月四日也。寿七十五，僧腊五十二。八日塔成，去寺若干步。余闻佛说：诸富贵人

---

① 顾：底本作"愿"，据《全宋文》卷3486改。

② 如：据《全宋文》卷3486补。

③ 膜：《全宋文》卷3486作"腹"。

④ 年：《全宋文》卷3486作"寿"，并有注"原作'年'，据《全集》卷52及文意改。（底本原注）"。

⑤ 十：《全宋文》卷3486作"七"，并有注"原作'十'，据右引改。（底本原注）"。

⑥ 学：底本无，据《全宋文》卷3486补。

⑦ 璨：《全宋文》卷3486作"能"。

具大威力，发菩提心，难造种种业，易如一滴水，流入地中，五浊恶臭，便成生死大海。师生于戚里，长有华屋玉食之奉，而天资绝人，性与道合，不假师授，一念幡然，跳出苦海，直登彼岸，为大善知识。世缘已尽，振衣东还，奄然而化，虽古佛灭度不过也。褒禅山长老宝余过予曰："公知师者，宜得铭。"铭曰：

三生了了，大摩尼珠出光明兮；剖书瓮中，一笑相视过去僧兮；苦海无边，作大桥梁度众生兮；死而不亡，耿耿如在传一灯兮。

【按】选自宋孙觌撰《鸿庆居士文集》卷32（清吕氏讲习堂吕无咎钞本，见《四库提要著录丛书》集部第17册，北京出版社2010年版）。《全宋文》卷3486有选录，文字略有不同。

## 释嗣宗

释嗣宗（1085—1153），号闻庵，俗姓陈，徽州歙（今安徽歙县）人。幼业经圆具，弱冠依妙湛慧禅师。后谒宏智正觉禅师，蒙印可。出住普照，徙善权、翠岩，迁庆元府雪窦寺。

## 《长芦觉和尚颂古拈古集》序

夫至理超名象之阶，真智出思议之外。佛佛祖祖，相印以心；叶叶花花，妙严于本。门庭峻高，而稜稜壁立，各绍其宗；枝派衍远，而浩浩岐流，终归于海。付区分于杖拂，与烹炼于炉锤。道任斯人也，廓吞纳之胸膺；神应求器也，具变通之手段。为万世之龟噬，明觉首唱于其前；追千里之骥游，阿谁步随于其后。

长芦和尚摭古德机缘二百则，颂以宣其义，拈以振其纲。扬淮壖两席之光，继雪窦百年之踵。烂成春意，东风暖而山被锦云；湛作秋容，半夜寒而水怀璧月。纵夺有则，趣舍何心？剪蓁菅而辟正途，颂见古人之克力；震雷霆而破蛰户，拈彰底事之全机。绵密契同，方圆吻合。凿枘不爽，斤斧亡痕。屈曲相通，肖贯珠之丝蚁；裴回相附，犹布雨之云龙。赤肉团独露真常，髑髅眼沥干漏识。箭锋函盖，影草探竿。脱功勋而空劫非家，垂方便而通身是手。洗磨鸾鉴，清吹排云梦之氛；胶续凤弦，雅韵奏雪楼之曲。禅人法润，集以成编；小子嗣宗，序而为引。建炎三年（1129）自恣日叙。

【按】选自宋侍者等编《宏智禅师广录》卷2（日本大正新修大藏经刊行会《修订新版大藏经》第48卷，台北新文丰出版有限公司1992年版）。《全宋文》卷3980有收录。

## 向子諲

向子諲（1085—1152），字伯恭，自号芗林居士，临江（今属江西）人。元符三年（1100），曾以外戚恩荫补假承奉郎。三迁至知开封府咸平县。宣和七年（1125），以直秘阁为京畿转运副使，寻兼发运副使。建炎二年（1128）知潭州，绍兴元年（1131）知鄂州，主管荆湖东路安抚司。绍兴八年（1138），徙两浙路转运使，除户部侍郎，寻以徽猷阁直学士出知平江府。忤秦桧，致仕退居临江军清江县，号所居曰芗林。著有《酒边词》2卷传世。

## 《真州长芦天童觉和尚拈古一百则》后序

余顷将漕淮南，梦僧导至一古寺基，有巨栋十数，大书其榜曰"隰州"，金碧焕然。觉而异之。尝语人，莫能占。后数月，主普照者，众讼抵狱。余生于泗，而又从官往来廿余年，悯禅席猥冗，因欲以振起之。其徒走权贵门，皆为之地，余志终不可夺。时雪峰了住长芦，与比丘千五百人俱。今天童觉居上首，与众推出。余乃劝请力行祖道，无有怖畏。远近归依，户外屦满。他日相见，问其乡里，则曰隰州人也。忽省昨梦，若合符节，闻者莫不稽首赞叹，咸谓此事不可不书，而执笔辄懒。退居清江之上二年矣，惠慈上人自天童由雪峰，持二老书来，问讯勤恳，出天童拈提古德机缘，因记梦事之大略，题其后。不独可以砥砺禅流，且为丛林盛事云。绍兴四年（1134）十一月廿二日，芗林居士向子諲书。

【按】选自宋侍者等编《宏智禅师广录》卷3（日本大正新修大藏经刊

行会《修订新版大藏经》第48卷，台北新文丰出版有限公司1992年版）。《全宋文》卷3830有收录。

## 吴　敏

> 吴敏，字元中（一作"忠"），真州（今江苏省仪征市）人。大观二年（1108）进士，历任校书郎，转右司郎中、中书舍人、给事中。宋钦宗即位，担任龙德宫副使，迁知枢密院事，拜少宰。绍兴元年（1131），担任观文殿大学士，为广西、湖南宣抚使，卒于任。

## 《真州长芦了禅师劫外录》序

　　长芦了禅师，芙蓉之孙，丹霞之子。得法于钵盂峰上，以无所得而得；说法于一苇江边，以无所说而说。云行水止，从而问法者常千七百人，以无所闻而闻。余尝造其室，窅然空然，温伯雪子之忘言，净名居士之杜口，余亦莫能知也。观①其抱美玉于空山，混银河之秋月，视之不见，言之莫及。时时顾堂上之草②深，怜户外之屦③满。于是万金良药，湔肠易骨，斯须之间，病者起走，人人轻安，得未尝病。又④如雷雨既作，草木萌动，顷刻霁止，了无痕迹，天清物春，雨已无用。虽然，岂直如是而已哉！木鸡啼霜，石虎啸云，鸟鸣山幽，蝉噪林寂。世有望角知牛，闻嘶知马者，其庶几历其藩乎？师语盖上堂、法要、偈颂、机缘，凡若干篇⑤。绍兴二十八年（1158）正月旦，中桥居士吴敏序。

　　【按】选自宋德初、义初编《真州长芦了禅师劫外录》书首（《俄罗斯科学院东方研究所圣彼得堡分所藏黑水城文献》第3册《汉文部分》，上海古籍出版社1996年版），亦见于《全宋文》卷4756，引《续藏经》第2编

---

　① 观：《全宋文》卷4756作"且观"。

　② 草：《全宋文》卷4756作"帘"。

　③ 屦：《全宋文》卷4756作"履"。

　④ 又：《全宋文》卷4756作"亦"。

　⑤ 师语……若干篇：《全宋文》卷4756无此15字。

第 29 套第 3 册，文字略有不同。

# 叶　适

叶适（1150—1223），字正则，号水心居士，温州永嘉（今浙江温州）人。淳熙五年（1178）榜眼。历仕孝宗、光宗、宁宗三朝，历官平江府观察推官、太学博士、尚书左选郎、国子司业、知泉州、兵部侍郎等职，力主抗金，反对和议。累迁至江淮制置使，曾上堡坞之议，实行屯田，均有利于巩固边防。卒赠光禄大夫，谥"文定"（一作忠定）。著有《水心先生文集》《水心别集》《习学记言》等。

## 定山瓜步石跋三堡坞状

某昨蒙差兼江淮制置，专一措置屯田，被命之始，即尝深念以为今之屯田与昔不同。夫省运就粮，分兵久驻，磨以岁月，待敌之变，此昔日屯田之常论也。顷自虏寇惊骚，淮人奔进南渡，生理破坏，田舍荒墟，十郡萧然，无复保聚。今之所急在于耕其旧业，而复其所常，安守其旧庐，而忘其所甚畏尔，岂得以昔日之常论冒行之乎？故某遂急且于江北创立三堡，先作一层。

今三堡既就，流民渐归，所宜招徕安集，量加赈贷，今于东西一二百里，南北三四十里之内，其旧有田舍者，依本住坐，元无本业，随便居止，其间有强壮者，稍加劝募，给之弓弩，教以习射，时命程试，利以赏激。度一堡界，分内可得二千家为率，万一虏骑今秋再至，随处入堡，与官兵共守，此今日经营之大略也。至于屏蔽江南，防把口岸，则其说尤长，敢不尽布愚悃？

某去岁忝缀朝列，首建防江之议，继来建康，考详前后案牍，无非葺治战舰，布列岸兵，栽埋鹿角，钉设暗桩，开堀沟堑，计步而守，数里而屯，皆元勋故老之已行，谋臣策士之素讲，虽其间用之有利不利，然终未有能舍此而特立者也。况某晚进末学，何所能为，不过守举旧事，期于无阙而已，如鹿角暗桩之类。去岁，论者固尝指为儿戏，及扣其别有何策，则又寂无所言。某犹谓厉人心而坚守，阻大江而自固，则如前数事，亦岂不足以立功。至十月之末，边遽告急，淮人渡江以亿万计，江南震动，众情惶惑，一日有

294

两骑伪效番装，跃马江岸，相传虏人至矣。济渡之舟斫缆离岸，橹楫失措，渡者攀舟，覆溺数十百人，某始叹息曰："是真不足赖也。"今虽岸步有寨，江流有船，鹿角暗桩，数重并设，沟堑深阔，不可越逾，其如人心已摇，谁与力拒？万一虏兵果至，彼皆弃之而走尔。所以建炎、绍兴之间，兀术辈未尝不径渡江南，如逆亮之不得济而殒者，幸也。

于是始捐重赏，募勇士，渡江北，劫虏营，石跋、定山上下，凡十数往返，取其俘馘，系累以报，江南奋气，见者贾勇，而人心始安，虏亦由此卷甲遁矣。然后知三国孙氏，常以江北守江，而不以江南守江。至于六朝无不皆然，乃昔人已用之明验，自南唐以来，始稍失之，故建炎、绍兴不暇寻绎尔。

然渡江之兵，苦于江北无家基寨，无所驻足，故石斌贤之徒不能成大功，宣司尝急呼封益明、王益，欲令将兵策应，和州竟闵嘿而止。今石跋则屏蔽采石，定山则屏蔽靖安，瓜步则屏蔽东阳、下蜀，西护历阳，东连仪真，缓急应援，首尾联络，所筑皆是，故基砖石犹在。今各堡无事之时，只以五百人一将戍守，常加修葺，勿使废坏，收聚居民，与之为主，今岸渡繁会，自成市井。若万一有警，乞从朝廷，即令各堡增募一千人，照吐浑等仗，并与帮收总领所请给，随堡防守，教阅诸州禁兵，抽摘二千人以九月至，并于防江效用内摘那千人，各堡二千五百人，并堡坞内外居民二千家之胜兵者，或临时旋行招募，亦各二千人，各堡通为四千五百人，相共守把。然后令制置司，以八九月别募精勇敢死士千人，厚帮请给，以待劫寨焚粮，直前搏击之用。盖堡坞之成于防江有四利：往日江南列营五万人，去岁亦不下三万，而民兵不预，然止可坐食而守，敌果窥江，责其不走，固已难矣，而况进战乎！何者？虏在北岸，共长江之险，兵众骑多，而吾军之气已夺矣。今堡坞既立，虏有所忌，固不敢窥江，就使来窥，江南岸兵胆气自生，志力得展，使之前进，无所畏怯，一利也。虽有各处战舰，然虏已在江岸，或声言夺船径渡，或实为造舟之势，我之舟师往往不敢放出北岸，胜负未决，旁观胆落，忧恐万端，今堡坞既成，虏纵在江北，我有应接之利，或近岸排列，千弩并发，或舍舟登岸，乘势击逐，二利也。至于海舟风帆八面，便利捷疾，尤在舟师之上，然迫虏于岸，而收全功者，其势易俟其入江而决死斗者，其势难，今堡坞既成，有易无难，三利也。战舰甲士虚闲，舟中拥戈坐观，从昔病之无策可治，今舟得便利，人无虚设，四利也。使虏果忌堡坞为彼之害，或拥大众，志在必取，今石跋、瓜步近在江津，定山去江才三里尔，我以战舰海舟为江中家计，强弩所及，虏人腹背受敌，自投死地，理在不疑，脱若敌人畏而不前，置而不问，尽力攻击，和、滁、真、六合等城，或有退邅，我以堡坞全力助其袭逐，或形其前，或出其后，制胜必矣。此堡坞之利，所以为用力寡而收功博，孙氏所谓"以江北而守江南，能立国于百战之余"者，非幸也，数也。故其欲因屯田堡坞之立，收兵民杂守之用，屏蔽江面，先作一层，使江北之民心有所恃，虏虽再来，不复求渡腾突，纷扰贻乱，江南次第入深，因其险要，用其豪杰，见团结山水为寨者四十七处，此于官司之力，无缘周遍，特借以声势，使自为守，春夏散耕，秋冬入堡，盖孙氏、六朝保固江、淮之成规，非充国先零，枣祇许下之谓也。不然则南北并争之际，无岁不有兵革，淮人岂能屡逃屡复，以自滨于流离死亡也哉。

某自去冬，忧悸熏心，旧疾之外，复增新病，背病半年，呻吟宛转，自有改兼江淮之命，不敢辞避，力疾督趣，成此三堡，其间条目极有未备，而某羸证既成，不能扶持，忍死以待毕事，岂胜惭惧？伏乞朝廷速赐选择总练通方，老于智谋之士，前来建康，纠剔某妄作疏漏之失，考寻前史，规画缜密之旧，克集功绪，以究远图，某不任祈扣<sup>①</sup>之至，所有定山、瓜步、石跋三处堡坞图本，并四十七处团结山水寨居民户口、姓名、帐策，谨随状缴申，伏乞指挥施行。

【按】选自宋叶适著《水心先生文集》卷2（上海涵芬楼影嘉业堂藏明黎谅刊黑口本，张元济等编《四部丛刊》集部第1231册，商务印书馆重印本，1919年）。

# 李　琪

李琪，字梦开，连江（今属福建）人。宁宗庆元二年（1196）上舍释褐。嘉定八年（1215），提举浙东常平；九年（1216），兼本路提刑；十一年（1218），除礼部郎官，官终国子司业。

---

① 扣：疑当为"叩"。

# 长芦崇福禅寺僧堂上梁文

祖令西来，尺苇尽包于沙界。圣图南渡，巨楖两创于觉筵。自迦叶正法眼之单传，有壁观婆罗门之故址。翩翩只履，去少林未有千年。翼翼精庐，徙滁口才逾二纪。圮于兵烬，莽为砾区。旃檀化聚棘之林，鲸象失栖禅之地。旋更七稔，未办三椽。潜庵老师，五叶派下中兴，百尺竿头进步。得皮得髓，面壁正是前身。利物利人，当机勇施毒手。非有辽天之作略，岂能扫地以更新？再续天圣之遗规，喜遇登师之同里。众缘自合，纷舻筏之川流。群役并兴，环斧斤之雷动。要使宗风之峻立，首图云衲之安居。练<sup>①</sup>吉日以鸠工，峙闳模而复古。于兹大作炉鞴，皆令直造根源。展钵铺单，不离日用。锻佛炼祖，总在堂中。摩尼峰前，突见飞翚之在目。菩提桥畔，会逢立雪之齐腰。既新高广明旷之基，当知净智妙圆之体。不立文字，痛著铃槌。连床上跳出栗棘蓬，柱杖下敲得麒麟子。味永安之记，常思纽草之高风。造雪峰之门，必契流香之妙趣。聊陈六咏，助举双梁。

东，衮衮长江一苇通。再续千灯融佛日，依然五叶振宗风。

南，十方禅隽总包含。认得老胡真鼻祖，各寻慧可结同参。

西，飞檐危栋接云霓。重成鹫席挝禅鼓，永洗狼烟罢战鼙。

北，回龙山绕烟林碧。双手剪除荆棘场，空拳擎出瞿昙宅。

上，参天乔木元无恙。非台镜照大千机，无缝塔高三百丈。

下，葱岭路头连绿野。室里俱承刮膜方，板头谁觅安心者。

伏愿上梁之后，丛林万指之安栖，兰若千年之不坏。人人自心见性，个个与佛齐肩。芦叶飞花，认的的祖师之旨。淮流成带，祝绵绵宗祐之休。

**【按】**选自《全唐文》卷847，署作者为唐代河西敦煌人李琪，字台秀，少举进士。天复初应博学宏词，居第四等。累迁殿中侍御史。入梁为户部侍郎翰林承旨。贞明龙德中历兵、礼、吏侍郎，迁御史中丞，累擢尚书左丞、中书门下平章事。罢为太子少保。后唐同光初授太常卿、吏部尚书，三年为国计使。明宗即位，为御史大夫，除尚书左仆射。天成末，明宗自汴迁洛，

---

① 练：疑当为"栋"。

为东都留司官。以太子太傅致仕。长兴中卒，年六十。据今人路成文所撰《〈全唐文〉误收南宋人所作〈长芦崇福禅寺僧堂上梁文〉考》，认为当是误收宋人作品。经笔者考证李琪乃宋代文学家李弥逊之孙。

## 刘昌诗

> 刘昌诗，字兴伯，江西清江人。生卒年均不详。绍熙四年（1193）尝客淮南。登开禧元年（1205）进士。嘉定中，监华亭芦沥场盐课，为六合县令。著有《芦浦笔记》10卷存世。他是六合历史上有据可考的第一部县志《六峰志》的作者。

# 六合县题名续碑记

自春秋载棠邑文种为之宰，寥廖千禩，姓氏不传。晋安帝隆安初元（397）于六合山置令，隋因之，县始得名，而令之见于传记者，晋有范广，唐有房翰、郑继、崔儇、郏滂，至本朝有王时、薛季卿、朱定国而已，此壁记之不可废也。淳熙辛丑（1181）知县事曹组刻石于厅之东，仅自绍兴初，稽考年月而列之。嘉泰以来又阙不书，乃因而续于其后，庶几可以寓斯民之弗忘，抑使来者见贤思齐焉，见不贤而内自省也。嘉定戊寅（1218）八月庚子朔，清江刘昌诗识。

【按】选自明董邦政修、黄绍文纂《嘉靖六合县志》卷7［明嘉靖三十二年（1553）刻本，《金陵全书》甲编《方志类·县志》第23册影印］。文后有小字注本文源自宋《嘉定志》。

# 元 朝

## 张建宏

张建宏，长沙人，生平不详。

## 重建吴大帝庙记

吴城之山见于地志久矣，庙制之立，不知始于何年。盖自九有鼎分，肇都江左，则淮之西土，实为屏翰，戍守于兹，亦其宜也。遂辇石作堰，以大滁阳之浸，畚土为山，以城行殿之壮，外若崇墉相褒，内则纪堂廉坦，遐山迩水，献奇辅势，绰如也。迄其陟彼帝乡，后人因其故宫而祠之，犹荆昭王之殿城也。下及宋季，中间起废，多不可知，后有宗子赵某，葺故殿于端平之间。先祖徐汝谐建庙门于至元之始，皇元同轨，治道休明，咸秩山川之祀，命守官时祭，于斯礼物，视诸庙为重。矧一境之内，水旱疾疫，诚往扣圣，其应如响，独阴无生耳之忧，独阳无龟拆之患，疾疫则驱伯有而生惠气，樵牧山林者，不逢不若，是则神之福，斯土甚大，而宫庭卑陋，丹青不饰，暗昧不圭，奚其称欤？于是，先父斗祥常杖履登兹，锐然有原田之志，堵未画而大归，嗣谋叔兄，克绍治言，拓故基，溯巨植，奢净甓，奂轮俱新，其广五筵，其深九几，其高数仞，仍构后殿以为正寝，而处母仪焉。当宁之像，旧服紫而羡，弁翊卫承弼者，咸无其人，俾聪明仁智雄略之风，莫可肃俨，乃金帽柘袍，丰其体而穆其容，文有相君，武有甲士，视其故而增。其四后亦如之嫔嫱有列，而乾刚坤柔之位奠矣。神灵妥安，人心感悦。首事于至治癸亥（1323）之腊泰定改元日，北至东井，梓人告成，月合寿星，圣像供物斯具，飨而祀之。凡用财粟若干，用其二则劝于人，用其三则出于己，其两庑庙门易陋，创新倘锡之，屡丰当嗣，为之未晚也。既而，使来告曰："吴城庙旧无牲饩，今幸成，则吾先父将不慊于冥冥之中矣。"遂书大概，以请子其为我记之，无以不能让焉。予不敏谨复之曰："子之继志述事，孝也；竭诚奉神，敬也；孝以守之，敬以行之，百祥戾止，神岂啬诸？"遂藻饰其来，请以为之记。俾归，刻之，若其江山之美，丘壑之趣，尚当策蹇杖枯以游，眺目以舒湮怀，举觞于檐蒲香中，为君赋之。时泰定三年（1326），岁在乙丑农祥晨正吉日谨记。

【按】选自明董邦政修、黄绍文纂《嘉靖六合县志》卷7［明嘉靖三十二年（1553）刻本，《金陵全书》甲编《方志类·县志》第23册影印］。

# 倪　元

倪元，茶陵（今属湖南省株洲市）人。生平不详。

## 重建龙王庙碑

《祭法》曰："能御大灾则祀之。"呜呼！国以民为本，民以食为天。苟风雨不调，五谷不登，民之死生系焉。所谓大灾者，莫过于旱蛟。能御大灾者，莫过于神蛟。

六合县去城东北三十里曰马头山，有龙王祠，在山之椒，历有年矣。凡遇旱，官民必祷之，无不应，特患祷之者诚未至耳。至正十三年（1353）秋初，六合之境不雨弥月，土焦而禾病。时邑侯伯土宁公，忧形于色，不遑暇食，以民心为己心，以己意格天意。一之日沐浴，二之日斋戒，三之日夜半，精白一心，同耆宿士庶造龙祠，而致祷焉。是夜，海无纤云，山无点露，邑侯至止，时方昧爽，香未焚而云兴，祝读半而阴合，坐不移时，风雨如注，已而沛三日之甘霖，回万亩之生意。邑侯乃喟然叹曰："龙之为神，其有功于民如此之博，《祭法》曰'能御大灾者，其神乎'，其官民祀之者当矣。"惜乎庙之巍巍，日炙风号，木老瓦坏，檐楹倾颓，丹彩剥落，若不彻而新之，非所以尊严神像之高明，仰答神庥之景贶。于是先捐己俸，匠氏俱工，乃命耆宿王德用督其事，以十月二十一日落成。殿庭崇隆，栋宇雄壮，挹上天之星斗，俯下界之风云。吁！神人同欢，盛事完美，苟不记其岁月，则神之功于民者，虑日久而不彰，侯之感于神者，恐岁久而不著，且冀后之

300

祷者，至此见之曰"某年某月某日某官重修龙祠"，历历指视，必有感焉。庶祀神之不苟，思侯德之不忘，久或木瓦损弊，重而修之，祀神有怠，严而祭之，岂独为今日庙貌之奇观，实有望神功于万亿，惠泽生民之意不爽，俾侯之休又与神同悠久而不斁也。铭曰：

巍乎高哉，兹山之峰。冉冉斯征，云气从龙。时有亢旱，变年为丰。宜尔缩祀，唯神有功。厥庙翼翼，是为神宫。撤而新之，殿庭崇崇。丹青绚烂，户牖玲珑。灵物响应，暮鼓晨钟。伊谁尊之，县侯之衷。神功赫奕，与侯孚同。彼美耆宿，刻石其中。唯神与侯，令德高隆。后人思之，如水之东。

【按】选自明董邦政修、黄绍文纂《嘉靖六合县志》卷7［明嘉靖三十二年（1553）刻本，《金陵全书》甲编《方志类·县志》第23册影印］。底本题后署作者为"茶陵倪元，元人"，考《顺治六合县志》"茶陵"为"荼陵"，当从。荼陵，秦汉时古县名，三国孙权时改"茶陵"，后世通用此名。李修生主编《全元文》（江苏古籍出版社1999年版）失收本文。

# 明　朝

## 朱元璋

朱元璋（1328—1398），字国瑞，原名朱重八、朱兴宗。濠州（今安徽凤阳）钟离太平乡孤庄村人。明开国皇帝，年号"洪武"。幼贫穷，至正四年（1344）入皇觉寺。25岁参加郭子兴领导的红巾军，反抗元朝。其后平定西南、西北、辽东等地，最终统一全国。

## 与田兴书

元璋见弃于兄长，不下十年。地角天涯，未知云游之处，何尝暂时忘也。近闻打虎留江北，为之喜不可仰。两次召请，而执意不肯我顾，如何开罪至于此？兄长独无故人之情，更不得以勉强相屈。文臣好弄笔墨，所拟词意不能尽人心中所欲言，特自作书，略表一二，愿兄长听之。

昔者龙凤之僭，兄长劝我自为计。又复辛苦跋涉，参谋行军，一旦金陵下，告遇春曰："大业已定，天下有主，从此浪游四方，安享太平之福，不复再来多事矣！"我故以为戏言，不意真绝迹也。皇天厌乱，使我灭南盗，驱北贼，无德无才，岂敢妄自尊大？天下遽推戴之，陈友谅有知，徒为所笑耳。三年在此位，访求山林贤人，日不暇给。兄长移家南来，离京甚近，非但避我，且又拒我。昨由去使传言，令人闻之汗下。虽然人之相知，莫如兄弟。我二人者不同父母，甚于手足。昔之忧患，与今之安乐，所处各当其时。而平生交谊，不为时势变也。世未有兄因弟贵，惟是闭门逾垣，以为得计者也。皇帝自是皇帝，元璋自是元璋。元璋不过偶然作皇帝，并非一作皇帝，便改头换面，不是朱元璋也。本来我有兄长，并非作皇帝，便视兄长如臣民也。愿念弟兄之情，莫问君臣之礼。至于明朝事业，兄长能助则助之，否则听其自便，只叙弟兄之情，不谈国家之事。美不美，江中水，清者自清，浊者自浊。再不过江，不是脚色。

【按】选自田北湖撰《田兴传》文中（民国时期邓实主编之《国粹学报》第42期，1908年6月18日出版）。底本原无题，标题为编者所拟。胡寄尘编《虞初近志》卷2（大达图书供应社刊行，1932年增订重编）亦收录本文。

## 宋　濂

宋濂（1310—1381），初名寿，字景濂，号潜溪，别号龙门子、玄真遁叟等。祖籍金华潜溪（今浙江义乌），后迁居金华浦江（今浙江浦江）。自幼聪敏，号称"神童"。元末辞朝廷征命，修道著书。明初时受朱元璋礼聘，为太子朱标讲经。洪武二年（1369），奉命主修《元史》。累官至翰林学士承旨、知制诰。洪武十年（1377）以年老辞官还乡，后因长孙宋慎牵连胡惟庸案而被流放茂州，途中于夔州病逝。谥"文宪"。与高启、刘基并称为"明初诗文三大家"。作品合刻为《宋学士全集》75卷。

## 盘城先生郭渊哀词

郭渊，字巨川[①]，六人，唐汾阳王子仪胤也。宋季群盗起，渊聚族共保，若一障，曰蔡堡，六人依焉。天下已定，民为占籍，吏挠之。民见县有为丞相奴，客者无敢呵，相教为丞相奴。渊谓："民贱，王民也；奴重，人奴也。使世世为人奴，与王民孰愈？"民愧而止。复树吏，吏用休息，既而奴客困，皆来谢曰："微君，几不免。"大德末，淮大饥，渊作饘粥食之，生者甚伙。是时人多鬻子自救，渊取困甚者，假子养之十余年，皆为娶妇。居数载，大稔，一朝纵之，曰："若事吾良苦，及吾时归，毋久留为也。"皆流涕[②]曰："公生我，今驱我，安之？愿留终公身。"渊曰："毋悲。后吾子孙不省事，将以为奴。"卒纵之。有赍酒饮西家者，已醉而出，遗所赍金于门，渊适见，藏弄候之。明日，遗金人从西家求金，西家诚不知，怒以为欺。求

① 巨川：《宋学士文粹》作"济川"。
② 流涕：《宋学士文粹》作"涕泣"。

之急，西家怒，益闭，其人困，即欲自刭。方争，渊闻之，遽出呼其人，与其所遗金，人皆惊。始保蔡堡，群少年共劫一人，将杀之，渊呵曰："此何罪至杀？"群少年曰："疑狚①伺为谍，而将袭我，故杀之耳。"曰："吾所为相保以生，诚恶死也。今疑而杀人，祸将及。"少年怒，渊私计夺之，力且追杀之，乃曰："吾代之赎，何如？"群少年喜，遂免之。后至昇，昇市中有戴粝籹盘鬻于市者，遇渊，置戴盘，叩头泣曰："今日遇公，天也。幸临过我，我有母皆愿见公谢。"渊固辞，假以为误，去之。市上老人叹曰："世称长者，此真是耶！"

初，六界北边民习兵少文，渊与父谂以诗书俎豆为业，人慕之多化者，至今六多儒。渊既卒，谥曰"盘城先生"②。其孙言抱李孝光所作③墓文，请濂哀以词，濂未及为，言客死豫章，可悲也！始言与濂游，语及当世，辄瞋目嚼齿，语皆惊人，听者掩耳避去。及操笔缀辞，如海蜃吐楼，而芝举翠辇，隐见玄④濛间，可怖可⑤谔。言诚奇男子！濂故删孝光文为词哀渊，且附见言事，以见可哀不特渊也。辞曰：

有开其先，熙以申。有绍其后，文以彬。何遏其施，禄以屯。

翰林侍讲学士知制诰同修国史兼太子赞善大夫金华宋濂撰。

【按】选自明董邦政修、黄绍文纂《嘉靖六合县志》卷7［明嘉靖三十二年（1553）刻本，《金陵全书》甲编《方志类·县志》第23册影印］。本文亦见于宋濂撰《宋学士文粹》卷5［明洪武十年（1377）郑济刻本，见《中华再造善本》（明清编）］，题作《郭渊哀词》。

## 陈敬宗

陈敬宗（1377—1459），字光世，号澹然居士，又号休乐老人。浙江慈溪人。永乐二年（1404）进士，选翰林庶吉士，参修《永乐大典》，擢

---

① 狚：人民文学出版社、浙江古籍出版社点校本《宋濂全集》均作"狙"。
② 谥曰"盘城先生"：《宋学士文粹》无此6字。
③ 作：《宋学士文粹》作"造"。
④ 玄：《宋学士文粹》作"空"。
⑤ 可：《宋学士文粹》无此字。

刑部主事。迁南京国子司业，升南京国子祭酒。以师道自任，立教条，革陋习，德望文章，名闻天下，与国子祭酒李时勉并为士林所重，并称"南陈北李"。景泰元年（1450），陈敬宗致仕家居。卒追赠礼部侍郎，谥"文定"。有《澹然集》传世。

## 六合县重修儒学碑记

应天府六合县儒学[①]，唐咸通中肇建于邑治东门街北，光化间徙滁河之南，以其地焉卤，再徙邑治之东，宋治平中复徙城东百步，以临滁河，后[②]为河涨所侵，又徙城隍庙东高冈之上。建炎兵燹，寓县仓东古官舍，继寓经藏废院，卒迁高冈故址[③]。绍兴癸丑（1133），县令郑缜[④]陋其卑隘，颇宽[⑤]广之。历元至国朝洪武初，知县事陆梅改造[⑥]殿庑堂斋，迄今七十余年，栋柱朽腐弗支，彩饰漫漶不[⑦]鲜。正统五年[⑧]（1440），监察御史彭公勋奉敕提督直隶，学校乃谋于巡抚，冬官亚卿周公，撤而新之，规画措置，悉出于公[⑨]，赀费不经，公帑兼资[⑩]乐助，鸠工集材，百作具兴。未几，赖府尹李公与诸同寅命[⑪]知县史思古、主簿宋秉彝、典史杨文聪督莅，功未半，文聪以事去，而终始渐弗谨矣。钦差秋官亚卿薛公琏、监察御史孙公鼎、刘公仁宅前后临视，恐前功之或废也，复命今知县事黄渊、典史周绍宗，专委医学训科孙俊督成其功，以继厥美，渊、俊于是殚厥心力，不惮寒暑勤苦，而[⑫]教谕魏瓒、训导陈培、何瑄又各悉心赞襄，再逾二年，始克告成[⑬]。巍巍圣

---

① 应天府六合县儒学：《澹然先生文集》卷 2 作"六合县庠"。

② 后：《澹然先生文集》卷 2 无此字。

③ 址：底本作"趾"，据《澹然先生文集》卷 2 改。

④ 缜：《澹然先生文集》卷 2 作"纲"。

⑤ 宽：《澹然先生文集》卷 2 作"充"。

⑥ 造：《澹然先生文集》卷 2 作"建"。

⑦ 不：《澹然先生文集》卷 2 作"弗"。

⑧ 五年：《澹然先生文集》卷 2 作"某甲子"。

⑨ 规画措置，悉出于公：无此 8 字。

⑩ 兼资：《澹然先生文集》卷 2 作"爰出"。

⑪ 未几，赖府尹李公与诸同寅命：《澹然先生文集》卷 2 作"董其役则"。

⑫ 督莅……不惮寒暑勤苦，而：此 100 多字，《澹然先生文集》卷 2 作"赞其成则"4 字。

⑬ 陈培……始克告成：此处 21 字，《澹然先生文集》卷 2 作"陈信、张忒"。

殿之尊，翼翼贤庑之序，讲肄有堂，宿习有斋，储粟有库，庖厨有所，穆乎其靓深，赫乎其显敞，聿新轮奂，增宏旧规，是宜神灵妥宁，训受乐业<sup>①</sup>，作兴<sup>②</sup>斯文，于是为盛。渊等以学校一新，不可无记述，乃作亭于戟门之外，来求予言，俾勒石以贻后世<sup>③</sup>。

惟学校以育才为本，而育才以德行为先，成周盛世，以乡三物，教万民，教之六德六行<sup>④</sup>，然后教之六艺，先其本而后其末也。故其宾兴之贤，无非济济之<sup>⑤</sup>多士，蔼蔼之<sup>⑥</sup>吉人焉。圣朝崇尚儒术，而以文学取士，然其文皆出于六经，圣贤五常之训，仁义忠信之言，所谓六德、六行、六艺之教，即此而在，非若唐宋诗赋之比。今之<sup>⑦</sup>莅其职者，切切以<sup>⑧</sup>兴学校为务，式睹盛美，而凡讲习于其中者，宜何如其用<sup>⑨</sup>心哉。事君必思所以极<sup>⑩</sup>其忠，事亲必思所以极其孝，至于夫妇、兄弟、朋友，必思所以各致其极，存之于心，而不失措之于躬，而弗违见之于事，为而不可夺，涵养纯熟，习成自然，充之以学问，发之于文词。盖无非六经圣贤五常之训，仁义忠信之言，与成周三物之教，固<sup>⑪</sup>无以异。他日出为宾兴之贤，又何愧于济济之<sup>⑫</sup>多士，蔼蔼之吉人哉？若但习为记诵浮靡之言，侥幸科第，以窃利禄，又<sup>⑬</sup>岂朝廷养贤之本意？抑有负于诸君子兴学校之盛心也。诸生勉乎哉！复系之以诗曰<sup>⑭</sup>：

伊儒之黉，迭更废兴，聿崇新规，显厂层宏，惟圣有居，于穆清庙，惟贤有庑，赫其有耀，鼓钟于论，讲肄之堂，朝诗暮书，诵声洋洋，豆笾静

① 业：《澹然先生文集》卷2作"育"。

② 作兴：《澹然先生文集》卷2作"有光"。

③ 渊等……以贻后世：此处35字《澹然先生文集》卷2无。

④ "六行"之前，《澹然先生文集》卷2有"教之"2字。

⑤ 之：底本无，据《澹然先生文集》卷2补。

⑥ 之：底本无，据《澹然先生文集》卷2补。

⑦ 之：《澹然先生文集》卷2无。

⑧ 以：底本无，据《澹然先生文集》卷2补。

⑨ 其用：《澹然先生文集》卷2作"用其"。

⑩ 极：《澹然先生文集》卷2作"竭"。

⑪ 固：《澹然先生文集》卷2无。

⑫ 之：底本无，据《澹然先生文集》卷2补。

⑬ 又：《澹然先生文集》卷2作"是"。

⑭ 复系之以诗曰：此句及其后的诗与所署写作时间、作者等，共240字，《澹然先生文集》卷2均无。

嘉，礼乐攸备，重睹盛美，肃将祀事，隆师亲友，是习是诹，昔也怠荒，今则进修，缁衣有雅，肉粟攸继，廪养丰洁，非习之俪，皇明右文，督励孔勤，乐育菁莪，以陶以甄，有伟名卿，克相厥事，作而新之，益振士气，青青子衿，报称何由，敦德励行，不愧成周，翼翼其亭，隆隆其碑，于千百年，斯文在兹。

正统十四年（1449）岁次己巳六月吉旦，朝请大夫赞治少尹南京国子祭酒慈溪陈敬宗撰。

【按】选自明董邦政修、黄绍文纂《嘉靖六合县志》卷7〔明嘉靖三十二年（1553）刻本，《金陵全书》甲编《方志类·县志》第23册影印〕。亦见于明陈敬宗撰《澹然先生文集》卷2（清抄本，沈乃文主编《明别集丛刊》第1辑第32册，黄山书社2013年版）。文字差异较大，见校注。

## 陈　循

陈循（1385—1464），字德遵，号芳洲，江西泰和人。永乐十三年（1415）状元，授修撰，进侍讲。宣德初，入直南宫，进侍讲学士，后进翰林院学士。正统九年（1444），入文渊阁典机务。次年，进户部右侍郎兼学士。正统十四年（1449）八月至天顺元年（1457）正月任当朝首辅。后英宗复位，石亨等诬于谦谋逆被杀，陈循受牵连，刑杖一百，充军铁岭卫。石亨败后，上疏自讼，释为庶民。著有《芳洲集》10卷与《东行百咏集句》9卷等，均见于《四库全书总目》。

## 故奉天翊卫推诚宣力武臣特进荣禄大夫柱国昌平侯追封颍国公谥武襄杨公神道碑铭

余尝读《史记》至田氏齐威王，言其臣有檀子者，使守南城，楚不敢为寇泗上，十二诸侯皆来朝，窃意古有未然者。及观昌平侯为将守北边，始信其事。盖虽国家威惠被于万方，而苟非可以德化者，亦必得人为之藩屏，而后有所赖以济也。若昌平侯杨公，其可谓之得人者欤！

公讳洪，字宗道。杨氏其先太原人，系出霍山王子。宋太师中书令讳业，与宋赠太师播州端通谱。业生莫州刺史延朗，延朗生广州刺史充广，充广生德州刺史贵迁。充广尝因持节广西，悯播州之孙昭无子，遂以贵迁嗣之，自是守播者皆业之后也。贵迁生从义郎光震，生武节大夫文广，文广生子长曰惟聪，生武经郎选，选十三子有讳锐者，仕宋为六合令，因家六合，后遂为六合人。公曾大父讳顺，不仕。大父讳政，国初从常国公起义，积劳至汉中卫百户。父璟，袭职三世，并以公贵，累赠特进荣禄大夫，后军都督府左都督，曾大母吴、大母①张、母施俱累赠夫人。公兄弟三人，公其长，仲淋，季忠。公生十七年，父战死灵璧。公事施夫人甚孝，敬抚二幼弟甚友尊，幼安之②。永乐初，公袭父职，当远戍开平，人皆为公惮之，公叹曰："大丈夫立功名，宁在跬步之内？"遂谈笑而往。时成安侯郭亮守开平，一见公，语大悦，置之幕下，咨③论军事，深见器重。八年（1410），公率所部随驾，北征至饮马河虏，率众迎敌，公首入贼阵，获其人口马驼以献，上喜曰："将才也！"特命记其姓名。十七年（1419）冬，公遇虏寇战于泥河，斩馘甚众，并获其马二十三匹。明年，哨簌河箕④遇虏寇，转战东凉亭，生擒贼首一人，获其马五匹，贼败走。洪熙纪元（1425）之春，从阳武侯薛禄征大松林，公首击败虏众，获其人马，升正千户。又明年为宣德二年（1427），复从阳武侯征虏至红山，俘获三人，公与清平伯吴买驴前行，战于朵儿班、你儿兀之地，公先冲入贼阵，斩获首级、牛羊等畜甚多，生擒贼首镇抚晃令帖木儿等人口二十有一。五年（1430）冬，虏寇潮河川，时开平卫治已徙入独石，公从都督方政追，败之，获贼马器械。明年，虏复寇大石门，公列营与相向，佯示不动，别选轻骑绕出其后，虏退无所遁，遂解甲弃弓矢降，众欲歼之，公曰"杀降非武"，遂收其平章脱脱等人马器械。又明年，朝廷用边将都督方政之计，于西猫儿峪置马营，以遏贼冲，命公为守。公躬率士卒，披榛莽，筑城堡，立烽堠，逾月而成。既而号于众曰："吾与若等孤城守边，死生以之，慎毋怀贰。"遂与士卒甘苦同受，忧喜相关。其或嫁娶有不能为力者助之，疾病有不能致疗者资之，由是人心安和，不自觉其在穷荒也。八年（1433）夏，虏寇孤榆树，公追杀，败至于红山，

---

① 吴大母：《国朝献征录》卷10无此3字。
② 尊幼安之：《国朝献征录》卷10无此4字。
③ 咨：《国朝献征录》卷10作"资"。
④ 簌河箕：《国朝献征录》卷10作"簌箕河"，结合后文，似为"簌箕河"。

斩获其首级凡四十有一，驼马牛羊无算。明年，复追袭钞边，斩获虏首级人口而还，事闻，升公指挥佥事。十年（1435）秋，以问边计，驿召公至京，升指挥使，特赐金织文绮袭衣，宝刀盔甲，弓矢楮币，遣还。寻遣给事中等官赍玺书符验就镇，命充游击将军，统率万全精兵二千，厮马四千二百，巡备北边。至开平簸箕河还，遇虏寇于闵安瓦房嵯，公挥其下分翼进攻，大破贼众，斩获首级凡十有六，并其器械驼马牛羊，生擒贼首脱脱白暖台。还，升都指挥佥事。正统元年（1436）八月，被召至京受赏，往①副都督李谦总督怀来等处守备，是月复受命与都督方政计军务于大同。明年，虏使启行，公受命领所部军马与方都督合势，出哨黄河东胜，虏使为恐。是年秋，兀良哈寇李家庄，公追败于兴州之三叉口，贼弃所掠并其马甲器械无数。公生擒其首朵栾帖木儿。复召至京，受赏而还。是年冬，闻虏寇延，公伏兵回回墓，截其归路，别选轻骑从间道袭击，大破之，斩获首级器械羊马等畜，生擒其党乞里麻等。三年（1438）春，兀良哈寇边，公与战伯颜山并宝昌州，夺还所掳人口，并斩获首级驼马牛羊器械，生擒贼首指挥也陵台等四人，阿台答刺花等五人，迁都指挥同知，遣官赍赐金帛。已而，命公充右参将，镇守宣府等处。进都指挥使，复遣官赍赐金帛。四年（1439）秋，公受诏追杀叛虏阿木狼等，由白塔河倍道兼进，至三叉口及之，斩获其下可列歹等首级并其器械马畜。进后军都府都督佥事。七年（1442）秋，受制谕充左参将，专守独石、永宁等处。八年（1443）春，哨苦乞儿河，战败虏寇于北只岭，斩获首级并马，生擒贼首那多，进都督同知。九年（1444）春，兀良哈寇迤西，公受命追袭，败于应昌之列儿克②，贼尽弃其所掠人马器械，遁走，复追至朵颜稳都儿以克列苏，贼得险，欲拒战，公躬督兵进攻，斩获首级并者赤王部属，生擒其首打剌孩等，蒙赐玺书褒谕，进左都督。十三年（1448）秋，受命挂镇朔将军印充总兵官，镇守宣府等处，膺重赏。行八月至镇，将士皆喜，得良主帅，欢声动地。明年冬，公领兵袭击虏寇之盗宁夏马者，至兴河，遇雪，深数尺，公曰："此正破蔡时也。"遣兵四出追之，虏不及备，尽俘斩之。十四年（1449）秋，虏众大举入寇，车驾亲征至沙岭，公入见③，命公前行，即又命守阳和、开山二口。公进至栲栳山，生擒贼虏

---

① 往：《国朝献征录》卷 10 作"命"。

② 列儿克：《国朝献征录》卷 10 作"别儿充"。

③ 见：《国朝献征录》卷 10 作"朝见"。

则不丁等三人并获被掠人马以献。驾还，命公为殿，寻命还守宣府。贼以精兵来攻，公出连战败之，贼不敢近。土木之溃，贼为伪书遣其下伯颜帖木儿、麻亮等诱公开门，公遣人出，缚送京师。今上令谕升公为昌平伯。未几，虏犯畿甸，公受召命入卫，既驰至，受厚赏。即日命充总兵官，率军马六万往追遁贼。公至金坡镇拗羊山，击败其众，斩首数百，夺回人马辎重甚多。既还，赐赍有加，令总三千营兵，进昌平侯，兼掌左军都督府事，连有金织文绮、玉带冠帽之赐。景泰二年（1451）三月，赐诰券及勋阶食禄千一百石，子孙世袭其爵。五月，上虑虏情反覆，宜有大将在边，乃命公挂镇朔大将军印，领禁卫兵千六百人往镇宣府。虏闻公至，皆自引去，其有以请盟约为名，挈众纵牧，旁近山谷，窥衅而后动者，公知其为怀贰，遣将士追败之于玉石沟，斩获首级器械，自是虏非朝贡至者绝迹，不敢近边。蒙赐敕奖谕甚切至。自公再至宣府，军声为之大振，关北之人固皆以为虏不足为其患，关南之人亦莫不为奠枕而安，曰："有杨公镇宣府矣，不特此也。"方虏寇入畿甸之时，军民毫倪无不汹汹，一闻朝廷召杨公至，帖然为之不惧，至有拥塞道路，求识其面不得辄怏怏终日者，其声价之得于人也如此。於乎！士审如此，可不谓之大丈夫乎！公再至镇两月，得疾，诏遣御医临视，继又命亟还京治之。北还，遣中贵人慰劳甚至，公自知不可起，即命其子俊、杰奉表进，大意以为"国恩未报，臣职未尽，愿朝廷以宗社为心，夷虏为虑，崇文修武，以安攘之于万万年，臣即死瞑目矣"，余无所及。表奏，上嘉纳之。翼日，遂薨，是年九月十三日也。后四日即公之生辰，其年为洪武十四年（1381），迄今春秋七十有一。讣闻，上辍视朝一日，命赐赙祭甚厚，有司为营丧葬。朝之公卿侯哀痛挥泣。以薨之年冬十月六日，葬于都城西山之原。配初娶潘氏赠夫人，继吴氏、周氏皆先卒，继魏氏封夫人。子男二：长曰俊，周出，前军都督府右都督；次曰杰，魏出，将嗣公爵。女四：长适唐海，次适都指挥申义；其二尚幼，别室张氏、李氏出也。别室有从公薨曰葛氏者，诏赠淑人。孙男一珍，女三，俱幼。公之戍开平也，施夫人及二弟林忠尚留汉中，公皆乞令同居开平，俾得尽其友爱，或乞归守先茔。其后犹子四人：曰能，官至后军都督府都督同知；曰信，都督佥事；曰仁，锦衣卫指挥佥事；曰知，开平卫指挥使，皆公训育之所启也。公在边时，军士恒苦，乏挈牲马，有质子女以偿官者，为积岁患，公为选军中马牝牡之良，纵牧于野，使自为合，数年，马大繁息，代偿之余，足以进充内厩。朝

310

廷闻之，下其法于各边，公私便之。又尝陶致砖石，包甃缘边城堡，以固守备。公有时出，在边虏或潜山谷间窥见旗帜，知为公也，辄相戒不可出，甚至急引而匿去者。公自守边，以至将兵京师，所陈为国为民、兵戎御卫之事甚多，多见听纳而行①。盖公为人孝友忠信，果敢刚毅，在边四十余年，恒以国事为心。自始有终②五百，以至于领三千之众。自统一方士马，以至于总天下之兵，不以所将者寡而屈于人下，不以所帅者众而旁若无人，敌强不以自怯，心熟计而后战，战胜不以自骄，必量敌而后安，有功不专诸己，有惠必分诸人，故其驭下虽严，而人乐为之用。至于修饬边防，经画岁计，训练士马，振起荒颓，与夫建立庙学，以教兵戎子弟，赈恤孤寡，以酬士卒死亡，尤为有仁礼之政焉③。公之葬也，其子俊、杰具其平生，请书刻石，立于神道，以垂无穷。公于余有同朝之雅，又以列侯偕侍经筵，余不能辞，故为书而铭之。铭曰：

皇皇圣明，奠都朔方。海宇内外，奄在封疆。文以安邦，武以御侮。上师唐虞，恒不偏具。天子仁圣，如日行天。风霆震扫，神武类焉。爰咨勇略，藩屏塞下。桓桓杨公，独擅声价。公所从来，肇自汉中。厚积博发，曷匪武功。辟之高山，屹然而峙。人皆仰之，成岂一篑。维塞以北，迢迢开平。孤城戍守，迫于虏庭。公于其间，如处安宅。诘兵恤人，谭笑却贼。指挥士马，虽有总戎。出奇制胜，曾不如公。有声洋洋，闻于黠虏。致以毋犯，自约所部。阅几何时，掌镇边城。马营独石，尘何自惊。爰受大拜，迁帅宣府。天子曰嘻，得所委付。四十余年，公事圣明。父子一门，偕被至荣。维翰得人，实公所启。公受国恩，岂止哀死。极褒显赠，百世有光。咨若嗣者，勉继厥芳。

【按】选自明陈循撰《芳洲文集》卷7（清刻本，沈乃文主编《明别集丛刊》第1辑第35册，黄山书社2013年版）。焦竑纂《国朝献征录》卷10有收录，题作《昌平伯进侯追封颍国公谥武襄杨公洪神道碑铭》，文末铭文未录。

---

① 而行：《国朝献征录》卷10无此2字。

② 自始有终：《国朝献征录》卷10作"始有卒"。

③ 有仁礼之政焉：《国朝献征录》卷10作"德政之大方"。

# 木 讷

木讷（1387—1466年后），字近仁，浙江杭州府钱塘人。永乐九年（1411）解元，十六年（1418）成进士。曾任翰林院庶吉士，授文林郎，官至河南道监察御史。

## 六合县社学碑记

君国子民者，必以教学为先，故三代盛时，皆立大小学，以教民焉。洪惟我太祖高皇帝，奄有万方，法古图治，故既立儒学于郡邑，以拟古之大学，复立社学于乡闾，以准古之小学，制度教法，悉遵古道，是以民皆革心从化，风俗丕变，此圣朝所以比隆三代，而非近古之所能及也。然而历年既久，天下郡邑守令鲜得其人，社学之废弛者十八九矣。

应天六合，固畿内邑，社学旧无处所，民鲜知学，盖阙典也。成化五年（1469），山东阳信唐君诏来令斯邑，历任数年，百废具举，尤注意于学校。既修缉大学，焕然一新，复立社学于驿东隙地，创立堂宇，垩饰四壁，黝饰两楹，周围缭以高垣，使绝喧嚣，门扉道途，靡不具备。且费不及民，选庶民子弟以充生徒，招延学行可为师范者教之，定立学规，严加程督，随其人贤愚，皆有进益，遇儒学增广员缺，则选其聪俊可教者补之。至于乡都，莫不有学，有师以教诲焉。由是田夫野叟之子弟，亦多颇谙字书，粗知理义，沾濡乎圣朝德化之被，故弦歌之声达乎四境，洋洋盈耳，猗欤盛哉！於戏！国家需贤以图治，而贤由学校出，是故自帝王之有天下，未有不兴学校，而克致风俗之美，人材之盛者也。然学校废兴，人材盛衰，又皆由乎守令之贤否。即六合一邑观之，概可见矣。然则社学之建，岂小补哉？故因唐君之请，特为记之，以为将来司民社者劝，于是乎书。

成化十一年（1475）十月吉旦，赐进士前翰林庶吉士河南道监察御史钱塘木讷撰。

【按】选自明董邦政修、黄绍文纂《嘉靖六合县志》卷7［明嘉靖三十二年（1553）刻本，《金陵全书》甲编《方志类·县志》第23册影印］。木讷传世作品不多，除了本文之外，可以查见的有他成化二年（1466）为瞿佑撰《归田诗话》所作序文，文末署"时成化二年，岁次丙戌，冬十月谷旦。赐进士前翰林院庶吉士文林郎河南道监察御史浙江辛卯解元八十翁钱塘木讷书"，从中可见其生平大略。

## 吴　节

吴节（1396—1481），字兴俭，号竹坡，江西吉安府安福（今江西安福）人。宣德五年（1430）进士，选翰林院庶吉士，十年授编修。正统三年（1438）修《宣宗实录》，升侍讲。景泰元年（1450）迁南京国子监祭酒。成化元年（1465）改太常寺少卿，兼翰林侍读学士，历官至太常寺卿。善为文章，援笔立就，尤工于诗。著有《吴竹坡文集》5卷，诗集28卷，并行于世。

## 六合县玄真观重建殿阁法堂记

应天府属邑曰六合，即古真州之棠邑也。其山有六峰，连亘蜿蜒而来，鲍照所谓"因迥为高，据绝作雄"者也；其水自滁河萦流而出瓜埠，王巘所谓"合五十四流而辐辏"者也。夫山水清丽之所，必有琳宫法宇，以据其胜者，岂山川美灵，固有所萃，亦必待人而后发舒也欤？考于玄真道观，可知矣。

玄真，在邑治之西。自两晋、唐、宋以来，世为香火焚修之地，我朝考求焚修之地，灵胜立为丛林，俾朔望良辰，赞扬国禧，冠毳相承，凡九十余载矣。虽弘规大范，先后如一，然殿阁法堂，岁久为风雨所浸蚀，丹青凋落，砖甓墁朽，非力巨而志专者莫能遽就。永乐间有道者许提点、道印修明、道缘清洁，传受其徒盛永泰以主兹观。泰，字玄渊，六合西里人也。自幼英伟敏闿，长受道法，益加精进，得三洞要诀。平居端谨素食，以丹药济四方，不求人报，而人所以得之者，自无不至。每遇亢旱，辄涓洁坛界，行道诵经，躬具悃诚，拜闻高厚，每获感通，得霖雨，以苏枯槁，六合之人敬仰道真，以为恃赖。由是囊服之盛，日增月积，异于众流，乃慨然叹曰："吾之所以幸闻至道，致人钦仰者，祖师之力也。可不宅心缔构，以答恩荫于万一者乎？"乃首捐己财，鸠工启土，创建玉皇宝阁一所于殿基之后，翼以回廊，上塑昊天圣像，坐镇阁中，左右侍卫，俨在天表。阁前为真武殿，殿前为三清殿，以祀三境天尊，皆绘以丹青文采。凡幡幢呼拥之仪，芗花供献之具，罔不咸备。又于殿阁之东，新构法堂，左右有廊，接以第舍，以居道众。自买生铜二千余斤，陶铸真武圣像。离观数咫，建楼一所，以专祀礼。其所建之费，一皆出于玄渊素积，非四方善士之所布助，可谓难也。已工成，六合尹刘茂过之，见其工程浩大，深加奖叹，以为众人之所不能为者，而玄渊能之，非惟道门壮观，焕乎一新，而六合山川亦皆为之出色，真羽流之宗谂，而玄门之巨擘也。是宜有文以示千古。一日来京师，具其事之始末，求予言以彰厥美，将以勒之贞石，予曰："然。夫天下之工费，莫难于土木，莫广于缮构，以有司之力，欲有所营，手持郡檄，不免顾惜，况于清静之流，无为澹泊，乃能以一身之积，弘建一阁、二殿、一堂、二楼，与夫像设供具，罔不备周，自非与道有缘，戮力教门者，能如是耶！故可以特书大书，以示夫悠久矣。后之为玄门道倡，居于斯，息于斯者，可不思前人之功，而致景仰健羡于无穷也欤。"既叙其始末，书之于石，于篇终并系之以诗，用赞落成之美。云：

六峰相摩，绵亘关河。中有玄宫，高拱峨峨。据清挹秀，开创自古。历晋逾唐，奄镇兹土。岁久弗葺，颓于雨风。回望弗彰，仙灵曷崇？爰有羽士，曰惟永泰，和慧明敏，恪勤匪懈。上承提典，硕学之余，济人利物，获丰于资，遂鸠工役，经营创始。曾几何时，高阁华崿。次殿次堂，次楼次厢，绘藻煜煜，丹青煌煌。滁河以东，扬子以西，载瞻琳宇，鸟跂翚飞。范金为炉，煮铜为像，载瞻帝谟，孰不皈向。昭昭大尹，来观厥成，不泯劳勋，征文表灵。自然之真，天作之合，与道长存，永光兹邑。

赐进士朝议大夫南京国子监祭酒前翰林侍讲同修国史兼经筵官吴节撰。

【按】选自明董邦政修、黄绍文纂《嘉靖六合县志》卷7［明嘉靖三十二年（1553）刻本，《金陵全书》甲编《方志类·县志》第23册影印］。本文不见于清雍正三年（1725）刻本《吴竹坡先生文集》5卷本中，当为吴节散佚作品。

# 倪 谦

倪谦（1415—1479），字克让，号静存，应天府上元（今江苏南京）人，原籍钱塘（今浙江杭州）。正统四年（1439）进士，授编修。累迁至学士，官至南京礼部尚书。卒谥"文僖"。有《朝鲜纪事》《辽海编》《倪文僖公集》等传世。

## 六合县儒学修造记

天地间一，是道之流通充塞而无间者也。道者何？君臣、父子、夫妇、长幼、朋友之伦，日用事物当然之理是已。原于降衷，而具于民彝，是以自古圣君必修道以为教，而由道以出治。故三代之学，皆所以明人伦，其以此夫。然道非教不明，治非道无本。学校者，明道之地，而出治之本，凡为民牧者之所当先务者也。苟不务此，而曰我能勉于事，功抑末矣。此君子于学校之兴废，可以观人志尚之趋舍，风化之美恶，政治之得失焉。

六合京郡之属邑也，旧有儒学。正统间巡抚工部侍郎周公以殿庑卑陋，请于朝，命知县事洧川黄君渊撤而新之，栋宇壮丽，数倍于前。今经三十年，上雨旁风，日就毁蠹。成化五年（1469）秋，阳信唐君诏来尹兹邑，首以兴学为务，见而恻然，亟欲葺之，以岁歉民困不忍役，惟薄修其甚者而已。越五载大稔，明年又稔，曰："可以有为矣。"乃白提学侍御戴公，出公帑羡余，鸠工庀材，大事修葺。凡殿宇门庑栋榱桷之朽腐者易之，陶瓦之破坏者补之，黝垩之漫漶者彰之，墙壁之倾圮者正之。以至庭陛阶缘旧砖崩损，今易以石，两庑内外，旧皆土壤，今甃以砖。先圣配哲塑像剥落，加以彩绘，木主朴小，俱增华侈，镂以龙凤，饰以金碧，棂星门逼近居民，府丞白公命君喻民他徙，酬以白金，立门三，其上扁其中楣曰"泮宫"。始翼然弘广，宰牲房、神厨、神库悉更其旧，讲堂、后堂及东西两斋皆葺为新，馔堂旧在讲堂后，今改作于西斋之西，仍存其旧，为会讲所。新校官之廨宇三，构诸生之号舍十有二，又构斋宿所数楹于旧馔堂后。学内外二门卑小，皆高大之。射圃旧邻马监，今迁于学之西，缭以周垣，射者称便。或旧有而新葺，或旧无而新创，皆君区画，亲督其工，日数临视，不以为劳。凡有事于斯者，皆偿以直，未尝妄役一人，至于助其劳，相其成，又有赖于判簿阳信王君瑄、典史南昌万君郁焉。工始于今春二月，而成于夏六月。于是庙貌学制，靡不完备，巍然焕然，其壮丽视前又加数倍矣。儒学教谕贵溪周君汎等以为斯役也，实我唐君作兴之功，诸君匡赞之力，不可无文纪之，以垂不朽，乃具颠末，命诸生来京以请。

惟夫学校之教，所以明此道也；县邑之治，所以行此道也。故教有未明，道何以行？此子游之弦歌武城，所以必以归之于学道也欤。唐君，儒者也，其志尚所趋，一以教化为先务，故其治邑，相与诸君尊崇学校，以为师生讲道之所，其伦理安得而不明，贤材安得而不盛，风化安得而不美哉？宜其持廉秉公，仁民爱物，有守有为，而得为治之道者矣。故今京郡称属邑之贤令，必以唐君为推首，信有征矣。遂为纪之，以为世之不知本者厉焉。

成化十一年（1475）岁次乙未仲秋吉日，赐进士及第正议大夫资治尹南京礼部侍郎前翰林学士侍文华殿讲读直东阁兼修国史钱塘倪谦撰。

【按】选自明董邦政修、黄绍文纂《嘉靖六合县志》卷7［明嘉靖三十二年（1553）刻本，《金陵全书》甲编《方志类·县志》第23册影印］。本文不见于明弘治六年（1493）刻《倪文僖公集》32卷本和《文渊阁四库全书》集部第1245册《倪文僖集》32卷本中，当为倪谦文集失收作品。

## 林文俊

林文俊（1427—1536），字汝英，号方斋，福建省莆田市人。正德六年（1511）进士，改庶吉士，授编修，擢春坊善赞。嘉靖九年（1530）荐任南京国子监祭酒。嘉靖十一年（1532）改北京国子监祭酒，兼经筵讲官；十三年（1534）升南京礼部侍郎；次年改吏部侍郎，代行尚书职。嘉靖十五年（1536）病疽不治，卒谥"文修"。有《方斋存稿》10卷存世。

## 六合尹茅侯遗爱碑记

六合古棠邑，今为应天府属，号为难治。嘉靖庚寅（1530），茅侯以进士来知是邑，越五年，政成惠洽，天子闻其贤，征为刑部主事。其行也，邑父老卧辙扳辕，留之而不可得，则乃相与谋曰："曷以报侯乎？惟昔顺德何侯有惠于我，其去也，我为纪其德政于碑，茅侯继之，政与之同，我亦碑之以无忘侯之德也，不亦可乎？"议既嘉合，则乃告其邑之幕宋元朝。元朝，予姻也，乃为书具父老之意，而使之来谒文①。予问之曰："尔侯之为邑也，见当道者尝屡荐之，吾亦闻其贤矣，其政如何？尔试言之。"则皆顿首对曰："我茅侯岂弟君子也，自莅吾邑，刑无苛，法无私，讼者造庭，则引至膝前，令其自言，徐以片语折之，人服其公，不烦笞挞。而豪胥黠吏及民不帅化者，则必置之法，未尝轻贷也。邑当孔道，疲供亿久矣，自侯之来，厨傅宾客之供，十损三四，费为递减，而民不知劳。凡百徭役，视产高下为差，皆侯亲为序次，吏无所售其奸。常赋之供，岁有定额，而巧取者加耗，或至倍，侯则每户先给片楮，明谕某户应输正耗若干，民乃不受诳，输者顿省。侯居官廉，俸资之外一毫不取，民有罪当罚锾者，则令其入粟于廪，积至二万斛，岁凶则散之，民赖活者甚众。庙学尝坏，为修葺鼎新。稍暇辄诣学宫，为诸生解析经义，此皆侯善政之大者。其细者，虽更仆不能尽也。故自我侯之来也，吾邑野无惰农，士知劝学，岁穰时丰，风淳俗美，邑无寇攘，民鲜流徙，则皆我侯之赐也。若之何其忘诸！若之何其忘诸！"予叹曰："善哉，茅侯之为政也。"

夫侯之所为，皆其职分所当为者，非有所加也，然世之为政者不能人人如侯，则侯为足多矣。夫不为侯则亦已矣，乃或淫而刑焉，滥而罚焉，仰拾俯撷，惟恐利不盈橐焉，则乃民之大蠹也。呜乎！民亦恶用若是者，为之令哉，其去也，民亦有思慕之如茅侯者乎！若侯者，殆今之良吏乎！予方慨近世吏治之鲜循，而喜侯之事有足为劝者，故乐为之记，既以慰邑人之思，且告夫为政者。侯，名宰，字治卿，山阴世家云。

嘉靖乙未（1535）岁秋九月，赐进士出身嘉议大夫南京礼部右侍郎前两京国子祭酒右春坊太子右赞善经筵讲官②莆阳林文俊撰。

【按】选自明董邦政修、黄绍文纂《嘉靖六合县志》卷7［明嘉靖三十二年（1553）刻本，《金陵全书》甲编《方志类·县志》第23册影印］。本文不见于林文俊撰《方斋存稿》10卷本（旧抄本，沈乃文主编《明别集丛刊》

① 文：《顺治六合县志》作"予"。
② 前两京国子祭酒右春坊太子右赞善经筵讲官：底本无，据《顺治六合县志》补。

第 2 辑第 12 册，黄山书社 2015 年版）中，为其集外作品。

## 赠大尹茅侯考绩上京序

惟六合为京兆支邑，密迩南畿，号为雄望，然其地濒于大江，时有萑苻之警，兵民杂处，讼牒累兴，南北往来之使道其境者，轮毂相接，供亿频烦，为令于此者恒难之。山阴茅侯治卿，以名进士出宰于此，下车即有籍籍声。予在京师，尝闻其贤，而未暇诇其实也。今年承恩来贰南曹，时江南北荐罹旱蝗之灾，所经郡邑田多污莱，民有饥色，既入六合之境属，春雨初霁，东作方兴，南亩西畴，绿秧弥望，夫耕妇饁，欣欣然若无不足之色者，予喜而问之曰：“此邦之民安乎？”答曰：“然！”“邑其有贤令乎？”曰：“然！”“其政云何？”有老父前对曰：“吾小人也，安能知政，然自吾侯之莅吾邑也，岁无疠疵，藏有积委，狴狱空虚，盗贼衰止，吾民力节而费省，赋平而讼理，男事犁锄，女治丝枲，老弱不至于展转，少壮获免于流徙，吾所知者如此而已，安能知侯之政乎！”予曰：“若而言，侯既贤矣。吾闻侯且满三载，脱天子夺侯以去，俾他令代，于汝何如？”则皆戚然咨嗟，涕洟若赤子之失其慈母也。予叹息而去，既至南都，邑幕宋君元朝予姻也，以书来曰：“茅侯考绩且行矣，愿有赠也。”予惟侯之政焯焯在人耳目，今考最于朝，天子将处以台谏侍从之职，六合之民虽欲借寇而弗可得也。因述邑人思侯之意，而代为之歌，俾歌以饯之。词曰：

列筵兮江渚，羞殽兮酌醑，侯不留兮愁予。木落兮江皋，云飞兮浦溆，怅望兮不归，我思侯兮延伫。浪楫兮风樯，江路兮修长，侯之去兮双凫。翔重入兮琐闱，新绾兮台章，怅望兮不归，我思侯兮徬徨。

【按】选自林文俊撰《方斋存稿》卷 3（旧抄本，沈乃文主编《明别集丛刊》第 2 辑第 12 册，黄山书社 2015 年版）。

## 庄 昶

庄昶（1437—1499），字孔旸，一作孔阳，号木斋，晚号活水翁，江浦孝义（今江苏南京浦口区东门）人。成化二年（1466）进士，历翰林检讨。因反对朝庭灯彩焰火铺张浪费，不愿进诗献赋粉饰太平，与章懋、黄仲昭同谪，人称翰林四谏。被贬桂阳州判官，寻改南京行人司副。以丁忧归，卜居定山20余年。弘治间，起为南京吏部郎中。归卒，谥"文节"。著有《庄定山集》10卷。

## 《六合县志》序

郡邑之有志，犹国有史也。史书，天下之政；志书，一邑之政；二者虽有小大之殊，其记事记言则一而已。曩者，予以史职改官南京，谒今大理卿夏公于太常，时公与博士方公者，方修太常志书。予得而读之，见其所载某少卿死节洪武末时，其事甚备，盖某非公则将终于泯没而已。予遂以为国史之命，予既不足以辱，然又不能卓然而退，饱食终日，岂予用心？苟得从夏公后修所谓行人志，及吾江浦邑志，其或得载如太常某者，亦于世道不为无补，而吾素殄之讥，亦可以少逭矣。未几，予老父母俱病大故，荐罹痛入心髓，自恤不暇，而况有及于是乎？予时未尝不羡夏公之得以从容文字，而叹予之迁拙也。今年夏，秋官主事六合郑公过予，请序所谓六合志者，予答[1]以为未暇，未从也[2]。既而公之子时奈暨国子生孙国辅者，以大尹唐君之命来请，且持一帙示予。盖六合志已，其间所书风俗人物，善恶褒贬，无不可观。盖编集于教谕季[3]先生，校正于周先生，笔削于公，而综理提调以成于唐君者，予于是又不能不为诸公羡慕，而益以迁拙自笑也。

夫古之人不得以行于时者，必有所著述，以垂训于后世，如孔子删《诗》《书》，定《礼》《乐》，赞《周易》，修《春秋》，是已岂独孔子然哉！下至于司马迁、刘向、贾谊之徒，亦各以其说自[4]表见于时，以垂于后，不自泯没。今之人何所希及，惟古圣贤人而已。予于一志之成，且将羡慕今人之不暇，而况能有以及于古之人哉！予益重可叹也。唐君锓梓是帙已告讫工，而亟请予文，夫予虽朽钝无补，然亦不[5]知所以自讼者乎？遂敢僭书于

---

① 答：嘉靖十四年陈常道序刊本《定山先生集》卷7作"辞"。
② 未从也：嘉靖十四年陈常道序刊本《定山先生集》卷7作"公未信也"。
③ 季：嘉靖十四年陈常道序刊本《定山先生集》卷7作"李"。
④ 自：嘉靖十四年陈常道序刊本《定山先生集》卷7作"与"。
⑤ 不：嘉靖十四年陈常道序刊本《定山先生集》卷7作"岂不"。

此，以识首简。

成化十二年（1476）丙申十一月朔，赐进士南京行人司左司副前翰林检讨江浦庄昶书。

【按】选自明董邦政修、黄绍文纂《嘉靖六合县志》卷7［明嘉靖三十二年（1553）刻本，《金陵全书》甲编《方志类·县志》第23册影印］。明嘉靖十四年（1535）陈常道序刊本《定山先生集》卷7有本文。

# 寿六合郑闇庵六十序

天地以十二万九千六百为寿，人以百为寿，此定数也。天地人之寿，虽有一定之数，然人则有与天地同者，又不可以数论也。何欤？天地有日月星辰，水火土石，而人则有心胆脾肾，肺肝膀胱；天地有云雷雾雨，而人则有吹喷嘘呵；天地有阴阳五行，而人则有健顺五常；天主用，圣人亦主乎用；天主体，圣人亦主乎体。天地一人也，人一天地也。天地何异于人哉？人亦何异于天地哉？天地不异于人，而众人不知，故不能养浩然之气，以塞乎天地。圣人知之，故能上识天时，下尽地理，中尽物情，而通照乎人事。是以，太极以之而丸弄，造化以之而出入，古今以之而进退，人物以之而表里。心天心，言天言，行天行矣。圣人既与天地无异，则其寿也岂异于天地哉？故上而尧、舜、禹、汤、文、武，下而周公、孔子、周、程、张、朱，其寿虽各止于百岁，其道之行于当时，传于后世，则亘古今而无穷，历万世而无间。天地之寿十二万九千六百，圣人之寿亦十二万九千六百矣。圣人之寿果十二万九千六百哉？邵子曰："欲知仲尼之所以为仲尼，舍天地将奚之焉？"是知天地之道，即圣人之道；天地之寿，即圣人之寿；道之所在者，寿之所在也。世之人以俗眼观寿者，以寿为寿；以道眼观寿者，道其寿矣。嗟乎！人可以不知道哉！

六合郑闇庵先生，寿六十，风流强健，耳聪目明，发漆墨，齿牙无一摇脱。先生以进士主事刑部，养高林下二十年矣。先生殆亦知所养也，使或不然，二十年林下亦奚事哉？古之人以虚生为梦，梦梦者易乎其所养，然养亦未易，其不易也。先生于此果能道其所寿，若朱子所谓人虽八十，亦当硬寨做去，则道之在我者，亦无不尽，而吾之上位乎天，下位乎地，而中位乎

320

两间者，亦将无所愧怍，而梦梦者亦可一喷而醒矣。是其寿虽以百，而其道不以万哉？武德蔡挥使某者，先生乘龙婿也，一日以先生初度之辰，求言为寿。某野人，耕于定山，此道之外无可务者，遂因其请也，与之言道。

【按】选自庄昶著《定山先生集》卷6［明嘉靖十四年（1535）刻本，日本浅草文库藏本］。

## 六合县科第题名碑记

应天府之属邑七，其五邑皆江南，而吾江浦暨六合者，则独于<sup>①</sup>江之北也。人才之多，往往称五邑，而吾江浦自有国迄于今，登进<sup>②</sup>士者才三<sup>③</sup>人，乡贡进士亦不过二三十人而已<sup>④</sup>，六合亦然。抑何少也？世常以扶舆清淑之气钟而为人故灵，而吾两邑者，山穷而地僻，故其人多卤裂而不知学，科第则视他邑为独后。嗟乎！此果尽然矣乎？国家三年一大比，一省则合诸郡之人才，其多不下数千人，而得与名其选者百人而已。礼部合天下之人才，其多亦不下数千人，而得与名其选者，亦不下二三百人而已。斫石以求玉，而疵瑕之而必尽，其良士之得，由是而出者，亦难矣。又吾两邑之大小，其视江南之五邑，曾不二十之一二，夫科目之严既如此，而为吾两邑者又如此，故虽家置一庠序，而人人为儒服，则亦不能以相及矣。以吾两邑之人为不知学，而以其地者，或非也。虽然，人亦何病于少哉？大路繁缨一就，次路繁缨七就，圭璋特，琥璜爵者，人固有以少为贵也。是故舜有臣五人而天下治；武王曰："予有乱臣十人。"五人、十人亦少矣，天下后世凡称尧舜文武之治，则未有能及之者，不贵于多也。鲁哀公以儒号于国中，无此道而为此服者，其罪死，于是人无敢儒服，独一丈夫儒服立于公门，问以国事，千转万变而不穷，是鲁一儒耳。世称鲁为礼义之国，一儒何少于鲁哉？由是观之，人才不惟其多，惟其人耳！使人果鲁一儒也，舜五人也，武王之十人也，天下无不治矣。不如是，虽多亦何以哉！是则凡为吾两邑之人者，其少

---

① 独于：底本无，据陈常道序刊本《定山先生集》卷8补。

② 进：陈常道序刊本《定山先生集》卷8无此字。

③ 三：陈常道序刊本《定山先生集》卷8作"七"。

④ 二三十人而已：陈常道序刊本《定山先生集》卷8作"三四十人"。

也不足忧，惟其不能如所谓十人五人，如所谓鲁一儒者，斯可忧也。

六合科第题名碑阙，侍御陈公士贤来督南畿学政，乃命县尹张君恒次第其名氏于碑，而求予记，予未有以应也。明年，阳信唐君诏继厥尹事，而复以是请，予江浦进士三①人之一者，遂书吾两邑之人之所以少者如此，且以励吾同志，无使天下后世得以少吾两邑之人。

成化七年（1471）春三月望日，赐进士南京行人司左司副前翰林院检讨江浦庄昶撰。

【按】选自明董邦政修、黄绍文纂《嘉靖六合县志》卷7［明嘉靖三十二年（1553）刻本，《金陵全书》甲编《方志类·县志》第23册影印］。明嘉靖十四年（1535）陈常道序刊本《定山先生集》卷8有本文。

## 唐贰守墓表

予隐居清江时，尝闻六合有廉大尹焉。予问之，皆曰山东唐公诏也。既数年，又闻姑熟有廉贰守焉。予问之，又皆曰山东唐公诏也。嗟乎！士者之廉犹女子之洁，是廉为士者常矣。夫廉为士者之常，而人奚取于公哉？是故今之廉者，虽满天下，然求其间如绩②、如震、如抃、如拯，而苞苴女谒无一念之少加于行已，间者连数十城，曾不一二见也。公之廉如此，恶得无所取哉？公惟其廉也，是以凡其无所于苟，无所于不公，无所于不明，故于岁课、于折狱、于救荒、于榷木，凡有以加于民，而无不得其当者，皆其廉以为之地也。不然，则六合、姑熟之间，而其人之汲汲于公者，又安能有以邑庠生升胄监，授六合尹，以御史倪公荐升太平府同知。

公字廷宣，诏其讳，号敬轩。曾祖讳某，父讳某，太兴典史，以公贵封文林郎，母丁氏，封孺人，配某氏，亦封孺人。子二人：长恺，戊戌进士，历户、刑二部主事员外郎中，扬州知府；次忱。女三人：长某适某，次某适某，又次某适某，俱邑庠生。孙男一，某；孙女一，某。恺笃厚廉洁，不失为公之子，可敬也。恺以某为山人，定山东去六合不三四舍许，而南去姑熟只参差一江之隔而已，以某为知公之政甚详，故自公之没，遂拳拳于某，欲

---

① 三：陈常道序刊本《定山先生集》卷8作"七"。

② 绩：道光庄培根刊本《定山先生集》卷9（《明别集丛刊》第1辑第57册）作"续"。

得一言以表其墓，意甚急。故不自知其言之可以垂后与否，遂不辞而书以畀焉。盖亦公父子间故人意也。

【按】选自《定山先生集》卷9［明嘉靖十四年（1535）刻本，日本浅草文库藏本］。

## 徐 琦

徐琦，字景韩，浙江衢州府常山县里择人。正德二年（1507）举人。曾任普安知州，有德政，荐升武定同知，入觐抵家卒。

## 新修六合县城隍庙碑记

国朝于天下府州县置城隍祠，盖因旧而加重焉。凡干溢患，俾捍之，吏至必告之，俾察其污洁，阴以遣相之。是祠之设，为民设之也。是故吏斁于民政则祠就圮，吏心于民则祠以治。六合县城隍祠实据六之胜，神钟厥灵，祷辄应，故父老相传谓神即英布，国初助太祖江右阵，授以梦曰："我六合土神英布也。"比天下定，敕封为"显祐伯"。按《史记》："布，六人也。"容有之，然君子道其常，安知其果布否也。旧祠浅而素，廊左右止各十间，门外偏且窄，荒而不治，旁止有小门抵官道，甚非所以示敬典也。江西万钦之先生、福建林克贞先生前后令兹邑，感而叹曰："朝廷祀城隍以为民，仁也；令为民而崇之，义也。且自余为是邑，火盗不侵，邻蝗不入，风雨以时，民不至夭札，诚若有神为之者，宜崇厥祠。"乃属耆民周本政、赵文智、陈缙、吴镇同住持道士钱真庆修治之。于是旧庙之浅者，架楹以拓之，深丈余，阔如旧素。及漫漶不鲜者，则丹雘之；偏且窄者，以价辟其东，俾均焉。门之外东西增新廊各十二间，咸列以像，卫以槛，中则建正门，临通道，每朔望邑大夫视祠则启焉。左右为小门，则以通众之出入也。他如阶除之破缺者补之，新辟者砖之，于是宏深轩豁，明爽焕烂，虽狂夫悍卒过而望焉，皆肃然矣。且门外辟道为坊，尤壮于后观。噫嘻！民不费而祠俊于前，如此贤有司之用心何如也！迄今工讫，宜有记。余闻之古人谓废兴成毁，相寻于无穷，不足恃之以久，固矣。然有是勒，于以记神之昭赫，记贤有司之为民，则千百世而下，凡吏兹土者，又安知无所闻而兴起者乎！此又祠之足恃，以不废者与，故余既记之，又从而歌曰："滁水之上，棠坡之阳，有赫斯庙，与国灵长。"

正德十五年（1520）岁舍庚辰仲春上浣之吉，浙江三衢乡进士徐琦顿首载拜撰。

【按】选自明董邦政修、黄绍文纂《嘉靖六合县志》卷 7 ［明嘉靖三十二年（1553）刻本，《金陵全书》甲编《方志类·县志》第 23 册影印 ］。

## 陈　镐

陈镐（1462—1511），字宗之，号矩庵。浙江会稽（今浙江绍兴）人。成化二十二年（1486）应天府乡试解元。二十三年（1487）成进士。授礼部主事，改南京吏部郎中。弘治十五年（1502），升山东按察司副使。正德二年（1507），改江西布政司右参政；四年（1509），改湖广右布政使；五年（1510），迁都察院右副都御史，巡抚湖广；六年（1511），以病请求致仕，朝命未下，卒。崇祯年间追谥"清肃"。著有《阙里志》《振鹭集》《矩庵漫稿》《金陵人物志》等。

## 武强伯杨公能传

杨能，字文敬，系出太原之霍山王，至宋有官六合者，因家焉。少随伯父颍国武襄公洪处兵间，谙[①]习孙吴法。正统甲子（1444）春，从颍国战伐有功，升开平卫所镇抚，时侄开平指挥使宗幼疾不任事，颍国奏易其官，从之。戊辰（1448）冬，战贼湾河三岔口，败之。己巳（1449）春，擢都指挥佥事；冬从颍国还朝，赐赉有加。时虏入近地，诏令追剿，遇贼紫金、倒马二关，连败之，擒获野刺厮等。景泰初元（1450），擢都指挥同知，寻拜游击将军，御边宣府。夏，战贼八里沟及荆子村，败之。秋，还朝，擢都指挥使。冬，仍充游击将军，统神机京兵，寻推[②]后军都督佥事，充左参将镇宣府。夏，进

---

① 谙：《国朝献征录》卷 10 作"诣"。

② 推：《国朝献征录》卷 10 作"擢"。

都督同知，寻充左副总兵。甲戌（1454）春，召还，总神机京兵。天顺改元（1457），以迎复功擢左都督，总兵宣府。夏，大同有警，奋然请自行，战贼磨儿山及石灰站，败之，擒获撞骨儿等。秋，进爵武强伯，食禄一千石，乃上疏欲乘虏弊，举兵殄之，不许，赐敕奖其忠勇。戊寅（1458）春，赐以诰券，加封奉天翊卫宣力武臣阶，特进荣禄大夫勋柱国。秋，朵颜胡欵塞吉虏且入寇，能给以炮火，谕使夜斫其营，果大败之，俘献所获于朝。夏，虏寇大同，复请进讨，虏闻能至，悉惊遁。秋，战贼新河口，败之，擒获努沙等。寻往独石，战贼韭菜冲，追至保昌州，贼势穷蹙，悉弃辎重遁。诏发兵策应，大同贼闻其至，夜遁去。庚申（1500）闰十一月朔，卒于军。能沉毅善谋，临战决胜，北虏詟惮，以"杨爷"呼之。至于军法严明，律身廉洁，体悉士卒，得其死力，虽古名将不能过也。初颖国佩镇朔大将军印镇宣府，能继其职，弟信佩征西将军印镇大同，东西犄角，保障边陲，武勇功名，为本朝边将之冠云。

【按】选自清刘庆运修、孙宗岱纂《顺治六合县志》卷 10〔清顺治三年（1646）刻本，《金陵全书》甲编《方志类·县志》第 25 册影印〕。本文原载焦竑纂《国朝献征录》卷 10，标明作者为陈镐。

## 彰武伯杨信传

彰武伯杨信，字文实，昌平侯洪之从子。洪击虏于兴州，一敌①出阵前耀武，信趋马生擒之，每战必先士卒。初授镇抚，升副千户，进指挥佥事。正统己巳（1449），升都指挥佥事，守柴沟堡。是岁，敌②大举犯京师，信率兵入卫，升都指挥同知。景泰改元（1450），守怀来，升都督佥事，历左右参将，协守宣府。甲戌（1454），充总兵。天顺初，升都督同知，总兵镇守延绥。辛巳（1461），移镇守大同。乙酉③（1465），进伯爵，复征延绥。敌④既遁，召还，总督三千营。敌⑤复据河套为患，佩平虏将军印，总制诸路

---

① 敌:《国朝献征录》卷 9 作"虏"，避清讳改，下同。

② 敌:《国朝献征录》卷 9 作"虏"。

③ 乙酉: 据文意改。底本作"己酉（1489）"，此时杨信已经去世。

④ 敌:《国朝献征录》卷 9 作"虏"。

⑤ 敌:《国朝献征录》卷 9 作"虏"。

兵，敌①平，复守大同。成化十三年（1477）十二月卒。讣闻，赐祭葬如例，赠彰武侯，谥威毅。子瑾，嗣信，骁勇善骑射，在边近四十年，镇以安静，人乐效用，所向成功，亦可谓一时名将。

【按】选自清刘庆运修、孙宗岱纂《顺治六合县志》卷10〔清顺治三年（1646）刻本，《金陵全书》甲编《方志类·县志》第25册影印〕。本文原载焦竑纂《国朝献征录》卷9，未标明作者。

## 都督同知陈逵传

陈逵，应天府六合县人，初荫授忠义左卫指挥同知。景泰初，被荐升都指挥佥事，镇守通州等处，督捕盗贼。累进都督同知，寻改命守备倒马关，通州军人保留之。以成化二十一年（1485）二月卒②，赗敛葬，祭如例。逵为人沉骛有谋，正统初，有诏五品堂上官举将才，学士李时勉荐之，时出入其门下，闻所未闻，故莅军行事多有可取，其督捕盗贼，用刑虽过于惨刻，然强横敛迹，居民安堵，后之继者多不如之。其最可称者，天顺初于谦被诬，遭极刑，是时群凶气焰可畏，乃独收谦尸，为之敛葬，君子多其义云。

【按】选自清刘庆运修、孙宗岱纂《顺治六合县志》卷10〔清顺治三年（1646）刻本，《金陵全书》甲编《方志类·县志》第25册影印〕。本文原载明焦竑编辑《国朝献征录》卷107，未标明作者。

## 庄定山先生小传

庄昶，讳昶③，字孔旸，孝义乡人。少颖异，书过目成诵。尝读山谷诗至"俗学已知回首晚"之句，曰几误岁年。自是力于圣贤之学，成化丙戌（1466）登进士第，选翰林庶吉士。学士刘定之、柯潜校卷，惊问南士曰："江浦山川何如而生斯人耶？"于是名震京师，一时名士愿与之游，而江西罗

---

① 敌：《国朝献征录》卷9作"虏"。

② 卒：底本缺，据《顺治六合县志》补。

③ 讳昶：底本无此2字，据《明别集丛刊》补。

伦、南海陈献章尤为契合。

丁亥（1467）授检讨，居未两月，宪皇命作鳌山诗，昶不奉诏，同编修章懋、黄仲昭上《培养圣德疏》，略曰："烟火诗赞，俱是玩好之物，鄙亵之辞，甚非所以养圣心，崇圣德也。臣观陛下去年以来，一闻大臣之言，即寝造楮，罢宴乐，在彼者既皆不为，决知不乐为此。况两广、四川未靖，灾伤处所尤多，正陛下宵旰焦劳之日，又知不暇为此也。至于翰林之官，以论思代言为职，虽曰供奉文字，然鄙俚不经之词，岂宜进于君上？又尝伏读宣宗《御制翰林箴》，有曰'启沃之言，惟义与仁，尧舜之道，邹孟以陈'。今烟火之举，恐非尧舜之道，烟火之诗，恐非仁义之言，臣等安敢妄陈？"疏入，杖谪桂阳州判官。寻，奉天殿灾，以给事中毛弘、御史陈壮论救，改南京行人司副。

值内外艰，哀毁骨立，免丧以疾不起，遂卜筑定山，居焉。谈道授徒，四方群集，教以人当先学理，不当学事，学理自有脱见，处事虽圣人或不能尽也。又曰："博学不在读书，致知格物不在读书，学者欲求斯道之真，当超然独立于羲文之外，以见易之在天地间，何如？"罗伦尝寓书以为不可一日无孔旸，提学御史陈选称其深造大道，于世味淡然无所好，仕不为禄，处不为名。巡抚王恕过访遗金理其庐，却不受。陈献章应聘，道浦，与之讲孔子无言之说，深相会晤，言及出处，曰："先生以言不行，退处林壑，固是，然孔子未尝一日忘天下，倘逢机会，须当一出。"居定山垂三十年，荐者前后章十数上。弘治甲寅（1494）特旨召用，都御史何鉴入定山，促之行。及赴部，不揖不屈。大学士徐溥议①复翰林，时有阻者，乃以旧职供事。未几，迁南京吏部验封郎中。甫二月，得中风疾，迁延野寺。明年乞告，辄归。陈献章以诗贻张梧州曰："欲归不归何迟迟，不是孤臣托疾时。此是定山最高处，江门渔父却能知。"不数载卒，寿六十有三。

昶负豪杰之才，明圣贤之道，胸抱奇瑰，落笔惊人，即片牍只简，辄为海内珍蓄。事君恳恳，欲致于尧舜，《培养》一疏侃然，忠义激发。论学肯綮，主于静坐，而以不放过义理为分内事。盖邃②养精造，印证关闽，此其得与理学之传，而兴起人心泼泼，争欲磨濯之不暇者，岂世贵立③言者所

---

① 议：底本缺，据《万历江浦县志》补；《明别集丛刊》作"曰当"。

② 邃：《明别集丛刊》作"还"。

③ 立：《明别集丛刊》作"丘"。

能仿佛哉？晚乃 ① 应召而出，万一斯道之行，而竟不果，天下惜之。学者称曰"定山先生"，所著有文集若干卷，行于世。门人王弘编有《年谱》。卒之明岁，知县胡昉举祀乡贤祠。嘉靖间，尚书湛若水檄县建祠特祀之。万历甲戌（1574），督学御史李辅祀于本府新泉书院。昶祖志甫，有才名，能诗文。成祖北狩至滁，上书言时政十事，多见采纳，卒葬西华山，昶有文识其事。②

【按】选自清刘庆运修、孙宗岱纂《顺治六合县志》卷10［清顺治三年（1646）刻本，《金陵全书》甲编《方志类·县志》第25册影印］。《万历江浦县志》卷12亦录有本文，均未署作者名。清乾隆五年（1740）刻本《定山先生集》（沈乃文主编《明别集丛刊》第1辑第57册，黄山书社2013年版）卷首收本文，署作者为"陈镐（都宪）"，当从。

## 吴伯与

> 吴伯与，字福生。徽州府宣城人。万历四十一年（1613）进士，授户部主事。历员外郎中，司饷大同。典试东鲁，出为浙江参议兼广东副使。生平博极群书，工古文词，家藏书甚富。著有《宰相守令合宙》《名臣奏疏》《内阁名臣事略》《宣城事函》《文函》等。

## 刘孝子传

刘闵，字子贤，六合县人。幼有至性，少长知学，动循古礼，造次不苟。家甚贫，极力养母，定省温清，疾不解带，母或恚怒，则衣冠跪床下，竟夕不敢起。以父早亡，与祖母二丧不克葬，遂断酒肉，远房室，训徒邻邑，朔望则号哭于殡所，如是者三年，邻族怜之，为助其葬。母殁，哀毁骨立，庐墓侧，衰绖疏食，终其丧祭，祀必斋沐，率男妇奠献，亦如文公家礼，闺门严肃，妻失爱于母，出之，终身不复娶。林少保俊起留台疏于朝

---

① 晚乃：《明别集丛刊》作"脱及"，误。
② 《明别集丛刊》本文末有"时崇祯八年桂月金陵后学陈镐沐手拜撰"。

曰："刘闵孝行高古，虽词①藻不逮，而德宇道风，人自难及，宜征侍青宫讲读。"不报，御史宗彝、知府陈效又荐之，诏授本县儒学训导，前后按部大夫及守令率与钧礼，时致馈以赒其乏，所著有《家礼考注》《昭穆图宗子说》《五伦启蒙》《孝经刊误》等书，藏于家。侄孙自省乡举，历长沙府同知，持身敦朴，临事周慎，颇有闵家风。见《本朝分省人物考》，宣城吴伯与辑。

【按】选自清刘庆运修、孙宗岱纂《顺治六合县志》卷 10〔清顺治三年（1646）刻本，《金陵全书》甲编《方志类·县志》第 25 册影印〕。关于本文作者，底本缺略；明过庭训纂《本朝分省人物考》卷 13 收录本文，亦未署作者。本文末句和《乾隆六合县志》"忠孝"刘闵传载有"宣城吴伯与为作《刘孝子传》"，据此补。

## 王守仁

王守仁（1472—1529），本名王云，字伯安，号阳明，浙江余姚人。弘治十二年（1499）进士，初官刑部主事，历任贵州龙场驿丞、庐陵知县、都察院右佥都御史、南赣巡抚、两广总督、南京兵部尚书、左都御史等职，接连平定南赣、两广盗乱及朱宸濠之乱，获封新建伯，成为明代凭借军功封爵的三位文臣之一。谥"文成"。创立"阳明心学"，著有《王文成公全书》传世。

## 重修六合县学记

六合之学，敝久矣。师生因仍以苟岁月，有司者若无睹也，故废日甚。正德甲戌（1514），县尹安福万廷瑆氏既和缉其民，始议拓而新之。维时教谕长兴徐丙氏方来就圮舍，日夜砥新厥士，尹因谓曰："子为我造士，而讲肆无所，斯吾责，其何敢不力！顾兵荒之余，民不可重困，吾姑日缩月累而徐图焉，其可乎？"民闻，相谓曰："学谕方急训吾子弟，无宁居；尹不忍困

---

① 词：底本及后世县志均作"调"，于意不通，据文意改，盖形近误刻。

吾民，而躬苦节省，吾侪独坐视，非人也。"于是耆民李景荣首出百<sup>①</sup>金以倡，从而应者相继，不终日聚金五百，以告于尹。尹喜曰："吾民尚义若此，吾事不难办矣！然吾职务繁<sup>②</sup>剧，孰可使以鸠吾工者乎？"学谕曰："尹为吾师生甚劳苦，父老奋义捐金，既资其财，又尽其力。丙与一二僚请无妨教事以敦。"民闻，相谓曰："尹不忍困吾民，学谕方急训吾子弟，又不忍吾劳，而身董之，吾侪独坐视，非人也。"于是耆民王彰、陈谟、许珊<sup>③</sup>首请任其役，从而应者十夫，以告于尹。尹喜曰："吾民尚义若此，吾事不难办矣！"提学御史张君适至，闻其事而嘉叹<sup>④</sup>之，众益趋以劝。

十月辛卯，尹乃兴事，学谕经度规制以襄，训导涂本通、郑仁慈，典史钟相察其惰勤，稽其出纳。修大成殿，修两庑神厨库，前为戟门，又前为棂星门，又前为泮宫；坊皆以石。殿后为明伦堂，为东西斋，又后为穿堂、会讲堂，又后为尊经阁；明伦堂<sup>⑤</sup>之左为三廨，以宅三师；前区三圃，圃前为名宦祠，又前为乡贤祠，又前为崇文仓；明伦堂<sup>⑥</sup>之右为致斋所，又右为馔堂，又右为射圃，而亭其圃之北曰观德；致斋之前<sup>⑦</sup>为宰牲所，又前为六号；凡为屋百九十有七楹。十二月丁巳，工告毕，役未逾时也。间闾之民尚或未知有兴作，闻而来聚观者皆相顾错愕，以为是何神速尔！是何井井尔，焕焕尔！庠生郑泰、李崑等若干人撰序其事，来请予记。

予曰："甚哉！诚之易以感民也。甚哉！民之易以诚感也。有司者赋民奉国，鞭笞累絷，不能得，则反仇雠。视之今县尹学谕一言，而民之应之若响，使天下之为有司学职者咸若是，天下其有不治乎？此可以为天下之为有司学职者倡矣！民之爱其财与力，至竞刀锥，靳举手投足，宁殒其身而不悔？今六合之民感其上之一言，捐数十百金，瘁精<sup>⑧</sup>力，争先恐后，使天下之为民者咸若是，天下其有不治乎？此可以为天下之民倡矣！夫民蔽于欲而厚于利，苟有以感之，然且不惮费己之财、劳己之力，以赴其上之所欲为；

---

① 百：底本作"白"，据明刻本《王文成公全书》卷23改。
② 繁：底本缺，据明刻本《王文成公全书》卷23补。
③ 许珊：明刻本《王文成公全书》卷23无此2字。
④ 叹：明刻本《王文成公全书》卷23无此字。
⑤ 堂：底本无，据明刻本《王文成公全书》卷23补。
⑥ 堂：底本无，据明刻本《王文成公全书》卷23补。
⑦ 前：明刻本《王文成公全书》卷23作"外"。
⑧ 瘁精：明刻本《王文成公全书》卷23作"效"。

士秀于民而志于道，修其明德新民之学，以应邦家之求，固不必费财劳力而可能也。苟有以感之，有不翕然而兴者乎？吾闻徐谕之教六合，不数月而士习已为之一变，使由此而日进①于高明广大，以一洗俗学之陋，则夫兴起圣贤之学，以为天下士之倡者，将又不在于六合之士耶！将又不在于六合之士耶！"

正德十年（1515）岁次乙亥仲冬吉旦，赐进士出身中顺大夫南京鸿胪寺卿余姚王守仁撰。

【按】选自明董邦政修、黄绍文纂《嘉靖六合县志》卷7［明嘉靖三十二年（1553）刻本，《金陵全书》甲编《方志类·县志》第23册影印］。王守仁撰《王文成公全书》卷23［明隆庆六年（1572）谢廷杰刻本，《中华再造善本》（明清卷）］有本文，目录题作《重修六合县学记》，而正文题作《重修六合县儒学记》。

# 送黄敬夫先生佥宪广西序

古之仕者，将以行其道；今之仕者，将以利其身。将以行其道，故能不以险夷得丧动其心，而惟道之行否为休戚。利其身，故怀土偷安，见利而趋，见难而惧。非古今之性尔殊也，其所以养于平日者之不同，而观夫天下者之达与不达耳。

吾邑黄君敬夫，以刑部员外郎擢广西按察佥事。广西，天下之西南徼也。地卑湿而土疏薄，接境于诸岛蛮夷；瘴疠郁蒸之气，朝夕弥茫，不常睹日月；山獠海獠，非时窃发；鸟妖蛇毒之患，在在而有，固今仕者之所惧而避焉者也。

然予以为中原固天下之乐土，人之所趋而聚居者。然中原之民至今不加多，而岭广之民至今不加少，何哉？中原之民，其始非必尽皆中原者也，固有从岭广而迁居之者矣。岭广之民，其始非必尽皆岭广者也，固有从中原而迁居之者矣。久而安焉，习而便焉，父兄宗族之所居，亲戚坟墓之所在，自不能一日舍此而他也。古之君子，惟知天下之情不异于一乡，一乡之情不异

① 进：明刻本《王文成公全书》卷23作"迁"。

331

于一家，而家之情不异于吾之一身。故视其家之尊卑长幼，犹家之视身也；视天下之尊卑长幼，犹乡之视家也。是以安土乐天，而无入不自得。后之人视其兄之于己，固已有间，则又何怪其险夷之异趋，而利害之殊节也哉？今仕于世，而能以行道为心，求古人之意，以达观夫天下，则岭广虽远，固其乡间；岭广之民，皆其子弟；郡邑城郭，皆其父兄宗族之所居；山川道里，皆其亲戚坟墓之所在。而岭广之民，亦将视我为父兄，以我为亲戚，雍雍爱戴，相眷恋而不忍去，况以为惧而避之耶？

敬夫吾邑之英也。幼居于乡，乡之人无不敬爱。长徙于南畿之六合，六合之人，敬而爱之，犹吾乡也。及举进士，宰新郑，新郑之民曰："吾父兄也。"入为冬官主事，出治水于山东，改秋官主事，擢员外郎，僚案曰："吾兄弟也。"盖自居于乡以至于今，经历且十余地，而人之敬爱之如一日。君亦自为童子以至于为今官，经历且八九职，而其所以待人爱众者，恒如一家。今之擢广西也，人咸以君之贤，宜需用于内，不当任远地。君曰："吾则不贤。使或贤也，乃所以宜于远。"

呜呼！若君者可不谓之志于行道，素养达观，而有古人之风也欤！夫志于为利，虽欲其政之善，不可得也。志于行道，虽欲其政之不善，亦不可得也。以君之所志，虽未有所见，吾犹信其能也。况其赫烨之声，奇伟之绩，久熟于人人之耳目，则吾于君之行也，颂其所难而易者见矣。

【按】选自明王阳明著、钱德洪编次、王畿增葺《王文成公全书》卷29（明隆庆时期谢廷杰刻本）。本文张官倬著《棠志拾遗》卷下有选录。题中的"黄敬夫"，名黄肃，明代六合人，成化七年（1471）举人，成化十四年（1478）进士。曾任湖广兵备副使，进阶朝列大夫，赠通奉大夫，《顺治六合县志》有传。

## 蓝 渠

蓝渠（1475—?），字志张，号惧斋。福建兴化卫（今莆田市）人。正德十二年（1517）进士，授随州（今属湖北）知州，嘉靖二年（1523），调廉州府钦州（今属广西）知州。官至南京兵部郎中。王阳明弟子。

# 六合何尹去思碑

朝廷分官列职厘务，抡材选良，以布遐迩，以守令为近民，重得民心，其选为尤重。令为守，所辖孚洽，振刷以获上下而效，位司其职为尤难。周有县正，春秋有邑长，秦为县令，汉因之矣。唐有知县之名，宋以朝臣出为知县，思慎县务，选士朝行，盖亦重难之也。是故服役乐业谓顺，欢欣交通谓和，贵德知耻谓正，顺、和、正谓得其心也。是故临之则帖，沦之则煦，去之则思，咏焉求之，以志弗忘，实维在人而已。

南京兆之六合，邑小而四通，易以扰；阴渗阳渗靡定，易以乏；环绕大江，群奸出没，易以肆。扰或劳费，恐无所于需；乏则输运寡征，亦无以谊咎。多奸多虑，四人靡宁，莅是者每以恒状去。顺德何君宏来，星出星入，勉意爬梳，鸿细毕举，谕匿使归，童昏以熙，桥梁弗征，旧划新便，蓄储荒政也。息暴横以缓征纳，不干虚誉，夫役频繁，历门自助，馆舍倾圮，葺理有方，作士气，清圆扉，凡可以利济人者，皆究心也。夫本之以内美防，顺志度，无荡心，加之以精敏分析磨勘，无忽心，清勤修饰，业履尚确，无敖心，顺和正，是以有民心也，静而不扰，俗而寡乏，凌宕者无敢跳踯，下蒙仁，上闻惠，是岁八月征之行，以大其柄。君行速，民莫之留，竟得靴而藏之，为遗爱也。未几，又从而言之，靴之为物，岁久易坏，其曷不求诸不朽者，以祈厚颂，乃相率而告诸县赞宋君元朝，曰："愿有以成之，以毕群心。"宋君于予为旧谊，尝与予道何君之事，遂欲予文之石。予惟以为官得民心，为官之贤，可以为有官者鉴，民之所本，为民之纯，可以为悍戾者惩，是宜有言，以述盛美，而更以远且大者，以期何君于无穷也。六合之人，其尚终始之哉。

嘉靖九年（1530）庚寅岁仲冬浃辰，赐进士出身奉训大夫南京兵部职方司员外郎莆田蓝渠撰。

【按】选自明董邦政修、黄绍文纂《嘉靖六合县志》卷7［明嘉靖三十二年（1553）刻本，《金陵全书》甲编《方志类·县志》第23册影印］。

# 景　旸

景旸（1476—1524），字伯时，号前溪。仪真（今江苏仪征）人，上元籍。弘治十一年（1498）举人。正德三年（1508）进士榜眼。授翰林编修。正德十三年（1518）为左中允，官南京国子监司业。为官清廉，工诗文行书，尤善小篆，与同乡蒋山卿、赵鹤、朱应登并称"江北四子"。著有《前溪集》14卷。

## 明赠太常寺少卿江西布政司左参议黄公墓志铭

正德己卯（1519）六月十四日，宁贼宸濠反，江西布政司左参议黄公死于难。逆濠之将反也，先一日贺生辰，留宴抚藩臬诸司官，次日伏甲宫中，伺众官入谢，遂杀都御使孙公燧、兵备副使许公逵，而胁囚诸官，黄公械系入狱，愤恚不食而死，时年五十矣。逆濠心重公，加棺敛焉。呜呼，可谓忠矣！

初，公起家进士，为万安令，以烦剧称，后征入为户部主事。居无几何，乞便养改南京，历礼部郎中，出为江西布政司左参议。会畬贼作乱，上命都御使王公统兵征之，王公檄公监军督饷，纪功有功，捷闻诏加俸一等。江贼闵廿四等恃逆濠势，摽掠九江，上下莫敢谁何，公毅然发兵捕之，获其辎重以归。逆濠久蓄异志，士夫相对，常以为危，公独正色曰："国家不幸有此，我辈守土之官，唯有死而已。"至是，卒以遂志。公作宦，始终于江西，惠流威畅，一死尤为得正，土人不忘，今祀于南赣，有生祠祀于省城，有全大节祠，而朝廷追念死事者，赠为太常寺少卿，祠之旌忠云。

公讳宏，字德裕，号友兰，白皙丰美，幼有至性，笃孝友，乐施予。居官不为矫激之行，而律己甚廉。先世为浙之鄞人，洪武中有讳子良者，从戎于京，隶羽林右卫，改隶孝陵卫。子良生福缘，福缘生和。和字永庆，以字行，精于医，常往来应天之六合，因家焉，公之父也，封礼部主事。母张氏，封安人。娶林氏，封安人，侧室李氏。子二人：长绍文，县学生；次绍武。公既死，绍文闻讣赴难，比至难解，求得其棺，委顿方苏，以棺出伪命，亟易去。扶归，以辛巳年（1521）十二月十九日，葬邑东灵岩山之原。

奉巴山宪副王公状来乞铭。铭曰：

古称死者，必云得正。桎梏而死，岂曰正命。嗟嗟烈士，遂志不渝。视彼三木，安居不如。怡然往就，自分捐躯。彼浩然气，本自至刚。惟公能全，孙许同芳。庙食两地，魄归故乡。千秋万禩，永永弗忘。

【按】选自清刘庆运修、孙宗岱纂《顺治六合县志》卷10〔清顺治三年（1646）刻本，《金陵全书》甲编《方志类·县志》第25册影印〕。

## 吕 柟

## 六合尹何君去思碑记

予在南都时，闻前御史田君德温巡下江，而何君道充方令六合。尝断流囚，田君三驳而道充三执不改，田君不以为倨。比三过六合，道充适公差他出，不及一迎。田君览政绩，亦不以为简。予固嘉田君之高，而恒思见道充行政之详也。比予改官北雍，道过六合，六合之父老仆隶无不诵道充之贤，至有叹息咨嗟于舆马之傍者。乃然后益信道充之循良，而惊田君之高一至此乎！他日，六合之人思道充不置，专太学生袁悌具书列状，以问碑泾野子。曰："予何可拒六合人之志，而没吾道充之绩哉？且吾尝闻前武选张君元明之言道充矣。谓六合，古棠邑也，密迩畿甸，南北道冲，民棘于供赋，饥馑荐臻，愈弗能支。及道充为令，乃以身率民，首正风俗，辟浮屠，惩暴扶善，禁奇衺之物，驱淫荡之徒，民相告，弗犯干宪，邑以大治尔。乃清修苦节，莅事严明，尤见义敢为，不畏强御。有贵戚与豪民讼，久而不决，当道委官，率莫能平；道充往廉，即得溧阳，民有人命，逮词拷讯，械死相继，事竟不白。御史下君，遂得平允，讼者咸服，为主以祀。京兆黄公称其清，慎与勤，一字不少。戊子，营修驿馆，君意不欲妄费，忽大木数十浮至龙津，止焉。野鹿入于治内，驯扰不去。庭柯二雀，一生八雏，晨夕飞匝庭除，如所畜养。又有二鸽自天而下，沐浴盆池，毛羽粲泽，不类凡族。邑人惊为四异，为诗以歌。予乃然后知田君之取道充者，盖有见于此也。道充今为名御史，又能以六合之政而按郡守令，则其所得乎民心者，不啻一六合也。道充他日位进公卿，勋著内外，铭太常而勒鼎彝者，皆自此碑始之也。"道充名宏，号纯庵，广东顺德县人。

【按】选自明吕柟著《泾野先生文集》卷19［明嘉靖三十四年（1555）刻本，沈乃文主编《明别集丛刊》第2辑第9册，黄山书社2015年版］。结合后文收录的蓝渠撰《六合何尹去思碑》，本文当作于嘉靖九年（1530），何宏离任六合县令之时。

## 六合尹何君生祠碑记

何君，讳宏，字道充，别号钝庵①，广之顺德人也。以礼经领乡荐，试春官，得乙榜，典教通、泰，以教绩擢六合尹。六合，古棠邑，今隶应天，为畿辅，居冲要。邑小民疲，于治为急，君乃奋然有作，兴利革弊，与民更始，一时区画，无问剧易，罔不与治。同道如此者六年，政通人和，邑治休明，当道上其绩，征为南台御史。既去，民思之不置，请于前职方蓝君志张，作去思碑，记其政绩，以示弗谖。又数年，君望日隆，民益思报莫得，乃谋建祠生祀之。邑致仕戚华、耆民许联、刘镗、李传、刘宁、严文举实首其事，募材鸠工，除治东隙地一方，构堂三楹，像君于其中，甃其陛，缭以周垣，载扁其门。经始于嘉靖乙未（1535）六月，落成于是年仲冬，金谓祠以祀生，亦盛事也。盍纪之以章不朽？于是专太学生袁悌与首事戚华辈，具状以告，且以碑刻来，盖欲摭其实也。先是，余官南都时，君方尹六合，尝闻之前御史田君德温，谓其奉法不阿，不失为今之良吏。比余改官北雍，道其邑，其民诵之，翕然同辞，无间舆隶，声闻所及，已略得之畴昔矣。今益参之状，考之刻，夫然后益信其素是，则其去也思，志有本也，其思也

---

① 与上文有异，何宏究竟号"纯庵"还是"钝庵"，待考。

祀，祀有因也，其祀也祠，祠有处也，其祠也碑，碑有谓也。二三子正唯是请，余何可拒而没吾道充之贤哉！因约其说，以见一祠之大意，其详见于去思者，不复赘也。况今为名御史，方进未艾，由是而更历津要，造福天下，则太常鼎彝，勒铭有日，此何足以尽之邪？虽然天下者一邑之积也，一邑者天下之推也，政有大小，而道无二致，倘臻其极，则此举固权舆之也。岂惟君哉！式瞻庙貌，谅尔民私，后有作者将不毅然以有兴乎！噫！六之人用意远矣。系之以诗：

卓彼何君，羊城之英。学古通经，时乃登庸。初命有赍，维通维泰。维教作人，邑牧简在。厥邑维何，蕞尔棠区。逼都要途，民未乂居。君既戾止，乃纲乃纪。乃臻治休，六祀于此。命德有恒，法吏是征。民怀曷已，去思勒铭。永思曷处，金谋营宇。爰祠治东，祀维生主。勒石再扬，于棠有光。于棠匪光，将隆太常。念哉轫发，匪兹莫达。千祀后修，式瞻式法。

嘉靖十五年（1536）岁次丙申夏四月吉旦立。

【按】选自明董邦政修、黄绍文纂《嘉靖六合县志》卷7［明嘉靖三十二年（1553）刻本，《金陵全书》甲编《方志类·县志》第23册影印］。本文不见于《吕柟集》（西北大学出版社2014年版），当为吕柟集外失收作品。

## 顾 璘

> 顾璘，字英玉，上元（今江苏南京）人，先世为苏州吴县人。18岁补弟子员。正德九年（1514）进士，授南京工部主事，旋改兵部。十五年（1520）升南京武选郎，明年谪知许州。累官至河南按察司副使。工书。著有《寒松斋存稿》4卷。

## 六合县重修浮桥碑记

昔在圣人，制器尚象，以利斯民，既为舟楫，济不通矣。而于津之可渡者，复建之桥，其始本于架木，后世或甃以石，或浮以航，说者谓浮航始之。周文王造舟于渭，秦公子针造舟于河，而后因之为法。古者金陵二十四桥，即浮航也。

六合龙津浮桥，其来旧矣。水自滁以达于江，绕县治之南，号称湍急，而桥则途之要者。近之长民者，每每因陋就简，航皆履迹上敝，水蠚下啮，岁久而烂洇解析之患，生民之涉之若敬若畏，兢兢春冰，仅以身免，稍肆未有不堕者。故长幼相戒，视为畏途，昏夜则严防守，以远垫溺，而商贾行旅之货，用是日索矣。官之由是者，复取民舟以助，而害尤甚焉。嘉靖癸卯（1543），华容黎君两峰以御史谪尹是邑，视民之溺，若己之溺之，临流浩叹，奋然兴怀，于是出无碍官帑，简命贤能而更缮之，鸠材孔良，剔蠹易新，去败崇坚，凡诸工力器物，一切不扰之民，未几桥成，而民无劳费，其规制虽仍之昔，而壮坚固好，实百倍焉。傍复植之以栏，维之以锁，斯民往来，若履孔道，车马骈阗，络绎其上，虽使五尺童子涉之，而亦无复顾忌，昔之惊怵骇汗之地，今则安舒恬愉矣。凡厥士民戴君之德，咸愿彰之，以垂诸后，而征言于予。

予惟士之于世，苟知有志斯民，则民未有不被其泽者。津梁一事也，而王政系焉，孟子之讥子产是已。昔杜预造舟梁于平津，众议翕然，以为不可，而预独任之，既而君赏其功，民享其惠，传至于今，诵之不绝，凡以为利民也。况君昔任平湖，而其民立石，既居御史，而以直见忌，方今莅治兹土，凡诸蠹弊，洗濯殆尽，谓之有志于民，非邪？故即君治桥之绩，则其政之能芟弊而布德者可知矣。即君不忍民之昏①垫于水，则君不忍民之饥寒，而无教可知矣。即君于一邑而惠民若是，他日展济川之才，以佐明时，辅大政，民之戴之，不预卜于此耶！是故可以记矣。

是役也，出锭凡若干锾，置木凡若干植，舟凡若干艘，栏凡若干，幹高若干尺，锁维舟者凡若干丈，其委命督役则耆民李傅、余金辈，皆其徒；而诣予征言者，予所世厚里民田惟也。咸宜书之，以示来者。

嘉靖二十二年（1543）季冬之吉，赐进士出身中顺大夫河南等处提刑按察司副使致仕前南京兵部武选司郎中吴郡顾璘撰。

【按】选自明董邦政修、黄绍文纂《嘉靖六合县志》卷7［明嘉靖三十二年（1553）刻本，《金陵全书》甲编《方志类·县志》第23册影印］。

---

① 昏：底本作"昬"，据《顺治六合县志》改。

# 顾应祥

顾应祥（1483—1565），字唯贤，号箬溪。浙江长兴人，祖籍长洲（今江苏吴县）。弘治十八年（1505）进士，正德三年（1508）授饶州府推官。迁锦衣卫经历，后任广东按察佥事兼岭东道。正德十四年（1519）擢江西副使、分巡南昌道。嘉靖六年（1527），迁山东布政使，不久任都察院右副都御史，巡抚云南。嘉靖中迁刑部尚书。严嵩专权，以原官出南京，不久致仕。博学嗜书，尤精算学，著有《测圆海镜分类释术》《弧矢算术》《授时历撮要》《传习录疑》《龙溪致知议略》《惜阴录》《南诏事略》《归田诗选》等。

## 六合县重修儒学记

六合县儒学旧在县西，宋绍兴间移置县东，毁于火，寻复故址。入国朝以来，兴废者亦屡矣。正德甲戌（1514），县令万君廷珵、学谕徐君丙尝修葺之，阳明王先生为之记，迄今几四十年，上雨旁风，日以倾圮，有司惮于工费，莫克振之者。乃嘉靖庚戌（1550），阳信董君邦政来知县事，始视学，既怃然曰："吾事也。"甫期，政通人和，乃白于督学侍御翠岩黄君，下其议于京兆尹，佥谓须若干金。将复中止，董君毅然曰："吾为令而学校弗修，何以令为？"乃检帑藏，得羡金若干，请于上，可之，即日鸠工举事，凡栋宇榱桷之朽蠹者，瓦甓墙垣之颓败者，悉撤而新之，规制未备者增益之，旧以尊经阁为敬一亭，伐石以勒圣制，以宰牲所为启圣祠。限于地也，入学门数武为奎璧楼，以壮形势，其他师生廨宇斋舍，翼如焕如，倏焉改观矣。经始于辛亥（1551）十月，迄工于明年四月，计所费金为两者殆七百有奇，止动官帑若干。余皆殚力区画，或取之劝谕，或取诸罚赎，皆令躬自输作，而官为督之，出入有经，而下无非议，公无所费，而民不妄取，君子谓董君尽心于事，而才足以济之也。于是庠生朱愍、李熊征辈相率来告，求余为记。余惟天下之事，惟尽其心而已。诗云"秉心塞渊，騋牝三千"，牧事尚然，况为政乎？然政与学一也，尽心以为政，则为善治，尽心以为学，则为真儒；以言乎体，则尽心知性而知天；以言乎用，则尽人之性，尽物之性。以至于参天地，赞化育，皆不外乎吾心而已。心之外，固无学也，学之外，固无政也。是则有司之所修者，修其在外之学，以为士子游艺之所，士之所修者，修其在内之学，以为国家致用之具，盖均有责焉耳矣。六合为畿辅钜邑，长江蜿蜒，襟带左右，山川之秀，钟而为人，代有名世之士，出乎其间者，各有所表建，匪<sup>①</sup>若徒为取高第，跻华要之计，而曰吾特假此以为出身之地也，则修学之意荒矣。董君，余同年进士，大参琦之子，盖能世其学者，今为令，百务具举，芳声四驰，修学其一节云。是役也，学谕郭襄、司训徐梦熊、何桂实襄厥成，河泊所官鲁锐则董其事者，法得附书。

时嘉靖壬子（1552）冬十一月望日，赐同进士出身资善大夫两京刑部尚书吴兴顾应祥撰。

【按】选自明董邦政修、黄绍文纂《嘉靖六合县志》卷7［明嘉靖三十二年（1553）刻本，《金陵全书》甲编《方志类·县志》第23册影印］。

## 应大猷

应大猷（1487—1581），字邦升，号容庵，仙居县（今属浙江台州）下各村人。正德九年（1514）进士，任南京刑部主事。平宸濠之乱有功，升兵部职方司，旋任稽勋郎中。嘉靖六年（1527）出任广东参政。后擢云南右布政。二十三年（1544），任广东左布政，后又两度巡抚云南、广东，官至刑部尚书。严嵩专权，户部郎中孙绘被谗下狱，曾力为申救。遭嵩子世蕃诬陷，于嘉靖四十年（1561）告老。潜心易学。所著有《周易传义存疑》1卷、《容庵集》10卷。

## 送金弘载令六合序

余友金弘载氏尚志砥行，维裕以孚，而困于科举之学有年矣。既闻阳明先生之为圣贤之学也，而往事之，笃信力行，若贾之攒货，水之趋壑也。越明年而举于乡，又明年而举进士，其气貌凝然，有立而其中益充然有得

---

① 各有所表建，匪：底本缺此6字，据《顺治六合县志》卷9补。

也。其不知者曰"阳明之学之利于科目也如是"，其知之者曰"阳明之能以善及人之速也如是"，予曰："否。阳明犹夫教诸人者也，弘载犹夫学阳明者也。譬之种艺，其种美，其地沃，及其时而播种之，而培植灌溉之，则勃然生矣。阳明固善树艺者，奚其能变不美之种，毛不沃之地也。"乃东南阻饥，慎厥守令，而弘载得六合，过余曰："民将槁矣，将焉所生之？"余曰："天地之大德曰生，而四时行，而百物生，斯之为大造，而人之所以为生意者也。"弘载生意具足，而以阳明之学播种之，培植灌溉之，其有勿生生者乎？故曰一命之士，苟存心于爱物，于人必有所济，其岂以块守此心为足，以了天下之事，夫亦以生意之不容以自己焉耳。充是意也，虽家四极，体万有，不见其不足也，而奚一邑之虞也。故曰有不忍人之心，斯有不忍人之政，无是心而有是政，犹之插花于瓶，越宿而萎，否则雕绘之花焉耳。有是心而无有是政，犹之瓮中之树，高不逾尺，否则蟠结之树焉耳。是故生意欲足，地步欲宽，条理欲密，而生生斯不息矣。弘载往哉，六合其更生哉。

【按】选自明应大猷著《容庵集》卷7（民国李镜渠辑《仙居丛书》第1辑排印本）。

## 霍　韬

霍韬（1487—1540），字渭先，号兀厓、渭厓。南海（今广东广州）人。正德九年（1514）会试第一，中进士二甲第一名（传胪）。世宗即位，授职方主事，吏部左、右侍郎。累升南京礼部尚书。博学才高，卒赠太子太保，谥文敏。著有《诗经解》《象山学辨》《程朱训释》《西汉笔评》《渭厓集》等。

## 赠王巴山督学序

巴山先生解组归，维韬、维学、维任皆先生门人，念先生且有数千里别，情义数年，乖暌一旦，能已于无言之赠也乎哉？已而石澜、时可海、白彦式则曰："遇也，受知先生；训也，亦先生门人。维先生之高之仰，遍岭海而然，岂惟门人？先生行矣，情能已于无言之赠也乎哉。"是故为之歌，赠言之三章。其首章曰："凝凝白云，在江之浦，江水则清，江水则紫，有鸟于飞，磨云毛羽，云斯归处，鸟斯归处，戢翎戢翎，在江之浒，簌云簌云，戢翎谁语?"其二章曰："凝凝白云，巴山之峰，巴山有菊，巴山有松，云浥菊英，云蒙松龙，采菊采菊，采松采松，乐只无厌，惟巴山翁。"其三章曰："凝凝白云，长风吹之，白云孤飞，鹤翎批之，白云九千仞，鹤翎九千仞，白云九万里，鹤翎九万里。"彦式伦子阅之尽简作而言曰："是诗三章，首章拟先生以归鹏于汉天矣;二章拟先生以天峰之白云矣;三章拟先生以秋鹤之驾长风矣。是故汉鹏昭其大也，峰云昭其高也，昭其闲也，秋鹤昭其清也，是故大以言其德者也，高以言其节者也，清以言其守者也，闲以言其归者也。归而言闲，归之乐也。归之乐也，巴山之乐也。"

【按】选自明霍韬著《霍文敏公全集》卷 5 上［清同治元年（1862）石头书院刻本，哈佛大学图书馆藏本］。

## 叙秋江饯别诗再赠王巴山督学

巴山先生之归也，渭厓子偕海白伦子挟册赠之，于时石澜彭子为之赋天汉归鹏，双泉甘子为之赋长风秋鹤，情未已也。渭厓生复偕竹汀刘生、于盘甘生、天馨汤生、唯卿曾生追送之皇华亭，再送之华节亭，五子赋诗曰："鳌峰怅别，情未已也。泝流撑舟，追随楼航。直指灵洲，憩舟灵洲。陟妙高台，仚超然堂。倚松挂眸，抱此离忧。言言离忧，情未已也。"巴山先生曰："惟是诸生，远送我行。我行半万里，子别半万里。豪杰托鸿鹏，芝兰饱气味。"是宜刻烛矢歌，用志士夫一时聚首之雅。渭厓子诵之曰："别饯有言，古之道乎?"曰："然。"曰："然。"则诸生之饯巴山先生之别也，亦犹行古之道也。巴山先生之留别诸生也，亦犹行古之道也。诸生之别巴山先生也，恋恋也，情未已也，亦犹行古之道也。

【按】选自明霍韬著《霍文敏公全集》卷 5 上［清同治元年（1862）石头书院刻本，哈佛大学图书馆藏本］。

# 杨 砥

杨砥，字介福，号闻山，常德府武陵县（今湖南武陵县柳叶湖白鹤镇栗里岗社区碑记湾）人。弘治五年（1492）乡试解元，弘治九年（1496）进士，选庶吉士。历官礼、兵、刑三科给事中，以忤刘瑾致仕。瑾败，起吏科都给事中，历右通政，进南太仆卿。著有《闻山诗集》《疏稿诗文》等。

## 新修六合县记

六合古望县，遗址在滁河之南。洪武初徙之北，岁久就圮。正德辛未（1511），安福万侯廷理来知县事，议首葺之，顾儒学亦圮，宜先事焉。怠乙亥（1515）秋七月，风雨骤作，厅事阽危，属江潮浮巨楠一章胜栋材者，入县浒，得者以献侯，喜曰：“吾方欲举事，幸乃尔阴其有相予者乎？”遂白当道，得报取官隙地，令富民得出赀以佃，尚义者又乐为之助，爰率幕寮钟相众、邑民陈谟等，相与营治之，外甃甓为大门，构醮楼于上，高约三十余尺，周五倍之，傍挟以大序，进十四步为仪门，又进三十八步为厅幕，次辇贮腋于二库之旁，凡若干楹，穿堂亘其中，退省堂横其后，翼以侧房各二，藏籍册也。两庑为楹十四，专胥役也。旌善、申明二亭，簇拱大门之外，神祠、犴狱二区，屹峙仪门之左右。佥曰：“完矣。”侯曰：“长贰若胥，宜有栖。”更辟堂后基，置官廨二，庑北列吏舍二十七，又创廒栋十有三，工展力，民忘劳，五阅月而告成。适诏进主留都比部事，濒行，众德之，泣曰：“吾侯挽不来矣，吾属觌兹邑恝乎。”或曰：“情随事迁，兹保易坏，无宁托诸石之坚，犹冀而不朽也。”既又合辞言曰：“孰若托诸文之犹愈世，安知无好事者广其传典。”邑教徐君丙闻而是之，诹日率诸生钱涌、徐禄等来请记。

夫《易》“慎动必无咎”，可不慎乎！古设官分职，各有所自，省、部、寺、监，暨百司庶府会振圮，内得请始事，外祇达监司，得立变例以嫌沮传舍，而视固也。浚民自封速恐罹于辟者，宜也，汲汲有众弗协，无亦动而昧于时之义，君子亦无取焉。侯令兹五禩矣，废以次兴，人神胥赞，是举信贞吉罔咎矣。曰永终誉，抑竢诸来者之同志也。倘究观前迹，恒嗣而葺之，牧责率由是以求焉。夫益卑拓隘，将以锄强字弱也；限内缭外，将以摘伏禁慝也；朴而匡斫，华而靡奢，将以搏费汰侈也；庭树阴翳，思致桑麻之掩映，屋乌爱止，求厝耄倪之安集，凉轩燠室，觉片覆上无者居多，雨圮风垂，恐寸卓下乏者，容有朝而出，临莅于兹，夕而退，休处于兹，触目疚心，思艰图易，令修庭户之间，而霭弦诵于百里之外，唯然则理道之所由信，于是乎在而亦侯之志所至望也。夫仁贤则固无待于此，至所以转移变动之机，越常见昭前迈，不重有感发于侯者哉！于以见侯之誉，维令且永有攸遂，而邑人之思，足恃以不忘者，盖有不待形而自固者存；久存者顾恃形以为固，抑惑也。予病倦属文，且非其人，辞弗获，而竟志以归，俾观者其有激也。

大明正德丙子（1516）春正月吉，赐进士出身大中大夫南京太仆寺卿前提督内府膳黄通政使司右通政史科都给事中侍经筵官翰林院庶吉士武陵杨褫甫撰。

【按】选自明董邦政修、黄绍文纂《嘉靖六合县志》卷7［明嘉靖三十二年（1553）刻本，《金陵全书》甲编《方志类·县志》第23册影印］。《万历六合县志》本文末署"正德丙子正月吉，南京太仆寺卿武陵杨褫撰"，比较简略。

## 王　畿

王畿（1498—1583），字汝中，号龙溪。绍兴府山阴（今浙江绍兴）人。师事王守仁，为王门七派中"浙中派"创始人。嘉靖五年（1526），会试中式，十一年进士，授南京兵部主事，进南京武选郎中。后谢病归，来往江、浙、闽、越等地讲学40余年，继承王守仁心学，又加以改造、发挥。生平著述、谈话，后人合辑为《龙溪王先生全集》。

## 《异政十咏》序

异政十咏何？棠人士饫董侯之德而颂之也。侯淑政亦伙矣，而咏止于十何？表其尤异者，纪之也。是故居业靖职之谓常，诚动机应之谓异，君子亦惟立诚安常，尽吾分焉而已，不自知其异也。

自夫怀德之情无已，而后形诸咏歌，咏歌无已，而后标其异为十。十者，数之终，颂之极也，犹诸称善计者曰十全，谈良剂者曰十补，敷说言者曰十要，大都言其美善不一而足焉已。是故纪其获上得民之异，则曰千里质成、长江执戴；纪其崇正辟邪之异，则曰崇饬新黉、摘发四冤；纪其孚物格神之异，则曰瓜山刺虎、龙池萃鱼、疠祟出疆、江舟遣异、驱蝗返北；纪其动天之异，则曰甘霖应祷。噫嘻！今之从欲拂民者，十常八九，若斯咏也，讵不鲜哉艰乎！余尝博观史籍，自周汉讫于有宋，传称守令循良者，不二百人，中间为令者，才三十余人。三十余人之中，政之以异纪者，又仅若中牟之三事，未尝有十焉。要之获上得民、崇正辟邪、孚物格神、潜动天地，其淑政类多如咏所指。噫嘻，古之从道垂誉者，百不一二，若斯咏也，讵不鲜哉艰乎！

论者谓古今人不相及，今观斯咏，岂史官不能为阔文，而爱如父母之民，其颂之靡所不用其极，视麦邱三祝，《天保》九如，其志通而旨合乎？《老子》曰："天得一以清，地得一以宁，侯王得一而天下平。"一者，诚而已。夫政之十异，苟不本于一诚，名曰寡才。寡才斯好异，好异斯戕民，戕民者则民视之如仇雠，惴惴焉，惟虑其去之不速，而况有多方之誉，去后之甘棠耶？

董侯讳邦政，字克平，别号北山，齐循良吏参藩东楼公之后人。余尝接其丰概，斤斤尔，考其政绩，秩秩尔。然则棠人土之颂之也，其言有大而非夸者与？里讴而巷歌之，邑耆锓诸梓，以永其传。乡先生李君半溪，乃取侯之《江防议》《下车约》，以列于前，以见斯政之有本也。余谓其义足以风世，遂次第其语，弁诸篇端。

时嘉靖癸丑三月既望，山阴龙溪王畿撰。

【按】选自董邦政撰《长春园集》（私人藏本）。本文不见于《阳明后学文献丛书·王畿集》（吴震编校整理，凤凰出版社 2007 年版）中，当为王畿散佚作品。

## 董邦政

董邦政（1500—1579），字克平，号北山，别号剑谷山人，山东阳信人。善骑射。嘉靖二十九年（1550），由选贡任六合知县。三十二年

（1553），擢按察使佥事，领海防道。次年，守上海县城。御倭寇。又次年，败倭寇于浦东。而为赵文华所抑，迁苏州府同知，引疾去。有《长春园集》传世。

## 《六合县新志》后序

六合县旧有志，岁久浸湮毁舛略，政始至邑，即欲厘正，顾吏事倥偬，未暇修举。癸丑（1553）春，乡博黄君绍文，庠士孙忱、谢锐、孙可久、徐楠，躬相雠校，立例定则，远稽近述，越三月而志成。自春秋以历汉唐宋，至我国家，天文、星野、地理、疆域世代沿革、风俗、学校、名宦、人物、土产、贡赋、山川、宫室、形胜，上及毗章，下逮辞翰，兼收并蓄，周悉毕备，六合无遗志矣。

夫国有纪事，从古为然，秦罢侯置守，职方失纪，后世无征。今之志，即古纪事之遗也。矧六合肇邑逖邈，密迩畿甸，首被圣化，涵濡日久，德泽在民物，教育在人材，制度在有司，视他邑不侔，志尤不可阙。兹之<sup>①</sup>举纪载颇详，古今得失，因革劝惩，罔有佚遗，一披阅间概可尽悉。是故观星野、疆域则分守重，观风俗、沿革则趋向严，观人物、名宦则知劝勉，观土产、贡赋则审取予，观山川、形胜则明建置，观毗章、辞翰则天机不违，仕优知学，君子观于斯而知所先后矣。是故为邑者，必自考志始也。

夫志以政立，政以志成，斟酌损益，识轻重而亟反之，于邑乎何有？虽然窃有说焉，夫编氓<sup>②</sup>无知，惟令之趋，令之贤否，俗之美恶系焉。是故上有易事之长，则下有易记<sup>③</sup>之俗，今邑民广土乐居，累世不迁，犹昔有老成耆硕，弘敷岂弟之泽云耳。政无似承乏兹邑，不能因志立政，用敢备志以俟后之君子，俾六民跻诸淳庞，称甲于天下，是则<sup>④</sup>今日之意也，不然则徒作也，已奚取于志哉！

知六合县事海岱董邦政书。

---

① 之：顺治之后的《六合县志》均无。
② 氓：顺治之后的《六合县志》均作"民"。
③ 记：顺治之后的《六合县志》均作"成"。
④ 则：顺治之后的《六合县志》均无。

【按】选自明董邦政修、黄绍文纂《嘉靖六合县志》书末［明嘉靖三十二年（1553）刻本，《金陵全书》甲编《方志类·县志》第23册影印］。顺治及以后《六合县志》收录本文均题作《六合县志后序》，文字略有不同，今据《嘉靖六合县志》书后的草书重新释读。

# 江 防 议

侯建白多矣，而靖江尤功业最炳著者，故录而刻之。李丙识。

应天府六合县知县董邦政呈，为陈一得以靖江洋事。切照江贼跳梁，出没无忌，矧江海接通闽浙，倭寇易于结连，将来之势，渐不可长，诚国家之深虑也。今巨盗杀人于江，闵不畏死。巡捕者事弥缝之巧，司土者无金戈之戒，视为泛常，因循不振。本职备员江县，目击群凶，思欲尽扫，但沿江上下，地方广阔，岂能一一如约？兹具鄙见二十事，上陈电瞩，倘赐采行，亦肃靖①江海之一术，抚卫苍生之小补也。条具于后。

## 一曰举将才

夫民之安危系兵，兵之胜负在将。传曰："将不知兵，以其卒予敌也。"盖将得其人，则兵势自振。本职历观武弁，见此辈②安享国恩，无操危虑深之学，兼以膏粱之子，不闲金革。贪者则腴剥士卒，怯者则虚糜廪禄，目睹杀人劫财，心骇肉战，或闭门退缩，或驾舟远避，贼去之久，始③放炮鸣金，虚应故事，如此而欲江洋之靖，得乎？伏乞宪台询访，择其忠谋素著、不贪不怯者任之，求真材以收实效，此今日之切务也。

## 二曰选士卒

今日沿江士卒，其在军卫者，则积年巨猾。在有司者，皆市井无赖，一闻警报，将虽欲敌，而彼先倡为利害之说以恐之。临敌之际，复退怯不前，甚有受贼月例，反通关节，将之谋未施，而贼先得其机，预为术以破之者，累岁不获捷音，职此故也。本县瓜埠弓兵及东沟民壮，本职亲选武艺精通、膂力过人者，始用之。但各处老弱疲惫之卒甚多，而欲与亡命之狡寇相持，其不败衂也者几希。各处军民之卒，必慎选而后可用也。

---

① 靖:《嘉靖六合县志》作"清"。

② 见此辈:底本无，据《嘉靖六合县志》补。

③ 始:底本无，据《嘉靖六合县志》补。

### 三曰利器械

善事利器，理所必然。沙寇长矛、短剑、矢石俱备，而我卒器械不精，弓矢不具，至有徒搏①空掷者，欲望其取胜，得哉？为今之计，卒分三艺：其一柄炮火，以击远；其二操弓矢，以射远近之间；其三持长枪，以刺近。又令各悬一刀，以备短刺，然必须精致锋利，始②攸济于用也。

### 四曰坚舟楫

夫水战之有舟，犹陆战之有马。盗舟坚致牢实，双桅桧楫，破浪冲风，可昼可夜。而我军楼橹不固，帆墙不完，攻则易靡，追则不锐，是无应敌之具也。况各处修理巡船，自有钱粮可用，但军卫有司，因循不举耳。乞行令各属，通行修理，务期完固，以历久远，毋应故事，冒破钱粮，以恣③贪计。既修之后，必坐名委人看管，毋致损坏，始应敌有本也。

### 五曰明赏罚

夫职少历边陲，见军法甚重，而此方赏罚尚有可议者，何也？夫人之所至爱者，莫甚于生，而其所至恶者，莫甚于死。战者，危事也。以不一之民，而驱之锋镝之下，非严法令，民莫肯前。盖民之畏令甚于畏敌，而后得其死力。今江洋失事，但薄示责辱而已，欲三军死战，敌忾执俘，其可得哉？此后有斩寇立功，获捷异常者，本院重加优待；其或地方失事，不至于杀人者，犹可量治；若劫财杀人者，通将把截、亲军、巡捕、巡司等官，军卒、民壮、弓兵之类，重责问罪，仍住各官兵俸食，限获贼而后开，如不获原贼，另获他贼④，亦可补赎，则官兵知警，而上下效力矣。

### 六曰紧关扼

夫御寇⑤有要，不执其要，而汗漫求之，则为力愈劳，而功竟不可得。要者何？九逵之道，狭隘之江，盗贼必经之区，我军可战可守之地是也。要津为何？曰镇江，曰仪真，曰青山，曰瓜埠，皆京北可阻截擒剿之区也。本职始任，未选卒饬器之时，有事京口，见江盗白昼劫财，瓜洲之渡无敢谁何之者；又有事于仪真，见青山之区，沙船突下，约二十余只，列戟横矛，鳞

---

① 搏：《嘉靖六合县志》作"抟"。
② 始：底本无，据《嘉靖六合县志》补。
③ 恣：《嘉靖六合县志》作"资"。
④ 贼：《嘉靖六合县志》作"寇"。
⑤ 寇：《嘉靖六合县志》作"贼"。

排贯棹，把截之官，明知为盗，无敢一问之者。何也？将不得人而兵弱也。乞宪牌委令各处把截员役，选带精锐，横船扼口，朝夕严禁，遇有贼船，即随机截杀；若贼势众大，力不能支，即驰报上下之兵，协力擒剿，金陵之北，可保无烽燧矣。

### 七曰戒剥削

夫财者，民之心。古之成天下之大功者，咸于爱士中得之；而今之武弁，专事腹削，巡检之类，亦皆不检，甚至既纳月钱，军兵尽卖放之者，如此而欲靖寇，得哉？乞赐严禁，士卒之幸，地方之幸。

### 八曰革月卯

巡检之设，专为统兵江洋，巡哨截杀。不知昉于何时，而有南京月卯之行，每月二十九日离司过京，三十日应巡视衙门卯，初一日应内外府厂卯、应天府换循环卯，初二日应操江都察院卯、临淮侯卯，初三日南京闲住，初四日应户部大堂及云南司卯，此日户部不坐，初五日始得应卯而归，至三十日又离司赴京如前，至十九日始回。是一月之间，不急之务，先占半月，官既不在，何人率兵防御？此事之至弊者也，可因可革，乞伏尊裁。

### 九曰绝夜棹

江舟之盘诘于昼者，无俟言矣，而其弊最在于夜。盗贼踪迹诡秘，方其未劫也，则乘夜而来；逮其既劫也，则乘夜而去。盘诘之兵，曾无问之者，由于①夜棹往来，信为常事，虽有盗舟，亦漫不之察，无怪其猖獗也。伏乞宪仰江扼把截官员，每遇日入，则横锁贯舟，抛锚江内，不令一船往来。其有往来者，不论常人、盗贼，一概拘系，次日查究，此亦弭盗之一术也。

### 十曰禁沙船

双桅沙船奉钦依事例，令地方官严拿入官，而各处多不奉行，盖沙贼过人之艺，在操舟耳。沙人之舟分外轻扁，八风皆能鼓舞，其来其去，疾如翔羽，我舟殿乎其后，虽有勇卒谋士，技莫能展。此后沙船载粪、载商，止许一桅者行于江上，仍要改尾粉稍，编号给牌，方得无禁；其双桅者，虽有牌照，亦不容行，盖此为水盗之长技必用禁除者也。本职二年以来，拿获二十余只，申报操、巡二院，分令要害去处，彩画用之，颇为有助。伏乞督限巡司把截官一月报拿一只，有者免罪，无者重责，多者给赏。此令一行，三月

---

① 于：《嘉靖六合县志》作“是”。

之间不战而盗息矣。

### 十一曰慎援兵

巡兵之设，一处少者才一二十人，中者三五十人，多者不过百人。而盗贼之来，连舟集伙，动逾数百，众寡不侔，强弱不敌，欲委罪于我卒，亦不絜矩之甚也。此后贼入一境，本境之兵力不能剿，则举烽燧飞报，卒使邻兵刻期救援，相机[1]截杀，后期不至者，许本境之兵报院，重加罪治。

### 十二曰仍额卒

祖宗于险要之地设立兵卒，有一定之数，盖酌量地之险易，定卒之多寡，最有轻重。而近日庙堂之上，急欲[2]备虏，遂欲废天下弓兵民壮，是犹断手足而安腹心也。瓜埠弓兵，原数五十名，去岁因闻虏报，欲备游兵之用，乃[3]裁去四名，今已太平无事，乞台慈仍给原额，庶兵势不孤，而擒敌有本也。

### 十三曰明界限

缘江军卫有司，各有一定之界。自六合言之，南至唐家渡，唐家渡而南则观音门，暗伏官军地也；东至东沟，东沟之东则青山，把截官军地也。近因界限不预报本院，每遇失事，则彼此推避，莫能折中。为今之计，凡江洋之在宪属者，行各州卫细查，照依原定界限，开说分明，庶责有所归，而人心知警御矣。

### 十四曰清洲户

盗贼不殄，虽由于产之者有源，亦由于容之者有地。夫盗贼之产，产于泰兴、崇明、太仓、靖江、江阴沙上，故此方谓之"沙寇"。而近江之洲，旷阔多势豪，军民杂处，其田不能自种，即召佃人，其佃人率多沙上之人，不无盗贼之亲识宗族在内，彼此容留窝隐，莫可踪迹。是以白昼空舫而出，夜则满载而归，及有追捕，非截江拒敌，则赴援洲主，城狐社鼠，不薰不灌，情甚可恶。本职匪茹，凡洲在六合之境者，不问豪势军民，一洲之上，将所居男妇大小、姓名、年籍，编造一册送县，仍立一洲长，凡洲边有警，责令率众救援，朔日赴县应卯，行之久远，似亦相安。不知推之他所，有裨否也，用敢掇说。

---

① 机：《嘉靖六合县志》作"期"。

② 欲：《嘉靖六合县志》作"于"。

③ 乃：《嘉靖六合县志》作"仍"。

### 十五曰慎保甲

保甲之设，亦古人守望相助之意，屡经操巡两院，出巡明示，但有司不肯奉行耳。此法一行，真可息寇。六合小邑，在京卫所屯田三十有六，民寡兵多，往者保甲之法不立，水陆之寇多匿军屯，本职近者力行之，一月之间得强窃盗拐带四十余人，地方以宁，此其明效也。其在崇明、泰兴、靖江、太仓，尤为急务，如穿心港、史家港、沙河港、地法港、黄家港、万寿寺新港、急水港、庙港、青草沟、过船港、吕家港、圌山、黄山门、周家桥，盗贼聚啸出没之区，虽曰恶土，其中未必绝无良民，姑宥既往之愆，自本院颁令为始，以后有仍前不悛者，许同保同甲之人举首，仍将其家劫得财物赏之，否则连坐，行之之久，其盗亦可弭矣。

### 十六曰设游兵

今之边方，自总兵、副总之外，有所谓游击者，专巡行边国，往来游伺，一闻贼警，即行截杀。今之长江，少此一帅，本职为县符所系，不能上下江洋而守备，解明道者，亦庶几之独恨其兵寡不支耳。应天府检校张大伦，生长边陲，勇略素著，拘之府领，才岂克施。以本职鄙见，本院宪牌，专委本官，常川瓜埠住劄，一闻上下警报，即令率本职所选之兵剿之，若患其寡，再于应天四县选兵裨益。盖应天所属八县，上江二县，原未有兵，六合小邑，止有民壮七十，分为二班，一班在县看守仓库、狱囚，一班旧在东沟，今移瓜埠，协同弓兵截杀。而江浦冲繁，民壮供役亦甚劳瘁，独句容、溧阳、溧水、高淳大县，民壮至有三五百者，终岁空闲，未擒一寇，其间间有为巡捕官卖放，虚糜朝廷食养，吮竭赤子膏脂，深为可恶。本职鄙见，欲每县就令张检校，精选骁勇武艺者，随其多寡，如六合事例，聚之瓜埠，日日操练，有警率之截杀。本等工食自足，俯仰长江，有此关锁，盗贼何由而猖獗哉？但人情安于蹈常，而难于虑始，恐继本官者，不得其人，不欲创开此例，其议遂寝，当此多事之秋，乘可用之才，暂行委用，后不为例亦可也。本职有见于靖江，而无见于破例，故有此说，伏乞本院宪裁之。

### 十七曰宥战亡

谚曰，杀人三千，自损八百。战斗之间，交锋对垒，纵尔全胜，难保我军必无伤残。近有战亡军卒加罪之条，武弁遂假此藉口。自本职鄙见，有敢于战斗者，虽阵损军卒，尚当以功论，若退缩避难，巧于谋全者，虽部伍不损，亦罪所不原。如此则忠者不至于取祸，而巧者无所肆奸矣。

### 十八曰收全胜

夫水战与陆战为用不同，陆战一相见之间，便当交刃，而水战则不然，何也？寇初与我军相敌，人完胆壮，其气甚锐。若不审时宜，辄登盗舟，必反为盗制。凡江中杀寇，须以火器丛攻，或盗或舟，伤残一半，稍近则箭弩齐发，又伤残一半，盗之锐气尽索，势必不支。我舟乃环于其外，用火①瓶火棒槌乱打，灰腾烟障，盗不能视，随用石块抛击，又用最长坚竹丫篙，一拥而刺之，势必倾倒沉溺。万全之策，无过于此。若有便风，恐被②乘遁，则用烧蓬箭烧之。

### 十九曰招才艺

天下之事，天下之才为之也。而况用兵危事，容可不延访才艺之士乎？孔明、子房之徒，虽不世出，然古人不借才于异代，我朝二百年养士之恩，岂无才人智士生于其间？特在上者未能尽弓旌币帛之招，是以贤人君子皆伏草莽，不肯轻出，天下之事谁与共之？本院折节下士，咨访英贤，除揭牌院前，许蕴韬负略，设计出奇，与夫知占候，明遁甲，有奇术，怀才抱艺③之士，许不时禀见。仍行按属各军卫有司，一体揭示广招，令有司先试，果有可取，非徒言者，以礼送院，以凭复试。果尔出众，留之左右，以备缓急。再有实效，献之朝廷，以大用之。万无过人之策，亦须善遇，如此则豪杰向风而应矣。至若水底凿舟，敌中巧探，一长一艺之夫，亦兼收并蓄，则我兵不患其不强，敌兵不患其不破也。

### 二十曰役浦军

浦口居神京之北，此地设领敕守御官一员，并五卫官若干员，军卒若干名，马若干匹，三仓供之，岁用俸若干石，粮若干石，草若干束，一岁通计，费银数千两。盖祖宗深意，谓此地居大江之北，留此兵以当北冲，且以备缓急也。夫此地滨临大江，有江河溪涧桥梁之阻，骑盗绝不敢窥，独当长江要害，险狭可战可阻，形势之盛，无过于此。若此地添设战船二十只，使多军更班防御。马为祖宗之制，不可全废，百年无用，徒费刍豆，为今之计，裁去一半，以苏民困。一班控马，操于江干，一班驾舟，操于水次，仍令守御官统之，定其界限，北以唐家渡为界，南以江宁镇为界。水盗出没，

---

① 火：《嘉靖六合县志》作"灰"。

② 被：《嘉靖六合县志》作"彼"。

③ 有奇术，怀才抱艺：底本无，据《嘉靖六合县志》补。

令彼统兵截杀，长江有此，不惟可以益苍生，真可以卫根本。近者掌科林先生盖尝言之，旨下计议，而守御者不欲任责，其议遂寝。若然是尸位而浮食矣。岂有百姓率妻孥终岁勤动，血粒汗禾，以供冗食员役哉？此天下不通之论也。近日保定巡抚衙门遣兵至江浦捕李邦珍，居民疑其为盗，惊惶无措，浦口至江浦仅咫尺，而守御者不发一卒御之，抚操衙门竟令本职提兵而入，民始获慰。又本职三年以来，获过水陆强窃、盗贼、拐带四百余名，其在浦口者近百，是浦口为盗贼渊薮也。夫守御之官，既不与水战，又不事旱防，率众群食，于心宁无愧哉！乞本院题照新江口事例，将此镇官卒收入本院，增船截战，为益甚多，则根本有赖，而行旅获安矣。此地方今日之要务也。

【按】选自董邦政撰《长春园集》上册（私人藏本），《嘉靖六合县志》卷7有录，文字略有不同。

## 王宗圣

> 王宗圣，字汝学，一字学甫，别号滨湖。浙江义乌人，六合县训导王敏子。嘉靖十六年（1537）举人，嘉靖二十三年（1544）进士。授兴化府学教授，升国子助教。转南京工部主事，升刑部郎中，随外迁福建按察司佥事。博览群书，文辞温润，著有《滨湖稿》50卷、《榷政记》15卷，及《凤山小史》等。

## 《六合县新志》叙

古者纪事之史谓之志，太史公更志为记，班孟坚复于《汉书》立"十志"。今世志郡邑者，并皆效法孟坚，而其大原实起于《尔雅义例》，悉祖诸六经，是故疆理宪诸《禹贡》，法制准乎《周官》，风俗寓五礼之修，褒贬窃春秋之旨，象大壮而奠宫室，咏风雅而缀歌诗，昭往迹，镜来叶[①]，虽邦国郡邑小大之不侔，其究一而已矣。故邑志之修否，系令尹之淑慝，令匪

---

① 叶：顺治和雍正《六合县志》均作"业"。

其人，则总货为家，辜功为府，簿书法律有腼颜矣，而况其他乎？有其人，苟匪其志，将玩焉忘务；有其人、有其志，苟匪其时，抑又促焉，未遑若是者，鲜不尘蓻浮梗乎记籍矣。志也易乎哉！有人、有志、有时矣，而操觚执简从事，事<sup>①</sup>者或暧昧跔踔，其人非诬张幻真，则断梗裂幅，其不贻诒<sup>②</sup>于木传，噍于观听者几希，志也易乎哉！

　　翙古棠京辅冲衢，其关系视他邑尤重，前尹虽未尝乏贤，而志与时弗兼值焉。兹典所以久淹而莫续也，有由矣。北山董侯绍衣世德，追尾哲先，丰殖以腴衷<sup>③</sup>饫览，而宣哲逮入官，公廉明捷<sup>④</sup>，勇毅确贞，未期而宿蠹清，三年而政大义，民用阜康，海外群宄，咸草薙而禽狝之，凛如也。声翕翕起缙绅间，暇辄集子衿道先王<sup>⑤</sup>，婆娑乎文艺之林，曰人曰志曰时，可谓兼值之者，爰乃礼罗端士，相与操觚，执简以从事事<sup>⑥</sup>，且诏之曰："志也，史可以友，经可以师，毋或观场窃钟，旁午胸臆，为尔诸君子亦矢心惠迪，按图采风，揭统以存纲，析类以疏目，濯旧饰新，阐幽综实，越三月而成编。"君子曰："居者可以观俗，仕者可以观政，学者可以观教，六之志其足信足传矣乎！昔昌黎考图经于韶郡，紫阳首问志于建康，董侯之志是也。贤人乎，贤人乎！"

　　侯名邦政，别号北山，齐之阳信人。居六凡三稔，而荐稿旌楗积三十余，上下遐迩，啧称良吏，其来树未可量云。

　　嘉靖癸丑（1553）岁仲春既望，赐进士第义乌宾湖王宗圣汝学甫撰。

【按】选自明董邦政修、黄绍文纂《嘉靖六合县志》书首［明嘉靖三十二年（1553）刻本，《金陵全书》甲编《方志类·县志》第23册影印］。万历及以后《六合县志》收录本文均题作《重修六合县志序》，文字略有不同。

---

① 操觚执简从事，事：《顺治六合县志》作"简以从事"，《雍正六合县志》作"操觚执简"。

② 诒：顺治和雍正《六合县志》均作"诒"。

③ 衷：顺治和雍正《六合县志》均作"衰"。

④ 捷：顺治以后的《六合县志》均作"健"。

⑤ 子衿道先王：《万历六合县志》作"于衿道先生"，顺治以后的《六合县志》均作"弟子道先生"。

⑥ 事事：顺治以后的《六合县志》均作"事"。

## 邬 琏

邬琏（1513—?），字宜莹，号东泉，江西新昌（今宜丰石市七都村）人。嘉靖十九年（1540）中举人，嘉靖二十三年（1544）进士。历官工部营缮司主事、都水司员外郎、虞衡司郎中，累迁承天府知府、湖广按察司副使、四川布政司参政、贵州按察使、云南左右政使、应天府府尹、左副都御使巡抚江浙。所至有清声，遭忌归里。

# 新迁应天府六合县儒学记

隆庆壬申（1572），予典京兆事，属下六合诸生以迁学请于予，以振文运。予惮民勤财匮，颇难之，既而检郡籍，得二百金，先乐资之，以倡其工，宰邑赤城李子箴复请大台天使兼出俸资，得数百金，又多助之，以就其绪。而予适奉命抚浙，将祖道间，学谕钱塘吴子邦、学训宁州桑子美、东昌卢子文①衢上南都，求予文，勒之贞珉。予弗遑若其志，三子遂飏言于庭，曰："以明道者惟学校，以载道者惟文章，以行道者惟贤哲。得其地而不得于祠则不彰，得其祠而不得于人则不传，今幸在上②行道，众志咸趋，是以遇之也奇，而求之也切，奈何其拒而弗若也？"予应之曰："予天性亢直，与世俗不相比，乃请以予之文，垂于世乎？然情谅谕训之求，义关表率之重，工既成矣，心既慰矣，予又安得以予之不文，靳于言乎？予按六合志，尝载科第与其忠贤，无之，自近年始。夫文运由于天，而文行由于人，今有家世革户不屌，茨盖不翳，姓字人所不③识，惟以行与天合，天为之跻仕极位，或生才子，出④传名臣，固何限也？又有席⑤宠素封，升窨脂脉⑥，莫解时俗有艰苦状，遂性积非天厌之，以鄙获戾，又何限也？夫天运人事相为循

---

① 文:《顺治六合县志》无此字。
② 上:《顺治六合县志》无此字。
③ 不:《顺治六合县志》无此字。
④ 出:《顺治六合县志》作"或"。
⑤ 席:《顺治六合县志》作"锡"。
⑥ 升窨脂脉:《顺治六合县志》无此4字。

环，博闟①宇内，多以一人兴一家，始一代者，宁有庶士之文行交修，而阖学之文运不隆者哉？为之师者，试语诸生，俾观一人以知众，观一家以知邑，观一代以知无穷。若自今修之，则出为忠烈显宦，可祀于国，入为端厚乡先生，可祀于郡者，亦自今有之而已，又何必高青紫之华，多禄食之奉，而恋恋然志温饱也哉！"谕训三子，闻以为然，称服唯谨，遂命书之以记诸石。

隆庆六年（1572）春王正月下浣谷旦，赐进士出身授通奉大夫奉敕提督军务巡抚浙江等处地方都察院右副都御史东泉邬琏撰。

【按】选自张启宗增修、施所学等增纂《万历六合县志》卷7［明万历四十三年（1615）增刻本，《金陵全书》甲编《方志类·县志》第24册影印］。底本部分文字不清，以《顺治六合县志》补正。

## 王光祖

> 王光祖，字子孝，号槐轩。直隶大名府魏县（今河北邯郸市魏县）人。嘉靖二十三年（1544）进士，擢夏津知县，改阳信，以治行第一征授御史，巡按辽东。历任监察御史、汝宁知府，以参政致仕，以上寿终。

## 六合县重修养济院记

思古在昔先王之治天下也，曰上天阴骘下民，立厥辟辅，奠厥亿兆，俾遂厥生。惟辟辅歆承天命，罔敢有越度，是故播谷敷施，吊穷恤困，施仁发政，爰以永绥亿垂，犹惧有怒饥跼躇，营蒯冲冲惟殷忧，故《诗》曰"监观四方，求民之莫"。允若兹，则亟拯援，措诸平康，惟我国家乂安，万姓尤重兹毛釐，监观于先王，训迪彼四方，服庸罔有违。惟四方郡若邑，有兹毛釐覃锡厥腴，馈厥若彼，痫鳏茕寡疲癃置若院，惟养济岁给厥布谷，终厥身罔有庸调，凡以匹追前休怀，惠若小民，肆于无疆。

---

① 博闟：《顺治六合县志》无此2字。

惟六合亦式有养济院，久罹回禄，司土者罔克振，惟阳信董君北山莅若邑，灼见若弊，乃叹曰："圣天子垂情万方，为厥民作新吏治，吏受兹土，怠弃厥政，致泽罔下究济养，罔有攸居，穷民将畴，依罪曷贳？"乃诹厥地，相度厥势，营厥土木，规厥梓人，构厥堂。堂楹惟三，东房惟五，西若东辟厥门桌，缭厥垣，收厥鳏孤，岁遗罔有缺。君子曰："董君勤恤民隐如此哉。"

夫今为郡邑大夫，惟聚敛，惟承奉，惟厉民自养，故是三者，讹沿舛袭，风炽于四方，厥有克佩服官箴，司称为良，亦惟泛泛，视兹养济，罔或重弊也久矣。惟君迈种厥德，轸念元元，举斯心加诸彼，获兹治要，首兹鳏寡，先后较若画一，韦弦适中，非诚以及物者，其曷克臻兹？是故惟诚生明，惟明生廉，惟廉生断，惟断生勇，拨繁弥闲，剖剧罔有滞，惟名扬诸畿甸，威克平江海。今兹青衿向训，黄发履礼，耒耜就役，野罔有饿莩，家给人足，章甫衮衣之颂，民歌之不衰。夫君子论道，通塞不论位上下，惟此百里枳棘，君俯施卧治，政声轩揭，右出南服，矧置诸大僚，其奠慰斯民，更当何如？部为官择人，君履道从政，继自今章，制展采饰，宏综微用，阐厥嘉猷，以懋树厥功，益汲汲乎未艾也。予昔宦君乡，知君有干济，乃今巡历江淮，君烨烨名振南北。惟此养济，实关政本，因握管以纪其盛，以播令闻于无穷。君讳邦政，字克平，北山其别号云。

嘉靖癸丑（1553）春，赐进士出身文林郎河南监察御史槐轩王光祖书。

**【按】**选自明董邦政修、黄绍文纂《嘉靖六合县志》卷7［明嘉靖三十二年（1553）刻本，《金陵全书》甲编《方志类·县志》第23册影印］。

## 殷士儋

殷士儋（1522—1581），字正甫，又字棠川。济南历城人。嘉靖十九年（1540）举人，二十六年（1547）进士，选为庶吉士，授翰林院检讨。后充任裕王朱载垕（即穆宗隆庆皇帝）的讲官。隆庆元年（1567），升为侍读学士，掌翰林院事务，进礼部右侍郎，不久又任吏部右侍郎。翌年春，升为礼部尚书，掌管詹事府事务。隆庆三年（1569），兼任文渊阁大学士，后晋升少保，改为武英殿大学士。隆庆五年（1571），辞官归里。谥"文通"，后改谥"文庄"。殷士儋在诗坛颇负盛名，著有《金舆山房稿》。

# 送董克平之任六合序

皇明宅鼎二京①，媲周岐洛，留都肇迹启图，又本根重地也。六合据江以北，旧属邑广陵，国初改隶应天。视古近甸，控引淮滁，拥翊襟带，实要区云。官不置丞尉，省也②。往予闻人言③六合民驯务寡，讼无繁牒，岁无逋课，长吏少知自爱，不苛暴，率以治行闻，迁代去民有俎豆之者。噫！岂淳穆渐濡幽都丰镐之民，风教独异，则不难治耶。抑劝厉④所先思，共副德意，吏固易为良也。信至化感，人不诬矣。阳信董克平氏，少参东楼公子也。弱冠，文行卓然，闻誉籍甚。会今天子更化，诏郡国岁所贡士，勿以年、其惟贤者能者，将异等任之。是时，董子为诸生，实自邑中，袖然举首，偕计来京师，卒业成均，所知交皆海内有名士。既省试，数奇，乃出就天官，授六合令。将行，同乡诸公与余谋所为赠董子者。余惟仕以行义，一命而上，孰非吾效志地耶？乃至轩轾外内，薄视守宰，岂不曰郡县当诎体监司，则动有牵缀，民志狡伪，且日乘吾间，未易卒孚，斯郡县之难与，顾君子知自树立耳。尽其在我，上获民治，豫安往不立哉？昔董子尝侍东楼公于高平矣，高平之人，至今诵董公德政不容口，庙食其地，民蜡腊祈报无忘也。夫高平，三晋剧邑，号不易治，其去尧舜风教日益远，有藩臬诸大夫监临之，皆令长所宜宾下，视六合奚啻不较。董子以所亲炙于高平者，微试其绪余，即投艰置纷，将罔不宜于六合，奚有哉？吾尝与董子语，观其抵掌谈天下事，亹亹不倦，知其自视诚重，欲有所会，其度思用，其未足也。士固有以资沮其志者，谓上之人，将以是卑我也；谓下之人，以是易我也。靡然弃其所执，不自修洁，此自卑自易耳⑤，岂所与论豪杰之士哉？郡县寄百里之命，与天子共理，亦已重矣。汉世良吏，大抵自畿辅邑召⑥者居多，或褒显柄用，至赐爵关内侯，此非藉守令，何以闻于人主哉？夫邑曰六合，宇宙

---

① 宅鼎二京：《长春园集》作"并建两京"。

② 实要区云。官不置丞尉，省也：《长春园集》作"小邑实要区云"。

③ 予闻人言：《长春园集》作"余闻"。

④ 劝厉：《长春园集》作"综核"。

⑤ 士固有资……自卑自易耳：《长春园集》作"士固有沮志于资格者，靡然弃其所执，不自修洁，则诮曰上之人，我卑也，下之人，我易也。此自卑自易尔"。

⑥ 召：《长春园集》无此字。

分内义也。美哉！始基之矣！董子勉之，吾于此行[①]有重望焉。

【按】选自殷士儋著《金舆山房稿》卷 5［明万历十七年（1589）邵陛刻本，沈乃文主编《明别集丛刊》第 3 辑第 16 册，黄山书社 2015 年版］。董邦政撰《长春园集》（私人藏本）有本文，题作《赠行文》，文字异文较多，择其明显者校注。

## 朱舜民

朱舜民，字虞甫，山东齐东（今分属邹平、高青）人。嘉靖十九年（1540）举人，二十年（1541）进士。曾任泽州（今山西晋城）知州，升刑部员外郎。历任应天（今南京）兵备副使、江西按察使。

# 六合县新修梁塘铺记

梁塘铺在六合之南，去县四十里，入江浦，道宽平可憩车马，旧以此为驻节之地。轮蹄鞅掌，日夕不辍，屋舍浸敝毁，势将倾覆，阳信董子来宰六合，见而叹曰："是可使通逵要地之胜，鞠蓁莽邪，矧缙绅止憩，顾可处岩墙也乎？"然民未知向方，而顾令之输力，是为殃政，非所以教民义也。

于是整饬百度，梳剔坠典，逾年而政行化洽，再年而庶绩咸熙，乃谋举事。辄又叹曰："输民力以供兴作，是为伤财，非所以养民富也。"于是诹议处需，捐不及，积有余，悬悬山刊木之佣，募其力，揆攒凿撞秘之用，庀其工，具舁辇畚筑之器，膺其要。诘旦有众输栋楹者计如干，输榑栌者计如干，输礐礜者计如干，版筑具兴，五材并饰，逮月而厥工告成，六民胥悦，余因为之纪曰：惟此梁塘，在离之方，负山面江，门御周道，墙荫修篁，境胜于外也。远购金石，旁延世工，垩涂宣皙，甂瓯刚滑，术精于内也。轮奂娟顿，丹垩辉映，蓬庐有等，主吏有第，役夫有区，庭容牙节，庑卧囊橐，内庖外厩，理而不愳，师行则缟，亭孴行则。别邸周之高埠，楼之门阀，波澜汹涌，翔鸟薄云，山峰对亭，渔歌递响，劳迎展觌洁之敬，饯别起临望之

---

① 此行：《长春园集》作"子"。

359

思，走毂奔尾，遄征急宣，入而忘劳，出必屡顾，其递舍之尤乎！

董子，讳邦政，字克平，别号北山，少负奇气，思愿为国家建不世功，廉明勇毅，人莫能及，治六垂三年，德政种种，不可罄述。至于诛凶御侮，为长江保障，又荦荦大者。先以文庙隳废，设方略，经营之，聿成伟观，兹梁塘特一节也。余井闬相去百里，家食时屡同献艺于有司，咸著声海岱间。兹宦游南土，虽列有内外，然时相闻相晤，未尝不庆乡邦有人，而雅尚其气节也。援笔漫书于屏。

嘉靖壬子（1552）冬孟之吉，南京刑部浙江司郎中两川朱舜民书。

【按】选自明董邦政修、黄绍文纂《嘉靖六合县志》卷7〔明嘉靖三十二年（1553）刻本，《金陵全书》甲编《方志类·县志》第23册影印〕。

## 张　裕

张裕，字士宏。上海嘉定人，其先祖苏州府长洲县人。嘉靖四年（1525）乡试中式，八年（1529）进士，九年（1530），授刑科给事中。嘉靖十六年（1537），受聘撰成《浒墅关志》2卷。历官南京礼部郎中，湖北襄阳府知府。

## 六合尹茅侯去思碑

赐进士出身奉政大夫南京兵部车驾司郎中前刑科给事中长洲张裕撰。

六合古棠邑也，我明初鼎奠金陵，隶应天府，为赤县。翼蔽江左，拱藩神都，于时令多荐贡，值宪度维新，民俗淳朴，故景化休隆，万邦同轨，嗣乃纲疏吏惕，治冈蠲丞，仰惟我皇上励精图理，勤恤小民，尤重令之选，一时充位，惟贤惟能，莫敢纵逸，独是邑隘而切，剧而绎，骚土瘠，民窭伍曹杂居，视他外特敝，徭差弗易平也，赋税弗易入也，讼弗易息也，文教弗易兴也，旱蝗灾沴弗易荣也，以令于兹，厥惟难哉。乃嘉靖庚寅，山阴茅侯，起家进士，奉檄至，则喟曰："敝乎邑也，尝闻反裘负薪，毛焉攸属，竭泽者渔，决亡鲜矣。谓救敝莫若裕民已讼，缓征薄徭，崇教襁葆，凡皆吾令分内事也。"揆厥本要，存心焉尔矣。印将勘诸爰，属耆民，进诸生，问民疾苦，与所不便所便，宜一切默识，竢为之所，夙夜淬砺，渊慎矜持，大书座右曰："常存此心曰牧爱。"夫亦以心，万事万物之宗；爱，即其推书之示勿忘也。故凡讼牒，辄自承，弗下吏钩率，挟日决之，吏奸莫能售，祗缮膳服役而已。有不能生求去者，则呵曰："无忧，吾活尔也。"间赍以米。既而讼少衰，求直者户徭马丁耳。侯复变通，哀多益寡，逮审编则倡制格册，计户口丁粮多寡高下，涣为九，则萃以均输。于养马也亦然，以其故豪无幸免，窭不偏累，徭役无弗均者，既又以方册清伍，鳞图质地，概量入税，法立弊祛，民悉称便。邑多蝗灾，侯命捕以易粟，数日虫积成阜，邻邑移文以过："胡驱蝗入吾境也？"侯莞而判曰："吾捕，君亦捕，奚病于蝗哉。"事闻两淮长者，令诸郡邑如侯法，法行泽润，迩说遐概，淮甸南北数千里，蝗不为害。尤敦意文教，黉舍必葺，生徒学业，躬校可否，旌别惰勤，士感奋誉髦勃兴。若权贵以私请，豪右内交，悉谢绝无所与应，其存心爱民，勤慎自将，公廉啬用，不务矫饰，在任三稔如一日。然嘉靖乙未（1535），擢官刑曹，无何，以狱事讹误，左迁颍州别驾。去邑逾五祀矣，耆民周赞、许联等怀德不已，乃立祠以祀，昌化尹马逢伯、庠生李禾辈相与纪政绩，征言以系厥遐思。裕不佞，窃惟分封废而郡县兴，吏以循名，实则衰也。民以循附，否亦病矣。是故令于民也，最亲循良，令之实也。令皆良，天下治矣，奚名之彰，俗敝教弛，锐人事者懈德行，嗜浮竞者耻恬静，有能崇文教，杜请托，不交权豪，如侯者乎！役使弗均，则从事兴嗟，赋亡定法，则强犷布武，有能画一赋役，俾贫富各获其所，如侯者乎！灾沴臻则岁侵，诬辞行则生扰，有能捍大灾，使民无讼，如侯者乎！盖侯之学，大得圣贤宗旨，故心存爱博，体立用行，于棠也何有，必其妙通感应，不戒以孚者在，然则棠人甘棠之思，又宁有已？侯名宰，字治卿，号茶川，浙山阴人。系之辞曰：

于维有汉，吏著循称，其政闷闷，其人竞竞，悃幅以处，大猷以登，月计不足，岁计则赢，居靡赫奕，去思聿兴。金陵南峙，壮哉神京，粤有棠邑，甸服维屏，天子择令，惠我黔民。茅侯茬止，爰静爰清，狱市无扰，赋役底平，禳灾划弊，摧奸扶倾，鸿雁还定，里鲜辍耕，菁莪乐育，士奋大成，曰有父母，曰有师保，去驿已遥，口碑遗教，我近平易，彼尚体要，匪曰欢虞，实则皡皡，恩缔尔衷，固存父老，桐乡仲卿，吴门伯道，祠以奉尝，行乃絺抱，于铄维侯，汉人克绍，永怀弗谖，坚珉垂诏。

嘉靖十九年（1540）岁次庚子孟春上浣吉日立。

【按】选自明董邦政修、黄绍文纂《嘉靖六合县志》卷7［明嘉靖三十二年（1553）刻本，《金陵全书》甲编《方志类·县志》第23册影印］。

## 徐 丙

徐丙，字子南，浙江长兴人，正德二年（1507）举人，正德八年（1513）以湖广醴陵补任六合教谕。在任九年间，学日富，以荐擢国子监丞，官至永新知县，晚家于六合。据《嘉靖六合县志》《顺治六合县志》、今人刘水云著《全明散曲曲家考补》（《文献季刊》2005年1月第1期）和黄晓娜《明代岘山社研究》（2012年研究生论文）等考证，徐丙亦名李丙。

## 《六峰政纪》序

士绩学待用，孰不以功业自期？然或质歉于明，才劣于健，往往沮于疑惧，而不能有所树立。若吾六合令北山董侯，殆明健通方，足以大有为于天下者矣。侯东郡豪彦，筮令六合，壤地虽褊小，实留都三辅，当南北水陆要冲，军民错处，扼江殿淮，沙寇盐党，不时窃弄，最号难治。侯视篆甫月余，周恣审茹，洞悉机宜，乃条列所当兴革者三十一事以示民，识者谓为康济之小试也。又上弭寇二十策于当道，当道击节称赏，俾见之行，识者谓为安攘之大略也。凡其所言无不行，行之无不效。比及三年，民安寇辑，时康物阜，荐剡交驰，奖币屡贲，声光腾而歌谣作。学校之士，撮其尤卓异者立题，播之辞章而揄扬之。非其独得之见，不拔之操，允蹈终始，安能策勋致感，一至于此。侯其智勇兼资，几决不爽，古所谓大丈夫者，非耶？

今将献绩天官，超级华近，小试者大行，大略者毕阐，可必无疑矣。邑之耆曰史钦，卫之耆曰李传，计侯去而不复来，庇吾民若军也，相与录侯所为二十策、三十一条，及多士分题之作，就半溪李丙，谓曰："吾辈欲成军民之意，寿侯之绩于梓，可乎？"丙曰："梓之哉。梓之有三善，若之何弗梓！侯普惠于民，民思传之，是章侯之赐也。传之嗣令，守而勿失，遗惠弗替，是永侯之怙也。旁及邻邑，仪而刑之，足为良吏，是广侯之则也。有此三善，若之何弗梓？"二耆曰："梓矣！梓矣！子其命之名，而引其端乎？"

遂名曰《六峰政纪》，僭序数语于首简。侯名邦政，山左阳信人，少参东楼公之仲嗣。北山，其别号云。

前国子监丞寓六合吴兴李丙拜序。

【按】选自董邦政撰《长春园集》上册（私人藏本）。

## 重修冶浦桥记

正德十四年（1519）秋，皇帝自将以讨宸濠之乱，惟时权幸鼓媚，列目以需于郡若县，郡若县莫测其伪，率循罔违，百姓罹于毒。三山林侯视六合篆，甫三月，得目叹曰："是伪也，吾曷敢诡随，以陷上于弗义，残吾民指，选嫠集丽，绝豕种三事，为伤和害德之尤，虽得罪，不忍为，惟刍粟徒从，治道途，修桥梁，六军所资，时吾职不敢不力。"冶浦之上有桥，建自先朝，重修于成化初，唐侯诏上覆以屋，年久栋老将压，且卑甚不能骑以度。侯欲新而崇广之，金以仓卒艰费，请仍旧贯，侯曰："吾岂不量缓急，銮舆所经，万一少阻，立命撤去，则旧材无所于用，费益不赀，事往因循，将遂废坠，吾计此欲投会豫举，则力少事济，亦以省吾民耳。"邑尉李君洋力赞其决，言者不能诘，于是命须选官戚华、民陈谟董厥役事，给以材具，授之规制，不越月而成，易细以巨，革脆用坚，视昔崇五之一，下通舆马，荡如周行，穹焉焕焉，为邑伟观。君子谓侯新一梁而具四善：爱君以德，忠也；忘己庇民，慈也；达利害之机，智也；劳不厉农，费不竭公，才也。邑教谕徐丙闻之，曰："尽侯所蕴，将足衣食，兴礼义举，便去畏绝，滞沛新以丕变，兹邑一梁己乎。"既二年，侯所施皆如丙言。丙时亦满，将去邑，诸老以丙知侯，且悉其事，砻石属记，以昭后人，俾嗣葺勿坏，以永侯之功。丙不辞，遂书。侯名幹，字克贞，别号约斋云。

嘉靖纪元（1522）春三月吉旦，吴兴徐丙撰并书。

【按】选自明董邦政修、黄绍文纂《嘉靖六合县志》卷7［明嘉靖三十二年（1553）刻本，《金陵全书》甲编《方志类·县志》第23册影印］。

## 凌约言

凌约言，字季默，号藻泉。湖州府乌程县晟舍镇人。明代著名的文学家和雕版印书家、《初刻拍案惊奇》《二刻拍案惊奇》的作者凌濛初（1580—1644）的祖父。以史学著称，嘉靖十九年（1540）举人，授全椒知县，历任沔阳知州、庐州府同知、南京刑部员外郎等职。为官理事干练，"所在咸有政绩"。寻乞归。年六十八卒。著有《凤笙阁简抄》《椒沔稿》《病稿偶录》等。

## 《江防方略》序

余过北山子，北山子适斩寇献功，休沐于官舍，余因询其大都焉。北山子一笑道故，且出《江防方略二十事》示余。即夕张燕，陈弓矢甲胄于席上，命壮士作军中乐，与余饮于帐中，矫矫乎洸洸乎，绰有英士风也。余甚嗟异之。既为赋屏风十咏，复漫为序端，俾胜算不置之无用，如侯已所云焉尔。夫宇内之士，慕道真者溯江门，究禅宗者采慧能，总艺文者媲史汉，摘风骚者追黄初，喜任侠者少田常，尚智猷者轻户牖，其风问至宣邑也。然求其习兵善战，真能对垒擒敌者，或罕著称焉，何也？技有短长，胆有勇怯，而搦管者流，不强所未习以蕲表见也。北山子以明经起家，风采豁达，殆翩翩士之隽也，乃能躬摄甲胄，擒斩江寇，以衅鼓染锷，为畿辅倚重。迩者方渡江，贼乘五巨舰奄至，其气张甚，麾下沮缩，相顾有惧色。北山子奋勇，独与一苍头各挽强弓，驾轻舸，迎击其锋，连射十余人，皆应弦而倒。苍头亦且骂且射，殊勇敢鸷猛可嘉。贼众大败，北山子乃命麾下囊贼首，缚其生擒者，献俘于督府。呜乎！奇矣！奇矣！未睹有书生而能效剑士之技如此也。今国家搜举将材，若自此厚加推毂，使当一面之寄，必能提兵出塞，与匈奴血战，射左贤王中目，射右贤王坠马，如汉家飞将，其不在兹乎！其不在兹乎！余观《方略》所陈，其计画皆有大过人者，而尹兹京邑，课令又可为天下最。《传》云："用为虎，不用为鼠"，言豪杰系用否也，人才不恒有，辨论官材者，当必有鉴矣。

嘉靖癸丑（1553年）春日，椒长西吴凌约言撰。

# 王世贞

> 王世贞（1526—1590），字元美，号凤洲，又号弇州山人，南直隶苏州府太仓州（今江苏太仓）人，嘉靖二十六年（1547）进士，先后任职大理寺左寺、刑部员外郎和郎中、山东按察副使青州兵备使、浙江左参政、山西按察使，万历时期历任湖广按察使、广西右布政使、郧阳巡抚，后被张居正罢归故里。张居正死后，王世贞起复为应天府尹、南京兵部侍郎，累官至南京刑部尚书，卒赠太子少保。著有《弇州山人四部稿》《弇山堂别集》《嘉靖以来首辅传》《艺苑卮言》《觚不觚录》等。

## 六合县陈侯去思碑

应天之六合，虽名为赤县而滨江，最僻小，土瘠而民贫，又时有邮缳传符之累，以是益困不堪。陈侯之始来六合也，召见吏民，尽得其恫苦状，慨然曰："我必苏之。"庶人在官者，裁为一①百七十人，人各与②定直，毋得为低昂。以九则授役，役称其家，毋有訾窳，属覈田之诏下，侯精心履行，勾稽得其伏匿之亩且半，既而曰："上意非益赋也，欲平之而已。盖新亩出，而故亩之赋减半。"又因以宽芦洲之税，补开河损田之直若干，赎锾金不入它籍，而易谷于庾，岁侵出之，民不告饥。圩堰陂塘，以时筑浚，灌溉不乏。侯乃曰："困已苏矣，可以施教矣。"遴其耆硕，以为三老啬夫，明饬高皇大训，使里颁而人习之，旌其淑若而挟其荡佚。侯③自以时之学宫，集博士弟子而诲之经术，傍及艺文，靡不翕然趋风。侯食不再簋，衣必三浣，每出按行郊野，不多从驺，呵一椷后随，不资于民，入计之日，余俸自给，拜征之顷，垂橐萧然，荐绅衿裾，以至都鄙，士女田叟旅人毋不垂泣遮挽，胥吏敝缊而曰："我曹日洗手而从事，然未有及④一败者，始实苦之，今而后知

---

① 一:《弇州山人续稿》卷 65 作"二"。
② 与:《弇州山人续稿》卷 65 作"予"。
③ 侯: 底本无，据《弇州山人续稿》卷 65 补。
④ 及:《弇州山人续稿》《顺治六合县志》无此字。

侯赐也。"

盖侯拜尚书户部①郎，于宦不为鼎贵，去且久而其人益思之不忘，相率推士人陆察、季概、黄域、沈坊辈②诣不佞，以请公实敦史幸为一言纪侯德，将伐石而勒之，以示永永。不佞质以侯所用致思之状，而得前十余事，要亦皆循吏之所恒称者耳，非有踔绝可喜可愕之事，而不知踔绝可喜可愕之事，固少年轻锐之所乐闻，而实非所以得民之真者也。夫循吏之所恒称，正恒吏之所不能蹈也。今天子方加意元元，岁大计吏，黜其无良者，而为锡玺书宴赉，以旌其贤者，郡邑之人又能追旌其贤，守令若此龚、召、朱、卓之辈，当接踵而起矣。

侯名载春，号澄渠③，济南之历下人，万历庚辰（1580）进士。前庚辰而成进士为潞城令者，侯之父，缮部公也。古于父子称循吏，时有之，然未有并起一时，相望为世所脍炙者也。历下之才贤，若边廷实、李于鳞④，以文苑名海内，其名政术，则自侯父子益有闻，故不佞乐而应之如右。今令黄侯，名梦鸿，能继侯贤声者，实预闻其事⑤。

万历十六年（1588）□⑥月吉旦，赐进士第南京兵部右侍郎吴郡王世贞撰⑦。

【按】选自张启宗增修、施所学等增纂《万历六合县志》卷7〔明万历四十三年（1615）增刻本，《金陵全书》甲编《方志类·县志》第24册影印〕。王世贞著《弇州山人续稿》卷65（明万历刻本，沈乃文主编《明别集丛刊》第3辑第37册，黄山书社2015年版）、顺治和雍正《六合县志》均有本文，诸本文字略有不同。

---

① 户部：据《弇州山人续稿》《顺治六合县志》补。
② 推士人陆察、季概、黄域、沈坊辈：《弇州山人续稿》《顺治六合县志》无此12字。
③ 号澄渠：《弇州山人续稿》《顺治六合县志》无此3字。
④ 鳞：《顺治六合县志》作"麟"。
⑤ 前庚辰而成……闻其事：底本无此120字，据《弇州山人续稿》补，《顺治六合县志》引录本文与之在文字上亦略有不同。
⑥ □：底本空一格。
⑦ 此处日期和署名《弇州山人续稿》《顺治六合县志》均无。

# 李 箴

## 新建文昌祠记

予昔会试北上，燕于潘宗伯水帘公之第，闻公具述文昌星赫灵咸陟，心窃异之。比授六合宰，接乡宦师生数言，六当作新文运，科甲斯兴，予辄随其所欲，而致力焉。金谓治北来龙，宜续气脉，而祠文昌于是。剷阜以陆，其河夷桥，以阶其石，筑沟墁埴，以成其布①，六之人乐事赴工，计时就绪，择以元载三月之吉妥，贵相司禄诸星之宫，清晨出闉，紫霞张空，上焘下晶，俨若锦幛②，予与邑博吴侯、桑侯、卢侯及黉序诸生，倬有豫色，既而相与纵观，□□③未得，予所卜倡④取象之意，予告之曰："贤师弟欲知之乎？"盖殿其中平地，突然而起，取特立也。壔其外安堵截然，而匜取直方也；亩其后百稏颖然，而樓取登成也，邑其前万寓隆然，而备取柱栋也。檐阶莳柏，为正人之列，閟扁书金，为第宅之表，向离出坎，以倆高明，实祠虚地，以帧广大，为器业之占，由此豪俊星罗宇内，上应天文，为宗伯公席，上称述之验，则予与文星胥有光矣。三师闻之，命诸生前迓而谢，欲予纪诸志中，予愧非能文者，因次其所答述，以记岁月，而俟诸后云。

万历元年（1573）三月上浣吉旦，知应天府六合县事临海桐柏李箴撰。

【按】选自张启宗增修、施所学等增纂《万历六合县志》卷7［明万历四十三年（1615）增刻本，《金陵全书》甲编《方志类·县志》第24册影印］。部分文字不清，以《顺治六合县志》补正。

---

① 以成其布：《顺治六合县志》作"以成其市"。

② 幛：《顺治六合县志》作"帐"。

③ □□：底本2字不清，《顺治六合县志》作"概"。

④ 倡：《顺治六合县志》《康熙六合县志》作"宅"。

# 新迁六合县儒学记

予居台以学古，入官为志，辛未（1571）会试后，乃授今官。至即拜文庙，登明伦堂，与诸生稽古论学，率欢跃有向进心，惟言及学宫，则金患偏邪，无以称崇祀，圣师作新，士类之意惓惓，欲予徙之，予闻南昌桑侯先倡其议，继至武林吴侯、东昌卢侯复决其举，于是首自县中捐资，措置规制，乃荷台府之锡，藉师弟子之资，广间里富家之助，始克徙庙安神，大势巍伟，诸所未饰，渐次以成。元载二月丁巳大祭，从棂星门左而入①，见神闱宏桀，圣道坦夷，又从仪门左而入，见文庙圣师、四配、十哲，如在其上，两庑先贤大儒，如在其左右，俨然而望之，曰："奕哉芋②乎，可以祀矣。"事竣，由庙庭之西入阙门之路，而后登于堂，见钟鼓傍悬，案座鼎列，阶级周正，廨舍比联，肃然而嘉之，曰："翼哉将乎，可以教矣。"予又出而见其洁宿有斋，序号有房，敬一有亭，尊经有阁，义路礼门有楼，陶然而乐之，曰："曼哉敞乎，可以学矣。"于是师长率诸生揖而送予，予与诸生语曰："是役③也，其无忘改倡之意也哉！用祀所以明有报也，用教所以明有施也，用学所以明有行也。崇报之诚，可进于礼；顺施之化，可进于仁；力行之决，可进于智。由是集学校，居乡里，则称曰孝子，曰悌弟，曰廉士，曰义夫；取科第，服休采，则称曰正色立朝，曰尽忠报国，曰仗节死义，曰犯颜极谏，虽与④日月争光可也。又何忝于圣贤⑤，何负于所学？而提调与师长亦何不因之而取重也哉？"诸生复强予记其言。予谓记宫室以壮丽一时，记学校以昭示万世，故示陶成之义，不忘学古之功，读是记者宜省是心，毋徒曰华叶为可玩云。

隆庆壬申（1572）正月上日，知六合县事临海李箴书。

**【按】** 选自张启宗增修、施所学等增纂《万历六合县志》卷 7 [ 明万历

---

① 入:《顺治六合县志》无此字。
② 芋: 疑为"芊"，茂盛。
③ 役: 底本作"枝"，于意不通。据《顺治六合县志》改。
④ 与:《顺治六合县志》无此字。
⑤ 贤:《顺治六合县志》无此字。

四十三年（1615）增刻本，《金陵全书》甲编《方志类·县志》第 24 册影印］。部分文字不清，以《顺治六合县志》补正。

## 张振之

张振之，字仲起，号起潜。江苏太仓县人。嘉靖三十八年（1559）进士。授浙江处州府推官，擢监察御史。恨者借事构陷之，谪临清州判，旋移广信，迁抚州同知。后入为南京兵部职方员外郎。历吉安、杭州知府、按察副使等。著有《巡仓奏议》《全浙杂编》《理学辨》等。

## 丰瑞亭记

明万历改元之二年（1574），岁在甲戌，应天之六合学博钱蒙造予邸，言邑长令李箴是岁十月将报政王廷，邑诸生方澄澈、戴弁、马龙图，耆老倪举辈告蒙曰：“方今天子冲圣，宰相贤良，德化隆洽，时和岁丰，祯祥遍野，吾邑长令奉行明诏，劝农养老，兴学辑和，兵民天锡之福，麦皆两岐，丰年大瑞也。草野老民欲建一亭扁曰丰瑞，冀得南选部太仓张子一言，用扬圣朝格天之烈，邑长佐理之勤，敢述以闻于子。”振如闻而疑焉。既而询之使，为荐令者一，奖令者二十一，其所鉴赏与耆老言不殊也。询之都人士，其所评题不殊也。询之六合贡生李维岳，又曰贤令也。两岐麦出西里，有耳目者所共睹记也。然后知耆老、诸生、学博言不虚也。

古者圣帝明王治天下也，先养民，养民者重农，农者衣食之源而风化之本也。孔子论政自足食始，孟子明王道，省刑薄敛，深耕易耨，菽粟如水火，而民焉有不仁，此万世治平之准，而百王所同也。神农耒耜，黄帝井田，尧命羲和，舜咨十二牧，重民事也，《豳风》《无逸》有陈，农家有戒，丰年有颂，周公所以相成王而卜年八百也。我圣祖开基，首重农桑，三十年间垦籍田，蠲荒租，无虑二十余，诏天官考课，视户口田野，黜陟幽明，千古帝王治法贤有司所图化理，保其社稷而和人民者也。今废而不修，惟浮文之求，暴征苛令，使田野疲于供应，弃乡井而转沟渎，夫游手而大奸起，愁苦怨嗟之声干天地之和，召水旱之灾则长民者之尤也。李令之治六，知农政矣，修陂塘，节驿传，平马赋，保甲乡，兵以卫之，学校乡约以劝之，军安于屯，民乐于耕，水旱有祷，祷必有应，古之遗爱也。为天子宣德意而养元元，《洪范》庶征本于五事，王省惟岁，卿士惟月，师尹惟日，言君臣上下人事之得失，而天道应也。故有成王而后有来牟康年之祥，有张堪而后有两岐之瑞，六合休征非偶也。李令三载考成，功且荐书久登天府，旦夕作天子耳目，将图流民疾苦，与行于六，有明效者，入告大廷，神农、黄帝、尧舜、成王之治，周公、孔孟之教，可举而行也。天降甘露，地出醴泉，河出图，洛出书，麟凤龟龙诸福之物莫不毕至，何止一六合西里瑞麦也！振于六，贺国家得二瑞：丰年为一瑞，瑞麦是也；得贤为一瑞，李令是也。是安可无记也？孔子作《春秋》，无麦则书，有年则书，是安可无记也？虽然吾闻李令孝子也，移孝为忠，体仁广爱，其德业盖有自矣。记之告来者。

【按】选自清刘庆运修、孙宗岱纂《顺治六合县志》卷10［清顺治三年（1646）刻本，《金陵全书》甲编《方志类·县志》第25册影印］。

## 焦 竑

焦竑（1540—1620），字弱侯，号漪园、澹园，又号龙洞山农。生于江宁（今南京），祖籍山东日照，祖上寓居南京。神宗万历十七年（1589）会试北京，殿试得中状元，官翰林院修撰，后曾任南京司业。著作甚丰，有《澹园集》（正、续编）、《焦氏笔乘》、《焦氏类林》、《国朝献征录》、《国史经籍志》、《老子翼》、《庄子翼》等。

## 六合县重建冶浦桥碑记

万历癸卯（1603）之夏，不佞竑逃暑于秦淮水居，忽清水令季光甫率耆老二三人见过，为邑父母刘侯建桥勒石以文属不佞。顾侯于不佞为邻封，父母德政渐被，素沐余波，矧辱季君之委，何敢辞？

盖尝稽诸志牒矣，冶浦源冶山，与滁水五十四流交合，入县境。桥①自

---

① 桥：诸本均无，据文意补。

唐以迫夫①明，跨于河，为六合要津，且传车络绎不绝，柱础年久，不无洪涛冲激之患，往往甃治者因陋就简，环桥之民次且不前，兢兢然若履春冰。侯忧之，急欲修葺。忽桥坠，司启塞者报侯，侯愕然问曰："幸往来人无恙，桥之倾圮毋恤也。"邑有说者曰："桥在县甚多，惟冶浦险难治，匪得天时、地利、人和，鲜克有成。"侯闻，权设浮舟以济，俟水落石出可理。适届期，侯集邑博士弟子员暨乡缙绅，商榷估价，随给盐院应公，檄发赎锾若干，侯捐俸锭若干，士民募义若干，令义民陆信、乡约贾芳等董其事，求木采石，大其制，而鼎新之。用千桩固其基，累石为五拱，上覆以飞栋雕栏，二十余丈，冬日春阳，卤消潮退，赴工者踊跃忘劳，甫四月而厥功告成，天时、地利、人和，神宰得之矣。工竣，既坚且壮，百倍于昔。侯率寮属临于圮上，摛文酹酒，叩冯夷水若之神，谢焉。惟时南熏徐来，漾金波也；垂柳阴浓，庇璃岸也；桥梁百尺，驾长虹也；风樯千里，送归帆也。徘徊瓜步灵岩，烟云鱼鸟，令人应接不暇。棠有八景，而夙称伟观者，此非其一乎？

嘻嘻！桥梁之设，王政先之。昔陈少游为观察使，设梁以御水虐，迄今呼为"大夫桥"，则侯之令名，当与少游君并垂不朽矣。竑也释绂栖约，隤糜久尘，而海枣春镞之语，贻灾贞珉，安能揄揭万一哉！至于诵济川，纪祥鸾，黎广文，自能传其盛者。侯籍兴国，讳文定，字一卿，安所其别号云。

赐进士及第翰林院修撰直起居注国史讲筵官儒林郎焦竑撰。

【按】选自清刘庆运修、孙宗岱纂《顺治六合县志》卷9［清顺治三年（1646）刻本，《金陵全书》甲编《方志类·县志》第25册影印］。本文不见于焦竑著《澹园集》（正、续编），为焦氏诗文集失收作品。

## 昌平伯赠颖国公杨公洪传（附杨俊）

杨洪，字宗道，六合人。祖政，汉中百户。洪嗣官，调开平，机变敏捷，善用计，出奇兵捣虚，或夜劫营，累功升都指挥。正统元年（1436），内臣韩政、阮鹅疏洪短，上诘二内官，曰："此必小人左右汝，即械至京，姑贷汝二人。"时洪颇为众忌，上又每举洪功励诸将，洪益自奋。守边屯营，

---

① 夫：底本为空格，《康熙六合县志》同，《雍正六合县志》作"夫"，据补。

专用铁蒺藜，寻以都督守独石，败虏宣府大石门宝昌州，捕虏阿台打剌花。正统十三年（1448）封昌平伯，食禄千石，充总兵镇宣府，虏畏之呼"杨王"。十四年（1449），虏入败我土木，上皇道宣府，北狩去，洪闭城门，逮系诏狱。是年十月，虏犯京师，出洪狱中自效。洪与孙镗、范广等率兵击虏涿州、紫荆等处，遂至固安大捷，捕虏阿归等。进侯。洪为将，纪律严明，将士用命，敬慎自将，不敢专杀，宣德、正统、景泰间称名将也。先之难，奋不顾身，一时诸将功为最。景泰二年（1451），还镇宣府，卒赠颖国公，谥武襄。子杰，嗣侯，言："臣家一侯三都督，诸苍头得官旗者十六人，乞停苍头职役。"许之，未几卒。

杰庶兄俊，嗣侯。俊先以擒叛者喜宁功，升都督。上言也："先往时酋长尚在，东西诸番未附，今既弑脱脱不□并其众。东自女直兀良哈野人，西至蒙古赤斤哈密，皆受约束，包藏祸心，待时而动，又闻其妻孥辎重在哈剌莽，来去宣府才数百里，健人壮马，屯沙窝，去边尤近。今大同、宣府、怀来、辽东、山海、永平、宁夏、延绥、甘凉、庄浪等处，宿兵不下数十万，臣愚以为险阻之处，量留守御，其余壮勇，各选老成谋略将官，统率迤西，悉赴代州迤东，悉赴永平结营操练。更选京营骑兵，申令股肱大臣，统率至大同宣府，会合所在兵列营坚守为正兵，其永平营赴独石，代州营兵赴偏头关一带，按伏为奇兵。部署既定，或拘绝虏使以激其怒，或檄数叛逆以正其罪，彼必来侵，我正兵坚壁清野，坐观其变，密遣奇兵，日夜倍道，捣其巢穴，使彼前不敢进，后不能顾，必擒其妻孥，获其辎重。彼或察知我谋，急还相救。我乘其奔溃，奇兵夹击，立致摧败，此实战攻取胜之机。抑臣又闻三军之害，犹豫最甚。昔在有宋澶渊之役，若从寇准之议，必无靖康之悔。今若间以群疑，失今不治，臣恐他日之患，又有甚于今日者。臣一家父子兄弟，受恩实深，马革裹尸，固其分也。"事下，总督、总兵及营中诸将校议，言人人殊，少保于谦言"贼虏也，先违天背德，彼之罪恶已盈，我之□□宜雪，杨俊此疏，发愤殉国，但兴兵举事系社稷安危，即如俊所言，万一我军出境，贼与我牵制，别分犬羊，由间道乘虚四散摽掠，是自撤守备，计非万全。国家之害，非止北虏，东南寇盗未除，河南流民又聚，岂可轻内重外，更不思患预防？夷狄之性，利于疾速，不能持久，去来如风雨，聚散如蜂蚁，得利则鸱张，失势则鼠遁，乃其常态。若欲纠兵涉远，出徼幸之谋，撩奸凶之虏，将卒不相知，号令不相统，臣愚未见其可疏。"上从于公议。先是，遣俊及刘深充游击将军，出宣府，经略独石诸城堡。参赞参政叶盛言："俊往守独石，所谓败军之将。"乞遣深罢俊，遂令俊护瓦剌，使人出塞。俊又挟私怨，杖永宁守备都指挥姚贵，且缚贵斩曰："我尝杀陶都指挥。"上不问诸裨校，力解得释，比还，廷臣劾俊论死。会杰卒，每请释俊，葬杰，得降督府佥事，遂得嗣父侯。后坐法，罪死，宥革爵。子珍嗣。天顺元年（1456），石亨坐，俊及骁勇都指挥范信等附于公，斩西市。调珍戍广西。天顺八年（1464）赦珍，授龙虎指挥使。

【按】选自焦竑纂《国朝献征录》卷 10（周俊富辑《明代传记丛刊》第109 册《综录类》第 26 册，台北明文书局 1991 年版）。底本未署作者姓名，可能为编者撰写，故署"焦竑"名下。

## 桑子美

桑子美，原名桑鲈，字子美（《同治义宁州志》卷 20），一字惟和，以字行，江西义宁州毛竹山（今江西省九江市修水与靖安、奉新三县交界处）人。嘉靖间贡士，隆庆四年（1570）任六合县学训导，曾参与万历二年（1574）的《六合县志》的编纂。后升鲁府教授。

## 《重修六合志》序

志者古史书之流，所以载事纪物，识不忘也。上自王朝，下逮列国，纤悉毕陈而罔缺，纲纪从类而靡遗，极之为天地星日之变，该之为草木鱼虫之微，列之为民物繁耗之数，官联臧否之宜，才贤兴替之叙，可谓博矣。然以文胜者，或丽而不情，以侈胜者，或富而无据，笔削废于偏私，胶固阻于闻见，非所以示观省，垂悠远也。不有作者，谁其嗣之？子美以寡陋窃尝备览邑书，如宋之嘉定志，明之永乐志、成化志、嘉靖志，考其因革损益之原，参以群籍百氏之纪，询之耆旧敏达之士，咸井井可镜焉。第时异事殊，难以袭故，欲整而新之，诚今日之不可缓者。恭遇李侯，华胄亢宗，文武奇抱，作牧兹邑，甫逾年而政通人和，百废具兴，乃因黄大夫修志之请，遂辟馆于清玄，以延文学之士，首勤币聘，继隆庖廪。于是吾辈二三君子仰承德意，共图善美，取群志缉而新之，缺者补，梦者叙，谬者正，前后若干卷，纪传若干篇，诗文若干首，前修往哲善行嘉言，珠灿星罗，不浮不凿，所以贯三才，周庶务，昭古今，严训惩，视昔为有加焉。展而玩之，肌髓融液，警省焕发，殆有补于风教也已。是举也，黄、杨二公以宿德耆儒，乡邦推重，兹迎而致之，足征李侯无遗寿耇之心，方生澄澈辈以文行卓异而获与修校之选，足征李侯养士作人之功，若子美与吴、卢二同寅，惟一心协衷，辅政弼教，仰答李侯属望之意云尔，其于检阅之劳，则何有焉。因僭为之序。

【按】选自清刘庆运修、孙宗岱纂《顺治六合县志》卷 10〔清顺治三年（1646）刻本，《金陵全书》甲编《方志类·县志》第 25 册影印〕。

## 周孔教

周孔教（1548—1613），字明行，号怀鲁，临川河东乡（今江西省抚州市临川区上顿渡镇）人。隆庆四年（1570）中举，万历八年（1580）进士，历任福建福清知县，浙江临海知县，浙江道御史，河北、河南巡按，直隶学政，太仆寺少卿，以右佥都御史巡抚应天，累官至总督河道右副都御史。著有《周中丞疏稿》《救荒事宜》《怀鲁先生集》等。

## 《重刻乡射约》序

孔子曰："吾观于乡，而知王道之易易也。"今吾观于归德公之乡射一书，而信王道之易于乡也。古者，诸侯之射也，必先行燕礼；乡大夫士之射也，必先行乡饮酒之礼，然则燕与乡饮，皆为射设也。今郡国遍行乡饮酒，而燕礼自上而下，饮行之置，射礼不讲，何也？岂以射为鄙事，而不足学乎？《易》曰："弧矢之利，以威天下。"固以为射者，武事之尤大，而威天下、守国家之具也。故古者教士以射御为急，其它①技能则视其人才之所宜而后教之，其才之所不能，则不强也。至于射则为男子之事，人之生有疾则已，苟无疾未有去射而不学者也。有宾客之事，则以射；有祭祀之事，则以

---

① 它：《古今图书集成》"经济汇编·戎政典"卷 281 作"他"。

射；别士之行同能偶，则以射；于礼乐之事，未尝不寓以射，而射亦未尝不在于礼乐祭祀之间也。居则以是习礼乐，出则以是从战伐，士既朝夕从事于此而能者众，则边疆宿卫之任，皆可择而取也。自儒者以文学名为儒，故用武者遂以不文名为武，而文武从此分矣。或曰自文武之途分，而千万世之儒皆为妇人，此其言不无过激，而要之平居所学非所用，异日所用非所学，而疆场宿卫之任，不得不推之二三武夫。甚至武夫且不好武，思以文自见，一旦闻鼙鼓，而思将帅之臣，踉跄四顾，往往乏人，大可叹也。昔者田单火牛以破燕，刘琨长啸而却胡①，张许罗掘而待尽，虽有幸有不幸，大都郡邑无兵储，士民习于儇儇②如驱市人耳。向使庚③廪具积贮，材官有射声，田将军必不弃人而用④牛，刘越石必不弃鼓鼙而用箛角，南将军又何苦⑤嗷嗷然号咷贺兰之师哉？今天下承平日久，人⑥不知兵，狼虎窥藩，燕雀处堂，异日有急，其不能以乡饮酒之礼应干戈之冲，明甚，乃所重在彼，所轻在此，此天下鳃鳃然抱疆场之忧，而有一日之虞也。嗟夫！虞允文一书生耳，采石之捷，卒刭完颜之颈⑦。史称允文慷慨，多大略，善骑射，乃知其所习者，豫也。夫天下而止一允文也，诚足为赵宋⑧羞，若乡射举，而尽天下书生皆允文也，则请为我明时贺矣⑨。然则归德公斯约也，忧深哉！其有绸缪未雨之思乎，此固老成之先忧，荩臣之用心也。余故梓而广之，使天下之乡皆如归德之乡，则处处皆胜兵，此固寓兵于农之意，亦古人折冲尊俎意也。

【按】选自清刘庆运修、孙宗岱纂《顺治六合县志》卷10［清顺治三年（1646）刻本，《金陵全书》甲编《方志类·县志》第25册影印］。

---

① 胡：《古今图书集成》"经济汇编·戎政典"卷281作"敌"，避清讳改。

② 儇儇：《古今图书集成》"经济汇编·戎政典"卷281作"巽懦"。

③ 庚：《古今图书集成》"经济汇编·戎政典"卷281无此字。

④ 用：底本无此字，据《古今图书集成》"经济汇编·戎政典"卷281补。

⑤ 苦：《古今图书集成》"经济汇编·戎政典"卷281作"若"。

⑥ 人：《古今图书集成》"经济汇编·戎政典"卷281无此字。

⑦ 卒刭完颜之颈：《古今图书集成》"经济汇编·戎政典"卷281无此6字。

⑧ 宋：底本为"朱"，误，据文义改。

⑨ 夫天下而止一允文也，诚足为赵宋羞，若乡射举，而尽天下书生皆允文也，则请为我明时贺矣：《古今图书集成》"经济汇编·戎政典"卷281无此37字。

# 冯梦祯

　　冯梦祯（1548—1606），字开之，号具区，又号真实居士，浙江秀水（今嘉兴）人。万历五年（1577）进士，官编修。后因得罪宰相张居正，被谪广德州判，复又累迁南国子监祭酒，后被劾罢官，不复出。移家杭州，筑室于孤山之麓。著有《快雪堂集》64卷、《快雪堂漫录》1卷，《历代贡举志》等。

## 醉石斋记

　　昔苏长公以怪石充供饷，佛印参寥则文石之滥觞也。余观前后《怪石供》，其文甚美，然所怪石者，则以饼饵易之，齐安<sup></sup>①小儿当时良不之贵，而石之可怪，仅仅多红黄白色，其文如指上螺而止，似亦非石品之上，乃一被长公拈出，随流扬波，至于今日，遂为书室净几不可缺之物，长公盖作法于凉哉。

　　今六合山中所产绝奇，好事者竞出金钱购之，而贫者日奔走以自给。余至南都，则闻程别驾克全所贮不赀，请观焉，而克全欣然出其所有，示余曰："喜则取之，不可则返，无伤也。"余以故得尽其意于石。自甲午（1594）至今，识弥精，取弥寡，计前后所蓄仅数十枚，皆取其天机而略其玄黄牝牡，乃所谓文如指上螺者，则掷不顾，恨不能起长公于九原，与之品石耳。然余之所谓佳，众俱不解，即克全亦不解，惟长儿骥与余同意，每得一枚则父子相赏，怡怡终日矣。今岁病后，挈两儿游城南，克全具鸡黍，淹留竟日，凡盆盎间物搜阅几遍，所仅取者不能数枚，克全见讶，又出其所宝若干，大都求奇于人物仙释，余与两儿更揶揄之。同一嗜石，而意匠相诡如此。余谓克全好石，日购而聚之，不减富人之积金，乃不自有，而归其精于余，视长公之不自有而以供佛印参寥者何异？然而克全之所谓精者，自在余未尝夺之也，仁智百姓之见，亦何常耶？何必余之是，而克全之非耶？克全所居之斋颜曰"醉石"，尝自为赋，而以记属余。克全为人长者，慎于取与，其廉声

---

　　① 齐安：地名。底本作"斋安"，据《顺治六合县志》改。

376

在抚，抚之人尸而祝之。夫石，坚贞而有文理，君子比德焉，宜其醉也，是通而不溺之谓也。余斤斤置辨，明己之是，张人之非，余则溺矣。是为记。

【按】选自冯梦祯著《快雪堂集》卷28［明万历四十四年（1616）刻本，沈乃文主编《明别集丛刊》第4辑第18册，黄山书社2015年版］。《顺治六合县志》卷10有选录。

## 李春荣

李春荣，字邦彦。浙江嵊县（今嵊州市）人，万历十三年（1585）乙酉举人，万历三十五年（1607）任六合县教谕，居任五年，三署县事。官至崖州知州。

# 重修六合城隍庙记

六合城隍庙，实汉九江王祠，至宋累著显应之迹，知县事王公立石纪之。国初助太祖阵于江右，遂封显佑伯，主邑土神，从来旧矣。庙貌间虽增饰，然而日月就圮，颓垣败瓦，不无风雨之患。邑侯新喻张公欲撤而新之，首捐□锾，属民人重加修葺，民争乐输，一时萃百数十金，不烦帑藏，辉煌可竢。于是殿庭之未广者阔之，丹青之凋落者腾之，栏干于阶除者石之，门外左右树以二坊，既壮且丽，其庙新矣。时主祠北隅，则刻为行神，幡幢拥卫，罔不咸备，人人知有其神，易观听而礼事之矣。

庙所以新者何？先是茅公驱蝗，董公禳疫，固尝以灵显。肆六合之境，飞蝗蔽空，岁不为凶，札瘥代作，民不为殃，福善祸淫，其应如响，是神实庇我民而忍负之哉？五阅月而庙成，复为禁令，毋渎明神，余闻之《易》称大人者，与鬼神合，其吉凶中庸，盛引鬼神之□，洋洋乎如在其上，何彰彰明也！乃世儒吏于所见，委而不信，视先代神灵蔑如也。即祀典所应修举者，直与靡文等，莫得加意，不待既灌而诚已不属矣。蕲鬼神之休享得乎？迹城隍之事，讵不甚洋洋哉？而公可谓知敬而远矣。顷工竣，陆生怀橘偕董事人属记于余，余不佞，为述其大端如此。

万历癸丑（1613）春三月吉，守崖州古剡李春荣撰。

【按】选自张启宗增修、施所学等增纂《万历六合县志》卷7［明万历四十三年（1615）增刻本，《金陵全书》甲编《方志类·县志》第24册影印］。

## 徐 桓

徐桓，字国武，浙江会稽（今绍兴）人。万历四年（1576）举人，万历八年（1580）进士。历任镇江丹徒县令，官至南京刑科给事中、按察副使。

## 珠泉龙王阁碑

神弗必信也，邀福而媚之，惑矣。乃若川泽之灵能为民御灾捍患者，则神功弗可诬焉。顾荒落而不为崇祀可乎？万历庚寅（1590）春，余奉明命偕司马王公赈恤贫余，时值大旱，四野尽赤，萧条枯槁，景象不可名状，独浦口西门外环旋二十里许，麦秀芄芄，黎民乐业，若不知有旱者，余异而问之，则曰："此珠泉地也。"随往探见群岫中涌一泉，广数亩，珠累累自下起，昼夜不舍，俗传为神龙所栖，即大旱不涸，永为斯民利。余浩然叹曰："民知享其利矣，弗思崇其报乎？"众瞿然兴报赛之思，唯唯退。及孟夏大阅毕，又偕侍御李公、司马陈公、大将军侯公载往观焉，咸谓珠泉胜甲天下，其利民博且久，崇祀不可无所，相与经始为建神龙阁，又恐土木费巨，重烦民力也。捐俸若干，属守御彭君经营之，守御材高董作得法，而江浦令郑君与二三父老歆神惠者，又争持钱谷相劳，不谋而集也。工役方兴，适大司马杨公偕中贵高公、邢公、泰宁侯陈公、新建伯王公，亦奉命视事江上，闻举事共乐之。甫及五旬，轮奂黝垩，焕然称壮丽。落成矣，其制仿画舫斋式，即泉之中创台榭，前为高阁南向，则神居焉；中为斋，横一室，纵三楹。其东西登览者凭栏，云水一色，恍如天上，坐镜中行矣。下可丈许如虹，可通小艇。其北为平台，以观泉所冲激。又其北为高亭，名曰"后乐"，为礼神者所憩，亦诸大夫使者览胜于斯而动民瘼之想者乎？工且讫，而民部张公政驻节焉，乐观厥成，以事不可无纪，征予言。

余谓浦口为金陵保障，神龙又能为浦民保障，其流泽利赖垂千百世，则为我国家巩固根本重地者，亦垂千百世无疆矣。神休之溥，且久章章如是。

斯举也，固不直为浦民图报，亦为我国家肇祀也。神威显赫，更著灵异，俾雨旸时，若江水澄清，则俟后君子必有以神功奏闻于朝，敕加祀典者尔。父老其虔祀之无怠，因纪其事于石，且系之以辞。辞曰：

惟神有灵九天通，能沛甘泽兆年丰。祈禳必应神之聪，黎庶得安神之功。此不为异他境同，吾神之灵灵独钟。金陵重地赖岬嵝，万世山河一统中。珠玑累累喷蛟龙，胜甲天下泽媚容。神之为施厚且隆，我士我民感由衷。雨顺风调泽更洪，愿神转以语太空。勿俾强暴时一讧，勿俾旱魃时一逢。百千万年居新宫，于以报赛于无穷。

【按】选自清刘庆运修、孙宗岱纂《顺治六合县志》卷 10［清顺治三年（1646）刻本，《金陵全书》甲编《方志类·县志》第 25 册影印］。

## 彭梦祖

彭梦祖，字应寿，一字寿甫，号岐阳，安徽全椒县人。万历八年（1580）进士。历官户部主事，升知府、宪副，进浙江参政。著有《彭应寿集》等。

## 珠泉净业堂记

净业堂者，珍珠泉上堂也，后为阁大士象焉，故堂以净业名，而名堂者太宰平湖陆公也。曷以堂？浦口旧有珍珠泉，山道逶迤，石窦如凿，泉伏地迸焉，上溅如花，蕊数十茎，流沫波面，广可数亩。岁庚寅（1470）辛卯（1471），余宗弟绍贤奉命守兹土，寺部大臣台省部曹诸君子游焉。顾而乐斯，又念泉灌田可数百顷，士民藉以有秋，宜崇厥报，于是筑龙王宫、画舫斋及后乐亭，翼然如鳌足负之，横卧水心。左右山为亭、为轩、为台，数以十计，罗列如绣。顾惟创始之艰，图以利永，永则左建蕊珠宫，命缁流守焉、鼓焉、钟焉，香灯为供，而净业堂作焉。堂前为门三楹，东西庑，福斋室，缭以周垣，不数月工竣。各捐助为之，罔厉于民，已招余来游。始至谒龙王宫，揖大士，觞于净业堂中，遂沿山历诸堂，寻珠源，泛舟往来，客至，泉如喜，益上沸，渟泓光映，饮之如雪。水中石碧色，群草杂之，金鳞潜泳，月光四射，游者爽然不能去，留连朝夕。御戎君曰："请记之。"彭梦祖曰："余乌知净业堂旨哉?"净业之名也，闻之南赡部州，有一苾刍，以三昧力于一毫端，现大士像宝冠，缤纷坐于莲花之上。夫莲出泥淖之中，而亭亭净立，莲不以泥淖不净，而西方之教则归于六根清净云。此其于吾儒至旨，不知其何似？然夫子云，"非礼勿视，非礼勿听"，勿言勿动，审彼六根，尚有不净者耶？倘所云净业者，非耶？西方之教，离垢以来净，而吾儒之旨，去垢以为净。夫去垢以为净者，物物者也；离垢以求净者，绝物者也。儒与释乌知其为同，又乌知其为异？而总之云净，则即斗为媾，而又安能以呶呶者割分于其间也。吁嗟乎！兹地自开辟以来，不知几千百载，而泉汩汩，荒草野蔓，惟见荛儿牧竖，跳啸于凄风残照间，今以御戎君故构筑之，奇树植之，工四方走而观者，如新觐于瀛洲三岛之境，亦大幸矣。夫显晦有时，兴废有数，达人大观，无足深较，故斯堂之兴以今日，吾不能必数百载而不废，亦不能必既废而不复兴，而递废递兴，遇有适然于净业之旨，卒无加损矣。游斯泉，登斯堂，绎斯义，如洗濯以去垢然，斯深于净者也，深于净斯深于泉者也。

【按】选自清刘庆运修、孙宗岱纂《顺治六合县志》卷10［清顺治三年（1646）刻本，《金陵全书》甲编《方志类·县志》第25册影印］。

## 薛　冈

薛冈（1561—1641后），初字伯起，更字千仞，浙江鄞县（今浙江宁波奉化）人。少习举子业，能诗工文。游迹几半天下，尤长期客居北京。虽终身布衣，为太平词客六十年，名重天下，今存明刻本《天爵堂文集》19卷附《天爵堂笔余》3卷。

## 《六合县五一庵志》序

五其人而一其祠屋也，庵所由名也曷？以五其人一其祠屋，而昭示来禩也。志所由作也，祠之者似乎不伦，而志之者，似乎不得已也。何也？经世者，儒也；出世者，释也；遗世者，仙人也。释家者流，虽讥仙为外道，不足学，然佛亦尝以金仙自命也。《列仙传》曰："得仙者百四十六人，其七十二人已在佛经"，则知进经伸吐纳于瞿昙之门，固未始吐去也。儒也者，匪周孔之道一切辞而辟之也，则儒与仙释不伦甚矣。儒者，恺悌其心，好生而怜悯。济度者，释与仙也。剑客之以杀为道也，亡论与儒不伦也，即与仙释亦若水之必不入石也。庵之有王氏无功也，儒而以丞祠者也；有米氏仲诏也，儒而以令祠者也；代异而堂固同也，宜其然也。达摩之以释得祠也，张果之以仙得祠也，专诸之以剑客得祠也，以人固未尝居令与丞也，以泽固未尝被民与社也，夫既不配于王、米两公，而三家者，其门堂亦三也。米公仲诏之令六合也，多异政，上下称能，语在专祠，贞石可稽也，来罔继也，往亦鲜能先之者也。先之者其王无功乎，丞与令弗同，而政同也，其为文人同也。至于百世之下，尸而祝之，无弗同也。祠无功也，祠先具米令公之体者也，能者弗可以爱语，弗可以廉语也，爱与廉者之又弗可以锄击语也。吏之情也，而慈莫释若也，而清莫仙若也，而威烈莫剑客若也。米令君之以慈使众也，心一佛也，以清律己也，品一仙也，以威发摘也，有剑客之烈焉。祠三家也，匪以壁上之影，江中之芦也；匪以避征则死，往召则生也；匪以匕置鱼腹，身许他人也。祠米令君之各得其似者也夫，第以似祠也，奚人弗可而必达摩、张果、专诸其人也，以其著于土也，以其游寓于土也，无庸索之六合之外，与令于斯土者，亲且切也。无功之祠也，以米令君，三家者之祠也无之，而匪以米令君也。日丽星繁，令君之文章也，山高水长，令君之惠泽也，不假厥庵而名自表也。无功之与三家也，得夫子而名益显者也。庵匪志弗永也，志者史之流也。有心哉！孙生伯观之祠而志也，犹之乎传循吏也，故曰"祠之者似乎不伦，而志之者似乎不得已也"，由斯以谈庵五人而一之，夫谁曰不可？

【按】选自薛冈撰《天爵堂集》卷 2（明崇祯刻本，沈乃文主编《明别集丛刊》第 5 辑第 33 册，黄山书社 2015 年版）。

## 顾起元

顾起元（1565—1628），字太初，一作璘初、瞒初，号遁园居士。应天府江宁（今南京市）人。万历二十六年（1598）进士，官至吏部左侍郎，兼翰林院侍读学士。乞退后，筑遁园，闭门潜心著述。朝廷曾七次诏命为相，均婉辞之，卒谥"文庄"。著有《金陵古金石考》《客座赘语》《说略》等。

# 六合县知县友石米公去思记

当米侯有六合之命也，邑人士抃手而相告，曰："是起家都下，以文章经术郁为国栋者耶？是尝一令中州之永宁，再令蜀中之铜梁，以贤能著其地者耶？是不屑为俗吏之刀笔筐箧，独持大体与古循良争烈者耶？徼天之幸，吾邑其有怙矣。"比侯之下车也，念其户穰而民朴，于抚字为易，又念其地冲而役重，于轸恤为难，于是躬清净以为理，醳一切烦苛，与民休息，日夕问三老疾苦，质诸士大夫，谋所以振业疲民，而厝之衽席者。

时江水泛溢，邑几化为历阳之湖，侯乃画便宜，上御史大夫与部使者，所以扞御之方甚具，当事者亟行侯议。至著为洁令，邑人转相告曰："吾不幸而逢阳侯之不若也，即又何幸有我侯之为舟筏耶？不然吾属且人而鱼其头矣。"马户之耗于牧养久矣，亟则思引富民以濡涸辙，而待役者又且怵蹙若驱诸穽中，侯为调其力而苏之，役以不困。鹾法缘私鬻而轕，议疏之，自是奸贾亡所牟利，民之毋淡食者，人人如煮海王国也。猾吏之为稷狐者，大盗之为窟兔者，击断无少借，公庭可以搏鼠，里门之犬，足生氂矣。赋输于帑，手未尝启封以示洁，甚且举金矢之直，尽蠲之阡陌。净者令乡老为调人，曰："明府自愿，民无讼耳。奈何轻以身干钳鈦为哉。"至鳏寡孤独者赈之，鬻子女者赎之，疲癃老疾者施药疗之，人人以侯为慈母也。四门乡约所时身往劝励，且月旌其里之善良者，民瞿然顾化，妇人孺子，廪廪然以奇孝著闻矣。

邑为国丰镐，故彬彬多文学士，侯至则笃意兴起之，遴其隽，躬自课督，且不惜齿牙余论，奖饰以竢其成，士亡不争琢磨以应者，酉、戌（1609、1610）连得举，为近代所希觏，得于侯之化诲者为多。盖莅任甫二年，而僚吏对之如饮冰，胥吏近之如负霜，小民戴之如就冬日，士归之如沐时雨，缙[①]绅先生望[②]之如扬仁风，则又相与抃手而告曰："吾向者谓徼天之幸，以有怙也，今果然矣。顾安得长庇其宇下，如古之居官长子孙者，以观德化之成乎？"而侯之治理流闻，通于上下，盖旧京三辅间，所称循良第一者，亡不诎指先侯。于是诠曹以治行闻于上，擢大理评事去矣。邑人士闻之，皇

① 缙：顾起元《懒真草堂集》卷19作"荐"。

② 望：顾起元《懒真草堂集》卷19作"荐"。

皇然失所求，如燠居者之骤夺其屋，饱食者之骤夺其粮，襁褓者骤夺其母也，则争以借寇之事，匍匐往请于当事者，当事者诚不忍百姓之拳拳，愿得以缓须臾以鸠此一邑民，即又念侯之资望深，且旦夕陟崇脿，不能更以百里久淹骥足为也。

于是邑庠生陈纪①等，以余之与侯善，知侯深也，群然诣而问所以留侯者，余解之曰："二三子之结心于侯，而欲挽其干旄之驾，情则挚矣。虽然，若第知为一邑计迫，欲得侯之德，而留之郡国之间，不知明主为天下计迫，欲得侯之才，而置之岩廊之上也。且上向唯重念江介之民，故藉贤侯以流其岂弟。今政通人和，侯之望秩抑亦久矣。此而不亟为升进，将如夏侯湛之居邑累年，朝叹其屈，即何以劝劳臣而风励有位哉？故考民情，即三年必世，不以为多，而叙官方则二岁而迁，犹以为淹久于兹土。二三子即善自为计，如明主之渴贤何？"

于是纪②等敞悦辟席曰："果若子言，吾终不能徼天之幸，以有怙乎！虽然邑人之思，则何可已也？请纪侯之德政，树之五父之衢，我父老子③弟旦夕望而讴吟之，在侯以为甘棠之芰，而在我邑人以为缁衣之席也，则可乎？"

余忻然而应曰："甚矣！侯之渥于惠，而民之深于爱也。夫以侯之冰其清，玉其白，风抗其高，云垂其泽，民之戴之，洵有无解于心者。即今以儒者谟谋庙堂，异日功业，积累以高大，民之立碑颂德，刻石纪德④，兹固其始基之耳。"余遂论次之，以志民思，且以告后之吏兹邑者。侯名万钟，字仲诏，锦衣卫人，举万历乙未（1595）进士。

万历三十八年（1610）岁次庚戌仲夏之吉，赐进士及第翰林院国史编修文林郎记注起居编纂章奏江宁顾起元撰。

【按】选自张启宗增修、施所学等增纂《万历六合县志》卷7［明万历四十三年（1615）增刻本，《金陵全书》甲编《方志类·县志》第24册影印］。顾起元《懒真草堂集》卷19（沈乃文主编《明别集丛刊》第4辑第84册，黄山书社2015年版）有本文，题作《六合米侯去思记》。

---

① 陈纪：顾起元《懒真草堂集》卷19作"某某"。

② 纪：顾起元《懒真草堂集》卷19作"某"。

③ 子：底本作"一"，据顾起元《懒真草堂集》卷19改。

④ 德：顾起元《懒真草堂集》卷19作"政"。

# 怪 石

东坡先生黄州江岸细石，第有温莹如玉，或深浅红黄之色，或细纹如人手指螺文。又有一枚如虎豹者，有口鼻眼处而已。余乡王藩幕家有一大石子，中具兜尘观音像，面目跏趺，俨然如生，衣裓亦复分晓。又程别驾家南门外，有石子累数百，有白质五彩文，或黑质素文，中或现北斗七星，或具山水草木状，或具鸲鹆眼，或如桃丝竹根，圆点数十，斑驳如画，或赤如丹砂，或碧如翡翠，种种奇特，不但如《东坡志林》所书矣。石多出六合山中，今尽为人掘取，如前所记，一枚直可钱数千。

【按】选自顾起元著《客座赘语》卷 3（《续修四库全书》子部第 1260 册，上海古籍出版社 2002 年版），《顺治六合县志》卷 10 选录本文。

# 品石螺子石

宋山阴云林杜绾《石谱》有品石，建康府有石三块，颇雄伟，有岩洞崄怪，色稍苍翠，遍产竹木，茂郁可观。石罅中有六朝、唐、宋诸公刻字，谓之品石。又有螺子石，江宁府江水中有碎石，谓之螺子，凡有五色，大抵全如六合县灵居①岩及他处所产玛瑙无异，纹理萦绕石面，望之透明可喜。

【按】选自顾起元著《客座赘语》卷 4（《续修四库全书》子部第 1260 册，上海古籍出版社 2002 年版），《顺治六合县志》卷 10 选录本文。

## 谢肇淛

谢肇淛（1567—1624），字在杭，福建福州长乐人，出生于钱塘（浙江杭州），号武林、小草斋主人，晚号山水劳人。万历二十年（1592）进

---

① 居:《顺治六合县志》无此字。

士，历任湖州、东昌推官、南京刑部主事、兵部郎中、工部屯田司员外郎。天启元年（1621）任广西按察使，官至广西右布政使。游历川、陕、两湖、两广、江、浙等地名山大川，所至皆有吟咏，雄迈苍凉，写实抒情，博学能诗文。曾与徐𤊹重刻淳熙《三山志》。著有《五杂俎》《太姥山志》。

# 王六合传

近代名手，弇州论之略备矣。以余耳目所见，新安有方生、吕生、汪生，闽中有蔡生，一时俱称国手。而方于诸子，有"白眉"之誉。其后六合有王生，足迹遍天下，几无横敌。时方已入赀为大官丞，谈诗书，不复与角。而汪、吕诸生皆为王所困，名震华夏。乙巳（1605）、丙午（1607），余官白门，四方国士，一时云集。时吴兴又有周生、范生，永嘉有郑头陀，而技俱不胜王。泊余行后，闻有宗室至，诸君与战，皆大北。王初与战亦北，越两日，始为敌手。无何，王又竟胜。故近日称第一手者，六合小王也。汪与王才输半筹耳，然心终不服，每语余："彼野战之师，非知纪律者。"余视之，良信。但王天资高远，下子有出人意表者，诸君终不及也。

到溉于梁武御前比势覆局，凡有记性者皆能覆局，不必国手也。余棋视王、方诸君差三四道，至覆局则与之无异，与余同品者皆不能也。此但天资强记耳。遇能记时，它人对局，从旁观亦能覆之。至其攻取大略，即数年后，十犹可覆七八也。

王六合与余弈，受四子，然其意似不尽也。王亦推余颖悟，谓学二年可尽其妙。时余以废时失事，不肯竟学，然尚嗜之不厌。至丙午（1607）南归，始豁然有省，取所藏谱局尽焚弃之，从此绝不为矣。然世人之戒弈，难于戒酒也。

【按】选自明谢肇淛撰《五杂俎》卷6"人部二"（明刻本，北京图书馆藏本，《四库禁毁书丛刊》子部第37册，北京出版社1997年版）。原书无标题，此为编者所新加。

# 汤宾尹

　　汤宾尹（1568—？），字嘉宾，号睡庵，别号霍林。安徽宁国府宣城人。万历二十三年（1595）榜眼及第。授翰林院编修。历官右春坊右中允，左春坊左谕德。三十八年，以詹事府庶子充会试同考官，次年进国子监祭酒。以会试舞弊被劾。崇祯初年朝臣荐之起复，未及而卒。著有《睡庵文集》《宣城右集》《一左集》《再广历子品粹》《易经翼注》等。

## 六合县灵岩塔碑记

　　国于金陵之西北百三十里曰六合，股江咽河，扦蔽旧畿。去治所若干里，河水东溜，一山环之，名曰灵岩，其上传有凤台、偃月、鹿跑、龙池、峰格之胜，甲江东西，形家谓其位巽方，其像文明，使山能言能行，塔之植也，不俟今矣。

　　维邑实罢瘵，十户告阋，后先兹土，建除焉责，厥有庐陵萧令公，白意赤躬，斥羡劝输，度财鸠工，始于事而谐版甾，子来市月之会，规始一阶。维任生忌，忌生口，官之方箦，乃执其咎，令既徙只，氂倪啼只，黄田市旅，百务倾圮，后之嗣者，毋宁羹是吹，博呰以勤，易身以民，虽有亮烈，其能不嘻繁？及我张公来自新喻，世受太史之鸿绪，笃意人文，如饥思哺，爰庭父老，慨然身曰："此垒者土，九仞所峙，前事弗终，后人之耻，哓诸之音，乌足以齿，所不仔肩圆其顶者，山灵是矢。"乃召役夫，馨鼓逢逢，墙板登登，削筑同同，始之以培墩，卒之以丰隆，曾不币期飞甍，绝栒承霓，橑空告成之辰，若木扬晁，蜚霞射红，诸父老洎文学搏颡而言："谁始始，谁终终，前有庐陵，后有新喻，惟我二大夫之功，自兹以还，山崔嵬以如蠹，水弥迤而不泻，风气抱固，皋壤沃野，士生其中，英明赡雅，流邵发闻，载于天下，斯亦天地山川、公侯兆庶共造，以有成者。"于是邑廪生孙国光[1]越江而来，托石言于宣城旧史史[2]宾尹有慨于中，大息言曰："国家兴废之

---

　　①　孙国光：《睡庵稿》卷14作"孙光国"，误。孙国光，即六合文人孙国敉，见上编。

　　②　旧史史：疑为"旧史氏"。

故，岂不以人哉？得其人，千百年未有之利益可一朝举也，千百年莫已之疾眚可一朝洗也，沓沓墨墨，精身家子孙之画，国之朝夕，民之丝粟，虑不属于心目，何以绾尊绂而縻肥禄，为宣有良，郡地豪宗，败之不封而刖，代往代来，长吏其未之讦也，举千年之阙轶，垂万载之熙备，天赠昌黉，地荐奇嵲，人奏协类，参于一代文明之治，不亦伟乎。"萧公，名象烈，甲辰（1604）进士，今为南刑部主事；张公，名启宗，与萧公同举江西庚子（1600），后先为令，成兹塔若设之缘；十年檀募最劳勚者，邑人陆守信；督工许坚、许钺、贾芳、汪坦、夏承祖、沈孚、熊韶、王化<sup>①</sup>。旧史氏本其首末，韵次之，付之孙生，树之灵岩之巅。

万历四十三年（1615）岁乙在卯孟秋上浣之吉，赐进士及第南京国子监祭酒左右春坊庶子谕德中允兼翰林院侍读编修记注起居撰述制诰宣城汤宾尹撰<sup>②</sup>。

【按】选自张启宗增修、施所学等增纂《万历六合县志》卷7［明万历四十三年（1615）增刻本，《金陵全书》甲编《方志类·县志》第24册影印］。汤宾尹《睡庵稿》卷14（明万历刻本，沈乃文主编《明别集丛刊》第4辑第90册，黄山书社2015年版）有此文。


## 诰封李宜人墓志铭

余懒废于文字，十逋其九，有责至十数年未偿者。友人<sup>③</sup>六合孙生国光先是以灵岩塔<sup>④</sup>碑见属，曰："江山之灵，通邑之望也。"余既无所辞，诺。已持其所为母宜人状，跽不起，曰："愿先生惠顾其私而波及之也。"余谢不敏<sup>⑤</sup>。嗣余中魔<sup>⑥</sup>蛊，断绝数月笔事，生遣一力<sup>⑦</sup>索塔碑，而戒以不得母宜人志必无归。余以知生之永思，迫至图所以不朽其母宜人者，如此乎其皇

① 许钺、贾芳、汪坦、夏承祖、沈孚、熊韶、王化：汤宾尹《睡庵稿》卷14无此15字。
② 此段文字明万历刻本《睡庵稿》卷14无。
③ 友人：《睡庵稿》文集卷18无此2字。
④ 塔：《睡庵稿》文集卷18无此字。
⑤ 谢不敏：《睡庵稿》文集卷18作"色不绝，生流栖宛城不归"。
⑥ 魔：《睡庵稿》文集卷18作"魘"。
⑦ 一力：《睡庵稿》文集卷18作"一力尾其邑使君"。

皇也。虽然凡生所属余者，皆金石万年之计，而欲责旦莫于椎钝之手，无论余颓尔病废，即余未颓尔病废，而忽忽笔墨，其可以被金石，垂不朽，否耶<sup>①</sup>？无已灵岩一片石，江山为盟，永毋万年，则轶状具在矣。

宜人姓李氏，其先有武毅将军，籍南京虎贲，家六合，其父友泉公，嘉靖间<sup>②</sup>征倭吴淞，受上赏，慷慨多奇。奇宜人不以与凡子，遍遴邑之才士，而与临清守孙<sup>③</sup>公。临清时方为贫诸生，取食塾讲，宜人不浃月趋，临清赴塾，而自归宁，留母家，浃一月<sup>④</sup>相劳苦，慰勉以大义。岁己卯（1579），临清举于乡，甫偬数椽居宜人也。尝侍临清病笃，羹左股以荐，临清梦饮枣汤而愈，急投枣于羹，饮未既，胸鬲通快，于时不御谷者月余矣。明日寻谷起。临清司李抚州李官尝为御史行部，镝政愆肃，内外廪如。所产九子女，俱自乳。又食劳支贫，病血病肺，移临清，宜人甚不欲之官，临清亦竟年许解官。而自其归也，有第二女殉其夫之痛，益不支，阅半岁为万历癸卯（1603）七月十九日，宜人卒。去生嘉靖戊午（1558）五月十二日，得年四十有六<sup>⑤</sup>。子三：国光，邑廪生，娶选贡朱公应京女<sup>⑥</sup>；国庆、国正，皆殇。女五：长字封南京鸿胪寺序班汪公如璧<sup>⑦</sup>，子早殇；次适诸生叶时凤；次适兵部武库司员外郎厉公昌谟<sup>⑧</sup>，子振鸿<sup>⑨</sup>，甫五月而殉；次适山东胶州判官戴公鸿基，子诸生启元<sup>⑩</sup>；次字贵州按察司经历李公茂实，字某<sup>⑪</sup>，亦殇。孙男三：长宗岱，聘诸生叶公时章女；次汧如，未聘；次瑞，殇<sup>⑫</sup>。孙女一：适诸生季胤光<sup>⑬</sup>。将以乙卯年（1615）十一月二十五日<sup>⑭</sup>葬于屏山之新阡。始宜人羹股事闻，邑

---

① 耶：《睡庵稿》文集卷18作"否耶？生诚欲不朽其母，有名公卿可需椎钝病废之人，讵有赖焉，而以相托也邪？"

② 间：《睡庵稿》文集卷18作"中"。

③ 守孙：《睡庵稿》文集卷18无此2字。

④ 一月：《睡庵稿》文集卷18作"月一"。

⑤ 六：《睡庵稿》文集卷18作"八"。

⑥ 选贡朱公应京女：《睡庵稿》文集卷18作"朱"。

⑦ 如璧：《睡庵稿》文集卷18作"某"。

⑧ 兵部武库司员外郎厉公昌谟：《睡庵稿》文集卷18作"驾部郎厉公"。

⑨ 鸿：《睡庵稿》文集卷18作"扬"。

⑩ 山东胶州判官戴公鸿基，子诸生启元：《睡庵稿》文集卷18作"诸生戴启光"。

⑪ 贵州按察司经历李公茂实，字某：《睡庵稿》文集卷18作"李"。

⑫ 长宗岱，聘诸生叶公时章女；次汧如，未聘；次瑞，殇：《睡庵稿》文集卷18无此19字。

⑬ 适诸生季胤光：《睡庵稿》文集卷18无此6字。

⑭ 乙卯年十一月二十五日：《睡庵稿》文集卷18作"某年月日"。

大夫历城陈公<sup>①</sup>欲旌之，宜人咈不可，曰："吾以夫市耶？小弱弟往应旌者，财鬐故可耳。"小弱弟者，宜人之第五弟梦周，尝以刲股活其父者也。盖宜人之孝义，风秀一门，世其家焉，是宜铭。铭曰：

鬐者笋者，不染诗书，不恤我躬，遑<sup>②</sup>恤我誉。规生纤纤，规名炎炎，盗之竿也，乃奋其髯。有美壸宗，贲兹屏山，我石尝存，双叶灵岩。

【按】选自清刘庆运修、孙宗岱纂《顺治六合县志》卷10〔清顺治三年（1646）刻本，《金陵全书》甲编《方志类·县志》第25册影印〕。汤宾尹撰《睡庵稿》文集卷18（明万历刻本，沈乃文主编《明别集丛刊》第4辑第90册，黄山书社2015年版），收有《李宜人墓志铭》，文字有所不同。


## 米万钟

米万钟（1570—1628），字仲诏，号友石，又号海淀渔长、石隐庵居士，原籍陕西安化（今陕西千阳县西北三十五里千河西岸安化），后入锦衣卫，居北京。万历二十三年（1595）进士，后任江西按察使。天启五年（1625）被魏忠贤党人倪文焕弹劾，降罪削籍。崇祯元年（1628）复官，仕至太仆少卿，卒于官。有石癖，又能画石。善画山水、花竹。书法行、草得家法，与董其昌并称"南董北米"。著有《篆隶考讹》2卷。


## 棠邑侯慈溪董公去思碑记

不佞万钟盖尝令棠邑云，邑人士不以余无状，而俎豆余于棠邑。后去棠十三年，余官浙藩，以祝尧年入都，道经棠邑，则慈溪董公实始令棠，公乃敦新旧令之好，饮余于邑人士所祠余堂中，与余杨榷邑疾苦，觉神干甚壮，摄理极察，虽毛孔爪甲间气勃勃欲轩举，余心许其为神明之宰，审三年必大有造于棠，不若余之名实无所底也。居无何，公遂以调繁溧阳，去棠邑，邑人士争之不获，亦既祠祀公，而更树去思碑于国门，请余为记。余乃惧然叹

---

① 历城陈公：《睡庵稿》文集卷18无此4字。

② 遑：《睡庵稿》文集卷18作"皇"。

曰："自国家不重久任之令，微直非所以子惠元元，亦何由课其最，孰有甫九月而政已成如董公者乎？"邑人士称述公以衣绣持斧手而事鸣琴，首杜关白、绝馈遗，玉光云洁，不可浣以尘，所条教三尺，自僚属以下，禀度如四侯，每座堂皇，诸胥史次第受成，竞竞如立冰上，务存大体，谓邑多秕政，厥有乱人谓乱人，则芎藭之与藁本，而蛇床之与蘼芜也，皆相似者。侯乃与棠更始，剔胥徒之蠹者，惩闾右之衡者，歼盗渠之薮于境内外者，犹夫震霆鸣而雨泽随之。谳狱时，目览耳听，口讯意讨，手成爰书，粲然成文，倏而空庭墀，如风荡亭云，午而放衙。诸质成人，怀欺以入，贡孚以出，孪子之相似者，惟其母知之。自是棠无越江之讼，即傍郡邑争取詷焉，而莫不奉公为鞶鉴，为鸾刀。若以棠与溧较，则嚣竞不及溧之一，贡赋亦不及溧之二，而至如簿书繁多，冠盖相望于道，供帐舆马之耗，遂不啻什百倍溧，此亦余所尝棘手者，而公于以游刃焉有余地，案牍不留宿，催科不烦再而完。独舆马积苦，乃公未视事之先，两台使者留以待公擘画。公先去其害马者，而调剂平亭，易签报以行税，遂苏从来鞭及马腹之苦，以勒良法于金石，凡长安贵人舆马取数，多悉裁去不应，棠自是不受驿骚，语具公生祠碑中。公自严重不滥内一刺，绝无敢以猪肝累安邑者，士论韪之，未尝桁杨一民，贡金矢一民，而民自不敢轻犯法也。曩昔投琼格六游闲之子，咸相戒徙业，即鸱椹不足喻其革。先是，公雩祷甘澍立霈，蝗蝻随雨毙，不为灾，是年大丰穰，邑人士称前所未有。公乃内与诸子衿程艺于庠，如亲受业之子弟，而外与齐民讲德，咎形赏于乡，如庭训其子弟。旱云烟火，涝云波水，在所感之，可谓君家仲舒，道谊之嫡裔已。有文事者，必有武备，邑无雉堞，居平犹赖公金汤之，况强虏外猖，东鲁妖贼内讧，民心且麏惊兔散，赖公镇其危疑，募材官羽林儿，多方训练，庸为保障，民始安堵，倘朝庭下汉诏，求茂才异等，可使绝域者，文武为宪，公真其人哉！何论棠不克留公，即溧亦安能久留公者？然邑人士方乐公九阅月，而政已成，而反更以后效让诸溧，即余不能不为旧子弟悲，而况其为子弟者乎？余三为令，与公亦三为令，余令棠将有事于编定户籍，未及竣而以量移去，与公亦将有事于编定户籍，而以调繁去，同即新旧令，风会标举，重相与杨榷棠人士风旨，亦将无同，而独是千载以来，属旧令以碑新令去思者，自余两人始。公名允升，字二醇，浙江慈溪人，万历丙辰（1616）进士。

【按】选自清刘庆运修、孙宗岱纂《顺治六合县志》卷9［清顺治三年（1646）刻本，《金陵全书》甲编《方志类·县志》第25册影印］。

# 征仕郎胥公成甫先生墓志铭

余壮年游白门，广所接纳，知胥姓为巨族，其先世以武功世其官。自白门而徙籍于棠邑者，惟公一支。自公大父尚忠公，词华彪炳，常为邑庠冠军，始以文章著称。尚忠公生应龙，应龙公髫年入芹宫，里人目为神童，长而品望兼重，制台耿公推门弟子中第一，后禁林中闻之，愿虚片席以待，而应龙公托故不往，坚遂高尚，若将浼己也。子一，即公，公性慧而才敏，十四岁丧母，遂能尽哀，其先大人见公负质隽颖，深心嗜学，屡艰一第，不得已以功名捷径畀之，始入成均。娶王氏女为配，有闺仪而识趣，恒与公同，公事亲孝，事继母如其母，每治酒食，洗腆而进，有所得果蔬，非亲尝不敢先，四时之服必备纯丽，后举大夫。子名宇，延名师别墅，唔咿寻味无虚日，太翁尝抚而乐焉。无几，太翁疾，公吁天祷神，竟不克身代，公涕曰："吾不能终其身以事父母，幸有异母之小弱弟自勖在，即以不逮事亲之念，笃之于弟，然绝不以和废庄，虽小有失，必宛剂之以就于道，俟后补。"予为棠邑令，景仰愿遂，始克纳交公，而定盟焉。嗟！何晚也。时公长君文誉日彰，应童子试，予奇其才，首录以达衡文者，辄补博士弟子员，以友兼师，臭味如石投水，且彼此好尚，性益相近。公子攻苦力学，以公多应酬，恐防举子业，筑别业于王半山翁读书处，自定省外，绝无归焉。公性好施，肺腑之亲，葭莩之属，婚者授币，寒者授衣，饥者授食，殡者授棺，葬者授地，露处者授居，商者授资，斧学者授束修，贷者不责偿，居乎耻谈人短，遭少年群不逞于途，即隐避之岩墙险道，必不敢置足。少通平，斗鸡、走马、樗蒲、蹴鞠诸戏，虽不身亲之，而所乐在是。客尝满座，纵谈皆出人意表，时杂谐谑雅俗，不至疑骇，嘉言如屑，属耳忘疲。平居琴瑟静好，数十年如一日，盖彼此德足相友，故能绝忤寡如此。宴会不废声妓，每皆靓粉刻饬，芬香沤郁，有时舁篮舆、抚筇杖、蹑蜡屐、泛清溪、登高丘，以至图史尊彝琱瑑之属，靡不精好。公宅枕钟阜、襟后湖，山光水气，常逼户牖，旁筑室数椽，树其园曰"五柳居"，颜其楼曰"四照阁"，手所建植，约略与彭泽令相类。斋头植盆盎，各具虬屈之势，大抵皆先代法物，集羽毛鳞介之族，悉四方珍构，每令僮子辈，匿迹花丛中作鸟声，众鸟皆鸣，不知者以为同声之应，实由娴主性而忘机事也。予每渡江，必与诸同志往还倡和，缔诗画之社，作十日平原期，公饮不胜一蕉叶，必蓄良酝以娱客，客不醉不归。笃嗜茗荈，逆抢旗初蘖，必重价觅至，萃云腴之美，而点烹之，绝不作惊雷甲、紫茸汤、萱草带三等待也。恶俗子为富贵容，及龌龊小礼者，意所不合，割席分坐，或拂衣起。不逢人喜怒，不逐人毁誉，即法书名画，古鼎彝器，与伎能工巧，青楼歌舞，依倚就声价者，非公品题不踊贵。吾闻东方朔目如悬珠，公殆似之。公有长者声，诸贵介时延访之，无所拒绝，然终无所附离，盖以好施之人，受之者既病不节，则施之者自病不继，嗣后不得不为贫仕。官岩渠幕府，邻壤即海棠川，乃古邑子国也，产奇花甚多，公耽情卉木，洽以锦城为分符，臭味招致非易易也。公豪爽，不习吏治，虽王臣而不殊家食，簿书而不费嬉游，署中制小斋，日咏歌其中。公尝自笑曰："古有吏隐，风流罪过。"窃所自甘其任达如此。官之明年，奢囚起，焚掠郊堡，势既排迸，老弱皆裸跣涂炭，饥困不前，公几罹此，惨囚稍宽挺散去，复得安堵相聚，是公收之斗极，而还之司命也。然茧足饮茶，卒以此致疾不起。是时，予正待罪浙藩，越明年，长公持讣书至，并以铭墓石者诡请，曰："俗之靡也，其亲死必征贵人之言为亲荣，往往过谀溢美，甚且以贿邀先容之口，识者耻之，今家君素辱剪拂，宇更附桃李舍，老师如椽笔将谁丐之？"是以不烦介绍而直造，函丈祈许可，乃起。予虽从其请，执笔不禁酸楚，辄罢去俾。时次儿寿都正解读书，而公长君复与寿都儿交善，遂止长君辙而授餐焉。意欲俟长君奋足棘闱，俾得借同榜兄弟之片言揄扬其亲，则九泉中人更觉欣慰，不意尚以牖下塞。蹉跎数年，长公复寓书于予，期在旦晚报命，盖孝子仁人不容已之念也。因思予生平与公嗜好如出一铆，然予子止就弱冠，而公之孙已兰森玉立久矣，乐我何如？况弦诵缨緌继而起，尚未可测，乘间搦管，铺叙公神采丰仪，朗然若明珠，照乘益溢，笔墨间方知公长往后，复得与公一番笑绪追寻，信非为公志，竟莫得也。时盖丁巳①（1617）之八月，窆公柩于白门之三山，前俯大江，后环巨壑，即李诗"三山半落青天外"之处。公生居福地，死入名山，非世德不至是。公讳自勉，字成甫，生于隆庆辛未年（1571），卒于天启癸亥年（1623）。长子宇，娶

---

① 丁巳：此时传主尚未去世，疑为"丁卯（1627）"之误。

刘氏。长孙天植，敏若天纵，九岁即善属文，后以读书致殇。次孙时遑，时甫二岁。回思予受逆党之陷，若不际明主昭雪，将复与公结盟泉下矣。是为铭，铭曰：

岂无慈父，而公克孝，籯金不问，贻谷斯肖。岂无哲兄，而公敦让，抚字抵成，陶然自畅。岂无令妻，而君执义，举案如初，旁绝媵侍。岂无爱子，而君能劳，梓俯而卑，桥仰而高。岂无重禄，而食报似谷，匪衣不足，儒术以为服。佳城是卜，山奇水曲，鸳鹭之属，实繁而族。穹如埋玉，史言觳觫，匪而为之录，众人是勖。

【按】选自清刘庆运修、孙宗岱纂《顺治六合县志》卷 10〔清顺治三年（1646）刻本，《金陵全书》甲编《方志类·县志》第 25 册影印〕。

## 毕懋康

毕懋康（1571—1644），字孟侯，号东郊，安徽歙县人。万历二十六年（1598）进士，授中书舍人，后累迁广西道监察御史、右佥都御史、陕西巡按、山东巡盐御史。崇祯初年，起用为南京通政使，升兵部右侍郎，旋自免归。辞别时，崇祯帝命制武刚车、神飞炮等。械成后，编辑《军器图说》以进崇祯帝。因功升南京户部右侍郎。著有《疏草》2 卷、《西清集》20 卷、《管涔集》5 卷。

## 六合县重修庙学碑记

考周盛时，天子所都既并建四代之学，而又党有庠，遂有序，畿内六乡，乡有党百五十有六遂，遂有鄙如党之数，遂序、党庠，盖互见之，则是千里之内，为序十有二，为庠三百矣。何其盛也！后大弛，乃郡邑复得置学，自宋庆历始，然较周不及百之二，而其举与罢，又视郡邑吏能否。然则郡邑吏能否，固学脉所视为盛衰者耶？

六合，畿内邑也，庙学久倾圮，且故未有泮水，大是缺事，即家侄仲濩谕六合学以来，凡五阅岁于兹矣，所捐俸供亿，督诸生课如受业之子弟，学政克举，非以此请于邑，亦非乏邑吏之能者，似其能不欲见于此，顾安所得闻于大京兆，而乞其灵贶哉。顷邑令乏，维大京兆今晋都宪徐公，以府幕王君来摄邑篆，至即首宣布我大京兆广厉学校，至意循览黉序间，悉倾圮状，乃亟以家伾修学，牍请于大京兆，兼陈邑帑空虚，艰措置，窃不无仰给意，大京兆亟报可，即允给金钱百缗有奇下诸邑，邑王君自镯赎锾若干缗佐之，邑诸生厉振岳辈又自捐资若干缗助之，庭选邑父老之闾右者董之，家伾辈益敬厥事，时其省视，誊其能瘝，大都撤而新者什三，仍而葺者什七，不两月而栋隆然，而丹垩焕然，而有泮如月半规然，邑人士皆手加额，以德大京兆之大有造于六合也。且谓微王君且孰与邀大京兆惠？盖风会之不易遭如此。于是相率因家伾以请记于余，余曰："今皇上纪元之岁（1621），诸郡国方募兵议饷，筑城堡，缮甲兵，是急而大京兆徐公及邑王君乃从事俎豆之地。我知之矣，古之为学也，礼乐行艺，靡物不举，即论政虑囚必于学，即师行而受成，返而献馘，靡不于学，则设教之备可知也。即六艺之科，射居一焉，曷尝分文德武功为二，而弦诵其小者也。今直诵而已，况其宝残珥陋，骷骸曲辞，斤斤求合主司之尺幅，而谋青紫，唯恐去学校之不速，则是人也，儒名而贾行，亦大非古之所谓诵矣。"学必诵法先师，先师退而教诸弟子于杏坛之缁帷之林，进而堕三都诛少正卯于摄鲁相之时。盖惟慎与谋，即千古庙算之的，故曰："我战必克。"而所谓军旅，未之学，特权辞耳。今我大京兆文武为宪，中外咸倚重，而鳃鳃造邑人士，是急邑人士之乐群。于斯者，当思进德修业，与庙学俱新，若何而内除心寇，以外除门庭之寇，而勉图所为三不朽者，以报答京兆之灵贶，以无负父母师帅机缘遘会之苦心，舍此别无性命之学，可入圣域者也。《诗》曰："明明鲁侯，克明其德。既作泮宫，淮夷攸服。"又曰："济济士多，克广德心，桓桓于征，狄彼东南。"夫修泮宫，而遽及于服淮夷、狄东南，则信乎？文德、武功非二道，苟无补国家之实经济，而虚谈性命者，皆不善诵法先师者也，则益非修先师庙学意也。余犹记岁丁巳（1617），余以赍捧之役，道过六合，饮家伾苜蓿斋头，惓惓以修庙学为念，而今五阅岁，始克修。又造命者为徐大京兆，尤余所素善相与讲求圣贤之学者，余闻而后喜可知也。王君善承大京兆之至意，摄六合有声，诸所修废举坠不具论，而其大者在修庙学。

大京兆徐公，名必达，嘉兴人，壬辰（1592）进士；摄邑篆王君，名廷奎，会稽人；署学谕举人，名成溇，即家伾；学训朱君，名元复，华亭人；萧君，名衢亨，宜良人；督工耆民湛寿昌等，与有劳绩，例得并书。

【按】选自清刘庆运修、孙宗岱纂《顺治六合县志》卷9［清顺治三年（1646）刻本，《金陵全书》甲编《方志类·县志》第25册影印］。

## 王思任

> 王思任（1575—1646），字季重，号遂东，晚年号谑庵，浙江山阴（今绍兴）人。万历二十三年（1595）进士，曾知兴平、当涂、青浦三县，又任袁州推官、九江佥事。南京城破后，鲁王监国，以思任为礼部右侍郎，进尚书。顺治三年（1646），清兵破绍兴，绝食而死。为文笔意放纵诙谐，以游记成就最高，诗重自然。著有《王季重十种》等。

# 《五一庵志》叙

入其乡，望其绰楔，有大科时显，则执鞭厮养，卒有胜色矣，何者？有之以为重也。凡人莫不矜其所生，圣贤豪杰，尤其矜之所借者也。是故邹鲁之乡，人得乔木之荫，而舜山禹穴，鼎湖丹井，作书者争之不已也。不但争其所生，而又①争其所寄迹，总之欲以圣贤豪杰重其土，而以自重其所生也。六合有伯观孙氏，诛茅为庵，置板位焉，如作重之意，祀专诸，祀达摩，祀张果老，祀王无功，祀米仲诏，颜之曰"五一"。居何②乎其五而一之也？时世今古也，相貌夷夏也，品而入③各风马牛也，傀以一堂，同其香火，如猥客家，止欲趁其醴盎肴俎，牵客拢席，通名白贯，亦得逾时而可以一之乎哉。一者何也？曰：有六合以一之也。五先生非生于六合，则寄迹于六合者也。其人各有颠末在别乘。第言专诸棠邑人，刺王僚时白虹气亘；一祖渡江处，贝叶佛齿犹在长芦寺；张老骑驴入王屋，然曾灌园于此；王无功不忍己之独醒，丞六合而悬俸国门，逃于酒去；米仲诏文妖艺怪，令棠日每饭不饱，坐客数十人，一夕想西子湖臂篆杂鱼估，隔宿而至，皆六合之奇事奇人也。伯观以为仙耶、佛耶、剑耶、酒耶、风流文侠耶，一也。而吾犹欲执最初独合之意，证而通之。凡形声色味，分天地之数后，虽俱相济，未

---

① 争其所生，而又：底本无此6字，据《王季重杂著》补。

② 居何：《王季重杂著》作"何居"。

③ 而入：《王季重杂著》作"格又"。

有不相见认者。独混沌为帝造人面之始，其诡也特甚，耳目口鼻眉不相见认而相为济，吾欲以是稍摹五先生：一语杀人，遇物即噉，专诸似口；息气通神，独尊嵩岳，达摩可作鼻观；白蝠<sup>①</sup>在赵州桥上，高耸两肩，一有闻召，立捏死生，颇近李耳；人取无用，位置独高，不可无二，不可少一，王无功似眉；而灵豁如机，咩啈看世，瞩人洞物，米仲诏可以当目矣。是五者，道不相谋，孰离奇泮涣于是，然而清英纷效，玄窍互行，神庭不滓风尘，大宅共嘘阳气，五而一也。伯观所以一之也，虽然五根自妙，不有精明之府，何以聚之，将无蠢眉、肉眼、污耳、黿鼻、食岑之口，亦足收于赤泽耶？是能一矣，而后能五之，故吾未见伯观之面，而已知其面不同于我面矣。此庵命之曰"五一"可，即命之曰"一五"亦可，即径易之为"六合"，亦无不可，六合之外，吾无以论伯观已。

【按】选自《王季重文集》卷1[清潘锡恩辑《乾坤正气集》卷504，清道光二十八年（1848）袁江节署求是斋刊版，同治五年（1866）印行]，亦见于王思任撰《王季重杂著》（《明代论著丛刊》第3辑，台北：伟文图书出版有限公司，1977年）。

## 孙之益

> 孙之益，字六吉，四川邛州（今邛崃）人，万历三十五年（1607）进士，历任太仆寺卿。天启年间，同邹元标等劾奏魏忠贤欺君擅权，触忤珰贵，解职家居。崇祯元年（1628），魏忠贤伏诛，起复仕至浙江巡抚。

## 重建五一庵记

昔欧阳永叔自号"六一"，今孙生伯观之为庵也号"五一"，其六而一之也以物，其五而一之也以人，则其尝为棠君而至今歌勿剪者也；不然则其尝航海苇江而游戏于棠者也；不然则其产于棠而籍在丹台绿字中，或又以剑而仙者也。诸君子皆古人，而其俎豆米先生于诸君子之间者，盖米先生亦以古

---

① 白蝠：《王季重杂著》作"果翁"，指张果老，当从。

道处师弟子者也。古之为弟子三不朽，皆可以报其师，故伯观之报其师也以立言语，具《五一庵记》中。

伯观性嗜学，所著书甚富，乃所记五一庵语尤都雅。庵旧在滁、治二水之间，以溪流代缭垣，以瓴甊代榱栋。伤哉！贫也。余既高伯观之谊，兼憾得伯观晚而贫，于一庵非所以妥其五，乃捐俸为庚创庵于旧学里之左。此地水合潮来，山浮塔至，选胜弹丸，流结略具，于以妥灵，于以吊古，于以肆眺，当知会心处，不专在烟树鱼鸟之间耳。余既为广其庵庐，并为广其五一之旨，如五星不同躔而同聚，五云不同彩而同瑞，五湖不同泽而同汇，五玉不同产而同荐，五金不同液而同丹，五兵不同器而同威，五灯不同薪而同传，五德不同诠而同性，五位不同数而同合，此亦足以畅伯观之所未发乎！因为勒之贞珉，传之来兹，俾孙氏子若孙读书其中。余稔伯观曰："吾道惟出处两端，第有所挟以出处，即允文允武，非仙非佛，千变而不出吾宗。"宗者，一也。往米先生校蜀士而得余喜，以为吾道在蜀，顷余按部江南北者久之，乃得伯观，又与伯观同宗，而以揆诸衣钵所自，不觉听然笑曰："吾道南矣。"泰昌元年（1620）小春月。

【按】选自清刘庆运修、孙宗岱纂《顺治六合县志》卷9［清顺治三年（1646）刻本，《金陵全书》甲编《方志类·县志》第25册影印］。

## 毕成溓

毕成溓（一作"康"），安徽休宁县（今黄山市休宁县）人。万历三十七年（1609）举人，天启二年（1622）任瑞安令，严介清和，《乾隆瑞安县志》卷4"名宦"有传。

## 石 品

余少不嗜石，有兄守一恒以六合石夸视余。余以必借水为润，何奇之有？丁巳（1617）春，为六合广文，闲居无事，稍稍易数枚，久之千奇万态，不可名状，渐觉津津，嗜之，形于梦寐。其最佳者，不必入水，由前思之，嗜者何心，不嗜者何心，毕竟以眼入，以心受，习也，非性也。然石无声味，似与嗜欲不同，苏、米二公亦以寄情，而名流后世，其实未尝见六合石也。佛家有多宝如来，宝从何得？意者偶坐宝山，遂以宝石而宝，实非佛有，佛亦不以为有。昔崇伯子为此石开山祖师，曾以作贡；玄德先生为馆甥时，被衣鼓琴，当置一二盘于座上，此鉴赏家也。石，可谓富贵矣。予入宝山，恐空手而归，然予石只在北窗卧风、东篱见山时一玩之，亦是穷广文实实受享也。又恐石有贫贱烦恼，因题以清名而贵之，则此石与予周旋，无佛相、无帝王相、无宰官相、无措大相、无嗜好、无烦恼、无无嗜好、无无烦恼，如是如是，石将为点头矣。

【按】选自清刘庆运修、孙宗岱纂《顺治六合县志》卷 10 ［清顺治三年（1646）刻本，《金陵全书》甲编《方志类·县志》第 25 册影印 ］。

## 张启宗

张启宗，字汝礽，一字梅和，江西新喻（今江西新余市）人。万历二十八年（1600）举人，以广东四会知县奉文回避，于万历四十年（1612）补任六合知县，才长守俊，士民有"水清镜明"之谣。

## 《重修六合县志》序

在国为史，在郡邑为志，然必合诸郡邑志所岁辑日补，以供奔走于石渠天禄之笔，而后勒成国史。余先太史公尝簪笔侍从肃庙朝，得纵观宇内诸郡邑志，孰成一家言，可备龙门扶风采择者，孰阙佚不修，因以谂其郡邑长之职不举也，则余皆得过庭而闻之，然后知史之为道，朝野内外合者也。古之官不职史而史名之者，周柱下史，主藏书之官，晋郡守称内史，唐郡守称刺史，邑隶于郡，义可互见，盖以文学饰吏治，而史寓焉。按字义"史"上加"一"为"吏"，故吏者，师史者也。师在昔而后可为师者著于后，一行作吏，即郡邑因革之故，何日蔑有而顾视同马前尘，俱湮沦乎，余兹慎焉。

六合于留都，其不亲于三辅乎？版图不古，掌故无寄，观风者欲问乘而考新猷，何龂龂如也。余虽不习为吏，视已成事，窃以为政之大端在文事，欲补造化之所不逮。爰相国土，于灵岩之童者，塔之；于河梁之嗑者，阁之。盖乙卯（1615）之役，得汪孝廉者，应祯符焉，诸如芟锄奸蠹，有托鬼神，事为渔猎者立寝其役，因复稽守帑藏及圜扉，维壮快是办<sup>①</sup>，著为令，而汰缉保也。苏驿商也，绝羡嘱也，严乡甲而新忠烈也，造桥圩而勤课练也，凡可树德，不恤府怨，阅四岁所，而蒙当路上公疏荐于朝者几十余章，然末<sup>②</sup>路益用是廪廪属顷者，以竣役棘闱，后稍进诸邑子商榷旧志，撤其蠹，拾其遗，缀其缺，冀成完书，而不敢以鲁鱼之劳，遂干鲁麟也。而诸邑子谬亦以余所兴革，并附著于篇末，以识余四年间戴星寝火之苦思。噫，余敢望后之视今，亦犹今之视昔哉，乃先太史公昔以三寸柔翰，藻绩皇猷，微有余施，而余以太史公牛马走，黾勉斗大邑，冀收其文学饰吏之效，而犹不足也。余益信史之道大矣。

万历乙卯（1615）岁闰秋既望，文林郎知六合县事新喻梅和张启宗撰。

【按】选自张启宗增修、施所学等增纂《万历六合县志》书首［明万历四十三年（1615）增刻本，《金陵全书》甲编《方志类·县志》第 24 册影印］。

## 黎启光

黎启光，字然甫，湖广京山县（今属湖南）人。贡士，万历二十九年（1601）任六合县训导，绰有诗才，升益府教授。

## 少京兆张公《重游六合踏灾平马诗》序

万历癸卯（1603），青城张公以制满随牒诣阙下，补盐城令。越甲辰（1604），绩当考成，圣天子课其最，为治行第一，乃晋应天别驾。大京兆徐公谓曰："六合昔属黔辖，善政犹存，民悲其去，而喜其来。在此一时，迩闻旱魃为疢，众不聊生矣。马役不平，里甲受累矣。公当轸念旧游之地，先斯二者，以慰六民之思，可乎?"公承德意如棠，维时六峰生色，老幼扳

---

① 办（辨）:《顺治六合县志》作"辨"。

② 末:《顺治六合县志》作"能"。

辕，依依然若复睹慈母不忍舍。公郊行履亩，验其旱，伤而申白之。且公莅六合时，尝悯里甲之出县马也，欲调停焉而未逮，爰集何代庖、学谕龚洪等，商榷其事，量加十行商税，帮助驿马，总归走递，庶里排杜科扰之端，小民免赔累之苦，举六合内吁首焚香，感其高厚之恩，与灵岩滁水同也。一游而解倒悬，片言而平里马，家尸祝而户歌诵也。信哉，可志矣。

乙巳岁（1605）仲秋□日，训导黎启光顿首识。

【按】选自清刘庆运修、孙宗岱纂《顺治六合县志》卷9〔清顺治三年（1646）刻本，《金陵全书》甲编《方志类·县志》第25册影印〕。

## 魏浣初

> 魏浣初（1580—1638），字仲雪。常熟人。万历四十四年（1616）进士，曾任嘉兴府教授，终老于广东提学任上。为政清廉，声誉颇佳。诗作甚多，著有《四如山楼集》《诗经脉》，并作传奇《八里记》《七江记》等。

## 棠邑侯许昌甄公去思碑

有棠邑诸生数十人蹑履渡江，踵余署而请曰："维下邑天惠我以甄若氓，不啻乳儿哺焉。而今且以一麾之济上，忽失慈母，枳其辕不获矣。敢徼子大夫之言，为畏垒他日惇史？"余逊谢曰："尔侯能声，虽来自江左，维余亦窃闻焉，而未有平生也，胡惇史之及于余？"诸生固进曰："夫六计弊吏汲汲乎，欲得良有司，而布之州县，固子大夫职也。"余乃唯唯，授简愿征其实，曰："下邑之苦，轮蹄也。后先至，稍旁午，孰其人，问马乎，不堪鞭棰，使则并其人绐而他窜者，数矣。又去滁阳百二十里，肩骷骸，蹄躄蹙，望关山若天际，曾不得小休，侯革去市侩，择户口之饶且慤者，官畀刍糗，时其饥饱劳逸，而以雷官集，酌道里之半，置款段三十余匹，俾人自相易，力用不疲，过客邮使小吏两便之。他如讼谍听赴诉者，传檄里正，呼而前，具两造，各输服去，不费钩金，征比及期，设甄中庭，一镮之投，一缗之入，悉出民手，秋毫无所羡。其尉以下，拱揖受命案，尘封而隶，木偶立也。市井恶少年睹侯之视政，拳纳于袖，叹苍鹰饿欲死，然终莫敢博塞以游。邑故滨

400

江，雀符几不可诘县保甲法，互相干揿，盗徙他郡，斯皆茹蘗之操，拔薤之威。其大都也，乃侯精神向注，尤在广厉学宫。故事长吏下车，来岁进多士而甲乙之，外是则簿领之作，缘神有所不给，非独其意刍狗铅椠矣。侯旬月必举行，琴堂之暇，躬诣鳣堂，讲德问业，拔高才生，镂其文以式，士争洒濯自奋，而师席亦因之弥重，适其馆曰'授子之粲'，临其丧'曰于我殡'，虑惟恐其不尽心于子弟也，无以异乎家塾之为父兄也。至士子初隶博士员，例得醵百金，为长吏贽，侯笑曰：'吾当贽汝，于师而顾烦筐篚，恩乃公乎？'谢弗纳。下逮社学，鞠为茂草，别设饩廪，延其乡祭酒而令童蒙受约束焉。今衿镁之彦，韦布之耆，贫不能馆粥，待以举火，突黔如者，若而家死不能葬，待以掩骼，冢累累如者，若而家潜德之光，不能表章，待以式间棹楔，巍如焕如者，若而家谁非侯之德意欤，侯之教思欤？"余一举一称善，曰："有是哉！文学饰吏治，复见斯人于今日乎！由前言之，则朱仲卿、卓子康之为政；由后言之，则文翁、何君公之化矣。世所号为尸而祝之也者，大半三年结课，其将行癸神爵之瑞，蒙远近之耳目，而又厚集其里胥之猾者，老学究之无志意者，附会于舆人之诵云尔。其士之翘然秀异者，腹有诽，口有雌黄，弗尔谩也，弗尔防也。合数十人之扬实录，一如其父老语，此非身被菁莪，觉有可弦可歌，油油而不自已，于秉彝之好者，恶乎？爱斯慕，慕斯传，传斯托之以文也哉。"余于棠邑见甘棠之遗意焉，乐而为之纪，以当司勋民之特书。侯名伟璧，号连城，河南许州人，今升山东济宁州守。

天启七年（1627）岁次丁卯六月朔旦，赐进士出身奉政大夫南京吏部文选清吏司郎中魏浣初撰。

【按】选自清刘庆运修、孙宗岱纂《顺治六合县志》卷9［清顺治三年（1646）刻本，《金陵全书》甲编《方志类·县志》第25册影印］。

## 黄道周

黄道周（1585—1646），字幼玄，一作幼平或幼元，又字螭若、螭平，号石斋，世人尊称石斋先生。福建漳州府漳浦县（今福建省东山铜陵）人。天启二年（1622）进士，改庶吉士。历官翰林院修撰、詹事府少詹事。南明隆武（1645—1646）时，任吏部尚书兼兵部尚书、武英殿大学士（首辅）。因抗清失败被俘，顺治三年（即南明隆武二年，1646）殉国，享年62岁。隆武帝赐谥"忠烈"，追赠"文明伯"。清乾隆四十一年（1776）追谥"忠端"。他通天文、理数诸书，工书善画，诗文、隶草皆自成一家，先后讲学于浙江大涤、漳浦明诚堂、漳州紫阳、龙溪邺业等书院。著有《儒行集传》《石斋集》《易象正义》《春秋揆》《孝经集传》等几十种，后人辑成《黄漳浦先生全集》，存诗两千余首。

## 思乔吴公墓表

圣人之瞰宇宙，犹之空谷也。其空谷何也？沉瀅之气满于中，铿鞳之声触而应之。子曰："君子居其室，出其言，善则千里之外应之，况其迩者乎？"故千里之与居室，居室之与宇宙，皆有函盖，以精气相呼答也。《传》曰："隆墀永叹，远壑必盈。"吾见夫仁人君子之言，若不出，而声闻<sup>①</sup>被天下者矣；吾见夫隐身卑约，而高不可极者矣<sup>②</sup>；吾见夫茹菲衣蔬，而食于子孙者矣；吾见夫其父舍肉，而其子刲股者矣；吾见夫褰裳济人，而津梁四海者矣；吾见夫其父赎人，不市其子，纳沟是耻者矣；吾见夫其父增垒，其子藩屏者矣；吾见夫胼胝而卒上祀者矣；吾见夫御难而享社鼓者矣；吾见夫为人师不假学虑者矣；吾见夫默默报报，得之若素，不得之若素者矣。夫是数者，皆出空谷之内，相呼答也。神明为窍，而帝吹其中。《诗》曰："无言不雠，无德不报，投我以桃，报之以李。"仁义之与福泽，天地所为<sup>③</sup>桃李也，而方外<sup>④</sup>者以为果报，则亦谓之果报云耳<sup>⑤</sup>。予闻之吴孝子源长，其父思乔公<sup>⑥</sup>，好仁义，籍于六合而<sup>⑦</sup>隐于浦口，得余财为人赎罪，行之十年，里无罪者；作舟筏为人拯溺，行之二十年，里无溺者；事母孝<sup>⑧</sup>，居恒拱手，教人行让，行之二十年，里无不计者；又为里修城，城完寇猝至，荡不得上，于

---

① 闻：《黄漳浦集》卷26无此字。

② 吾见夫隐身卑约，而高不可极者矣：《黄漳浦集》卷26无此14字。

③ 为：《黄漳浦集》卷26作"谓"。

④ 方外：《黄漳浦集》卷26作"佛"。

⑤ 耳：《黄漳浦集》卷26作"尔"。

⑥ 公：《黄漳浦集》卷26无此字。

⑦ 籍于六合而：《黄漳浦集》卷26无此5字。

⑧ 事母孝：《黄漳浦集》卷26无此3字。

是三十年,而孝子成进士。孝子刲股而成进士,自吴①源长始也。夫是其②取之空谷为虚乎,为实乎?其感之若虚,其报之则皆③实也。曾子曰:"实之与实,若胶与漆,虚之与虚,若春谷之睹。"白日函盖虚器,其为呼答,投报则无不实也。思乔之报其亲,源长之报思乔,以天地为桃李,神明为胶漆,何让焉?余始疑其言,既闻④之九一卧子,皆以为信然。今浦口城西十里有西林山,双阙岿然,岁时伏腊,浦人群拜其下,盖为吴思乔公墓云。

崇祯辛巳岁(1641)十二月十七日始雪,道周在白云库中取火炙笔,草率作此,勿遽灾木,当寄卧子诸贤删润之也⑤。

【按】选自清刘庆运修、孙宗岱纂《顺治六合县志》卷10〔清顺治三年(1646)刻本,《金陵全书》甲编《方志类·县志》第25册影印〕。黄道周撰《黄漳浦集》卷26(清刻本《明漳浦黄忠端公全集》,见沈乃文主编《明别集丛刊》第5辑第46册,黄山书社2015年版)有此文,题作《吴太公墓表》,文字略有不同。

## 谭元春

> 谭元春(1586—1637),字友夏,号鹄湾,别号蓑翁。湖广竟陵(今湖北天门)人。天启七年(1627)乡试第一,与同里钟惺同为"竟陵派"创始人,与钟惺共选《诗归》。曾加入复社,为"复社四十八友"之一。崇祯十年(1637)入京会试时,病死旅店,终年52岁。著有《谭友夏合集》。

## 太学沈端伯墓志铭

君讳启元,字端伯,姓沈氏,世为吴门都亭里人。高曾而下为御史公达,为萍乡尹敏,为鸿胪卿漆与其弟,为学博浩,浩生秉让,是为君之祖。

---

① 吴:《黄漳浦集》卷26无此字。
② 其:《黄漳浦集》卷26作"而"。
③ 则皆:《黄漳浦集》卷26作"若"。
④ 既闻:《黄漳浦集》卷26作"问"。
⑤ 崇祯……润之也:《黄漳浦集》卷26无此42字。

始卜家于六峰，而其子光禄公延祖即卜兆六峰以葬其父，而君年至二十三亦卒，光禄公悲之甚，又以祔于祖，曰："大吾门者，吾子之子也。"于是子希孟，文学忉恻有日矣。崇祯九年（1636），从其妇翁羲升陈公宰吾邑，因公而请埋石。公敦人也，其言不诬。予又嘉文学来吾楚，不征铭于要人，而征诸野服之鹄湾，君其有子哉！

君生而慧，龆而能文，娟嬴静秀，疏疏可人。光禄公怜念之，不以逐童子也，遣入南雍受业，因以栖止金陵。且陪京人海，因得遍交天下高文服奇之士，俾知所津逮。而君固深心嗜学，自以其意师资明硕，萧然为鸡群鹤，每出试，即倾其曹，其曹争识之，君择而后与，常耻入队行。光禄公既欲君卒业，敕勿归省。君岁时一往朝母叶太君，即理櫂至白门，幽居向壁，如退院僧，无纤毫房闼念也。

君以纨绮之子，裘马非其所乏，而又价重时年，潘车谢齿，谁不艳尚。即人士佳者，或徙为饰尘折巾，弄香斗鲜，效清人韵流肤态，而君亦厌之。家训清令，天资迈上，既无子夜捉搦之情，亦鲜方褥隐囊之好，当兰茁其芽时，早有翠竹碧梧想，故生于馆娃，长于邀笛，而若不知有东南风气者。独好佳山水，尝一再还吴，上缥缈之巅，寻灵威之迹，心目攸触，形于篇什。

丙午①（1606）之春，君既病矣，犹与二三同志修禊分赋，人方捉鼻，拟议未就，而君已落纸墨有声，妙句铿然。长吉呕心于生前，惠连梦句于死后，诚有足悲者焉。将终，犹思病少间，即入吴访名师，皇皇以学问为言。此与戒律禅人泥洹时喃喃诵西号何异？呜呼！可谓秀而未实，赍志长毕者也。予闻之伤其志，为作铭曰：

瘗六峰者，有尽之年耶？清心约物，与铭俱传耶？有宰有宰，莅吾土者，天耶？

【按】选自清刘庆运修、孙宗岱纂《顺治六合县志》卷10［清顺治三年（1646）刻本，《金陵全书》甲编《方志类·县志》第25册影印］。谭元春著《鹄湾未刻古文不分卷》（民国北平燕京大学图书馆钞本，沈乃文主编《明别集丛刊》第5辑第47册，黄山书社2015年版）有本文，题作《沈长君墓志铭》，文字略缺失而不同。

---

① 丙午：《鹄湾未刻古文不分卷》作"癸丑（1613）"。

# 王曰俞

　　王曰俞，字喜赓，号中恬。江苏常熟人。天启七年（1627）举孝廉，出任六合县教谕。崇祯十六年（1643）与子王澧同科进士，官至余姚知县。清初，封工部主事。

## 重建六合县明伦堂记

　　曰俞滥竽邑博，盖古棠邑隶陪京者也。棠故僻隘，曰俞筮兹又值荒残之余，登堂征召学士，则颓然就圮，应朔蔑县，窃念向来释菜读法，旅而升降于斯堂，睹其敝败久矣，讵不人人改容，惕念而邮遽视之乃尔。盖兹邑故非封土，学宫又无赐田，生徒公谒，踬决肘露，馈斯粥斯，未遑谋御风雨者，比屋然矣。况谋公堂于兵荒之际乎？时与邑侯来公咨嗟怆悼，计一切月俸，赎锾无从出，且如彼鹑结者何？余曰："不然。夫人之生，心与性也。在心为堂，而性舍其中；身犹郭耳，郭且不可废，矧堂基乎？"有难者曰："吾自护其基而已，曾是设焉者，弗谋无害也。"余曰："五伦配五行，比五事，天所设也。人斁之，国亡身灭，然则堂胡资于人，人自资之。古者明堂、大庙、辟雍，其义通也，或在郊，或在公宫建。五十里之国，天子必命之立学，而乡遂都鄙，靡弗虔，独非设焉者乎？"兹邑虽小，其义固不异于辟雍，乃集诸士坐危甍败宇之下，告之曰："尔堂将坏，宁且置尔郭，葺尔堂，使获有安宅？"诸士犹难之。余曰："更有谂也。夫子不云乎'君子喻于义，小人喻于利'？义不在大，为吾心吾性而有所割，虽锱铢，义也；利亦不在大，为吾身而有所希，虽锱铢，利也。君子小人将自取之矣。"言未毕，诸士毅然起，如汪子国瞻、孙子宗岱、沈子希孟辈皆亟请署名竟质，衾履从事，以后为耻，余与邑侯各捐俸助焉。即差旦庀工营之，堂如旧制，而栋隆础厚，既蠹且平，材甓絜垩，亦璀以焕，诸士顾之，顿获身心之安，而悔葺治之不夙也。予因叹世俗侈泰，珠宫琼宇，动縻万亿，去道滋远，无论矣。稷下槐市，非不都雅，然以裘马之余，饰其俎豆，封侯拜爵，即偭然曰："稽古之力也，若乃十室小邑，穷经数十辈，眇饥寒之痛，修道德之本，语及义利之介，断然生死，不与易固，且羞与争列耳。今天下多故，通都大邑，几没咸阳之燹，然咸阳终日而败，理数然也。先师之教，历世常存，况重以圣帝明王之建立，一堂一基，莫匪人心之营位，人心不毁，虽千百世，未有能毁之者。"《诗》云"高朗令终，令终有俶"，登斯堂也，可以兴矣。予朴樕无似，谬从鼓箧之末，乐观厥成，爰纪岁月，并一时相醵之词云。

【按】选自清刘庆运修、孙宗岱纂《顺治六合县志》卷9〔清顺治三年（1646）刻本，《金陵全书》甲编《方志类·县志》第25册影印〕。

## 张国维

> 张国维（1595—1646），字玉笥，浙江东阳人。天启二年（1622）进士，授番禺知县。崇祯七年（1634），升任右佥都御史，巡抚应天、安庆等十府，主持兴建繁昌、太湖二城。后任兵部尚书。清兵入关后殉国。著有《吴中水利全书》。

# 寇破六合后请捐免疏

奏为浦六留畿要区被兵，安集非易，催征应恤，驿站宜苏，谨据申报情形，仰祈圣明矜允，以奠根本事。崇祯九年（1636）五月二十日，准户部咨，该本部覆职题前事内开，"贼氛南下，连破含和，顿兵攻浦，长驱过六，其焚掠镇市，蹂躏乡村，势所必然。今据该抚疏请蠲缓，前来、除、六合县，俟该抚查报另议，外合无将，江浦县八年分一应存留钱粮，该抚按酌量蠲免，以示宽恤可也"等因前事，今据六合县知县郑同玄申称，奉职宪牌，卑职单骑减从，亲诣本县西、南、北各乡村镇堡地方，简看得竹镇集、雷官集、施官集、中所集、大营集、裴家集及各乡村地方。各居民被贼杀死者，砍伤头颅，或去背①膊，或断其手足者，伤心惨不各忍言，皆系所辖百姓。其房屋被贼焚烧者十有六七，未焚者挨门逐户劫掳一空。有杀死尸身者，卑职已令保长传谕各认掩埋，随取各集保长具结开报。其焚掠屠戮之最惨者，无如竹镇、雷集，所遗黎民方归故土，又被土贼夜劫一空，风餐露宿，哀声

---

① 背：《雍正六合县志》作"臂"。

载道。卑职亲带土兵百名，到集安抚，略加赈恤，不能多及。与被寇之雷官集，地接滁州，杀掠亦多，有面被数枪而未死者，有一家儿媳尽膏斧锧，独余茕茕老夫，无家可归者，皆颙颙望恩，以保朝夕。伏乞大涣洪恩，具题蠲免钱粮，并将本县积谷票行，卑职亲往赈济，大抵竹镇、雷集大小相远，竹七雷三，则彼此两得其平，人人果腹，延至今冬收成，即可苟延残喘，二集生灵不啻死生而骨肉之矣，等因具详，到职该职看得六合无城，为寇窥探必经之孔道，贼自不得志于江浦，疾趋其地，先焚村镇，以扬凶焰，幸官兵扼截有方，贼惧而奔滁，所过村集，乘其急而屠掠转甚，该县所报"西南北无不被残，而竹镇、雷集尤惨"，字字皆实据也。顷计部仰体皇上严议，江浦酌免八年存留，奉有俞旨，在六合则俟职查报另议，故敢冒渎以请，谅圣明同仁之视，雨露无不沾濡矣。抑职更有请焉，曩奉皇上轻徭之令，职等已议于九年扣减免减，具疏上闻矣。今酌蠲在八年存留，则蠲无可蠲，何以仰宣德意，查十年钱粮在今冬开征，伏乞改八于十年，容职等预期酌议蠲，请旨遵行，庶宽恤在未追呼之前，较之蠲逋者更苏其力，且蠲免原系应得存留，不系京边，一转移间，而国无缺供，民沾实惠，汤沐邀再造之恩矣。臣谨会同巡按刘合词具题。

【按】选自清刘庆运修、孙宗岱纂《顺治六合县志》卷9〔清顺治三年（1646）刻本，《金陵全书》甲编《方志类·县志》第25册影印〕。

# 徐汧

徐汧（1597—1645），字九一，号勿斋，长洲（今江苏苏州）人。少孤，崇祯元年（1628）进士。改庶吉士，授检讨。累迁右春坊右庶子，充日讲官。庚辰（1640），分考礼闱。辛巳（1641），奉差南归；寻丁忧。南明建国，起詹事府少詹事、翰林院侍读学士。明亡殉国，谥文靖。

## 明处士思乔吴公暨配朱孺人合葬墓志铭

崇祯六年癸酉（1633），思乔吴公以疾卒，其明年甲戌（1634），子乡进士嘉祯字源长将葬公。先是，公元配朱孺人卒于万历己未（1619），越三年天启壬戌（1622），葬浦之西林山。源长扶公柩启窆合葬，以余友临川尹张受先状来，属汧铭其墓。汧于源长为同年友，睹文感义，谊不敢辞。

按状，公讳宗周，字从先，号思乔，苏州东洞庭山人，籍于六合。曾祖琦生本澄，本澄生公之考采世，以德名。公生，幼有嘉表，率履详慎，三岁母卒，又十二年父亦丧。公瞻事继母，养色迎意，虽崎岖俭约中雍雍焉，闿闿焉，颜莱之纯不能尚也。入学，周揽编籍，通知大义。亡何，家益贫，公慨然废书，曰："嗟乎！无以为也，瓶罍之耻。余实应且憎，守此将坐困。"乃弃载籍，徙治贾，游浦口，躬自缉约，行己以恕，人皆信之。又能审衰恶，知贵贱，以故业遂进，因迎母家焉。

公性质直，闻仁斯行，睹义必举，既以赴人之困陁，而能自不伐，其乐善急难备载受先状中，不尽述，述其略。魏某无子，以他人子为子，已生一女，而有少妇疾，亟计无所为，私念公长者，尽以其财属公，公年余出财三分之，彼此既均，各无闲言，因共悲叹流泣而去。李千户荒饮奸人，乘醉窃所署印行诈，事觉连拟城旦春行毙狱，公廉其枉，为代赎。或有负公者以居请，公曰："以兹区区，令子风雨不戒，予弗忍也。"继以母佝请，公怒叱曰："子忘其亲，奈何累我？"遂折券不询。浦渡濑江，多险，舟常患覆，公时以急棹往来中流，多所救援，故被溺者虽呼号震恐，而卒以获全。一夕渡江，宿舟心动，公令舟子加恓，然卒不自安，旋以他舟登岸，未几，而所宿舟覆，公复悬金购人救堕水者，皆得存，而公竟以先易舟免，人谓公善施之应也。

公沉毅多智，慷慨有大略。浦城圮江者百年矣，上下皆积循罔议修筑，公以沿江险阻，不宜久废，乃首议葺治，白当事者。时夏官郎石公应嵩以公贤能，俾董厥成，独江水激冲，城辄受患，不能为功。公先设堤以捍外，以为外坚则城可完，故先为堤防，身任其役，经出入，量省费，勤者劳之，伕者督之。两工告成，公力为最。既而以霆雨堕城西偏，不克继葺，适虏警告至，公曰："一偏坏与无城等。"复倡募议，先出赀倍，城寻得完。嗟乎！世之居是邦而不能察其利病者有之矣，察其利病而不能废兴之者有之矣，彼此之相让，前后之相推，以为无与耳。况其民乎？又况于羁旅之民乎？公乃举百年之坏城而修之，而筑之，卒以成绩。呜呼！可无愧矣。

公燕居端严，动必循礼，里中弟子闻其声，接其容者，蔑不竦敬严翼，然雅性谦克，乐人之善。里有犯不孝名者，众皆绝之，公独呼与语，反复谆戒，晓悟隐恻，应时感动，先后如两人，故远近之士皆思乐为。则初源长未生，朱孺人以公中年未有子，置一婢，劝公纳之，公曰："即奈何以此损德为？择人嫁焉。"及源长生，方绾发，即勉以忠孝大义。既长，为广引气类，择贤士与居，继源长举于乡，贺者阗溢，公曰："无徒尔，幸为远大计。"常戒其子曰："此手一污，人品丧矣。"又铭其座曰："静以修身，俭以养德。"故源长自登贤书，阖户诵书，绝迹请寄，皆公之教也。予观近世为父兄者，子弟得一第，辄狂悖不知所为，至于藏获盈集，纷遣道路，虽里闬故旧，不惮灭侮，扬扬然以为我得志无如何耳。其子弟之下者，固然不足为怪，其贤者亦仅寝默不敢言。呜呼！若公者，岂不谓贤乎哉？

公素学佛，精探内典。卒之日，召源长语之，曰："愿女处为正人，出为廉吏，凡事宜法古人。吾生平惟不欺不妄，生死之际无为恋也。"跌跏声佛而卒，其于去来之故，观之至矣。朱孺人父讳世学，早器公，字以女，孺人十五归公，当公商于浦，孺人安匮任剧，事继姑勤笃，豆羹必敬，凡二十六年，无几微间，治家大小秩如，俭约性成，屏文绣不御，日毋忘山中忍寒时。及佐公恁宾师，则精五饭，洁酒浆，靡弗腆肃。源长游太学，孺人训之曰："学如登山，久而弥高；与人交，毋悦不若己者。"孺人虽不甚解书义，然格言榘行多古型，病笃，源长割股调汤进，良已。又一年余，呼源长语死期，至期端坐逝。孺人事佛精虔，思乔公晚年学佛，孺人多相成云。

公生于隆庆丁卯（1567）三月十六日，卒于崇祯癸酉（1633）十一月十四日，享年六十有七。孺人生于隆庆庚午（1570）九月十七日，卒于万历己未（1619）八月初八日，享年五十。子一，即嘉祯，天启丁卯（1627）举人，娶处士叶公女；女一，适黄嗣服，早逝。孙一，山，幼未聘。十二月初二日为启窆合葬之期。铭曰：

邈矣先哲，仁义为质。兴利弭患，贻此燕翼。浦埔言言，而功是式。江水汤汤，而休是极。慈惠周洽，行维模则。孝友清妙，渊源逮及。闺门刑于，菀贞璿式。悬诸日月，永昭懿德。

赐同进士出身翰林院简讨征仕郎召对记注官年家眷晚生徐汧顿首拜撰。

【按】选自清刘庆运修、孙宗岱纂《顺治六合县志》卷10 [清顺治三年（1646）刻本，《金陵全书》甲编《方志类·县志》第 25 册影印 ]。

# 陈子龙

陈子龙（1608—1647），初名陈介，字人中，更字卧子，又字懋中，号轶符、海士，晚年自号大樽。南直隶松江华亭（今上海市松江区）人。"几社六子"之一。崇祯十年（1637）进士，选授惠州司理，绍兴府推官。明亡后，以兵科给事中起复。南明弘光元年（1645），起兵松江开展抗清活动，后事败隐居。隆武年间加入吴易义军，隆武帝授兵部左侍郎、左都御史，鲁王监国授兵部尚书、节制七省漕务。永历元年（1647），为提督吴胜兆作书潜通明守将黄斌卿反正，泄密被捕，投水殉国，享年40岁。清乾隆朝谥"忠裕"。曾主编《皇明经世文编》，删改徐光启《农政全书》并定稿。著有《江蓠槛》《湘真阁存稿》《安雅堂稿》等。

## 思乔[①]吴公传

吴太公者，名宗周，字从先，世为苏州之洞庭[②]山人。年十二而丧其父，事后母以孝闻。家贫不能养，则行贾，以浦口南北之津也，遂之浦口。既已，适有天幸，而公复诚信，擅心计，稍克自振，迎母家焉。公宽厚恺悌，好行其德，尤急贫者。凡赎人之子若女，得复为平民，赎人之罪自城旦以下，不可胜数，里人德之。见其出，则老者拱立，少者避路。公所居，濒江渡处也，每风作，必放小舟于中流，以拯溺者，人赖以济甚众。一夕渡江，宿于舟，心动，亟呼渔舟以归，甫登岸，风涛大兴，所宿舟覆，公悬金募救堕水者，皆得免，人叹曰："吴公平日济人多矣，宜其免于厄也。"浦之城半圮于江者百余年，公建议修筑，奏记当道，曰："城受水激则势不敌，即幸成，而临江贼以巨舰乘之，固难守，此高皇帝之所以迁洪都也。请先为堤以捍外，外坚则城可完久。"于是吏协其谋，属以董成，征器用，辨工材，稽出纳，考勤惰，不日而两工告成事，公为首功焉。居无何，城以积雨

---

① 乔：底本作"桥"，据《雍正六合县志》卷10改。

② 洞庭：《陈忠裕集续编不分卷》作"林屋"。

410

倾西偏，公复首出赀倡助，人各竞劝，城遂以完。夫古所谓能为其土，捍大灾，御大难，公诚其人哉。其他若修桥梁，营名胜，活饥馑，德甚厚，具徐太史、张临川志状中，非大事不载。公娶朱氏，有令德，晚年与公俱好释氏言。子嘉祯，丁丑（1637）进士，当世高名之士也。然率自公教云。

陈子曰：予从金陵渡江，道浦口，盖扼塞也，天下承平二三百年，人谓郭可夷而隍可湮矣。盗未起时，公乃预为计，今江淮之间骚然，而民得爰处者，谁之力也？自兵兴来，形见机逼，荐绅先生雍容风议，语设险者，则相与笑詈，又曰：我且引而去之耳，何必父母之邦。《诗》云："惟桑与梓，必恭敬止。"公以旅人任版筑，为兹土百世利，盖尤伟哉[1]！

【按】选自清刘庆运修、孙宗岱纂《顺治六合县志》卷10［清顺治三年（1646）刻本，《金陵全书》甲编《方志类·县志》第 25 册影印］。陈子龙撰《陈忠裕集续编不分卷》（抄本，沈乃文主编《明别集丛刊》第 5 辑第 85 册，黄山书社 2015 年版）有此文，题作《吴太公传》，文字略有不同。

## 朱廷佐

朱廷佐，字南仲。吴县庠生，移家金陵。南明弘光朝，曾面折马士英、阮大铖。不求仕进，家富藏书，编有《古今书目》，黄虞稷编撰《千顷堂书目》曾参用此书，惜已失传。著有《春雨堂集》。六合宰米万钟及中翰孙国敉延其主讲席棠邑，弟子最著者有江正言、汤允绳、孙宗岱、孙阿汇、沈子迁、宋扐之、叶令植等。

## 六合长芦寺茅亭记

棠邑滨江长芦寺，故老相传梁僧达摩履苇渡江栖止于此，南岸幕府山有折苇遗迹，余谓皆好奇者之附会，即或有之，亦不过方士之常态，何灵异之有？近时释子以祸福惑人，头会箕敛，行若市侩，斑斓衣服，钟鼓鞺鞳，殆俳优之弗如。其黠者，剽窃庄列，口辩悬河，俨居高座，自命大乘，士大

---

① 哉：底本无，据《陈忠裕集续编不分卷》补。

夫陷溺者其术，不恤居弟子之列，于是新其甍宇，广其田舍，穷侈极丽。其徒党衣锦饱食，辄至千余人，甚且交通宦寺，胁致公卿，猱杂男女，作奸犯科，昌黎氏所谓当"人其人，庐其居"者，惟恐屏之不严，而除之不尽也，尚何修葺之为哉？

今僧守愚则不然，其人朴而戆者也，治圃力稼，不知梵诵。一日，携茗碗坐道旁，见行人走赤日中，渴不得饮，恻然悯之，欲置茶亭于路左，数数形诸口，然未有应之者也。邑士孙君伯观闻而助以缗，茅宇粗葺，颇支风雨，旁植槐柳，足以蔽暍。余适至其地，见僧赤足担水，支炉煮茗，执杓浇座，行人无苦，僧亦怡然。有鬻糕叟，侈达摩事，以问僧，僧瞠目不答，良久曰："恐是乘船渡江，手折一芦去耳，未必踹芦而行也。"叟怫然曰："呼咄哉！"众皆哗笑。余以是知僧果朴而戆者也。

余与孙君议，欲易亭以瓦，更增草舍三间，以为行旅栖泊之地，置脱粟以济饥，草屬以给用，孙君曰："善！吾与君必成之。"遂书以为之记，且俟后举。

【按】选自明朱廷佐《春雨堂集》[清道光庚子（1840）刻本《金陵朱氏家集》，哈佛大学汉和图书馆藏本]。

## 长芦寺霞公念佛会疏

一乘阐教，佛炬高悬，四智兼修，心灯炳曜。哀阎浮提众生念般若不识般若，谁泛性海慈航？弘大乘氏导师印知见即佛，知见广启，金绳觉路。初终后异说悉是菩提羊鹿牛三车，无非权教，入世即证，出世有文，不若无文。此心即是佛，宗门现成语，究竟谁参有法，亦非真禅子葫芦提，本体安在？是以正觉破邪宗，惟传见性入门，持信果不懈修为。爰维性等圣凡无亦悟有迟疾。上智提纲闻思修一齐，摄合末，学参契，戒定慧，乃证阿弥。某等染爱欲门，趋生死海，触途成滞，五浊六恶，未能离彼尘情。见色悟空，七征八还，直欲证此大事，思维如来往生之旨，修净土即得净土。涉入普贤行愿之门，悟无生与证无生，提引下根，行门端的，精修智果正等觉宗。皈依金仙降生之辰，弘启下界宣扬之路。乘赞叹为佛事，海潮音竞起千波，理净业，解尘缘。金刚体坚持万劫，人天齐供。比丘僧、优婆塞、梵呗不同愚智，全诠居士心善知识，熏修则一。忆佛念佛，现前当来，必定见佛，此不二法，去佛不远。母忆子忆，同于形影，不相垂忆，是念佛人，念性圆通。法王子弘愿，全收震旦国，万法俱堕，从此悟四生六道之有因征，八识六根之不染。由来清净觉体我佛。提撕无始垢秽根尘。大家解脱。若不舍一身，受身济渡众生，则当从一刹至刹供养诸佛，庶同两足之尊，尽满涅盘之果。惟愿慈尊哀怜，摄授大众佛子，敢告梵修。

【按】选自清刘庆运修、孙宗岱纂《顺治六合县志》卷10［清顺治三年（1646）刻本，《金陵全书》甲编《方志类·县志》第25册影印］。

## 姜绍书

姜绍书，字二酉，号晏如居士。江苏丹阳（今属江苏镇江）人。崇祯十五（1642）官南京工部郎，善鉴别，工绘事。明亡后，出家为道，放浪于山水间。平生嗜著书，多才艺，善鉴别，工绘事。著有《无声诗史》《韵石斋笔谈》等。

# 灵岩子石记

余性好石，尤好灵岩子石，此种出六合灵岩山之涧中，而聚于金陵。余展齿每及雨花、桃叶间，必博访其上乘者，贮之奚囊携归，以古铜盘挹水注之，日夕耽玩，心怡神赏，如坐蓬瀛，见蛟蜃吐气，结成五色，珠玑绚烂，莫可名状。此石初为山灵所秘，人未之知。或樵夫牧竖过而拾之，玩弄俄顷，旋复弃掷。惟与晓烟暮霭，出没于潺湲中而已。万历丙申岁（1596），米友石尹于①兹邑，簿书之暇，觞咏于灵岩山，见溪流中文石累累，遣舆台褰裳掇之，则缤纷璀璨，发缕丝萦。其色白如霏雪，紫若蒸霞，绿映远山之黛，黑洄瀚海之波，黄琮可荐于虞廷②，赤文曾藏于禹穴。更有天成鱼鸟竹

---

① 尹于：《光绪六合县志》卷7作"来尹"。

② 廷：《光绪六合县志》卷7作"裡"。

石，暨大士应①真，如镜涵影，自然成文②。友石得未曾有，诧为奇观，更具畚锸，采之重渊。邑令所好，风行景从，源源而来，多多亦善。自兹以往，知音竞赏，珍奇琳琅。想米颠袖中无此一种，坡老怪石供，不必取之齐安江上矣。

【按】选自姜绍书著《韵石斋笔谈》卷上（永瑢、纪昀等编纂《文渊阁四库全书》子部872，上海古籍出版社2003年版）。《光绪六合县志》卷7有选录。清葛元煦辑《啸园丛书》，清光绪间葛氏袖珍刻本，亦收录有本书。

## 焦尊生

焦尊生（？—1609），字茂直，江宁（今南京）人。焦竑子。贡生，有诗名，善真、行书。

## 募修长芦寺疏

古之崇佛寺者无如③梁武，然仅从事土木饭课之事，后世儒者遂指同泰台城以口实。初祖西来，扫象阐宗，其语武帝也亦云实无德，以故两不相契，遂折芦而东，实为长芦兰若之鼻祖。或云定山宴坐岩，是其面壁处。初祖之西也，只履所经寺实先之，其得名以镇，非以折芦也。宋章献太后少随父下陕，荆门玉泉长老知其异，勉之入京，后垂帘听政，遣问所须，答曰："道人所须，玉泉僧堂，长芦山门耳。"后即以本阁器服下两寺，玉泉堂成而长芦临江门起。水中蛟辄坏之，乃垒铁为基，铸铁神于江湄，以镇蛟祟。岁度僧七人。嘉定间提举施宿招甘露寺僧惠光住持其中，复建宝秘阁、一苇、选佛诸堂，芝兰馆，苇江、石柳二亭，刹宇之盛，近代罕俪。见于《嘉定志》及赵师罘刻石者如此。淳熙中，寺没于水，遂徙滁口山东河沙冈之上。洪武改元（1368），再建于无尽禅师，今去之二百年所，颓垣破壁，过者悯然。行僧真晓卓锡于兹，遂以兴复为任，丐余作疏以劝从者。余惟玉泉、长

---

① 应：《啸园丛书》作"高"。

② 自然成文：《光绪六合县志》卷7作"自成文采"。

③ 如：底本无，据文意补。

芦兄弟也，近玉泉方图鼎革，余亦倡力助修，东南之人颇有从者，而长芦复来丐疏，岂时节因缘例当兴耶？或为梁武著有为法，致使世儒以为诟病。初祖一扫而空之，今宗风大振，子不于彼法中乞一瓣香，乃以竖儒几梁武之所不几，不亦取诃初祖乎？其于长芦何有？余谓：言岂一端，各有攸当。天监前，武帝以国王倡法东南，世人靡崇因罔知见性，初祖忧之，以空破有。迩年来，人便无为路，遂认瞬目扬眉，执为窠臼，甚至恣情纵意，靡恶不为，一遇穷追，便逃空窟，譬之蒸沙作饭，历劫不成，大限临头，火车相现，悔岂有及？永嘉云：弃有着空，避溺投火，岂不信哉！不知菩萨六度，首重檀施，况我学人，宁免悭执，倘肯以舍药贪珠积寸，累久之善根日坚，善果日熟，回向西方上品，金台撒手可到，苟不能忘情福果？人天胜业，当不诳人，不然如必拨无因果，冥报甚严，不特梁武哆口笑人，谅非我祖达摩直指人心之旨也。是为疏。

【按】选自清刘庆运修、孙宗岱纂《顺治六合县志》卷10［清顺治三年（1646）刻本，《金陵全书》甲编《方志类·县志》第25册影印］。

## 萧象烈

萧象烈，字无竞，一字承甫，江西庐陵县人。万历二十八年（1600）举人，三十二（1604）年进士。三十三（1605）年任六合知县，三十五（1607）年改杭州府教授，应聘校贵州乡闱，升南国子监博士，转南京刑部主事，出知永州府。崇祯间官贵州按察使，清介自持，平易近物，有古廉吏之风。致仕归籍。

## 文林郎岑溪曾公墓志铭

盖余自叨第宦六合，凡郡以谊德显者，余无不折节事之，其乡达中若明府巽峰曾公，徽行懿躅，烧映当代，余当簿书之暇，承启迪者三余褉，迨谬窃兹转，而哲人萎矣。公长公因以串习公生平，真令人哽咽，溢肺腑也。呜呼天哉！长公卜兹季秋六日，奉公深葬祖茔，以余得悉公深，手次公行，遗余征铭，隧中之石。夫余何能文，但谊在不可辞，故勉为志。

按状：曾之先世，文武显也，为宗圣公之荫裔。自其始祖仪同始伯祖杰于文皇时，以征西阳有功，世授南京龙江右卫指挥，镇抚仪，即徙居金陵六合之北乡，公配张氏；祖晛，配杨氏，虽世武而耕读继业；父搪，号西园公，廓落好施于，尝为德于所知，与力所及，以故储曾氏庆源者最深且渥。西园公配朱氏，生二子，长莞，次芮；继娶王氏，生三子，长萃，号北峰，应恩贡，官沔阳州守，次莱，三即公。公生而顾晢，疏眉目，少长颖敏，端重儒步，详视有大人度，于诸兄弟中独与百峰公刻励向学，亡问所夕寒暑，每纵笔为文辞，娓娓不休，其所授书辄诵，竟以精治名。弱冠，试学使者，为诸生高等，廪于庠，乡试辄不利，然明格非得进士不成宦，而公之业公车也。其气豪，视进士将取诸橐，何论一鹗荐，乃竟若有尼之者而止。应万历壬午（1582）选贡例，辛卯（1591）谒吏部选，授淳安之贰。淳安故浙之岩邑，公至而轸民瘝，崇节俭，宽刑威，凡贰力能得之于长吏者，无不为民兴革之，廉能声日益起，及奉檄两摄邑篆，督输岁币，冰蘖自凛凛，司奖许特至，然泽美薇垣，名荣荷橐，因遂有岑溪令之擢焉。闻命日，环淳安民无不相对如失慈父母状，爰是共立生祠去思，愿世世尸祝之无忘公惠。公寻抵岑溪，其地属大征后，而俗故犷戾不均，凡游宦无任行者，公单车往，至则用钩距术。凡民有好任武断修睚眦者，公得其隐，己而时有所纵舍，曰："勉之三尺，不贷若也。"以故民咸摄公，相戒莫敢犯。独一意学校，尝考课博士诸生经术文谊不倦，一如其海子弟事，诸生文名烨烨著，皆奉公指教。前是征输者，例扰于三，则公一之，而民不扰，悦服甚，亡所规上下其赋，遂起为西粤诸郡冠。至若抚徭獞七十二洞，俾之帖然安堵，非有大擘画者不能。诸如创城垣，饬武备，储边饷，则以制锦而膺干城之寄者也。捐金置学田，开民种菽麦，辑修岑志，斯皆更仆未终，余谓若公者，即古富平治行，何以加焉。噫嘻！五柳长荣，正喜公来之重，九芝呕下，行看帝渥之新。亡何，有齮龁公者，竟略剡荐，而公以藩归事，是方伯监司无不诧异公之遇，交相旌，予以慰其行。至攀辕卧辙，又不特民相依依，而夷族且有泣数行下者矣。则公遗爱在人心，无惑乎生祠名宦之享岑溪，又继淳安而立之耳。公拂衣归，绝未以几微见颜色，去官之日，橐被萧然而已。归家葺先人产，仅足具饘粥，唯是，日讨子姓而训课之，悉勉以三不朽之业，与百峰公埙篪倡和，欢友亲爱，如童稚时。勤不惮赖，显俭不侈，鋜摅屏居，爱影宾筵，三及德望隆奕，凡邑大夫至，无不就见请益，公貌亲人如饮醇，而訚訚论议，不面假卒，未尝称人恶，里中有健讼不下，公能捐赀以平之，居恒念其父母养不逮禄，语及必泣然。岁产有所入，族属饥寒逋负，咸相给赡，尝曰："吾无以贻家，但使方寸无恨，可为子孙藉耳。"公无崖岸斩绝之行，下驭数百指，皆宽然有恩，迨酬酢晋接间，一以谦抑为主，虽晚进辈相与恭敬，未尝少失，而其丰范之端凝，笑语之典确，人必不敢以亵事之。今婆娑林下几十年所，而浙粤诸士夫有过其邑者，无不访巽峰庐，而式起居焉。以此知公，则公之为德为力，与西园公其深渥，又可知矣。庆源不益拓而昌炽，不益可必哉。距公生嘉靖庚子（1540）九月二十八日子时，迨今癸丑（1613）初夏，疾痰火，至五月二十一日子时寿终，享年七十有四。而齿编贝，而颜渥丹，盖其得力在祛练神明，解脱禅妙，将山阜岗陵可期者，今一旦长逝，想亦厌尘絷而游净土也。即其临终前一日，与百峰公相诀，举手致意，作翛翛观化状，且无一语及乱，其自得为何如？公讳莘，字国聘，别号巽峰。元配谢氏，先公卒，继胡氏。生丈夫子三若祉龄、玄龄、昌龄，今一庠士，一国学，究将无量也。女二，适名门矣。孙男一世守，甫七岁。呜呼！老成淹逝，典刑不存，玄宫茂郁，宜而子孙，系之铭曰：

畴不读书，而公读书无虚也；畴不为仕，而公为仕循于也；又畴不为善，而公为善乐且也；而后昆美其轮美其奂，以益光公于九原也。噫！

赐进士第南京刑部广东司员外通家侍生庐陵萧象烈拜撰；赐进士第前南京吏部文选司主事眷生维扬史启元拜书。

【按】选自清刘庆运修、孙宗岱纂《顺治六合县志》卷10〔清顺治三年（1646）刻本，《金陵全书》甲编《方志类·县志》第25册影印〕。

# 清　朝

## 刘庆运

刘庆运，字应生，直隶延庆州（一作江苏吴江震泽）人，由恩贡副榜于顺治二年（1645）任清朝六合县首任县令。富有文采，喜好游览，每于赏玩之余，作诗记游。莅任后，能收集流徙，赈济安民，重视文教，颇有政绩，商民为之建生祠于六合西门内。

## 《六合县志》序

志者，纪事之书也。凡一邑之事咸在所纪，而犹贵有体要，沿诵训之制，遵笔削之旨，使统纪相承，名实不爽，如是始可质前闻而属来裔，此江文通所以有作志之难之论也。余不自揣，尝有意尽栝郡邑之志，将求之画野分坼之初，以观其棋布星罗之局，审之沿革合离之后，以察联络涣萃之情，或相错而为犄角犬牙，或相使而为臂指首尾，形势之重轻，钱谷之虚实，户口之繁耗，以至沧桑陵谷，因应变化，不了然心目者哉。宿志未酬，或得[①]衔命抚兹岩邑。邑即弹丸乎，然瘠土之民，望泽更急，矧江北冲会，星轺遄飞，兵燹余黎，哀鸿乍复，求与休息难矣。

鞅掌之余，间搜邑志。盖为邑者，必考志，始获利弊所在，舍是曷由乎？然竟残缺失次，了不可读，始知曩毁于寇，数载因仍固陋，以应上台征问，心窃伤之，而深虞其难为理也。嗣过邑绅石君孙公，斋头见其先中翰公伯观先生所辑《棠邑枝乘》一帙。盖伯观先生为海内文章师表，痛旧志荒落，辑其遗事，以俟搦管者采绁[②]尔。嗟乎！舍马班而不著良史，后虽得不

---

① 或得：《雍正六合县志》卷10作"漫尔"。
② 绁：《雍正六合县志》卷10作"择"。

救失，安得不为前此者，悼惜哉！快读竟，益知孟坚于《汉书》中分立十志之意义有合矣。然石君既能克<sup>①</sup>绍其家学，以成先志，而其令高曾又曾屡辑嘉隆旧乘，以操董狐于当日者，余不胜为文献庆，乃亟延石君，以秉纂著之成，又延胥西臣为之辅，补其缺，订其舛，授事不三阅月，而志竟成。凡建置、山川、贡赋、物产、乡都、坛壝，惟旧之仍，其余诏令以播威德，灾祥以垂咎征，风俗以彰教化，户口以稽民数，人物以显才德，科第以著登用，守令师尉以表民牧，兵防以预御备，城郭、桥梁、公署、坊市以验力役，碑铭、记序、诗词以焕文翰，备之十二卷中，亦既详矣，而更为《志外别纪》十集，又皆掇藻摘奇，寻源护本之事，遂使离合之意，互有发明，绝不惟其旧之是泥，然大源实起于《尔雅》，义例悉祖之《六经》，故<sup>②</sup>疆理比于《禹贡》，法制准乎《周官》，风俗寓《五礼》之修，褒贬窃《春秋》之旨，象大壮而治宫室，祖风雅而缀诗歌，隐括群经，迨有大义，以经纬乎纲目之中矣。因溯观前志，盖始于宋之嘉定，惜嘉定本不获睹，后虽屡经补葺，略与增易，安得如今兹之去繁正讹，撮遗续断，为阙疑者释此积憾哉！於戏，是书之作，真足以广见闻，示观惩，有资于政事臣民，而更于风化人心大有补也。余自是益得凛其义例，酌其兴除，有较前而分同异盛衰者。同则因，异则革，盛则保，衰则扶，责岂旁贷哉？但当此兵燹甫戢之始，首图辑志，似非所急，盖将以穷民隐，明素愿，而藉石君、西臣两君以相成，岂偶然哉？究心民隐者，视兹志皆疾苦呻吟，不得例以方策目之也。时顺治丙戌（1646）秋九月，知六合县事震泽刘庆运撰，偏师将军孙宗岱书。

【按】选自清刘庆运修、孙宗岱纂《顺治六合县志》书首［清顺治三年（1646）刻本，《金陵全书》甲编《方志类·县志》第 25 册影印］。


## 闵景贤

闵景贤，字士行，乌程（今浙江吴兴）人。吴兴闵氏家族为明末清初著名的刻书名家，刻印大量书籍，颇负盛名。

---

① 克：《雍正六合县志》卷 10 无此字。
② 故：《雍正六合县志》卷 10 无此字。

## 《读书通》题辞

眉公作《读书观》，伯观作《读书通》，有以异乎？曰：无以异也。或立的而树之标，或程途而示之趋，皆为真正读书人传薪耳。夫书自可观，自可通也，只须人真能读耳。今人古人，俱是能读书者，俱患不得其法，一得其法，则勉而入于喜，不观而通古今，人无不相及矣。然读即是法，觅法而后读，则读之法不立而书之情不亲，纵欲勉而喜，不入也。此法今古无师，邢邵、贺琛、苏子瞻、程伯淳诸子，彼自用彼法，我自用我法，一师其法，读便不真，此则予所自为观，自为通者也。质之眉公、伯观，将以予非法乎，非非法乎？似亦与两公无以异也。若有以异，且再勉而喜以事两公。闵景贤识。

**【按】** 选自孙国敉著《读书通》书首（《丛书集成续编》子部第78册，上海书店1994年版），原书影印自练江闵景贤士行纂、西湖何伟然仙臞订《快书》卷31，刊刻者标注"孙伯观删本"，1卷，但根据《顺治六合县志》记载《读书通》有2卷。

## 顾高嘉

顾高嘉，本姓项，名嘉，字靖昭。后复姓顾，名高嘉，号南楼。浙江秀水（今嘉兴）人。顺治十四年（1657）举人，十五年（1658）成进士。历江南六合知县，天津河防同知，云南都匀知府。仕天津间，士民立碑志其德。

## 复孙阿汇

弟甫除贵邑，即有客啧啧相语曰："君此行颇不岑寂，一则灵岩山文石，一则孙阿汇先生诗文。"昔允大太史所称，灵岩石中有阿汇文，阿汇文中有灵岩石，是也。今山中涧渴闭，惜奇石已绝不可得见，幸先生时赐鸿章，开豁心目。水之圆折者产珠，方折者产玉，笔势偶折，方圆墨沉，横流珠玉，今非颂橘，谁实生花？第一行作吏，困溺簿书，能令研田立涌，窳土金石，自吞哑药，又何敢作刘季绪琐琐咨议也！

【按】选自清周在浚等辑《赖古堂名贤尺牍新钞三选·结邻集》第16卷（《四库禁毁丛刊·集部》第36册，北京出版社1997年版）。

## 邓廷罗

邓廷罗，字叔奇，号偶樵。江苏南京（一作濠梁，今安徽凤阳）人。其先祖为江南大族，少尚豪侠，读书重大义，喜论兵。清顺治中拔贡生，康熙年间由京师南下福建漳州参军事，授山东莱阳知县，升辰沅道，转湖广荆南道。著有《孙子集注》1卷、《兵镜备考》13卷和《兵镜或问》2卷，存世。

## 皇清诰封征仕郎奉政大夫歌风叶公暨原配陆太宜人合葬墓志铭

余自龆龄，时与叶子憩公、函公诸昆季文艺相砥。壬辰（1652）之春，世祖章皇帝征海内茂才充太学，函公与余以博士高等，偕公车北上。明年内三院遴补薇省撰文，余与函公与焉，出入同禁闼。时海氛跳梁闽越，余得附骥从定远大将军世子南征，周旋介马间，函公以原官观察兴泉，余以原官绾漳符，嗣则各宦一方。函公甥吾儿献英，余甥憩公子封，两姓同婚世好，余故尝以通家子拜叶公陆母于堂上，三十有余年矣。康熙癸丑（1673）季秋，憩公昆季缄书，命子而请曰："先大夫墓在吴之洞庭东山，兹将奉先宜人归吴合葬，尚未之铭，非先生其孰知者！"呜呼！余乌足以志大夫、宜人事，然谊不敢以固陋辞。

谨案：公讳咏，字会佳，号歌风。先世居震泽洞庭东山，多儒隐。明洪武间，十一世祖善赞公上《圣德论》，擢为傅，归隐故园之纪革里。曾祖听泉公、祖与山公二世，诗文超粹宏肆，有刊集行世。父玄溟公，挟策棠邑，而因家焉。年四十有五始举公，公生而颖异，事玄溟公暨母氏杨、欧两孺人，诚敬和悦。壮负经世略，轻财任侠，诗古文辞奇丽雄伟，有勉以进取者，辄谢曰："余晚得，白首侍亲膝，足矣。若弃亲而求远达，非我志也。"

昆弟三：仲谦，字执之；季诜，字和吉。兄弟执经问字，交相友爱。仲氏出为叔后，悉剖公产，无异视。昔有乡人逋负，他氏责偿迫甚，质女，公以倾囊脱之，且为择良偶。学友为巨猾劫，路以目公，奋甚，戟手召勇敢士要之，猾垂首去，得脱。臧获窃物，逸去，后遇诸途，若未目识者。内兄遭乱，为狂不逞者，荼毒妫氏，藐孤茕茕，靡告，公谋为复仇，巨憝咸就戎索，卒抚孤树立，妫得以完节。著公之生平梗概如此，其丰神散朗，清言亹亹，有晋代诸贤之风，嗜灵岩文石如米南宫癖，时与诸老友逍遥清玩，香山雒社未足过也。

元配陆克勤相庄，奉舅姑至孝，朝夕温清色养，无毫发间，画获课子如严师，姻娅妯娌，敦静好，待人恕，御下宽，同居三十年无间言，公是以得内助而成家万石。年至强仕，已居华祝之后称，各授专经，互相师友，以文章起家。长蒂棠，字憩公，早年食饩时，南雍祭酒许石门、王昆华、周巢轩、何立子诸先生，号韩欧嗣出，憩公每与试，必冠上舍，名噪海内。丁酉（1657）南闱，已售复蹶，舆论惜之。次召棠，字右公，崇祯末以经选，未仕，至康熙癸卯（1663）授州别驾。其六灼棠，字函公，辛卯（1651）南闱，有司争弁冕，不获，移冠副车，癸巳（1653）以明经廷对，读中秘书。请从王师征闽，假程归省，拜二尊人，翁母戒以军中多活人。师至闽，奉令摄福兴泉兵备道事，凡所为一如过庭时所戒，及奉命再秉泉南节钺，翁母戒其行曰："居官惟'洁己爱人'四字，用之不尽，汝书但报平安，他勿有所将也。"函公下车日，则为招流亡，弭寇盗，还定而安辑之，全活不啻数十万计，所建树，要皆不忘两尊人之教。读《兴泉政略》一书，无不感叹泣下者。公年迈时，遗书勉以告归，函公捧书泫然，思以终养请。己亥（1659）九月，公遽以疾逝。函公闻报痛毁，将徒跣奔丧，阖郡士民拥制之府，号泣动地，罢市三日，皆缞服遮吁，以代巡道，三年之孝，申控留任苏黎。公状总制大司马寿筹李公，一面上疏，一面批示，曰："上为国留，下从民请，仰道移孝作忠，勿怀去志。"因不得已而墨衰出。造战船，运粮饷，以济师行，垂涕役民，民皆感泣，因作《平海吟》以纪之。越年，代者至，始谢归。两郡数万人缟衣追送，哭声填道，卧辙不能行，亦名望之可为流芳者也。郡人知其贫，五都设匦，往来负贩者咸争投赠，日得百金，函公固却不受，后为绅耆请建去思祠，勒碑志焉。呜呼！世之所为孝者，父析薪而子负荷者有之，父兆基而子肯堂构者有之，箕裘相继，不忘先世之栖梁者有之。若乃身以孝隐，而教子以忠显者，未多见也。辞臑处约，大让而无称者，未多见也。义不辞难，嶻然而不淬者，未多见也。吾道其父孝友著于乡党，而其子名闻于天子，信于僚友，于公有焉。其父处躬约言，若不出口，而其子风流文采，焜煌于廊庙，于公有焉。其父毁家而纾人之难，其子愿己饥己溺，一夫不获之失，于公有焉。其父勉廉教让，以清白砥家风，而其子饮冰茹蘖，立德立功，急流而勇退，于公有焉。此余同懃公、函公辈相亲于形影，故知公之深，概虽异姓，而犹一家也。因服膺公之能教其子，且知太母之能贰于公，以成其教也。公自少及壮，立身砥行几十年，必恭必慎，晚以子贵，愈约己谦谨，施惠于<sup>①</sup>于人不问报，及有逋负于公者，皆秘而不言。易箦之日，惟以"积善"二字勉诸子孙。适右公自闽归，询治兴泉诸事状，公含笑曰："吾无忧矣。"公辞世十余年，母长斋绣佛，见诸子成立，不令析居，日惟含饴弄孙，偶有负不能偿，或反以横逆加母，必戒诸子善解之，不令之官，释其事而后已。壬子（1672）七月，以考终。

子七：长苻棠，廪膳生，中江南丁酉（1657）副榜第一，娶许氏；次召棠，娶朱氏，考州金判，未仕，故；次芰棠，娶严氏，继夏氏；次灼棠，福建兴泉兵备道，娶朱氏；次澍棠，娶席氏；女一，适贡士汪公讳国霖子庠生汪渭，俱宜人出；次德棠，娶吴氏；次南棠，娶李氏，继杨氏，俱庠生，庶室高氏出。孙男封，娶兵备道副使邓廷罗女；次篆，苻棠出；次阶，娶王氏，召棠出；次乘，娶礼部郎中朱之翰孙女；次琏，芰棠出；次賁、澁，德棠出；莲，南棠出；御，娶府经厅汪瑄女；次暻，娶刑部右侍郎李敬长子荫生讳之本女；次瞹、暄，灼棠出；麓、森、彬、楚，澍棠出。

公生于万历乙未（1595）十二月廿八日寅时，卒于顺治己亥（1659）九月四日未时，葬于顺治十八年辛丑（1661）九月初六日，享年六十有五；宜人生于万历丁酉（1597）正月廿八日亥时，卒于康熙壬子（1672）七月十五日寅时，享年七十有六。今将归于故园长圻之垄。长圻者，翁所手创之亲墓地也。尝戒其诸子曰："余身后必将安于先人傍。"因懃公辈既葬太翁于祖茔之昭，今奉太母枢，启窆合葬，咸遵遗命，莫敢违先志也。罗虽不敏，用诹而敬为之铭：

长圻之石，既嵘且峥；维公之德，华岳京京；长圻之水，既㴐且清；维

---

① 于：疑为衍文，可删。

母之仪，浣海盈盈。

康熙十二年（1673）岁次癸丑阳月，中宪大夫奉敕分巡湖广湖北道按察使司副使前整饬湖广辰常黎靖兵备道知山东莱州事内翰林秘书院诰敕撰文中书舍人年姻侄邓廷罗顿首拜谨撰。

金陵年眷侄倪灿顿首拜篆盖。

赐进士探花及第内翰林秘书院侍读国子监司业康熙丙午（1666）科奉命典试福建正主考年眷侄吴国对顿首拜书丹。

【按】选自叶灵岩重修《吴中纪革叶氏世谱》[清雍正三年（1725）刻本]。


## 张一鹄

张一鹄（1604？—1673？），字友鸿，号忍斋，又号钓滩逸人。江南金山（今上海市）人，顺治十五年（1658）进士，官云南知县。善画山水，得元人笔意，写意者尤佳。工诗，著有《野庐三集》《河存草》，传奇《三合掌》及与彭而述同撰《滇黔二客集》等。


# 梅花书屋序

余归田以来，构一椽，颜曰"竹深书屋"，前有梅阴，后有竹径。余《初夏》诗云"一片绿无地"，盖谓此也。永公水部挟刺访余，余偶病，辞以他日相晤，永公必索书屋而观之，循览移时，若不能去。越明日，招之小饮，永公不甚饮，谭笑留连，亦若不能去。别去，投我诗帙多篇，闲情逸致，尽见于诗。余受而读之，抽情绎旨，初若见多，读罢辄恨少，濡首沉酣，不忍释手，一若永公之见书屋而不忍去者。然我两人遂以此有针芥水乳之合，皆从闲冷中各有领略，非世交也。

余尝论诗，取其有别致。今之为诗者，必规规摹仿①乎初、盛、晚之间，无取乎别矣。夫人一生之内，有初、盛、晚焉，一日之内，有初、盛、晚焉，一诗之内，有初、盛、晚焉，贵乎出其性情，可以动人也。永公之

---

① 仿：底本为"彷"，径改。

诗，有别才，兼有别趣，故能言必惊人，而思有余蕴，无成格，无窠语，以我意为准，而古人俯合就裁焉，深乎别之义矣。忆客秋于皇遇余于广陵，索余为《遂懒亭图》，余曰："子已出门，何云懒也？"于皇曰："惟子能知我之懒，今永公下笔数千言，盈笥数十卷，可为勤于诗矣。勤于诗，则其懒者亦有在也。"人见于皇好为湖海之游，而不知其懒；人见永公好为篇什之奇，而不知其懒。所谓懒者，情有所寄，而意不与世属也。若余也，颓然自放于竹深书屋，此所谓废也，又安可语于两公之懒哉？因于皇序永公之诗，引北山诗以自明，故及之。

戊申（1668）清和月，云间同学弟张一鹄题。

【按】选自胥庭清撰《钟山草堂诗集》（清康熙刻本，国家图书馆藏本）。

## 杜濬

> 杜濬（1611—1687），原名诏先，字于皇，号茶村，又号西止，晚号半翁。黄冈（今属湖北）人。崇祯十二年（1639）乡试副榜。明亡后，不出仕，避乱流转于南京、扬州，居南京鸡鸣山麓达40年，刻意为诗，多寓兴亡之感。著有《变雅堂文集》《变雅堂诗集》。

## 花笑轩诗序

禅可以为诗也，而不可以为诗也。禅可以为诗者，诗中有悟境；而不可以为诗者，诗中有禅障也。唐之诗人深于禅者，最推王维、柳宗元，然二子之诗高洁明秀，其言外之意不着色相，此所谓语境也，挽末言诗者，或初翻教典，或新事参学，则经论成语、五宗公案，葛藤满纸，此所谓禅障也。蒲庵和尚具正知见，其于为诗亦复净扫游氛，以归于澂霁之景，吾定其精炼之语直逼有函峻峭之格，不下愚溪，而究其所以得力，在于以诗为诗，而不以禅为诗也。

夫以诗为诗而禅存，以禅为诗而诗亡，唐人知之，是以诗禅两盛，而宋元以来，浸失其指也。和尚超乘而上，妙与唐人合，用能有其悟境而无其禅障，岂不伟哉？余固亟称之久矣。近得山左守荔裳臬宪与余同好，因相与怂恩授梓，以教世之学禅以及诗者，和尚亦顺应之，爰各为之序。弟黄冈杜濬撰于燕子山房之雪窗。

【按】选自释大健《花笑轩集》[清康熙十年（1671）序刻本，南京图书馆藏本]。《国朝金陵诗征》卷48载："大健，字蒲庵，六合人，宏济寺僧，有《花笑轩集》《北山诗集》。蒲庵尝立祠以祀少陵。有徒兴洞，字默默，年一百余岁。"

## 朱阜公诗序

诗道之芜也，由于古学不讲。今人师今人，相习者今人之诗，相争者今人之名。又有一二黠者，翘翘然雄长于其间，操号召之柄，一丘之貉耳，犹桓司马之石椁，不如其速朽也。何足论哉！

朱子阜公，余素知其能诗，然颇疑其习俗移人，贤者不免，虽欲不为今人之诗而不可得。乃一日朱子惠而好我，出一卷诗，属为点定，然后知朱子不为今人之诗，而超然学古者也。夫学古为诗，本非奇特，然在今日，滔滔汩汩，千篇一律之时，人怀垄断之心，以摩风骚之垒，吾见其相背之戾也。而朱子独于是时，闭户观书，非古不道，发而为诗，深婉秀润，时露胸臆，见忠孝之情焉，岂非豪杰之士哉！其为难得而可喜何如哉！吾故亟称之，而惟恐其入世浸深，折而入于时也。故为昌言夫古学时趋，大是与大谬之分，以坚其信道之笃。而朱子犹疑吾言有所未尽，吾谓学古为大是，子既择而处之矣，大者得而小有疵，焉可不言，以须其后，而必欲遂言之。

大率承学之士，落笔自矜，往往有一层古人之影，伏于楮墨之内，而不自觉。是影也，众皆悦之，而具眼者弗谓善也。凡吾于子诸篇中，有摹古最肖者，反下点廖廖，其以此乎尚务去之以至于尽，则莹彻而光芒，真古在是焉。夫余非知诗者，而强之使言，未必有当也。独尝侧闻之过庭，诗之极地，与春秋相表里。余虽老矣，尚能偕朱子深究之。噫！彼滔滔汩汩者，何以诗哉！

【按】选自杜濬著《变雅堂遗集》文集卷2（《清代诗文集汇编》第37册，上海古籍出版社2010年版）。

# 周亮工

周亮工（1612—1672），字元亮，又有陶庵、减斋、緘斋、适园、栎园等别号，学者称栎园先生、栎下先生。河南祥符（今河南开封祥符）人。崇祯十三年（1640）进士，曾任山东潍县知县，迁浙江道监察御史。入清后，任两淮盐法道、淮扬兵备道、福建布政使、都察院左副都御史、户部右侍郎等。后屡次被弹劾判死刑，又遇赦免。康熙元年（1662），起复为青州海道、江安储粮道。康熙十一年（1672），逝世于江宁。精诗文、金石、书画，博学多才，著有《赖古堂集》《读画录》等。

## 花笑轩诗序

金陵梵刹多天下高流，道侣每每托迹，而弘济蒲公尤为杰出。予尝邂逅于灵谷空响中，一见契合，不独文士浮华之会，至蒲公而尽。即一切竖拂称尊，鼓弄声闻伎俩，诩诩见之眉宇者，均不可测其涯涘。余所恃为洪钟之叩，慈航之引，时时相得以忘言，将在斯人，岂暇于人世诠谛文字因缘中，以庶几其一遇耶？然公诗名已藉藉，吾友宋荔裳、杜于皇皆极口称其诗，时犹未得尽读之也。庚戌（1670），余杜门谢客，落落穷巷中，世缘都尽，蒲公始以一帙来质。余见其留连光景，标举兴会，拱揖陶、韦、储、王诸公于含毫拂索间，与向之所见何异？若另一蒲公淋漓歌笑而前者，予因静念其所以。夫云山川古今所同咏，而高人以成名胜之章，故同一音响，而属听有浅深，共此意言，而会心有灵滞。由蒲公之诗以印蒲公之所得，吾恶知裁云之句，不自掩关面壁，时触悟而融耶？则蒲公之诗乃蒲公之真禅，何俟竖拂始可明宗，而又岂一切文士可望尘而至者哉？知有蒲公，俯仰于江光浩荡间者远矣。虽然远公缁流之冠，靖节犹不轻一往，而荔裳、于皇与蒲公称莫逆，则蒲公之为人可知。又时时以诗歌相响答而切磨之，宜其诗推作者哉。康熙辛亥（1671）孟夏，栎下周亮工题于恕老堂。

【按】选自释大健《花笑轩集》书首［清康熙十年（1671）序刻本，南京图书馆藏本］。

# 胥永公诗序

世人每重荣进而轻逸乐，不知逸乐适志时盛于荣进，撄宁但才，不足为世用，终身沉沦，无自得之趣，而托于枯槁寂莫以名高，则亦不免于困诎消阻者，盖往往而是也。然有致身显闻，见几解组，效二疏辞荣去非，不足乐志林皋，而计其时已邑矣。终身震惕之时多，而暇豫之时少，不过全身保荣名而已。是二人者，有时发为诗歌，非憔悴之吟，则贵游之气，又或在位而抱抑郁之怀，或事外而深激楚之志，安能和粹容与，放志山水间，以自抒其所欲言哉！惟吾永公先生，少负不羁才，屈首铅椠，盛年成名进士，早已发抒其志气。两仕剧邑，皆名胜区，洊登郎署，又按部家山，永公咸以优游出之，不琐屑吏牍，而挥霍裕如，鸿骏著闻，盖隐然负公辅望矣。乃时正强仕，引退不待急流。且家六朝旧壤，葺宇鸡笼之麓，旁筑别业，以接邻芳，种竹莳花，临以亭榭。学弟多王谢风，读书课咏其中，涉而成趣，靡或间之。若北眺钟阜之苍岚，南望白门之古柳，六朝之胜，周览坐收，皆几案间物也。但露霁烟霏，绿闲红湿，时与二三素心，晨夕斗酒相留连，征歌顾曲，忘情于荣辱得丧外，如是者已二十年，故其见之诗章者，既无憔悴失志之嗟，亦无贵游盛满之习，甘心投簪而不自抑郁，生当盛世而靡所感愤，康乐奥隽，明远逸丽，用相絜量，殆为兼之矣。予与永公为亲串，尝作小轩于青溪旁，井里相望，朝夕过从，永公辄出所著篇章见示，予讶其摛词吐句，似不从人间来，以为天机清放者，必鲜幽思笃志苦吟者，即少高致，而永公本其仙举之姿，潇洒而成，若不事枯髯腐毫，始俪音情，而一入喉吻，惊心骇魄，令人十日思之不尽，自非心与境惬，进退咸适，亦乌能耽爱景炎，沉酣风雅之林，如是之深且笃哉！予粗习音律，于永公不能不望若天人矣。永公制举业，惊才绝艳，一时学者宗之，古文词在景纯、道元间，时有近似子厚者，欧曾儒质，似犹不屑为也。而独出之入之于诗间，作填词寄意，一空前后诸家。盖诗之离奇百变也，世应有知读永公诗者矣。康熙九年（1670）庚戌清和月，栎下同学弟周亮工顿首题于恕老堂。

【按】选自胥庭清《钟山草堂诗集》书首（清康熙刻本，国家图书馆藏本）。

428

# 顾炎武

顾炎武（1613—1682），本名顾绛，字宁人，人称亭林先生，南直隶昆山（今江苏昆山市）人。崇祯十六年（1643）成国子监生。清兵入关后，组织反清活动，拒绝朝廷征辟。晚年，治经重视考证，开启明末清初朴学风气。诗多伤时感事之作。著有《日知录》《天下郡国利病书》《肇域志》《音学五书》《韵补正》《金石文字记》《亭林诗集》等。

## 瓜步瓜洲辨

瓜洲得名，本以瓜步山之尾生此一洲故尔。《旧唐书·齐澣传》："润州北界隔江至瓜步尾，纡汇六十里，船绕瓜步，多为风涛漂损。澣乃移漕路于京口塘下，直渡江二十里，又开伊娄河二十五里，即达扬子县。〔原注〕胡三省《通鉴注》：'今之扬子桥，或是唐之扬子县治所，桥以此得名也。'自是免漂损之灾，岁减脚钱数十万。又立伊娄埭，官收其课，迄今利济焉。"此京口漕路由瓜洲之始。《玄宗纪》载此事则谓之"瓜洲浦"。而《五行志》"开元十四年（726）七月，润州大风，从东北海涛奔上没瓜步洲，损居人"。《永王璘传》"李承式使判官评事裴茂，以步卒三千拒于瓜步洲伊娄埭"，则此洲本亦谓之瓜步洲也。〔王氏曰〕瓜步镇，在六合县东南二十五里，瓜步山下是也。自开邗沟，江淮已通，道犹浅狭。六朝皆都建业，南北往来，以瓜步就近为便，故不取邗沟与京口相对之路。《庾子山集·将命使北始渡瓜步江》诗倪璠注："《隋志》'江都六合有瓜步山'。《述异纪》'水际谓之步。瓜步在吴中，吴人卖瓜子江畔，因以名焉'。"鲍昭《瓜步山楬文》有曰，鲍子"辞吴客楚，指宛归扬，道出关津，升高问途"云云，即此观之，则南北朝之以瓜步为通津明矣。隋既大开邗沟，加浚深阔。至唐，皆南北混一，无所事于建业，而都在关中，自宜取邗沟自江入淮，自淮入汴，以溯河、渭，乃犹因循瓜步之旧，直至齐澣始改。澣虽改道，却于京口遥领。张延赏，代宗时为扬州刺史、淮南节度观察等使，边江之瓜洲舟航凑会，而悬属江南，延赏奏请以江为界，人甚为便。延赏以瓜洲本在江北，而反属江南之润州，为不便，故请改属扬州。此与瓜步何涉？"没瓜步洲""拒于瓜步洲"，"步"字盖衍文。〔又曰〕《宋书·索虏传》："刘遵考与左军将军尹宏守横江，少府刘兴祖守白下，建威将军黄门侍郎萧元邕守禅州，羽林左监孟宗嗣守新洲上，建武将军秦容守新洲下，征北中兵参军事向柳守贵洲，司马到元度守蒜山。"时魏主在六合瓜步，与南岸采石对，而横江即采石也。自横江以下六地名，皆自采石至今京口几百里中地名。如以今瓜洲为瓜步，则与蒜山相对，其上安得更容六地名哉？

【按】选自顾炎武原著、黄汝成集释《日知录集释》卷31《江乘》[道光十四年（1834）嘉定黄氏西溪草堂重刊本，见《日知录集释（外七种）》，上海古籍出版社1985年影印]。题目为编者所加。

# 宋 琬

宋琬（1614—1673），字玉叔，号荔裳，山东莱阳人。顺治三年（1646），清廷开科取士，宋琬乡试亚魁。顺治四年（1647）进士，曾任户部河南司主事、吏部稽勋司主事、陇西右道佥事、左参政。康熙十一年（1672），授通议大夫四川按察使司按察使；翌年，进京述职，适逢吴三桂兵变，家属遇难，忧愤成疾，病死京都。与施闰章齐名，有"南施北宋"之说，又与严沆、施闰章、丁澎等合称为"燕台七子"。著有《安雅堂集》《二乡亭词》等。

# 胥永公诗序

人之性情必有所寄。无以寄之，则繁伤怅憭，塞产于邑，如水之失防也，泛滥溃决，颓放而不能自止。故昔之通人高士，往往内不自得，有所托焉，以埋其忧。魏无忌，公子之最豪者也。救赵以来，饮醇酒，近妇人，可谓达矣。吾独惜其不善为诗，故无单辞只字之传也。同年胥永公，少负不羁之才，筮仕为邑令，固已嘿嘿不自得，然而姚江当会稽佳山水处，又尔时令甲颇宽，故得优游觞咏，人以为有仙吏之风。比入为小司空，方稍稍见用矣，而当途者忌之，遂挂冠归。永公年未强仕，郁郁无所发，乃与二三少年及白门诸好事者游，檀板么弦，移商换羽，参横月落，乐而忘疲。人但知其脱略涯岸，颓然自放，而不知其中怀耿介，尺寸不渝，盖有所寄焉，而非佯狂玩世者流也。

永公家在鸡鸣山之麓，小楼曲榭，潇洒可爱。余尝信宿斋中，听歌达曙。其兄弟雍容，百口同爨，门以内井井如也。退而叹息，以为贤者，信不可测。及读其诗，又何幽微峭劲，一洗轻僄叫佻之陋！是殆信陵公子之所不及；而冯敬通见抵之后，对孺人而顾稚子，何其不善处愁也哉！昔王之涣辈饮于旗亭，闻诸伶有度曲者，皆其平日所作"黄河远上白云间"之词，相与尽欢而罢，至今传为美谈。今永公所与游者，度无不人人韩娥、秦青自为者。试取永公之诗，按节而歌之，必有遏云裂石之声出于檀板么弦之外者，惜乎余未能和也。若夫酒阑灯灺，指摘其音节之当否，曰"某也善，某也不善"，则能之矣。永公其许我否？莱阳年弟宋琬撰。

【按】选自胥庭清《钟山草堂诗集》书首（清康熙刻本，国家图书馆藏本）。《安雅堂文集》卷1（辛鸿义、赵家斌点校《宋琬全集》，齐鲁书社2003年版）有本文。

## 魏象枢

魏象枢（1617—1687），字环极（一作环溪），号庸斋，又号寒松，蔚州（今河北省蔚县）人。顺治三年（1646）进士，选翰林院庶吉士，历任刑科给事中、工科右给事中、刑科左给事中、吏科都给事中、都察院左佥都御史、顺天府尹、大理寺卿、户部侍郎、都察院左都御史、刑部尚书等职。为官廉能，注重实学，著有《寒松堂全集》12卷。

## 《湖南按稿》序

余于李退庵先生，交数年矣。其人大抵言行相顾，君子也。先生丰骨岳立，外简而中方，与人了不设城府。时官侍御，首疏巡方宜修实政，先生之言已见一斑。未几奉命按湖南，时封疆初辟，大寇未歼，官无宦志，民无生趣。先生从艰难险阻中，行察吏安民之事，凛①如也，湖南之绅士父老能言之。事竣，果以称职报，擢太仆少卿。戊戌秋，裁缺候补。余省亲假满亦候

---

① 凛:《丛书集成》本作"懔"。

补。两闲人时相过从，或论诗，或评所为古文词，商確①可否，或以经济之业，法度之书，互相砥砺，必归于道而后已，不敢效晋人清谈也。

近者，成子我存按闽省，有谓其奏章甚少者。余以问先生，先生笑曰："巡方，非言官也。入境以后，畏此简书，职在行矣，何多言为？"遂出《按稿》一帙示余，且属余序。余受而卒业，益叹先生立言，皆从天理、王法、国体、民情之间，深思而曲尽之，尤以正己率属、培养元气为第一义。其告诫诸司，一则曰，宁褫本院之衣，勿取百姓之物；再则曰，以一官为重，视百姓可欺。噫，尽之矣，又何多言为哉。余乃因先生之言，考先生之行，良有可风者。辰州界上徐帅有邮亭之馈，拒之不纳，仍谕以理，增其愧而不欲疑其心。嘉鱼渡江，舟飘几覆，邑令械守者，请加罪，先生笑而释之。素知李臬司中梧为海内廉能吏，每虚心咨访，事得共济，初忘上官之分，卒成莫逆之交。诸如此类，事皆可传。不谓英妙之年，志量远大，动合前贤如此。古人一当大任，章奏檄文，令记室藏之用以自考也。先生之言既见诸行矣，其亦有以自考乎？

【按】选自魏象枢撰《寒松堂全集》卷8［清康熙四十七年（1708）刻本，见《四库全书存目丛书》集部第213册，齐鲁书社1996年版；亦见于《丛书集成》初编《寒松堂集》卷5］。

## 刘体仁

刘体仁（1617—1676），字公戤、公𢊕、公勔，号蒲庵，颍川卫（今安徽阜阳阜南县）人。顺治十二年（1655）进士，官吏部主事。工诗文，精鉴赏，喜作画，并精鉴别。有藏书处为"七颂堂"，藏书2万余卷。著有《识小录》《七颂堂集》《蒲庵集》等。

## 《颂橘堂文集》叙

余既有误被时知之悔，丁酉（1657）冬，将挂帆吴越，存故人子，道

---

① 確:《丛书集成》本作"推"。

出历阳，留十日，过而相语者，无一士焉。私念江北数百里中，敬夫先生既遂志去，其子务旆，青鞋逐佳山水无定处，密之又一笠栖龙眠松楸侧不出。余虽欲登天门，继朱鸟玄云之歌，甲乙丙人其谁？忽一日，理公张子过谈，轩轩霞举，能无足音跫然之喜，袖中出阿汇书，兼得诗文两大册，乃知张子之知我，则以吾阿汇之故也。

阿汇近在百里，策蹇凭奚不宿春而至系马之舍，则益喜，及尽读其集，阿汇须眉又近在十笏间。余之知阿汇不自今日，今乃益得其胸怀本趣，喜极引蕉叶数釂。余素不能饮，是日独饮径醉，因复于阿汇曰："文之陋久矣，中无所主，辄以博为杖，以丽为缘，故气屡而格卑，清雄绝俗之文乃今而见之阿汇。余所见闻之人、之时、之物变，安得尽假吾阿汇，溅以秋洁雪灵之墨，将古孰为比肩，无论近今。"

阿汇有经济才，非斤斤郑公三绝，乃意独以盘礴宫墙，了数卷残书为愉快，以仕隐。窥人者，何其浅耶？石生而坚，兰生而香，或盆盎移贮一室，或呼丈而拜以袍笏，物性何益损焉？阿汇信于世，余得无恃之以释其内愧耶？顾阿汇文章，日益富真，所谓夷光郑旦，净洗却面，与天下妇人斗好者。余好之而不能至，然则此愧又何时可释也？

【按】选自刘体仁著《七颂堂文集》卷1（清康熙刻本，中国科学院图书馆藏本，见于《四库全书存目丛书补编》第53册，北京出版社2005年版）。

# 尤 侗

尤侗（1618—1704），字展成，一字同人，号悔庵，晚号艮斋、西堂、鹤栖、梅花道人等，苏州府长洲（今江苏苏州）人。顺治三年（1646）副榜贡生，会试屡试不第。顺治九年（1652）授永平（今河北卢龙）推官。康熙十八年（1679），举博学鸿儒，授翰林院检讨，参与修《明史》。康熙二十二年（1683），告老归家。康熙四十二年（1703），康熙南巡，晋官号为侍讲。次年逝世。在诗文、词曲等多个领域均有建树。著作浩繁，大都收入《西堂全集》和《余集》中。

# 朱征君传

范蔚宗作《独行传》，列范式、李充诸人，而其自叙则曰："名体难殊，而操行独绝，故总为独行篇焉。"陶靖节作《扇上画赞》，载丙曼容、周阳珪诸人，而其赞则曰："缅怀千载，托契孤游，盖欲尚友，其人于千载之上也。"况当吾世，而有其人可不亟称而亟传之，使人仰止高山，执鞭欣慕者乎？作朱征君传。

传曰：征君，名有定，字静之，新安之黟县人也。生而英隽迈逸，读书学古，闲静寡言。孝友，其天性也。事后母以孝闻，父没，以黟产尽让伯兄，而游于金陵之棠邑，因家焉。后归黟，母感悟，相持而泣，有王休征、江巨孝之风。当是时，伯兄与兄子皆迎置于棠，饮食起居必偕也，有无必共也，嫁娶教养必均也，棠之人化其德，比于薛包、王烈云。少客吴，友人染疾，躬亲医药，病不起，殓理而后去。己亥岁（1659）避乱山中，从者如市，君捍灾御患，隐若一敌国矣。乱定入城，赖以全活者甚众。岁歉，出谷饱乡里之饥者，又遗书黟之子侄，捐金赒亲族之贫者。今年已七十矣，而颜渥然丹，须发黝然黑，宴居独处，焚香啜茗外，手一编自娱。每春秋佳日，则携幼载酒，休于树下，吟风弄月以归，棠之人慕其风，比于张长公、邵康节。君读书学古，居常慷慨自奋，曰："使我得志于时，治天下如治家矣。"而卒不见用，乃避世墙东以隐，岂非天哉！

悔庵外史曰[1]：世衰道微，推刃同气，长枕大被之风，遐哉邈矣！征君力行孝弟，挽颓俗而重天伦，岂非范史所称操行独绝者哉？宋姜愚入山铲雪，赉金粟饷，王陶君亦于大雪中，走七十里瞻旧产之妻子。嗟乎，亦何厚也！五世如一身，五十年如一日，无涯之智结为大年光远，自他有耀者也。棠之灵岩出五色石，效葛稚川餐石法，可不老而寿，其间或有仙人往来，征君倘见之欤？君有子皁公，颀然玉立，年少多才，孝友亦其天性。来吴介余子以交于予，见皁公言论丰采，益信征君之贤。噫嘻！朱氏其代有人哉。

赞曰：晋有百年，处约守穷。宋有考亭，蔚为儒宗。君其苗裔，果行毋同。道风悠暇，天怀发中。汝郁推财，樊重敦农。岩岩灵岫，褰裳往从。

---

① 《乾隆六合县志》卷6无此段。

司马子长、班孟坚作传，一人止书一二大节，遂可概其平生。盖其大节足以师表人伦，维持名教者也。今观悔庵作《朱征君传》，即称其让产伯兄，教养犹子之事，已是奇伟卓绝，上追刘恺、薛包，《儒林》《独行》合为一传矣。况其他嘉言懿德，更有不可胜道者哉。使遇班马辈，当特为立传，垂金石而裕后昆，良不愧也。广平宋实颖跋[1]。

【按】选自洪炜修、汪铉纂《康熙六合县志》卷10［清康熙四十六年（1707）增刻本，《金陵全书》甲编《方志类·县志》第26册影印］。本文不见于尤侗著《尤侗集》（杨旭辉点校本，上海古籍出版社2015年版），当为尤侗集外失收作品。《乾隆六合县志》卷6收录本文时有节略。

## 宋征舆

宋征舆（1618—1667），字直方，一字辕文，江苏华亭（今上海）人。顺治四年（1647）进士。官至都察院左副都御史。著有《林屋文稿》16卷，《诗稿》14卷。

## 《李退庵诗集》序

丙申（1656）夏，李子退庵谓余曰："我与若退食之晷，迫下春矣。其余光之在几席者，曷所用之？"余未有以应也。征诸李子，李子曰："我与若数年来所作之诗，未有次也，盍手编之，第其卷帙，以无忘岁时之勤，可乎？"余以为然。迄冬而两人之诗俱告成帙，交相质也，且谋付梓人，又交相序也。于是征舆遂序李子诗曰：江湖之下，其言多质，质则宜昭之以文；魏阙之下，其言多文，文则宜返之以质。夫江湖之下，所见者草木，所对者虫鸟，序其风雨，怀其土膏，唱其野人，劳其红女，质抒之而已足矣。然而草木有芳华，虫鸟有鸣跃，风雨有燥湿，土膏有坟衍，野人有良耜，红女有懿筐[2]，又何其斐然也。夫魏阙之下所明者礼乐，所富者百官，于是乎藻火

---

① 《乾隆六合县志》卷6无此段。
② 筐：宋征舆《林屋文稿》卷5作"筐"。

以相见，琴瑟以相语，牢醴以相食，歌咏以相送，出乎襘祗而达乎旄夏以为文也。然而合之以鬼神，纪之以功业，视之以清明，听之以和乐，聚之以学问，离之以王事，有末有本，有显有微，然后文犹质也，谓之彬彬，嗟乎，我不敢谓江湖之下，无所谓斐然者，而不能不以彬彬者望我学士大夫，今获我李子而后喜可知也。夫李子之诗，大言中金石，小言中丝竹，奏之明堂秘宫，旋相生而旋相应，锵锵喤喤在韶夏间矣。然而精微根乎德，产事本系乎人伦，求乎上之所以化，下之所以风，如所谓达于事变，而怀其旧俗者，概无不有焉。夫然故有文有质，可以为学士大夫之诗也。彼江湖之人多余日，而魏阙之人无余日，如是则彼将日胜乎？请无以日竞而以心竞，则亦在乎勉之而已。在记有之：建邦能命，龟田能施，命作器能铭，使能造命，升高能赋，师旅能誓，山川能说，丧纪能诔，祭祀能语。君子能此九者，可谓有德音，可以为大夫，然则诗也者，学士大夫之职也。夫李子者，期不失其职者也，执鞭而从其后可也。云间宋征舆拜撰。

【按】选自李敬著《退庵诗集》卷首（复旦大学图书馆藏本，《四库全书存目丛书》集部第 216 册，齐鲁书社 1996 年版）。题目取自宋征舆著《林屋文稿》卷 5（清康熙九钥楼刻本，《清代诗文集汇编》第 58 册，上海古籍出版社 2010 年版）。

## 通议大夫刑部左侍郎退庵李公墓志铭

康熙乙巳（1665）正月九日，通议大夫刑部左侍郎李公以疾终于家。间月，抚臣闻于朝，朝列士大夫无不震悼失声，而征舆为公同年，生又同为京朝官久，习公之行实，以社稷臣期公，而不意其享年仅止此也，为之南向长号辍食者累日。未几，而公之长子之本走阙下，俟公祭葬赠谥之命于所司，以其间来见征舆于邸舍，伏地絮泣以状告曰："先大夫之兆域有国典在，以我子之习先大夫也，敢以铭石请？"惟征舆之从公游实始于乙酉（1645），相亲若兄弟，二十一年如一日。呜呼！主器者推公之志，以铭属征舆也。其何敢以不文辞？

按状：公讳敬，字圣一，号退庵。其先居苏州吴县之包山。祖云鹄，徙居江宁棠邑，遂为江宁人。父在公，前丙辰（1616）武进士，历任援剿副将军。公贵，祖赠父封皆得晋通议大夫刑部左侍郎，封公元配曹太淑人，实生公。公生而颖敏，就塾受《春秋》，舞象时诵传记经史注疏，诸名儒文字，至丙夜不肯休。家人或慰止之，公谢曰："父母以中年举我，无兄弟，我不力学，无以显亲，无贵生我矣。"行其意自若。为诸生，缙绅名宿皆推重之。

二十六举于乡，又二年为丁亥（1467），以《春秋》中会试第四。寻授官行人司行人，以其暇为古文诗歌，默而为深湛之思，诗古文业大就。居二年，世祖亲政，于御史台多所更置，公以望实擢为广西道试御史。拜官三日，疏请修实政，所指核六曹事，语甚峻，世祖可其奏，下所司行。其年出按湖南，时湖南当兵燹后，多灾伤，守臣请免今年田租，公上疏曰："今之灾伤在顺治九年（1652），题勘往复大约在十年（1653），即得蠲而九年催征已告竣，民赋正额毕输矣。所逋在官，不在民矣。等蠲耳，蠲九年民受蠲名，蠲十年民受蠲实。"蠲十年便，部议守故事不获行，然识者谓自古诏免明岁田租，与公疏合，其后世祖时屡沛恩诏。今上感异星，大赦，先后蠲赋不可以数计，其所以周恤民隐，振古未有。特以蠲逋赋，不蠲额赋，大率恩在官吏，或民之善逋者受之，良民曾未得一与，举朝皆叹公之先见，以为为民请命，惟公疏为切且大也。

公巡行至常德，值孙可望帅群贼自粤西犯楚，势张甚，其别将张光远以舟师先，公策其必至，令镇将遣兵出其西南，遏溪水上流，期贼至，乃发。已而，贼舟果至，蚁集常德城下，先所遣兵密决溪水，水积久骤发，悬流疾下，声如雷霆，贼方进兵，其舟忽互自击，樯楫摧偃，漂荡失次。因扰乱，公令出左右伏兵，夹击之。贼大溃遁去。遂以精兵尾其后，复大破之，沉其舟千五百余艘。督臣以捷闻，称公犒师，亲历行间，功出镇将上，世祖嘉之，敕部录其绩。

按湖南岁余，章数十上，其最要者，如《改折黄绢》《兴屯田》《止委署》《复旧举人》，皆切中地方利害，楚南德之。复命过武昌，民遮道罗拜，数里不绝，舆至不得行，前此未有也。公在道，念父母甚，回道即请省亲。假满，入补江西道，掌京畿道，协理京察戎政。移掌河南道，台纲肃然。会世祖亲选给事御史为清卿，以公称职，又资最深，擢拜太仆寺少卿，遂以其官协理兵部督捕事务。不一月，迁右通政转左，寻进宗人府府丞。时辅臣有挟枝市权者，为御史大夫所劾，辅臣意公为御史，久习于其大夫，因疏辩遂及公。上令集诸王大臣九卿廷辩，公从容自理，无支辞，上察公直且诚谨，未几，遂拜刑部右侍郎转左。故事六曹尚书坐决事，侍郎固为逊让，默坐取充位，公曰："是岂设官意哉？且刑部为法司长，民命至重，默坐者非。"是当大狱疑狱，与其尚书言反覆尽意，示悲悯色，其尚书谓公言忠气仁心，重公，故所言无格者。当公时刑部，称无冤狱。世祖知之，见公辄色喜。及今上即位，推恩群臣，公祖父赠封如公官，赠祖妣、封母及妻皆为淑人，荫一子入监读书。拜庆之日，公雨泣不自胜，以受知世祖故也。

天子有事于岳渎，遣大臣代公承南镇命，乘传往迄事，即日引还。有客言会稽山水甲天下，请为竟日游，公曰："我念亲久，向者有王事未敢省也，今忍须臾留此乎？"遂取道江省，拜父母于庭。徘徊不欲复就道，封公趣之曰："冲圣在上，汝大臣奈何久在此？"程既迫，不得已乃行。甫复命，曹太淑人讣音至，大恸几绝，遂奔丧，见星而行，既就次毁甚。明年，葬太淑人于江宁之良官山。公在丧次及葬次，藉草枕块如古礼，时春雨久，地蒸湿，不可处，公诸子泣请易寝，公不肯，遂中湿疾。三年中不见宾客，不入中闱，非丧葬事不语。时论以为难。服阕，湿疾复作，遂不起。将革，顾诸子曰："我一书生，官至卿贰，奉职不敢不谨，无所恨，惟受先皇今上厚恩未终报。谓之本、之实已列胄子，如服官当尽葱，父年八十，不能终养，若曹善事之，我瞑矣。"言讫而终，不及家事。公素有得于理学，至是人以为存养之验云。

公生于明万历庚申（1620）四月二十七日，终于康熙乙巳（1665）正月九日，年仅四十六岁。所著有《学诗录》及诗文若干卷、奏议若干卷，行于世。

子四人，长子之本，次之实，皆以诸生为官荫生，次之用，次之端。女五人，其婚配具详状中。公之友之仕于朝者会哭于京邸，咸曰："公社稷器，未究也，幸有子行究之矣。"征舆疾应曰："是宜必然。"遂为铭曰：

公先之乡，包山具区。以高以深，蓄育万敷。橘柚鱼凫，楚萍禹书。所弗觊者，宗庙之模。百官之趋，公材富有。岳立渊储，明试敷奏。罔不用誉，三命有赫。两耳夹车，所弗觊者。黄发鲐背，卷衮彤弧。公启良子，凤成通儒。或何天衢，或道五都。罄无不有，丕积露余。亿称其世，拜公幽居。

【按】选自宋征舆著《林屋文稿》卷9（清康熙九钥楼刻本，《清代诗文集汇编》第58册，上海古籍出版社2010年版）。

# 杜濬

杜濬（1622—1685），字子濂，号湄村。山东滨州人。顺治四年（1647）进士。曾任直隶真定推官，官至河南参政兼理驿传盐法。家世工书，至濬尤遒媚。著有《湄村全集》《湄村吟》等。

## 梅花书屋序

　　余饮梅花书屋者数矣，春则弱柳横桥，秋则新桐引露，所少者看梅花一事耳。永公偶饮余轩，曰：“梅且落尽，欲以海棠代之。”余曰：“奈繁英冷艳不相侔何？”永公曰：“有梅花屋，随意诗在。”兼出《雪窗句》《江上吟》《吴山草》示余。余携归，朗诵窗下，觉暗香疏影，冷冷逼人，窗无雪，忽而雪矣。是六出、五出，归君一囊也。忽而江声入耳，风帆乍飞，云絮遍山，落霞无数，采石、赭山之间，疑为庾岭，疑为罗浮，雪浪千重，舟子不寒而栗矣。忽而泖湖放晴，吴山耸碧，越来溪边，石湖荡里，美人来兮烟萝深，客子愁兮白云起，疑雪疑梅，又非仅一二事。独虎丘石上笛响江城，梅花楼畔月明禅室，倍觉可怜，生诵读罢即睡觉，而复读不知身世于我何有也。君诗之移人情以至是乎，以至是乎！时康熙七年（1668）季春谷旦。年弟杜濬顿首题。

　　【按】选自胥庭清《钟山草堂诗集》书首（清康熙刻本，国家图书馆藏本）。

## 王泽弘

王泽弘（1626—1708），乾隆时因避皇帝名讳曾被改为泽宏，字涓来，黄州府黄冈县（今武汉市新洲区）人。顺治十二年（1655）进士，授翰林院侍读，康熙三十一年（1692）拜礼部左侍郎，助修栖霞寺。康熙三十八年（1699），担任左都御史。康熙三十九年（1700），官至礼部尚书。著有《鹤岭山人诗集》。

# 《花笑轩集》序

　　庚戌（1670）冬，余以北上泊燕子矶，见有新构兰若，层台杰阁，与老树茂木参错于高峰绝壁之下，余怡然往过，其门馆肃肃，洒扫洁除，知必有高僧居其中也。已而蒲庵和尚出迎，促席深坐，知为浪老人入室弟子，因留诗为赠，蒲庵亦次韵惠答，出《花笑轩集》属余序。余思韩退之谓作诗为余事，后此有志学道及经世大业者，皆以余力作韵语，而未肯竭精劳神于其间也。诗岂足以见蒲庵哉？惟蒲庵之躬修心悟，不可得见而姑见之于诗，则读之者亦得叹其诗之清思妙境，超然为不可及，而其躬修心悟，人固不可得见，即蒲庵亦终不能举以示人也。余忆甲戌（1634）秋，先太史由淮安司李内补馆职，而余奉先母归楚，道经燕子矶，过三台洞，一黄冠一老僧方班坐而饭，见人至，辄呼曰：“非脱履勿入吾洞。”淮之旧役从余行者，疾趋呵斥，余力止之，因脱履而下，老僧以箸菜食余，余两手捧持之，黄冠曰：“彼安知此味？”余依恋者久之，不忍去，是时方九岁，恒记忆不忘。至甲辰（1664）春，余得往访洞中，高下曲折，宛然如旧，其脱履茹菜处亦历历可指，而其人已亡矣。兹复再过，追忆甲戌至甲辰已三十年，自甲辰至今亦已七年，其去九岁时则已三十七年矣。自幼而少，少而壮，壮且将老，中间荣枯显晦生死离合之故，不知凡几，然则余之发白齿落，颜日以槁，而神日以颓也，在旦暮间耳，可不痛哉！余因序蒲庵之诗，牵连及此，以见世俗富贵名位犹轻尘之栖弱叶，而蒲庵弃氏毁发勇猛入道，可以发人之深省，而余犹浮湛世路，昏昏然不知所止。呜呼！其尤可悲也已，以若蒲庵之诗吾友宋荔裳、杜于皇序之审矣，余何能序君诗哉？康熙九年（1670）十一月廿五日，江安王泽弘撰于燕子矶舟中。

　　【按】选自释大健《花笑轩集》书首［清康熙十年（1671）序刻本，南京图书馆藏本］。

## 翁祖望

翁祖望（1628—？），字渭公，浙江省杭州府钱塘县（今浙江省杭州市）人，顺治三年（1646）举人，六年（1649）进士，改中书舍人、监察御史，巡按宣大等处。后任兵部主事。康熙五年（1666），任山东乡试副考官。

# 都督鲍公传

都督鲍公，讳虎，字云楼。其先①大同应州人也。生而赋质鹰扬，果敢善射。幼居闾里，即刚毅超群，学万人敌。闻古今忠义智勇事迹②，慨然感奋。以故其伯学士公③深器重之，谓有古名④将风，可大用焉。

当前⑤明时，公虽备职戎行，未足展其大志。会皇清龙兴，豫王奉命南征，师出中州，公率所部归附。豫王知公智勇，以股肱任用，赐宴及蟒服快⑥马。从攻扬州，身先入城。王大嘉赏其功，赐金二十镒。进攻瓜州⑦，败郑芝龙于长江，遂自句容抵江宁，招降戎政、都督等官。寻取太平等路，进⑧定江南地。因引师克吉安，进取赣州，血战半载，破谢芝梁等数十万。下赣州，并拔龙定，阵中斩获伪王、伪督等，功最多。乃授⑨上崇，获其伪巡抚、参、游等官。会金声桓倡乱犯赣，公驰归拒守，鏖战百余，赣赖以全。章皇帝特赐蟒服一⑩袭。未几，李成栋等复犯，势甚猖獗。公出奇连破，擒斩殆尽，诏除参将。援剿瑞、会，获其伪王、侯等官。随复宁都，

---

① 其先：底本无此2字，据《江浦埤乘》卷25补。
② 迹：《江浦埤乘》卷25作"轨"。
③ 公：底本无，据《江浦埤乘》卷25补。
④ 名：底本无，据《江浦埤乘》卷25补。
⑤ 前：底本无，据《江浦埤乘》卷25补。
⑥ 快：《江浦埤乘》卷25作"鞍"。
⑦ 进攻瓜洲：底本无，据《江浦埤乘》卷25补。
⑧ 进：《江浦埤乘》卷25作"尽"。
⑨ 授：《江浦埤乘》卷25作"援"。
⑩ 一：《江浦埤乘》卷25作"十"。

斩其彻侯彭顺庆。再复后①城，斩其伪督抚，降其大帅三十五人。破取兴国，降其大帅七人、将卒万余。会征黄石寨，降其伪抚镇、参、游等。连破瑞、宁、雩三县，击斩伪镇远侯郭大伯，出所虏②妇女六百余人。破走李廷玉于君山，追获袁汝瓒等于石楼冈。论功晋大同副总兵，移驻浑源州。

自公之司命三军也，武以立威，仁以示职。旌旗变色，知光弼之新来；刁斗无声，识贰师之用律。遂致③边城鸡犬，抱月长眠，远塞楼橹，临风无恙。《诗》云"文武吉甫，万邦为宪"，其斯④之谓乎？余承乏代巡，洁己勤民，彰善瘅恶，凡可以为国家久远计者，莫不兴举，矧树人为利弥大乎？特荐公于朝，为得人庆，随晋狼山镇。狼山内控⑤江淮，外抵⑥大海。公荣戟初临，即缮亭障，治艨艘，讨军实，抚群黎，江南锁钥，金城汤池之固矣。己亥（1659），海逆犯金陵，大江南北多所摧陷。贼以大艑围泊狼山七日，公设伏出奇，贼众不敢窥岸，遂⑦自任家港进，公⑧一战，戮其前锋，贼遂以遁。爰发炮碎⑨其巨艘，降其伪兵科、都督、参、游等官。是役也，公奋勇争先，不解甲者三月⑩，足⑪能以寡制众，转危为安，保障江淮，功第一⑫焉。论功加都督佥事。

今上御极（1662），特简镇严陵。严⑬为浙上游地，穷山僻壤，半是探丸之穴。公身擐甲胄，提一旅靖之，居恒简，练士卒，号令霜肃，分置营汛，市井⑭晏然。且延礼绅士，修葺学宫，创治桥梁，以垂百世之利。削平毛坪山寇，大破括苍山贼。事闻于上，召见，赐宴武英殿，并锡名马文绮慰

① 后：《江浦埤乘》卷25作"石"，可从。

② 虏：《江浦埤乘》卷25作"掠"。

③ 致：《江浦埤乘》卷25作"至"。

④ 斯：《江浦埤乘》卷25作"公"。

⑤ 控：《江浦埤乘》卷25作"扼"。

⑥ 抵：《江浦埤乘》卷25作"控"。

⑦ 遂：《江浦埤乘》卷25作"潜"。

⑧ 公：《江浦埤乘》卷25作"不"。

⑨ 碎：《江浦埤乘》卷25作"砰"。

⑩ 月：《江浦埤乘》卷25作"日"。

⑪ 足：《江浦埤乘》卷25作"卒"。

⑫ 第一：《江浦埤乘》卷25作"莫大"。

⑬ 严：《江浦埤乘》卷25作"严陵"。

⑭ 市井：《江浦埤乘》卷25作"井市"。

劳之，仍命还镇。

迨甲寅[①]（1674），闽逆叛乱，属邑沦陷。公感激，誓期恢复，与诸嗣君破贼于风市，破贼于寿昌，二[②]日六捷，复其城。又破贼于茶园，复淳安；破贼于下湖，复遂安；又破贼于新岭、风溪等处[③]，复分水。斩其[④]伪总兵、参、游五十人，士卒数万，出被掠[⑤]县令等员及其眷属。论功晋右都督，宁台镇总兵官。

时黄岩久[⑥]为贼据[⑦]，康亲王承制赐宴，并锡诸嗣君蟒服、弓矢。公即出奇，由仙居间道而进，一鼓下之，并降被陷[⑧]官民二万余人。又破贼艅于海门，而浙东平定矣。夫功高汗马，定享茅土之封；绩奏止戈，必垂鼎钟之勒。奈何旌武功者已开河埂[⑨]之柳，而纪盛烈者徒沉岘山之碑哉！公尽瘁成疾，弥留之辰，口授遗表，以身受国恩，不获尽扫余氛为憾。报闻，上大震悼，赠左都督、荣禄大夫，命内阁撰文，赐祭葬如礼。仍命长子辅仁以父功为参将，叙加都督佥事；次子志仁邀恩，以京员用，屡立军[⑩]功，加级纪录；希仁为守备；侄依仁叙职有差。

公爱民恤兵如亲子弟，礼贤下士有古[⑪]轻裘缓带之风。至于军威所指，秋毫无犯，万民戴德，四境安堵，方之唐子仪、宋曹彬蔑以加矣。孙廷彦、廷臣、廷枢、廷佐等[⑫]，侄孙国桢等，重孙进[⑬]、本等，承[⑭]先业奉烝[⑮]，尝以垂不朽云。

旧史氏曰：国朝武功盛矣。战则同疆，守则同固，惟公最著。行事暗合

---

① 甲寅：《江浦埤乘》卷25作"甲子（1684）"，显误，其时鲍虎已经去世。

② 二：《江浦埤乘》卷25作"一"。

③ 处：《江浦埤乘》卷25无此字。

④ 其：底本无此字，据《江浦埤乘》卷25补。

⑤ 掠：《江浦埤乘》卷25作"掳"。

⑥ 久：底本作"以"，据《江浦埤乘》卷25改。

⑦ 据：《江浦埤乘》卷25作"踞"。

⑧ 陷：《江浦埤乘》卷25作"掳"。

⑨ 埂：《江浦埤乘》卷25作"堤"。

⑩ 军：《江浦埤乘》卷25作"战"。

⑪ 古：底本无，据《江浦埤乘》卷25补。

⑫ 等：《江浦埤乘》卷25无此字。

⑬ 进：《江浦埤乘》卷25作"准"。

⑭ 承：《江浦埤乘》卷25作"永"。

⑮ 烝：《江浦埤乘》卷25作"承"。

古人，而折节好儒，与士大夫贤豪长者相结，日造请不厌，曰凡以为国家计也。夫天下不能长无事也，疆场之警，兵革之虞，何代无之？令在事者皆如公，又岂至一隅之地、一方之变以①竭天下全力，使庙堂旰食于上、闾阎骚扰于下哉？然则公匪特功在一时，真可为万世用兵者法矣。

赐进士出身奉政大夫吏部考功清吏司员外郎前文选司主事兵部车驾司主事加一级丙午钦命典试山东前巡按宣大等处兼督学政监察御史内府中书科舍人甲午颁诏山西分校北闱武林翁祖望撰②。

【按】选自《民国六合县续志稿》卷17（《金陵全书》甲编《方志类·县志》第32册，南京出版社2013年版），题作《大都督传》。今题用《光绪江浦埠乘》卷25所引钱塘翁祖望《都督鲍公传》。文字略有不同。鲍虎墓石刻位于六合区耿家洼（南京钢铁厂中板厂）西侧，市级文物保护单位。鲍虎（1614—1676），字云楼，应州（今山西）人，清初名将，官至黄岩总兵加右都督。殁后赐葬于耿家洼。鲍虎墓原有石武士、石马、石羊及华表各一对，今仅有石武士、石马各一对。

## 俞 嶙

## 胥永公诗序

大地之有名山水，犹吾儒之有大圣贤也。读圣贤书，而不能以己意发抒其性灵，圣贤甚不乐吾读；游山水地，而不能以己意发抒其性灵，山水甚不乐吾游。故有名山水，必有大文人，使有山水而不遇文人，是鼓韶乐于聋俗，被龙章于裸壤，山水当亦惨然无颜色矣。西子湖名胜甲天下，亦③见者

---

① 以：《江浦埠乘》卷25此字接"又岂至"后。

② 此段署名，《江浦埠乘》卷25未录，文后署"墓碑"二字。

③ 亦：疑当为"不"。

怨然以思，既见者怡然以解，稍知吟咏，便欲鼓之喉间，稍能领会，便欲托之纸上，不愧古人者固多，唐突西子者正不少。吾不知山水何幸，而得遇吾先生也。先生游西子湖匪自今日始然，先生游西子湖又若自今日始者，值兹暑日载途，炎尘扑面，而先生选胜搜奇，不事车骑，循涯陟磴，绝无倦容，犹之知己契阔，瞥然一见，便自握手道故，缱绻不休也。夫人之性灵，原不可强，苟性灵不属，纵有未睹之奇，亦自厌倦思去，又安能徘徊瞻眺，往复流连，使花魂月魄，隐现笔端，古榭新亭，淋漓墨气哉！今五七言近体具在，行间烟雨，句里芳菲，字字发人所未发，则是西子湖匪自今日而有诗，而又若自今日而始有诗者，先生传矣，西子湖幸矣。蕙水门人俞嶙拜题。

【按】选自胥庭清《钟山草堂诗集》（清康熙刻本，国家图书馆藏本）。

## 朱克生

> 朱克生（1631—1679），字国桢，一字念义，号秋崖。江苏宝应人。诸生。所为诗才气高爽，王士禛、汪琬皆爱重之。与陶澄、陈钰相唱和，称为"宝应三诗人"。性至孝，康熙三年（1664）就试铨曹，闻父病，冒暑急归。著有《毛诗考证》《雪夜丛谈》《秋崖诗集》等。又辑有《唐诗品汇》及《人物志》。

## 六合马先生碑

甲申（1644）三月，闯贼陷京师。嗣福王弃藩走淮南，四月抵仪征，诸臣迎之。五月朔监国，十五日即帝位。乙酉（1645），改元弘光。五月，清师克应天府，弘光帝出奔太平。大臣稽首奉命，惟吏部尚书丹阳张捷、刑部尚书忠州高倬、工部尚书曹州何应瑞死之。呜呼！当南渡之日，自淮以北，秦、晋、燕、赵、齐、鲁、宋、卫、中山之地，尽非明土。诸臣枕戈席甲之时，犹日进宫妾、献弦管，博天子欢。外之藩镇，拥雄邦者，各怀观望，而包藏二心。天下大事，尚可为哉？虽有节义怀材之士，伏处草莽，徒杀身成仁，自靖其心而已矣。

六合马先生，邑诸生也。值乙酉（1645）之变，先生年一十九岁，方冠而婚，遂义不苟生，与邑诸生汪某约死国难。汪某迟徊，先生独赴城南，跃浮桥，溺水死之。城南之水下达江流，先生尸逆行，立中流不仆，钩而上，颜如生，衣袪间得自赞云："朝华而冠，暮易而□①，与死乃心，宁陨厥身。一时迂儒，千古完②人。大明处士，朴公纯仁。"后汪某③中顺治己丑（1649）进士，选湖广景陵知县。忽夜梦马先生至，冠忠靖冠，衣补服，如王侯。谓汪某曰："上帝鉴予忠节，命予为江之神。汝虽邑宰，行将没矣。"不一岁，汪某果卒。呜呼！鬼神之事，君子不道。天下节义，非常之行，出于匹夫匹妇者尚能格天地，感鬼神，应星宿，变草木，使之彰施奕世，立人纪极，况忠节如马先生其人者乎！世俗相传，宋德祐间，浙江金龙山有谢公，行四，为宋诸生，不仕元而死宋，后为河渎之神。若马先生者，亦宋谢公之匹也。

先生名纯仁，字朴公。生于天启七年（1627）丁卯，卒于弘光元年（1645）乙酉。先生死之二十有六年庚戌（1670），宝应朱克生撰次其事于碑，系之以诗曰：

君臣大义久凋谢，伤心白昼为长夜。诸生不第女未嫁，婿死君亡责可卸？丈夫英烈凌嵩华，姓名独耻埋桑柘。甲申诸生许炎者，胥门饿死悲声哑。无何乙酉奔大驾，濠梁龟鼎等传舍。不事戈矛事台榭，当年误国皆纨绔。棠邑马君泪倾泻，见危致命存中夏。汨罗遗迹身可跨，特与许公相匹亚。云为车兮龙相迓，阊阖列帝群悲咤。掬水为醪酹君罍，翻然被发云中下。


【按】选自清汪廷儒编纂《广陵思古编》卷26［清道光二十九年（1849）扬州仪征汪氏自刻本］。

---

① 此缺一字，系刻印之后涂抹以避忌。

② 完：底本此处缺一字，系刻印之后涂抹。此据徐鼒《未灰斋文集》卷4《补六合县志列传·马纯仁》补。

③ 查《六合县志》，顺治己丑中进士者唯汪汇一人，且载其"由进士官湖广景陵县知县"，由此可知汪某即为汪汇无疑。

## 周斯盛

> 周斯盛（1637—?），字圮公，一字铁珊，学者称证山先生，浙江鄞县新庄（今鄞州区高桥镇新庄村）人。顺治十一年（1654）中举，顺治十八年（1661）进士。康熙八年（1669）任山东即墨县知县。著有《证山堂集》8卷。

## 朱岳青《游黄山诗》跋

镂肝刿肾而出之以充容古澹，此真推激风骚，枝梧陶谢手段。往见描眉画眼者，多以为世间此道如土，不意得见此集，惜舟去匆匆，不及与君联床细话者。甲戌（1694）四月七日，阻风东沟，偶过东林，从故人笠公房快读点次，恨不能得其字句之瑕耳。四明弟周斯盛识。

【按】选自朱绂著《黄山游草》书尾（清钞本，国家图书馆藏本）。题目为编者所加。

## 余宾硕

> 余宾硕（1637—?），字玄霸，一字石农，号鸿客。祖籍福建莆田，客居金陵、吴门。《板桥杂记》作者余怀之子。幼承家学，精六书，以诗名。有《金陵览古》组诗60首传世，另有《丁卯集》《神京记胜集》《十二家诗评》《石农咏物诗》等。

## 朱岳青《游黄山诗》序

自古山川能兴云雨者则祀之。泰山之云出肤中，肤寸不崇朝而遍雨天下，天下未尝遍□也。天子用为封禅，求神仙，载在祀典。黄山之云，触石而兴，翳然而注为海，骎骎有遍雨天下之势，独不载祀典。《名山记》曰："江南名山，衡、庐、茅、蒋。"黄山以石为体，拔起三十六峰，方且高揭衡、庐，俯抗茅、蒋，而更不侧名山之纪。《黄山记》曰："黄帝与容成子炼丹于此。"此固诞不可信，然清淑之气，扶舆而磅礴，则幽踪穴隐，灵迹岩栖，当自不乏，而又不得与茅、蒋并登洞天福地之书。黄山绵亘宣、歙二郡之境，条分脉络，十二邑孕其清淑之气，笃生虽王霸无闻，而哲人代有。且夫祀典之所不著，斯轩盖之所不临，祈祷之所不至，斯风尘之所不加，而羁臣放客，忧愁幽思，旷士骚人，钩深抉奥。登兹山者，徘徊焉，踯躅焉，一吟一咏，与山响互答。黄山，山之逸也，逸则幽，幽则冷，冷则静，所谓仁者静，非欤。鸿濛沕穆，曾不得而凿之，盖适得其寂焉者已。往岁宣城袁昭亭、歙县汪扶晨，寄游黄山诗各数十首，嗣得曹司马、靳大令，游黄山诗各数十首，黄山之胜，参差互见。最后读黟县朱岳青游黄山诗五十首，凡山之谽谺崒嵂，凡水之訇磕渟泓，凡草木之纷披蔓荮，凡鸟兽之嗥鸣啁啾，吐纳笔端，千变万态，不可端倪，正如浮沉海中，三十六峰交于眉睫之下，余于是喟然而叹曰："观止矣！虽有他作，余不复观矣！"虽然，余亦羁臣放客流也，山不与余期，而余与山期，异日者，人持三日粮，丐臣颃荆楚，劲弩三千，如淮阴侯入水上军，遣偏师，走赵壁，拔赵帜，立汉赤帜，当此之时，云散石出，振衣天都峰头，顺风而呼曰："仙乎！仙乎！"岳青固笑而不相信也。癸酉（1693）上巳后四日，同学弟黄石余宾硕拜题于锦带庵。

【按】选自朱绂著《黄山游草》书首（清钞本，国家图书馆藏本）。


# 汪松轩太学新柳记

棠地与滁接壤，南望栖霞，烟云缥缈，北临甘露，翠黛霏微，其中蔚然而盘礴，岌然而特耸者为灵岩山。山之下澜涛汹涌，风云开阖。西顾琅琊，东连瓜步，枕大江而泻淮河。昼则舟樯上下，夜则鱼龙悲啸者为虹水，水绕岩经几曲，行二三十里而灵岩犹俨然在侧，如延袤然。岩之对岸，拱照而佳气郁葱者为新柳庄，庄之广不数十亩，依岸筑长埂，约里许，上植垂杨数百株，杂以桃杏。当三春时，落红片片，真觉桃花流水，别有天地矣。下埂行不数武，精舍在焉。门交杂树，户枕清泉，当扉芭蕉，一□蹁跹摇曳，翠阴浓滴，有迎客状。右入为梅花篱，繁枝屈曲，仿佛孤山，其南向一轩，题曰"松轩"，盖主人栖息地。庭前取山之怪石以为岩阜，或踞或伏，突怒偃蹇。

旁植梿桐修竹，月出则花影参差，引人清胜。左入有隙地，为狎鸥轩，布置幽邃，仅悬一榻。再出东行为柏棚，翠幕蕙帏，四时青葱，掩映窗口，虽盛暑如历深秋，冷然善也。左折有芍药栏，下掘小池，中畜金鱼数十尾，客至则浮水面，有就食意。背池北向置读书屋，窗外一鉴方塘，通潮出入，荷盖綮雨，既清且涟。隔岸芙蓉，照耀水面，明窗净几，如对锦城。又西转，一堂约数十楹，则潮州乔司马所题"望舒堂"也。玲珑秋月，照入阶墀，夜静则秋声寥廓，木末天高。槛外置牡丹台，奇葩异卉，相映左右。南侧入则疏棂如月，为半舫斋，旁有小埯，遍栽兰蕙，气味芬芳，芳袭衣袂。最殿则菊花町，新奇百种，缭绕东篱。门左有红蓼洲，度小桥斜行数十步，则为坐庄楼，当麦秋稻熟时，主人速客，颓醉其上，看田家筑场，其乐陶陶然。庄户七八家，房庐浅隘，而桑麻鸡犬，烹葵剥枣，祭蜡歌豳，绝无□苦状。楼之西为竹圃，掘笋可以饷客，修竹千杆簌簌然，时闻解箨声。园外为浴凫埠，野鹭飞鸣自得，载沉载浮，与渔人出没其中，飡落霞，宿江渚，各适其适。东岸构桔槔亭，灌溉因时，可以节潮水之浅深；西岸则长堤一□，夹道清荫，铁杆虬枝，盘纡曲折，一沾薄霜，十重皆玉，故名黄叶冈。主人策长耳，时往来于道，耕叟牧竖，短笛山歌，触耳皆是。南行度广洋桥三四里则有长芦寺，旧传为章献所造，山门起水中，甫成辄为蛟龙坏，乃以铁铸之。今殿宇森然，而达摩遗履旧趾犹将仿佛，遇之于时，或驾小舟，则白沙之银涛如线，片帆上下，瞬息百里；或步高岑，则霞天之雁字平铺，冈陵起伏，变幻无穷。宜□□，则蕉浪乘风，如龙奔虎伏；宜夜月，则海气吞野，万籁无声；宜避暑，则清机一片，与松风相引；宜坐雪，则银涛万顷，共梅影争幽；晓起则岚翠叠，夕照则暮烟紫，是皆新柳庄之大观也。昔秦少游为汝南教铎，高符仲携《辋川图》过示，披阅数日，俨与摩诘度华子冈经孟城坳等处，幅巾杖履，棋奕茗饮，赋诗赠答，几忘其身之匏系于汝南。今新柳庄不下辋川，而诸君子之唱和于斯者，又皆一时名流，视彼卧游，更当何如哉？故不禁欣跃而为之记。

【按】选自苏作睿主修、张简等纂《雍正六合县志》卷9〔清雍正十三年（1735）刻本，《金陵全书》甲编《方志类·县志》第26—27册影印〕。

## 洪　炜

　　洪炜，字豹生，号绳斋。江西省乐平县丰乐乡（今景德镇市乐平县）人。康熙九年（1670）进士，二十年（1681）任六合知县。修学官，纂邑乘，编保甲，时称廉明。前后任职八年，合邑歌思。著有《淇园唱和》《赠遗》诸集。

## 《重修六合县志》序

　　志者，史书之流也。司马迁作《史记》，载《天官》《河渠》《平准》《十书》，班固因之，则有《天文》《地理》诸志，后之作者遵焉。然朝廷一代之史，集天下舆图、方册、礼乐、制度、人物，统之为史，列之为志，其纲不得不阔，其目不得不疏。收于邑者，未必收于郡，载于郡者，未必载于史，乃其关系国家典常，人民土俗，损益因革未尝不采之于郡，辑之于邑也。我朝统一宇内，越巂、牂牁、番禺、象郡，以至海隅日出之地，累译称臣，天下大洽，江南九州岛土腴，人文渊薮，炜适得备员，职宰六邑，方访求遗闻，搜讨<sup>①</sup>旧事，与六邑军民相休息，以广布天子德意。二十二年（1683），特奉俞旨，命督台监修各省志书，以备纂修《天下一统志》，而六合以蕞尔邑不敢后。

　　夫六邑当南北之孔道，其民多五方杂处，其地军七民三，其田赋屯卫居三之二，下地易潦，高地易干，故水旱易为灾，其俗好逐末而不知务本。予既历棠之三年，洁己居俭，以劝士民，风俗尤<sup>②</sup>未少改，盖尝求其故于载籍，其肩摩毂击者，固水陆之衢，而亦熙穰之众，有以窥之也。志是县者，其必留意，以为后之览者求治之一助，至于纂修之义例，前有作者则因而继之，其系于邑之成宪者，有不可诬之则焉，其著于邑之新传者，有不可昧之理焉。虚心而纳，广揽以求幽光潜德之美，不致恨于湮灭未传，若乃建置创革，盛衰成毁，厘剔利弊，斟酌是非，以表人才，以彰土物，稽户口以验生

---

　　①　讨：《雍正六合县志》卷10作"订"。
　　②　尤：《雍正六合县志》卷10作"犹"。

聚，设险阻以妨奸慝，编成全书，为六合巨典，则所裨于政事化理者，岂小小哉？

先是，县之有志，始自宋嘉定，后屡经增定，至顺治三年（1646）前县宰刘公庆运典修邑志，是时国家鼎建，草创未定，四十余年以来，制度焕然矣，而增著之役，竟值于今。兹役也，实补本朝之未备。邑庠生汪铉，究心古学，长于史才，士林推之为冠冕，盖生实成之。呜呼盛哉！今天子锐意兴治，而江南为股肱地，邑之志统于郡，郡之志统于省，按图而理，无不洞悉乎天下，民情相与，俗进于醇良，运隆于上古，或由此也。夫采风者，可以观焉。时康熙岁次甲子（1684）秋七月朔日。

赐同进士出身文林郎知六合县事泗阳洪炜谨撰。

**【按】**选自洪炜修、汪铉纂《康熙六合县志》书首［清康熙四十六年（1707）增刻本，《金陵全书》甲编《方志类·县志》第 26 册影印］。题作《序》，今据《雍正六合县志》题作《重修六合县志序》。

## 陈鹏年

陈鹏年（1663—1723），字北溟，又字沧州，湖广湘潭（今属湖南省）人。康熙三十年（1691）进士。历官浙江西安知县、江南山阳知县、江宁知府、苏州知府、河道总督，卒于任。著有《道荣堂文集》《喝月词》《历仕政略》《河工条约》等。

# 棠邑课艺序

国家设司铎之官，将以教育之责界之，使士之入于学者，受其磨砻，薰其德性，经明行修。由是发为文章，则仁义之华，形之蹈履，亦彝伦之则也。居其职者，诚顾名而思义，可不勉焉。《记》曰"师严，然后道尊"，此言欲尊其教者，必先自治其身也。近世好为人师，无其德而居其位，计校于赘脯之末，以为衣食计，而师道不明，士习益敝。华亭沈子秉铎六合，慨然以斯文为己任，进弟子而试之，日有程，月有课，以身率之，鼓舞不倦，择其文之尤雅者，汇以成帙，所谓相观而善，与夫教学半者，庶几其得之也。

451

然吾之所期于沈子者，则更有进焉。士不唯无文之患，而学行不修，品节不立，其祸遂中于人心风俗，而靡有底止。心术之外无文章也，人品之外无风雅也，读圣贤书而掇其糟粕，散为浮焰狂者，助其嚣凌，愚者文其舁鄙，其于身心奚裨也？且吾闻实之茂者，虽朴必华；本之拨者，虽文亦陋。孝弟洁廉，士子所自有也。准绳矩矱，载籍中灿陈也。诚即语言文字间，以求圣贤之用心，俾各尽其所得于天之分，而一一根柢于学，则岂惟文之是工哉？而文又焉虑其不工哉？昔徐节孝为楚州教授，兴行典礼，升堂训诸生，来学者以千数；胡安定教授苏湖间，以经义治事，分课生徒，经其指授者，皆有器局。适于世用，此皆前事之师也，我愿沈子由是而加勉焉。懋修乃躬，以立之表，追惟先哲典型，无负国家所以设官成材之意，则庶乎其克称厥职矣。

【按】选自陈鹏年著《道荣堂文集》卷3上〔清乾隆二十七年（1762）刻本，《清代诗文集汇编》第211册，上海古籍出版社2010年版〕。

## 栖梧阁诗序

富贵福泽，人之所艳也。造物者视之，直以为世所应得，独于才颖秘，惜若恡不轻予，至拳拳然，若万不获已，乃强以畁人者。故受之者弥厚，其困顿荧孑也必极，人世之所难堪，而于闺秀为尤甚。如三百篇中二姜之诗，宛转流动，最为新警矣。两汉诗人不敢苟下字，如《怨歌行》《白头吟》《悲愤诗》皆妙绝千古，故其所遇亦往往与二姜相颉颃。嗟乎！造物妒才，一至于此哉。予读延陵女史诸体，思深而幽，气浑以厚，窃高其操与才，而未尝不叹其所遇之穷悲哉。女史既早失所天，荧荧与一孤女相依，女亦才矣，又得一才，偶是万万不幸之中赖此共朝夕，相唱和，犹可以少舒其郁悒愤懑怆悒无聊之况，乃未几而婿女溘然并逝，其女史又将何以自遣耶？其诗愈工其境愈苦，亦何乐乎？其能诗也，虽然境愈苦，诗愈工，女史其又将藉是以传，与二姜诸媛后先辉映也。又安知造物之不可以妒之者，而成之也哉。

【按】选自汪昇远纂修《六合汪氏家谱》卷8〔民国十三年（1924）石印本，南京图书馆藏本〕，原题作《先纶汪公继配吴夫人栖梧阁诗序》。本文未见于《四库存目丛书》所收陈鹏年撰《陈恪勤集》和《道荣堂文集》，或为其逸文。

## 方 苞

> 方苞（1668—1749），字灵皋，亦字凤九，晚年号望溪，亦号南山牧叟，江南桐城（今安徽省桐城市凤仪里）人，生于六合县留稼村（今江苏南京市六合区长芦街道留左村）。康熙三十八年（1699）乡试解元。康熙四十五年（1706）会试第四名，未参加殿试，未出仕。康熙五十年（1711）因戴名世《南山集》案被牵连入狱。赦出后隶属汉军旗籍，入值南书房。康熙六十一年（1722），充任武英殿修书总裁。雍正时期，赦出旗籍，重归汉籍。累官翰林院侍讲学士、内阁学士兼礼部侍郎。乾隆时期，再入南书房，任礼部右侍郎、经史馆总裁等职。乾隆七年（1742），辞官归家。与姚鼐、刘大櫆合称桐城三祖。著有《方望溪先生全集》。

# 同知绍兴府事吴公墓表

公讳勉，字素裘，先世闽之莆田人。明季避倭乱，移家京师。入国朝，以拔贡生知同州，又知光州，迁绍兴郡丞。官罢，流滞江南，侨寓棠邑留稼村。往来金陵，与吾宗故老途山及黄冈二杜公游。见先君子诗，许以吾母继室。及先君入赘，公客死逾年矣。苞兄弟三人、冯氏姊、鲍氏妹皆生于外家。

苞幼多疾，吾母中夜为摩腹及足，时道古记，及外祖父母旧事，以移其心，苞耳熟焉。公少窭艰，岁祲不食者二日矣，中贵人或以文请，馈十金，不应，故人闻而义之，群继粟焉，由是知名。保定总兵贺某，以礼致幕下，尝为贺单骑入山寨，谕寇出降；代治兵，凡麾下将吏皆听部勒；为绍兴司马，遏海寇；摄萧山令，平天台山贼，功不得叙，而以忤势家罢官。

崇祯末，公父以展墓，悬隔闽中，绝音耗。公在同州，闻闽邦归顺，即具文大府、监司，乞解官求父，数月中固请至再三，会讣至乃止。其他庸行，不可殚记。外祖母林宜人，苞犹及见焉，笃老浣濯缝纫不自休，旬日必燂汤沐苞兄弟。苞疾，摩腹及足，与吾母递代。宜人卒，苞四岁矣，葬以昧

453

旦，墓距村一里而近，尽室皆往；苟忽惊寤，裸跣而趋葬所，大惊吾父吾母及会葬人，犹昨日事也。

自先君子归金陵，余奔走四方，惟吊叔舅之丧，一至外家。其后叔舅之子、伯舅之孙，并移家金陵，各糊口四方，封树无主，常思为买墓田数亩，属耕者以守之。顾自念大父、叔父母、兄弟皆既葬，而起攒妻、嫂暴露，近者数年，远者数十年，何暇及外家之丘陇乎？今衰病日剧，感念往事，不容于心，乃略叙吾母所口道，以归叔舅之子以诚，使碣焉。据行状及德政碑载，公质行宦绩甚具，而概弗采著，不敢传疑以溢美于所尊，礼也。伯舅圣穆以奔丧卒于光，叔舅敬仪客死于淮，术者皆曰葬地则然。呜呼！悕矣！

【按】选自清末戴均衡编《方望溪全集》卷12（中国书店1991年版）。

## 与贺生崔禾书

贤到官学，计已浃月，学子中聪明秀杰，有志于通经希古者，颇得三数人否？所留《四书》文一帙，已阅一过，大概有所感触而后为之，借题以发摅胸臆，明季几社、复社前辈文多如此。其后行身，强半有气骨。但以贤之锐敏，宜乘年力方盛而尽之。于经书、古文，庶几济于实用，而垂声于世，亦当十百于时文。即官学中，亦宜择其少有志者，使各治二经，治《诗》者兼《春秋》，治《书》者兼《三礼》，暇时讲问《资治通鉴》所载历代政教贤奸已事，管夷吾所云"多备规轴"也。异日人材，必由此出，余不宣。

【按】选自清末戴均衡编《方望溪全集·集外文》卷5（中国书店1991年版）。按：六合邑生贺鸣谐，字铎夫，号崔禾，少受学于方望溪，邑志有传。

## 常　在

常在，字祺斗，山西高平县在城人。顺治三年（1646）举人，康熙十年（1671）令六合，构讲堂于老梅庵，聚生徒会课之。

# 果老滩补造亭馆记

六合岩邑，当南北孔道，逼处省会，冲疲繁杂，虽明镜疲于娄照。余才具凡下，承乏兹土，薄效不闻，惟惴惴焉，期与斯民休养，以无扰为福。若木石之功，非城郭桥梁概未建，勿耶许而希声明作也。乃余见六合辛水东流，过宫反跳，以故闾阎贫瘠，前任南楼顾公欲于关帝庙对岸筑石堰隆起，用障去水，后以造冶浦桥功大，弗获兼举。或曰对岸不若河东之果老滩，正当滁冶二流十八曲之第一曲，《水经注》所谓"扼水三就西，四就东"者，此东西二就，不待人扼之也。乙卯（1675）春，偶以簿书之暇，挐舟招同王天与右史、沈子迁文学往观之，徘徊游览，觉山川犇汇，中确有缺陷待补者，形家言所谓"一不足，栽竹木，二不足，劝起屋"，又《左氏》"囚诸楼台，榒之以棘"，非为此地言欤？按旧志，扬州六合张果，园叟也，实家此，隐于圃，以种瓜学道，丹成飞举，证上界仙班，留古迹铁牛掩土中，露头背五六寸许，土人谓张果炼丹冶铁所积而成，是言不必深辨。第余承乏兹土，为生民荷半□来不能挽回玄宰，使流结效灵。苟可以亭馆，松竹蓊蒨，隆嵸之气，攒簇造化，接灵岩巽位文峰之秀，砥长河入江下沙之口，将鲍照《瓜步碣文》，称石帆为水口，罗星尚远不取近，从此为生民阜财解愠，养欲给求，何勿有赖？且张果先生游戏神仙，叠纸为驴，往来王屋，偶经石跋河，今尚立庙祀之，钟鼓式灵，实兹土著之地，反湮没不闻，凭吊无所，非考古者所心许也。于是勉为捐俸，辟草莱，建亭馆，亭锐其髻，若囊锥见末六角，翼举翚飞，如六翮既满，欲搏风九万，使铁牛眠其中，为真吉地。灵岩巽位，文峰相与颉颃辉映，亭后为堂，树之贞珉，以告来许，俾来游矢歌者，可憩可饮。门午向，扉开白板，两老梅化[①]虬龙舞。捍门莳以松柏，周以缭垣，深之岁月，苞茂可待，将所谓"补不足""为楼台榒棘"者，我心稍自写矣。是举也，孙阿汇博士记余有"三善"，余何敢与闻？然后之君子，念余谋于尘釜，真若神人鞭石，海鸟啣珠，栽培缮葺，勿致坠失，使形家言之而中，余实有厚幸焉。是为记。

康熙十四年（1675）岁次乙卯清和月之望日，文林郎知六合县事泫水

---

① 化：疑为"作"。

常在撰。

【按】选自《民国六合县续志稿》卷17(《金陵全书》甲编《方志类·县志》第32册,南京出版社2013年版)。

## 蔡学洙

蔡学洙,字阜亭。江苏上元县(今南京市)人。康熙四十一年(1702)举人,康熙四十五年(1706)进士。

# 介谷园记

六合为金陵属邑,人文风土大略相似,虽山水林麓,无伟丽之观,而灵岩滁水间颇称幽胜。予姻叶君岐山买田其中,背城负河,一苇可达。岐山始至其地,顾而乐之,将为园以便读书饮酒,先构小楼观获,颜曰"稻香",次构"还读草堂",为展诵地。堂阴可受北风,适有赠以冶山石者,随手缀之成山,更筑种石轩于山南以纳凉。山之西复为小轩,甫成,二客来其中手弹,如橘中仙子对弈,遂名橘弈。春秋佳日,母夫人携稚孙版舆来止,堂之东筑饴香斋奉之。折而东隙地数亩,凿十之三为池,引溪水其中,新月初上,偃映澄澈如沐,名沐月陂。蓄修鳞数十百头,筑文鱼轩,临而观之,客至,煮酒取鱼,相与饮啜于轩中。西为采荔堂,堂敞而受风。客醉不得去,堂后别有小屋,蕉雨满窗,清阴半榻,可任酣睡,为梦绿居。其右曲径小栏,树芍药数本,由采荔侧牖观之,不啻深苑娇姝不可偪视。池东累石为邱,树亭其上,与采荔相对,升而望之,樯帆之出没,阡陌之纵横,咸列几席间,风日晴朗,江南诸山空翠,隐隐可数,至灵岩一峰,则若相拱揖者。岐山曰:"吾将以揖山名吾亭。"亭与采荔相距不远,而绝于池,作观莲桥以通之。桥西为梅坡,为瑞鸭栏,东为竹坨,皆与草堂相绝,而引之振屧之廊,乃曲折可通。亭东方塘数亩,灵岩塔影,倒侵其中,为塔影池。望远虽不及亭,而农牧樵渔,往来作息,与夫朝暾入室,夕阳在山,炊烟杳霭,村树迷离,野趣颇适。覆屋其上,左曰秋水居,岐山息静处,右曰暾照,则诸郎肄业处也,亦与堂绝,而由振屧之北廊以达。起辛卯(1711)迄甲午

（1714）乃成，岐山每酒熟花开，辄读书宴客其中，以为乐。予服阕北上，取道棠邑，访岐山，留园中十日，属予为记，且曰："吾守拙田园，自食其力，以课子弟，读书明理而已，岂敢恣情丘壑，自谓园中之乐耶！故取介稷黍谷士女之诗名其园。"岐山负异才，即今通显，已迟暮，乃年过三十尚屈明经，而读书课农之暇，俯仰晏如，绝无不自得者，虽自谓不敢擅园林之乐，而微岐山亦谁能乐乎此也？吾犹愿与岐山有所建立，俟其业之成，然后归老江乡，相与徜徉斯园之中，则一邱一壑亦足以寄闲情而娱晚景，又何羡乎平泉金谷之胜乎哉！寄语岐山以为左券。康熙甲午（1714）孟春，上元蔡学洙阜亭氏撰于燕台寓馆。

【按】选自苏作睿主修、张简等纂《雍正六合县志》卷9［清雍正十三年（1735）刻本，《金陵全书》甲编《方志类·县志》第26—27 册影印］。

## 徐　鹏

徐鹏，号云程，江宁（今南京）人。工人物及写照，兼写花鸟山水。

## 夏征君传

公讳允潜，字崇修，其先自汴适吴，千三公于元初迁居棠邑，则溯夏氏于棠邑，必自千三公始。世德作求，代产奇人，四世泽民。公登明建文己卯（1399）科贤书，授王府典膳，风采博学为最著，传至仪之公，生四子。公最幼，生而姿貌颖异，目光烂如岩下电。儿时嬉戏，大抵数王僧虔采蜡珠作凤凰，萧思话骑屋栋打细腰鼓故事，稍长喜拍张善马矟，仪之公严惮方正，不少宽假，然心窃异其非常人矣。及委以家政，折节谨下，凡综理区画，无不咸宜，而后叹贤者不可测也。居丧哀毁骨立，葬祭尽礼；事诸兄克全弟道，有姜被田荆之乐；居处扫除必洁，服饰俭朴为先。偕原配谢恭人鸿案相庄，虽燕闲无惰容，教子义方，一本仪之公家法。人有急难叩门，倾囊应之弗恤。亲党乡邻偶有沤麻之争，原田之讼，经年不能决，公折以片言，退而皆服。性好施，然止于济贫乏，修道路，空王、老子之言不能惑也。谈经史，通大义，每论古今治道人物，累累如贯珠。尝训诸子曰："读书以明

457

理为先，不然穷年呫哔，汩没章句，何益哉？"论者以公之美德懿行，终于隐约，窃有疑焉，不知为善者如艺禾，能令坚好，颖粟之嘉种，世世不绝。天殆笃于夏氏，俾之积而后发，再世其昌，三世之后莫之与京，固其宜也。公生于崇祯乙亥（1635）十二月二十三日，卒于康熙乙亥（1695）八月二十一日，享年六十有一。三子伸、健、任，皆克遵遗训，而健以康熙癸未（1703）科成进士，尤为杰出云。

上元徐鹏曰：公之次子健，字韦佩，与鹏为同年，笃厚恂谨，而英采焕发，文章气谊并足，推倒一世。鹏虽未及承公之色笑，而嘉言明德得之韦佩甚详，及其为公请传，意挚而辞下，以至性相感动。语曰："不知其父视其子。"观韦佩之为人，则公愈可知矣。

【按】选自苏作睿主修、张简等纂《雍正六合县志》卷9[清雍正十三年（1735）刻本，《金陵全书》甲编《方志类·县志》第26—27册影印]。

## 苏作睿

> 苏作睿（1695—1759），字思安，号凤冈，江西永新人。雍正二年（1724）进士，六年（1728）任六合知县。为官清廉，沉静寡欲，精勤有为，善体民情。有诗才，有《六峰八景》诗存《六合县志》中。

## 文庙祭器碑记

礼器之废久矣。盖传世既远，剥蚀莫在，亦后人所无可如何者。第几筵陈设，时以近日之尊罍歆在天之灵，爽恐亦骇而弗习也。朱子谓商周彝器，势难不敝，今即范土镕金，少更其旧，不必为嫌然；亦谓竹笾木豆，其质易坏，非必今之大异于古也。考六合旧志，学宫祭器罔不备具，自前季毁于兵燹，至今垂百年，后生小子始不见昔日簠簋尊彝之盛。予尝于春秋二仲，躬行释奠，偕师生升门堂，亲灌献，视壶濯器具慨焉。有意修复，而未逮也。江君爽轩有志礼乐，其尊人南楫公又慷慨好施，邑之中修废举坠，指不胜屈。尝置有祭器若干，器属爽轩，献之文庙，会遽捐宾客，爽轩读礼之余，未遑及此。既而服阕，又宣力秋曹，夙夜在公，蓄怀莫展。今以内艰归适，上丁将届，邑人士因以为请，爽轩慨然增置，凡铜铏十二，铜簠簋各十，铜牺象、云雷尊各一，大小铜爵四十一只，铜鼎三，铜烛台四对，铜锡盘各十，虽按之阙里图志，配享两庑，间犹有所俟，然烂焉。殿堂之上，陆离斑驳，令人复见古法物，肃尔生恭，即先圣陟降之灵，当亦欣然许也。顾予犹有念者，事固难于创，并难于守。学宫自迁东以来，斋堂库舍尚多未备，今以祭器之重，而典守无人，庋置无所，后更数十年，再更数十年，安知不等于商周彝器，杳莫之觏，后之人又何从识为某器若干，某器若干，始于何时，而创于何氏也。予故又为详其器，纪其数，勒之于石，俾后人有所稽察，以垂为世守，而传无穷，则祭器为不朽矣。抑或有闻爽轩之风，而后尤兴起者，则尤予之所望也夫。禾川苏作睿撰。

【按】选自苏作睿主修、张简等纂《雍正六合县志》卷 9［清雍正十三年（1735）刻本，《金陵全书》甲编《方志类·县志》第 26—27 册影印］。

## 《重修六合县志》序

予尝读柳柳州《督韩昌黎推避史事书》而知修史之难，非仅在学识渊博，摘词辨体，要必有刚大之气充于心，而发于手，权力利害不得而予夺也。畿省郡邑之志与国史相表里，体裁虽大小不一，而意义则同，恕则速索米立传之讥，严则又不免挟刃相临之惧，欲期不致贻羞当时，而足取信于后世，司其任者，顾不重欤！

棠邑为江宁赤县，地滨大江之北，人文山水辉映，诸州邑志残缺，屈指几八十余年。予于戊申（1728）秋承乏是邑，捡阅旧志，咨询前哲，往事慨然，有修废举坠之志，而日为刑名钱谷所累，不遑及此，每清夜扪心，抱愧实甚。今奉圣天子诏，修一统全志，凡在臣工感不敬谨，黾勉殚力，重加纂修，以昭同轨同文之盛。爰是集邑之绅士，同学博两先生议于庠，喜诸君子皆有同心，选工庀材之费，莫不乐为助理，而又公举里党能文章、熟掌故之士三四人，得聘请入局为主裁。予于簿书之暇，时从其后，共相商订，斟酌损益。不数月，举数十年帝德王猷，文功武烈，以及忠孝节义，人文物类，昔之遗忘者，悉得补之，今之阙略者，悉得增之，搜罗毕备，焕然成一邑之书。由此而合之一郡，合之畿省，与国史相表里，共耀简册，垂不朽而无疑。予縻禄于兹四载余，自顾政拙才疏，罕所表见，而赖绅士诸君子勖勤之力，此工得早告成，以文予之不逮，是邑之山川人物，固藉邑乘而垂光于奕禩，而予之藉邑乘而增光者，又宁有既乎哉！

时雍正十年（1732）仲夏，赐进士出身文林郎知六合县事禾川苏作睿撰。

【按】选自苏作睿主修、张简等纂《雍正六合县志》书首［清雍正十三年（1735）刻本，《金陵全书》甲编《方志类·县志》第 26—27 册影印 ］。

## 《重修六合县志》后叙

南宋时吴明可帅会稽，百废俱举，独不传书，或问其故，云："此事居官极易，但仆既簿书期会，宾客应接，无暇自校，子弟又方令为程文，不欲以此散其功，委之他人，孰肯尽心，漫盈箱箧，以误后人，不如已也。"语载《挥麈录》中。余于雍正六年（1728）滥竽棠令，适值圣天子诏修一统志，棠虽弹丸，于一统中亦一小黑子也，循例当修县志。因与邑之缙绅庠士共商确之，或佐以资斧，或劳厥铅椠，凡三载而告成，余私心窃喜，以为此事良易也。乃正需雠校之时，而余以他故罣吏议，奔走于白门吴会间，任事者漫将此书装潢成帙，凡当事下车，例以此为羔雁，亦无有从而訾之者。今岁秋杪，自吴返棠，旅舍岑寂，偶取此志检阅再过，见其舛遗乖迕，种种不一，不仅鲁鱼亥豕字句之疵已也。爰细加考订，舛者正之，遗者补之，乖迕者详核而次叙之，重加剞劂，又匝月而始竣，乃知吴君所云不自校，而委之他人，翻误后人，良不爽也。是役也，旧兴业令夏君相与参订，预有力焉。夏君故笃学士，罢官后仍皋比授徒，其居与旅舍近，晨夕过从，青灯共对，不没其劳也。今而后，讵敢谓雠校之竟能尽善，然视从前之舛遗乖迕，亦庶几去其太甚矣。后有续修斯志者，毋视为居官极易事，纂述之功居其半，而雠校之功当居其半，勿似余前者不自校，而委之他人，如吴君明可所讥焉，则幸甚。

雍正十三年（1735）岁次乙卯重九前三日，禾川苏作睿书于六峰旅舍。

【按】选自苏作睿主修、张简等纂《雍正六合县志》书首［清雍正十三年（1735）刻本，《金陵全书》甲编《方志类·县志》第 26—27 册影印 ］。

# 宝成仓碑文

储蓄者，生民之大宝也，而军国之盈缩系焉。苟无仓廪，则储蓄无地，奚为而底于成。始予履境日，接阅邑乘，而喜城郭桥梁之完巩，公廨僚舍之森严，以及文庙坛场之端拱肃穆，邮驿防戍之星罗棋布，阛阓锦联，舟车云集，水潆洄而山耸峙，振振乎其岩邑也。独所谓常平义仓之制，止载其名，盐、惠、预备之仓悉改为祠庙而丘墟矣。仅存广储仓数楹，其可裕盖藏而免红腐耶？越日，躬督征运，通计漕运，抚屯之粞近九万斛，咸堆叠于佛寺神祠，狼藉践踏，莫可收拾，是旦夕急需事也。而前此竟安之若故，何哉？因退而牍其情形，告诸当事，适大中丞尹公通饬合省，无仓廒者统支公帑补建，刻期竣工，计凡四十余郡邑，而棠邑独遗。盖前事者屡以邑无储粟，请免兴工。嗟嗟！是但谋一夕之炊，而顿忘诘朝之馁者，予其能尔尔哉！乃复缕析前后，重申牍请，甫邀再行酌议之命，适内部定议直省郡邑，各有在官闲房，可以通融积贮，其请帑建仓者，悉令停止，于是棠邑廒仓建无日矣。棠故无在官闲房署，西东旧廪数楹，现贮积谷万二千斛，未敷其半，岁输九万斛之米，宁终以寺观为挽输出纳地乎？计非捐俸以成之不可，乃于署西北之观前铺，得前内江喻令遗有未成之别业，西邻故道，舍数楹，券值五十余金，售于邑绅士李子念祖昆仲，始盖约偿半价，继知予捐薄俸，遂并其半以助，是速予经始而告成者，皆李君之大义也。爰并其址，广长十丈三尺，袤长十一丈五尺，于基北平列九间，豁前场以资晒凉，又南启大门于中，左右各竖数楹，龛以祀神，厅以治事，庖湢宴憩，秩乎咸宜，且落成于秋获大有之余，而额曰"宝成"，不可志万宝告成之嘉会哉。噫！储蓄之恩诏屡颁，其历久而弗图者，要以官为过客尔，第凡客皆过，苟无一居停主人，将盈天地间尽逆旅焉，客将奚托？予不克为棠邑主，亦畏讥为棠邑客，竭蹶以塞吾信宿之责，祗初成也。倘进此而以宝民生命之为宝，鳃鳃然慎之重之，葺以固之，又从而增广，是在后来之□□主道者敬泐斯石，而永祷焉。是为记。

雍正七年（1729）孟秋月吉旦，赐进士出身知六合县事禾川苏作睿撰。

【按】选自苏作睿主修、张简等纂《雍正六合县志》卷9［清雍正十三年（1735）刻本，《金陵全书》甲编《方志类·县志》第26—27册影印］。

## 严禹沛

严禹沛，字武迁，一字扶千，号西圃。江苏长洲甫里人。康熙四十七年（1708）中举人。康熙五十四年（1715）进士。雍正三年（1725），选授宁夏府中卫知县。后曾任六合县教谕。平生夙好吟诗，擅长五言。著有《西圃草堂诗集》4卷。

## 重修六合县儒学碑记

六合有学久矣，由宋历明旧在县治西高岗之上，后徙小东门外一里许，临滁河，得位之吉，始迁卜焉者，前大尹高陵吴公，时康熙三十四年（1695）也。顾改创之初，事期速竣，瓦甓榱桷，移故即新，殿宇陋卑，久益敝漶，而且堂斋廨舍缺焉弗备。

今上御极之元年（1723），汉阳万公来知县事，下车谒庙，顾瞻大息曰："学校如此，教何以兴？是守土者之责也。"亟欲葺之，会岁歉有待。越三年，政成，尔乃鸠工庀材，公首捐钱若干缗，县之大夫士庶率私钱若干缗为助修。首修圣殿，凡增高三尺五寸有奇，次甃砖于中，次阶石于外，次帷神座，次饰木主，然后缭垣墙，涂丹粉，经始于丙午岁（1726）孟春，而迄工于仲夏。恭逢我皇上追封至圣五代，复御书"生民未有"匾额于天下学宫，公之斯举，固所以虔奉至圣，亦以钦奉圣天子之德意，巍巍翼翼，闳耀改观矣。其堂斋廨舍，尚俟次第修葺，而公升任滁州太守以去邑，于是邑廪生唐子正春，实董其事，而来请记，将以载公之美于无穷，余属世好，既不得辞，则为诵所闻以告焉。

盖余闻之学校之设，以育人才，其本身心意，知其用家国天下，其伦君臣父子夫妇昆弟朋友，其艺礼乐射御书数，而其为学之要，惟在乎精于思，而纯于气，而无有乎卤莽生涩之习，故知之明而无所不尽，才之充而无所不得，而人才成矣。六合人才之区也，前辈王公叔毅之经济，黄公德裕之气节，班班炳炳，卓然可纪，庄定山先生不云乎："人才不惟其多，惟其人耳。"且以励吾同志，无使天下得以少吾邑之人才也。由是以载万公之美于后，岂有穷耶。公名世良，字季常，别号耐斋，登癸巳（1713）五经高科，才学名一时。其为治也，仁廉简直，深入人心，邑士大夫亲受其教泽者，方谋所以载诸志乘，永垂不朽，无俟余之赘书云。

雍正七年（1729）岁次己酉六月吉旦，赐进士出身江宁府六合县儒学教谕前陕西宁夏府中卫县知县海虞严禹沛撰。

【按】选自苏作睿主修、张简等纂《雍正六合县志》卷9［清雍正十三年（1735）刻本，《金陵全书》甲编《方志类·县志》第26—27册影印］。

## 严 森

严森，号锦岑，浙江嘉兴人。乾隆九年（1744）由举人任六合县知事。乾隆十一年（1746）创立六峰书院。后升高邮州知州。

## 六合县新建学署记

凡为天子供职事于天下者，莫不有廨舍，以芘燥湿寒暑，以为饮食息偃、处事酬物之所，然而任愈清则力愈绌，一有废败，不能自举，往往阙焉。乾隆甲子（1744），森奉命宰治六合，莅官之异日，省视黉序，问广文先生之居，则岁久颓圮，皆僦于民舍，价倍而居隘，一岁之俸，半供赁值，给或不时，主者号于门。其初至者，每托足于浮屠老子之宇，虽有老师宿儒，不安其身，心意骚然，求其发扬道义，以佐天子之化理，而尽职守也，盖綦难矣。夫师者，所以培一邑之人材也。今有人求善其子弟，而不先为斋塾，以居其师，其不得谓之贤主人可知也。宰者，一邑之主人，为天子隆礼师儒，以长育后髦者也，师之居处，非宰之责，而谁责哉？于是与邑之绅士，相视里闬，度广狭，审新故，逾年始得吴门张氏之宅，于宫墙之侧，醵金购之，界其左右，以为两先生栖止之所，虽无雕琢藻绘之美，而有堂以布讲席，有寝以陈几榻，有庑以供庖湢，有隙土以荣卉木，其亦可以宁居矣。后之人苟勤修而不毁，则其留贻之远，又岂有限量哉！既成，乃白诸宪府，而纪其襄事之名于石。时任教谕者，如皋范君曾庆，署训导则句容司训元和徐君堂也，均有规画之益，并书以告来者。

大清乾隆十年（1745）岁次乙丑冬十月望后一日建。

【按】选自《民国六合县续志稿》卷 17 (《金陵全书》甲编《方志类·县志》第 32 册，南京出版社 2013 年版)。

## 六合县新建棠城小学记

棠城小学者，明邑大夫张公启宗之祠也。公新喻人，万历之末治棠，有惠政，又建塔灵岩，邑人怀之，设像以祠。迨我朝之初，有前令子曾必光者，寓居其中，后登贤书，增置前堂，殁而无子，宅还于官，岁久弗修，圮颓将尽。乾隆甲子（1744），余奉命宰是邑，搜寻遗址，得公像于瓦砾中，面貌独完，亟命工补成之，并捐俸钱五万，复建公祠，而茸其前堂为棠城小学。聚童稚之无师者，置师以教焉。方伯安公闻而嘉之，颜其楣曰"养正"，以时故文为养正书院。余惟先王之有小学，所以教凡民而简其俊秀，当其时民无不学，故服教而易使。自小学废，而牵车负末之民不得与乎圣人之化，即有野处不暇者，亦无由自奋于俊造之选，民日愚而俗日敝，故教民莫小学若也。今藉前贤之遗宇，以训课吾民，后之人踵而不废，则是祠也，亦可以永久矣。余既属此学，复于四郊各设一所，其余村堡，将次第遍置，而太学生屠君文英见而兴起，即于所居之旁，置塾以训其里之子弟。嗟乎！使国之士尽若而人化，不益溥乎！并书以为好义者劝。乾隆十有一年（1746）夏四月初吉记。

【按】选自《民国六合县续志稿》卷 17 (《金陵全书》甲编《方志类·县志》第 32 册，南京出版社 2013 年版)。

## 六合县儒学重建明伦堂碑

皇朝神圣，迭兴惇典，敷教薄海内外，协中会极。今上即位，益隆文治，加天下博士官品秩，增给俸禄，倍于旧制，优免儒生徭役，特命督抚大臣躬率牧令推广教化。又诏谕士子敦崇实学，勿专事科举，遗本逐末。于是四方庠序之彦，知圣主全体，尧舜比隆，熙皞共期，修身复性，以仰成协和时雍之盛，夙夜淬厉，争先恐后。而如皋范先生曾庆方以明经首选，司教六邑。先生为人宽而有制，矜而不争，殷殷然日以孝弟忠信相懋勉，学者初或不信，既而感悟，久而允从悦服，无不尊先生为笃行君子也。会乾隆六年（1741），邑治大水，学宫不浸者，三版既涸，省视堂宇，门庑倾颓者十之五六。先生告诸方伯，命择其急者先治，乃先请葺建明伦堂，时去任白宰估支官钱三百一十七千有奇，犹不足用。森至，复请增钱一百七十三千有奇，始得易三楹为五楹，以广其规，而栋梁榱桷之朽腐者，瓴甋甃砌之，坏裂者，藻绘之，漫漶不鲜者，尽举而更新之。适司训屡缺，森亦以他役未遑兼顾，一切鸠匠虑材，俱先生独任其事，肇始于乾隆十年（1745）之四月，落成于乾隆十一年（1746）之五月，而邑之人士咸有陈书习礼，鼓南籥雅之所，则先生之功大矣。森治六再期，先生未尝以事请，居平人不见其疾言遽色，载粟于家，饔飧自给，不资于官，而尽力于学校如此，洵所谓以身教者耶！昔有宋盛时海陵胡翼之、泰山孙明复，皆以行谊训术闻于朝，取以为太学法，若先生者，非其流亚与？因先生之请而饬勘兴修者，江苏布政使安公；阅牍批允者，太子少保总督两江兵部尚书尹公、巡抚江苏兵部侍郎陈公、督学祭酒崔公；核册转申者，前郡伯宫公、今郡伯蔡公，是其乐育之泽，皆与泮林同其悠久者也。乃作颂曰：

巍巍讲堂，江水之北。烝我俊髦，敷典和则。大浸倏来，毁我墙屋。堂宇再兴，系谁之力。风雨攸除，百堵皆作。理我弦诵，修我干籥。既孝且恭，惟忠以谔。练事通经，蔚为柱石。山川之灵，帝德之植。于万斯年，炳耀无极。

乾隆十一年（1746）岁次丙寅秋七月乙未朔越十五日己酉建。

**【按】**选自《民国六合县续志稿》卷17（《金陵全书》甲编《方志类·县志》第 32 册，南京出版社 2013 年版）。

## 瓜步山祖师殿碑示

特授江宁府六合县正堂加三级严为吁恩赏示勒石永禁以全风水，泽及义冢事。照得瓜步山自灵岩起伏而来，蔓延逶绕，屹立江滨，为众流之水口，实六邑之锁钥。上有真武庙、太平庵，香火历年久远，满山木石苍翠围绕，是固风水所钟。凡尔人民，赖以护荫。而南山麓义冢二方：一系生员谢耀祖上所施，一系监生何之涟所施。坟堆累累，游魂是依。乃有一等不法之徒，每每取土剜石，砍伐树木，甚至带骨和泥，托造土块，更有妇女成群锄爬草皮，运卖供爨，无知牧竖，又纵放牛驴等畜，在冢上践踏，以至高者渐平，卑者成池，坟堆坍塌，骨殖暴露，种种不法，殊堪痛恨。今据州同杜文焕、举人翁燮、生员谢汧、监生翁世增、何之涟、赵国藩等，各捐己资，培其坍塌，掩其暴露，蓄栽树木，共成胜举，呈请给示勒石，永禁前来。当饬瓜步司确查定界，详覆在案，合饬勒石永禁，为此示仰居民人等知悉。嗣后尔等各宜安分守业，毋许擅行挖掘瓜步泥土沙石，侵损荫树，致伤龙脉，其义冢界内，尤不得硬伐树木，刨砖挖石，做造土块，及锄爬草皮，并牧放牲畜，庶幽魂得安于窀穸，山灵长效其庇护。倘敢恃强不遵，许该山僧人同乡保等赴县陈禀，以凭严拿重究，决不轻恕，其各凛遵须至示者。

清乾隆九年（1744）十一月□日，洞庭逸耨书。

【按】选自民国张官倬著《棠志拾遗》卷下（1947年石印本）。文后注"此石在祖师殿门外，长约三尺，宽约一尺二寸。按：正堂严即严森，号锦岑，浙江嘉兴人，乾隆九年（1744）由举人知县事"。

## 僧清旭

僧清旭，清乾隆时期瓜步山祖师殿僧人，生平不详。

## 瓜步山重建祖师殿记

六合之山最著者曰灵岩，而瓜步为近古，自魏太武时已有之，王文成公诗所称"龙[①]祠瓜步认前朝"者是也。山旧隶扬州府治，今改属六合，为邑之门户，其当江河之冲，又为滁、来一带之扃镐，盖屹然重镇哉！旧有祖师殿，前殿供真武，崇奉家称为祖师。后殿供玉皇，今又改为善司殿，左右翼以两楹客厨室，一一就理，皆依故址而恢广之，仍名曰祖师殿。夫有山则必有神以主之，有神则必有殿宇以居之，大者为丛林，小者为精舍，皆所以庄严法界，润色山灵。而听其岁久就荒，神之不安，抑俗之不厚也。庚辰

---

① 龙：据王安石《送真州吴处厚使君》诗当为"丛"。

（1760）辛巳（1761），余教学王氏之岫来轩，尝以春秋佳日，与诸子登山赋诗，□其形势，□出，一望无际，大江环其后，大河绕其内，而扩旧制，闳新规，工适以成，僧清旭求记其事。予谓人有居室，所以长子孙；有窆兆，所以康先祖。其□经营之，求自利也。矧兹山之利，有关合境者欤！不废于古，有劝于后，襄斯役者，皆得书名于石。

乾隆二十六年（1761）岁次辛巳住持僧清旭敬立。姑苏莫釐陆舜书，督造里人葛启周。

【按】选自民国张官倬《棠志拾遗》卷下（1947 年石印本）。文中缺字系张官倬录文时碑文无法辨识者。文后注"石碑在瓜步山祖师殿壁上，长约五尺二寸，宽约二尺一寸"。

## 刘王瑷

刘王瑷，字京玉，号谷峰，广西武缘（今武鸣）葛墟人。雍正七年（1729）举人，曾任金坛知县，乾隆十九年（1754）由举人知六合县事，二十七年（1762）任砀山知县。后升翰林院待诏，以年老乞归乡里。撰有《砀山县志》14 卷。

## 重修六合县儒学碑记

世俗谭黉序者，但求出于科第犹细耳。邑之有学，讲道论德，崇尚贤良，而一邑之人品风俗，遂因之，非徒假为士子出身之阶已也。六合古畿属邑，考诸传记，山峙水环，民淳俗朴，其间出为忠烈显宦，入为乡先生者，往往而有斯，固存乎其人，抑亦学校之兴，与有佐欤。瑷自金沙迁篆于兹，谒文庙毕，睹其残陋，瞿然者良久。因思大事恢崇，以上副圣天子尊师重道，化民成俗之至意。时邑绅士胡珆等亦以是请学训王君昇，慨然愿襄其事，学谕章君逸少甫之任，亦欣从之，以费赊未遑卒举。乙亥（1755）春，有赎锾宿之库者六百金，瑷请为经始资，上宪允之。旋谱诸序，捐俸若干缗，以为倡，邑人咸争输恐后，逾月登之簿者，得二千九百有奇，会大水辄止。历秋末，计簿数达于宪，乃卜日饬工鸠匠，弗假吏手，弗征民力，偕章、王两君集绅士十八人掌其役，而工于是兴。首大成殿，址故卑，木且就腐，尽黜其旧而创之，殿之下曰东西庑，庑之前曰戟门，门之左右曰名宦，曰乡贤，又前曰棂星门，旧颇不称制，瑗时其省视，悉使大启之，而戟门特工，迄丙子（1756）冬乃观厥成焉。既成，爰纪其则殿以上概从新者，正座一，旁座四，殿以外增而高者露台一，庑则视旧增其四，凡二十有二号。向无库，增于庑之上者凡四号；无更衣所，今设于二祠之间者，凡二号。棂星之东南为市宅障，买而除之，凡二百二十一两有奇；后置民基数丈，凡八十两有奇。余悉如旧，然其气象规模堂乎皇哉！差足以培其根本而为一邑之首善矣。闻四方来观者，每相视而愕，靡不肃然起尊崇之念。嗣是耳濡目染，父诫子，兄勉弟，由圣贤路而又益以师儒之教化，人品风俗，蒸蒸日上，即科第蝉联，安有不争胜于其前者？计费三千三百八十两有奇，资告匮，余姑候诸来者。

【按】选自廖抡升修、戴祖启纂《乾隆六合县志》卷6［清乾隆五十年（1785）刻本，《金陵全书》甲编《方志类·县志》第29册影印］。

## 宋觐光

宋觐光（1733—?），字景龙，四川营山县人。拔贡，乾隆三十六年（1771）任六合县令，修学宫及灵岩文峰塔。后转任萧县、溧阳、甘泉等知县，升高邮州、太仓州知州，再升徐州府、江宁府知府。乾隆五十一年（1786）任徐州知府时扩建云龙书院，乾隆五十六年（1791），因对属县官吏贪污巨款漫无觉察，巡抚批转查办后"观望拖延，无视法典"，撤职发配新疆。

## 重修六合县儒学碑记

棠治萦山带川，代称文薮。学宫自唐咸通来，历经迁徙，始奠基于小东门外。前丙午岁（1766—1768）又升高殿址，次第加工，而一切规制尚缺焉未备。觐光下车祗谒，为瞿然者久之，越数月，进邦士大夫于庭，相与咨谋商度，鸠工庀材，首捐俸以为倡，而输镪者、视役者，咸欣欣色喜，亟欲落成以为快。于是旧有棂星门拓之加崇，门以外更树文明一坊，流丹辉碧，藉与奎曜光芒相映，东西两绰楔，亦翼然并建，前滨大河，乃筑石为堤，而缭以危垣，护以石栏，其中地可亩许，概甃以石，逾河为屏墙，视旧制增其高广，盖万象之包罗，觉阃中而肆外矣。而笔峰之遥卓于灵岩者，亦呕为焕采，以浚发秀灵。迨夫凿泮池而跨之以桥，畚锸甫兴，泉之汩汩以来者，倏呈三穴，清泚莹撤，湛然一泓，不先不后之间，斯固天地之默启其灵，而隐然以有待也耶。夫邑当积疲之后，诸务未遑，而邦士大夫乃独崇尚宫墙，不安简陋，此诚圣代休明之洋溢也。而灵泉之倏呈于泮池者，殆将为芹藻菁莪，预兆夫涵濡茂育之休，多士英英在列，于以骧首云衢，可拭目俟矣。而余更有进焉者，云汉昭回，聿推主极，其或凿山下蒙泉之义，味源头活水之文，相与沿波问津，入坎安流，处大备之后，而著日新之美，又岂异人任与！是役也，彭邑绅克宽首输千金，而胡国博珆、朱州倅澡、陈少尹元祚、孙孝廉秉枢并诸士大夫，各捐赀劝输，以襄厥事。工起于癸巳（1773）季春，经费共四千余两，事既竣，爰书之于石，以志其始末云。

**【按】**选自廖抡升修、戴祖启纂《乾隆六合县志》卷6［清乾隆五十年（1785）刻本，《金陵全书》甲编《方志类·县志》第29册影印］。

## 张 铭

张铭，字新盘，号警堂，江西南城（今抚州南城）人。乾隆二十四年（1759）举人，历署柘城、考城、孟县事，题补夏邑知县，升彰德府通判，再升云南昭通知府，调署江南盐巡道，调苏松太兵备道，署江苏按察使司。后主扬州梅花书院讲习10年，卒于书院。著有《警堂漫存诗草》。

## 《六合县新志》序

乾隆四十九年（1784）秋，予奉简命，观察江宁，既下车，郡县循故事，以地志进，独不见六合志，询之，知修新志未成也。逾年，摄邑篆，别驾李君龙湛以纂成新志稿来请，曰："此志不修已五十余年矣，前令倡率绅士续纂雍正以来事迹，复于旧志多所改正，发凡起例，文省事增，前后更两邑令，历五年矣，已遵功令，呈请抚军阅定。今开雕将竣，请一言弁其首，增邑乘光。"余惟郡县有志，所以记典章，征文献，与国史相表里者也，官其地，即当勤其职，则修志固其大端矣。皇上右文致治，久道化成，顷岁普诏天下，牧民守土之臣，采葺志乘，以备金马石渠之著录，由省而府而邑，莫不编摩纪载，克期汗青。况江宁乃省垣治所，为东南诸郡之先声，而六合为其所属者哉，因窃考其疆域，览其载记，而见昔时之六合地交吴楚，为舟车南北之冲，自晋迄宋，最为要地，抚循非易，生聚为难，自国家奠安，九有列圣相承，休养生息，饮食教诲，百四十有余年，其民朴而淳，其士才而愿，令斯土者得以从容坐理，商榷古今，举其邑之吏治、人才、民风、土俗，缀辑而论次之，衰然成编，岂非际重熙累洽之朝，太和洋溢万物，各得其所而然哉。於戏！何其盛也，抑余更有厚望者，《江宁府志》自康熙初年修后，迄今未曾采葺，前之人每以各邑乘未修为辞，今由六合志之先修，而各邑之民牧彼都之人士，相与振兴鼓舞，而修举之行见，各邑之志次第成书，征文考献，厘然灿然，庶几哉郡志之成也有日矣。于以答圣天子之明诏，而昭盛世升平之治，其欣幸不更有著焉者乎。

乾隆五十年（1785）岁次乙巳长至前二日，江南观察使者张铭谨序。

【按】选自廖抡升修、戴祖启纂《乾隆六合县志》书首［清乾隆五十年（1785）刻本，《金陵全书》甲编《方志类·县志》第29册影印］。

## 李龙湛

李龙湛，广东肇庆府新兴县（今广东云浮市下辖县）人，监生，曾先后任职上海金山县知县事、溧水县候补通判、太仓直隶州知州。乾隆五十年（1785）任六合县通判署县事。

## 《六合县新志》序

六合县志自雍正乙卯（1735）苏公修后，缺修者五十年。辛丑岁（1781），前邑宰奉檄续修，诸君子翕然乐从，阅五年而稿成，适余摄兹篆，来当酷暑，岁且旱，甫下车，因民所急者先之，为之决冤狱，缓催科，经理一二节目，而若者当修，若者当举，将次第行之，非敢缓也，盖有待也。绅士杜君镳、朱君本福以六合新志底稿属余董厥成，且请序焉。夫有官守者，当察夫土地之宜利，风俗之好尚，田赋之增减，物产之丰饶，以因时敷政，则轻重缓急可得而权也。其事莫备于志，且传循良以风有位，纪节义以旌善良，表人物以彰才德，治行民风，胥于是乎，赖此志之所由以重也。

六合滨江之北，土厚民稠，风淳俗俭，守斯土者，将以兴民行而育民德，志尤足多焉。余退食暇，细加批阅，其义例精严，体裁简要，发凡中所谓仿康对山《武功县志》而作者，殆不诬也。助流政教，相与有成，诸君子之功，已有称之者，固不待余之说辞，余因而慨成一善之难也。兹志何公始之，未几以调任去，廖公继之而又不克终之，盖迟之又久，以及于余而始告厥成，然则立政行事之不可稍缓而待也，余用是矼矼矣。书成，爰为请弁言于观察张公，而乐以一言附于后焉。是为序。

乾隆五十年（1785）岁次乙巳十月之朔，署六合县知县事候补通判岭南李龙湛序。

【按】选自廖抡升修、戴祖启纂《乾隆六合县志》书首［清乾隆五十年（1785）刻本，《金陵全书》甲编《方志类·县志》第29册影印］。

## 何廷凤

何廷凤，字歧甫，号仪亭。广东连平县（今属广东河源）人。例贡生，历任江浙徐海、江浦、六合、上元、常熟、镇铜、青浦等县知县。

## 《重修六合县志》叙

邑之有志，所以备一邑之掌故，纪政治之利弊，使官于此者，得有所藉，以相土宜，考风俗，察民瘼，鉴成宪也。譬之于医，六经、子史犹灵素、本经，志则仲景之一百一十三方，可以对证治也；譬之兵法，六经、子史犹孙吴、韬略，志则武侯之八阵，可以按图而布也。志之不可阙如此。

余以乾隆四十六年（1781），授六合令，观邑旧志，乃雍正八年（1730）

471

前任苏君作睿所修者，其板久毁于火，迄今五十余年，文献阙焉，慨然思续其绪，乃咨于邑之绅士大夫，金曰："公之举，邑之幸也，吾侪愿捐其赀。白下国子先生戴君祖启，文行兼优，可主其笔；全椒明经吴君萧，博雅士，可佐讨论，公宜董其成。"经始于辛丑（1781）之仲秋，抵岁杪而规抚草稿略具，会委摄上元篆而同乡廖君继斯任，廖君之志，犹余志也，其人博洽淹通，当更有补余之所不逮者。绅士以余既倡其首，例当为序，乃不揣固陋，聊述缘起如左。

乾隆岁次辛丑（1781）季冬，敕授文林郎知六合县事连平何廷凤撰。

【按】选自廖抡升修、戴祖启纂《乾隆六合县志》书首［清乾隆五十年（1785）刻本，《金陵全书》甲编《方志类·县志》第 29 册影印］。

## 廖抡升

廖抡升，广东镇平人，乾隆二十七年（1762）举人，授文林郎，四十六年（1781）任六合知县。

# 《重修六合县志》序

小史掌邦国之志，外史掌四方之志，志之由来尚矣。自秦置郡县，汉遂有郡国志，而后世郡县亦俱因之。立志以资见闻，而备采择，盖其旁搜博引，上下古今，皆考镜得失之林也。顾嗜奇者，每附会其说，而失之诬；爱博者，又摭拾群言，而失之滥，甚且纳金索米，好恶凭于私心，是非迄无定论，岂足以信今而传后哉。此江淹所以叹作志之难，而赡而不秽，详而有体，必归美于班固之十志也。辛丑（1781）冬，余承乏六合，将欲考志，以知民风，而旧志多残缺，盖自前县宰苏君作睿重修，于兹已五十余年矣，厥后何君廷凤，修废举坠，与邑中绅士议修旧志，诸绅皆有同心，且乐助经费。于是罗致博物君子，设馆纂修，书未脱稿，何君旋以调任去，属余续成之。余自愧固陋，幸藉诸君子，咨询前哲，采访旧闻，纠谬而正讹，拾遗以补阙，阅一载而成编，其间志六、表二、附录一，门分类别，言简事该，实犹存孟坚十志遗意，取而读之，于地理见山川疆域之胜，于田赋见户口物产之繁，于建置见城郭宫室之美，于官师见政绩礼教之隆，于人物见忠孝节义之备，于艺文见词章典籍之宏，要非国家百余年休养生息，何以俗美风淳，成为乐土也。而余则更有进焉者，今天下已治已安矣，圣天子且宵衣旰食，不自暇逸，司民牧者，当仰承上意，推广德化，俾是邑士民乐弦歌而安耕凿，俗益美，风益淳，庶几可告无愧，此余区区之志，读是志而不禁怦然动也。盖志以纪事，亦以考政，政之不善，志何足观，余虽勉为之终，恐贻羞隍越，窃望后之宰是邑者，按志求治，以补余之不逮，则幸甚。

时乾隆岁次癸卯（1783）仲夏，敕授文林郎知六合县事岭南廖抡升撰。

【按】选自廖抡升修、戴祖启纂《乾隆六合县志》书首［清乾隆五十年（1785）刻本，《金陵全书》甲编《方志类·县志》第 29 册影印］

## 吴思忠

吴思忠，字孝侯。江苏江宁人，贡生。工书，善画，尤喜画猿，钱塘袁枚称其颇得易元吉家法。山水画得高岑意趣，善写生，诗笔雄奇。构青溪草堂于东园，歌啸其间。卒年 80 余。

## 老梅庵梅花碑

江宁吴思忠画并题诗云："老梅干骨不□①寒，灵岩山旁凌云端。相传仙人亲手植，至今千载留予看。浑身礌砢错丹屑，隐约科斗彝鼎残。两手磨礲爱复惜，老眼光明循阑干。一枝铁干万枝条，古铜为衣颜娇饶。云停星布簇新萼，风霜雨露饱山椒。一干磅礴大无外，如龙掉尾云中招。变幻恍惚不可测，皎月出海明珠跳。有时忽作美好妇女态，龙眼束手难画描。有时忽作猛士拔剑状，飞鸟潜踪愁猿猱。仙乎梅乎我难辨，嗟尔不植含章□。自怜怜汝在道旁，云中偶向空山见。今宵清梦结清标，归向溪南买素绢。"

丙午（1786）冬，谒翘圃葛明府于古棠官署，过老梅庵，访老梅。相传张果手植，花如佳丽，貌似癯仙，紫府金丹，几欲令人换骨，惜不令赵子

---

① □：本诗此句底本少一字，于此处补之。

固见之，假使见之，定当瞑目叫绝，效苏体得古诗十四韵，以志棠邑胜迹。□方于鲁墨为梅仙写照，非规摩元章也。金陵吴思忠并识。

老梅在棠邑果老滩之旁，枝干屈曲，花时清香袭人，传为张果手植。岁丙午（1786），余莅斯土，公余揽胜，诧为罕觏。适金陵吴尹孝侯策蹇来访，游览及之，为绘图而系以诗，诗画俱极纵逸，书亦秀劲，爰勒诸石，以助游观，而斯图与老梅，庶几并垂不朽云。乾隆丁未（1787）秋日，濮阳葛建楚跋。

右咏果老滩老梅并识。

【按】选自《民国六合县续志稿》卷17（《金陵全书》甲编《方志类·县志》第32册，南京出版社2013年版）。碑在果老滩果老仙院壁上，高3尺，宽1尺7寸。

## 董教增

董教增（1750—1822），字益甫、益其、号观桥，江苏上元（今南京市）人。乾隆四十五年（1780）南巡，召试举人，授内阁中书。五十二年（1787）成探花，授编修，散馆改吏部主事，历官四川布政使，安徽、陕西、广东巡抚，闽浙总督。嘉庆中，先后措置四川少数民族事宜、陕西盐务、安徽世仆身份等，请免闽浙沿海造船禁限，惩治不法富豪。道光元年（1821），乃得请归。二年（1822），卒，赐恤，谥文恪。

## 《云鹤诗钞》序

芗亭先生，余故交也，又同官也。故交则知其学，同官则稔其才。然今之学人，吾见其执一卷书，终日咿唔，尘腐道人，推而致之当途，钱谷不知，兵刑不知，使人谓诗书毒人甚于钩吻，则学而不能才也。今之才人，吾见其举一世事，任意凌猎，引而坐之一室，性灵不居，掌故不辨，使人谓名法误世过于坑焚，则才而不能学也。其又甚者，夷弄一切，以不才为才，以不学为学，或遁入虚寂，或习为痴顽，此释老之徒所以置天下于无有，将何以致太平哉？

芎亭，才人也，亦学人也，以才居官，而政事办举，以学修心，而文章宏达。其才也，吾指臂赖之，其学也，吾神明赖之，其贶我多矣。顾余与芎亭别才十年稔耳，而故人墓草已宿。回首曩游，乃若梦，前尘不可捉搦，天下不慭遗，丧我良友，谓之何哉？今嗣辑其遗稿，邮来请序，展帙回环，竟日夕不忍辍业。其恣肆而汪洋者，才之露也，优游而含蓄者，学之积也，然则芎亭虽已往乎，固有其不朽者在此，余之执卷而悲者又揽笔而喜矣。时嘉庆丁丑（1817）嘉平月朔日，年愚弟董教增谨序。

【按】选自陈作珍《云鹤诗钞》书首（清嘉庆刻本，南京图书馆藏本）。

## 杜念典

杜念典，云南嵩峨县人，举人。嘉庆二年（1798）始任令六合县令，有政声，曾设位祀于六合县集善堂。

# 重修棠城小学序

善俗训民之举，莫为之前，宜兴起而为之创，有其举之，虽浸废而必为之因。棠城小学创于旧令严公森，其地为前明邑侯张公启宗之祠。张公治棠，有政声，邑人建祠设像以祀，岁久颓圮，公得其遗像于瓦砾中，复建其祠。因葺其前堂，聚童稚之无师者，置师以教焉。《易》曰"蒙以养正，圣功也，善俗训民，莫先乎此"。后人德之，亦设公像与张公并祀于祠。阅数十年，祠圮而小学亦废。余以嘉庆戊午（1798）来宰兹邑，询小学遗址，亟欲修复，鞅掌未遑。癸亥（1803）冬，乃捐俸命工重建，索二公遗像，皆面貌仅存，亦犹昔之在瓦砾中也。命完而新之，仍以后堂祀二公像，前堂为课学地，增构廊庑四间，俾垂髫总发，搋裳连襟，济济乐群，择诸生之善诱者，师之。今日之小子有造，即异日之成人有德，二公有知，当亦欣然于陟降，不乐乎像与祠之复新，而乐乎小学之不废也。余敢曰创之云乎，亦曰因之云尔。嘉庆九年（1804）二月初吉，知六合县事古滇杜念典识并书。

【按】选自《民国六合县续志稿》卷17（《金陵全书》甲编《方志类·县

志》第 32 册，南京出版社 2013 年版）。

## 李亦畴

李亦畴，字号、里籍、生平不详。

## 《竹根印谱》序

论文者以先秦两汉为宗，言诗者以汉魏六朝为则，然不本韩、欧而上蹑典、坟，未研李、杜而遽追正始，鲜不虞其颠且蹶矣。余友六合孙君怡堂，工篆刻，得汉人遗意，每一石出，好古者视如连城，君而何所得而艺之精若此乎？君言往年得《宣和印谱》原本，简练揣摩，且十余载。《宣和印谱》，集古印之大成，亦犹夫文之八家，诗之初盛也。君浸淫于是，又何怪其蔑视吾、赵，而远驾文、何乎？君雄伟有奇气，负经济才；善琴，工书，韵语绝佳，弈称第一手，印章特其余事耳。君固不必以印章传世，而物以人重，知斯谱之必传而无疑者，实操券可得也。嘉庆甲子（1804）暮春，同学弟李亦畴拜识。

【按】选自郁重今编纂《历代印谱序跋汇编》（西泠印社 2008 年版）。《历代印谱序跋汇编》录本文作者为“李亦畴”，可能当为“李奕畴”，待考。李亦畴（1753—1844），字书年。河南夏邑人。乾隆四十五年（1780）进士。选庶吉士，授检讨。历官安徽按察使、浙江巡抚、漕运总督。历事乾隆、嘉庆、道光三朝，所至有政绩。

## 邵自悦

邵自悦，大兴（今北京市）人，乾隆四十三年（1778）进士，生平事迹不详。据《履园丛话》记载大兴邵大业（1710—1771）有子 7 人，邵自昌、邵自华、邵自悦、邵自本、邵自和、邵自巽、邵自彭，六人正榜，一人副榜，成为北京科举史上难得的一门进士佳话。

## 《竹根印谱》跋

六合孙君漱石，以善奕名。余遇诸章门，复会于昭武，善奕者与之奕，莫能雁行随也。意漱石固一其巧智于奕，将以终其身，名后世耶？然漱石好读书，多闻强识，兼工篆刻。一日谱其所作，出以相示，规摹秦汉，酝酿卷轴。噫！漱石固学问中人，以善奕名，何耶？夫士抱颖异之才，抑郁无聊，每借片长薄技以自娱，见者辄相惊赏，称为绝艺，而其人之人品学术，亦遂湮没而不彰。昔之人，或良于医，或神以卜筮，以一技之长，掩生平之大端者，可胜道哉！漱石年方壮，充其巧智，当必有大者远者以终其身名后世，奕固不足论，即篆刻亦岂足以涸漱石乎？余方有厚望焉。同学愚弟析津邵自悦拜题。

【按】选自郁重今编纂《历代印谱序跋汇编》（西泠印社 2008 年版）。

## 杨芳灿

杨芳灿（1754—1816），字才叔，号蓉裳，江苏金匮（今无锡）人。乾隆四十二年（1777）拔贡生。历官甘肃伏羌知县、灵州知州，有能名。入为户部员外郎。工骈文诗词。有《直率斋稿》《芙蓉山馆诗词稿》《芙蓉山馆骈体文》等。

## 绿净园记

夫岩岫高奇，则昏旦之气变；林薮深邃，则华叶之美殊。是以欲构林园，必择名胜，刘孝标金华之志，王摩诘辋川之诗，石淙丹壑，逍遥公之雅游，退谷杯湖，猗玗子之素玩，幽寂澄澹，其独适者已。绿净园者，吾友汪紫珊先生之别墅也。枕冶山之麓，接瓦梁之城，江川逦迤，皋泽块郁，树五楸而表宅，编六枳以为篱，仰跳岑之蔚蓝，俯方池之深翠，松杉绕屋，薜萝匝檐，离离花明，蛰蛰叶厚。新雨初霁，则一水到门，夕景欲颓，则诸烟合岭，万绿如绘，七净布华，园之名也殆以此欤。

先是，尊甫芝圃公远宦逾百粤之地，投老筑三休之亭，竹柏契其冲襟，烟霞供其丽瞩。香分月窥，峰桂海之乔柯，冷凿云根，载郁林之怪石。居邻慈涧，饮汲廉泉，可谓儒者之风，抗希往古君子之泽，藻被来今者矣。先生上承堂构，夙嗜缇缃，子安标珠树之声，叔宝擅玉润之誉，澹忘世味，静耽道腴。遂乃缉仲蔚之庐，开元诩之迳，奈廇不改其旧，棨棁不耀其华，文杏之栋，可以栖云，香茅之屋，可以赏雨。菅酒槐脯，招萧澹之逸宾，虬篆灵莎，搜邃古之奇字，水竹留客，鹭鹚亲人，矑餐松烟，鹤唳萝月，仙仙乎寻物外之嬉娱，忘寰中之栖屑焉。若夫山眉半黛，塔影一枝，北窗凉飚，西牖朝爽，拈花证偈，则笑语皆香，荫树垂纶，而衣裾尽碧。鸥波泛雪，花风驱云，烟筱千竿，露荷万柄。空波无际，时闻骚客之吟，挐音已遥，犹和敆郎之唱。吾师简斋先生题曰"小沧浪"，园之最佳处也。

是则思话琴尊之赏，群雅辅其心灵，少文山水之图，万趣融其神思。他日者流泉出山，将布润于大野，行云离岫，弥增恋于旧林。安石登朝，山泽之仪故在；幼舆入宦，邱壑之韵独存。仕隐虽有分途，萝荄原无二致，正不必守《乐志》之篇，诵《遗荣》之赋矣。某家空四壁，室赁半椽，安蒻轴以忘机，甘泥水以自蔽。金台石室，游仙之梦终虚，艾席葭墙，买山之资未办。所恃者槐榆合契，椒桂同心，将蹵属以寻，君定缄书而招我，一觞一咏，半叶半花，撷笛凉波，篷背谱还云之曲，停镫小阁，樽前赓团雪之词。索豪素之古欢，订林霞之息壤，素节初届，尘襟乍摅，迢迢苔岑，采采兰讯。撰为此记，青鸟明之。

【按】选自杨芳灿著《芙蓉山馆文钞》卷1（《续修四库全书》集部第1477册杨芳灿撰《芙蓉山馆全集》，上海古籍出版社2002年版）。

## 李周南

李周南（1754—1824），字冠三，号静斋、慎卿，江都邵伯（今江苏扬州江都区）人。嘉庆十九年（1814）进士，官刑部主事。工诗善文。著有《洗桐轩诗集》《洗桐轩文集》。

## 《尺云轩文集》序

周南曩受教于安定山长王少林，先生云："四六法门以清转华妙为无上妙谛，此刘圃三司空掌教书院时之言也。"周南敬志不敢忘。阅全椒汪存南先生所批《四六法海》，大旨亦复如是。又云："死事活用，熟事生用，以虚对实，以熟对生，皆四六文不传之秘。"吴山尊学士选《八家四六》及曾宾谷师《国朝骈体文》无不奉是为圭臬。近人以骈体擅场者，无过彭甘亭、吴巢松数家。读饭石年丈《尺云轩集》，有过之无不及矣。其文清而不薄，华而不缛，无笔不转，著语皆灵，循环雒诵，悉如吾意之所欲言而口不能言，作者独畅言之，繁简浓淡，俱到恰好地位，所谓"增一分太长，减一分太短，施朱则太赤，施粉则太白"，其斯文之谓欤。诗具众妙，无美不备，才气横溢，咄咄逼人，而一出于至性至情，无堆垛之习，无浮曼之响，不必辨其孰为唐，孰为宋，而直炉锤鼓铸为一家，是真可以登作者之堂，而高踞一席矣。周南学殖荒落，曾学涂鸦，妄灾梨枣，对此大著，能无恧然汗下耶？谨识数语，以志倾佩。道光五年（1825）秋七月朔日，甘泉年愚弟李周南拜序。

【**按**】选自朱实发著《尺云轩文集》卷首［清道光甲午（1834）刻《尺云轩全集》本，哈佛大学汉和图书馆藏本］。本文不见于李周南传世的《洗桐轩文集》8 卷中，当为其散佚的集外作品。

## 吴 鼒

吴鼒（1755—1821），字及之，一字山尊，号抑庵，又号南禺山樵，晚号达园，安徽全椒人。嘉庆四年（1799）进士，官至侍讲学士。善书能画，工骈体文。著有《抑庵遗诗》《吴学士文集》（含文 4 卷、诗 5 卷）等。

## 《碧梧山馆词》序

余尝评吾友汪紫珊太守之词曰："思态逸研，音律中雅，语出于性情，旨归于忠厚。"船山以为知言，兹于所刊《七家词》中，又获观其与妇弟袁兰村赠答倡酬之作。盖兰村以名父之子，旷代之才，评量风月，睥睨坛坫，弟视灌夫，儿呼德祖，杰作之悬，一字不易，久要之践，千金屡散。虽复辇下名震，叨国士之知，户外车满，尽长者之辙，而萝屋倚卖珠之补，葛帔鲜赐袍之恋。峻嶒傲骨，乃甘鹤瘦，跌宕仙心，但夸蝉化，其不凡可贵已。既且不卑小官，肯习吏事，未及中年，胜气已敛，即涉歧路，初服不渝。听鼓应官，无妨于清才，入幕司笔，那掩其豪态。是以二十年中，翟公之宾，或有盛衰，孝标之论，遂分寒暑。遭时白眼，知我贵希，结契青云，有人可久。盖惟兰村之吟情，未减于初，亦惟紫珊之友谊，不漓夫古也。且夫桐鱼石鼓，千里相求，镆铘干将，两美必合，况乎君子之交？申以姻娅文章之道，贯于金石者乎？紫珊之于袁氏，冰玉之映，列在甥馆，骚雅之授，兼以师门。感晏殊之知人，幸东坡之有子，羊昙扣扉，未忘谢安，阮瞻鼓琴，专对潘岳，如橘合柚，俨柏悦松。于是本风人之旨，为净友旨言。名节砥砺，誓以岁寒，功业期许，忧其时迈，故能芊绵妙绪，横生于敛袂之余，慷慨遥情，叠发于推襟之暇。史家所称扶存以忠海，劝慕以前良者，宁逾此哉？吾前所以许紫珊之词者，正在此。今海内工诗余者，家谷人师、杨蓉裳、汪剑潭、郭频伽四君，与袁氏皆敦群纪之交，并具成牙之赏，请以质诸，或谓余之不失听也。

嘉庆十有四年（1809）青龙己巳招摇指亥，全椒吴鼒题。

**【按】**选自汪世泰著《碧梧山馆词》书首（清嘉庆刻本，编者藏本）。底本原题作《序》，今据《丛书集成三编》（台北新文丰出版公司1997年版）第64册所收本书用本题。

## 辛从益

辛从益（1760—1828），字谦受，一字筠谷。江西万载人，乾隆五十五年（1790）进士，授编修。迁御史，官至礼部侍郎，督江苏学政，性廉静坦白，在事厘剔弊端，不屈从权要。好学，公余手不释卷，所著有诗集、文集（《寄思斋集》《公孙龙子注》等）、外集、奏稿、馆课等。

# 《尺云轩诗集》序

六合朱饭石明经，以才名闻江南北者，数十年矣。愿见末由，每以为憾。令子稻生，余乙酉（1825）所拔士，顷来谒，出《尺云轩全集》索序。受而读之，始偿积愿。饭石幼负异禀，有经世远略，久不得志于有司，遂绝意进取，一肆力于传世之业。家故丰于赀，多藏异书古籍。性喜结纳，倒屣倾箧，久而不厌，而一时远近才杰之士，皆乐就之游。故其根柢渊醇，意识卓越，发为文章，有前无古人，后无来者之概。家中落，遂橐笔出游，北极燕，东穷吴越，凡所经涉，皆人文山水奥区，呼吸光景，涵濡元素，故其兴寄清旷，情颖超眇，发为文章，有振衣千仞冈，濯足万里流之概。其诗不事规儗剽剥，务在推陈出新，一字一句，千锤百炼，从一线单微中，掉运灵光，缒幽凿险，乃穿天心，破月胁而出之，而复酝酿以性情，藻绘以卷轴，故能奇而不诡于正，丽而不逾于则，镂刻而不伤碎，曼衍而不失烦，不受古人牢笼，而往往暗合古法。骈体诸篇则取径于三唐，采韵于六季，泽以骚雅之膏，鼓以左史之气，意之所到，才足辅之，闳而肆，婉而达，曲而有直，体近今妃俪家，罕觏其匹，披览再四，如入波斯藏中，奇珍异采，多耳目所未经，意测所未及；如在山阴道上，回峰复岫，层出不穷，应接不暇。又惟恐其尽可谓极才人之能事，泄两造之魁奇者矣。饭石阅历于穷达之间，落拓于迟暮之际，论者多深惜之，然数寸书具有千秋较，纡金曳紫，炊桂馔玉，没世而人不复识其名氏者。天之厚之为何如饭石，固不屑以彼易此也。况稻生才器和夷，能世其家学，饭石更可无憾矣。而余终憾束缚簿领，笔砚久疏，未获与饭石商榷古今，抗揖风雅，稍吐其胸中之所症结，聊志数言，以补此阙云尔。道光六年（1826）仲春，筠谷辛从益序。

【按】选自朱实发著《尺云轩诗集》卷首［清道光甲午（1834）刻本《尺云轩全集》，哈佛大学汉和图书馆藏本］。底本无标题，标题为编者所加。本文不见于辛从益撰《寄思斋藏稿》14卷中［清咸丰元年（1851）刻本］。

## 程虞卿

# 《云鹤诗钞》序

词章之士，昔人鄙之，曰雕虫小技，壮夫不为。夫裁红刻翠，镂月镌云，诚小技也，若夫事关名教，语具政体，千古性情之所系，一代文献之所资，播为诗歌，寓以规讽，谓壮夫不为，吾弗信矣。今读芎亭先生诗，而慨乎有见于此。

嘉庆丙辰（1796）客京师时，先生从弟耳庵司马犹应礼部试，共借榻于茶半香初之馆，尝剪烛夜话，述先生之为人甚详。仆羡之曰："君家之有芎亭，犹惠连之有灵运也。"仆居石梁，先生居瓦梁，相去不百里，庚申（1800）自京师归，先生已作宦蜀中。及癸亥（1803）后，先生解组归田，而仆又羁旅淮上，终以未获识荆为憾。兹令嗣示以全稿，仆得受而读之，而先已归道山矣。先生之性情经济悉见于诗，读先生诗，不啻见先生之为人。先生宦蜀中多循绩，方盗贼之起于达州，御边警，筹防卫，参幕府，数年来经画周详，气锐而精神益振，然军书旁午，稍一得暇，仍不废咏吟，皇华行役，忆弟思亲，劳者之歌也。读其诗，知其建白者大矣。吾所谓关名教，具正体，性情之所系，文献之所资，其先生之诗之谓欤？而得妄以词章之士鄙之哉？至今嗣之能编其稿，亦不愧子美之有总武矣。嘉庆庚辰（1820）六月下浣，天长程虞卿谨序。

【按】选自陈作珍《云鹤诗钞》书首（清嘉庆刻本，南京图书馆藏本）。

## 徐熊飞

灿、王豫、石钧、吴楚等流连诗酒，名盛一时。晚岁为阮元所知，得授翰林院典籍衔。著有《白鹄山房诗文集》《六花词》等。

# 《尺云轩诗集》序

嘉庆丙子（1816）冬，余自扬州旋里，访明府林公于前溪官署，始与六合朱饭石定交。署故有东堂，为宋毛泽民公余咏啸处。是日，置酒堂中，申论风骚以降，源流正变之故，至日暮忘返。后余以目疾养疴海上，饭石亦转客广陵，常寄书问讯，所以嗟叹慰藉者甚挚。盖交深于谋面之先，谊笃于既见之后，故同心之契，不以迟迩久暂殊其臭味也。今年冬，从邗上寄余书，自言比岁以来，连遭骨肉之戚，加以疾病侵寻，偏枯謇涩，有难以去体者。绎其词，沈痛凄怆，无异《卢升之自序》所云也。呜呼！天之困阨贤士，遽至此哉。饭石诗不名一格，以清新渊雅为宗，数十年来，海内称诗之士矜才力者，多近轻率，求工丽者，流于纤媚四始六义之旨，或背而驰焉。饭石冥搜孤诣，穷奥窔而穿溟涬，又能涵澹蕴藉以出之，故文情相生，邈然莫究其端绪，岂非一唱三叹，婥有群雅之长者与？前溪旧有孟东野宅，及姜尧章白石洞天，岁久各迷其处，饭石劝林公葺乌回山佛屋为贞曜先生祠，复设栗主于计筹山升元观，摹白石道人画像悬之，春秋修祀，士流群集，陈祭者但颂林公扬清激浊之功，不知皆饭石赞襄力也。嗟夫！以饭石学术之宏富，性情之恺悌，使其致身通显，必抽沉掇沦，无一士不得其所，即穷而在下，亦不失为风雅总持。乃幽忧哀戚，病废不能振，岂文人九命之阨，信不诬与？抑身与名势难并，寒士之贤且才者，类皆然与？余读饭石诗，不暇自悲，而悲造物所以穷饭石者，又如此其甚也。饭石诗多至二三千首，其门人黄君又园，已先刻什一问世，兹复邮寄全稿索序，回忆定交以后不过十余年闲，而人事不常已如此，更数十年来，知存亡聚散复何如也。序其诗，不禁感慨系之。道光六年（1826）岁在丙戌腊月既望，吴兴愚弟徐熊飞撰。

【按】选自朱实发著《尺云轩诗集》卷首［清道光甲午（1834）刻本《尺云轩全集》，哈佛大学汉和图书馆藏本］。底本无标题，题目为编者所加。本文不见于徐熊飞撰《白鹄山房骈体文钞》2卷、《白鹄山房骈体文续钞》2卷、《白鹄山房文钞》5卷，为其集外文。

# 阮 元

阮元（1764—1849），字伯元，号芸台、雷塘庵主、揅经老人、怡性老人，江苏扬州仪征人。乾隆五十四年（1789）进士，先后在礼部、兵部、户部、工部供职，并出任山东、浙江学政，浙江、江西、河南巡抚及漕运总督、湖广总督、两广总督、云贵总督等职。身历乾隆、嘉庆、道光三朝，所至之处，提倡学术、振兴文教。晚年官拜体仁阁大学士，致仕后加官至太傅。卒赐谥号"文达"。提倡朴学，曾罗致学者编书刊印，主编《经籍籑诂》，校刻《十三经注疏》，汇刻《皇清经解》等。生平著述丰富，著有《揅经室集》《十三经注疏校勘记》等30余种传世。

## 六合县冶山祇洹寺考

嘉庆十二年（1807），余在扬州，入西山酒城，拜外祖林荣禄公墓。冶山者，更在西数十里，遂登之。山多铁，可拾而镕也。冶山之势，自西北棠山来，西、北、东三面皆回抱而虚其中，有二泉自山中出，汇为溪，南流注于江。其东南之峰，下方而上锐，有石脉出其下，起为冈脊，南延数里为原田，实为溪之东岸，一在原上曰上陈庄（别有下陈庄，更在其南）。庄西向，溪经其前。溪之外有近山，山皆卑，迤逦相接，至西南桂子山而止，实为溪之西岸。立于庄之前，西望近山之外，复有青色远山，山形正方如屏，与庄相对，夕阳落山外时，岚黛更浓矣。冶山泉石潆回，水木清湛，非郡城所有之境也。山口有祇洹寺，寺屋十数楹，甚荒陋，无旧碑记可读，然可少憩焉。十四年（1809）冬，余重入翰林，检《永乐大典》，见宋绍熙《仪真志》，载唐开元二十三年（735）六合令房翰《祇洹寺碑》文，凡千余言。碑称此寺吴始为象塔，梁以地若祇洹，遂以为名，宋国公镇吴州建寺，隋皇为晋王时立白楼，隋末焚坏，唐开元重建。且有"座飞万鹤，门结千龙，影殿香台，雕甍绣柱，三百间邃宇，十八变云图"诸语。然则此寺最古，唐时且甚壮丽矣。又碑云"八百人"遂以名村，然则上陈庄即称之为祇洹村也。亦可爱考而记之，以告游斯山者。

【按】选自阮元著《揅经室三集》卷 4（清道光文选楼刻本，上海图书馆藏本，《续修四库全书》集部第 179 册，上海古籍出版社 2002 年版）。

## 沈钦韩

沈钦韩（1775—1832），字文起，号小宛，江苏吴县人。嘉庆十二年（1807）举人，道光三年（1823）官安徽宁国县训导。通经史，好为骈文而不甚工，长训诂考证，以《两汉书疏证》最为精博。又有《左传补注》《三国志补注》《水经注疏证》《王荆公诗补注》《幼学堂集》等。

# 明总兵官太子太师左柱国靖南侯黄忠桓公墓碑

云台改步，黳丹采于高陵；宰树无枝，漂黄肠于孤竹。而广达故戟，尚挽箫管；忠贞幽窀，每敕松楸。廉丹宁蹈狂刃，傅金不竖降旗。固已气激三五，义昭八百。老人瘗血，同哭寿阳；壮士埋魂，齐歌岛上。此则碑名堕泪，庙有触锋，饰顽以教忠，镜古以存劝，所由尚也。公讳得功，字虎山，开原卫人。戴斗储精，绕雷感气。家称雁户，人号虎侯。能包乐进之胆，不皱耿豪之眉。年十二，便历行阵。著两当而穿营，掣兜鍪而得首。岂独操刀上岸，早显文台，劓鼻置怀，少奇士信？由是得郡钱而买马，保乡壁而质牛。给冗从于公乘，隶无难之子督。最功至游击，长钲都尉，先防踏冰，强弩将军，共观没石。崇祯九年，稍迁副总兵，领禁军，麾驮虞幡，督虎豹骑。角抵推其仰兜，上寿夸其落雕。时则百六遭难，生灵糜沸。属地蜿妖，漫山蛾贼。铜马铁胫，憨肠狗态之徒，麻起于山林；白雀青牛，殨血脍肝之辈，云合于方镇。推毂非朱儁，争饰文降；上簿皆马贤，谁亲觌问？敛义钱为盗饷，写《孝经》为军谋。于是黄衣玉印，称帝自娱；毛面绛头，苦奴求代。等窃枣之诸天，盛画眉之三老。公则简猪突稀勇之士，扬羊腹锯齿之威奋；割肉食雪之艰，厉披发抗音之壮搏。王家砦鑪，鲍家岭羁，革里眼，刲三鹥。子路润断髻而致师，丘鸠投车而碎贼。臂疮为金印之征，首功得绣衣

485

之赐。十一年，署总兵官。十七年，封靖南伯，分驻凤阳，移镇庐州。于是，周访左右之甄，摄帻复战；段颖东西之骑，被羽先登。朱伺铁面，状若鬼神；长孙雕弓，声如霹雳。迄秦蜀楚豫尽失，而东南晏然，公之致力矣。岂意金鸡失晓，玉马无归，衣匣委尘，刀轮如雨。皇路倾焉，兵祸极矣。既而五马渡江，九虎出关。盖福王窃号也，一过再涉，五漫六惛，始悔张布之奉迎，既误萧斌之退守，佃夫恣其钩党，昌狶多已建牙。或柴鳌山头，或奔穷牛角，巢幕知危，累卵非惧。其年，进公爵为侯，加左柱国。以青州兵之旌麾，奉苍头公之约束。甘宁释怨而移屯，郭典当冲而作堑。寻以上流传檄，王琳之部遂移；坐使马头举烽，毛宝之援不及。翻车肉薄，攒柱崩烧。羖羊之马，如焦熬之投；裙布之旗，尽鹿陲而溃。盖公以御左梦庚于江上，而南兖覆没，台城鸟骇。福王奔于公营，公方涕泗裹伤，仓黄列阵。陈安矛失，不待三交；彭乐肠流，非缘一醉。伏弢中项，不为降将军；脱胄斫头，与作开国伯。盖公死，而田雄挟福王以降矣。呜呼！当汉之季，傅燮本不求生；逮吴之亡，张悌独能就死。其部将葬公于仪征县之方山，即其太夫人故阡也。万家未抱，尚腾绛帛之光；百步不樵，已失金蛇之气。涛共扬于胥母，梦难托于旧营。嘉庆十六年辛未阳月，知县事屠君倬，式吊幽壤，遥酬冥漠。以为绵竹陨身，簪缨尚被；东关授首，封树犹隆。刻木而祭，将祔西门之祠；生金有碑，庶知秦颉之墓。词曰：

元二之厄，阳九之灾。黑丸尘起，赤囊烽来。玩此乞活，酿为盗魁。兵缠象魏，血满蒿莱。六郡良家，一爵公士。行探虎穴，坐画军垒。适从兜鍪，得此貂珥。骷髅悬鞍，鼓角殷耳。阿杜金钗，王髦宝剑。葛荣未缚，李齐致念。著翅乘超，刻肤镞验。马革空矢，龙髯忽陷。竞推旧邦，谁慨新亭？画锥遍镇，刮席当廷。江沉铁锁，塔语金铃。求鸡征杖，一旦灰钉。吁嗟黄公，叠祸重戾。不起鼓声，已压云气。王雄槊拟，樊猛船弃。聚号彭亡，邑征菟避。天生材武，国縻好爵。冠军起冢，营平图阁。时来飞熊，运去冻雀。气作风云，骨填沟壑。惟忠与贞，光昭令名。项燕不死，周彪如生。鬼雄故队，巫觋新茔。褐书原阡，扬善王旌。

【按】选自沈钦韩著《幼学堂文稿》卷 4（《续修四库全书》集部第 1499 册，上海古籍出版社 2002 年版）。黄忠桓公得公墓在六合区方山。

486

# 屠倬

屠倬（1781—1828），字孟昭，号琴邬，晚号潜园，浙江钱塘（今杭州）人。嘉庆十三年（1808）进士，选翰林院庶吉士，授江苏仪征县知县。道光元年（1821）擢为江西袁州府知府，不久改九江府，因病辞归。好学能诗，旁通书画、金石、篆刻，造诣精深。著有诗集《是程堂集》14卷、《是程堂二集》8卷、词集《耶溪渔隐词》2卷等传世。

## 靖南侯黄得功墓表

明左柱国太子太师江南卢凤总兵官镇守仪征太平靖南侯，国朝赐谥忠桓。黄公，讳得功，号虎山，开原卫人，功烈忠壮，具载《明史》。史载侯葬仪征方山母墓侧，倬到官，即访求之，久始得于邑西三十里方山之阳。有三冢，无封树碑碣，中为侯母徐太夫人，侯与殉烈翁夫人葬其左右，敬展拜肃，奠而返。念守土责，亟思表其墓道，且封树建祠，以妥侯之灵，而仰维国家褒教忠孝。予胜国死事之臣，及于南都，诚旷古未有。夫未成乎君无忠臣，成乎君未正一统者从同。昔关壮穆成仁，而昭烈未正一统，则陈寿不书死之，朱紫阳亦拘汉献帝二十四年，不为大书特笔，至欧阳修既予朱梁一统，则书王彦章死之南都，闰余纪载地偏时浅，乃其臣既涂草膏原，我纯皇帝[1]钦定明《通鉴纲目》，特笔书侯死事，亮哉至正大公！岂独侯感之，实千古人臣之激劝也。同时阁部史公封江南，殉[2]节扬州梅花岭，葬其衣冠，侯则已拔箭刺吭死。呜呼烈矣！史称侯孝，抑又完人，全归之志欤。故从母葬，徐太夫人以崇祯十七年（1644）卒[3]，先葬方山，及侯死，太平翁夫人亦自经，故吏奉之以从葬于此。义烈一门，昭著百代，瞻望山陇，敢忘敬共。是为表。

嘉庆十七年（1812）岁在壬申冬十一月朔庚午，赐进士出身江南扬州仪征县前翰林院庶吉士钱塘屠倬撰文立石并书丹。

---

① 我纯皇帝：据《民国六合县续志稿》补。

② 殉：据《民国六合县续志稿》补。

③ 卒：据《民国六合县续志稿》补。

【按】选自道光《重修仪征县志》卷9。《民国六合县续志稿》卷17亦载本文，但是文字略有不同。屠倬在《真州古迹六首》（《是程堂集》卷11）中，专咏黄得功墓："豹死留皮处，长歌铁裲裆。骨青栖箭镞，燐碧斗星芒。披发呼留赞，挥刀突邓羌。一抔犹浅土，太息酹斜阳。"

## 梅曾亮

梅曾亮（1786—1856），原名曾荫，字伯言，又字葛君，江苏上元（今南京市）人。嘉庆五年（1800）中举，道光二年（1822）进士，官户部郎中。姚鼐门生，出自钟山书院。致力于古文，效法桐城派。著有《柏枧山房集》31卷，另编有《古文词略》24卷。

## 游瓜步山记

道光七年（1827）二月十六日，客同年熊民怀六合官署，与同人游瓜步山。余与翰初先登，古庙数楹，无梲槛可据。浮屠像皆剥落，坐尘埃中。老农数人踞阶下议社事。问僧，曰："扫墓出矣。"方怅然欲归，而阍夫导数客偕主人至。移肴核于补山亭，两峰翼张，亭承其腋。盖去庙西不数十步，而冈隆谷洼，匿蠢献秀，远江近渚，回澜就目，杂花周阿，迎桃送杏。既醉饱，复登西峰之太平庵。山风泠然，异香出于寺，则两老梅，数百年物也，高出楼，大荫一亩，方盛开，诸人皆错愕瞠视。既乃太息，坐卧其下，日暮而后去。

盖余二人初至时，未知有亭，主人至，乃得之；亦未知有梅，入寺，乃见之，此一日中事耳。吾两人胸臆愉塞，殆如隔人世事。《庄子》曰："山林与？皋壤与？使我欣欣然而乐与？乐未毕也，哀又继之。"夫待山林皋壤而乐者，将失之而悲。是乐也，达者之所笑也。书以志吾愧。

同游者，商城熊阍夫方烜、兴化束补卿銮、上元温翰初肇江、朱竹香启善、梅伯言曾亮。主人者，瓜步司直隶陈守斋宝善也。同游者皆有诗，而属曾亮为之记。

【按】选自梅曾亮著《柏枧山房集》卷10〔咸丰六年（1856）杨以增、杨绍谷等刻，民国七年（1918）蒋国榜补修本，《续修四库全书》集部第

1514本，上海古籍出版社 2002 年版 ]，民国张官俦《棠志拾遗》卷下选录本文，标题下注录自《柏枧山房文集》。

## 刘文淇

刘文淇（1789—1854），字孟瞻，江苏仪征人。嘉庆二十四年（1819）优贡生，候选训导。研精古籍，贯串群经。尤肆力《春秋左氏传》，以家贫终身游幕助人校书。著有《扬州水道记》《读书随笔》《青溪旧屋文集》《左传旧注疏证》《左传旧疏考正》《楚汉诸侯疆域志》等。

## 清故贡士戴君墓志铭

君姓戴氏，讳文灿，字蔚华，号云轩。先世福建漳浦人，高祖讳维瑞，贸易六合，因家焉。曾祖讳世铎，祖讳源，父讳廷楷，例授登仕佐郎，侨居扬州，后因家道中落，遂归六合，而君常馆扬州。君少聪慧，九岁作蝇头书即工整，喜摹印章，稍长受业于仪征方立堂先生之门，学遂大进。嘉庆丙寅（1806），补县学弟子员，肄业梅花书院，盐政阿厚庵先生、山长吴山尊先生亟称赏之，试皆前列。嗣丁母忧，事庶母如母，视从昆弟若亲昆弟，戚党贫无依者，君皆赒恤之。中式道光辛巳（1821）恩科举人，以登仕君年老不赴礼部试。越二年，登仕君卒，哀毁尽礼。服阕后，两遇大挑，亲朋劝君北上，谓即不中式亦可与挑选，君却之曰："士子读书，所以求禄仕者，不过博父母欢耳。今二亲俱逝，复何志于此耶？"卒不赴。

余尝谓君有三反。君最工制义，兼善院体书，人咸谓取青紫如拾芥，而君足迹不一踏京华尘，此一反也；君博览群籍，于声音训诂致力甚深，而同侪讲艺酬酢纷纭，君独若一无所省识者然，此二反也；君善谈名理，偶发一语，饶有竹林诸贤风味，而束身甚严，履规蹈矩，不似晋人之放荡，此三反也。吾友梅君蕴生尝作《五君咏》，以齿为序，君居其首，次薛子韵，次余，次刘楚桢，次王西御。其咏君诗云："渊衷富圭璧，含辉资深美。履道众忘介，饮和物莫鄙。"蕴生固不轻许人者，其倾倒若此，则君之为人可知矣。

君生于乾隆甲辰（1784）五月二十五日，卒于道光戊申（1848）九月二十六日，春秋六十有五。著有《石城游记》《子史韵编》《竹斋印谱》《锄月种梅花馆赋钞》《种梅书屋诗草》《听鹂馆试体诗》及制义若干卷。配曹孺人，勤俭持家，孝慈有则，生于乾隆戊申（1788）五月初八日，卒于道光己酉（1849）四月初五日，春秋六十有二。子荫培，县学生；孙其祥；女适江宁县学生员汪珏。

君晚年善病而神气不衰，卒之前二日，由扬州克日遄归，与亲友诀别，奄忽而卒。其卒之日，即登仕君忌日也。余与蕴生、子韵、楚桢、西御诸君踪迹至密，独与君疏阔，或隔岁一见，或一岁三四见，然相视莫逆，亦与诸君等也。戊申（1848）八月杪，存君馆中，君言笑款曲甚至，未匝月，而闻君讣，伤已！荫培将以庚戌（1850）十二月初三日葬君及曹孺人于六合县峨眉山之原，先期请铭，余谊不获辞，因次序其生平，而系之以铭。曰：

藏器不用，反吾性真。恬于势利，乃见斯人。缅昔子云，自矜寂寞。行不副言，人嘲投阁。好古乐道，君实过之。后有来者，请视斯辞。

**【按】** 选自刘文淇著《青溪旧屋文集》卷 10［清光绪九年（1883）刻本，湖北省图书馆藏本，《续修四库全书》集部第 1517 册，上海古籍出版社 2002 年版］。

## 云茂琦

> 云茂琦（1790—1849），字以卓，号贝山，又号澹人，海南文昌县人。嘉庆二十年（1816）中举，道光六年（1826）进士，分发江南，出任沛县、六合县知县。道光十二年（1832），充任江南乡试考官；十四年（1834），置督粮同知，旋署江防同知。十七年（1837）上调京都，授以兵部郎中，后转调吏部郎中。道光二十四年（1844）归养。返琼后，主讲琼台书院。著有《探本录》22 卷、《实学考》4 卷、《阐道堂遗稿》12 卷。

# 新建六邑万寿宫记

棠邑城内外诸不经之①庙甚盛，而万寿宫独未建，阙典也。元真观旧奉

---

① 之：底本缺，据《光绪六合县志》卷 7 补。

佛，今火之，爰就废址改为圣人之居。转移顷刻，觌若①龙光。继自今春秋拜谒，不独三二微臣藉抒葵向，都人士亦得以瞻就云日，倍贡肫诚。不尊世尊，而尊至尊，人心其日趋于正哉。

道光十四年四月撰②。

【按】选自清云茂琦撰《阐道堂遗稿》卷2（董方奎点校，海南出版社2004年版）。《光绪六合县志》卷7选录本文，题作《新建万寿宫碑记》。

## 重建六邑书院记

棠邑书院久废，欲兴复久矣，而无力。适见文庙旁有神祠，基址高爽，屋宇闳丽。问其神，则非羽翼吾道、功德及民之正神，本不宜祀。又占此朗爽幽雅之胜境，尤可惜。因取诸神像付之一炬，悬额于大门曰"六峰书院"。转移于半日间，而延师有地，蒸髦有方，课艺有所。昔则音闻梵呗，今则声听弦歌；昔则异教久污，今则贤关新辟。诸生于于而来，其亦欢讲学之得地乎！虽然，古有学，今亦有学。彼古之孜孜切劘者，其专在占毕辞章乎？其徒博纡青拖紫乎？今之志趋术业，其果不背于曩哲之遗训乎？不溺于浊俗之结习乎？夫业科举，讲文艺，今岂能废？然必得其本原，而后可窥圣贤之阃奥，非陋儒俗学之所能企。循省于方寸，取证于经书，而学得其直矣。谨因院之新就而为诸生告。

道光十四年（1834）某月记。

【按】选自清云茂琦撰《阐道堂遗稿》卷2（董方奎点校，海南出版社2004年版）。

## 筹捐六邑缉捕经费序

盖以人身具天地之象，一邑亦具天下之局。身即天地，故不容私欲之留，而后身治。邑等天下，故不容奸慝之藏，而后邑治。六合当水陆冲衢，

---

① 觌若：《光绪六合县志》卷7作"若觌"。
② 撰：《光绪六合县志》卷7作"朔赐进士第知六合县事臣云茂琦撰并书"。

壤连九邑。生斯土、涉斯境者，固多良善，而宵小窜伏，或亦难净。夫吾民生聚多年，教训多年，乡井间友助扶持，姁姁如也，乐其何极。乃自有狗偷鼠窃之徒，逞豨突鸱张之势，而鸡犬桑麻为不安矣。有何长计？佥曰鸣官可。然官恃以缉匪者，捕役耳。维此穷役，果有锄非种之诚，去害马之策乎？即使有其诚，有其策，而力而拘以献之官，解费多寡，惟捕者是问。彼役有何身家，顾剿捕适以自累，将计可七擒者转纵之七矣，罪可宜三杀者转宥之三矣。故经费无资而捕役病，捕役袖手而闾阎病，闾阎不靖而官长病，经费之筹，非今至急务哉？独是计取久远，费宜充饶。孤掌难鸣，众擎乃举。爰是捐廉倡始，冀士民，乃心力，踊跃乐输，共勷义举。备立章程，用凭支发。庶役免累己，无烦豢贼为生涯；贼各寒心，不能仗役为耳目。暴戢安良，户不夜闭，赖此举矣。或曰，地方固以廓清为事，然贼有有形，有无形。方今俗习日偷，机阱日险，相陷以术，相倾以智，相胜以力。人美则掠之，虚声则盗之，驯至凿尔性，戕尔真，汩尔天，攻之善拒，克之复炽，斩之滋蔓，日盘月据，出没飘忽，仗灵府为渊薮，究诘而无方者，非心即贼乎？贼在人心，世害倍烈，治之不更宜严耶？余曰："富哉言乎！祛外贼急，祛内贼更急，守土者何日不望吾民之复性乎？虽然，律人先律己，且自澡雪，且自克治，同志继起，安知无默应之神哉？"余用是皇皇急而审诸腔子。

道光九年（1829）十二月撰。

**【按】**选自清云茂琦撰《阐道堂遗稿》卷1（董方奎点校，海南出版社2004年版）。

## 筹捐六邑种德堂序

棠邑东门外有种德堂，自潘如君松创置，所以收养过往病人，设不活，则棺敛瘗葬，阅数十年于兹矣。堂中经费，取于附近店铺。迩来拯济日众，诸费难敷，欲普济则力不逮，欲中辍则心不忍，董其事者辗转踌躇，几无策。谋于余，余笑曰："诸君于是举也，筹画劝劬不计年，谁迫之？保全拯救不计数，谁迫之？废己业，耗己神，为四方无依赖者计，报终无日，惠终莫知，誉终不市，仍不稍悔其徒劳，又谁迫之？是皆出满腔子悱悱恻恻、肫肫恳恳之仁心也。仁则以万物为一体，仁则与四海痛痒相关，仁则力行方便，不求人鬼之知。是心也，诸君得而先发之，岂得而私藏之？盖无人不同具勃勃不可暂遏者焉。夫既人人具此心，是遐迩不周知此事则已，使彼得知之，又求助之，吾恐四方人士踊跃勇往，争先恐后，或更甚于诸君，不惟不少逊让，且恨求助之晚也。"或曰："自道光九年（1829）来，捐输三次，当荒歉频仍，民力凋敝之时，前已捐矣，已劝矣。今又举行，恐藉口于力之难继。"余曰："自古赴义若渴者，不以时艰力蹙为阻；利济情深者，每以坐失机会为惧；视人犹己者，不以繁多稠叠为嫌；奋发有为者，每以始勤终懈为耻。古语云，待有余而后济人，必无济人之时。力当拮据竭蹶，而拯困扶危志不少挫；倾囊箧色不少吝，是仁之量愈扩愈充而不可胜用。异日者，给刀圭而痛魔远遁，慰族魂而枯骨沾恩，历年愈远，义声愈显。虽非仗义者所冀望，而德积于阴，天厚其报，讵不可操券而得者哉？"

道光十四年（1834）四月撰。

【按】选自清云茂琦撰《阐道堂遗稿》卷 1（董方奎点校，海南出版社2004 年版）。

# 初任六合通谕示

为通行晓谕事。照得风俗以淳厚是尚，官民期诚意交孚。本县无才无德，谬荷圣恩，调补此地，昕夕冰渊自矢，不敢怠遑。心盟白水，颇出真诚，暮夜苞苴，万金不屑。一切词讼，皆亲裁夺，未肯假手他人。诚恐莅任之初，远迩未知底蕴，致被奸徒鼓簧煽惑，招摇撞骗，或坠术中，后悔无及，为此示谕军民人等知悉：

尔等务各循分守法，讲让兴仁，勿犯非为，悉勤本业。毋因小忿而构讼不休，毋缘细故而失欢邻里，毋听挑唆而罗织无罪，毋恃权势而荼毒乡愚。明必恤乎人言，幽勿损乎阴骘。淳厚之气，酿为太和，自入福林，讵罗天网。万一事难排解，待质公堂，决不可多方请托，为人所愚。倘有不法棍徒，假称本县亲串，在外哄骗，及借衙门名色，鱼肉平民，许尔等指名禀究，决不稍宽。特示。

道光九年（1829）八月示。

【按】选自清云茂琦撰《阐道堂遗稿》卷 4（董方奎点校，海南出版社 2004 年版）。

## 贺崇禧

贺崇禧，字吉人。山东历城人。嘉庆十六年（1811）进士。曾两任六合知县，移松江、华亭、吴县知县，调署海防同知，卒于官，年 61。

# 移建六合县儒学碑

自京畿行省以至郡邑，莫不建学立庙，以尊孔子。孔子之庙，莫不于爽垲高厂之地，所以使人仰瞻，而生其严翼也。然孔子教人以行己为先，不以干禄为利，而国家取士，则欲使人人服习于孔子之教，而进于科名，以收实用。是故设科为诏禄之端，而教人行己之意寓乎其中。六合县孔子庙，旧在县治之西。考志书，康熙间改建于小东门外，以其址为常平积贮，至今百数十年，其改建之意不可得而知矣。问诸父老，或曰其地高，泮池之水不蓄，芹藻之秀不繁也；或曰其形亢，学者之气质多不驯也。传闻异词，皆泥于形家言，其亦惑矣。道光元年（1821）春，邑绅又以今庙在小东门外地污下，前临大河，每水涨雨行，瞻谒者或阻于淤淖不得入，释菜不虔，不得供妥侑，用是士气益颓，学不为世用，科名间歇，有心者耻之，乃相其阴阳，仍治西之旧址。而势稍下，地亦稍右，合词以请于崇禧，为之申于大府，报可，乃各率其家财以鸠工，而帑不费，徙仓于其址之东，而官不劳砖甓，材木旧者勿弃，新者亦良漆堊，雕绘之事益精，以慎工役，勿敢懈，任其事者勿敢私，于是殿庭门庑如法，位南向如制，配位从祀之列如次，既成，卜日以释奠如礼。于是又告于崇禧，而请为记。且夫干禄之心，圣人所不许，青乌之术，君子所不道，然自古建学养士，为异日公辅之需，而圣人教人，以经济用世为贵，矧我国家育养人材几二百年，边徼海隅，无不振兴。而六合为江南文秀之区，地近会垣，顾以旧庙卑湿之故，日懈日弛，自隳其志气，无乃负圣天子重儒重道之心，而失我夫子行义达道之旨乎！今邑之学者以移建庙庭，而相与束身圭璧，争自濯磨，求足乎己，而可用于世，非惟邑人士之光，抑亦守土之荣也。君其循堪舆杳冥之谈，谓可藉地气以徼利达，又或气质不化，流为锢习，他日且将别有归咎焉，此则吾所弗敢知已。

赐同进士出身文林郎江宁府六合县知县前充辛巳（1821）江南乡试同考官加七级贺崇禧谨撰。

【按】选自《民国六合县续志稿》卷17（《金陵全书》甲编《方志类·县志》第32册，南京出版社2013年版）。

## 熊传栗

熊传栗，字民怀，河南商城人，道光二年（1822）恩科二甲进士。道光时曾先后任六合、宝山、南汇知县及崇明县令等。知六合县事时，培植士类，勤理讼狱，一时服其慈明。

## 移建文庙书院后记

六合县文庙旧在县治之西，康熙间移建小东门外，道光元年（1821），邑人士请于前任贺君崇禧，复移建县治西，并移建书院于庙东隙地，其移建缘起及邑人士出财鸠工，恪恭将事之实，贺君已记而勒诸石。传栗莅斯邑，恭行释奠礼瞻，仰甍宇之壮，工未竟者趋成之。于书院增建屋三楹，以容多士，邑人士董事者，复合词以作记请，传栗览其词至"莫为之后，虽盛弗传"之语，于心有戚戚焉。

夫图始必图终，而尽诚当尽制。邑人士本其尊敬圣人之心，不惜土木之费，新庙貌于爽垲之地，今日者规模备矣，然而事未已也。嗣是涂塈洒扫，岁当有常款，嗣是则置祭器，嗣是则制乐器。谨案，我朝崇祀孔子之礼，祭器登一，铏一，簠簋各二，笾豆各十，尊一，爵三，炉一，镫二，迎神奏昭平之章，初献宣平，亚献秩平，终献叙平，彻馔懿平，送神德平。乐器麾一，编钟编磬各十有六，琴六，瑟四，排箫二，箫蓬笙各六，埙二，篪四，建鼓一，搏拊二，祝敔各一，木笋六。舞用六佾，舞器旌节一，羽籥六十有四。自京畿太学暨直省府州县，凡祀孔子制从同且也，祭器之实必备，物当有常赍，乐器肄习，必以时当有常饩。又庙东既建书院，膏火之需当有常额，是所谓为之后而传其盛者，其事正未有艾，传栗不敢辞其责，并望邑人士同力襄事，无稍倦怠，尤望后于传栗者，相继经理，增美补缺，永永无极，其制器之数，具在会典，而必胪列者，以便于循览也。夫垣墉丹腊，虽一家堂构，古人有难其词者矣。若夫阖邑公共之事，苟或稍存观望，久而寝弛，又久而后之来者，非其所创始，则益不以经意，将所谓盛而传者，其尚可恃乎？故传栗于莫为之后一语，怵然申诚，不觉其词之赘，后之人其谅余言也。

夫至斯邑，士气淳实，读书敦行，父兄之教先子弟之率，谨郁积既久，蓄而必发，自是以后，将有震耀而崇起者，此固可以理决，初无关于行家言，则传栗与贺君所见同焉。爰为之记，而刊之。又前此修造奎星楼，有守御所千总纪楠首捐钱一千千，岁贡生陈浮捐钱二百四十千，实为此举之嚆矢，附记于此，以补贺君碑记之阙。

道光七年（1827）二月上浣谷旦立，赐进士出身江苏江宁府六合县知县熊传栗敬撰，文生沈恂敬书。

【按】选自《民国六合县续志稿》卷17（《金陵全书》甲编《方志类·县志》第32册，南京出版社2013年版）。

## 吴同庆

吴同庆，扬州仪征人，举人，光绪二十八年（1902）任六合训导。生平不详。

## 重修魁星亭顶记

风水之说，儒者弗道，然厌胜之术，史志所称，往往而验。邑旧建魁星亭，其顶巍然，相传以为阖邑文章之司命，当极盛时，登乙榜，掇甲科者，前后相望。自风灾顶坍，十数年来，此事渐少衰矣。余以今春二月来权学篆于斯邑，邑人士即具告以亭顶废兴之故，余遂有志于修复。会神诞日，礼神毕，汪生昇远、王生乃屏又以为言，余乃请于邑宰长白恒公，请复斯亭旧观，恒公俞之，并捐廉以助。计始事至落成，凡再逾月，丹垩一新，光彩焕然，而是岁秋试，榜发获隽者凡五人，汪生、王生皆与焉。是则青囊家言，又乌可以尽非乎哉！抑余更有望者，方今士重经济，朝廷诏开特科，士之志实用者，咸从事于博古通今，以期备异日栋梁之任，则余之殷殷于邑人士者，又岂徒在科第之盛云尔哉？是役也，非愃公之慨捐巨赀莫成，是举修既成，敬特详其始末，以志愃公之有造于邑人士者，非浅鲜云。光绪二十有八年（1902）岁次壬寅十二月谷旦。

**【按】**选自《民国六合县续志稿》卷 17（《金陵全书》甲编《方志类·县志》第 32 册，南京出版社 2013 年版）。

## 张安保

> 张安保（1795—1864），字怀之，号石樵，又称叔雅、潜翁，江苏仪征人。博古工书，铁笔法浙派，诗饶唐贤矩知，著有《味真阁诗集》。

## 《尺云轩尺牍》序

若夫马鸣笳奏，如闻秋声，莺飞草长，善状春景，言愁则芳树阴叶，论欢则寒谷飞葭，文字之缘，其感深矣。况复苔岑间隔，重有十年之思，云树苍茫，迪以两地之慨，此饭石先生尺牍所由存乎。先生五际穷经，九能作赋，淘元浴素，妃白抽黄，固宜九华庄语，春殿从容，而乃十稔强台，秋风毱毲。青毡一片，弥勤焠掌，黄竹十箱，益富等身，玉屑所霏，碎金斯在矣。乃者刊行全集，列为外篇，凤已备夫九苞，麟尚矜其一角。萍水离合，蝉联清思，朵云往还，骈集隽语。飘飘意远，落落情深，匪第夸目尚奢，抑亦惬心贵当也。安保寸阴知惜，咫闻是惭，幼无凤毛之才，壮悔雕虫之技，期期不吐，咄咄空书。睹兹全集，横绝一世，分其末技，足了十人，虽萧大圜之尺牍，自擅专家，然刘道民之百函，究属余绪云尔。道光甲午（1834）夏六月，仪征张安保谨叙。

**【按】**选自朱实发著《尺云轩尺牍》书首 [ 清道光甲午（1834）刻本《尺云轩全集》，哈佛大学汉和图书馆藏本 ]。

## 沈兆霖

沈兆霖（1801—1862），字尺生，又字郎亭，号雨亭，浙江钱塘（今杭州）人。道光十六年（1836）进士，官至兵部尚书、户部尚书、陕甘总督，卒赠太子太保，谥"文忠"。《清史稿》有传。工诗文，善篆隶，尤精刻印。著有《沈文忠公集》。

# 叶 亭 记

轩冕之荣，山林之适，二者恒相背，转相羡也。亦有厌轩冕者，规空旷之野，远于朝市之区，筑亭疏沼，以为游燕地，而职任拘束，期会杂沓，心劳而形疲，或终岁不得一至。东坡李氏园，诗人生营居止，竟为何人卜，盖重有慨也。

澄怀园当圆明园之东南，自乾隆朝迄今，为直内廷翰林止宿之所。昆明湖水穴园西南隅，入注上下池，其支流环东北，折而西出。叶棣如宫詹所居池南，馆直水入之口西，卓小阜大，可十数弓，宫詹陟其顶，曰："是宜为亭。"揆厥形胜，适扼园之上游，且四无障碍，园以外，山容水色，晴光雨态，皆可揽而有也。乃伐材鸠工，不一旬而亭成。牖宇四敞，洞来八风，缭以阑槛，可坐可倚。西山之仅见其髻者，踊跃奋迅而出，夕阳绘空，岚气在楯。宫詹退直之暇，则单衫角巾，镜清浏览，新竹煮茶于铛，爇香于鼎，帘影荡翠，吟声拂云，由亭下过者，望之以为仙也。

窃尝闻柳子厚之言曰："君子必有游息之物，高明之具，使之清旷平夷，恒若有余，然后理达而事成。"是以古人仕宦所历，得一邱一壑之胜，必被饰亭榭，以自怡怿其心志，何则射猎之娱，丝竹之好，皆足以悦耳目，而其心放焉。惟俯仰景物，寄情眺览，于心无所放，而能养形神于冲龢，以之应务则莹然旷然，而无所于滞，故古君子乐之，以是知宫詹之建是亭，非以求适也，盖有所养也。

若夫境宇空旷，又密迩殿陛，无俟巾车，旦夕可憩，是又合轩冕山林为一途，而为古人之所难者，宜宫詹之流连徙倚，而乐与终日也。李铁梅侍郎名之曰"叶亭"，崇质也，宫詹足以传此亭矣。亭成于道光二十有七年

（1847）三月十一日至五月十八日。钱唐沈兆霖作此记。

【按】选自沈兆霖撰《沈文忠公集》卷2（清同治八年吴县潘祖荫等刻本，《清代诗文集汇编》第608册，上海古籍出版社2010年版）。本文记述六合进士叶棣如轶事，叶氏生平见本书上编。

## 陈孚恩

> 陈孚恩（1802—1866），字少默，号子鹤，别号紫蘦。江西新城县钟贤（今黎川县中田乡）人。道光五年（1825）拔贡。官至礼、兵、刑、户、吏各部尚书。晚年因肃顺案被捕入狱，籍没其家，发配新疆戍边，战死伊犁。

# 《拙修吟馆诗存》序

古以诗世其家者，如曹氏、谢氏，父子兄弟，一门竞爽。唐以诗取士，三百年间诗人尤众，而父子以能诗著者不少概见。惟少陵之先，厥惟审言；樊川之后，乃有荀鹤，则甚矣。诗学难，以诗为家学，而世世克继之，为尤难也。六合朱稻生与余同举乙酉（1825）拔萃科，自弱冠入庠，为根柢有用之学，间以余事为诗。既屡试不售，遂绝意进取，薄游邗上，益肆力于诗，所得多而所存甚约，其后家人哀刻遗集，仅为《拙修吟馆诗存》四卷。先是，君之尊甫饭石先生，精研声律，名满大江南北，著有《尺云轩诗集》，传诵一时。君诗渊源家学，不染时俗，亦不受近世人牢笼，一句一字，锤炼生新，而气之劲健峭厉，词之高奇旷朗，与《尺云轩集》如骖之靳，神似非貌似焉。盖探源于玉川、昌谷，于宋之范石湖、元之杨铁崖，尤为相近，视迩来海内操觚家，袭取糟粕，奄奄无生气者，相去不可以道里计矣。顾君诗益工而穷益甚，与饭石先生并以明经终，垂老奔走四方，栖栖靡定，读其晚年诸作，有足感者。欧阳子云"殆穷者而后工"，其信然欤！君之从子麟祺，能承其家学，少年连得科第，观政西曹，适余忝长秋官，以年家子而联僚属，乃携所刻君诗集来谒，求为之序。余于诗未尝肆力，而回思同谱之谊，曷可以辞？且念君两世明经，怀才莫试，而子侄辈禀承家训，自今隆隆

499

日起，则所以大其门而食其报者，其亦有所待耶。是在后起者，益加勉焉。而君与饭石先生，则皆可以无恨矣。

道光庚戌（1850）季春，东兴年愚弟陈孚恩拜撰。

【按】选自朱谷昌著《拙修吟馆诗存》书首［清道光乙酉（1825）季春刻本，国家图书馆藏本］，《民国六合县续志稿》卷15有选录。

## 李祖望

李祖望（1814—1881），字宾嵋。江苏江都（今扬州江都区）人，增贡生。博览经史，尤嗜六书金石之学，兼善山水。著有《古韵旁证》《说文统系表》《小学类编》及《锲不舍斋文集》4卷，后附《诗集》1卷。

# 二知老人传

二知老人，云轩先生晚年自号也。先生姓戴氏，讳文灿，行谊已著志传中。号二知者，义取知止、知足。夫以先生含英咀华，看馔百家，白首不券，青灯自焚，其皇然不自止有如此者，何况一字之误，讨论思适，一义之疑，虚衷集益，其窘然不自足，又有如此者。且《说文》"止"字注云："下基也，象草木出有址，故以止为足。"案，止云"下基"，见学问无不基于下，即君子无所不用其极，而止于至善，得止在知止，始所谓自下上，上其道大光也。"象草木出有址"者，盖草木初生为中，草木滋长为止，草木益大为出，止之象在下，有引而上之者。试观"正"字，其重文从一足，足亦止，尝疑"一"当即"上"字，由止以几于上，所谓下学上达也。"足"字注云："人之足也，在体下，从口止。"《说文》无"趾"字，人之体至足而止，故以足为止。"足"字"口"在体上，由下体之止，举口以包之，所谓君子上达也。或言"知止不殆，知足不辱"，于传有之，讵知不殆不辱，即寡尤寡悔之谓，寡尤寡悔，未有不下基于多闻多见、慎言慎行者。若夫《魏略》有《知足传》，《晋书》《宋书》《梁书》有《止足传》，其人类皆远引高蹈，轻世肆志者流。倘以先生举于乡，公车未尝一上，遂疑先生淡于荣遇，恐浅之乎测先生也。

【按】选自李祖望撰《锲不舍斋文集》卷 4［清同治三年（1864）江都李氏半亩园刻本，《清代诗文集汇编》第 637 册，上海古籍出版社 2010 年版］。

## 谢宗善

谢宗善，字定甫，福建侯官（今福州市）人。咸丰十一年（1861）恩贡生，为谢金銮之子，曾经参与编写《福建通志》《台湾府志》等。

## 《小腆纪年》跋

咸丰己未（1859），先生奉命守温、麻，宗善获游先生幕。公余之暇，得读所著《小腆纪年》一书，覶缕甲申以后颠末，正史所不及载者，先生独能博采海内遗书，订坠阐幽，汇众流而成巨浸，绝大手笔也。夫名节重则冠履严，廉耻亡则人心坏。观夫板荡黍离之际，或为疾风劲草，或为窃柄奸回，先生谆谆然严褒贬，慎予夺，正纲常，而维风尚，此作书之微意也。先生通籍词垣，服官中秘，无书不读，经术渊深，惜戎马干戈，旧述半湮兵燹，苍闽行箧，仅存此本。因请急付剞劂，以示来者，盖有关世道之文也。后之论史者，当楷模奉之矣。福州谢宗善谨跋。

【按】选自徐嘉著《小腆纪传》书首［清光绪丁亥（1887）刻本］。

## 宋光伯

宋光伯，贵州省镇宁县安庄人。道光十八年（1838）进士。曾署福建连江县事、宁德县知县。为官清廉，体恤民苦，在连江任，自撰一联："实惠纵难周，百姓饥寒关痛痒；愚民何忍虐，一家衣食尽膏脂。"

## 《小腆纪年》跋

《小腆纪年》一书，详叙福、唐、桂三王始末，自南都立国，至台湾郑氏止，皆我朝定鼎以后事，有《明史》所未及载，而其人其事不容湮没而不彰者，固人人所欲目而睹之，而又不敢笔而书之者也。先生仰遵纯庙谕旨，独能搜罗野史，博采稗官诸家之说，实事求是，会萃而成此书。笔削本之《春秋》、褒贬衷诸《纲目》，而于每条后自为评语，华衮鈇钺，不爽毫厘，则刘友益之书法，尹起莘之发明，又兼而有之。煌煌巨制，实擅才、学、识三长。此书一传，必与河山并寿。盖所纪皆忠义节烈之事，贤奸劝惩之端，其有关于世道人心，正非浅鲜也。先生著作如林，《文集》《诗集》外，《读书杂释》十四卷，考据详明，洵堪羽翼经传。其《周易旧注》《四书广义》《度支辑略》《务本论》若干卷，皆以卷帙繁多，未付剞劂。见刻者《小腆纪年》二十卷，《小腆纪传》卷倍之，指日合刻成书，允称全璧。后之秉笔修史者，将有所遵循，而奉为指南之针也。岂第独出机杼，自成一家而已哉？镇宁宋光伯谨跋。

【按】选自徐鼒著《小腆纪传》书首［清光绪丁亥（1887）刻本］。

## 于实之

于实之，字竹虚，山东荣成人。咸丰十一年（1861）由附监任甘泉县知县，同治三年（1864）署六合县事。

## 重建六峰书院碑记

六合地临江浒，代毓人文，邑之南有定山者，六峰环耸，崭然与灵岩、钟阜并峙于南北之滨，收六代之灵奇，揽一江之秀润，而书院遂由此而名。溯自粤东云澹人先生创始以来，前后三十余年，攀桂窟，宴杏林，博科名以显其时者，几于指不胜屈，流风余韵益令人有文翁教授之思焉。嗣因咸丰八年（1858）贼氛窃踞，逆焰鸱张，烽燧所经，蒿莱几遍。城垣克复后，戴子安大令莅治，下车环观太息，时以邑中人避乱离居，未遑修举，戴令劝谕举人朱觐光在东南乡转饬监生戴寅、保董毛长春，会集群谋，捐资成事。瓦之毁者易之，垣之颓者葺之，旁列号舍，中立讲堂，规矩乃复仍其旧。修建之明年，余今接篆来棠，承之斯土，更于其后之隙地，创为说棠书舍数间，隔以深室，缭以周垣，每于月之十六日特合生童而历试之，文章彬雅，卓然可观，益信教育之流，固不以兵火干戈而稍减其习，而余亦得以簿书钱谷之暇，与士人论文讲义。坐拥书城，落落予怀，于兹大慰。抑又闻之士必先器识而后文艺，余犹愿肄业其间者，勿骛虚名，勿求浅效，各肆力于有本之学，明经致用，蔚为国华，斯则学有创基，全赖重修之益，彼乐输成事，予岂能不勒彰善举而垂之久远也哉，是为志。

同治六年（1867）四月谷旦，同知衔署六合县知县竹虚于实之撰。

【按】选自《民国六合县续志稿》卷17（《金陵全书》甲编《方志类·县志》第32册，南京出版社2013年版）。

## 谢延庚

> 谢延庚，字心畲，浙江会稽（今绍兴）人，监生，光绪三年（1877）任六合知县。

## 《重修六合县志》序

咸丰癸丑（1853），粤寇东下，据江宁行省为窟穴，蹂躏旁邑，六合以孤城滨江，为貔虎出入之所，婴祸尤酷。同治甲子（1864）王师底定，江表肃清，民始有更生之庆，然疮痍满目，瓦砾载途，文物典章，荡然无有存者。延庚以光绪丁丑（1877）承乏斯邑时，寇乱削平，已逾一纪，流亡之民亦渐安集，然修养生息，百废尚待兴举，乃请于大府，奏免额赋三成，得旨俞允。又规复六峰书院，增置肄业者膏火，故事军流徒遣发到邑者，杂处乡镇间，民每病其骚扰，因于署旁建屋安置之，其它当兴当革者，思从容敷布，以更其化而善其俗。簿书之暇，检阅邑乘，则自宋迄今，修辑凡十一次，最近者成于乾隆五十年（1785），纂修者廖君抡升也，盖距今近百年矣。中更寇乱，案牍散亡，耆旧雕敝，若不及时搜采，则此邑文献不将湮没弗彰哉。乃与都人士讨论商榷，周咨博访，缀拾于兵燹煨烬之余，穷二年之力而告蒇。分纂八卷，总辑将竣，延庚奉檄量移江都，稍筹剞劂之费，属都人任校字之役。又二年，书乃告成。延庚以轻材膺剧邑，又视事日浅，凡邑中之政，欲为而未及为者尚多，后之官斯土者，披览斯志，举凡户口之多寡，财赋之盈亏，山川城廓之险易，河渠水利之通塞，因时制宜，弊于民者除之，利于民者兴之，俾斯民咸登康乐之域，而忘向日锋镝流离之苦，则斯志之修，庶有补于政教云尔。

光绪十年（1884）岁次甲申，知江都县事前知六合县事会稽谢延庚序。

【按】选自《光绪六合县志》书首［清光绪十年（1884）刻本，《金陵全书》甲编《方志类·县志》第30—31册影印］。

## 姚德钧

> 姚德钧，字允平，安徽寿州（今六安寿春）人，光绪七年（1881）五月署六合县事。

# 《重修六合县志》序

光绪七年辛巳（1881）夏五月，德钧权知六合县事，下车未久，邑人士进而言曰："前宰谢侯续修县志，既调任去，未及命梓，今侯适来，愿乞一言弁简端。"德钧未与校雠之役，愧弗敢当，然盛举克成，重违其请，乃为之序曰：《传》曰"在心为志"。志者，心之所寄也。心乎天下则志其纲纪，心乎民生则志其休戚，而鉴乎前世之盛衰，则志之以为藻鉴，关乎异时之因革，则志之以为提挈，省视乎府，府视乎县，是故蕞尔一邑而为国志之所基焉，其系顾不重哉？

六邑于楚为棠邑，洎乎两晋、五代之际，兵革扰攘，固用武之地也。其地北控徐淮，南临吴楚，大江当冲，群山翼张，扼塞绣错，形格势阻，屹然为一雄镇也。当咸丰初，粤匪陆梁，蔓及兹土，朝廷命将出师，大振挞伐十年之久，海宇乂安，其间忠义死事之士于兹邑为最烈，岂其地利民力不足以资捍御乎？抑亦治久必乱，天之湔除群丑，激扬义愤固如是乎？德钧稽之往籍，规之时务，而益叹天下民生盛衰因革，盖无百年而不变者也，又益知此志汲汲为不可后也。德钧授事一年，效职未竟以去，独念所以亲于民，与民之沐浴圣朝德化，固已百里雍洽，一侯封矣。剧易之情，来哲斯镜，若夫志体之明备，搜辑之精详，采访之靡遗，繁简之悉当，则勷事者之任也。爰为述其缘起，以识予陋。

光绪十年（1884）岁次甲申，权知六合县事寿州姚德钧序。

【按】选自《光绪六合县志》书首［清光绪十年（1884）刻本，《金陵全书》甲编《方志类·县志》第30—31册影印］。

## 吕宪秋

吕宪秋，字丕之，号桂岩，山东莱芜人。同治元年（1862）举人，光绪八年（1882）任六合知县，任满转甘泉县，为官循良，有政声。

## 《重修六合县志》序

从来危难之秋，气节立见，义烈之行，天下所钦，此大节昭昭，所以流光史册也。然乡邑偏僻，经锋燧扰攘之后，有非轺轩所能遍及者。发幽光而励世俗，又亟赖于志乘一书。咸丰癸丑（1853），粤逆据金陵，郡属各县相继失陷，而六合以弹丸之地，逼近贼巢，独能练民兵，拒强寇，前后数十战，坚壁六七载，而"铁铸六合"一语，致出诸积年悍贼之口，此固见温壮勇公智勇之大略，然非人心固结，众志成城，能如是乎？迨其后力尽势穷，孤城不守，而全城士女慷慨捐躯，竟无一忍辱偷生、屈身事贼者，义烈良足风矣！粤逆甫平，上宪亟于表扬忠节，饬各县重修志书。《六合县志》之修，前令谢君实始其事，延邑绅中学识兼长者，广搜博采，分类编纂，历三四寒暑而后成书。壬午（1882）季冬，宪秋承乏斯土，复加采访，以增益之。兹以竣工有日，邑人士征序于余，自惟谫陋，无文不足以光志乘，第举事之足为志乘光者，略赘数言，以表扬之，昭昭大节，日月争光，后之人读书怀古，可想见全城士女同声骂贼时也。

光绪岁次甲申（1884）春仲，知六合县事山左莱芜吕宪秋序。

【按】选自《光绪六合县志》书首［清光绪十年（1884）刻本，《金陵全书》甲编《方志类·县志》第30—31册影印］。

## 陈作霖

陈作霖（1837—1920），字雨生，号伯雨，晚号可园。江苏南京人。光绪元年（1875）举人，历任崇文经塾教习、奎光书院山长（校长）、上元江宁两县学堂堂长等职。毕生致力于教育、文学、经学和史志学。擅长诗、词、文，以诗文为长。家有3000余卷藏书，著有《金陵通纪》《金陵通传》《可园文存》《可园诗存》《可园词存》《寿藻堂文集》《养和轩随笔》《可园备忘录》《可园诗话》《上元江宁乡土合志》《江宁府七县地形考略》《金陵琐志五种》等，参与编纂《同治上江两县志》《光绪续纂江宁府志》，与秦际唐、甘元焕等合作编著《国朝金陵文钞》《国朝金陵词钞》《国朝金陵续诗征》等。

## 徐仪舟先生行状略

先生姓徐，讳鼒，字仪舟，号亦才，六合县人。由廪生中道光十五年（1835）乙未恩科乡试第三。二十五年（1845）乙巳恩科成进士，殿试三甲，朝考二等一名，改翰林院庶吉士，散官授检讨，记名御史。历己酉（1849）科直省乡试属勘官，辛亥（1851）顺天同考官，实录馆协修纂修官，并国史馆协修官。咸丰二年（1852），乞假归籍迎养，适粤逆由武昌顺流东下，先生亟渡江谒当事，请扼九江、安庆，以御贼冲，不用，乃与六合令温壮勇绍原捐口粮，集义勇，为救应计。既江宁、浦口、扬州、镇江连陷，六合一城，岌然孤注，相顾涕泣，誓以死守。身乞师于扬州大营，得吉林马队千余人，相助防守，人情益固。四年（1854），奉旨加赞善衔，命仍留办劝捐团练事宜。先生亲历四乡百二十余堡铺，合三十四堡为八联，制旗帜器械，教以鸣金联应之法，编《团练章程》，刊布远近。又谓士民必知忠义，而后可为国家用，取所著书《小腆纪年》中之忠义事，城守时慷慨陈说，众多感奋，坚守五载，大小数十战，皆亲督团民，会合官军堵御，贼败无一反者。贼自粤西躏全楚，陷江皖，数千里莫感撄其锋。至六合辄败，愤甚，为之语曰“铁铸六合”。江南北大帅暨督抚先后奏闻，诏重嘉奖，有“六合为天下第一效忠尚义之区”语，由是六合团练之名闻天下。迨八年

（1858）八月，浦口大营溃，贼分道进攻，犹困守一月有余。城陷，男妇死者数十万人，忠义炳曜，亘古未有。先是六年（1856），先生奉特旨以知府用。八年（1858），选授福建福宁府知府，将之任，舟次毗陵，邑人避难者麕集，先生言于常州守平公瀚，得安集之。未几，苏常复失，率逃至宁郡，识与不识皆计口授食，月给薪米以周之。先生以次年抵任，下车访民疾苦，词讼立判曲直，民咸谕服，禁私铸，捐购镕毁，岁旱召商采运劝粜，捐廉修文庙及先贤祠墓，厘正东西庑先圣先儒牌位，详稽郡之孝弟节义，宜入祠者补祀之。宁郡科第久辍，先生月课，严定甲乙，增膏火，多方奖励，所拔皆知名士。旧有近圣书院，购储全经注疏、廿四史，及两汉以来说经之书，立管书、读书、课书章程，福宁士习，党类标榜，先生设有明经顾氏、娄东张氏，以师儒之分，□朋党之□，□维覆辙，宜鉴前车，为文泐石，极言告诫。在宁四年，政绩彰著，尤以御寇之功为最。郡东南滨海，盗艘常出没，渔人蜑户，莫敢采捕，先生乃仿六合团练法，令沿海各村，出壮丁，修炮台，守望相助，捐修战舰，募水勇与舟师协缉，出洋捕获巨盗，民称安堵。未几，浙江平阳金钱会匪猝起事，福鼎与接壤，先生鸠资募勇，为捍御计，部署未定，而福鼎陷。乃捕新溃勇，力疾登陴，既援兵日集，先生独任转输，克福鼎，平会匪，凡筑垒犒军资粮屝屦之供，资用不匮。时粤匪窜逼温处，闽北戒严，先生整集乡团，缮完守备，遣其子承禧率勇越疆助剿，赴援平阳、瑞安一带，抚部徐清惠公宗乾知其才可大用，欲倚以办贼，乃檄令总司北路粮台，并温处接壤防堵事宜，先生筹军储粮，朝夕靡暇，以饷不继，典貂裘簪珥以赠师。不一月，台处相继复。又旬日，以积劳殁于任所。奏闻，追赠道衔，荫一子入监读书。光绪四年（1878）十一月二十五日，诏准入祀福宁名宦祠。先生生而歧嶷，家贫力学，旁搜博览，务得指归，及奋迹卑寒，敭历中外，广交海内名宿，著述至百余种。已刊者《小腆纪年》二十卷，《读书杂释》十四卷，《务本论》二卷，《未灰斋文集》九卷；未刊者《周易旧注》十二卷，《度支辑略》十卷，《明史艺文志补遗》一卷，《四书广义》《礼记汇解》《小腆纪传》《说文引经考》各若干卷，皆考据详明，间足羽翼经传；而《小腆》一书，学者谓踵事紫阳，盖笃论也。其它所著，有《戴记吕览月令异同疏解》《延平春秋》，《老子》《淮南子》《楚辞》《毛诗》《尔雅》《公羊》《左氏》之《校勘记》等书，未成。先生说经，本之马、郑、贾、孔之精核，而不为穿凿附会声音训诂之肤末，讲学本之周、程、朱、陆之笃重，而不为明心见性、空虚无实之言以欺世，尤究心经世学，如《上开矿封事》，极言"足国之要，在重农桑，贵谷帛，禁淫侈"，娓娓数千言，复以前说未尽，著《务本论》，首罄其辩，次条其法，务质之今日所可行，不为泥古空言，剀切详明，大有裨于政治。又上福建各上官书，请武场添试火器刀矛，议虽不行，识者重之。先生生于嘉庆十五年（1810）四月，卒于同治元年（1862）八月，年五十三。子三：长承禧，福安知县，署长乐县知县；次承祖，候选同知；三承礼，荫生，福建候补盐大使。孙七人。

【按】选自陈作霖编《金陵前明杂文钞》不分卷（抄本，屈万里、刘兆佑编《明清未刊稿汇编·冶麓山房丛书》第6册，台北联经出版社1976年版）。

## 汪之昌

汪之昌（1837—1895），字平书，一字振民，号荣虎。吴县（今江苏苏州）人，占籍新阳（今江苏昆山）。同治六年（1867）副贡。先后肄业于苏州正谊、上海求志、宁波辨志、江阴南菁等书院，就职教谕，光禄寺署正衔。光绪间被聘正谊书院学古堂。著有《青学斋集》36卷、《裕后录》2卷。

## 棠 邑 考

春秋时列国地之名棠者，隐五年《经》："公矢鱼于棠。"此棠自为鲁地。襄二十五年《传》："齐棠公，注：齐棠邑大夫。"是齐有棠邑。据六年《传》棠人注："棠，莱邑，盖齐灭莱而有之。"则齐亦有棠邑。十四年《传》："楚子囊师于棠，以伐吴。"《地理考实》引《汇纂》："棠，楚地。"《寰宇记》："六合，古棠邑，晋立棠邑郡。"是楚之棠邑，至晋犹本以名郡，较鲁齐之棠为尤著。

吾谓非晋沿用楚邑以名郡，乃楚棠邑所在晋以前，固无异名也。就《寰宇记》考之，扬州六合县本楚棠邑，春秋时伍尚为棠邑大夫，即此地。秦灭楚，以棠邑为县，汉不改，封陈婴为棠邑侯，即此。《舆地纪胜》："真州六合县，汉封陈婴为棠邑侯。"西汉《志》临淮①郡有棠邑。东汉《志》广陵郡有棠邑，春秋时曰堂。可见自秦及汉，棠邑无改楚旧。案《广韵》十一唐："堂，《风俗通》：楚邑大夫五尚为之。"五尚即伍尚，又即棠君尚。据《风俗通》，则楚棠邑亦作堂邑，与《续汉志》"春秋时曰堂"之文正合，说者谓《诗·秦风》"有纪有堂"，《白帖》五引作"有杞有棠"，足证古棠、堂字可通用。棠邑之作堂邑，当与同例。

案《史记·刺客列传》："专诸者，吴堂邑人也。索隐：《地理志》临淮有堂邑县。而《吴泰伯世家》索隐：专诸棠邑人。"堂、棠虽互异，其为《春秋传》之楚之棠邑无疑。《史记》乃系之于吴，一似吴别自有堂邑，或楚棠邑更属于吴。考《春秋大事·楚国都邑表》棠，引《寰宇记》云："今为江南江宁府六合县。列国地形犬牙相错，《表》江宁府全境皆吴地，惟六合县属楚，与吴分界，为战争地。"是楚棠邑正与吴接壤处。案《春秋》昭二十年《传》详载楚诛伍尚事，《传》末附伍员见鱄设诸于公子光。于时尚为棠邑大夫，本楚臣，故惟楚王之命。厥后吴楚虽屡交兵，本传具详，未见有伐取棠邑之文。是棠邑在春秋时始终属楚。不嫌称吴者，据昭二十年《传》所云退耕于鄙，则专诸所处，自在吴之近鄙。而棠邑虽为楚地，尤密迩于吴。专诸适居其间，于吴地已极边远，就地望言，则固棠邑之余壤。

案《公羊》襄十九年《传》其言自溵水，何以溵为竟也。《左传》孔《疏》谓，言邾鲁以溵水为竟。棠邑于吴、楚将毋同，史公以吴堂邑立文殆以斯。然则字作堂邑，实与棠邑无异。地以今地言，在江宁府，六合县北有堂邑故城，确有可考。在春秋时，则固楚地之斗入吴境者，而非齐鲁之棠近接国都者比已。

【按】选自汪之昌著《青学斋集》卷9〔民国辛未（1931年）新阳汪氏青学斋自刻本，《清代诗文集汇编》第734册，上海古籍出版社2010年版〕。

---

① 淮：底本作"海"，据《汉书·地理志》改。

# 傅云龙

傅云龙（1840—1901），字楼元，一字懋元，号醒夫，浙江德清钟管镇人。喜研究军事。清同治间入京，任兵部主事，后升郎中。光绪七年（1881）任《顺天府志》分纂，撰《方言考》。十三年（1887），经总理各国事务衙门考试，录为外交特使，出使日本、美国、秘鲁、智利、巴西、加拿大、古巴、厄瓜多尔等11国。其间，搜集各国地理、风貌、物产、资源等资料，编写图志。十五年（1889）归国，升机器局总办。卒赠一品封典。著有《傅云龙日记》《游历图经》《游历余纪》《游历诗选》100余卷，刻有《籑喜庐丛书》14册。

## 《东槎闻见录》叙

光绪彊圉大渊献皇帝御宇十有三年（1887），云龙应游历试，引见后派偕顾刑部厚焜游历之国凡六，而以日本始，拟仿《奉使高丽图经》，作游历某国图经，史家纪事体也。再依编年体作《图经余记》，然闻黄君遵宪已著志而未见也。道出上海，姚君文栋视所著志第三册，艘发又未遑读。徐君承礼、王君肇鋐皆有著稿，或未脱，或未竟。而陈子轶士以《东槎闻见录》问叙于云龙。方受读，客有言于云龙曰："有形势无沿革，有官矿无民矿，类此毋乃漏欤？"曰："否否。不闻不见则不一录，此汉学家实事求是意也。黄漱兰先生为轶士经师，守厥家法，此见一端。"时也，日本一以西法为宗，几于尽弃所学，或呼六经为毒，吁甚矣！而守旧者，又拘义牵文，往往不识时务，非徇即迂，迂则动辄得咎，徇则中无所主，独日本云乎哉！独日本云乎哉！轶士不倚不矫，充其所学，精而益精，行将以经为史，以交为防，以阅历消息为控纵衡尺，所谓通儒非欤？云龙始游，不患无见无闻，患无定见，以见所见，闻所闻也。文不必己出，惟其是轶士其交勖之哉。德清傅云龙懋元叙于日本东京使馆，时冬十月二十日。

【按】选自陈家麟撰《东槎闻见录》书首［清光绪十三年（1887）铅印本，国家图书馆藏本］。

## 陈明远

陈明远（？—1920），字哲甫，号铜翁。浙江海盐人。廪贡生，以道员候补广东。曾任日本使馆参赞，官盐运使衔。民国后寓居上海，工诗文，善书法。

# 《东槎闻见录》叙

岁甲申（1884），明远赞使之日本。是冬，六合陈子轶士亦随轺而东，始相识焉。其明年，轶士与余同假归试，得膺拔萃选。又次年，余因公走京师，轶士亦回国应廷试，其间馆舍舟车，旦夕与共，每与盱衡时局，纵论古今，以共励所学，而交契亦因之而深。比及瓜期，轶士手是卷将付梓，示余索叙，因慨然曰："当今士夫守旧者众，语外事，每格不相入。舍是而求习知者，乃皆志识浅陋，略通一语言、一技艺之末，遂自诩洋务以炫人。降而下者，甚有饱食嬉游，于中外交涉之故，漠不措意，即问以一名一物之微，亦鲜能对，徒招外人之笑而已。"於戏！斯三者乌足称哉。

轶士有心人，居东三年，凡所闻见，靡不笔而志之，纵不欲以文字见，而于日本政治、风俗，与夫今昔一切变更之不同，固已了然心目，而能权其轻重得失，归于一当者。夫日本在亚细亚，与我为同文同洲之国，宜同盟同心求其治。轶士有得于此，他日归，贡诸朝，出为世用，本其生平阅历，以任重致远，决异乎明远所谓无足称之三者。

轶士年力富盛，锐于为学，一《闻见录》耳，何足以尽我轶士？轶士知必有进乎此矣。光绪丁亥（1887）冬日，海盐陈明远叙于日本使廨。

【按】选自陈家麟撰《东槎闻见录》书首［清光绪十三年（1887）铅印本，国家图书馆藏本］。

## 顾厚焜

顾厚焜（1844—?），字以崇，一字固庐，号少逸，又号敦盒，元和（江苏吴县）人。光绪九年（1883）进士，曾与傅云龙一起奉派往日本、美国、加拿大、秘鲁、古巴、巴西六国游历。著有《日本新政考》《美国地理兵要》《巴西政治考》）等。

## 《东槎闻见录》叙

我朝与泰西通商以来，罔有内外，悉主悉臣，实开千古未有之局。至同在亚细亚洲之日本，则两汉时已通中国，皇朝龙兴辽沈，德威先慑旸谷扶桑三岛，睦邻修好，历有年所，近复款关求市，和约叠修，商舶络绎。朝廷以国隶同洲，书属同文，虽间龃龉，恒优容之。而闽广商贾，设肆于长崎、神户、大坂、横滨、筑地、箱馆、新泻、夷港者，接踵麇至，乃简使臣，派参赞随员，以联邦交，复设理事，以卫商务，与泰西一视同仁，诚以柔远必以能迩始也。顾入境必思问禁，入国必先问俗，苟无专书似纪之，则天时地利之宜，风土人情之异，与夫古今之沿革，时局之变迁，无从瞭如指掌也。

六合陈君轶士，驻东三年，渔猎典籍，成《东槎闻见录》四卷，分六十部，都为一集，始光绪十二年（1886）十二月，迄十三年（1887）九月，凡十阅月而书成，藏诸箧笥。星使徐孙麒观察以活字版排印，俾欲先睹为快者，免钞胥劳，适傅懋元驾部偕焜奉派游历，航海来东，得观是著。往者，阅五台徐松龛《瀛环志略》、侯官林文忠《海国图志》，皆能举外邦土俗，考核精详，足为采风者之一助。今喜彼书提其纲，君书更详其目也。时懋元撰《游历日本图经》，焜亦作《日本内政考》《新政考》，昼疲车马，夕对简编，方皇皇乎惧考据之失实也，读君书益滋惌已。

光绪十三年（1887）岁次丁亥冬十月，元和顾厚焜谨叙。

【按】选自陈家麟撰《东槎闻见录》书首［清光绪十三年（1887）铅印本，国家图书馆藏本］。

## 王耕心

王耕心（1846—1909），字穆存，一字道农，号龙宛居士。原籍河北正定，寓居泰州，官南河同知。编有《槐隐庵剩稿》《正定王氏家传》，著有《贾子次诂》《龙宛居士集》等。

## 《日长山静草堂诗存》叙

有先天之文，有后天之文。天秉至性，是为先天；勤记诵，薄性情，是为后天。上自至道，下及诸艺，其得失厚薄，莫不由此，而诗其一也。吾友汪君少浦，少敦孝友，长暱文辞，而为诗尤工。光绪二十七年（1901）秋，君既归道山，公子仲廉辈属余志其墓，所述君之行义已详，不具论。今复得绎其遗诗，则数十年之行藏出处，俨然具在，若再睹君之声音笑貌者。有是学，乃有是文，非一时所能袭取也。而别裁风雅之伦，犹谓君之诗不必果有得于先天之蕴，岂知言哉？君为诗，初学剑南，已而出入于辋川、杜陵诸家，其《青驼寺题壁》五首，以视杜陵诸将[①]殆无愧色，此皆君之所自致，有非流俗所能陌者。然则太史公所谓托空文以见者，皆人也，非天也。今仲廉昆弟将刊君遗稿，复乞为喤引，余乃次其集，得若干首，且缀所知以归之。噫！君往矣，君之性情学术，固未尝与之俱往也。世运推迁，君殆无如命何，而不朽之业，君且获其一，是世运亦无如君何也。世有悼君者，亦可以憬然悟矣。

光绪二十九年（1903）春二月，正定王耕心撰。

【按】选自汪达钧著《日长山静草堂诗存》书首［民国辛未（1931）六合孙氏石印本，编者私藏］。《民国六合县续志稿》卷15有选录。

## 例授文林郎拣选知县汪君墓志铭

论诗者有言，欢愉难工，而穷愁易好，此佹说也。夫诗之工拙，惟以性

---

① 将：疑为"诗"字。

情得失为进退而已。若性情浮薄，虽饰藻采以自炫，适成独绣之鞶帨，且为识者所窃笑，君子奚取焉？吾友六合汪君少浦，以诗名江淮间，且三十年。其诗出入杜陵、剑南，复能自成为少浦之诗，则皆其敦朴之性情所发见，故非流俗所能及云。光绪二十七年（1901）八月，少浦卒，其孤子思让辈驰书来乞铭，耕心之文虽不足传少浦，而少浦之诗及其性情之所在，非余且无以知其详，又乌可以不文辞。

谨按：君，讳达钧，字少浦，自号迁圃，江南六合人。由附学生中光绪乙亥（1875）举人，就职拣选知县。曾祖修镛，广西桂林府知府；祖世泰，候选知府；考芳杜，国子监典籍。君生七年，典籍君殁。又二年，母秦孺人亦卒，赖庶祖妣任硕人艰苦抚育，乃获成立。君既壮，有室，所以事任硕人者必诚必敬，未尝有缺礼。硕人撄疾，君奔走数十里，为求医药，硕人厌岑寂，则旁坐于床，为称说古今可喜可愕事以为娱。及硕人病且死，君焚香告天，愿减己年一纪，以续硕人寿。硕人时年六十有五，君既祷而疾遽瘳，后年七十八乃终，盖适符一纪之算也。客有以三千金寄君所者，或说以当持其金营市利，君笑不应，后数年，客来索金，辄举以授，尘封如故也。光绪初，君方家南清河，耕心以待次南河，得识君，时以道谊相敦勉。已而，君为其冢子思敏聘余次女海旼为妇，因得附为婚姻。不二年，旼未行而思敏卒，旼誓死不他适，时君已迁居江宁，闻之以为大戚，及君将终，卒命思敏诸弟礼迎其嫂归汪氏，且命以诸弟之子二，嗣为思敏后，则去思敏之卒且十有四年矣。君平居不以道学名，而行必中节，不以文辞见，而读书异敏，所为诗及骈俪之文，尤精到。居南清河既久，尝以学行受知于故漕运总督南皮张文达、盱眙吴勤惠两公，而勤惠之望君尤切。勤惠既薨，其公子炳祥以按察司副使待次江宁，复丐君参幕府事，以是交益密，及副使卒，君感慨悲咤无憀赖。尝过吴氏玉延精舍，为诗以吊，见者莫不凄怆涕下。不二年，君亦卒，年六十有三。乌呼！君笃厚如此，其所以发挥性情之际者可知，然则近世流俗，方且以凉薄为经济，以应酬为诗歌，殆非君之所能解已。君元配朱氏，继配程氏。子三：长思敏，有孝行，蚤卒，海旼之婿也；次思让，附学生，出嗣为族父达福后；次思振，附学生，出嗣为族父达尚后，皆能以学行世其家。嗣孙二：曰宗熹、宗建。在室女子子<sup>①</sup>季姑，有至性，君病亟，矢

---

① 子：疑为衍文，可删。

以身殉。及君卒，遽以第二日仰药死。噫！孝悌之行，萃于一门，乖戾之族，其亦可以自愧矣。铭曰：

尝读迁圃诗，古今作者吾不知。良知之实君所持，良知之文当在兹。语默进退皆可师，为杜为陆天所资。一门孝友无瑕疵，更有贤女相攀追。嗟哉吾女毋欷歔，门祚隆隆行有期，且勤惕励支门楣。

【按】选自汪达钧著《日长山静草堂诗存》书首［民国辛未（1931）六合孙氏石印本，编者私藏］。

## 范当世

> 范当世（1854—1905），原名铸，字铜士，后改无错，号肯堂，又号伯子，江苏通州（今南通市）人。同治十年（1871）廪贡生，九次应南京科试，均未得一第。光绪十八年（1892）入李鸿章幕府，甲午战争后辞馆南归，曾任东渐书院山长，并参与筹办南通小学堂。晚年不受清廷之聘，流浪江湖，客死旅邸。诗多沉郁苍凉之作，著有《范伯子诗文集》。

## 秦昌五诗序

往余初至冀州，而州牧吴公宴余，曰："居此乐也。"指而谓余曰："是州判张君，善藏金石文字。是吏目秦昌五，善为歌诗。"因与之还往。信然，盖吴公取其署之征徭所入而三分之，俾各享千余金，故皆得以无事而坐啸焉。昌五，本姓姜，而后于秦，江南旧族也。故其人有清才，而尤爱乐人士。吴公每试得州之奇隽子弟，则举以属之吾，昌五诚慕之。而从九未入需次于州者，若年少而才堪读书，吴公则举以属之昌五，曰："此以烦君教，勿相挠也。"常用此为笑乐。昌五之弟问桐，亦问学于余，时与李刚己、刘乃晟共斋而读，昌五时来观之，若津津乎有味于此也。如是四年，余南归省亲，吴公亦弃官而教授矣。及吾再晤吴公于天津，则知昌五已死，问桐已复姜姓，登贤书。及至去年，而问桐与刚己成进士，并来谒余于天津，犹言其兄之殁于舟次，甚惨。及是，余来江宁，问桐来告以之官安庆，谋刻其兄之遗诗，且言："吾兄不幸，居末秩，而年又不永，所成就止于此，此赖先生与吴公传矣。"嗟乎问桐！汝以吾与吴公为愈于昌五者耶？彼固一时之乐耳，今胡可以再得？今之世犹能以教授为生，而吾与吴公皆已岌岌不能自保，况乃至于年岁之后，衰老力尽，自顾百无一长，有求为人役而不可得，是其哀来安既哉！则吾未见昌五之不寿为可悲，成就之不多为可惜也。姑行子之意而已。光绪二十一年（1895）十一月。

【按】选自清范当世著《范伯子文集》卷7［民国壬申（1932）浙西徐氏校刻本，《清代诗文集汇编》第777册，上海古籍出版社2010年版］。题中的"秦昌五"，即六合文人姜良桢。他原名姜良栋，因出继舅氏秦宗仪为嗣，改名秦炽姜，字昌五，曾以五品衔赏戴蓝翎任冀州直隶州吏目。后归宗，改名姜良桢。

本文不见于姜良桢著《春草堂诗集》［清光绪二十四年（1898）刻本，陈红彦等主编《清代诗文集珍本丛刊》第541册，国家图书馆出版社2017年版］中。

# 民　国

## 杨士琦

　　杨士琦（1862—1918），字杏城，泗州（今江苏盱眙）人。光绪八年（1882）中举，报捐道员。十一年（1885），捐指直隶试用，10余年一直总办关内外铁路事宜。光绪二十五年（1899），任两广总督，光绪二十七年（1901），投靠袁世凯，任洋务总文案献，任邮传部长。光绪三十年（1904），任商部高等实业学堂（原南洋公学，现西安交通大学和上海交通大学的前身）监督。辛亥革命后劝袁世凯迫清帝退位。民国二年（1913），杨士琦得到袁世凯支持，入招商局董事会；翌年，当选董事会会长。民国五年（1916），拥戴袁世凯称帝，改元洪宪，并出任邮传部大臣。袁世凯死后，寓居上海租界。民国七年（1918），杨士琦被其妾毒死。

## 《日长山静草堂诗存》叙

　　古称诗能穷人，又曰穷而后工。唐人穷而工诗者，莫如孟东野，然东野之诗曰"我马亦四蹄，出门即无路"，工则工矣，其所以自待抑何薄也。观于吾友汪君少浦之诗，其遭际可谓穷矣。顾少浦穷于遭际，而其出处进退之间，常宽然若有余裕，其于亲戚故旧，往还酬酢之际，更蔼然若有余欢。是少浦所遭之时穷，而其志节行诣，不与之以俱穷，所处之境与遇合俱穷，而其性情学养有非境遇所能穷，以视东野辈，干谒不遇，戚戚靡骋，辄奋其抑塞磊落之气，发为忧伤悲苦之词，其度量相越，抑何远也。论者称少浦之诗，出入放翁、少陵，顾少陵穷于唐天宝乱离之际，放翁穷于宋南渡偏安之世，而皆惓惓于君国，其忠爱之忱，不以穷而少替。少浦遭时多难，流寓播迁，世称其《青驼寺题壁》诗，可与少陵诸诗并传，而甲申（1884）、甲午（1894）诸役，感事述情，尤多杰作。其散见各篇者，如云"万方多事独忧时"，又云"羽书天外望飞腾"，如云"闻说韩京捷，关门又济师"，又云"深入制敌命，庶几霍票姚"，又云"王师触热三韩路，会见天河洗甲兵"，又云"天王太白旗，会见麾扶桑"，如云"凭君细著斜川集，醉眼相携看太平"，又云"凭君早建平戎策，我即燕然勒石人"，悱恻缠绵，直与放翁"王师北定中原日，家祭无忘告尔翁"之作意境相同。由是观之，少浦之遭际穷，而其志节行诣，性情学养，不以穷而有所增损。然则诗能穷人，而独不足以穷少浦，而少浦之诗亦不以穷而后工，盖其诗之足传，固有在彼不在此者。后之论诗者，幸勿与东野辈等量而齐观，可也。余兄弟少与少浦以学行相砥砺，少浦既归道山，求其诗不可得，今年始得之于江宁，将编校付刊既竟，先题其简端如此。光绪三十一年（1905）乙巳长夏，泗州杨士琦叙。

【按】选自汪达钧著《日长山静草堂诗存》书首［民国辛未（1931）六合孙氏石印本，编者私藏］。

## 俞锡畴

俞锡畴（1863—1945后），字寿田，一字汤观，安徽凤阳人，清末举人。精于古籍版本及印谱学。卒年80余岁。

## 《日长山静草堂诗存》跋

右《日长山静草堂诗》二卷，为六合汪少浦先生所著，而孙叠波亲家所手钞也。先生以名孝廉隐于幕僚，著述宏富，身后多散佚，仅诗稿尚完，泗州杨文敬公偕其弟杏城侍郎用聚珍版为之印行，始渐传于世。其诗由剑南以上规杜陵，多感事哀时之作，而温柔敦厚，悉本诗教，并世作者罕与抗手。叠波为先生之甥，尝取杨氏印本，精校数过，讹者正之，阙者补之，后访求原稿于先生文孙，许参互考订，以成善本。庚午（1930）夏六月，手录一通，赠于闽侯赖君葆忱，即此本也。葆忱与先生为乙亥（1875）乡举同年，论姻则辈行居晚，曾乞先生诗于叠波，而叠波以所存为孤本，无以应之，遂于盛暑之日，录副以赠。不一月，而叠波遽作古人。哲嗣雨廷请于葆忱，思存手泽，葆忱立予之，并许为跋语，未脱稿而葆忱亦谢世。雨廷方友教于江淮间，乃节修脯之资，付之影印，一以传汪氏之遗诗，一以存先人之墨迹，一以副赖君归璧之盛心，一举而数善备，岂易觏之于晚近之士哉？昔《渔洋山人精华录》为弟子林吉人手书，艺林传为佳话，汪先生之诗足追渔洋。叠波以六十有八之年，犹能于酷暑作细书，刻日成册，方之吉人，过无不及，庶几并垂不朽矣。雨廷属识其缘起，爰为缀言于简末。辛未（1931）十月，濠州俞锡畴书后。

【按】选自汪达钧著《日长山静草堂诗存》书首［民国辛未（1931）六合孙氏石影印本，编者私藏］。底本无标题，文题为整理者加。

## 吴　放

吴放（1864—1932），号剑门，别号松龛。幼年就读于虞山学署，青年屡试不第。曾宦游南北，辛亥革命后归居故里，1917 年与同道倡建苔岑吟社，闻风响应者，纵横及八九省。主编《苔岑丛书》，著有《白云盦诗钞》《吴剑门诗集》等。

## 《后山诗存》序

戊午（1918）春暮，方君佛生远道贻书，郑重告余曰："君知六合有诗人张卓人乎？卓人性恬退，有花癖，艺菊别具心得，辟地为圃，凡铁如意、金络索、霓裳、玉蟹等佳种，世不多得者，无不罗而致之，名之曰亦园。觞咏其中，晏如也。"方君端人，取友必端，余默识而心仪之。嗣后屡读卓人所为诗，清微淡远，其旨趣与渊明沆瀣一气，而其爱菊亦同。然余究不审卓人为何如人，生平出处或有合于彭泽之高洁否耶？

今岁春仲，卓人以佛生为介入苔岑诗社，始以邮筒相往还，觉其人卓荦不群，风流蕴藉，每流露于字里行间。卓人之真乃稍稍见，而余之倾慕饥渴之心，乃油然以生，与时俱积。猥以云山暌隔，迄未能一握手以为快，闻声相思，则固两地有同情也。近以其尊甫后山先生遗稿四卷嘱付剞劂，余不才谬与于校雠之役，因得尽读后山先生之诗，然后知卓人家学渊源有自来矣。先生幼聪颖，弱冠即有声庠序，两膺鹗荐，皆不得志于有司，由是淡于进取，以著述吟咏自遣。只以中年遭家不造，艰难困苦，萃于一身，生平蕴蓄，未①由展布，然境拂逆而诗乃愈工，一似天以此成其名者。稿已刊行，备详自序中，世之读先生诗者，有目共赏，当知先生之为人。而卓人之立身行诣，继绳先志，传之无穷，亦可于此见一斑焉。抑吾闻之显亲扬名，孝之大者也，卓人刊其先人诗集，以传于世，亲名于以显扬，殆无愧古之所谓孝者欤。亟为之序，并余与卓人文字相交之颠末，以弁于简端。

民国八年（1919）岁次己未秋七月，武进剑门吴放序。

【按】选自张凤诰著《后山诗存》书首（民国铅排本，私人藏本）。

## 夏寅官

夏寅官（1866—1943），字虎臣，又字泮岑，号穉舫，晚号忏摩生，江苏东台何垛彩衣巷人。光绪十四年（1888）江南乡试举人，光绪十六年（1890）进士，翰林庶吉士，散馆授翰林院编修。光绪三十一年（1905），创办"东台县中学堂暨师范学堂"，任两堂堂长。光绪三十三年（1907），成立东台教育会，任会长，主持会务。同时担任省教育总会会员、评议员。宣统二年（1910）赴江西任知府。民国元年（1912）于台城创办私立淮南法政学堂。著作颇丰，著有《清儒学案》《碑传补》《求志居诗文集》《师友纪略》《科学丛谈》《悔庵笔记》等。

## 徐鼒传

徐先生鼒，字彝舟，江苏六合县人。二十岁，入邑庠；中道光乙未（1835）举人。赴礼部试，不售。馆江都史致俨司寇家，司寇藏书甚富，书籍高与屋齐，先生纵览坐读之，学以大进。交上元梅伯言、温明叔、句容陈卓人、阳湖张仲远、益阳汤海秋、永春赖子莹。初，先生喜为唐四杰骈体文。至是，专研经义，以许、郑为宗；与人书云："读近儒说经书，虽与宋儒多所抵牾，而其思虑精专，坚守师法，实足以昌明周、孔之传，而补心

---

① 未：底本作"末"，据文意改。

性，诸儒所不及。惧其久而散佚，拟效贾、孔之例，与同志数人集《皇清经解》、诸儒经说并藏本未刻行者，成《十三经后疏》，就中惟《易》《论语》稍有端绪云。"戊戌（1838）南归，游扬州，仍馆司寇家，与刘孟瞻、刘楚桢、罗茗香、梅蕴生、薛介伯订交。问难既多，札记日富，有《读书杂释》之作，成《〈戴礼〉〈吕览〉〈月令〉异同疏解》二卷、《说文引经考》二卷、《四书广义》若干卷、《楚词札记》一卷。

中道光乙巳（1845）进士，殿试三甲，朝考二等第一，改庶吉士。散馆，授检讨，充实录馆协修。先生志在经世，尽读中秘书；恭译纯皇帝谕旨，谓"史臣不当斥明福、唐、桂三藩为伪国"，惜当日史臣不能仰体宸衷，发扬大旨，因仰遵纯庙"分注福王年号，撮序唐、桂二王本末"之谕，为《小腆纪年》二十卷。其自序曰："世运治乱之大小，……是则梓而存之之意也夫！"①呜呼！先生深思巨痛，卓识苦心，诚非一二迂儒小生所能梦见也。

粤寇扰江南，在籍办理团练。咸丰八年（1858），入都。七月，授福建福宁府知府。福宁与浙江温、处接壤，粤贼从横肆扰，防堵年余，登陴尽瘁。八月初九日，卒于福宁府署，年五十三。疾革时检《小腆纪传》稿，总为一大簏，属其子承礼曰："吾非谈、彪，不敢望汝等为迁、固也。虽然，小子勉之！"承礼因就遗稿，汇辑为六十五卷。盖《纪年》以年经，《纪传》以人纬。承礼仰继先志，不懈益虔。复延大兴傅以礼、仁和魏锡曾同事校雠，付刊以行。生平著述多毁于兵，见存者《务本论》二卷、《周易旧注》十二卷、《四书广义》若干卷、《小腆纪年》二十卷、《小腆纪传》六十五卷、《明史艺文志补遗》一卷、《读书杂释》十四卷、《度支辑略》十卷、《未灰斋文集》八卷，《外集》一卷、《诗钞》四卷、《校勘杂记》若干卷。

夏寅官曰：徐先生遭遇圣世，身列承明，乃犹眷眷然甄综遗闻，发潜阐幽，以彰胜国谊士荩臣之风烈于不朽。其明哲保身，视庄廷鑨、戴名世诸人远矣！读其书翔赡有法，别史之良也。惜《纪传》未见，尚当访而求之。

【按】选自闵尔昌编《碑传集补》卷24"守令四"（1923年活字排印本，周骏富主编《清代传记丛刊》）第121册《综录类·碑传集補》，台北明文书局1975年版）。

---

① 此处所省略的部分内容为徐鼒《小腆纪年》自序，详见本书上编。

# 徐公修

## 《亦园诗钞》序

士大夫身丁易代，不能为国为民一抒胸中之抱负，惟是枯守家园，日与二三同志借诗歌以鸣其不平，春而为时鸟，秋而为候虫，年复一年，韶华赚老夫，亦大可怜矣。古棠张子卓人与不佞同入毗陵苔岑吟社，十载神交，时通尺素，每年于《兰言日报》中读君之诗，不下数十百首，清新婉约，多写性灵，胎息于唐贤杜牧之、许用晦，置之两人集中几乱楮叶。君于逊清之季，以高才生贡入成均，谒选得臬署参军。嗣因政变，考入省立师范，精研天算地舆诸学，卒业后，不乐仕进，归而教授生徒，以造就人材为己任。性嗜菊，家有亦园，手自灌植，别署菊隐，与陶元亮之弃官爱菊同，而又诞生于重阳节后，与韩魏公之晚节比菊同。每当秋高气爽，东篱佳色，灿烂枝头时，招里中诸君子，一咏一觞，帘卷西风，为黄花写照。惜不佞远处沕滨，不克叨陪末坐，千里相思，未尝不引为憾事。曩年承以《亦园咏菊唱和集》暨《亦园六菊吟》寄贶，五光十色，美不胜收，读君诗而自诩眼福，读诸君子和诗，亦各出心裁，即不啻置身于君之亦园中，与霜下杰周旋左右，老圃寒香，正时时喷溢于简帙内也。今岁将以大集付梓，驰书来索弁言，并谓稿中古体俭于今体，七律多于五律。不佞逐年赋诗至三四百章，亦复如是，寻常酬应，大略相同。试观李义山《玉溪集》中，古风只有韩碑一首，亦不失为大家，君又奚病焉。我知大集杀青而后，不翼而飞，不胫而走，承先贤之短檠，指后学之津梁，其将与君家令祖避乱时之《逋逃草》，尊甫之《后山诗集》，一门风雅，三代作家，定可后先辉映也夫。

民国十有八年（1929）己巳新春，同社弟青浦徐公修慎侯序。

【按】选自张官倬著《亦园诗钞》书首（民国铅排本，私人藏本）。

## 杨　蔚

　　杨蔚（1868—?），字荟亭，江苏高邮人。光绪二十年（1894）进士。历任河南浚县、遂平、永城、渑池、固始、项城等知县，辛亥革命后解职归里。著有《黄花吟舫诗草》《豹隐词》《梦余词》《泣玉词》等。

# 《亦园诗续钞》序

　　甲戌（1934）十一月，沈疴甫愈，闭门谢客，六合张子卓人书来，嘱为《亦园诗续钞》作序。余质钝，素不工文，重以奔走风尘，簿书鞅掌，学殖荒落，援笔为难，然自入官以迄归隐，遇有同志请求，窃如响斯应。辛未（1931）堤决室中，书剑飘零，所作诗文各稿，漂没一空，此心遂寸灰，欲焚弃笔砚者久矣。今读张子书，其情挚，其意切，势不能辞，乃作而言曰：夫诗者，志也。志即心也，心即人也。读其诗如见其心，即如见其人，斯乃《三百篇》之遗旨焉。古今诗家，若恒河沙数，其中剽窃盛名，伪言欺世者，不一而足。若而人者不知其心，即不知其人，乌足以为诗哉？张子，诗人也。张子之诗，诗人之诗也。淡远高尚，语语从肺腑中出，无伪言欺世之习，与剽窃盛名者迥乎不同。余与神交数年，未识荆州之面，而读其诗，如见其心，即如见其人，其可与言诗也，不烦言而解。张子宅后有园，曰亦园，园内多菊，张子之别号曰菊隐。张子集中咏菊之诗又十居三四，张子之隐于菊也。可知张子之所爱，在菊也，又可知菊花之隐逸者也，张子人之隐逸者也。花自花，人自人，菊自菊，张子自张子也，何涉乎尔？张子之署，为菊隐，非隐于菊也，特借菊以鸣其高耳。张子之所爱在菊，非菊之外一无所爱也，借菊以表其洁耳。张子之诗，一再咏菊，非菊之外一无所咏也，亦对菊以兴怀遣闷耳。菊也，张子也，花与人不同，而其隐逸则同。不佞如余，非黄花也，自署曰黄花瘦人，亦同此意。辛酉（1921）之秋，曾著《咏菊》诗词若干首，为黄花瘦人写照，署曰《篱下闲吟》。癸酉（1933）初度，又作《残菊》诗五言排律五十韵，并迭原韵以自况，署曰《晚香吟》。水灾后，经济艰难，不克付梓，读张子之诗，不禁感慨系之矣。高邮荟亭杨蔚谨序。

## 《亦园诗续钞》再序

《亦园诗续钞》余既约略序之矣，张子书来，以篇中专言咏菊，而于咏古之作缺如，请增益之。余乃作而言曰：夫古者，对于今而言也。今之上为古，古之上为上古，上古之上为太古。后之视今，亦犹今之视昔，当今之世为今，处今之时为今，由今以后，或十数年、数十年，或数百年、数千年，则为古。咏怀古迹，夫亦何足为奇？然所谓古迹者，无非据邑中父老传闻，或邑乘、省乘所记载，而吟咏之。若某水某山，某都某邑，某某游钓之所，某某啸歌之所，某某仕宦之所，某某死葬之所，年湮代远，舛误是非，聚讼诸儒，甚至历数十百卷书，而莫能一决，后之咏古者，依样葫芦，大半不求甚解，谬语流传，愈久而愈莫能辨，虽无关于国家得失，而考古之学，日见消亡，不啻斯文既丧也。张子有鉴于此，不惮烦劳，或驾舟车，或骑款段，亲赴各乡，认明地点，与夫田夫野老，藉草坐谈，反复讨论，复又搜集各邑志书，名人著作，以考其实，而决其疑，成竹在胸，然后系之以诗，诗前缀以小序，详其原委，使人一目了然，张子之用心诚苦，而其有功于掌故也，尤为人所难得，异日辀轩之采访，志乘之搜罗，必将以此为根据。昔杜工部为一代诗家，世人目为诗史，张子其庶几乎？寒窗久病，风雨愁人，援笔直书，心中为之一快，张子见之，当为我浮一大白。甲戌（1934）十二月黄花瘦人再序。

## 舒绍基

舒绍基（1870—1906），字挚甫，号养初，安徽怀宁人。光绪监生，屡试不举。以办赈劳，累功保至江苏候补道。疾终金陵糈局差。喜诗词，著有《怀宁舒挚甫集》（含诗集《固庵自定草》、词集《人天清籁集》及《养初子笔记》3种）。

## 《日长山静草堂诗存》跋

庚寅辛卯（1890—1891）之交，尝侍先子诣盱眙吴吉甫观察处，因得读六合汪少浦先生所为诗，但觉妙语解颐，隽味悦耳，而未知其所以工也。时方攻举子业，暇习为五七言，蛙吟蚓唱，而先生奖掖之甚至。先子尝慨言，有才者恒不遇，于先生际遇之蹇，尤致惋惜。先生以才受知于吴勤惠公，公薨，公子吉甫观察宾礼之十余年。庚子（1900）夏，观察病殁于江南巡道任所，先生益牢落无偶。然每当友朋文宴，座中偶发一语，辄深妙可思，间论当世事，则欷歔感激，不能自己。呜呼！先生特韬于诗，而岂欲以诗人终哉？予既心折先生诗，而叹其一本性情，不区唐宋，笔曲而意新，言近而指远，力湔叫嚣之习，而为老师宿儒所惊叹，数请稿付梓，先生数持不可。辛丑（1901）春，予一病几殆，先生犹扶杖过访，存问殷挚，时予方饵药就卧，未能一道款曲，瘥后走谒，而先生病，病逾年[①]，殁矣，至今思之，尤耿耿也。甲辰（1904）仲冬，索稿于先生叔子叔玉，甫抄成帙，而杨杏城姻丈以参议商部事离沪上，今年春季，适有金陵之游，遂携稿去，将付梨枣，叔玉自京口抵书索序于予，因缀频年亲炙颠末于卷尾。至先生之诗与其行实，则王道农先生所为传、叙中，言之綦详，兹不具载。嗟乎！近时诗人多为繁弦急管之音，怨悱悽痛之语，兀傲之气，至不可逼视，承平雅颂，去人日远，则又人心世道之变，而非下走之所敢忧矣。光绪三十有一年（1905）孟冬，皖江后学舒绍基挚父氏谨识。

【按】选自汪达钧著《日长山静草堂诗存》书首［民国辛未（1931）六合孙氏石印本，编者藏本］。

## 毛文沂

毛文沂（1872—?），字瀚波，江苏宝应人。生平事迹不详。民国二十年（1931）钱育仁编校《虞社社友录》，载其名。

---

① 原注：恩拟易作"月"，与墓志方合。

# 《亦园诗钞》序

　　文坛巨子，葆养性天，仲蔚之三径蓬蒿也。明经博士，教授生徒，子文之后堂丝竹也。他如平子为历算名家，志和为烟波钓叟，工词则数三影，讲易则有横渠。清河华胄，代有传人，又皆适其性之所至，情之所钟，历劫而不变，随遇而能安。或即景以抒其怀抱，或假物以托诸咏歌，经千百年后，其人其姓其名而流传不朽者，六合张卓人先生其继起者乎！

　　先生为亦园主人，园拓于宅之后，遍植花卉，畚插躬亲。性尤爱菊，别署菊隐。薄海内联吟结社，唱和往还，殆无虚日，其得诗以咏菊为最多，盖有取义于花之隐逸者也。夫人而得志于当时，则树河阳一县之花，不得志于当时，则种陶潜五株之柳。先生早岁贡树分香，身入宦籍。不幸时遭鼎革，杜门著书，宁辞溧水射鸭之堂，而起秋风脍鲈之思，其今日之隐逸士欤？不然，何不为仙尉，而为诗人也？

　　愚按：诗人之咏菊者，如张耒云“所忻堂下菊，芳意已鲜鲜”，张正见云“别有仙潭菊，含芳独向秋”，张元幹云“山间杯浮菊，江城雁度云”，又张贲云“雪映冰姿号玉华，寄身都是地仙家”。先生家学渊源，其来有自，非凌霜不凋之品，莫与颉颃，非孤芳自赏之伦，谁供啸傲？林逋偕隐孤山，既有梅妻；水部工吟老圃，还多菊友；而况精地天之学，抱由巢之志，甘为篱下老，不作热中人。凉月西风，添几许案头新稿，冷烟疏雨，消不尽笔底愁怀。然餐落英而谱离骚，饮郦水而致延寿。盖先生以人中之菊，咏花中之菊，自不觉言之亲切，而有味焉。乃裒集平日诗章，付诸剞劂，征序及予。予谓张子之人淡于菊，张子之诗清于菊，张子之才、之学、之识，则又挺然晚节，比美于五美之菊，不禁拍案而起，曰：“此不可以不传。”爰缀数语而为之序。

　　己巳（1929）孟夏，宝应毛文沂瀚波谨撰。

　　**【按】**选自张官倬著《亦园诗钞》书首（民国铅排本，私人藏本）。

# 夏仁虎

夏仁虎（1874—1963），字蔚如，号啸庵、枝巢、枝翁、枝巢子、枝巢盲叟等，南京人。家中排行老四，人称"夏四先生"。光绪十七年（1891）考中秀才。光绪二十三年（1897）拔贡，辛亥革命后，先后任职民国北洋政府交通部、财政部，并成为国会议员。张作霖入关后，先后担任国务院的政务处长、财政部次长、代理总长和国务院秘书长。1929年，弃官归隐，专事著书和讲学，任北京大学讲师和北京师范大学教授。新中国成立后，成为中央文史馆馆员。著有《啸庵诗存》《枝巢编年诗稿》《啸庵词》《枝巢文稿》《旧京琐记》《玄武湖志》《枝巢四述》《碧山楼传奇》等大量诗文作品。

## 田北湖传

田北湖，初名其田，字自耘。后居玄武湖，乃字北湖，以字行，六合人。幼聪颖，目数行下。十三入邑庠，学使者奇之，令肄业南菁书院。院直辖于学使，江南高材生，所集藏书亦富，北湖乃益泛览，得尽交时彦。工骈散文及词赋。性不羁，有狂生名。出游鄂赣，与修方舆图志。登光绪丁酉（1897）萃科，廷试被放，不得意，归居玄武湖，署所居曰"坐拥五洲"。清末以文字入狱，羁久之，始得释，亡之海上。辛亥（1911）后，旧同游者率贵矣，北湖独佗傺无所合，以闲曹北游京师，粥粥然如老生，非复狂庐故态矣。北湖故有狂名，然于弟妹尽友爱，宗族之无归者，倚以瞻焉。内行敦笃，世盖鲜知之者。未几卒。

【按】选自民国夏仁虎纂《玄武湖志》卷 2（石光明、董光和、杨光辉主编《中华山水志丛刊·水志》第 31 册，线装书局 2004 年版）。

# 钱学坤

钱学坤（1878—1940），字静方，或写作静芳，笔名一蟹，亦署"泖东一蟹"，青浦镇（今上海市青浦区）人。幼习举子业，清宣统元年（1909）为岁贡生。后赴日留学，入士官学校专攻警务。在日期间，接触民主思想。辛亥革命青浦光复，钱学坤即主《青浦报》笔政。1934年参与编纂《青浦县续志》。他对明清小说有研究，写成《小说丛考》，为民初海内独创。一度从事公安警务和新闻业务，抗日战争青浦沦陷期间，困守家园，1940年病殁。

## 《亦园诗钞》序

丁卯（1927）秋，余以同邑署芸之介入武进苔岑吟社，少长忘年，遐迩投契，击兰陵之钵，则应声而成诗，罚金谷之觥，则如数以行酒，其乐无极。吾生有涯，既藉以遣禅榻余年，复缘以识文坛诸子，所益非浅，何病不为哉？六合张卓人先生，社中健者也。屑玉霏辞，粲花成句，词华有类三影风度，不殊九龄。每一付刊，辄相传诵，余初以为窥豹一斑，拾凤片羽，仅足知其概略，未能餍我贪饕，既而经目孔多，会心不远，信所胎息在杜、韩、王、孟之间，故其发挥得歌永律声之奥，是宜裒成专集，垂之无穷，导来学以梯枋，资朋侪为龟鉴。余将以是请，适先生以书来，其言执谦，其意恳到，谓阆仙推敲之句，定自昌黎正礼佳恶之文，知惟子建他山之石，古人所珍。将及身付之枣梨，盍为我叙其梗概，朵云承渥，今雨知深，于理合辞，于义难却，因取其诗反复诵之，窬寐求之，结撰有致，鈲揽无迹，缘情不流于靡，取义必用其精。所作咏鞠诗居十之三四，霜晨露夕，恒晤对于秋芳，老圃疏篱，独流连于晚节，意其性素与之近，故所赋以是为多。是犹濂溪之莲，孤山之梅，莫逆于心，用宣诸口。夫人必有所寄，而后其精神出焉。又必有所好，而后其性情见焉。先生所寄在诗，所好惟鞠，摘陶公之冷艳，餐屈子之落英，其志趣宁让古人，斯著作足惊时辈也已。惟余根柢浅薄，才力凡弱，将踵其门以就教，敢弁其集以为言？然而造诣虽殊，处境则一，先生商瞿子晚，崔慎儿迟，雪种种其将盈，震苏苏而未索。虽怀中玉燕，时来似续之征；恐架上蠹鱼，尽食神仙之字。与藏楹而迟凿取，宁付梓而速锓行。余也技薄雕虫，命悭磨蝎，得奇文以共赏，与同病而交怜，明知响滥吹竽，宁堪践诺，争奈习珍敝帚，亦待征题。是用抛砖，聊资覆瓿。岁在屠维大荒落（1929）陬月下浣，青浦钱学坤静方拜序。

【按】选自张官倬著《亦园诗钞》书首（民国铅排本，私人藏本）。

## 许同莘

> 许同莘（1879—1951），字溯伊（叔伊），江苏无锡人。光绪二十七年（1901），庚子、辛丑并科举人。1904年公派赴日本留学，毕业于日本法政大学速成科。1906年，归国后入张之洞幕，担任文案委员，1912年许同莘任北洋政府外交部佥事。抗日战争期间，任河南省政府主任秘书。著有《治牍要旨》《公牍铨义》《公牍学史》等。

# 故六合县知县会稽施先生行状

先生姓施氏，讳煌，字仲鲁，号悔盦，世为会稽望族。曾祖家树，两淮监知事；祖灿，蒲圻丞，摄南漳县事；父山，负异才，博综经史，诗名重天下，世所称望云先生也。望云先生佐治湖北者二十年，卒于襄阳，贫不能归，故先生早岁居襄阳，肄业鹿门书院。两世宦游湖北，例得占籍，遂以给古文辞入武昌府学，光绪丁酉（1897）举乡试第六人。

先生少承家学，即究心当世利病，姊婿章鹤汀先生，治刑名钱谷，有声江汉间，先生从问业于湖广幕府逾一年，张文襄督湖广，先生为幕府弟子，未予奇也。又五年，文襄移督两江，先生为幕僚治牍辄如文襄所欲言，既而他去，文襄怪幕僚治事不如前，询之得其故，丞檄先生授幕职，自是从文襄者八年。是时海内多故，而江楚东南重镇，文襄所规画率国家大计。庚子辛丑（1900—1901）间，外患益亟，幕府治事，昧旦而起，宵分而不休，文襄宏奖人才，方闻硕学之士，云集幕下，吏事则凌仲桓、诸肖鞠、杨葆初、劳筱濂诸先生，洋务则辜鸿铭、梁崧生诸先生，而汪荃台先生兼之，至论庶事综练，明律意而通于经术者，则必推先生。文襄亦曰"施某，人中杰也"，积劳以知县荐。先生虽入籍江夏，而先垄在会稽，母太淑人刘忠介公裔也。先生之举于乡也。太淑人谓之曰："汝父昔为吾言，愿儿曹作学官，近依邱墓。又言可归即归，楚中非乐土，汝宁不忆之乎？"先生谨受教，既膺荐，请分发江苏，而文襄资之殷，义不可去。壬寅（1902），文襄再督两江，受代入觐，于是先生留江苏，权知六合县事。

六合故剧邑，盗役相结为巨患，先生严缉捕，惩役之不法者。申保甲法，查户口，冬防宵深出巡，风雪无所避，境内以安。善察物情鞫狱，或按户册诘邻右姓名丁口职业若目睹，讼者疑官私访得实无遁情，有关说问讼者，为剖晰其是非曲折，曰"情如是，法不得不如是"，人服其公无异言。清荒田，得万余亩，升科应取其羡，悉不受，以资高材生游学于日本。四乡有义塾，修书出于官而无徒，行乡至塾，集师生督课之。既而改设小学，六合有小学自此始。尤严律己，漕吏有缺，历任以贿补，先生试诸吏于堂，拔其尤，一无所私。断狱不罚金，曰"罚款无公私，吏役因缘，素诈数浮于所罚，而官尸其名，取败之道也"。居一年，李勤恪公督两江，稔知先生才，复檄佐幕府事。勤恪卒，忠敏公端方抚江苏调办新政，以六合治行问于朝，传旨嘉奖。其后六合修县志，县人撰生传，谓志例生存不传，传施公，舆论之所孚也。

士大夫以空疏见病于时久矣，两汉重辟举，通经明法之士，由曹掾至公乡，卓然有以自见。下逮唐宋，发名幕职者，犹盛于他途。明以后讲学多空言，矫其敝者，流于支杂破碎，而幕职之学，遂别为专门。世变纷乘，胥不足以集事。先生博览群书，务其大义，治法律，旁逮及河渠、食货、兵备、外交，研几极深，见诸实用，使得时竟其所学，以视古人，不之让也。世固有怀才不遇者，先生受知名公，所至延揽，惟恐不及，礼数加于侪辈，宜若可以藉手，遭时丧乱，所谓见悉不当意，虽降心屈志，而卒不可为，世道之推移也。至于贤人君子，降心屈志，卒不可为，祸中于家国者可胜道哉？

先生性至孝，其宦江苏也，太淑人在会稽，便迎养，既而太淑人不欲行，则入浙抚幕，便归省，而忠愍必欲致之，檄权盐城县，太淑人命勿辞，曰"汝先往，吾即行"，先生行一日而母病，病八日卒，先生哀毁骨立。既免丧，言之辄流涕，以为终身之恨。先世故有祠，葺而新之，曰"母之命也"。有旧宅，质于人，赎之，曰"母之愿也"。及太淑人卒，建小学于祠后，曰明伦；集资立善堂，施茶、药、衣、米惟其时，曰仁善，且曰"此先人意也"。其善必称亲如此。兄伯陆先生，相友爱，尝曰"古人有言，孝衰于妻子，吾兄弟勿犯此言"。伯陆先生早世，以长子后之，命称本生父母曰叔父母，明大宗之祀。

先生精力过人，每退食作手一编。既刊望云先生诗，比年家居又笺注之，注成，示同莘，令尽言，同莘条疑义十数以对，先生复书曰："汝言是也，方审思之。"未几，同莘归自滨江，以书述所身历于先生，而先生之子佶以凶问告，则先两月而先生逝矣。辛未（1931）十二月十八日也。呜呼！先生非能忘情于斯世也，视生死如旦莫，而视颠连无告之民，若疾苦之在己，其喜得从先人于地下，而悲斯民之祸至无日也。决矣！同莘早岁从先生游，先生不凡才视之，曰："吾身后以传状属汝。"同莘无以敢对，而请每十年为介寿之辞，来年丙子（1936），先生年七十，会稽多佳山水，而所居有山园水竹之胜，庭中累石曰万石君，将以是年游会稽，拜万石君之庭，而称祝焉。夫孰知先生之不少留，而执笔以为此文也。

悲夫！先生能古文，不轻作，所作惟诗，日记行事自课。有文若干篇，诗若干卷，日记若干卷，治事之言若干卷，修家谱为若干卷，注《通雅堂诗》若干卷。配程淑人，应城尉弼臣女。程氏商城名家，淑人以孝慈恭俭，佐先生四十年，称贤妇，先先生卒。子五：赟、佶、桑、民、傲。赟后伯陆先，今为驻英使馆一等秘书。佶，荐任职。谨状。

【按】选自民国《河南博物馆馆刊》第7、8合刊，1937年出版。

## 杨遵路

杨遵路（1880—?），字由之，号罨渔，江苏高邮人。杨遵路早年跟着父亲杨蒂留日，法政大学毕业。回国后当过一任兴化县县长，辞官后回乡创办过同人文学杂志《文盂》。汪曾祺小说里的杨家子弟即有其身影。

## 《亦园诗钞》序

诗以写性情者也，性情真则诗真，故读其诗，可以知其人矣。卓人先生，古棠之风雅士也。鼎革之初，淡于仕进，杜门谢客，从事推敲，日与海内诸吟社邮筒唱答，不断往还，而诗名于以大噪。宅后筑亦园，园多花，尤爱菊，菊之品最清矫，而花之隐逸者也。先生引为知己，遂以菊隐为其别署。每当花晨月夕，必亲自栽植，藉遣余闲，秋风乍起，开遍东篱，种类至繁，悉属佳本。先生信步玩赏，各题以诗，虽为黄花写照，而作者性情之高，亦于此可借证焉。其他诸作，或耽怀于山水，或寄慨于风云，或感身世之经过，或应友朋之投赠，吐词婉约，含意缠绵，无不有真性情，流露于字里行间。渔与先生久订神交，今尚未谋一面，然读其诗，可以知其人矣。先生诚倜乎远哉！

民国十有七年（1928）夏历戊辰大寒后二日，高邮氍渔弟杨遵路拜序。

【按】选自张官倬著《亦园诗钞》书首（民国铅排本，私人藏本）。

## 张扬芬

张扬芬，号抱膝翁，江苏江都县（今扬州市江都区）人。《石遗室诗话》有提及，生平不详。

## 《亦园诗钞》序

大地一园林也，万象一花卉也，众响一诗歌也。若缩而小之，数亩之托，径尺之栽，片言之寄，奚足扩巨观而宏志趣。然自达人观之，既就大可以缩小，自即小可以见大，数亩大地也，径尺万象也，片言众响也，又奚为不可？吾宗菊隐，今之隐君子，善歌诗，酷爱菊，菊所种地，名亦园。故园之中所种无非菊，即非菊而以菊为伙，菊无不咏以诗，即菊之外亦有诗，而以菊诗为伙。岁月云遥，篇章斯富，此亦园诗集之所以成。独是亦园诗集之成，岂菊隐始愿哉？吾闻菊隐家六合，精制艺，逊清名明经，其始未尝不欲为世用，不幸生当易代，遂以诗人老。夫古之诗人众矣，诗人而有所寄托，亦寻常事耳。卫武之竹，楚屈之兰，周子之莲，林君之梅，其他一草一木难悉数，至于菊，则惟有陶靖节先生。先生在晋则仕，在宋则隐，田园松菊，日夕讽吟，故其诗浑朴高妙，卓绝千古，虽有唐一代，无能及者。今菊隐亦清而民国，亦爱菊，亦能诗，亦有园，他弗具论。曾不知其诗视靖节奚若，要其始甚不欲以诗人老，今既以诗人老，要其诗当不愧为诗人之诗矣。吾知片言之寄，寄于数亩径尺之间者，亦犹众响之发于大地，流于万象间也，岂不伟欤？吾又意园以"亦"名，其简朴不事装点，可知自非隐君子，曷克安此？

岁在民国十七年（1928）戊辰古历除夕前二日，江都宗愚弟扬芬拜序。

【按】选自张官倬著《亦园诗钞》书首（民国铅排本，私人藏本）。

## 王震昌

> 王震昌（1882—1958），字孝起。原籍安徽，世居阜阳城鼓楼北韩家胡同，徙居杭州。光绪二十九年（1903）进士。光绪三十一年（1905），受清廷派遣赴日本留学，入日本政法学堂。民国初年，曾任倪嗣冲幕僚。抗战胜利后，迁寓于南京、杭州。1953年入浙江文史馆，以书法、诗词名世。著有《文辞诠证》《知悔斋诗存》等。

## 《汪氏遗著》叙

岁庚申（1920）夏五月，政争轩起，畿辅骚动，狂潮所激，震撼江淮，余既悄然忧之。同年汪子鹄飏以其大父笏斋先生所著《敦复自省录存》一卷、《养和山馆诗文辑存》两卷，将付剞劂，而属序于余。余惟天下之至变者政，而不变者学。政之起伏也，千回万折，常随时势以为转移，学则导源于天，植根于性，大本大原之地，主宰不摇，至变而至不变，故常为政之母，而能进退补救其所不及。伊古以来，治天下者未有用此而不治，背此而不乱者也。宋以后讲学之风盛矣，虽缙绅先生常訾议之而矣。闽濂洛诸子义理相承，流风互扇，群贤登进，则海内想望太平，儒者之效，灿然可睹；有元鲁斋崛兴，草庐静修，继之夷风狂俗，日益变革；明季姚江学派，传衍愈宏，伟烈丰功，照耀史册；清之中叶，湘湖将帅，戡平大难，海内清夷，当是时倭艮峰相国讲学于朝，罗罗山中丞讲学于野，用能豪杰代兴，人才辈出；曾文正以艰苦之力，居高明之地，提倡整率，振起程朱之绪，群贤赴义，如众水之归壑，而无所渟止，率平祸乱，再措之安，讲学之稗于世道人心者，彰彰如此。先生生当道咸间，刻苦自励，虽未克与罗、曾诸公同见施行，然所学一以主敬，慎独为归，读其语录，平易切实，语语皆可见之躬行，措之当世诗文亦多见道语，于古之格律义法，尤能不失累黍，闇然绩学，有道君子也。鹄颺继承家学，跬步必遵法度，虽老不衰。回忆十年前，与鹄颺同官京师，文酒之会，谈宴之乐，日常三四举，年皆少壮，兴致甚豪，时国家承平久，文醼武嬉，百政渐驰，而欧风东渐，青年学子，破觚为圆，搋提绝灭古圣昔贤之礼法以为快，朝廷无纪纲以纠正之，辄相与执手太息，叹祸至之无日，而犹不料其一发而不可救至今日也。呜乎！举国之人不励于学，横流所届宁可知？因读先生书，复与鹄颺追记之，瞻乌爰止于谁之屋？世变之慨，其能已乎！庚申夏五（1920）年再侄阜阳王震昌孝起甫序于淮上寓庐。

【按】选自汪昇远编《汪氏遗书二种》书首（民国石印本，南京图书馆藏本）。

## 包安保

包安保，字佑甫，一作右辅，笔名柚爷，别名鲍桔人，江苏丹徒人。诸生。肄业师范学堂，初以候补县丞分发湖北，供职劝学所，旋荐升知县。1915年任南漳县知事。与《广陵潮》作者李涵秋交往甚多，在李氏年谱笔记中多次谈及。曾主修民国《南漳县志》。工吟咏，喜小说创作，著有《红豆诗钞》4卷、小说《蝴蝶相思记》等。

## 《小腆纪年》《小腆纪传》跋

六合徐彝舟宫詹，孙麒星使乔梓，先后纂成《小腆纪年》《纪传》，直与谈迁、彪固鼎足而三，参之韩柳欧苏，用心则一，忠孝坚如铁铸，文字掷作金声。木君茂才，宫詹之孙，星使之子，笃实光辉，有志士也。少时随宦海外，通日英方言，当轴两以日、比使馆参赞荐，病不果往，由此有倦游意。余令六，造庐相见，欢若平生，欣读是书，惜其流传绝少，商请覆印，木君诺之督促，鸠工三越月而卒事。会余瓜代及期，幸靓是书之成，挈百卷而归，江湖俗吏之庄装生色。书此录别并白诸父老，东坡去矣，终不能忘情于黄州也。京江莺巢包安保记，时甲戌（1934）暮春之月。

【按】选自徐鼐著《小腆纪传》书后（民国甲戌刻本）。本跋文之后有徐椿跋语一则，录之如下："右《小腆纪年》《纪传》二种，先大父作之，先父述之，相继而成之者也。先后锓印者再，因乱散失，绝少完本。吾邑县令包柚甫先生，儒吏也，治公之暇，时相过从，谈涉是书，覆印相约，分鹤俸而为之倡，爰鸠工以促其成，时逾三月，装成千部，读檀书而感愧先人之手泽常新，话棋局而伤心来日之隐忧未艾。用述覆印缘起，以诏后人。孙男椿谨跋。"

## 水献之

水献之（1886—1962），原名水瑜琛，字献之，又名明生。河南省南阳市镇平县水家沟村人。回族。世代习武习医，有"家传四训"，即"诵我教之经，练强身之武，读儒道之书，习救人之医"。水献之少随父习家传拳械，年二十始读书，就学于信阳师范，毕业后从事教育工作，治学严谨，人称学者。先后执教于西满中学、战一中、开封师范、宛西师范、禹廷中学等。新中国成立后，行医并参加编修地方志工作。

## 《伊斯兰六书》序

世间学说普通列为三种：（一）神学，（二）哲学，（三）科学。科学家认哲学为虚理，认神学为迷信；哲学家认科学为单调，认神学为迂远。纷纷聚讼，莫衷一是。究其实，皆非探源之论。夫神学者，各学之源也；哲学，神学之中干也；科学，神学之末节也。欲求科学之当然，不可不研究哲学；欲求哲学之起脉，不可不研究神学。此儒者所谓道之大原出于天，而伊斯兰教真主所降之《古兰经》，实一部神学，而哲学、科学无不包孕其中也。

当欧洲之驱逐土耳其也，十字军十起十仆，不知牺牲多少头颅，糜费多少财产，结果一败涂地，丧气垂头。说者谓有相当之代价在即，将土耳其声电化之学，日历星算之技，由此输入而产生物质文明焉。夫土耳其，完全崇拜神学之国也，而哲学、科学亦随之产生，此非明效大验乎？

查伊斯兰教立于天地未成之先，全于耶佛已定之后。封印至圣穆罕默德奉真主之景命，集诸圣之大成，文教武功，彪炳一世。哲学、科学大开门径，迄今风靡新旧两大陆，泽及东西亿兆众。惜乎真精神多未阐出，精奥义未能畅达，奉正朔各国尚然如此，而我国尤瞠乎其后，以致亘古之正教，唯一之真传，遭无谓之打击，受莫大之污蔑，良可浩叹。近今邪说横流，甚于洪水猛兽，伊斯兰教立于风雨飘摇之地，愁云四布之场，非有黄帝之指南车，而蚩尤之邪氛莫散，非有温峤之犀角烛，而牛渚之妖魔难照，汉译各经，种类亦多，惜其卷帙浩繁，或偏于理论，或侧重方法，总有一偏之弊，且于现代新学说未能双写夹义，或出或入，不能在词坛上争胜负，亦大憾事。

今达君明之持《伊斯兰六书》序及目录，辱以示余，披阅一通，及[1] 其令尊浦生阿訇所纂集。浦生阿訇，为现代伊斯兰教中最大学者，经汉双通，新旧兼贯，参政中枢，名扬四海，《六书》之原文虽未及先饱眼福，而其各种德目亦披览无遗，顾名思义，非常完整，熔新旧于一炉，抉奥义于无遗，是书一出，真如日月经天，江河绕地，岂仅如散邪之指南车，照妖之犀角烛乎？余不禁手舞足蹈，而预贺焉。是为序。

民三十四年（1945）元月，中州水献之序于河南省立开封师范学校。

【按】选自达浦生著《伊斯兰六书》书首（宗教文化出版社 2007 年版）。

## 张轮远

张日辂（1899—1987），字轮远，又字远轮，雍阳（今天津市武清王庆坨）人。早年，曾在南开学校读书，毕业后，被保送金陵大学，因不合愿望，转而入北京大学法律系，毕业后任天津高级法院推事。喜蓄雨花石、大理石，以"万石斋"颜其居。1924 年著《万石斋灵岩大理石谱》。晚年被聘为天津文史馆馆员，著有《余霞集》等行世。

---

① 及：疑为"乃"。

# 《万石斋灵岩石谱》自序

天下之人，莫不有所好，而天下之物，可供其好者不一。金珠玉帛，声色犬马，世俗之所好，固无论矣。即如花木鱼鸟，琴书文玩，何一非雅士文人之所好？兹吾皆拾而弗取，独癖乎灵岩石，何耶？噫！花木固有可乐，而岁有枯荣，甚且朝华夕殒，不无感慨系之，吾何取焉？鱼鸟亦可欣赏，而饲豢劳人，吾不愿形为物役。至于文玩，古香古色，令人意远，吾非不好之，但或有连城之价，又为力所不逮，且怀璧其罪，或贻后世忧。钟期不遇，焉足以言琴；祖龙坑儒，藏书又将何益？总此数端，雅士文人所好者，非吾所不屑好，或不愿好，即为吾所不敢好也。

若夫灵岩石，与宇宙同其造化，不养而成，不劳而致，贱同瓦砾，弃若泥沙，无荣枯之感、饲豢之劳，世人所不屑道，雅士文人所不屑顾者，吾独取而有之。人或鄙笑不暇，何虑怀璧？是吾之所好，乃为人所不争，更不患其为豪夺势取，或弃我而就权贵。况石之为物，磨而不磷，涅而不缁，吾之寿命有时而尽，爱憎有时而移，而石则始终如一，坚贞沉静，孤高介节，尤足增我爱敬之心。赵季和尊之为良友，与余有同心焉。至其文色之美妙，皆出自天然，精如鬼斧，妙似神工，群芳不能喻其艳，锦绣何足比其容，可谓兼人间之至色，备天地之神奇，心领神会，色受魂与，以为世间无有媲美于灵岩石者。且优秀之品，形质既异，文彩亦殊，万变千奇，无一重复，备无穷无尽之妙，使好之者，有瞻之在前，忽焉在后，欲罢不能之感。故乐而忘倦，领与之终身游。至世俗之毁誉，非所计也。岂古云：大惑不解，大愚不灵。为我好灵岩石之谓欤？癖之既深，因而时与友好品评其文色，详论其形质，默究其源流，考其类列。数年于兹，不独兴趣之盎然，亦因之略有所悟。尝考古之玩好，多有研究专书，如《金石录》《养鱼经》《砚史》《墨志》《琴操》《菊谱》等，不胜枚举。至于石类，只有宋《云林》、明《素园》、清《诸九鼎石谱》之著，而所论皆园林几案陈列之山石，又仅仅标别品流，稽核地产，对于灵岩石，惜均略焉不详，简而寡要，不能作专门研究之门径，岂非好灵岩石者一大憾事！甲子（1924）初秋，天气新凉，夜长无事，因集平日考证所得，并将神妙诸石，罗陈几案，目察心摹，笔之于篇，得十余章，名曰《灵岩石谱》。立论尽依科学方法，并参考哲学、审美、心理、物理、矿物、及考古诸家折中之说，使好此者得识灵岩石之源流统系之大凡，文质形色之条理，及石品之优劣，不敢稍涉臆断，以自欺欺人，或为鉴别灵岩石时之一助欤。但余身处燕北，见闻隘陋，关山多阻，得石匪易，井蛙之见，不免为识者笑耳。世人倘与我有同癖者，能续而广之，庶可成一家言，与古之谱录史志相媲美，而继云林、素园、诸九鼎之后也。是为序。甲子（1924）八月十二日，雍阳轮远张曰辂识。

【按】选自张轮远撰《万石斋灵岩石谱》书首（1948 年排印本，天津古籍出版社 1988 年影印）。

# 卢 前

卢前（1905—1951），原名正绅，字冀野，自号饮虹、小疏，江苏南京人。1921 年以"特别生"入国立东南大学国文系，师从吴梅、王伯沆、柳诒征、李审言、陈中凡等人。毕业后曾受聘在金陵大学、河南大学、暨南大学、光华大学、四川大学、中央大学等处讲授文学、戏剧。曾任《中央日报·泱泱》主编、国民政府国民参政会四届参议员、国立福建音乐专科学校（1949 年后并入上海音乐学院）校长、南京市通志馆馆长、南京市文献委员会主任等。著有《明清戏曲史》《读曲小识》《八股文小史》《词曲研究》《民族诗歌论集》《冶城话旧》《东山琐缀》《丁乙间四记》《新疆见闻》《饮虹五种》《中兴鼓吹》《春雨》《绿帘》等，内容涵盖学术评论、笔记小品、传奇剧作、散曲、诗词等多方面。此外，他还校刊刻印了卷帙浩繁的《金陵卢氏饮虹簃丛书》等。

# 娱目翁传

翁，张氏，讳葆亨，字通之，籍六合县。考遐龄，有《集贤山馆诗集》。卜居郡城久，遂为南京人。光绪末，翁成业宁属师范。宣统己酉（1909）拔贡，先后执教金陵大学、江宁省立第一中学、第一农业、私立钟英中学，逾四十载，弟子遍江南北。有自千里外来问书法于翁者，翁早岁作字学武昌张廉卿裕钊，最为清道人所称赏。晚岁兼工缋事，幅松五尺，苍劲老刚之气，横溢于纸，获者莫不珍之。于是授徒暇，翁得以书画笔润稍济其贫。然习于寒素，被厚褐，餐粗粝，未尝改其乐。兴之所至，发为歌诗，每弃不存稿，亦不苦吟为也。丁丑（1937）难作，翁陷城中，抗节不屈，誓不肯为官校师，就家塾教数童子以糊口。目渐眊，体始衰，而年垂七十矣。南都光复，明年，市通志馆成立，前以礼聘翁任编纂，翁牵幼孙犹日至征献楼，折纸醮毫，写作弗辍。期年之间，成《秦淮感逝》《仁里琐谈》《庠序怀旧录》《白门食谱》《趋庭纪闻》《石城志异》《金陵四十八景题咏》若干卷，稿存馆中。戊子（1948）三月，前为守制居家。翁遣人送所为《娱目轩集》至，谓病不能兴，将乞假于馆。馆役往，翁已不能言，惟喃喃诵"卢、卢……"而已。明日，因属杨君裕春去问疾，则已于昨夕卒，时中华民国三十七年（1948）三月二十八日也，年七十有三。

卢前曰：翁，前之父执也。识翁于儿时，而在民国十三四年（1924—1925），与翁及张翁洁民、端木丈雨松、施丈次衡同教钟英中学，坐同席，日必相见，饮酒击钵，谐谑间作，翁兴尤勃勃，若忘老之将至。曾几何时，翁过我劫后，已须髯尽白，杖始能行。而当日座中诸老，一时俱逝。娱目者，翁所以名轩，轩名即翁自名。顾目中此世尚有足娱者耶？乌乎！翁亦往矣。

【按】选自张通之著《娱目轩诗集》书首（卢前主编《南京文献》第23号，南京市通志馆编印，1947—1949年）。


# 《太平爨》序

元人杂剧以四折为例，其有一折一事者，惟王生《围棋闯局》；迄明中叶一二折剧始兴，徐渭《四声猿》出，而后四题一本遂成风尚；清初嵇永仁《续离骚》、洪升《四婵娟》，皆青藤法乳也。《独来集》之《秋风三迭》与四题者异，折数三，体制纯视南北杂糅，不可同日语，然步武之者尠，窃尝疑焉。吾友孙子雨廷近有《太平爨》之作，以三剧分写侯度、陈义贞、李秀成事，为仙吕双调、南吕三北套数以示前，且属一言。忆前与雨廷论交，弱岁前同侍霜厓先生于南雍，雨廷博闻强记，才情飙举，初不甚厝意于是，而此剧之成，乃在拔木破山，倒江翻海，血战玄黄，风雨如晦，二十年后如今日者，旨意之深，气势之隆，又非集之之徒所得而比肩者已。旅岁出桂林，读雨廷《巴山樵唱》，流丽绵密，以为小山、则明之伦，而《太平爨》者，振鬣长鸣，横天雕鹗，庶几乎宫马矣。前承霜厓先生遗志，创社嘉陵江上，按谱试声，期存元明旧乐于一缕，愿更以《太平爨》陈诸红氍毹间，雨廷其乐而许之与。癸未（1943）十一月，金陵同学弟卢前冀野序于沙坪讲舍。

【按】选自孙为霆著《壶春乐府》（1964 年铅印本，陕西师范大学）。

## 张江裁

张江裁（1908—1968），名涵锐、仲锐，字次溪，号江裁，广东东莞人。1923 年考入世界语专门学校，不久入孔教大学，获文学士学位。先后任《丙寅杂志》《民国日报（副刊）》《民报》编辑，新中国成立后，曾在辅仁大学、北京师范大学任职。家富藏书，曾刊刻有《万木草堂丛书》等数种。自著有《北平志稿》《北平岁时志》《北平天桥志》《陶然亭小记》《燕都梨园史料》《李大钊传》《人民首都的天桥》《江苏通志》《清代学人年鉴》等 200 余种。

## 《雨花石子记》后语

民国二十八年（1939）之春，余承安徽教育厅之命，视学皖南，道经金陵，小住十日，乃寓书吾友王猩酋问所需，猩酋复书云："但为我觅雨花石子，别无所求也。"金陵自二十七年（1938）冬失守之后，桑田沧海，至是稍复旧观。而素称卖石冷摊之秦淮河畔亦落落可数。石贩支木架，陈白瓷小碗于泮宫之侧者，不过二三小贩而已。雨花石产之雨花台，在中华门外，俗所称南门外者，则军人据为驻房，遥隔一城，可望而不可及。自二十八年（1939）迄三十年（1941），石贩之石，其稍具奇观或小有可取者，皆落余手，用以贻猩酋。

三十年（1941）后，南都生计日艰，掘石为业之细民，多改他业。石贩之摊，虽尚孤立，而两年前所视为下品者，亦皆升级列为上品矣。故余尝谓二十七年（1938）以前无论矣。二十七年以后以至今日，石之盛衰皆影入吾目，此数年来之佳品，又多为余一人量去。吾闲尝自豪，以为流浪五载，无可纪述，差幸觅石金陵，实余生活史中一段生气，而灵石有史以来，余实为其最后之主人翁矣。余每得石，摩挲尽日，集有成数，即以之邮赠猩酋。猩酋得石狂喜，图形加评，以相质证，会心多相同，以为笑乐。石贩姓石，为雨花台下土居，少岁业此，今将垂老，仍倚石为生，有两子皆在稚年，亦学贩石，盖有家学焉。石贩闲告余，事变前灵石尚多，皆来自六合，而雨花台徒有产石之名，地脉已徙，近六七十年，已无佳品，间于大风雨后，牧童村娃，偶一披沙，可遇而不可求。余叩以六合之石与雨花台之石所异同之点安在，彼珍重告余曰："雨花台满山皆黑或赤色或黑白相间之粗石，少见灵透者。"虽然偶一发现，必斑斓眩目，光采毕陈，如余所获菊花摇橹，朱幡护花，猩酋以为命根子者，皆出自雨花台也。石贩每届朔望，提麻袋竹篓，渡江北上入六合山中，村人知石贩来，乃取日来掘得或拾得之石求售。近年人方谋食之不遑，村妇稚子，枯首菜色，了无闲情，营此副业。然于此一端，殊足以证此时之民情，然则灵石之出土，亦几与孔氏获麟无二致也。

猩酋既癖此石，拟来金陵作贩石人，又欲印此记出售于石摊之旁，藉佐觅石人之雅兴。余念猩酋与我三年来淫于雨花，几废寝食，不可谓非东坡云林以后之好事者。于是力印此书存猩酋之志，亦存余志也。

中华民国三十二年（1943）三月十日，东莞张江裁谨识。

【按】选自王猩酋编撰《雨花石子记》书末（国家图书馆藏本，东莞张次溪辑《中国史迹风土丛书》1943年排印本）。

# 后　记

　　文征，是古代收集、整理、编纂地方文献的方式之一。《六合文征》编撰的动议，实肇始于100多年前的六合乡贤汪昇远。民国八年（1919）12月，六合科举史上最后一位进士汪昇远在编撰完成《六合县续志稿》初稿时写道："若夫旧志所载诗文，皆乡先辈手泽润色此邦山川者也，拟辑《诗征》《文征》附志稿后，以博观，慎取之，不可以苟，而征访处又不能久延，掇辑成编，仍当俟诸异日。"由于时间、财力、人力等种种原因，他们当时没有能在县志编撰时收载历代诗文，希望"俟诸异日"，条件成熟时再续编《六合文征》和《六合诗征》。这一等就是一个世纪。

　　本人利用诊余时间，持续关注并多方收集与六合相关的历代文献。六合文献分布非常广泛：有的集中见于明清以来的《六合县志》，相对比较容易取得；有的散见在已出版的历代史传笔记中，需要查阅收集；有的深藏于国内外各大图书馆，难得一见，只能伺机赴馆抄录；有的散落在民间藏书家或作者后人手中，被视若珍宝，秘而不宣。许多稀见文献，笔者或以与藏家交换珍藏，或在网上付费捡漏、淘购，或请海外同仁协助等种种方式或途径，才得以获取到第一手的高清文档或影印版。经过前后20余年的积累，并加以整理、考订、校注，辑成《六合文征》，终圆汪昇远等乡贤百年宏愿。

　　六合历代文献极其丰富，对它们进行整理供大家研究利用，具有很大的意义。但是受诸多条件限制，部分乡贤遗著，如汪振声的《蠡测卮言》等，一时无法获得，不能选录其文；一些新中国成立初期去世的文人旧学深厚，晚年撰写了大量涉及乡邦风土人情的古体散文，如张官倬的《亦园诗文钞》等，但因受本书时限要求，也只能忍痛割爱，留待日后出版他们文集时，再与读者见面。

542

作为一名政协委员，能够充分发挥委员在文史工作中的作用，把多年来收集整理的六合文献史料奉献给广大读者，我感到由衷的自豪和欣悦。区政协机关领导和同仁对本书的编写与修改给予了精心的指导。南京市地方志办公室编研处徐智明处长、文化传播处李琳琳老师等专家，在百忙之中认真审阅了全稿，在充分肯定的同时，也给予了很多宝贵的修改意见。诸位为此付出的辛勤劳动，我将感铭于心。

　　由于学识和时间等因素限制，书中讹误难免，望方家学者、读者们予以批评指正！

刘荣喜谨识于金陵天福园寓斋

2022 年 12 月